中华人民共和国国家统计局贸易外经统计司
中华人民共和国商务部市场运行调节司 编
中 国 商 业 联 合 会 信 息 部

Compiled by
Department of Trade and External Economic Relations Statistics,
National Bureau of Statistics of China
Department of Market Operation Regulation, Ministry of Commerce of China
China General Chamber of Commerce Information Department

2009

中国零售和餐饮连锁企业统计年鉴

STATISTICAL YEARBOOK OF CHINA CHAIN STORES OF RETAIL TRADES AND CATERING SERVICES

中国统计出版社
China Statistics Press

(京)新登字 041 号

图书在版编目(CIP)数据

中国零售和餐饮连锁企业统计年鉴 -2009/ 中华人民共和国国家统计局贸易外经统计司 中华人民共和国商务部市场运行调节司　中国商业联合会信息部编 - 北京：中国统计出版社，2009.12

ISBN 978-7-5037-5851-5

I. 中…　II.国…　III.①零售商店 - 连锁商店 - 统计资料 - 中国 -2009- 年鉴　②饮食业 - 连锁商店 - 统计资料 -2009- 年鉴　IV.F721.7-54　F719.3-54

中国版本图书馆 CIP 数据核字(2009)第 201898 号

中国零售和餐饮连锁企业统计年鉴 -2009

作　　者/中华人民共和国国家统计局贸易外经统计司
　　　　　中华人民共和国商务部市场运行调节司
　　　　　中国商业联合会信息部
责任编辑/马　平
装帧设计/杨　超
出版发行/中国统计出版社
通信地址/北京市西城区三里河月坛南街57号　　邮政编码/ 100826
办公地址/京市丰台区西三环南路甲6号
电　　话/(010)63376907（发行部）
印　　刷/河北天普润印刷厂
经　　销/新华书店
开　　本/890 × 1240 毫米　　1/16
字　　数/1650千字
印　　张/52.75
版　　别/2010年1月第1版
版　　次/2010年1月第1次印刷
书　　号/ISBN 978-7-5037-5851-5/F・2866
定　　价/370.00元

《中国零售和餐饮连锁企业统计年鉴—2009》

编辑委员会

编辑说明 PREFACE

一、《中国零售和餐饮连锁企业统计年鉴-2009》是反映我国零售和餐饮连锁企业情况的资料性工具书。旨在通过大量、丰富、详实、具体和权威的统计数据，全面系统和多角度地反映我国零售和餐饮业连锁企业发展的规模、水平。

二、本年鉴正文内容分为五部分：第一部分，零售企业综合篇；第二部分，零售企业地区篇；第三部分，餐饮企业综合篇；第四部分，餐饮企业地区篇；第五部分，连锁企业情况。同时，还附有主要统计指标解释。

三、本年鉴中涉及的全国性统计资料，均未包括台湾省、香港特别行政区和澳门特别行政区数据。

四、本年鉴中资料来源于2008年零售和餐饮连锁企业统计年报，时期数据为2008年年度数据，时点数据为2008年年末数据。

五、本年鉴中各表中的“空格”表示该项统计指标数据不足本表最小单位数、不详或无该项数据。

目录

CONTENTS

第一部分　零售企业综合篇

第二部分　零售企业地区篇

第一部分

零售企业综合篇

1-1 连锁零售企业总体情况

项 目	单位	总计		直营店		加盟店	
		2008年	2007年	2008年	2007年	2008年	2007年
连锁总店数	个	2457					
连锁门店总数	个	168502	151694	89691	83361	78811	68333
市	个	94650	85775	57775	53285	36875	32490
县及县以下	个	73852	65919	31916	30076	41936	35843
年末从业人员	人	1970776	1746990	1670400	1446949	300376	300041
连锁门店商品购进总额	万元	171930660	145833417	164376908	136854328	7553752	8979089
其中：统一配送商品购进额	万元	137820814	114626310	132443895	108124555	5376919	6501756
其中：自有配送中心	万元	86548670	71800867	83548017	67109586	3000653	4691282
非自有配送中心	万元	31188443	28629926	30108066	27574340	1080377	1055586
年末零售营业面积	平方米	101978294	88921320	94356260	81355043	7622034	7566277
商品销售总额	万元	204665275	169314733	194252617	157967212	10412657	11347521
其中：零售额	万元	143696801	116830223	134981496	107798793	8715305	9031430
市	万元	111090239	91607329	105120109	85123946	5970130	6483383
县及县以下	万元	32606562	25222894	29861387	22674847	2745175	2548047

1-2 连锁零售企业基本情况

项目	连锁总店数（个）	门店数（个）		年末从业人员（人）		年末零售营业面积（平方米）	
	2008年	2008年	2007年	2008年	2007年	2008年	2007年
总计	**2457**	**168502**	**151694**	**1970776**	**1746990**	**101978294**	**88921320**
一、按登记注册类型分							
内资企业	2242	153789	138114	1614948	1436477	88006245	77982978
国有企业	184	20012	19382	137382	133737	7275217	6682821
集体企业	35	1881	1746	15721	13130	585704	499232
股份合作企业	23	746	718	8115	6879	169895	139787
联营企业	5	489	468	2483	2855	40345	35380
国有联营企业	2	205	214	1300	1713	24384	23594
集体联营企业	1	83	76	420	396	8946	5268
国有与集体联营企业	1	5	5	53	65	880	880
其他联营企业	1	196	173	710	681	6135	5638
有限责任公司	873	59591	50879	587709	502289	24792421	20999287
国有独资公司	13	358	353	11682	11426	636955	552602
其他有限责任公司	860	59233	50526	576027	490863	24155466	20446685
股份有限公司	262	41214	38989	573245	530127	46692814	42444033
私营企业	840	29481	25651	286365	243906	8321090	7069596
私营独资企业	54	1583	1424	10539	9998	258112	238670
私营合伙企业	4	243	221	5142	4668	190303	151372
私营有限责任公司	732	24871	21811	249907	214445	7156784	6214404
私营股份有限公司	50	2784	2195	20777	14795	715891	465150
其他企业	20	375	281	3928	3554	128759	112842
港、澳、台商投资企业	68	2446	2059	89854	75848	3437831	2894728
港澳台商合资经营企业	30	1395	1339	40339	35676	1895098	1642873
港澳台商合作经营企业	4	218	68	2782	3223	92481	91555
港、澳、台商独资经营企业	33	826	645	46348	36319	1337854	1052380
港、澳、台商投资股份有限公司	1	7	7	385	630	112398	107920
外商投资企业	147	12267	11521	265974	234665	10534218	8043614
中外合资经营企业	67	4133	3776	168207	151285	6876231	5274922
中外合作经营企业	18	749	770	31323	30099	824785	792834
外资企业	60	7372	6973	65337	52984	2774753	1961554
外商投资股份有限公司	2	13	2	1107	297	58449	14304
二、按行业分							
批发业	**297**	**52608**	**48013**	**306778**	**282454**	**32443377**	**30531510**
农畜产品批发							
食品、饮料及烟草制品专门批发	51	7144	5577	34204	27005	277395	222621
纺织、服装及日用品批发	18	428	443	5438	4957	329244	289228
文化、体育用品及器材批发	12	506	508	17908	17887	730918	694290
医药及医疗器材批发	45	3463	3280	14758	14224	582752	493548
矿产品、建材及化工产品批发	147	40528	37678	223967	206757	30341689	28624674
机械设备、五金交电及电子产品批发	24	539	527	10503	11624	181379	207149
贸易经纪与代理							
其他批发							
零售业	**2160**	**115894**	**103681**	**1663998**	**1464536**	**69534917**	**58389810**
综合零售	773	52761	48020	1052291	930344	45684637	39153362
食品、饮料及烟草制品专门零售	159	4773	4201	32538	28664	495643	449391
纺织、服装及日用品专门零售	156	13821	12544	78326	63477	1023833	857120
文化、体育用品及器材专门零售	87	1562	1554	31628	28869	860372	828308
医药及医疗器材专门零售	596	30844	26412	167665	143811	3446122	2875537
汽车、摩托车、燃料及零配件专门零售	140	7707	7193	69539	63922	7206587	7007464
家用电器及电子产品专门零售	207	4060	3428	215988	190870	9626095	6364518
五金、家具及室内装修材料专门零售	29	177	153	14936	13446	1169644	839262
无店铺及其他零售	13	189	176	1087	1133	21984	14848

1-2 续表 1

项 目	连锁总店数（个）	门店数（个）		年末从业人员（人）		年末零售营业面积（平方米）	
	2008年	2008年	2007年	2008年	2007年	2008年	2007年
三、按业态分							
便利店	120	16196	13912	97858	92721	1841747	1265821
折扣店	4	784	628	9432	7448	224518	184114
超市	433	30240	27145	419659	375633	19594052	17354134
大型超市	218	8072	7332	358215	305259	13249279	11244970
仓储会员店	7	331	324	13092	12110	439820	396372
百货店	87	3805	3674	185307	159171	11104026	9401701
专业店	1259	93656	84943	744764	669755	51112057	45654326
其中：加油站	209	27361	26390	238823	224900	34127403	32780998
专卖店	281	14651	13047	124207	108923	3195930	2206644
家居建材商店	20	116	93	12169	10379	948882	677785
厂家直销中心	4	50	46	357	355	65473	51633
其他	24	601	550	5716	5236	202510	483820
直营门店合计		**89691**	**83361**	**1670400**	**1446949**	**94356260**	**81355043**
一、按登记注册类型分							
内资企业		83547	78113	1378858	1193414	81863827	71661636
国有企业		10386	10262	116154	113680	6497539	5943828
集体企业		496	443	13877	11452	536236	457364
股份合作企业		285	252	5934	4680	142604	113316
联营企业		407	315	2088	1925	31711	25286
国有联营企业		205	136	1300	1130	24384	18406
集体联营企业		1	1	25	49	312	362
国有与集体联营企业		5	5	53	65	880	880
其他联营企业		196	173	710	681	6135	5638
有限责任公司		30217	28362	496077	428784	22522573	19042972
国有独资公司		285	299	11103	10602	575955	480402
其他有限责任公司		29932	28063	484974	418182	21946618	18562570
股份有限公司		26513	25227	502756	428188	44800929	39913644
私营企业		15023	13032	238660	201513	7224221	6065654
私营独资企业		661	570	8693	8303	216719	206719
私营合伙企业		232	210	5066	4592	188903	149972
私营有限责任公司		12969	11385	210430	178758	6234749	5357441
私营股份有限公司		1161	867	14471	9860	583850	351522
其他企业		220	220	3312	3192	108014	99572
港、澳、台商投资企业		2265	1905	86592	72920	3300533	2763965
港澳台商合资经营企业		1278	1242	38558	33750	1806875	1551552
港澳台商合作经营企业		218	68	2782	3223	92481	91555
港、澳、台商独资经营企业		762	588	44867	35317	1288779	1012938
港、澳、台商投资股份有限公司		7	7	385	630	112398	107920
外商投资企业		3879	3343	204950	180615	9191900	6929442
中外合资经营企业		2691	2266	136087	117972	6154328	4605890
中外合作经营企业		220	245	24964	23689	663935	631959
外资企业		955	830	42792	38657	2315188	1677289
外商投资股份有限公司		13	2	1107	297	58449	14304

1-2 续表 2

项 目	连锁总店数（个）	门店数（个）		年末从业人员（人）		年末零售营业面积（平方米）	
	2008年	2008年	2007年	2008年	2007年	2008年	2007年
二、按行业分							
批发业		**26261**	**25558**	**249272**	**237279**	**30933058**	**29242181**
农畜产品批发							
食品、饮料及烟草制品专门批发		1525	1557	19676	17152	101140	95250
纺织、服装及日用品批发		264	253	4662	4153	272482	218476
文化、体育用品及器材批发		490	494	17903	17882	730918	694290
医药及医疗器材批发		830	753	6573	6202	400658	332329
矿产品、建材及化工产品批发		22754	22055	191544	181537	29272479	27731405
机械设备、五金交电及电子产品批发		398	446	8914	10353	155381	170431
贸易经纪与代理							
其他批发							
零售业		**63430**	**57803**	**1421128**	**1209670**	**63423202**	**52112862**
综合零售		25932	24083	896575	776983	41259755	34983284
食品、饮料及烟草制品专门零售		3803	3340	26424	22946	406489	365768
纺织、服装及日用品专门零售		2812	2418	40035	34708	609083	477150
文化、体育用品及器材专门零售		1539	1519	31441	28585	856161	823506
医药及医疗器材专门零售		17634	16061	130726	112485	2739248	2287188
汽车、摩托车、燃料及零配件专门零售		7532	7031	67292	61741	6853451	6660028
家用电器及电子产品专门零售		3820	3025	213428	157920	9587547	5681828
五金、家具及室内装修材料专门零售		169	150	14120	13169	1089484	819262
无店铺及其他零售		189	176	1087	1133	21984	14848
三、按业态分							
便利店		7865	7393	69052	68527	1390841	906088
折扣店		605	572	8033	6843	224518	184114
超市		14347	13187	336586	291326	16835913	14739842
大型超市		3462	3138	330820	280380	12390538	10439471
仓储会员店		331	324	13092	12110	439820	396372
百货店		1183	1052	154882	128937	10478721	8786607
专业店		54188	50728	644679	559518	48648097	42851865
其中：加油站		27235	26248	237318	223254	33915805	32560520
专卖店		7029	6356	95996	83757	2806827	1853016
家居建材商店		109	91	11407	10177	878722	667785
厂家直销中心		50	46	357	355	65473	51633
其他		522	474	5496	5019	196790	478250
加盟门店总计		**78811**	**68333**	**300376**	**300041**	**7622034**	**7566277**
一、按登记注册类型分							
内资企业		70242	60001	236090	243063	6142418	6321342
国有企业		9626	9120	21228	20057	777678	738993
集体企业		1385	1303	1844	1678	49468	41868
股份合作企业		461	466	2181	2199	27291	26471
联营企业		82	153	395	930	8634	10094
国有联营企业			78		583		5188
集体联营企业		82	75	395	347	8634	4906
国有与集体联营企业							
其他联营企业							
有限责任公司		29374	22517	91632	73505	2269848	1956315
国有独资公司		73	54	579	824	61000	72200
其他有限责任公司		29301	22463	91053	72681	2208848	1884115
股份有限公司		14701	13762	70489	101939	1891885	2530389
私营企业		14458	12619	47705	42393	1096869	1003942
私营独资企业		922	854	1846	1695	41393	31951

1-2 续表 3

项目	连锁总店数(个)	门店数(个)		年末从业人员(人)		年末零售营业面积(平方米)	
	2008年	2008年	2007年	2008年	2007年	2008年	2007年
私营合伙企业		11	11	76	76	1400	1400
私营有限责任公司		11902	10426	39477	35687	922035	856963
私营股份有限公司		1623	1328	6306	4935	132041	113628
其他企业		155	61	616	362	20745	13270
港、澳、台商投资企业		181	154	3262	2928	137298	130763
港澳台商合资经营企业		117	97	1781	1926	88223	91321
港澳台商合作经营企业							
港、澳、台商独资经营企业		64	57	1481	1002	49075	39442
港、澳、台商投资股份有限公司							
外商投资企业		8388	8178	61024	54050	1342318	1114172
中外合资经营企业		1442	1510	32120	33313	721903	669032
中外合作经营企业		529	525	6359	6410	160850	160875
外资企业		6417	6143	22545	14327	459565	284265
外商投资股份有限公司							
二、按行业分							
批发业		**26347**	**22455**	**57506**	**45175**	**1510319**	**1289329**
农畜产品批发							
食品、饮料及烟草制品专门批发		5619	4020	14528	9853	176255	127371
纺织、服装及日用品批发		164	190	776	804	56762	70752
文化、体育用品及器材批发		16	14	5	5		
医药及医疗器材批发		2633	2527	8185	8022	182094	161219
矿产品、建材及化工产品批发		17774	15623	32423	25220	1069210	893269
机械设备、五金交电及电子产品批发		141	81	1589	1271	25998	36718
贸易经纪与代理							
其他批发							
零售业		**52464**	**45878**	**242870**	**254866**	**6111715**	**6276948**
综合零售		26829	23937	155716	153361	4424882	4170078
食品、饮料及烟草制品专门零售		970	861	6114	5718	89154	83623
纺织、服装及日用品专门零售		11009	10126	38291	28769	414750	379970
文化、体育用品及器材专门零售		23	35	187	284	4211	4802
医药及医疗器材专门零售		13210	10351	36939	31326	706874	588349
汽车、摩托车、燃料及零配件专门零售		175	162	2247	2181	353136	347436
家用电器及电子产品专门零售		240	403	2560	32950	38548	682690
五金、家具及室内装修材料专门零售		8	3	816	277	80160	20000
无店铺及其他零售							
三、按业态分							
便利店		8331	6519	28806	24194	450906	359733
折扣店		179	56	1399	605		
超市		15893	13958	83073	84307	2758139	2614292
大型超市		4610	4194	27395	24879	858741	805499
仓储会员店							
百货店		2622	2622	30425	30234	625305	615094
专业店		39468	34215	100085	110237	2463960	2802461
其中：加油站		126	142	1505	1646	211598	220478
专卖店		7622	6691	28211	25166	389103	353628
家居建材商店		7	2	762	202	70160	10000
厂家直销中心							
其他		79	76	220	217	5720	5570

1-3 连锁零售

项目	商品购进总额		统一配送商品购进额	
	2008年	2007年	2008年	2007年
总计	**171930660**	**145833417**	**137820814**	**114626310**
一、按登记注册类型分				
内资企业	147340042	125537813	118546980	99179308
国有企业	21907441	18205924	19984753	16845052
集体企业	770898	686620	614201	557396
股份合作企业	282676	196849	260456	177355
联营企业	128966	125695	128966	125695
国有联营企业	107974	104129	107974	104129
集体联营企业	1037	3282	1037	3282
国有与集体联营企业	529	365	529	365
其他联营企业	19426	17920	19426	17920
有限责任公司	28496503	24176974	20930037	17660242
国有独资公司	1179681	1067132	963264	869898
其他有限责任公司	27316822	23109842	19966773	16790344
股份有限公司	84514530	73014023	67039791	56012545
私营企业	11063299	8971845	9421770	7648520
私营独资企业	315522	250975	258311	202590
私营合伙企业	144379	113909	142427	112306
私营有限责任公司	9910691	8088461	8424481	6853853
私营股份有限公司	692707	518499	596551	479771
其他企业	175731	159884	167007	152504
港、澳、台商投资企业	5970161	4758858	5417812	4355591
港澳台商合资经营企业	2907408	2682339	2768569	2444510
港澳台商合作经营企业	84311	75447	79173	72870
港、澳、台商独资经营企业	2968335	1982948	2559964	1820087
港、澳、台商投资股份有限公司	10107	18124	10107	18124
外商投资企业	18620458	15536746	13856022	11091411
中外合资经营企业	12739868	10529939	9502442	7528256
中外合作经营企业	1646497	1466593	1555462	1395435
外资企业	4146237	3531242	2721407	2167720
外商投资股份有限公司	87856	8972	76711	
二、按行业分				
批发业	**64916664**	**56827878**	**58599300**	**50021812**
农畜产品批发				
食品、饮料及烟草制品专门批发	2691347	2023506	2515665	1972026
纺织、服装及日用品批发	726307	705701	724728	704214
文化、体育用品及器材批发	2328590	2142710	2055061	1877095
医药及医疗器材批发	349614	300553	278053	235470
矿产品、建材及化工产品批发	57779423	50784707	51995261	44369190
机械设备、五金交电及电子产品批发	1041382	870702	1030533	863819
贸易经纪与代理				
其他批发				
零售业	**107013997**	**89005540**	**79221514**	**64604498**
综合零售	51641462	43963913	34309625	28745298
食品、饮料及烟草制品专门零售	1073270	845780	960016	729942
纺织、服装及日用品专门零售	1967440	1513151	1600992	1200254
文化、体育用品及器材专门零售	1820472	1565510	1276109	1395646
医药及医疗器材专门零售	3150249	2644534	2930344	2495508
汽车、摩托车、燃料及零配件专门零售	20575222	15962240	15967057	11889816
家用电器及电子产品专门零售	25845960	21708478	21620702	17720348
五金、家具及室内装修材料专门零售	913986	779444	531350	405198
无店铺及其他零售	25936	22489	25319	22489

企业经营情况

单位：万元

自有配送中心配送商品购进额		非自有配送中心配送商品购进额		商品销售总额		零售额	
2008年	2007年	2008年	2007年	2008年	2007年	2008年	2007年
86548670	**71800867**	**31188443**	**28629926**	**204665275**	**169314733**	**143696801**	**116830223**
75411395	62785173	26317600	24353806	172425975	143149397	118697060	96519018
11315781	8882400	6571332	6618897	25112578	20247000	18566720	14674962
592993	538029	2004	519	830854	757620	767151	688615
128966	101671	25745	20255	300360	202631	213204	157541
128032	123312	405	2018	144366	132343	59477	49959
107974	104129			118847	108343	42703	33703
632	1264	405	2018	2284	4296	2284	4296
				623	458	623	458
19426	17920			22612	19245	13867	11502
12434260	10869925	3757573	2864044	33957829	28421946	27928089	22981650
393353	313890	30606	28592	1360095	1247845	848691	773427
12040907	10556035	3726967	2835452	32597734	27174101	27079398	22208223
45457040	37871206	15151491	14312147	99796492	83375157	60853864	49340695
5227208	4287328	806797	534170	12095635	9843188	10126514	8463242
74970	56401	8124	6144	294146	248516	263965	234827
141637	111767			162157	130236	162157	130236
4508981	3747339	779251	478675	10752739	8894239	8927762	7594889
501620	371822	19422	49350	886594	570198	772629	503290
127116	111301	2253	1757	187861	169513	182041	162354
3450192	2659077	1450215	1288346	7272269	6081307	5692308	4721628
1558095	1354159	1193011	1073311	3512261	3061600	2720454	2303553
59907	54639			303125	246604	303125	246604
1832190	1250280	257203	215036	3440382	2745679	2652228	2144048
				16501	27423	16501	27423
7687083	6356618	3420628	2987774	24967031	20084030	19307433	15589577
5864922	4926948	2101101	1745384	14955952	11797401	13160103	10302090
693444	595721	400166	465582	4969149	4067637	1321547	1208930
1052007	833949	919361	776807	4959339	4209820	4749371	4069386
76711				82591	9172	76413	9172
33063631	**27244467**	**18827416**	**18064321**	**75767964**	**62928069**	**40544386**	**33322894**
2175936	1734884	125659	101198	3130742	2511163	454696	367577
158692	150902	4688	6226	848555	790063	602082	575376
2013006	1655129			2385927	2091497	1025050	966094
185723	134822	45419	35467	370230	331149	170859	138998
27923021	23045219	18416817	17772506	67985962	56266397	37858697	30883483
607255	523510	234833	148924	1046548	937800	433002	391365
53485039	**44556400**	**12361027**	**10565605**	**128897311**	**106386664**	**103152415**	**83507329**
21974558	18921004	6404596	5602049	67156079	56606483	55196465	46405639
594120	484515	194607	107449	1383439	1102003	1289662	1017974
1144584	885391	93413	59220	2672588	2057178	1763069	1366082
960605	1195231	46595	40272	1807083	1395461	1282078	847816
2239600	1910591	95439	104886	3750892	3090611	3567085	3012592
10005485	7709608	3265013	2643857	25424258	19342004	20094108	14007395
16385592	13353835	2109281	1807346	25532812	21780940	18895336	15948412
158354	76379	152080	200522	1132509	980863	1028297	870299
22141	19847	4	5	37651	31121	36315	31121

1-3 续表 1

项　目	商品购进总额		统一配送商品购进额	
	2008年	2007年	2008年	2007年
三、按业态分				
便利店	2267081	1888486	1600428	1297073
折扣店	299276	245488	295842	242294
超市	16011210	14577688	12640210	11373268
大型超市	18644372	15215015	12189629	9277722
仓储会员店	466555	393667	466555	393667
百货店	15607370	13115539	8637212	7473745
专业店	109582783	92825922	94662372	78404048
其中：加油站	71541721	61053683	62229443	51356306
专卖店	7828870	6482125	6527532	5494257
家居建材商店	715148	653956	352880	300728
厂家直销中心	140142	131646	136328	127503
其他	367853	303886	311826	242005
直营门店合计	**164376908**	**136854328**	**132443895**	**108124555**
一、按登记注册类型分				
内资企业	141844158	118614035	114010537	93528728
国有企业	21301171	17735658	19484883	16463051
集体企业	742274	660220	590501	535956
股份合作企业	260765	179847	253287	170730
联营企业	128334	117905	128334	117905
国有联营企业	107974	99090	107974	99090
集体联营企业	406	531	406	531
国有与集体联营企业	529	365	529	365
其他联营企业	19426	17920	19426	17920
有限责任公司	26915342	22901182	19692693	16709105
国有独资公司	1146912	1034956	930957	838216
其他有限责任公司	25768431	21866227	18761736	15870889
股份有限公司	82247575	68740667	65140814	52481516
私营企业	10082057	8125447	8554708	6898548
私营独资企业	286334	230414	229494	182441
私营合伙企业	143970	113519	142127	112001
私营有限责任公司	9088312	7378699	7674467	6240020
私营股份有限公司	563441	402815	508620	364086
其他企业	166640	153110	165317	151918
港、澳、台商投资企业	5876702	4662901	5326622	4260186
港澳台商合资经营企业	2838578	2587545	2702007	2350268
港澳台商合作经营企业	84311	75447	79173	72870
港、澳、台商独资经营企业	2943706	1981785	2535335	1818924
港、澳、台商投资股份有限公司	10107	18124	10107	18124
外商投资企业	16656049	13577393	13106736	10335641
中外合资经营企业	11338983	9103115	9266064	7264312
中外合作经营企业	1419530	1237784	1375111	1204328
外资企业	3809680	3227522	2388850	1867001
外商投资股份有限公司	87856	8972	76711	

单位：万元

自有配送中心配送商品购进额		非自有配送中心配送商品购进额		商品销售总额		零售额	
2008年	2007年	2008年	2007年	2008年	2007年	2008年	2007年
420720	368079	547333	447099	2760418	2317034	2620784	2193862
183281	154256	45628	42438	347566	272614	347566	272614
8536373	8176420	1694867	1651161	22495435	19194701	18405690	15834738
7540864	5652235	2818506	2245150	22338189	18716647	18955377	15801750
118353	151635	85158	77247	1627220	1389702	362588	284282
5566308	4814892	1479112	1305875	19429853	16253683	16143053	13341359
60847641	49998571	23251240	21624060	123153243	101065273	78820205	62509357
35203586	28676489	19952670	19033900	84734088	68306310	54312740	41831471
2872618	2101641	1136165	1069826	11127128	8845085	7050898	5544948
59070	66580	130253	166751	847028	797458	742423	693239
134979	121048			139014	115051	135915	112417
268464	195511	180	319	400180	347484	112302	241656
83548017	**67109586**	**30108066**	**27574340**	**194252617**	**157967212**	**134981496**	**107798793**
72932988	58634838	25505704	23608367	164570059	134204372	112348412	89760253
11051521	8671629	6337244	6449361	24533495	19765256	18026557	14209819
569336	516649	2004	519	798486	726106	750825	672787
121859	95069	25684	20232	273055	185196	192100	145980
127664	117376	141	164	142113	123942	57224	41558
107974	99090			118847	103165	42703	28525
264	367	141	164	31	1074	31	1074
				623	458	623	458
19426	17920			22612	19245	13867	11502
11589334	10178494	3623249	2770972	32104920	26931796	26675798	22005867
392702	313463	30606	28592	1321962	1208934	810558	734516
11196632	9865031	3592643	2742380	30782959	25722862	25865241	21271350
44793251	35202648	14800552	13926373	95622420	77441094	57289914	44902492
4554129	3742258	714578	438990	10919687	8868598	9185932	7626525
72945	54827	7854	5954	266757	231312	238004	217623
141337	111462			161748	129850	161748	129850
3914968	3278764	697346	423625	9738842	8061551	8135521	6889933
424880	297205	9378	9411	752340	445886	650659	389120
125895	110715	2253	1757	175883	162384	170063	155224
3438099	2652249	1393802	1199768	7130614	5914455	5552219	4555307
1547946	1348495	1136598	984733	3417351	2916271	2627109	2158288
59907	54639			303125	246604	303125	246604
1830246	1249116	257203	215036	3393637	2724157	2605483	2122991
				16501	27423	16501	27423
7176930	5822498	3208560	2766205	22551945	17848384	17080865	13483233
5724617	4760325	2031570	1648063	13359039	10229412	11580064	8748361
513093	404615	400166	465582	4705510	3820687	1057908	961980
862510	657559	776824	652559	4404805	3789114	4366480	3763721
76711				82591	9172	76413	9172

1-3 续表 2

项　目	商品购进总额		统一配送商品购进额	
	2008年	2007年	2008年	2007年
二、按行业分				
批发业	**63334477**	**55290872**	**57217255**	**48669669**
农畜产品批发				
食品、饮料及烟草制品专门批发	2489057	1873990	2317937	1861248
纺织、服装及日用品批发	685746	671542	684167	670055
文化、体育用品及器材批发	2328590	2142710	2055061	1877095
医药及医疗器材批发	317048	272924	246034	208102
矿产品、建材及化工产品批发	56578931	49553231	50989014	43283075
机械设备、五金交电及电子产品批发	935104	776475	925044	770095
贸易经纪与代理				
其他批发				
零售业	**101042431**	**81563456**	**75226639**	**59454885**
综合零售	47341842	39641208	31741822	26071019
食品、饮料及烟草制品专门零售	894999	691638	828287	619075
纺织、服装及日用品专门零售	1505007	1115802	1139013	805225
文化、体育用品及器材专门零售	1817337	1561906	1273899	1392811
医药及医疗器材专门零售	2877750	2395374	2672899	2260078
汽车、摩托车、燃料及零配件专门零售	20151482	15576097	15687406	11648485
家用电器及电子产品专门零售	25547922	19787271	21353187	16230506
五金、家具及室内装修材料专门零售	880158	771672	504808	405198
无店铺及其他零售	25936	22489	25319	22489
三、按业态分				
便利店	1926876	1636323	1270981	1089852
折扣店	299276	245488	295842	242294
超市	13293499	11715131	11069432	9716113
大型超市	17894186	14474366	11725926	8796518
仓储会员店	466555	393667	466555	393667
百货店	14875706	12453544	8216782	7008312
专业店	107193904	88860897	92653791	75170363
其中：加油站	71394792	60842150	62215000	51275878
专卖店	7237292	5992747	5971781	5040318
家居建材商店	684606	650956	326338	300728
厂家直销中心	140142	131646	136328	127503
其他	364867	299563	310141	238887
加盟门店总计	**7553752**	**8979089**	**5376919**	**6501756**
一、按登记注册类型分				
内资企业	5495884	6923778	4536443	5650580
国有企业	606270	470266	499870	382000
集体企业	28623	26401	23701	21440
股份合作企业	21911	17002	7169	6625
联营企业	631	7790	631	7790
国有联营企业		5039		5039
集体联营企业	631	2751	631	2751
国有与集体联营企业				
其他联营企业				
有限责任公司	1581160	1275791	1237344	951137
国有独资公司	32769	32176	32306	31682
其他有限责任公司	1548391	1243615	1205037	919455
股份有限公司	2266955	4273356	1898977	3531030
私营企业	981242	846398	867062	749972
私营独资企业	29188	20562	28817	20149

单位：万元

自有配送中心配送商品购进额		非自有配送中心配送商品购进额		商品销售总额		零售额	
2008年	2007年	2008年	2007年	2008年	2007年	2008年	2007年
32148956	**26510864**	**18711611**	**17994507**	**73964128**	**61503173**	**39886730**	**32791628**
2108742	1676559	60303	54905	2910054	2346252	244498	213447
149786	147999	4688	6226	798314	751416	556078	536729
2013006	1655129			2385317	2090753	1024440	965350
155911	110089	45289	35317	333013	304037	135568	112367
27210789	22455482	18375455	17749135	66620129	55155390	37580693	30650411
510723	465606	225876	148924	917302	855325	345451	313324
51399061	**40598722**	**11396455**	**9579832**	**120288489**	**96464039**	**95094767**	**75007166**
20863231	17117818	5748307	4837840	61193172	50862782	49272732	40722647
479471	385300	181202	98957	1171996	900119	1084775	827184
699093	505196	89751	55622	1887161	1406133	1357269	1010485
959620	1193916	45370	38753	1805149	1391765	1280327	845648
2050788	1733200	84389	93866	3419810	2788334	3239091	2714440
9994842	7667456	3031215	2474738	24472982	18296886	19178999	13160587
16171522	11899609	2064138	1779531	25208369	19818360	18657272	14837079
158354	76379	152080	200522	1092200	968538	987988	857975
22141	19847	4	5	37651	31121	36315	31121
357171	312814	448293	375281	2249494	1926533	2144739	1838319
183281	154256	45628	42438	347566	272614	347566	272614
8034443	7012016	1309117	1199610	18634824	15377528	14550811	12048085
7291442	5374740	2627756	2041440	21385010	17924531	18003237	15011717
118353	151635	85158	77247	1627220	1389702	362588	284282
5233946	4469292	1422699	1217297	18516767	15292909	15229966	12380585
59488250	47552551	22912537	21392573	119850891	96417930	76867848	59842997
35189144	28596061	19952670	19033900	84042548	67451029	53624444	41183709
2378740	1699262	1126445	1061383	10295193	8116409	6521887	5080938
59070	66580	130253	166751	810316	790458	705711	686239
134979	121048			139014	115051	135915	112417
268343	195391	180	319	396323	343546	111227	240601
3000653	**4691282**	**1080377**	**1055586**	**10412657**	**11347521**	**8715305**	**9031430**
2478407	4150335	811896	745439	7855916	8945024	6348648	6758766
264260	210772	234088	169536	579083	481743	540163	465143
23656	21380			32369	31513	16326	15828
7108	6602	61	23	27305	17435	21105	11561
368	5936	264	1854	2253	8401	2253	8401
	5039				5178		5178
368	897	264	1854	2253	3223	2253	3223
844927	691431	134324	93072	1852908	1490150	1252291	975784
651	427			38133	38911	38133	38911
844276	691004	134324	93072	1814775	1451239	1214157	936873
663790	2668558	350940	385775	4174072	5934063	3563951	4438204
673078	545070	92219	95180	1175948	974590	940582	836717
2025	1574	270	190	27389	17204	25962	17204

1-3 续表 3

项　目	商品购进总额		统一配送商品购进额	
	2008年	2007年	2008年	2007年
私营合伙企业	409	390	300	305
私营有限责任公司	822379	709762	750014	613833
私营股份有限公司	129267	115685	87931	115685
其他企业	9090	6774	1690	586
港、澳、台商投资企业	93459	95958	91190	95406
港澳台商合资经营企业	68831	94794	66562	94242
港澳台商合作经营企业				
港、澳、台商独资经营企业	24629	1164	24629	1164
港、澳、台商投资股份有限公司				
外商投资企业	1964409	1959353	749286	755770
中外合资经营企业	1400885	1426824	236378	263944
中外合作经营企业	226967	228810	180351	191107
外资企业	336557	303719	332557	300719
外商投资股份有限公司				
二、按行业分				
批发业	**1582187**	**1537005**	**1382045**	**1352143**
农畜产品批发				
食品、饮料及烟草制品专门批发	202290	149516	197728	110778
纺织、服装及日用品批发	40561	34158	40561	34158
文化、体育用品及器材批发				
医药及医疗器材批发	32566	27628	32019	27368
矿产品、建材及化工产品批发	1200492	1231476	1006248	1086115
机械设备、五金交电及电子产品批发	106278	94227	105489	93724
贸易经纪与代理				
其他批发				
零售业	**5971566**	**7442084**	**3994875**	**5149613**
综合零售	4299621	4322706	2567804	2674279
食品、饮料及烟草制品专门零售	178271	154142	131729	110868
纺织、服装及日用品专门零售	462433	397350	461979	395029
文化、体育用品及器材专门零售	3135	3604	2210	2834
医药及医疗器材专门零售	272500	249160	257445	235430
汽车、摩托车、燃料及零配件专门零售	423741	386143	279651	241331
家用电器及电子产品专门零售	298038	1921208	267514	1489842
五金、家具及室内装修材料专门零售	33828	7772	26542	
无店铺及其他零售				
三、按业态分				
便利店	340205	252163	329448	207222
折扣店				
超市	2717712	2862557	1570778	1657155
大型超市	750186	740649	463702	481205
仓储会员店				
百货店	731664	661995	420431	465433
专业店	2388879	3965025	2008582	3233684
其中：加油站	146929	211533	14442	80428
专卖店	591579	489378	555751	453939
家居建材商店	30542	3000	26542	
厂家直销中心				
其他	2986.1	4322.7	1685.5	3118.5

单位：万元

自有配送中心配送商品购进额		非自有配送中心配送商品购进额		商品销售总额		零售额	
2008年	2007年	2008年	2007年	2008年	2007年	2008年	2007年
300	305			408	386	408	386
594013	468575	81905	55050	1013897	832689	792241	704956
76740	74617	10044	39940	134254	124312	121971	114170
1221	586			11978	7129	11978	7129
12093	6828	56413	88578	141655	166852	140089	166321
10149	5664	56413	88578	94910	145330	93345	145265
1945	1164			46745	21522	46745	21056
510153	534119	212068	221569	2415086	2235645	2226568	2106343
140305	166623	69531	97321	1596913	1567989	1580038	1553729
180351	191107			263639	246950	263639	246950
189497	176390	142537	124248	554534	420707	382891	305665
914675	**733603**	**115805**	**69814**	**1803836**	**1424896**	**657656**	**531266**
67194	58325	65356	46293	220688	164911	210198	154130
8906	2903			50241	38647	46004	38647
				610	744	610	744
29812	24733	130	150	37217	27112	35291	26631
712232	589738	41363	23371	1365834	1111007	278004	233073
96532	57904	8957		129246	82475	87550	78041
2085978	**3957679**	**964571**	**985772**	**8608821**	**9922625**	**8057649**	**8500164**
1111326	1803185	656289	764209	5962908	5743701	5923734	5682991
114649	99214	13405	8492	211443	201884	204887	190789
445491	380195	3662	3598	785427	651045	405800	355596
986	1315	1225	1519	1933	3696	1751	2168
188812	177392	11050	11020	331082	302277	327994	298152
10643	42152	233798	169119	951276	1045118	915108	846809
214070	1454226	45143	27815	324443	1962580	238065	1111334
				40309	12325	40309	12325
63549	55265	99040	71818	510925	390501	476045	355544
501930	1164404	385750	451551	3860611	3817173	3854879	3786653
249422	277495	190750	203710	953179	792116	952140	790034
332362	345599	56413	88578	913087	960774	913087	960774
1359391	2446020	338703	231486	3302352	4647343	1952357	2666361
14442	80428			691540	855282	688296	647762
493878	402378	9721	8443	831935	728676	529011	464010
				36712	7000	36712	7000
121.2	119.8			3856.5	3938.1	1074.8	1054.3

1-4　按行业与登记注册类型分连锁零售企业基本情况

内资企业

项　目	连锁总店数(个)	门店数(个)		年末从业人员(人)		年末零售营业面积(平方米)	
	2008年	2008年	2007年	2008年	2007年	2008年	2007年
总　计	**2242**	**153789**	**138114**	**1614948**	**1436477**	**88006245**	**77982978**
批发业	**288**	**52251**	**47680**	**303620**	**279215**	**32426368**	**30513884**
农畜产品批发							
食品、饮料及烟草制品专门批发	49	6982	5427	32283	25062	271127	216486
纺织、服装及日用品批发	15	364	380	4839	4412	323624	282488
文化、体育用品及器材批发	12	506	508	17908	17887	730918	694290
医药及医疗器材批发	45	3463	3280	14758	14224	582752	493548
矿产品、建材及化工产品批发	143	40397	37558	223329	206006	30336568	28619923
机械设备、五金交电及电子产品批发	24	539	527	10503	11624	181379	207149
贸易经纪与代理							
其他批发							
零售业	**1954**	**101538**	**90434**	**1311328**	**1157262**	**55579877**	**47469094**
综合零售	657	47849	43611	773885	683175	35420633	30866001
食品、饮料及烟草制品专门零售	148	4516	3941	30561	26924	477976	428990
纺织、服装及日用品专门零售	121	6016	5102	41997	34949	671080	524816
文化、体育用品及器材专门零售	86	1559	1552	31538	28829	849442	821308
医药及医疗器材专门零售	594	30701	26212	166211	141870	3428738	2852303
汽车、摩托车、燃料及零配件专门零售	125	6948	6658	62925	58355	5914418	6124824
家用电器及电子产品专门零售	200	3695	3115	198801	176838	8386908	5462562
五金、家具及室内装修材料专门零售	12	97	100	4531	5367	418314	376492
无店铺及其他零售	11	157	143	879	955	12368	11798
直营门店合计		**83547**	**78113**	**1378858**	**1193414**	**81863827**	**71661636**
批发业		**25904**	**25225**	**246114**	**234040**	**30916049**	**29224555**
农畜产品批发							
食品、饮料及烟草制品专门批发		1363	1407	17755	15209	94872	89115
纺织、服装及日用品批发		200	190	4063	3608	266862	211736
文化、体育用品及器材批发		490	494	17903	17882	730918	694290
医药及医疗器材批发		830	753	6573	6202	400658	332329
矿产品、建材及化工产品批发		22623	21935	190906	180786	29267358	27726654
机械设备、五金交电及电子产品批发		398	446	8914	10353	155381	170431
贸易经纪与代理							
其他批发							

1-4 续表 1

内资企业

项目	连锁总店数(个)	门店数(个)		年末从业人员(人)		年末零售营业面积(平方米)	
	2008年	2008年	2007年	2008年	2007年	2008年	2007年
零售业		**57643**	**52888**	**1132744**	**959374**	**50947778**	**42437081**
综合零售		22630	21290	658724	570278	32178815	27706862
食品、饮料及烟草制品专门零售		3610	3143	24627	21449	392128	348862
纺织、服装及日用品专门零售		1835	1567	25395	21149	464056	349987
文化、体育用品及器材专门零售		1536	1517	31351	28545	845231	816506
医药及医疗器材专门零售		17491	15861	129272	110544	2721864	2263954
汽车、摩托车、燃料及零配件专门零售		6773	6496	60678	56174	5561282	5777388
家用电器及电子产品专门零售		3515	2772	197341	144988	8363720	4795232
五金、家具及室内装修材料专门零售		96	99	4477	5292	408314	366492
无店铺及其他零售		157	143	879	955	12368	11798
加盟门店合计		**70242**	**60001**	**236090**	**243063**	**6142418**	**6321342**
批发业		**26347**	**22455**	**57506**	**45175**	**1510319**	**1289329**
农畜产品批发							
食品、饮料及烟草制品专门批发		5619	4020	14528	9853	176255	127371
纺织、服装及日用品批发		164	190	776	804	56762	70752
文化、体育用品及器材批发		16	14	5	5		
医药及医疗器材批发		2633	2527	8185	8022	182094	161219
矿产品、建材及化工产品批发		17774	15623	32423	25220	1069210	893269
机械设备、五金交电及电子产品批发		141	81	1589	1271	25998	36718
贸易经纪与代理							
其他批发							
零售业		**43895**	**37546**	**178584**	**197888**	**4632099**	**5032013**
综合零售		25219	22321	115161	112897	3241818	3159139
食品、饮料及烟草制品专门零售		906	798	5934	5475	85848	80128
纺织、服装及日用品专门零售		4181	3535	16602	13800	207024	174829
文化、体育用品及器材专门零售		23	35	187	284	4211	4802
医药及医疗器材专门零售		13210	10351	36939	31326	706874	588349
汽车、摩托车、燃料及零配件专门零售		175	162	2247	2181	353136	347436
家用电器及电子产品专门零售		180	343	1460	31850	23188	667330
五金、家具及室内装修材料专门零售		1	1	54	75	10000	10000
无店铺及其他零售							

1-4 续表 2-1

国有企业

项 目	连锁总店数(个)	门店数(个)		年末从业人员(人)		年末零售营业面积(平方米)	
	2008年	2008年	2007年	2008年	2007年	2008年	2007年
总 计	**184**	**20012**	**19382**	**137382**	**133737**	**7275217**	**6682821**
批发业	**50**	**15506**	**15001**	**91140**	**86471**	**4807595**	**4512143**
农畜产品批发							
食品、饮料及烟草制品专门批发	14	118	89	6778	4710	4537	3577
纺织、服装及日用品批发							
文化、体育用品及器材批发	5	395	399	13708	13488	644200	608145
医药及医疗器材批发	2	1084	1047	5457	5274	87185	84285
矿产品、建材及化工产品批发	29	13909	13466	65197	62999	4071673	3816136
机械设备、五金交电及电子产品批发							
贸易经纪与代理							
其他批发							
零售业	**134**	**4506**	**4381**	**46242**	**47266**	**2467622**	**2170678**
综合零售	21	632	639	14504	15516	893027	627603
食品、饮料及烟草制品专门零售	13	311	310	1677	1570	17392	15408
纺织、服装及日用品专门零售	2	32	32	316	315	5813	5692
文化、体育用品及器材专门零售	31	230	228	5139	5328	203913	208722
医药及医疗器材专门零售	34	1827	1735	8428	8768	180130	180328
汽车、摩托车、燃料及零配件专门零售	29	1424	1387	15256	14811	1148806	1114384
家用电器及电子产品专门零售	2	21	21	437	406	15173	15173
五金、家具及室内装修材料专门零售							
无店铺及其他零售	2	29	29	485	552	3368	3368
直营门店合计		**10386**	**10262**	**116154**	**113680**	**6497539**	**5943828**
批发业		**6518**	**6431**	**73104**	**69820**	**4174708**	**3908660**
农畜产品批发							
食品、饮料及烟草制品专门批发		118	89	6778	4710	4537	3577
纺织、服装及日用品批发							
文化、体育用品及器材批发		395	399	13708	13488	644200	608145
医药及医疗器材批发		47	34	272	334	4225	3245
矿产品、建材及化工产品批发		5958	5909	52346	51288	3521746	3293693
机械设备、五金交电及电子产品批发							
贸易经纪与代理							
其他批发							

1-4 续表 2-2

国有企业

项　目	连锁总店数（个）	门店数（个）		年末从业人员（人）		年末零售营业面积（平方米）	
	2008年	2008年	2007年	2008年	2007年	2008年	2007年
零售业		**3868**	**3831**	**43050**	**43860**	**2322831**	**2035168**
综合零售		547	583	12678	13386	877341	613384
食品、饮料及烟草制品专门零售		155	148	1147	1091	12610	10778
纺织、服装及日用品专门零售		32	32	316	315	5813	5692
文化、体育用品及器材专门零售		227	225	5114	5301	203301	208110
医药及医疗器材专门零售		1451	1419	8180	8457	172065	172025
汽车、摩托车、燃料及零配件专门零售		1406	1374	14693	14352	1033160	1006638
家用电器及电子产品专门零售		21	21	437	406	15173	15173
五金、家具及室内装修材料专门零售							
无店铺及其他零售		29	29	485	552	3368	3368
加盟门店合计		**9626**	**9120**	**21228**	**20057**	**777678**	**738993**
批发业		**8988**	**8570**	**18036**	**16651**	**632887**	**603483**
农畜产品批发							
食品、饮料及烟草制品专门批发							
纺织、服装及日用品批发							
文化、体育用品及器材批发							
医药及医疗器材批发		1037	1013	5185	4940	82960	81040
矿产品、建材及化工产品批发		7951	7557	12851	11711	549927	522443
机械设备、五金交电及电子产品批发							
贸易经纪与代理							
其他批发							
零售业		**638**	**550**	**3192**	**3406**	**144791**	**135510**
综合零售		85	56	1826	2130	15686	14219
食品、饮料及烟草制品专门零售		156	162	530	479	4782	4630
纺织、服装及日用品专门零售							
文化、体育用品及器材专门零售		3	3	25	27	612	612
医药及医疗器材专门零售		376	316	248	311	8065	8303
汽车、摩托车、燃料及零配件专门零售		18	13	563	459	115646	107746
家用电器及电子产品专门零售							
五金、家具及室内装修材料专门零售							
无店铺及其他零售							

1-4 续表 2-1

集体企业

项目	连锁总店数（个）	门店数（个）		年末从业人员（人）		年末零售营业面积（平方米）	
	2008年	2008年	2007年	2008年	2007年	2008年	2007年
总　计	**35**	**1881**	**1746**	**15721**	**13130**	**585704**	**499232**
批发业	**4**	**1110**	**1099**	**1793**	**1825**	**25345**	**21230**
农畜产品批发							
食品、饮料及烟草制品专门批发	1	804	803	1410	1468	13070	13040
纺织、服装及日用品批发							
文化、体育用品及器材批发							
医药及医疗器材批发							
矿产品、建材及化工产品批发	3	306	296	383	357	12275	8190
机械设备、五金交电及电子产品批发							
贸易经纪与代理							
其他批发							
零售业	**31**	**771**	**647**	**13928**	**11305**	**560359**	**478002**
综合零售	16	564	439	11834	9395	513210	430739
食品、饮料及烟草制品专门零售	4	43	41	682	668	9515	9305
纺织、服装及日用品专门零售	2	21	21	216	221	2472	2566
文化、体育用品及器材专门零售	2	14	14	212	216	3102	3102
医药及医疗器材专门零售	4	76	79	695	456	7600	7830
汽车、摩托车、燃料及零配件专门零售							
家用电器及电子产品专门零售	1	20	20	89	89	1000	1000
五金、家具及室内装修材料专门零售	1	2	2	154	185	23000	23000
无店铺及其他零售	1	31	31	46	75	460	460
直营门店合计		**496**	**443**	**13877**	**11452**	**536236**	**457364**
批发业		**89**	**79**	**366**	**427**	**8595**	**7700**
农畜产品批发							
食品、饮料及烟草制品专门批发		31	26	250	300	6770	6620
纺织、服装及日用品批发							
文化、体育用品及器材批发							
医药及医疗器材批发							
矿产品、建材及化工产品批发		58	53	116	127	1825	1080
机械设备、五金交电及电子产品批发							
贸易经纪与代理							
其他批发							

1-4 续表 2-2

集体企业

项目	连锁总店数(个)	门店数(个)		年末从业人员(人)		年末零售营业面积(平方米)	
	2008年	2008年	2007年	2008年	2007年	2008年	2007年
零售业		**407**	**364**	**13511**	**11025**	**527641**	**449664**
综合零售		209	165	11508	9225	491330	413239
食品、饮料及烟草制品专门零售		42	40	681	665	9477	9267
纺织、服装及日用品专门零售		20	20	205	212	2322	2416
文化、体育用品及器材专门零售		14	14	212	216	3102	3102
医药及医疗器材专门零售		70	73	670	433	6950	7180
汽车、摩托车、燃料及零配件专门零售							
家用电器及电子产品专门零售		20	20	89	89	1000	1000
五金、家具及室内装修材料专门零售		1	1	100	110	13000	13000
无店铺及其他零售		31	31	46	75	460	460
加盟门店合计		**1385**	**1303**	**1844**	**1678**	**49468**	**41868**
批发业		**1021**	**1020**	**1427**	**1398**	**16750**	**13530**
农畜产品批发							
食品、饮料及烟草制品专门批发		773	777	1160	1168	6300	6420
纺织、服装及日用品批发							
文化、体育用品及器材批发							
医药及医疗器材批发							
矿产品、建材及化工产品批发		248	243	267	230	10450	7110
机械设备、五金交电及电子产品批发							
贸易经纪与代理							
其他批发							
零售业		**364**	**283**	**417**	**280**	**32718**	**28338**
综合零售		355	274	326	170	21880	17500
食品、饮料及烟草制品专门零售		1	1	1	3	38	38
纺织、服装及日用品专门零售		1	1	11	9	150	150
文化、体育用品及器材专门零售							
医药及医疗器材专门零售		6	6	25	23	650	650
汽车、摩托车、燃料及零配件专门零售							
家用电器及电子产品专门零售							
五金、家具及室内装修材料专门零售		1	1	54	75	10000	10000
无店铺及其他零售							

1-4 续表 3-1

股份合作企业

项 目	连锁总店数（个）	门店数（个）		年末从业人员（人）		年末零售营业面积（平方米）	
	2008年	2008年	2007年	2008年	2007年	2008年	2007年
总 计	**23**	**746**	**718**	**8115**	**6879**	**169895**	**139787**
批发业	**3**	**391**	**398**	**1434**	**1427**	**12108**	**12717**
农畜产品批发							
食品、饮料及烟草制品专门批发	1	6	6	88	81	342	342
纺织、服装及日用品批发							
文化、体育用品及器材批发							
医药及医疗器材批发	1	3	3	120	100	180	180
矿产品、建材及化工产品批发	1	382	389	1226	1246	11586	12195
机械设备、五金交电及电子产品批发							
贸易经纪与代理							
其他批发							
零售业	**20**	**355**	**320**	**6681**	**5452**	**157787**	**127070**
综合零售	7	107	87	5304	4104	113525	89252
食品、饮料及烟草制品专门零售	5	70	67	448	469	6964	6740
纺织、服装及日用品专门零售							
文化、体育用品及器材专门零售							
医药及医疗器材专门零售	6	173	164	865	835	25698	21478
汽车、摩托车、燃料及零配件专门零售	2	5	2	64	44	11600	9600
家用电器及电子产品专门零售							
五金、家具及室内装修材料专门零售							
无店铺及其他零售							
直营门店合计		**285**	**252**	**5934**	**4680**	**142604**	**113316**
批发业		**25**	**33**	**255**	**239**	**1435**	**1894**
农畜产品批发							
食品、饮料及烟草制品专门批发		6	6	88	81	342	342
纺织、服装及日用品批发							
文化、体育用品及器材批发							
医药及医疗器材批发		3	3	120	100	180	180
矿产品、建材及化工产品批发		16	24	47	58	913	1372
机械设备、五金交电及电子产品批发							
贸易经纪与代理							
其他批发							

1-4 续表 3-2

股份合作企业

项目	连锁总店数(个)	门店数(个)		年末从业人员(人)		年末零售营业面积(平方米)	
	2008年	2008年	2007年	2008年	2007年	2008年	2007年
零售业		**260**	**219**	**5679**	**4441**	**141169**	**111422**
综合零售		89	67	4500	3321	102305	79092
食品、饮料及烟草制品专门零售		66	63	444	465	6931	6707
纺织、服装及日用品专门零售							
文化、体育用品及器材专门零售							
医药及医疗器材专门零售		100	87	671	611	20333	16023
汽车、摩托车、燃料及零配件专门零售		5	2	64	44	11600	9600
家用电器及电子产品专门零售							
五金、家具及室内装修材料专门零售							
无店铺及其他零售							
加盟门店合计		**461**	**466**	**2181**	**2199**	**27291**	**26471**
批发业		**366**	**365**	**1179**	**1188**	**10673**	**10823**
农畜产品批发							
食品、饮料及烟草制品专门批发							
纺织、服装及日用品批发							
文化、体育用品及器材批发							
医药及医疗器材批发							
矿产品、建材及化工产品批发		366	365	1179	1188	10673	10823
机械设备、五金交电及电子产品批发							
贸易经纪与代理							
其他批发							
零售业		**95**	**101**	**1002**	**1011**	**16618**	**15648**
综合零售		18	20	804	783	11220	10160
食品、饮料及烟草制品专门零售		4	4	4	4	33	33
纺织、服装及日用品专门零售							
文化、体育用品及器材专门零售							
医药及医疗器材专门零售		73	77	194	224	5365	5455
汽车、摩托车、燃料及零配件专门零售							
家用电器及电子产品专门零售							
五金、家具及室内装修材料专门零售							
无店铺及其他零售							

1-4 **续表 4-1**

联营企业

项　目	连锁总店数(个)	门店数(个)		年末从业人员(人)		年末零售营业面积(平方米)	
	2008年	2008年	2007年	2008年	2007年	2008年	2007年
总　计	**5**	**489**	**468**	**2483**	**2855**	**40345**	**35380**
批发业	**1**	**2**	**2**	**128**	**128**	**5831**	**5831**
农畜产品批发							
食品、饮料及烟草制品专门批发							
纺织、服装及日用品批发							
文化、体育用品及器材批发							
医药及医疗器材批发							
矿产品、建材及化工产品批发	1	2	2	128	128	5831	5831
机械设备、五金交电及电子产品批发							
贸易经纪与代理							
其他批发							
零售业	**4**	**487**	**466**	**2355**	**2727**	**34514**	**29549**
综合零售	1	196	173	710	681	6135	5638
食品、饮料及烟草制品专门零售							
纺织、服装及日用品专门零售							
文化、体育用品及器材专门零售							
医药及医疗器材专门零售	3	291	293	1645	2046	28379	23911
汽车、摩托车、燃料及零配件专门零售							
家用电器及电子产品专门零售							
五金、家具及室内装修材料专门零售							
无店铺及其他零售							
直营门店合计		**407**	**315**	**2088**	**1925**	**31711**	**25286**
批发业		**2**	**2**	**128**	**128**	**5831**	**5831**
农畜产品批发							
食品、饮料及烟草制品专门批发							
纺织、服装及日用品批发							
文化、体育用品及器材批发							
医药及医疗器材批发							
矿产品、建材及化工产品批发		2	2	128	128	5831	5831
机械设备、五金交电及电子产品批发							
贸易经纪与代理							
其他批发							

1-4 续表 4-2

联营企业

项目	连锁总店数（个）	门店数（个）		年末从业人员（人）		年末零售营业面积（平方米）	
	2008年	2008年	2007年	2008年	2007年	2008年	2007年
零售业		**405**	**313**	**1960**	**1797**	**25880**	**19455**
综合零售		196	173	710	681	6135	5638
食品、饮料及烟草制品专门零售							
纺织、服装及日用品专门零售							
文化、体育用品及器材专门零售							
医药及医疗器材专门零售		209	140	1250	1116	19745	13817
汽车、摩托车、燃料及零配件专门零售							
家用电器及电子产品专门零售							
五金、家具及室内装修材料专门零售							
无店铺及其他零售							
加盟门店合计		**82**	**153**	**395**	**930**	**8634**	**10094**
批发业							
农畜产品批发							
食品、饮料及烟草制品专门批发							
纺织、服装及日用品批发							
文化、体育用品及器材批发							
医药及医疗器材批发							
矿产品、建材及化工产品批发							
机械设备、五金交电及电子产品批发							
贸易经纪与代理							
其他批发							
零售业		**82**	**153**	**395**	**930**	**8634**	**10094**
综合零售							
食品、饮料及烟草制品专门零售							
纺织、服装及日用品专门零售							
文化、体育用品及器材专门零售							
医药及医疗器材专门零售		82	153	395	930	8634	10094
汽车、摩托车、燃料及零配件专门零售							
家用电器及电子产品专门零售							
五金、家具及室内装修材料专门零售							
无店铺及其他零售							

1-4 续表 5-1

有限责任公司

项　目	连锁总店数(个)	门店数(个)		年末从业人员(人)		年末零售营业面积(平方米)	
	2008年	2008年	2007年	2008年	2007年	2008年	2007年
总　计	**873**	**59591**	**50879**	**587709**	**502289**	**24792421**	**20999287**
批发业	**81**	**12375**	**9473**	**49291**	**39892**	**1572728**	**1222728**
农畜产品批发							
食品、饮料及烟草制品专门批发	21	5035	3780	20897	16139	185827	143556
纺织、服装及日用品批发	5	230	254	3494	3287	304912	263186
文化、体育用品及器材批发	3	80	80	3796	4004	80307	80307
医药及医疗器材批发	21	1006	856	4178	3780	347321	275153
矿产品、建材及化工产品批发	24	5968	4441	15656	10798	608961	403596
机械设备、五金交电及电子产品批发	7	56	62	1270	1884	45400	56930
贸易经纪与代理							
其他批发							
零售业	**792**	**47216**	**41406**	**538418**	**462397**	**23219693**	**19776559**
综合零售	264	22074	20325	337463	292085	16199971	14408151
食品、饮料及烟草制品专门零售	61	1949	1640	11856	10208	204253	185547
纺织、服装及日用品专门零售	37	2243	1973	17770	14569	258970	188955
文化、体育用品及器材专门零售	28	685	651	11023	9520	309266	274599
医药及医疗器材专门零售	275	18334	15199	90148	78872	1939217	1597628
汽车、摩托车、燃料及零配件专门零售	24	340	296	3611	2234	496029	252419
家用电器及电子产品专门零售	92	1460	1181	62953	50493	3484766	2583231
五金、家具及室内装修材料专门零售	6	75	77	3461	4263	321481	279659
无店铺及其他零售	5	56	64	133	153	5740	6370
直营门店合计		**30217**	**28362**	**496077**	**428784**	**22522573**	**19042972**
批发业		**2415**	**2279**	**21762**	**21132**	**925438**	**748523**
农畜产品批发							
食品、饮料及烟草制品专门批发		850	977	8807	8464	49632	47408
纺织、服装及日用品批发		66	64	2790	2483	248360	192434
文化、体育用品及器材批发		78	78	3791	3999	80307	80307
医药及医疗器材批发		386	305	3228	2859	328383	256966
矿产品、建材及化工产品批发		982	797	1876	1443	175156	116878
机械设备、五金交电及电子产品批发		53	58	1270	1884	43600	54530
贸易经纪与代理							
其他批发							

1-4 续表 5-2

有限责任公司

项目	连锁总店数（个）	门店数（个）		年末从业人员（人）		年末零售营业面积（平方米）	
	2008年	2008年	2007年	2008年	2007年	2008年	2007年
零售业		**27802**	**26083**	**474315**	**407652**	**21597135**	**18294449**
综合零售		14042	13415	312127	268572	15248511	13473099
食品、饮料及烟草制品专门零售		1618	1386	9727	8516	162789	153787
纺织、服装及日用品专门零售		835	753	10213	8385	190816	125586
文化、体育用品及器材专门零售		677	638	11007	9484	308787	273779
医药及医疗器材专门零售		8744	8307	61607	56025	1409871	1175194
汽车、摩托车、燃料及零配件专门零售		307	274	3441	2098	472724	232094
家用电器及电子产品专门零售		1448	1169	62599	50156	3476416	2574881
五金、家具及室内装修材料专门零售		75	77	3461	4263	321481	279659
无店铺及其他零售		56	64	133	153	5740	6370
加盟门店合计		**29374**	**22517**	**91632**	**73505**	**2269848**	**1956315**
批发业		**9960**	**7194**	**27529**	**18760**	**647290**	**474205**
农畜产品批发							
食品、饮料及烟草制品专门批发		4185	2803	12090	7675	136195	96148
纺织、服装及日用品批发		164	190	704	804	56552	70752
文化、体育用品及器材批发		2	2	5	5		
医药及医疗器材批发		620	551	950	921	18938	18187
矿产品、建材及化工产品批发		4986	3644	13780	9355	433805	286718
机械设备、五金交电及电子产品批发		3	4			1800	2400
贸易经纪与代理							
其他批发							
零售业		**19414**	**15323**	**64103**	**54745**	**1622558**	**1482110**
综合零售		8032	6910	25336	23513	951460	935052
食品、饮料及烟草制品专门零售		331	254	2129	1692	41464	31760
纺织、服装及日用品专门零售		1408	1220	7557	6184	68154	63369
文化、体育用品及器材专门零售		8	13	16	36	479	820
医药及医疗器材专门零售		9590	6892	28541	22847	529346	422434
汽车、摩托车、燃料及零配件专门零售		33	22	170	136	23305	20325
家用电器及电子产品专门零售		12	12	354	337	8350	8350
五金、家具及室内装修材料专门零售							
无店铺及其他零售							

1-4 续表 6-1

股份有限公司

项 目	连锁总店数(个)	门店数(个)		年末从业人员(人)		年末零售营业面积(平方米)	
	2008年	2008年	2007年	2008年	2007年	2008年	2007年
总　计	**262**	**41214**	**38989**	**573245**	**530127**	**46692814**	**42444033**
批发业	**86**	**19980**	**19112**	**145133**	**135177**	**25685547**	**24431613**
农畜产品批发							
食品、饮料及烟草制品专门批发							
纺织、服装及日用品批发	1	3	2	67	20		
文化、体育用品及器材批发							
医药及医疗器材批发	2	41	41	548	565	10000	9500
矿产品、建材及化工产品批发	80	19698	18854	139729	129500	25609642	24361685
机械设备、五金交电及电子产品批发	3	238	215	4789	5092	65905	60428
贸易经纪与代理							
其他批发							
零售业	**176**	**21234**	**19877**	**428112**	**394950**	**21007267**	**18012420**
综合零售	63	12725	11955	262912	238160	12624043	10987655
食品、饮料及烟草制品专门零售	6	283	251	2491	2085	84837	76967
纺织、服装及日用品专门零售	6	92	76	1177	1075	18831	17717
文化、体育用品及器材专门零售	6	447	443	11038	9711	238269	245402
医药及医疗器材专门零售	31	1642	1524	10860	9996	236260	216829
汽车、摩托车、燃料及零配件专门零售	54	5090	4878	42495	39712	4131453	4620485
家用电器及电子产品专门零售	10	955	750	97139	94211	3673574	1847365
五金、家具及室内装修材料专门零售							
无店铺及其他零售							
直营门店合计		**26513**	**25227**	**502756**	**428188**	**44800929**	**39913644**
批发业		**15758**	**15361**	**140656**	**132650**	**25626542**	**24376688**
农畜产品批发							
食品、饮料及烟草制品专门批发							
纺织、服装及日用品批发		3	2	67	20		
文化、体育用品及器材批发							
医药及医疗器材批发		41	41	548	565	10000	9500
矿产品、建材及化工产品批发		15538	15103	135594	126973	25556537	24306760
机械设备、五金交电及电子产品批发		176	215	4447	5092	60005	60428
贸易经纪与代理							
其他批发							

1-4 续表 6-2

股份有限公司

项　目	连锁总店数（个）	门店数（个）		年末从业人员（人）		年末零售营业面积（平方米）	
	2008年	2008年	2007年	2008年	2007年	2008年	2007年
零售业		**10755**	**9866**	**362100**	**295538**	**19174387**	**15536956**
综合零售		2996	2781	200654	172500	11027697	9394132
食品、饮料及烟草制品专门零售		118	125	1647	1439	73768	68595
纺织、服装及日用品专门零售		92	76	1177	1075	18831	17717
文化、体育用品及器材专门零售		437	426	10898	9496	235239	242122
医药及医疗器材专门零售		1186	1127	9517	8903	211352	193049
汽车、摩托车、燃料及零配件专门零售		4971	4756	41068	38214	3933926	4417778
家用电器及电子产品专门零售		955	575	97139	63911	3673574	1203563
五金、家具及室内装修材料专门零售							
无店铺及其他零售							
加盟门店合计		**14701**	**13762**	**70489**	**101939**	**1891885**	**2530389**
批发业		**4222**	**3751**	**4477**	**2527**	**59005**	**54925**
农畜产品批发							
食品、饮料及烟草制品专门批发							
纺织、服装及日用品批发							
文化、体育用品及器材批发							
医药及医疗器材批发							
矿产品、建材及化工产品批发		4160	3751	4135	2527	53105	54925
机械设备、五金交电及电子产品批发		62		342		5900	
贸易经纪与代理							
其他批发							
零售业		**10479**	**10011**	**66012**	**99412**	**1832880**	**2475464**
综合零售		9729	9174	62258	65660	1596346	1593523
食品、饮料及烟草制品专门零售		165	126	844	646	11069	8372
纺织、服装及日用品专门零售							
文化、体育用品及器材专门零售		10	17	140	215	3030	3280
医药及医疗器材专门零售		456	397	1343	1093	24908	23780
汽车、摩托车、燃料及零配件专门零售		119	122	1427	1498	197527	202707
家用电器及电子产品专门零售			175		30300		643802
五金、家具及室内装修材料专门零售							
无店铺及其他零售							

1-4 续表 7-1

私营企业

项 目	连锁总店数(个)	门店数(个)		年末从业人员(人)		年末零售营业面积(平方米)	
	2008年	2008年	2007年	2008年	2007年	2008年	2007年
总 计	**840**	**29481**	**25651**	**286365**	**243906**	**8321090**	**7069596**
批发业	**62**	**2884**	**2592**	**14659**	**14262**	**316714**	**307122**
农畜产品批发							
食品、饮料及烟草制品专门批发	11	1016	746	3068	2631	66851	55471
纺织、服装及日用品批发	9	131	124	1278	1105	18712	19302
文化、体育用品及器材批发	4	31	29	404	395	6411	5838
医药及医疗器材批发	19	1329	1333	4455	4505	138066	124430
矿产品、建材及化工产品批发	5	132	110	1010	978	16600	12290
机械设备、五金交电及电子产品批发	14	245	250	4444	4648	70074	89791
贸易经纪与代理							
其他批发							
零售业	**778**	**26597**	**23059**	**271706**	**229644**	**8004376**	**6762474**
综合零售	280	11482	9923	139662	121699	5008674	4258323
食品、饮料及烟草制品专门零售	58	1806	1573	13256	11814	153225	133313
纺织、服装及日用品专门零售	73	3624	2996	22510	18761	384830	309722
文化、体育用品及器材专门零售	17	132	160	3551	3384	89671	82083
医药及医疗器材专门零售	233	8176	7139	52770	40489	998828	797209
汽车、摩托车、燃料及零配件专门零售	16	89	95	1499	1554	126530	127936
家用电器及电子产品专门零售	93	1227	1133	37327	30849	1165985	978455
五金、家具及室内装修材料专门零售	5	20	21	916	919	73833	73833
无店铺及其他零售	3	41	19	215	175	2800	1600
直营门店合计		**15023**	**13032**	**238660**	**201513**	**7224221**	**6065654**
批发业		**1094**	**1037**	**9801**	**9611**	**173000**	**174759**
农畜产品批发							
食品、饮料及烟草制品专门批发		355	306	1790	1621	33091	30668
纺织、服装及日用品批发		131	124	1206	1105	18502	19302
文化、体育用品及器材批发		17	17	404	395	6411	5838
医药及医疗器材批发		353	370	2405	2344	57870	62438
矿产品、建材及化工产品批发		69	47	799	769	5350	1040
机械设备、五金交电及电子产品批发		169	173	3197	3377	51776	55473
贸易经纪与代理							
其他批发							

1-4 续表 7-2

私营企业

项 目	连锁总店数（个）	门店数（个）		年末从业人员（人）		年末零售营业面积（平方米）	
	2008年	2008年	2007年	2008年	2007年	2008年	2007年
零售业		**13929**	**11995**	**228859**	**191902**	**7051221**	**5890895**
综合零售		4526	4074	115380	101348	4377228	3679508
食品、饮料及烟草制品专门零售		1557	1322	10830	9163	124763	98018
纺织、服装及日用品专门零售		852	682	13476	11154	246110	198412
文化、体育用品及器材专门零售		130	158	3545	3378	89581	81993
医药及医疗器材专门零售		5660	4652	46864	34663	875887	682976
汽车、摩托车、燃料及零配件专门零售		84	90	1412	1466	109872	111278
家用电器及电子产品专门零售		1059	977	36221	29636	1151147	963277
五金、家具及室内装修材料专门零售		20	21	916	919	73833	73833
无店铺及其他零售		41	19	215	175	2800	1600
加盟门店合计		**14458**	**12619**	**47705**	**42393**	**1096869**	**1003942**
批发业		**1790**	**1555**	**4858**	**4651**	**143714**	**132363**
农畜产品批发							
食品、饮料及烟草制品专门批发		661	440	1278	1010	33760	24803
纺织、服装及日用品批发				72		210	
文化、体育用品及器材批发		14	12				
医药及医疗器材批发		976	963	2050	2161	80196	61992
矿产品、建材及化工产品批发		63	63	211	209	11250	11250
机械设备、五金交电及电子产品批发		76	77	1247	1271	18298	34318
贸易经纪与代理							
其他批发							
零售业		**12668**	**11064**	**42847**	**37742**	**953155**	**871579**
综合零售		6956	5849	24282	20351	631446	578815
食品、饮料及烟草制品专门零售		249	251	2426	2651	28462	35295
纺织、服装及日用品专门零售		2772	2314	9034	7607	138720	111310
文化、体育用品及器材专门零售		2	2	6	6	90	90
医药及医疗器材专门零售		2516	2487	5906	5826	122941	114233
汽车、摩托车、燃料及零配件专门零售		5	5	87	88	16658	16658
家用电器及电子产品专门零售		168	156	1106	1213	14838	15178
五金、家具及室内装修材料专门零售							
无店铺及其他零售							

1-4 续表 8-1

其他企业

项目	连锁总店数(个)	门店数(个)		年末从业人员(人)		年末零售营业面积(平方米)	
	2008年	2008年	2007年	2008年	2007年	2008年	2007年
总计	**20**	**375**	**281**	**3928**	**3554**	**128759**	**112842**
批发业	**1**	**3**	**3**	**42**	**33**	**500**	**500**
农畜产品批发							
食品、饮料及烟草制品专门批发	1	3	3	42	33	500	500
纺织、服装及日用品批发							
文化、体育用品及器材批发							
医药及医疗器材批发							
矿产品、建材及化工产品批发							
机械设备、五金交电及电子产品批发							
贸易经纪与代理							
其他批发							
零售业	**19**	**372**	**278**	**3886**	**3521**	**128259**	**112342**
综合零售	5	69	70	1496	1535	62048	58640
食品、饮料及烟草制品专门零售	1	54	59	151	110	1790	1710
纺织、服装及日用品专门零售	1	4	4	8	8	164	164
文化、体育用品及器材专门零售	2	51	56	575	670	5221	7400
医药及医疗器材专门零售	8	182	79	800	408	12626	7090
汽车、摩托车、燃料及零配件专门零售							
家用电器及电子产品专门零售	2	12	10	856	790	46410	37338
五金、家具及室内装修材料专门零售							
无店铺及其他零售							
直营门店合计		**220**	**220**	**3312**	**3192**	**108014**	**99572**
批发业		**3**	**3**	**42**	**33**	**500**	**500**
农畜产品批发							
食品、饮料及烟草制品专门批发		3	3	42	33	500	500
纺织、服装及日用品批发							
文化、体育用品及器材批发							
医药及医疗器材批发							
矿产品、建材及化工产品批发							
机械设备、五金交电及电子产品批发							
贸易经纪与代理							
其他批发							

1-4 续表 8-2

其他企业

项　目	连锁总店数（个）	门店数（个）		年末从业人员（人）		年末零售营业面积（平方米）	
	2008年	2008年	2007年	2008年	2007年	2008年	2007年
零售业		**217**	**217**	**3270**	**3159**	**107514**	**99072**
综合零售		25	32	1167	1245	48268	48770
食品、饮料及烟草制品专门零售		54	59	151	110	1790	1710
纺织、服装及日用品专门零售		4	4	8	8	164	164
文化、体育用品及器材专门零售		51	56	575	670	5221	7400
医药及医疗器材专门零售		71	56	513	336	5661	3690
汽车、摩托车、燃料及零配件专门零售							
家用电器及电子产品专门零售		12	10	856	790	46410	37338
五金、家具及室内装修材料专门零售							
无店铺及其他零售							
加盟门店合计		**155**	**61**	**616**	**362**	**20745**	**13270**
批发业							
农畜产品批发							
食品、饮料及烟草制品专门批发							
纺织、服装及日用品批发							
文化、体育用品及器材批发							
医药及医疗器材批发							
矿产品、建材及化工产品批发							
机械设备、五金交电及电子产品批发							
贸易经纪与代理							
其他批发							
零售业		**155**	**61**	**616**	**362**	**20745**	**13270**
综合零售		44	38	329	290	13780	9870
食品、饮料及烟草制品专门零售							
纺织、服装及日用品专门零售							
文化、体育用品及器材专门零售							
医药及医疗器材专门零售		111	23	287	72	6965	3400
汽车、摩托车、燃料及零配件专门零售							
家用电器及电子产品专门零售							
五金、家具及室内装修材料专门零售							
无店铺及其他零售							

1-4 续表 9-1

港澳台商投资企业

项目	连锁总店数（个）	门店数（个）		年末从业人员（人）		年末零售营业面积（平方米）	
	2008年	2008年	2007年	2008年	2007年	2008年	2007年
总计	**68**	**2446**	**2059**	**89854**	**75848**	**3437831**	**2894728**
批发业	**6**	**257**	**235**	**1155**	**1101**	**10404**	**11041**
农畜产品批发							
食品、饮料及烟草制品专门批发	1	100	90	171	193	1093	960
纺织、服装及日用品批发	3	64	63	599	545	5620	6740
文化、体育用品及器材批发							
医药及医疗器材批发							
矿产品、建材及化工产品批发	2	93	82	385	363	3691	3341
机械设备、五金交电及电子产品批发							
贸易经纪与代理							
其他批发							
零售业	**62**	**2189**	**1824**	**88699**	**74747**	**3427427**	**2883687**
综合零售	31	1348	1058	76746	63233	3180497	2658046
食品、饮料及烟草制品专门零售	4	77	44	752	508	2735	1855
纺织、服装及日用品专门零售	21	615	513	7858	7304	86980	72972
文化、体育用品及器材专门零售							
医药及医疗器材专门零售	1	102	163	740	1078	9800	16300
汽车、摩托车、燃料及零配件专门零售	1	3	3	79	79	4800	4800
家用电器及电子产品专门零售							
五金、家具及室内装修材料专门零售	3	18	17	2458	2509	133349	127114
无店铺及其他零售	1	26	26	66	36	9266	2600
直营门店合计		**2265**	**1905**	**86592**	**72920**	**3300533**	**2763965**
批发业		**257**	**235**	**1155**	**1101**	**10404**	**11041**
农畜产品批发							
食品、饮料及烟草制品专门批发		100	90	171	193	1093	960
纺织、服装及日用品批发		64	63	599	545	5620	6740
文化、体育用品及器材批发							
医药及医疗器材批发							
矿产品、建材及化工产品批发		93	82	385	363	3691	3341
机械设备、五金交电及电子产品批发							
贸易经纪与代理							
其他批发							

1-4 续表 9-2

港澳台商投资企业

项目	连锁总店数（个）	门店数（个）		年末从业人员（人）		年末零售营业面积（平方米）	
	2008年	2008年	2007年	2008年	2007年	2008年	2007年
零售业		**2008**	**1670**	**85437**	**71819**	**3290129**	**2752924**
综合零售		1258	982	73822	60644	3047532	2534094
食品、饮料及烟草制品专门零售		61	37	743	499	2452	1729
纺织、服装及日用品专门零售		540	442	7529	6974	82930	66287
文化、体育用品及器材专门零售							
医药及医疗器材专门零售		102	163	740	1078	9800	16300
汽车、摩托车、燃料及零配件专门零售		3	3	79	79	4800	4800
家用电器及电子产品专门零售							
五金、家具及室内装修材料专门零售		18	17	2458	2509	133349	127114
无店铺及其他零售		26	26	66	36	9266	2600
加盟门店合计		**181**	**154**	**3262**	**2928**	**137298**	**130763**
批发业							
农畜产品批发							
食品、饮料及烟草制品专门批发							
纺织、服装及日用品批发							
文化、体育用品及器材批发							
医药及医疗器材批发							
矿产品、建材及化工产品批发							
机械设备、五金交电及电子产品批发							
贸易经纪与代理							
其他批发							
零售业		**181**	**154**	**3262**	**2928**	**137298**	**130763**
综合零售		90	76	2924	2589	132965	123952
食品、饮料及烟草制品专门零售		16	7	9	9	283	126
纺织、服装及日用品专门零售		75	71	329	330	4050	6685
文化、体育用品及器材专门零售							
医药及医疗器材专门零售							
汽车、摩托车、燃料及零配件专门零售							
家用电器及电子产品专门零售							
五金、家具及室内装修材料专门零售							
无店铺及其他零售							

1-4 续表 10-1

外商投资企业

项　　目	连锁总店数(个)	门店数(个)		年末从业人员(人)		年末零售营业面积(平方米)	
	2008年	2008年	2007年	2008年	2007年	2008年	2007年
总　计	**147**	**12267**	**11521**	**265974**	**234665**	**10534218**	**8043614**
批发业	**3**	**100**	**98**	**2003**	**2138**	**6605**	**6585**
农畜产品批发							
食品、饮料及烟草制品专门批发	1	62	60	1750	1750	5175	5175
纺织、服装及日用品批发							
文化、体育用品及器材批发							
医药及医疗器材批发							
矿产品、建材及化工产品批发	2	38	38	253	388	1430	1410
机械设备、五金交电及电子产品批发							
贸易经纪与代理							
其他批发							
零售业	**144**	**12167**	**11423**	**263971**	**232527**	**10527613**	**8037029**
综合零售	85	3564	3351	201660	183936	7083507	5629315
食品、饮料及烟草制品专门零售	7	180	216	1225	1232	14932	18546
纺织、服装及日用品专门零售	14	7190	6929	28471	21224	265773	259332
文化、体育用品及器材专门零售	1	3	2	90	40	10930	7000
医药及医疗器材专门零售	1	41	37	714	863	7584	6934
汽车、摩托车、燃料及零配件专门零售	14	756	532	6535	5488	1287369	877840
家用电器及电子产品专门零售	7	365	313	17187	14032	1239187	901956
五金、家具及室内装修材料专门零售	14	62	36	7947	5570	617981	335656
无店铺及其他零售	1	6	7	142	142	350	450
直营门店合计		**3879**	**3343**	**204950**	**180615**	**9191900**	**6929442**
批发业		**100**	**98**	**2003**	**2138**	**6605**	**6585**
农畜产品批发							
食品、饮料及烟草制品专门批发		62	60	1750	1750	5175	5175
纺织、服装及日用品批发							
文化、体育用品及器材批发							
医药及医疗器材批发							
矿产品、建材及化工产品批发		38	38	253	388	1430	1410
机械设备、五金交电及电子产品批发							
贸易经纪与代理							
其他批发							

1-4 续表 10-2

外商投资企业

项目	连锁总店数(个)	门店数(个)		年末从业人员(人)		年末零售营业面积(平方米)	
	2008年	2008年	2007年	2008年	2007年	2008年	2007年
零售业		**3779**	**3245**	**202947**	**178477**	**9185295**	**6922857**
综合零售		2044	1811	164029	146061	6033408	4742328
食品、饮料及烟草制品专门零售		132	160	1054	998	11909	15177
纺织、服装及日用品专门零售		437	409	7111	6585	62097	60876
文化、体育用品及器材专门零售		3	2	90	40	10930	7000
医药及医疗器材专门零售		41	37	714	863	7584	6934
汽车、摩托车、燃料及零配件专门零售		756	532	6535	5488	1287369	877840
家用电器及电子产品专门零售		305	253	16087	12932	1223827	886596
五金、家具及室内装修材料专门零售		55	34	7185	5368	547821	325656
无店铺及其他零售		6	7	142	142	350	450
加盟门店合计		**8388**	**8178**	**61024**	**54050**	**1342318**	**1114172**
批发业							
农畜产品批发							
食品、饮料及烟草制品专门批发							
纺织、服装及日用品批发							
文化、体育用品及器材批发							
医药及医疗器材批发							
矿产品、建材及化工产品批发							
机械设备、五金交电及电子产品批发							
贸易经纪与代理							
其他批发							
零售业		**8388**	**8178**	**61024**	**54050**	**1342318**	**1114172**
综合零售		1520	1540	37631	37875	1050099	886987
食品、饮料及烟草制品专门零售		48	56	171	234	3023	3369
纺织、服装及日用品专门零售		6753	6520	21360	14639	203676	198456
文化、体育用品及器材专门零售							
医药及医疗器材专门零售							
汽车、摩托车、燃料及零配件专门零售							
家用电器及电子产品专门零售		60	60	1100	1100	15360	15360
五金、家具及室内装修材料专门零售		7	2	762	202	70160	10000
无店铺及其他零售							

1-5 按行业与登记注册类型分

内资企业

项目	商品购进总额		统一配送商品购进额	
	2008年	2007年	2008年	2007年
总　　计	**147340042**	**125537813**	**118546980**	**99179308**
批发业	**64344709**	**56291911**	**58027346**	**49485846**
农畜产品批发				
食品、饮料及烟草制品专门批发	2317939	1666502	2142256	1615022
纺织、服装及日用品批发	676643	655475	675064	653988
文化、体育用品及器材批发	2328590	2142710	2055061	1877095
医药及医疗器材批发	349614	300553	278053	235470
矿产品、建材及化工产品批发	57630542	50655970	51846380	44240453
机械设备、五金交电及电子产品批发	1041382	870702	1030533	863819
贸易经纪与代理				
其他批发				
零售业	**82995332**	**69245902**	**60519634**	**49693463**
综合零售	33736336	29202783	20896637	18079315
食品、饮料及烟草制品专门零售	1024254	785706	911885	670347
纺织、服装及日用品专门零售	1163022	869280	845636	597773
文化、体育用品及器材专门零售	1806645	1559444	1262281	1389580
医药及医疗器材专门零售	3088060	2606434	2868155	2457408
汽车、摩托车、燃料及零配件专门零售	18841439	15038180	14442916	11125524
家用电器及电子产品专门零售	22927982	18832989	19074384	15228819
五金、家具及室内装修材料专门零售	389245	334243	200007	127854
无店铺及其他零售	18349	16842	17733	16842
直营门店合计	**147340042**	**125537813**	**141844158**	**118614035**
批发业	**64344709**	**56291911**	**62762523**	**54754906**
农畜产品批发				
食品、饮料及烟草制品专门批发	2317939	1666502	2115649	1516986
纺织、服装及日用品批发	676643	655475	636082	621317
文化、体育用品及器材批发	2328590	2142710	2328590	2142710
医药及医疗器材批发	349614	300553	317048	272924
矿产品、建材及化工产品批发	57630542	50655970	56430050	49424494
机械设备、五金交电及电子产品批发	1041382	870702	935104	776475
贸易经纪与代理				
其他批发				

连锁零售企业经营情况

单位：万元

自有配送中心配送商品购进额		非自有配送中心配送商品购进额		商品销售总额		零售额	
2008年	2007年	2008年	2007年	2008年	2007年	2008年	2007年
75411395	**62785173**	**26317600**	**24353806**	**172425975**	**143149397**	**118697060**	**96519018**
32506082	**26722901**	**18827416**	**18064321**	**75111905**	**62314176**	**40372780**	**33184564**
1802527	1377880	125659	101198	2749896	2144854	421070	348202
109028	100676	4688	6226	784366	727459	562542	540364
2013006	1655129			2385927	2091497	1025050	966094
185723	134822	45419	35467	370230	331149	170859	138998
27788544	22930884	18416817	17772506	67774938	56081417	37760257	30799541
607255	523510	234833	148924	1046548	937800	433002	391365
42905313	**36062271**	**7490184**	**6289485**	**97314070**	**80835221**	**78324280**	**63334455**
14586107	13201067	2593647	2312862	43488290	36975392	37047224	31204260
557531	435770	191465	105100	1319433	1029159	1227923	945578
576137	397044	39224	29185	1529112	1192522	1121798	873943
960605	1195231	46595	40272	1790948	1387111	1265943	839465
2177410	1872492	95439	104886	3700670	3051231	3531707	2973212
9567743	7543840	2682805	2157561	22549415	17856895	17619842	12792410
14349795	11372746	1766695	1451595	22436936	18926090	16099913	13385975
115431	29881	74312	88020	470307	391757	380973	294548
14554	14200	4	5	28959	25065	28959	25065
5495884	**6923778**	**118546980**	**99179308**	**114010537**	**93528728**	**4536443**	**5650580**
1582187	**1537005**	**58027346**	**49485846**	**56645301**	**48133703**	**1382045**	**1352143**
202290	149516	2142256	1615022	1944528	1504243	197728	110778
40561	34158	675064	653988	634503	619830	40561	34158
		2055061	1877095	2055061	1877095		
32566	27628	278053	235470	246034	208102	32019	27368
1200492	1231476	51846380	44240453	50840132	43154338	1006248	1086115
106278	94227	1030533	863819	925044	770095	105489	93724

1-5 续表 1

内资企业

项　　目	商品购进总额		统一配送商品购进额	
	2008年	2007年	2008年	2007年
零售业	**82995332**	**69245902**	**79081635**	**63859129**
综合零售	33736336	29202783	31064664	26569945
食品、饮料及烟草制品专门零售	1024254	785706	863888	661258
纺织、服装及日用品专门零售	1163022	869280	927216	679216
文化、体育用品及器材专门零售	1806645	1559444	1803509	1555841
医药及医疗器材专门零售	3088060	2606434	2815560	2357274
汽车、摩托车、燃料及零配件专门零售	18841439	15038180	18417699	14652037
家用电器及电子产品专门零售	22927982	18832989	22784791	17037244
五金、家具及室内装修材料专门零售	389245	334243	385959	329471
无店铺及其他零售	18349	16842	18349	16842
加盟门店合计	**5495884**	**6923778**	**4536443**	**5650580**
批发业	**1582187**	**1537005**	**1382045**	**1352143**
农畜产品批发				
食品、饮料及烟草制品专门批发	202290	149516	197728	110778
纺织、服装及日用品批发	40561	34158	40561	34158
文化、体育用品及器材批发				
医药及医疗器材批发	32566	27628	32019	27368
矿产品、建材及化工产品批发	1200492	1231476	1006248	1086115
机械设备、五金交电及电子产品批发	106278	94227	105489	93724
贸易经纪与代理				
其他批发				
零售业	**3913697**	**5386773**	**3154398**	**4298438**
综合零售	2671672	2632837	2124600	2162336
食品、饮料及烟草制品专门零售	160367	124448	113826	81174
纺织、服装及日用品专门零售	235806	190064	235352	187743
文化、体育用品及器材专门零售	3135	3604	2210	2834
医药及医疗器材专门零售	272500	249160	257445	235430
汽车、摩托车、燃料及零配件专门零售	423741	386143	279651	241331
家用电器及电子产品专门零售	143192	1795745	141315	1387590
五金、家具及室内装修材料专门零售	3286	4772		
无店铺及其他零售				

单位：万元

自有配送中心配送商品购进额		非自有配送中心配送商品购进额		商品销售总额		零售额	
2008年	2007年	2008年	2007年	2008年	2007年	2008年	2007年
3913697	**5386773**	**60519634**	**49693463**	**57365236**	**45395025**	**3154398**	**4298438**
2671672	2632837	20896637	18079315	18772037	15916979	2124600	2162336
160367	124448	911885	670347	798059	589173	113826	81174
235806	190064	845636	597773	610284	410030	235352	187743
3135	3604	1262281	1389580	1260071	1386746	2210	2834
272500	249160	2868155	2457408	2610710	2221978	257445	235430
423741	386143	14442916	11125524	14163265	10884193	279651	241331
143192	1795745	19074384	15228819	18933069	13841229	141315	1387590
3286	4772	200007	127854	200007	127854		
		17733	16842	17733	16842		
2478407	**4150335**	**811896**	**745439**	**7855916**	**8945024**	**6348648**	**6758766**
914675	**733603**	**115805**	**69814**	**1803836**	**1424896**	**657656**	**531266**
67194	58325	65356	46293	220688	164911	210198	154130
8906	2903			50241	38647	46004	38647
				610	744	610	744
29812	24733	130	150	37217	27112	35291	26631
712232	589738	41363	23371	1365834	1111007	278004	233073
96532	57904	8957		129246	82475	87550	78041
1563732	**3416732**	**696090**	**675625**	**6052081**	**7520128**	**5690991**	**6227499**
933518	1580509	413578	474942	3964958	3786735	3925784	3726535
96746	69520	13405	8492	194789	168417	189798	157387
219387	172990	3662	3598	415002	355980	207018	176040
986	1315	1225	1519	1933	3696	1751	2168
188812	177392	11050	11020	331082	302277	327994	298152
10643	42152	233798	169119	951276	1045118	915108	846809
113641	1372854	19373	6936	189443	1852580	119940	1015084
				3597	5325	3597	5325

1-5 续表 2-1

国有企业

项目	商品购进总额		统一配送商品购进额	
	2008年	2007年	2008年	2007年
总计	**21907441**	**18205924**	**19984753**	**16845052**
批发业	**17060268**	**14305289**	**15427497**	**13300566**
农畜产品批发				
食品、饮料及烟草制品专门批发	953342	600373	822586	600373
纺织、服装及日用品批发				
文化、体育用品及器材批发	2006765	1648839	2006765	1648839
医药及医疗器材批发	20216	15473	12341	14091
矿产品、建材及化工产品批发	14079945	12040605	12585804	11037263
机械设备、五金交电及电子产品批发				
贸易经纪与代理				
其他批发				
零售业	**4847173**	**3900634**	**4557256**	**3544486**
综合零售	588689	554804	404932	306312
食品、饮料及烟草制品专门零售	83233	76603	52015	51041
纺织、服装及日用品专门零售	4317	3970	1093	922
文化、体育用品及器材专门零售	216062	197554	146325	122242
医药及医疗器材专门零售	222102	228568	220121	224834
汽车、摩托车、燃料及零配件专门零售	3697856	2804712	3697856	2804712
家用电器及电子产品专门零售	26410	25810	26410	25810
五金、家具及室内装修材料专门零售				
无店铺及其他零售	8505	8614	8505	8614
直营门店合计	**21907441**	**18205924**	**21301171**	**17735658**
批发业	**17060268**	**14305289**	**16762863**	**14068665**
农畜产品批发				
食品、饮料及烟草制品专门批发	953342	600373	953342	600373
纺织、服装及日用品批发				
文化、体育用品及器材批发	2006765	1648839	2006765	1648839
医药及医疗器材批发	20216	15473	10026	3238
矿产品、建材及化工产品批发	14079945	12040605	13792731	11816215
机械设备、五金交电及电子产品批发				
贸易经纪与代理				
其他批发				

单位：万元

自有配送中心配送商品购进额		非自有配送中心配送商品购进额		商品销售总额		零售额	
2008年	2007年	2008年	2007年	2008年	2007年	2008年	2007年
11315781	**8882400**	**6571332**	**6618897**	**25112578**	**20247000**	**18566720**	**14674962**
8929377	**6918952**	**5299544**	**5370072**	**18715873**	**15115659**	**13204500**	**10511988**
697895	491792	54806	48962	1274364	849626	2786	413
2006765	1648839			1766365	1612341	883193	804205
12341	14091			27673	19167	27673	19167
6212376	4764230	5244737	5321110	15647471	12634524	12290848	9688203
2386404	**1963448**	**1271788**	**1248825**	**6396705**	**5131341**	**5362220**	**4162974**
110185	89166	104166	71617	757953	561072	572006	417150
26316	27335	21344	20882	138767	105979	134383	103638
1093	922			12199	11998	12121	11998
87014	80246	5363	4850	213430	200391	172955	155193
150007	152541	11450	12839	244591	235978	242684	233143
1987560	1589501	1129465	1138637	4985105	3972924	4183412	3198853
15724	15125			28251	27822	28251	27822
8505	8614			16409	15178	16409	15178
606270	**470266**	**19984753**	**16845052**	**19484883**	**16463051**	**499870**	**382000**
297405	**236624**	**15427497**	**13300566**	**15187367**	**13108629**	**240129**	**191937**
		822586	600373	822586	600373		
		2006765	1648839	2006765	1648839		
10190	12235	12341	14091	2151	1856	10190	12235
287214	224389	12585804	11037263	12355865	10857561	229939	179702

1-5 续表 2-2

国有企业

项 目	商品购进总额		统一配送商品购进额	
	2008年	2007年	2008年	2007年
零售业	**4847173**	**3900634**	**4538307**	**3666993**
综合零售	588689	554804	556468	530316
食品、饮料及烟草制品专门零售	83233	76603	53459	51743
纺织、服装及日用品专门零售	4317	3970	4317	3970
文化、体育用品及器材专门零售	216062	197554	214973	196594
医药及医疗器材专门零售	222102	228568	220512	225916
汽车、摩托车、燃料及零配件专门零售	3697856	2804712	3453664	2624031
家用电器及电子产品专门零售	26410	25810	26410	25810
五金、家具及室内装修材料专门零售				
无店铺及其他零售	8505	8614	8505	8614
加盟门店合计	**606270**	**470266**	**499870**	**382000**
批发业	**297405**	**236624**	**240129**	**191937**
农畜产品批发				
食品、饮料及烟草制品专门批发				
纺织、服装及日用品批发				
文化、体育用品及器材批发				
医药及医疗器材批发	10190	12235	10190	12235
矿产品、建材及化工产品批发	287214	224389	229939	179702
机械设备、五金交电及电子产品批发				
贸易经纪与代理				
其他批发				
零售业	**308866**	**233641**	**259741**	**190063**
综合零售	32220	24488	13701	6457
食品、饮料及烟草制品专门零售	29775	24860	282	283
纺织、服装及日用品专门零售				
文化、体育用品及器材专门零售	1089	960	164	191
医药及医疗器材专门零售	1590	2652	1402	2451
汽车、摩托车、燃料及零配件专门零售	244192	180681	244192	180681
家用电器及电子产品专门零售				
五金、家具及室内装修材料专门零售				
无店铺及其他零售				

单位：万元

自有配送中心配送商品购进额		非自有配送中心配送商品购进额		商品销售总额		零售额	
2008年	2007年	2008年	2007年	2008年	2007年	2008年	2007年
308866	**233641**	**4557256**	**3544486**	**4297516**	**3354423**	**259741**	**190063**
32220	24488	404932	306312	391231	299855	13701	6457
29775	24860	52015	51041	51734	50758	282	283
		1093	922	1093	922		
1089	960	146325	122242	146161	122051	164	191
1590	2652	220121	224834	218719	222383	1402	2451
244192	180681	3697856	2804712	3453664	2624031	244192	180681
		26410	25810	26410	25810		
		8505	8614	8505	8614		
264260	**210772**	**234088**	**169536**	**579083**	**481743**	**540163**	**465143**
239291	**190984**			**275427**	**216416**	**275427**	**216416**
10190	12235			16990	14600	16990	14600
229101	178749			258437	201816	258437	201816
24969	**19788**	**234088**	**169536**	**303656**	**265327**	**264736**	**248727**
13701	6457			28060	19222	28060	19222
40	42			33464	27318	30894	25759
164	191			982	902	800	714
608	1536	352	417	1736	1787	1736	1787
10456	11562	233736	169119	239414	216098	203246	201245

1-5 续表 3-1

集体企业

项　目	商品购进总额		统一配送商品购进额	
	2008年	2007年	2008年	2007年
总　计	**770898**	**686620**	**614201**	**557396**
批发业	**38581**	**34508**	**38581**	**34508**
农畜产品批发				
食品、饮料及烟草制品专门批发	5112	5904	5112	5904
纺织、服装及日用品批发				
文化、体育用品及器材批发				
医药及医疗器材批发				
矿产品、建材及化工产品批发	33469	28604	33469	28604
机械设备、五金交电及电子产品批发				
贸易经纪与代理				
其他批发				
零售业	**732316**	**652112**	**575620**	**522888**
综合零售	681369	602812	536999	490460
食品、饮料及烟草制品专门零售	23268	21172	21111	18730
纺织、服装及日用品专门零售	2715	2159	2681	2159
文化、体育用品及器材专门零售	3087	2292	2577	1839
医药及医疗器材专门零售	8125	5601	8125	5601
汽车、摩托车、燃料及零配件专门零售				
家用电器及电子产品专门零售	3700	3650	3700	3650
五金、家具及室内装修材料专门零售	9626	13978		
无店铺及其他零售	427	448	427	448
直营门店合计	**770898**	**686620**	**742274**	**660220**
批发业	**38581**	**34508**	**20482**	**16238**
农畜产品批发				
食品、饮料及烟草制品专门批发	5112	5904	3066	3310
纺织、服装及日用品批发				
文化、体育用品及器材批发				
医药及医疗器材批发				
矿产品、建材及化工产品批发	33469	28604	17416	12928
机械设备、五金交电及电子产品批发				
贸易经纪与代理				
其他批发				

单位：万元

自有配送中心配送商品购进额		非自有配送中心配送商品购进额		商品销售总额		零售额	
2008年	2007年	2008年	2007年	2008年	2007年	2008年	2007年
592993	**538029**	**2004**	**519**	**830854**	**757620**	**767151**	**688615**
38581	**34508**			**42300**	**44614**	**5786**	**6918**
5112	5904			9201	10650	5786	6918
33469	28604			33099	33964		
554411	**503521**	**2004**	**519**	**788555**	**713005**	**761365**	**681697**
516214	471770	1824	199	718837	647532	693378	619475
20931	18411	180	319	30891	27808	29161	24557
2681	2159			7943	6599	7943	6599
2577	1839			3831	3618	3831	3618
7882	5244			11961	7183	11961	7183
3700	3650			3650	3600	3650	3600
				10797	15980	10797	15980
427	448			645	685	645	685
28623	**26401**	**614201**	**557396**	**590501**	**535956**	**23701**	**21440**
18099	**18271**	**38581**	**34508**	**20482**	**16238**	**18099**	**18271**
2046	2594	5112	5904	3066	3310	2046	2594
16053	15677	33469	28604	17416	12928	16053	15677

1-5 续表 3-2

集体企业

项　　目	商品购进总额		统一配送商品购进额	
	2008年	2007年	2008年	2007年
零售业	**732316**	**652112**	**721792**	**643982**
综合零售	681369	602812	675040	600462
食品、饮料及烟草制品专门零售	23268	21172	23143	20950
纺织、服装及日用品专门零售	2715	2159	2626	2094
文化、体育用品及器材专门零售	3087	2292	3087	2292
医药及医疗器材专门零售	8125	5601	7429	4880
汽车、摩托车、燃料及零配件专门零售				
家用电器及电子产品专门零售	3700	3650	3700	3650
五金、家具及室内装修材料专门零售	9626	13978	6340	9206
无店铺及其他零售	427	448	427	448
加盟门店合计	**28623**	**26401**	**23701**	**21440**
批发业	**18099**	**18271**	**18099**	**18271**
农畜产品批发				
食品、饮料及烟草制品专门批发	2046	2594	2046	2594
纺织、服装及日用品批发				
文化、体育用品及器材批发				
医药及医疗器材批发				
矿产品、建材及化工产品批发	16053	15677	16053	15677
机械设备、五金交电及电子产品批发				
贸易经纪与代理				
其他批发				
零售业	**10524**	**8130**	**5601**	**3169**
综合零售	6328	2350	4803	2350
食品、饮料及烟草制品专门零售	125	222	14	33
纺织、服装及日用品专门零售	89	65	89	65
文化、体育用品及器材专门零售				
医药及医疗器材专门零售	696	721	696	721
汽车、摩托车、燃料及零配件专门零售				
家用电器及电子产品专门零售				
五金、家具及室内装修材料专门零售	3286	4772		
无店铺及其他零售				

单位：万元

自有配送中心配送商品购进额		非自有配送中心配送商品购进额		商品销售总额		零售额	
2008年	2007年	2008年	2007年	2008年	2007年	2008年	2007年
10524	**8130**	**575620**	**522888**	**570019**	**519718**	**5601**	**3169**
6328	2350	536999	490460	532196	488110	4803	2350
125	222	21111	18730	21097	18697	14	33
89	65	2681	2159	2592	2094	89	65
		2577	1839	2577	1839		
696	721	8125	5601	7429	4880	696	721
		3700	3650	3700	3650		
3286	4772						
		427	448	427	448		
23656	**21380**			**32369**	**31513**	**16326**	**15828**
18099	**18271**			**19726**	**20372**	**3683**	**4687**
2046	2594			3683	4687	3683	4687
16053	15677			16043	15685		
5557	**3109**			**12643**	**11141**	**12643**	**11141**
4803	2350			7985	4680	7985	4680
14	33			124	223	124	223
89	65			240	197	240	197
651	661			696	716	696	716
				3597	5325	3597	5325

1-5 续表 4-1

股份合作企业

项　目	商品购进总额		统一配送商品购进额	
	2008年	2007年	2008年	2007年
总　计	**282676**	**196849**	**260456**	**177355**
批发业	**42713**	**35785**	**40681**	**34027**
农畜产品批发				
食品、饮料及烟草制品专门批发	1976	1705		
纺织、服装及日用品批发				
文化、体育用品及器材批发				
医药及医疗器材批发	25475	20000	25475	20000
矿产品、建材及化工产品批发	15263	14080	15206	14027
机械设备、五金交电及电子产品批发				
贸易经纪与代理				
其他批发				
零售业	**239962**	**161063**	**219775**	**143328**
综合零售	176955	131473	159722	117727
食品、饮料及烟草制品专门零售	7536	7137	4731	4337
纺织、服装及日用品专门零售				
文化、体育用品及器材专门零售				
医药及医疗器材专门零售	11687	11136	11538	9946
汽车、摩托车、燃料及零配件专门零售	43784	11317	43784	11317
家用电器及电子产品专门零售				
五金、家具及室内装修材料专门零售				
无店铺及其他零售				
直营门店合计	**282676**	**196849**	**260765**	**179847**
批发业	**42713**	**35785**	**36092**	**29685**
农畜产品批发				
食品、饮料及烟草制品专门批发	1976	1705	1976	1705
纺织、服装及日用品批发				
文化、体育用品及器材批发				
医药及医疗器材批发	25475	20000	25475	20000
矿产品、建材及化工产品批发	15263	14080	8642	7980
机械设备、五金交电及电子产品批发				
贸易经纪与代理				
其他批发				

单位：万元

自有配送中心配送商品购进额		非自有配送中心配送商品购进额		商品销售总额		零售额	
2008年	2007年	2008年	2007年	2008年	2007年	2008年	2007年
128966	**101671**	**25745**	**20255**	**300360**	**202631**	**213204**	**157541**
15206	**14027**	**25475**	**20000**	**42630**	**37663**	**1226**	**1091**
				2511	2351	1166	1040
		25475	20000	25796	22000	60	51
15206	14027			14324	13311		
113760	**87644**	**271**	**255**	**257730**	**164969**	**211978**	**156450**
101092	76667	210	232	180534	129541	178619	127043
1192	1053			7844	7413	3249	2986
11477	9923	61	23	18226	16039	16624	14444
				51126	11977	13486	11977
21911	**17002**	**260456**	**177355**	**253287**	**170730**	**7169**	**6625**
6621	**6100**	**40681**	**34027**	**34095**	**27961**	**6586**	**6066**
		25475	20000	25475	20000		
6621	6100	15206	14027	8621	7961	6586	6066

1-5 续表 4-2

股份合作企业

项 目	商品购进总额		统一配送商品购进额	
	2008年	2007年	2008年	2007年
零售业	**239962**	**161063**	**224673**	**150161**
综合零售	176955	131473	162318	121135
食品、饮料及烟草制品专门零售	7536	7137	7529	7132
纺织、服装及日用品专门零售				
文化、体育用品及器材专门零售				
医药及医疗器材专门零售	11687	11136	11043	10577
汽车、摩托车、燃料及零配件专门零售	43784	11317	43784	11317
家用电器及电子产品专门零售				
五金、家具及室内装修材料专门零售				
无店铺及其他零售				
加盟门店合计	**21911**	**17002**	**7169**	**6625**
批发业	**6621**	**6100**	**6586**	**6066**
农畜产品批发				
食品、饮料及烟草制品专门批发				
纺织、服装及日用品批发				
文化、体育用品及器材批发				
医药及医疗器材批发				
矿产品、建材及化工产品批发	6621	6100	6586	6066
机械设备、五金交电及电子产品批发				
贸易经纪与代理				
其他批发				
零售业	**15290**	**10902**	**583**	**559**
综合零售	14637	10338		
食品、饮料及烟草制品专门零售	8	5		
纺织、服装及日用品专门零售				
文化、体育用品及器材专门零售				
医药及医疗器材专门零售	645	559	583	559
汽车、摩托车、燃料及零配件专门零售				
家用电器及电子产品专门零售				
五金、家具及室内装修材料专门零售				
无店铺及其他零售				

单位：万元

自有配送中心配送商品购进额		非自有配送中心配送商品购进额		商品销售总额		零售额	
2008年	2007年	2008年	2007年	2008年	2007年	2008年	2007年
15290	**10902**	**219775**	**143328**	**219192**	**142769**	**583**	**559**
14637	10338	159722	117727	159722	117727		
8	5	4731	4337	4731	4337		
645	559	11538	9946	10955	9387	583	559
		43784	11317	43784	11317		
7108	**6602**	**61**	**23**	**27305**	**17435**	**21105**	**11561**
6586	**6066**			**6193**	**5874**		
6586	6066			6193	5874		
522	**536**	**61**	**23**	**21112**	**11561**	**21105**	**11561**
				20309	10853	20309	10853
				7	5	7	5
522	536	61	23	796	703	789	703

1-5 续表 5-1

联营企业

项　目	商品购进总额		统一配送商品购进额	
	2008年	2007年	2008年	2007年
总　计	**128966**	**125695**	**128966**	**125695**
批发业	**85017**	**79433**	**85017**	**79433**
农畜产品批发				
食品、饮料及烟草制品专门批发				
纺织、服装及日用品批发				
文化、体育用品及器材批发				
医药及医疗器材批发				
矿产品、建材及化工产品批发	85017	79433	85017	79433
机械设备、五金交电及电子产品批发				
贸易经纪与代理				
其他批发				
零售业	**43949**	**46262**	**43949**	**46262**
综合零售	19426	17920	19426	17920
食品、饮料及烟草制品专门零售				
纺织、服装及日用品专门零售				
文化、体育用品及器材专门零售				
医药及医疗器材专门零售	24524	28343	24524	28343
汽车、摩托车、燃料及零配件专门零售				
家用电器及电子产品专门零售				
五金、家具及室内装修材料专门零售				
无店铺及其他零售				
直营门店合计	**128966**	**125695**	**128334**	**117905**
批发业	**85017**	**79433**	**85017**	**79433**
农畜产品批发				
食品、饮料及烟草制品专门批发				
纺织、服装及日用品批发				
文化、体育用品及器材批发				
医药及医疗器材批发				
矿产品、建材及化工产品批发	85017	79433	85017	79433
机械设备、五金交电及电子产品批发				
贸易经纪与代理				
其他批发				

单位：万元

自有配送中心配送商品购进额		非自有配送中心配送商品购进额		商品销售总额		零售额	
2008年	2007年	2008年	2007年	2008年	2007年	2008年	2007年
128032	**123312**	**405**	**2018**	**144366**	**132343**	**59477**	**49959**
85017	**79433**			**89818**	**83706**	**13674**	**9065**
85017	79433			89818	83706	13674	9065
43015	**43879**	**405**	**2018**	**54548**	**48637**	**45803**	**40894**
19426	17920			22612	19245	13867	11502
23589	25960	405	2018	31936	29392	31936	29392
631	**7790**	**128966**	**125695**	**128334**	**117905**	**631**	**7790**
		85017	**79433**	**85017**	**79433**		
		85017	79433	85017	79433		

1-5 **续表 5-2**

联营企业

项　　目	商品购进总额		统一配送商品购进额	
	2008年	2007年	2008年	2007年
零售业	**43949**	**46262**	**43318**	**38472**
综合零售	19426	17920	19426	17920
食品、饮料及烟草制品专门零售				
纺织、服装及日用品专门零售				
文化、体育用品及器材专门零售				
医药及医疗器材专门零售	24524	28343	23892	20553
汽车、摩托车、燃料及零配件专门零售				
家用电器及电子产品专门零售				
五金、家具及室内装修材料专门零售				
无店铺及其他零售				
加盟门店合计	**631**	**7790**	**631**	**7790**
批发业				
农畜产品批发				
食品、饮料及烟草制品专门批发				
纺织、服装及日用品批发				
文化、体育用品及器材批发				
医药及医疗器材批发				
矿产品、建材及化工产品批发				
机械设备、五金交电及电子产品批发				
贸易经纪与代理				
其他批发				
零售业	**631**	**7790**	**631**	**7790**
综合零售				
食品、饮料及烟草制品专门零售				
纺织、服装及日用品专门零售				
文化、体育用品及器材专门零售				
医药及医疗器材专门零售	631	7790	631	7790
汽车、摩托车、燃料及零配件专门零售				
家用电器及电子产品专门零售				
五金、家具及室内装修材料专门零售				
无店铺及其他零售				

单位：万元

自有配送中心配送商品购进额		非自有配送中心配送商品购进额		商品销售总额		零售额	
2008年	2007年	2008年	2007年	2008年	2007年	2008年	2007年
631	**7790**	**43949**	**46262**	**43318**	**38472**	**631**	**7790**
		19426	17920	19426	17920		
631	7790	24524	28343	23892	20553	631	7790
368	**5936**	**264**	**1854**	**2253**	**8401**	**2253**	**8401**
368	**5936**	**264**	**1854**	**2253**	**8401**	**2253**	**8401**
368	5936	264	1854	2253	8401	2253	8401

1-5 续表 6-1

有限责任公司

项　目	商品购进总额		统一配送商品购进额	
	2008年	2007年	2008年	2007年
总　计	**28496503**	**24176974**	**20930037**	**17660242**
批发业	**3514616**	**2988931**	**3037979**	**2549467**
农畜产品批发				
食品、饮料及烟草制品专门批发	1168939	918677	1134634	874203
纺织、服装及日用品批发	594363	582500	594363	582500
文化、体育用品及器材批发	279453	270205	5923	4590
医药及医疗器材批发	153944	140848	145496	132118
矿产品、建材及化工产品批发	1091817	843010	931464	722365
机械设备、五金交电及电子产品批发	226099	233692	226099	233692
贸易经纪与代理				
其他批发				
零售业	**24981887**	**21188043**	**17892057**	**15110775**
综合零售	12597773	10889505	8416554	7239142
食品、饮料及烟草制品专门零售	499718	359175	460129	305067
纺织、服装及日用品专门零售	508532	395931	231188	158261
文化、体育用品及器材专门零售	833005	361094	359975	268044
医药及医疗器材专门零售	1500583	1290798	1373816	1194260
汽车、摩托车、燃料及零配件专门零售	1277130	795817	691223	279450
家用电器及电子产品专门零售	7415741	6813305	6173869	5553162
五金、家具及室内装修材料专门零售	343780	277274	179676	108246
无店铺及其他零售	5627	5143	5627	5143
直营门店合计	**28496503**	**24176974**	**26915342**	**22901182**
批发业	**3514616**	**2988931**	**2893262**	**2523096**
农畜产品批发				
食品、饮料及烟草制品专门批发	1168939	918677	1029992	822436
纺织、服装及日用品批发	594363	582500	559334	548341
文化、体育用品及器材批发	279453	270205	279453	270205
医药及医疗器材批发	153944	140848	145357	133963
矿产品、建材及化工产品批发	1091817	843010	653028	514459
机械设备、五金交电及电子产品批发	226099	233692	226099	233692
贸易经纪与代理				
其他批发				

单位：万元

自有配送中心配送商品购进额		非自有配送中心配送商品购进额		商品销售总额		零售额	
2008年	2007年	2008年	2007年	2008年	2007年	2008年	2007年
12434260	**10869925**	**3757573**	**2864044**	**33957829**	**28421946**	**27928089**	**22981650**
2019417	**1654634**	**138234**	**96426**	**3765309**	**3313788**	**1246279**	**1101383**
936786	767821	62239	43256	1281006	1142292	338850	278567
43028	45356			689451	647597	527183	493300
				287694	266655	135282	127008
99169	82284	19795	15297	155114	154208	57028	51740
829856	638984	53976	36371	1143109	880962	57286	38722
110577	120190	2224	1502	208937	222074	130650	112047
10414844	**9215291**	**3619339**	**2767618**	**30192519**	**25108157**	**26681811**	**21880267**
4734558	4314497	1553659	1172219	16745143	14050517	14997135	12394634
267742	209232	108931	34568	604296	443873	568028	409969
178868	123859	31990	22024	737237	557599	490049	362607
163951	142131	41026	34946	873675	589956	452156	333346
1017326	880002	47887	46439	1747216	1527633	1679464	1464112
339087	143916	98657	23953	1305638	838274	1082492	706025
3602981	3376866	1662873	1345445	7753243	6761747	7071863	5963887
104707	19649	74312	88020	419141	332658	333693	239787
5623	5139	4	5	6931	5901	6931	5901
1581160	**1275791**	**20930037**	**17660242**	**19692693**	**16709105**	**1237344**	**951137**
621354	**465835**	**3037979**	**2549467**	**2554018**	**2218559**	**483961**	**330907**
138948	96241	1134634	874203	996133	812847	138501	61355
35030	34158	594363	582500	559334	548341	35030	34158
		5923	4590	5923	4590		
8587	6885	145496	132118	137314	125335	8182	6784
438789	328551	931464	722365	629216	493755	302249	228610
		226099	233692	226099	233692		

1-5 续表 6-2

有限责任公司

项目	商品购进总额		统一配送商品购进额	
	2008年	2007年	2008年	2007年
零售业	**24981887**	**21188043**	**24022081**	**20378086**
综合零售	12597773	10889505	11988458	10374114
食品、饮料及烟草制品专门零售	499718	359175	432401	315955
纺织、服装及日用品专门零售	508532	395931	449041	338634
文化、体育用品及器材专门零售	833005	361094	831781	359575
医药及医疗器材专门零售	1500583	1290798	1331697	1145604
汽车、摩托车、燃料及零配件专门零售	1277130	795817	1241671	765733
家用电器及电子产品专门零售	7415741	6813305	7397627	6796055
五金、家具及室内装修材料专门零售	343780	277274	343780	277274
无店铺及其他零售	5627	5143	5627	5143
加盟门店合计	**1581160**	**1275791**	**1237344**	**951137**
批发业	**621354**	**465835**	**483961**	**330907**
农畜产品批发				
食品、饮料及烟草制品专门批发	138948	96241	138501	61355
纺织、服装及日用品批发	35030	34158	35030	34158
文化、体育用品及器材批发				
医药及医疗器材批发	8587	6885	8182	6784
矿产品、建材及化工产品批发	438789	328551	302249	228610
机械设备、五金交电及电子产品批发				
贸易经纪与代理				
其他批发				
零售业	**959806**	**809957**	**753383**	**620230**
综合零售	609314	515391	418883	344948
食品、饮料及烟草制品专门零售	67317	43221	60371	33772
纺织、服装及日用品专门零售	59491	57298	59491	55548
文化、体育用品及器材专门零售	1225	1519	1225	1519
医药及医疗器材专门零售	168887	145194	159841	137109
汽车、摩托车、燃料及零配件专门零售	35459	30084	35459	30084
家用电器及电子产品专门零售	18114	17250	18114	17250
五金、家具及室内装修材料专门零售				
无店铺及其他零售				

单位：万元

自有配送中心配送商品购进额		非自有配送中心配送商品购进额		商品销售总额		零售额	
2008年	2007年	2008年	2007年	2008年	2007年	2008年	2007年
959806	**809957**	**17892057**	**15110775**	**17138675**	**14490545**	**753383**	**620230**
609314	515391	8416554	7239142	7997672	6894194	418883	344948
67317	43221	460129	305067	399758	271295	60371	33772
59491	57298	231188	158261	171698	102713	59491	55548
1225	1519	359975	268044	358751	266525	1225	1519
168887	145194	1373816	1194260	1213975	1057151	159841	137109
35459	30084	691223	279450	655764	249366	35459	30084
18114	17250	6173869	5553162	6155755	5535912	18114	17250
		179676	108246	179676	108246		
		5627	5143	5627	5143		
844927	**691431**	**134324**	**93072**	**1852908**	**1490150**	**1252291**	**975784**
297280	**233842**	**85902**	**56661**	**680930**	**509590**	**241450**	**173809**
12973	14911	60350	40294	182278	125945	182278	125945
3374	2903			45277	38647	45277	38647
				610	744	610	744
8182	6784			3978	3867	3645	3549
272751	209245	25552	16367	447311	338112	8165	2650
				1475	2274	1475	2274
547647	**457589**	**48422**	**36411**	**1171979**	**980560**	**1010841**	**801974**
308171	259532	37885	29213	702015	569686	698087	536541
53218	31788	4900	1260	68351	54720	65997	45310
57001	52027	2368	2291	162504	141472	8177	7728
		1225	1519	176	1564	176	223
119259	104768	1982	2128	186105	164403	185576	163457
187	24	62		35534	29774	35534	29774
9813	9450			17296	18941	17296	18941

1-5 续表 7-1

股份有限公司

项　目	商品购进总额		统一配送商品购进额	
	2008年	2007年	2008年	2007年
总　计	**84514530**	**73014023**	**67039791**	**56012545**
批发业	**42415566**	**37853013**	**38286347**	**32562235**
农畜产品批发				
食品、饮料及烟草制品专门批发				
纺织、服装及日用品批发	2522	2916	2522	2916
文化、体育用品及器材批发				
医药及医疗器材批发	14644	14363	14644	14363
矿产品、建材及化工产品批发	41917753	37502890	37788533	32212112
机械设备、五金交电及电子产品批发	480648	332844	480648	332844
贸易经纪与代理				
其他批发				
零售业	**42098963**	**35161011**	**28753444**	**23450310**
综合零售	16190740	14058341	8697231	7689930
食品、饮料及烟草制品专门零售	62706	53459	62706	53459
纺织、服装及日用品专门零售	19972	14598	9196	7704
文化、体育用品及器材专门零售	558498	861820	558498	861820
医药及医疗器材专门零售	177062	156117	164108	143214
汽车、摩托车、燃料及零配件专门零售	13620380	11237710	9871052	7935265
家用电器及电子产品专门零售	11469607	8778965	9390653	6758918
五金、家具及室内装修材料专门零售				
无店铺及其他零售				
直营门店合计	**84514530**	**73014023**	**82247575**	**68740667**
批发业	**42415566**	**37853013**	**41980181**	**37210510**
农畜产品批发				
食品、饮料及烟草制品专门批发				
纺织、服装及日用品批发	2522	2916	2522	2916
文化、体育用品及器材批发				
医药及医疗器材批发	14644	14363	14644	14363
矿产品、建材及化工产品批发	41917753	37502890	41491325	36860387
机械设备、五金交电及电子产品批发	480648	332844	471691	332844
贸易经纪与代理				
其他批发				

单位：万元

自有配送中心配送商品购进额		非自有配送中心配送商品购进额		商品销售总额		零售额	
2008年	2007年	2008年	2007年	2008年	2007年	2008年	2007年
45457040	**37871206**	**15151491**	**14312147**	**99796492**	**83375157**	**60853864**	**49340695**
20866599	**17599067**	**12952272**	**12419289**	**51134352**	**42757270**	**25560199**	**21222316**
		2522	2916	5407	3133	5407	3133
3217	2760			19736	18946	19736	18946
20609651	17404887	12722834	12274949	50612425	42287685	25378509	21057870
253732	191420	226916	141424	496784	447507	156547	142367
24590441	**20272139**	**2199220**	**1892858**	**48662141**	**40617886**	**35293665**	**28118380**
7299077	6744452	736578	882637	21207252	18284898	17010793	14612299
22413	18787	26284	20473	80360	68811	78241	67594
7042	5625	150	89	28200	24294	19589	18819
556349	859839			488087	426608	436334	189983
137002	124049	578	657	348895	239405	271737	238982
7232470	5798601	1435630	989002	15973180	12835590	12201240	8752454
9336089	6720786			10536168	8738280	5275731	4238250
2266955	**4273356**	**67039791**	**56012545**	**65140814**	**52481516**	**1898977**	**3531030**
435385	**642502**	**38286347**	**32562235**	**37850962**	**31919733**	**435385**	**642502**
		2522	2916	2522	2916		
		14644	14363	14644	14363		
426428	642502	37788533	32212112	37362105	31569610	426428	642502
8957		480648	332844	471691	332844	8957	

1-5 续表 7-2

股份有限公司

项　目	商品购进总额		统一配送商品购进额	
	2008年	2007年	2008年	2007年
零售业	**42098963**	**35161011**	**40267394**	**31530157**
综合零售	16190740	14058341	14513446	12272967
食品、饮料及烟草制品专门零售	62706	53459	48880	39183
纺织、服装及日用品专门零售	19972	14598	19972	14598
文化、体育用品及器材专门零售	558498	861820	557729	860748
医药及医疗器材专门零售	177062	156117	169867	149680
汽车、摩托车、燃料及零配件专门零售	13620380	11237710	13487893	11076039
家用电器及电子产品专门零售	11469607	8778965	11469607	7116942
五金、家具及室内装修材料专门零售				
无店铺及其他零售				
加盟门店合计	**2266955**	**4273356**	**1898977**	**3531030**
批发业	**435385**	**642502**	**435385**	**642502**
农畜产品批发				
食品、饮料及烟草制品专门批发				
纺织、服装及日用品批发				
文化、体育用品及器材批发				
医药及医疗器材批发				
矿产品、建材及化工产品批发	426428	642502	426428	642502
机械设备、五金交电及电子产品批发	8957		8957	
贸易经纪与代理				
其他批发				
零售业	**1831570**	**3630854**	**1463592**	**2888527**
综合零售	1677294	1785375	1442768	1572173
食品、饮料及烟草制品专门零售	13826	14275	13826	14275
纺织、服装及日用品专门零售				
文化、体育用品及器材专门零售	769	1072	769	1072
医药及医疗器材专门零售	7194	6438	6229	5387
汽车、摩托车、燃料及零配件专门零售	132487	161671		30566
家用电器及电子产品专门零售		1662023		1265054
五金、家具及室内装修材料专门零售				
无店铺及其他零售				

单位：万元

自有配送中心配送商品购进额		非自有配送中心配送商品购进额		商品销售总额		零售额	
2008年	2007年	2008年	2007年	2008年	2007年	2008年	2007年
1831570	**3630854**	**28753444**	**23450310**	**27289852**	**20561783**	**1463592**	**2888527**
1677294	1785375	8697231	7689930	7254463	6117758	1442768	1572173
13826	14275	62706	53459	48880	39183	13826	14275
		9196	7704	9196	7704		
769	1072	558498	861820	557729	860748	769	1072
7194	6438	164108	143214	157879	137827	6229	5387
132487	161671	9871052	7935265	9871052	7904699		30566
	1662023	9390653	6758918	9390653	5493864		1265054
663790	**2668558**	**350940**	**385775**	**4174072**	**5934063**	**3563951**	**4438204**
187207	**179303**	**8957**		**628187**	**538590**	**19104**	**28379**
187207	179303			620147	538590	11064	28379
		8957		8040		8040	
476583	**2489255**	**341983**	**385775**	**3545885**	**5395473**	**3544846**	**4409824**
461456	1178955	341412	385128	2834161	2856925	2833122	2854732
12665	12105			20559	17969	20559	17969
769	1072			727	1182	727	1182
1693	1503	571	646	22717	20649	22717	20649
	30566			667722	790733	667722	607276
	1265054				1708016		908016

1-5 续表 8-1

私营企业

项 目	商品购进总额		统一配送商品购进额	
	2008年	2007年	2008年	2007年
总 计	**11063299**	**8971845**	**9421770**	**7648520**
批发业	**1184190**	**991119**	**1107486**	**921778**
农畜产品批发				
食品、饮料及烟草制品专门批发	184812	136011	176166	130710
纺织、服装及日用品批发	79758	70060	78179	68573
文化、体育用品及器材批发	42373	223666	42373	223666
医药及医疗器材批发	135335	109869	80097	54897
矿产品、建材及化工产品批发	407278	147348	406885	146649
机械设备、五金交电及电子产品批发	334636	304166	323786	297283
贸易经纪与代理				
其他批发				
零售业	**9879109**	**7980725**	**8314284**	**6726742**
综合零售	3441618	2914898	2629903	2191541
食品、饮料及烟草制品专门零售	342108	263658	305508	233210
纺织、服装及日用品专门零售	627441	452590	601478	428728
文化、体育用品及器材专门零售	167769	105607	166682	104558
医药及医疗器材专门零售	1129075	879074	1051802	845013
汽车、摩托车、燃料及零配件专门零售	202290	188624	139002	94779
家用电器及电子产品专门零售	3929178	3130646	3396405	2806666
五金、家具及室内装修材料专门零售	35840	42991	20330	19609
无店铺及其他零售	3791	2638	3175	2638
直营门店合计	**11063299**	**8971845**	**10082057**	**8125447**
批发业	**1184190**	**991119**	**980868**	**823446**
农畜产品批发				
食品、饮料及烟草制品专门批发	184812	136011	123515	85330
纺织、服装及日用品批发	79758	70060	74226	70060
文化、体育用品及器材批发	42373	223666	42373	223666
医药及医疗器材批发	135335	109869	121547	101361
矿产品、建材及化工产品批发	407278	147348	381893	133091
机械设备、五金交电及电子产品批发	334636	304166	237315	209939
贸易经纪与代理				
其他批发				

单位：万元

自有配送中心配送商品购进额		非自有配送中心配送商品购进额		商品销售总额		零售额	
2008年	2007年	2008年	2007年	2008年	2007年	2008年	2007年
5227208	**4287328**	**806797**	**534170**	**12095635**	**9843188**	**10126514**	**8463242**
548127	**418448**	**411893**	**158535**	**1317639**	**957338**	**340147**	**330866**
158976	108531	8614	8981	178830	135796	71515	60327
66000	55320	2166	3310	89509	76729	29953	43931
6241	6290			331868	212501	6575	34882
70996	35688	150	170	141912	116828	66361	49094
2968	719	395270	140076	234693	147264	19939	5681
242946	211900	5693	5998	340827	268219	145804	136951
4679081	**3868880**	**394904**	**375635**	**10777997**	**8885850**	**9786366**	**8132376**
1776640	1464040	195887	185238	3801775	3240542	3529841	2983945
218937	160952	34726	28858	451723	371875	409308	333434
386452	264479	7084	7072	743496	592001	592058	473890
123214	81776			174593	124415	163542	115327
817255	669137	34333	42347	1280408	987061	1259863	977416
8626	11822	19053	5970	234366	198131	139212	123101
1337232	1206442	103822	106150	4046292	3325406	3651085	3083181
10724	10232			40370	43118	36484	38781
				4975	3300	4975	3300
981242	**846398**	**9421770**	**7648520**	**8554708**	**6898548**	**867062**	**749972**
203323	**167673**	**1107486**	**921778**	**909602**	**759318**	**197884**	**162460**
61297	50681	176166	130710	118985	83882	57181	46829
5531		78179	68573	72647	68573	5531	
		42373	223666	42373	223666		
13788	8508	80097	54897	66450	46548	13647	8349
25386	14257	406885	146649	381893	133091	24993	13558
97321	94227	323786	297283	227254	203559	96532	93724

1-5 续表 8-2

私营企业

项目	商品购进总额		统一配送商品购进额	
	2008年	2007年	2008年	2007年
零售业	**9879109**	**7980725**	**9101189**	**7302000**
综合零售	3441618	2914898	3117038	2626190
食品、饮料及烟草制品专门零售	342108	263658	292790	221793
纺织、服装及日用品专门零售	627441	452590	451215	319889
文化、体育用品及器材专门零售	167769	105607	167716	105556
医药及医疗器材专门零售	1129075	879074	1038011	793854
汽车、摩托车、燃料及零配件专门零售	202290	188624	190687	174917
家用电器及电子产品专门零售	3929178	3130646	3804101	3014174
五金、家具及室内装修材料专门零售	35840	42991	35840	42991
无店铺及其他零售	3791	2638	3791	2638
加盟门店合计	**981242**	**846398**	**867062**	**749972**
批发业	**203323**	**167673**	**197884**	**162460**
农畜产品批发				
食品、饮料及烟草制品专门批发	61297	50681	57181	46829
纺织、服装及日用品批发	5531		5531	
文化、体育用品及器材批发				
医药及医疗器材批发	13788	8508	13647	8349
矿产品、建材及化工产品批发	25386	14257	24993	13558
机械设备、五金交电及电子产品批发	97321	94227	96532	93724
贸易经纪与代理				
其他批发				
零售业	**777920**	**678725**	**669178**	**587512**
综合零售	324580	288708	244445	236408
食品、饮料及烟草制品专门零售	49317	41865	39334	32810
纺织、服装及日用品专门零售	176226	132701	175772	132130
文化、体育用品及器材专门零售	53	52	53	52
医药及医疗器材专门零售	91064	85220	86374	80826
汽车、摩托车、燃料及零配件专门零售	11603	13707		
家用电器及电子产品专门零售	125078	116472	123201	105286
五金、家具及室内装修材料专门零售				
无店铺及其他零售				

单位：万元

自有配送中心配送商品购进额		非自有配送中心配送商品购进额		商品销售总额		零售额	
2008年	2007年	2008年	2007年	2008年	2007年	2008年	2007年
777920	**678725**	**8314284**	**6726742**	**7645107**	**6139230**	**669178**	**587512**
324580	288708	2629903	2191541	2385458	1955133	244445	236408
49317	41865	305508	233210	266174	200400	39334	32810
176226	132701	601478	428728	425706	296597	175772	132130
53	52	166682	104558	166630	104507	53	52
91064	85220	1051802	845013	965428	764187	86374	80826
11603	13707	139002	94779	139002	94779		
125078	116472	3396405	2806666	3273204	2701380	123201	105286
		20330	19609	20330	19609		
		3175	2638	3175	2638		
673078	**545070**	**92219**	**95180**	**1175948**	**974590**	**940582**	**836717**
166213	**105138**	**20947**	**13153**	**193374**	**134054**	**117993**	**107974**
52175	40820	5006	5999	34728	34279	24237	23498
5531				4963		726	
11440	5715	130	150	16249	8644	14656	8482
535	700	15811	7004	17703	10930	338	227
96532	57904			119731	80201	78035	75767
506865	**439932**	**71272**	**82027**	**982575**	**840537**	**822589**	**728742**
145387	133214	34281	60601	362961	318818	328754	293955
30809	25553	8505	7232	72283	68182	72217	68122
162297	120898	1294	1307	252258	214312	198601	168115
53	52			48	48	48	48
64491	61865	7820	5951	114270	105042	111719	101863
				8607	8513	8607	8513
103828	98350	19373	6936	172148	125623	102644	88126

1-5 续表 9-1

其他企业

项目	商品购进总额		统一配送商品购进额	
	2008年	2007年	2008年	2007年
总计	**175731**	**159884**	**167007**	**152504**
批发业	**3758**	**3832**	**3758**	**3832**
农畜产品批发				
食品、饮料及烟草制品专门批发	3758	3832	3758	3832
纺织、服装及日用品批发				
文化、体育用品及器材批发				
医药及医疗器材批发				
矿产品、建材及化工产品批发				
机械设备、五金交电及电子产品批发				
贸易经纪与代理				
其他批发				
零售业	**171973**	**156052**	**163249**	**148672**
综合零售	39767	33031	31870	26283
食品、饮料及烟草制品专门零售	5686	4502	5686	4502
纺织、服装及日用品专门零售	46	32		
文化、体育用品及器材专门零售	28224	31077	28224	31077
医药及医疗器材专门零售	14902	6797	14122	6197
汽车、摩托车、燃料及零配件专门零售				
家用电器及电子产品专门零售	83347	80613	83347	80613
五金、家具及室内装修材料专门零售				
无店铺及其他零售				
直营门店合计	**175731**	**159884**	**166640**	**153110**
批发业	**3758**	**3832**	**3758**	**3832**
农畜产品批发				
食品、饮料及烟草制品专门批发	3758	3832	3758	3832
纺织、服装及日用品批发				
文化、体育用品及器材批发				
医药及医疗器材批发				
矿产品、建材及化工产品批发				
机械设备、五金交电及电子产品批发				
贸易经纪与代理				
其他批发				

单位：万元

自有配送中心配送商品购进额		非自有配送中心配送商品购进额		商品销售总额		零售额	
2008年	2007年	2008年	2007年	2008年	2007年	2008年	2007年
127116	**111301**	**2253**	**1757**	**187861**	**169513**	**182041**	**162354**
3758	**3832**			**3984**	**4138**	**968**	**936**
3758	3832			3984	4138	968	936
123358	**107469**	**2253**	**1757**	**183877**	**165375**	**181073**	**161418**
28918	22556	1322	719	54184	42045	51587	38211
				5553	3402	5553	3402
				38	31	38	31
27500	29400	206	476	37332	42122	37125	41999
12872	5635	725	562	17439	8540	17439	8540
54069	49878			69332	69235	69332	69235
9090	**6774**	**167007**	**152504**	**165317**	**151918**	**1690**	**586**
		3758	**3832**	**3758**	**3832**		
		3758	3832	3758	3832		

1-5 续表 9-2

其他企业

项　目	商品购进总额		统一配送商品购进额	
	2008年	2007年	2008年	2007年
零售业	**171973**	**156052**	**162882**	**149278**
综合零售	39767	33031	32470	26843
食品、饮料及烟草制品专门零售	5686	4502	5686	4502
纺织、服装及日用品专门零售	46	32	46	32
文化、体育用品及器材专门零售	28224	31077	28224	31077
医药及医疗器材专门零售	14902	6797	13110	6211
汽车、摩托车、燃料及零配件专门零售				
家用电器及电子产品专门零售	83347	80613	83347	80613
五金、家具及室内装修材料专门零售				
无店铺及其他零售				
加盟门店合计	**9090**	**6774**	**1690**	**586**
批发业				
农畜产品批发				
食品、饮料及烟草制品专门批发				
纺织、服装及日用品批发				
文化、体育用品及器材批发				
医药及医疗器材批发				
矿产品、建材及化工产品批发				
机械设备、五金交电及电子产品批发				
贸易经纪与代理				
其他批发				
零售业	**9090**	**6774**	**1690**	**586**
综合零售	7298	6188		
食品、饮料及烟草制品专门零售				
纺织、服装及日用品专门零售				
文化、体育用品及器材专门零售				
医药及医疗器材专门零售	1793	586	1690	586
汽车、摩托车、燃料及零配件专门零售				
家用电器及电子产品专门零售				
五金、家具及室内装修材料专门零售				
无店铺及其他零售				

单位：万元

自有配送中心配送商品购进额		非自有配送中心配送商品购进额		商品销售总额		零售额	
2008年	2007年	2008年	2007年	2008年	2007年	2008年	2007年
9090	**6774**	**163249**	**148672**	**161559**	**148086**	**1690**	**586**
7298	6188	31870	26283	31870	26283		
		5686	4502	5686	4502		
		28224	31077	28224	31077		
1793	586	14122	6197	12433	5611	1690	586
		83347	80613	83347	80613		
1221	**586**			**11978**	**7129**	**11978**	**7129**
1221	**586**			**11978**	**7129**	**11978**	**7129**
				9469	6552	9469	6552
1221	586			2509	577	2509	577

1-5 续表 10-1

港澳台商投资企业

项目	商品购进总额		统一配送商品购进额	
	2008年	2007年	2008年	2007年
总计	**5970161**	**4758858**	**5417812**	**4355591**
批发业	**94219**	**90033**	**94219**	**90033**
农畜产品批发				
食品、饮料及烟草制品专门批发	5761	4902	5761	4902
纺织、服装及日用品批发	49664	50226	49664	50226
文化、体育用品及器材批发				
医药及医疗器材批发				
矿产品、建材及化工产品批发	38793	34906	38793	34906
机械设备、五金交电及电子产品批发				
贸易经纪与代理				
其他批发				
零售业	**5875942**	**4668825**	**5323593**	**4265559**
综合零售	5520167	4393775	5015231	4025092
食品、饮料及烟草制品专门零售	15151	6566	15151	6566
纺织、服装及日用品专门零售	248691	179295	206541	149453
文化、体育用品及器材专门零售				
医药及医疗器材专门零售	26373	22183	26373	22183
汽车、摩托车、燃料及零配件专门零售	7552	6729	7552	6729
家用电器及电子产品专门零售				
五金、家具及室内装修材料专门零售	52142	56065	46879	51325
无店铺及其他零售	5867	4212	5867	4212
直营门店合计	**5970161**	**4758858**	**5876702**	**4662901**
批发业	**94219**	**90033**	**94219**	**90033**
农畜产品批发				
食品、饮料及烟草制品专门批发	5761	4902	5761	4902
纺织、服装及日用品批发	49664	50226	49664	50226
文化、体育用品及器材批发				
医药及医疗器材批发				
矿产品、建材及化工产品批发	38793	34906	38793	34906
机械设备、五金交电及电子产品批发				
贸易经纪与代理				
其他批发				

单位：万元

自有配送中心配送商品购进额		非自有配送中心配送商品购进额		商品销售总额		零售额	
2008年	2007年	2008年	2007年	2008年	2007年	2008年	2007年
3450192	**2659077**	**1450215**	**1288346**	**7272269**	**6081307**	**5692308**	**4721628**
79814	**75632**			**113272**	**108140**	**63548**	**54821**
5761	4902			6790	5777	6790	5777
49664	50226			64189	62603	39540	35013
24388	20504			42293	39760	17217	14031
3370378	**2583445**	**1450215**	**1288346**	**7158996**	**5973167**	**5628760**	**4666807**
3232046	2471160	1445350	1283845	6677404	5599388	5277035	4373463
12009	4217	3142	2349	16992	9540	15386	9452
86531	74945	1723	2152	334433	239088	222351	158742
26373	22183			26592	20363	11749	20363
7552	6729			8644	6761	8644	6761
				88008	93823	88008	93823
5867	4212			6924	4204	5587	4204
93459	**95958**	**5417812**	**4355591**	**5326622**	**4260186**	**91190**	**95406**
		94219	**90033**	**94219**	**90033**		
		5761	4902	5761	4902		
		49664	50226	49664	50226		
		38793	34906	38793	34906		

1-5 续表 10-2

港澳台商投资企业

项　目	商品购进总额		统一配送商品购进额	
	2008年	2007年	2008年	2007年
零售业	**5875942**	**4668825**	**5782483**	**4572868**
综合零售	5520167	4393775	5432197	4298604
食品、饮料及烟草制品专门零售	15151	6566	10497	6040
纺织、服装及日用品专门零售	248691	179295	247855	179035
文化、体育用品及器材专门零售				
医药及医疗器材专门零售	26373	22183	26373	22183
汽车、摩托车、燃料及零配件专门零售	7552	6729	7552	6729
家用电器及电子产品专门零售				
五金、家具及室内装修材料专门零售	52142	56065	52142	56065
无店铺及其他零售	5867	4212	5867	4212
加盟门店合计	**93459**	**95958**	**91190**	**95406**
批发业				
农畜产品批发				
食品、饮料及烟草制品专门批发				
纺织、服装及日用品批发				
文化、体育用品及器材批发				
医药及医疗器材批发				
矿产品、建材及化工产品批发				
机械设备、五金交电及电子产品批发				
贸易经纪与代理				
其他批发				
零售业	**93459**	**95958**	**91190**	**95406**
综合零售	87970	95172	85701	94620
食品、饮料及烟草制品专门零售	4654	526	4654	526
纺织、服装及日用品专门零售	836	260	836	260
文化、体育用品及器材专门零售				
医药及医疗器材专门零售				
汽车、摩托车、燃料及零配件专门零售				
家用电器及电子产品专门零售				
五金、家具及室内装修材料专门零售				
无店铺及其他零售				

单位：万元

自有配送中心配送商品购进额		非自有配送中心配送商品购进额		商品销售总额		零售额	
2008年	2007年	2008年	2007年	2008年	2007年	2008年	2007年
93459	**95958**	**5323593**	**4265559**	**5232403**	**4170153**	**91190**	**95406**
87970	95172	5015231	4025092	4929531	3930472	85701	94620
4654	526	15151	6566	10497	6040	4654	526
836	260	206541	149453	205705	149193	836	260
		26373	22183	26373	22183		
		7552	6729	7552	6729		
		46879	51325	46879	51325		
		5867	4212	5867	4212		
12093	**6828**	**56413**	**88578**	**141655**	**166852**	**140089**	**166321**
12093	**6828**	**56413**	**88578**	**141655**	**166852**	**140089**	**166321**
6604	6042	56413	88578	134270	164837	134270	164837
4654	526			4673	1367	3107	1302
836	260			2713	648	2713	182

1-5 续表 11-1

外商投资企业

项　目	商品购进总额		统一配送商品购进额	
	2008年	2007年	2008年	2007年
总　计	**18620458**	**15536746**	**13856022**	**11091411**
批发业	**477735**	**445934**	**477735**	**445934**
农畜产品批发				
食品、饮料及烟草制品专门批发	367647	352103	367647	352103
纺织、服装及日用品批发				
文化、体育用品及器材批发				
医药及医疗器材批发				
矿产品、建材及化工产品批发	110088	93831	110088	93831
机械设备、五金交电及电子产品批发				
贸易经纪与代理				
其他批发				
零售业	**18142723**	**15090812**	**13378287**	**10645477**
综合零售	12384960	10367355	8397757	6640891
食品、饮料及烟草制品专门零售	33864	53508	32980	53030
纺织、服装及日用品专门零售	555727	464576	548815	453028
文化、体育用品及器材专门零售	13828	6066	13828	6066
医药及医疗器材专门零售	35816	15917	35816	15917
汽车、摩托车、燃料及零配件专门零售	1726232	917330	1516589	757563
家用电器及电子产品专门零售	2917978	2875489	2546318	2491528
五金、家具及室内装修材料专门零售	472600	389136	284465	226019
无店铺及其他零售	1719	1435	1719	1435
直营门店合计	**16656049**	**13577393**	**13106736**	**10335641**
批发业	**477735**	**445934**	**477735**	**445934**
农畜产品批发				
食品、饮料及烟草制品专门批发	367647	352103	367647	352103
纺织、服装及日用品批发				
文化、体育用品及器材批发				
医药及医疗器材批发				
矿产品、建材及化工产品批发	110088	93831	110088	93831
机械设备、五金交电及电子产品批发				
贸易经纪与代理				
其他批发				

单位：万元

自有配送中心配送商品购进额		非自有配送中心配送商品购进额		商品销售总额		零售额	
2008年	2007年	2008年	2007年	2008年	2007年	2008年	2007年
7687083	**6356618**	**3420628**	**2987774**	**24967031**	**20084030**	**19307433**	**15589577**
477735	**445934**			**542787**	**505753**	**108058**	**83510**
367647	352103			374056	360532	26836	13598
110088	93831			168731	145221	81223	69911
7209348	**5910684**	**3420628**	**2987774**	**24424244**	**19578277**	**19199375**	**15506067**
4156404	3248777	2365600	2005341	16990385	14031704	12872206	10827917
24581	44528			47015	63305	46353	62944
481916	413403	52466	27883	809042	625567	418921	333396
				16135	8351	16135	8351
35816	15917			23630	19017	23630	19017
430191	159039	582208	486296	2866199	1478348	2465622	1208225
2035797	1981089	342586	355751	3095876	2854850	2795424	2562437
42924	46498	77768	112503	574194	495283	559316	481928
1719	1435			1768	1853	1768	1853
7176930	**5822498**	**3208560**	**2766205**	**22551945**	**17848384**	**17080865**	**13483233**
477735	**445934**			**542787**	**505753**	**108058**	**83510**
367647	352103			374056	360532	26836	13598
110088	93831			168731	145221	81223	69911

1-5 续表 11-2

外商投资企业

项目	商品购进总额		统一配送商品购进额	
	2008年	2007年	2008年	2007年
零售业	**16178313**	**13131459**	**12629001**	**9889707**
综合零售	10844980	8772659	8040254	6223567
食品、饮料及烟草制品专门零售	20614	24340	19730	23862
纺织、服装及日用品专门零售	329936	257550	323024	246002
文化、体育用品及器材专门零售	13828	6066	13828	6066
医药及医疗器材专门零售	35816	15917	35816	15917
汽车、摩托车、燃料及零配件专门零售	1726232	917330	1516589	757563
家用电器及电子产品专门零售	2763131	2750027	2420118	2389277
五金、家具及室内装修材料专门零售	442058	386136	257923	226019
无店铺及其他零售	1719	1435	1719	1435
加盟门店合计	**1964409**	**1959353**	**749286**	**755770**
批发业				
农畜产品批发				
食品、饮料及烟草制品专门批发				
纺织、服装及日用品批发				
文化、体育用品及器材批发				
医药及医疗器材批发				
矿产品、建材及化工产品批发				
机械设备、五金交电及电子产品批发				
贸易经纪与代理				
其他批发				
零售业	**1964409**	**1959353**	**749286**	**755770**
综合零售	1539980	1594697	357503	417324
食品、饮料及烟草制品专门零售	13250	29168	13250	29168
纺织、服装及日用品专门零售	225792	207026	225792	207026
文化、体育用品及器材专门零售				
医药及医疗器材专门零售				
汽车、摩托车、燃料及零配件专门零售				
家用电器及电子产品专门零售	154846	125462	126200	102252
五金、家具及室内装修材料专门零售	30542	3000	26542	
无店铺及其他零售				

单位：万元

自有配送中心配送商品购进额		非自有配送中心配送商品购进额		商品销售总额		零售额	
2008年	2007年	2008年	2007年	2008年	2007年	2008年	2007年
6699195	**5376564**	**3208560**	**2766205**	**22009159**	**17342631**	**16972807**	**13399724**
3985199	3032142	2179301	1804652	15126706	12239575	11008527	9036298
11331	15360			35033	31205	34371	30844
256648	206458	52466	27883	441330	331151	222851	154022
				16135	8351	16135	8351
35816	15917			23630	19017	23630	19017
430191	159039	582208	486296	2866199	1478348	2465622	1208225
1935368	1899717	316816	334871	2960876	2744850	2677299	2466187
42924	46498	77768	112503	537482	488283	522604	474928
1719	1435			1768	1853	1768	1853
510153	**534119**	**212068**	**221569**	**2415086**	**2235645**	**2226568**	**2106343**
510153	**534119**	**212068**	**221569**	**2415086**	**2235645**	**2226568**	**2106343**
171205	216635	186298	200689	1863680	1792129	1863680	1791619
13250	29168			11982	32100	11982	32100
225269	206945			367712	294417	196069	179375
100430	81372	25770	20880	135000	110000	118125	96250
				36712	7000	36712	7000

1-6 按行业与业态分连锁零售企业基本情况

便利店

项　目	连锁总店数（个）	门店数（个）		年末从业人员（人）		年末零售营业面积（平方米）	
	2008年	2008年	2007年	2008年	2007年	2008年	2007年
总　计	**120**	**16196**	**13912**	**97858**	**92721**	**1841747**	**1265821**
批发业	**5**	**3814**	**2407**	**12849**	**8316**	**153916**	**105757**
农畜产品批发							
食品、饮料及烟草制品专门批发	4	3737	2322	12772	8231	150982	102527
纺织、服装及日用品批发							
文化、体育用品及器材批发							
医药及医疗器材批发							
矿产品、建材及化工产品批发	1	77	85	77	85	2934	3230
机械设备、五金交电及电子产品批发							
贸易经纪与代理							
其他批发							
零售业	**115**	**12382**	**11505**	**85009**	**84405**	**1687831**	**1160064**
综合零售	92	11677	10859	82329	82081	1627809	1110382
食品、饮料及烟草制品专门零售	10	268	248	920	931	22254	18239
纺织、服装及日用品专门零售							
文化、体育用品及器材专门零售							
医药及医疗器材专门零售	13	437	398	1760	1393	37768	31443
汽车、摩托车、燃料及零配件专门零售							
家用电器及电子产品专门零售							
五金、家具及室内装修材料专门零售							
无店铺及其他零售							
直营门店合计		**7865**	**7393**	**69052**	**68527**	**1390841**	**906088**
批发业		**110**	**94**	**545**	**631**	**7729**	**7101**
农畜产品批发							
食品、饮料及烟草制品专门批发		94	78	529	615	6722	6094
纺织、服装及日用品批发							
文化、体育用品及器材批发							
医药及医疗器材批发							
矿产品、建材及化工产品批发		16	16	16	16	1007	1007
机械设备、五金交电及电子产品批发							
贸易经纪与代理							
其他批发							

1-6 续表 1

百货商店

项　　目	连锁总店数（个）	门店数（个）		年末从业人员（人）		年末零售营业面积（平方米）	
	2008年	2008年	2007年	2008年	2007年	2008年	2007年
零售业		**7755**	**7299**	**68507**	**67896**	**1383112**	**898987**
综合零售		7385	6916	66676	66262	1349757	868727
食品、饮料及烟草制品专门零售		198	227	782	837	14841	16939
纺织、服装及日用品专门零售							
文化、体育用品及器材专门零售							
医药及医疗器材专门零售		172	156	1049	797	18514	13321
汽车、摩托车、燃料及零配件专门零售							
家用电器及电子产品专门零售							
五金、家具及室内装修材料专门零售							
无店铺及其他零售							
加盟门店合计		**8331**	**6519**	**28806**	**24194**	**450906**	**359733**
批发业		**3704**	**2313**	**12304**	**7685**	**146187**	**98656**
农畜产品批发							
食品、饮料及烟草制品专门批发		3643	2244	12243	7616	144260	96433
纺织、服装及日用品批发							
文化、体育用品及器材批发							
医药及医疗器材批发							
矿产品、建材及化工产品批发		61	69	61	69	1927	2223
机械设备、五金交电及电子产品批发							
贸易经纪与代理							
其他批发							
零售业		**4627**	**4206**	**16502**	**16509**	**304719**	**261077**
综合零售		4292	3943	15653	15819	278052	241655
食品、饮料及烟草制品专门零售		70	21	138	94	7413	1300
纺织、服装及日用品专门零售							
文化、体育用品及器材专门零售							
医药及医疗器材专门零售		265	242	711	596	19254	18122
汽车、摩托车、燃料及零配件专门零售							
家用电器及电子产品专门零售							
五金、家具及室内装修材料专门零售							
无店铺及其他零售							

1-6 续表 2-1

折扣店

项　目	连锁总店数(个)	门店数(个)		年末从业人员(人)		年末零售营业面积(平方米)	
	2008年	2008年	2007年	2008年	2007年	2008年	2007年
总　计	**4**	**784**	**628**	**9432**	**7448**	**224518**	**184114**
批发业							
农畜产品批发							
食品、饮料及烟草制品专门批发							
纺织、服装及日用品批发							
文化、体育用品及器材批发							
医药及医疗器材批发							
矿产品、建材及化工产品批发							
机械设备、五金交电及电子产品批发							
贸易经纪与代理							
其他批发							
零售业	**4**	**784**	**628**	**9432**	**7448**	**224518**	**184114**
综合零售	3	780	624	9043	7133	195668	155264
食品、饮料及烟草制品专门零售							
纺织、服装及日用品专门零售	1	4	4	389	315	28850	28850
文化、体育用品及器材专门零售							
医药及医疗器材专门零售							
汽车、摩托车、燃料及零配件专门零售							
家用电器及电子产品专门零售							
五金、家具及室内装修材料专门零售							
无店铺及其他零售							
直营门店合计		**605**	**572**	**8033**	**6843**	**224518**	**184114**
批发业							
农畜产品批发							
食品、饮料及烟草制品专门批发							
纺织、服装及日用品批发							
文化、体育用品及器材批发							
医药及医疗器材批发							
矿产品、建材及化工产品批发							
机械设备、五金交电及电子产品批发							
贸易经纪与代理							
其他批发							

1-6 续表 2-2

折扣店

项　　目	连锁总店数(个)	门店数(个)		年末从业人员(人)		年末零售营业面积(平方米)	
	2008年	2008年	2007年	2008年	2007年	2008年	2007年
零售业		**605**	**572**	**8033**	**6843**	**224518**	**184114**
综合零售		601	568	7644	6528	195668	155264
食品、饮料及烟草制品专门零售							
纺织、服装及日用品专门零售		4	4	389	315	28850	28850
文化、体育用品及器材专门零售							
医药及医疗器材专门零售							
汽车、摩托车、燃料及零配件专门零售							
家用电器及电子产品专门零售							
五金、家具及室内装修材料专门零售							
无店铺及其他零售							
加盟门店合计		**179**	**56**	**1399**	**605**		
批发业							
农畜产品批发							
食品、饮料及烟草制品专门批发							
纺织、服装及日用品批发							
文化、体育用品及器材批发							
医药及医疗器材批发							
矿产品、建材及化工产品批发							
机械设备、五金交电及电子产品批发							
贸易经纪与代理							
其他批发							
零售业		**179**	**56**	**1399**	**605**		
综合零售		179	56	1399	605		
食品、饮料及烟草制品专门零售							
纺织、服装及日用品专门零售							
文化、体育用品及器材专门零售							
医药及医疗器材专门零售							
汽车、摩托车、燃料及零配件专门零售							
家用电器及电子产品专门零售							
五金、家具及室内装修材料专门零售							
无店铺及其他零售							

1-6 续表 3-1

超市

项　目	连锁总店数（个）	门店数（个）		年末从业人员（人）		年末零售营业面积（平方米）	
	2008年	2008年	2007年	2008年	2007年	2008年	2007年
总　计	**433**	**30240**	**27145**	**419659**	**375633**	**19594052**	**17354134**
批发业	**8**	**440**	**519**	**2097**	**2475**	**46542**	**42307**
农畜产品批发							
食品、饮料及烟草制品专门批发	6	406	485	1779	2152	40442	36207
纺织、服装及日用品批发	1	25	25	120	118	5000	5000
文化、体育用品及器材批发							
医药及医疗器材批发	1	9	9	198	205	1100	1100
矿产品、建材及化工产品批发							
机械设备、五金交电及电子产品批发							
贸易经纪与代理							
其他批发							
零售业	**425**	**29800**	**26626**	**417562**	**373158**	**19547510**	**17311827**
综合零售	376	28162	25334	406993	364234	19241629	17049331
食品、饮料及烟草制品专门零售	8	528	373	2773	2482	60659	51136
纺织、服装及日用品专门零售	4	27	27	600	545	16442	16201
文化、体育用品及器材专门零售	2	109	72	295	267	7978	7045
医药及医疗器材专门零售	29	947	797	5525	4318	115460	90402
汽车、摩托车、燃料及零配件专门零售							
家用电器及电子产品专门零售	4	19	15	213	179	69958	62328
五金、家具及室内装修材料专门零售	2	8	8	1163	1133	35384	35384
无店铺及其他零售							
直营门店合计		**14347**	**13187**	**336586**	**291326**	**16835913**	**14739842**
批发业		**76**	**75**	**1745**	**1954**	**33432**	**28916**
农畜产品批发							
食品、饮料及烟草制品专门批发		42	41	1427	1631	27332	22816
纺织、服装及日用品批发		25	25	120	118	5000	5000
文化、体育用品及器材批发							
医药及医疗器材批发		9	9	198	205	1100	1100
矿产品、建材及化工产品批发							
机械设备、五金交电及电子产品批发							
贸易经纪与代理							
其他批发							

1-6 续表 3-2

超市

项　目	连锁总店数(个)	门店数(个)		年末从业人员(人)		年末零售营业面积(平方米)	
	2008年	2008年	2007年	2008年	2007年	2008年	2007年
零售业		**14271**	**13112**	**334841**	**289372**	**16802481**	**14710926**
综合零售		13033	12212	325630	281825	16534361	14485457
食品、饮料及烟草制品专门零售		497	342	2415	2113	51583	41480
纺织、服装及日用品专门零售		27	27	600	545	16442	16201
文化、体育用品及器材专门零售		109	72	295	267	7978	7045
医药及医疗器材专门零售		579	437	4579	3385	96775	73031
汽车、摩托车、燃料及零配件专门零售							
家用电器及电子产品专门零售		19	15	213	179	69958	62328
五金、家具及室内装修材料专门零售		7	7	1109	1058	25384	25384
无店铺及其他零售							
加盟门店合计		**15893**	**13958**	**83073**	**84307**	**2758139**	**2614292**
批发业		**364**	**444**	**352**	**521**	**13110**	**13391**
农畜产品批发							
食品、饮料及烟草制品专门批发		364	444	352	521	13110	13391
纺织、服装及日用品批发							
文化、体育用品及器材批发							
医药及医疗器材批发							
矿产品、建材及化工产品批发							
机械设备、五金交电及电子产品批发							
贸易经纪与代理							
其他批发							
零售业		**15529**	**13514**	**82721**	**83786**	**2745029**	**2600901**
综合零售		15129	13122	81363	82409	2707268	2563874
食品、饮料及烟草制品专门零售		31	31	358	369	9076	9656
纺织、服装及日用品专门零售							
文化、体育用品及器材专门零售							
医药及医疗器材专门零售		368	360	946	933	18685	17371
汽车、摩托车、燃料及零配件专门零售							
家用电器及电子产品专门零售							
五金、家具及室内装修材料专门零售		1	1	54	75	10000	10000
无店铺及其他零售							

1-6 续表 4-1

大型超市

项 目	连锁总店数（个）	门店数（个）		年末从业人员（人）		年末零售营业面积（平方米）	
	2008年	2008年	2007年	2008年	2007年	2008年	2007年
总 计	**218**	**8072**	**7332**	**358215**	**305259**	**13249279**	**11244970**
批发业							
农畜产品批发							
食品、饮料及烟草制品专门批发							
纺织、服装及日用品批发							
文化、体育用品及器材批发							
医药及医疗器材批发							
矿产品、建材及化工产品批发							
机械设备、五金交电及电子产品批发							
贸易经纪与代理							
其他批发							
零售业	**218**	**8072**	**7332**	**358215**	**305259**	**13249279**	**11244970**
综合零售	207	7953	7246	351719	301369	12950598	10964534
食品、饮料及烟草制品专门零售	2	17	16	1419	1231	73840	68120
纺织、服装及日用品专门零售							
文化、体育用品及器材专门零售							
医药及医疗器材专门零售	1	37	29			15421	11360
汽车、摩托车、燃料及零配件专门零售	1	2	2	44	44	800	800
家用电器及电子产品专门零售	5	59	35	4451	2059	152827	144320
五金、家具及室内装修材料专门零售	2	4	4	582	556	55793	55836
无店铺及其他零售							
直营门店合计		**3462**	**3138**	**330820**	**280380**	**12390538**	**10439471**
批发业							
农畜产品批发							
食品、饮料及烟草制品专门批发							
纺织、服装及日用品批发							
文化、体育用品及器材批发							
医药及医疗器材批发							
矿产品、建材及化工产品批发							
机械设备、五金交电及电子产品批发							
贸易经纪与代理							
其他批发							

1-6 续表 4-2

大型超市

项　目	连锁总店数（个）	门店数（个）		年末从业人员（人）		年末零售营业面积（平方米）	
	2008年	2008年	2007年	2008年	2007年	2008年	2007年
零售业		**3462**	**3138**	**330820**	**280380**	**12390538**	**10439471**
综合零售		3351	3059	324324	276490	12094061	10160939
食品、饮料及烟草制品专门零售		17	16	1419	1231	73840	68120
纺织、服装及日用品专门零售							
文化、体育用品及器材专门零售							
医药及医疗器材专门零售		29	22			13217	9456
汽车、摩托车、燃料及零配件专门零售		2	2	44	44	800	800
家用电器及电子产品专门零售		59	35	4451	2059	152827	144320
五金、家具及室内装修材料专门零售		4	4	582	556	55793	55836
无店铺及其他零售							
加盟门店合计		**4610**	**4194**	**27395**	**24879**	**858741**	**805499**
批发业							
农畜产品批发							
食品、饮料及烟草制品专门批发							
纺织、服装及日用品批发							
文化、体育用品及器材批发							
医药及医疗器材批发							
矿产品、建材及化工产品批发							
机械设备、五金交电及电子产品批发							
贸易经纪与代理							
其他批发							
零售业		**4610**	**4194**	**27395**	**24879**	**858741**	**805499**
综合零售		4602	4187	27395	24879	856537	803595
食品、饮料及烟草制品专门零售							
纺织、服装及日用品专门零售							
文化、体育用品及器材专门零售							
医药及医疗器材专门零售		8	7			2204	1904
汽车、摩托车、燃料及零配件专门零售							
家用电器及电子产品专门零售							
五金、家具及室内装修材料专门零售							
无店铺及其他零售							

1-6 续表 5-1

仓储会员店

项目	连锁总店数(个)	门店数(个)		年末从业人员(人)		年末零售营业面积(平方米)	
	2008年	2008年	2007年	2008年	2007年	2008年	2007年
总计	**7**	**331**	**324**	**13092**	**12110**	**439820**	**396372**
批发业	**1**	**193**	**193**	**233**	**233**		
农畜产品批发							
食品、饮料及烟草制品专门批发							
纺织、服装及日用品批发							
文化、体育用品及器材批发							
医药及医疗器材批发							
矿产品、建材及化工产品批发	1	193	193	233	233		
机械设备、五金交电及电子产品批发							
贸易经纪与代理							
其他批发							
零售业	**6**	**138**	**131**	**12859**	**11877**	**439820**	**396372**
综合零售	4	58	54	12536	11541	435620	392172
食品、饮料及烟草制品专门零售							
纺织、服装及日用品专门零售							
文化、体育用品及器材专门零售							
医药及医疗器材专门零售	1	69	67	323	336	4200	4200
汽车、摩托车、燃料及零配件专门零售							
家用电器及电子产品专门零售	1	11	10				
五金、家具及室内装修材料专门零售							
无店铺及其他零售							
直营门店合计		**331**	**324**	**13092**	**12110**	**439820**	**396372**
批发业		**193**	**193**	**233**	**233**		
农畜产品批发							
食品、饮料及烟草制品专门批发							
纺织、服装及日用品批发							
文化、体育用品及器材批发							
医药及医疗器材批发							
矿产品、建材及化工产品批发		193	193	233	233		
机械设备、五金交电及电子产品批发							
贸易经纪与代理							
其他批发							

1-6 续表 5-2

仓储会员店

项目	连锁总店数(个)	门店数(个)		年末从业人员(人)		年末零售营业面积(平方米)	
	2008年	2008年	2007年	2008年	2007年	2008年	2007年
零售业		**138**	**131**	**12859**	**11877**	**439820**	**396372**
综合零售		58	54	12536	11541	435620	392172
食品、饮料及烟草制品专门零售							
纺织、服装及日用品专门零售							
文化、体育用品及器材专门零售							
医药及医疗器材专门零售		69	67	323	336	4200	4200
汽车、摩托车、燃料及零配件专门零售							
家用电器及电子产品专门零售		11	10				
五金、家具及室内装修材料专门零售							
无店铺及其他零售							
加盟门店合计							
批发业							
农畜产品批发							
食品、饮料及烟草制品专门批发							
纺织、服装及日用品批发							
文化、体育用品及器材批发							
医药及医疗器材批发							
矿产品、建材及化工产品批发							
机械设备、五金交电及电子产品批发							
贸易经纪与代理							
其他批发							
零售业							
综合零售							
食品、饮料及烟草制品专门零售							
纺织、服装及日用品专门零售							
文化、体育用品及器材专门零售							
医药及医疗器材专门零售							
汽车、摩托车、燃料及零配件专门零售							
家用电器及电子产品专门零售							
五金、家具及室内装修材料专门零售							
无店铺及其他零售							

1-6 续表 6-1

百货店

项　目	连锁总店数(个)	门店数(个)		年末从业人员(人)		年末零售营业面积(平方米)	
	2008年	2008年	2007年	2008年	2007年	2008年	2007年
总　计	**87**	**3805**	**3674**	**185307**	**159171**	**11104026**	**9401701**
批发业	**4**	**37**	**36**	**3230**	**2982**	**295878**	**252378**
农畜产品批发							
食品、饮料及烟草制品专门批发							
纺织、服装及日用品批发	2	31	30	3083	2859	285000	241500
文化、体育用品及器材批发	2	6	6	147	123	10878	10878
医药及医疗器材批发							
矿产品、建材及化工产品批发							
机械设备、五金交电及电子产品批发							
贸易经纪与代理							
其他批发							
零售业	**83**	**3768**	**3638**	**182077**	**156189**	**10808148**	**9149323**
综合零售	76	3729	3590	180382	154610	10726070	9103047
食品、饮料及烟草制品专门零售							
纺织、服装及日用品专门零售	6	35	46	1415	1316	65366	36964
文化、体育用品及器材专门零售							
医药及医疗器材专门零售							
汽车、摩托车、燃料及零配件专门零售							
家用电器及电子产品专门零售	1	4	2	280	263	16712	9312
五金、家具及室内装修材料专门零售							
无店铺及其他零售							
直营门店合计		**1183**	**1052**	**154882**	**128937**	**10478721**	**8786607**
批发业		**34**	**32**	**2687**	**2364**	**252378**	**197678**
农畜产品批发							
食品、饮料及烟草制品专门批发							
纺织、服装及日用品批发		28	26	2540	2241	241500	186800
文化、体育用品及器材批发		6	6	147	123	10878	10878
医药及医疗器材批发							
矿产品、建材及化工产品批发							
机械设备、五金交电及电子产品批发							
贸易经纪与代理							
其他批发							

1-6　续表 6-2

百货店

项目	连锁总店数(个)	门店数(个)		年末从业人员(人)		年末零售营业面积(平方米)	
	2008年	2008年	2007年	2008年	2007年	2008年	2007年
零售业		**1149**	**1020**	**152195**	**126573**	**10226343**	**8588929**
综合零售		1110	972	150500	124994	10144265	8542653
食品、饮料及烟草制品专门零售							
纺织、服装及日用品专门零售		35	46	1415	1316	65366	36964
文化、体育用品及器材专门零售							
医药及医疗器材专门零售							
汽车、摩托车、燃料及零配件专门零售							
家用电器及电子产品专门零售		4	2	280	263	16712	9312
五金、家具及室内装修材料专门零售							
无店铺及其他零售							
加盟门店合计		**2622**	**2622**	**30425**	**30234**	**625305**	**615094**
批发业		**3**	**4**	**543**	**618**	**43500**	**54700**
农畜产品批发							
食品、饮料及烟草制品专门批发							
纺织、服装及日用品批发		3	4	543	618	43500	54700
文化、体育用品及器材批发							
医药及医疗器材批发							
矿产品、建材及化工产品批发							
机械设备、五金交电及电子产品批发							
贸易经纪与代理							
其他批发							
零售业		**2619**	**2618**	**29882**	**29616**	**581805**	**560394**
综合零售		2619	2618	29882	29616	581805	560394
食品、饮料及烟草制品专门零售							
纺织、服装及日用品专门零售							
文化、体育用品及器材专门零售							
医药及医疗器材专门零售							
汽车、摩托车、燃料及零配件专门零售							
家用电器及电子产品专门零售							
五金、家具及室内装修材料专门零售							
无店铺及其他零售							

1-6 续表 7-1

专业店(含加油站)

项　目	连锁总店数(个)	门店数(个)		年末从业人员(人)		年末零售营业面积(平方米)	
	2008年	2008年	2007年	2008年	2007年	2008年	2007年
总　计	**1259**	**93656**	**84943**	**744764**	**669755**	**51112057**	**45654326**
批发业	**227**	**44203**	**41252**	**266472**	**249177**	**30532925**	**29027375**
农畜产品批发							
食品、饮料及烟草制品专门批发	25	1082	1098	11638	10490	37737	37939
纺织、服装及日用品批发	8	307	325	1326	1194	31605	33906
文化、体育用品及器材批发	7	473	477	17437	17449	714200	678145
医药及医疗器材批发	39	3262	3091	13807	13235	565004	482059
矿产品、建材及化工产品批发	130	38563	35754	212720	195883	29007252	27592009
机械设备、五金交电及电子产品批发	18	516	507	9544	10926	177127	203317
贸易经纪与代理							
其他批发							
零售业	**1032**	**49453**	**43691**	**478292**	**420578**	**20579132**	**16626951**
综合零售	12	331	256	8245	8479	472734	350555
食品、饮料及烟草制品专门零售	68	1441	1231	8378	7474	126720	102366
纺织、服装及日用品专门零售	68	7107	6741	27688	19518	309885	278459
文化、体育用品及器材专门零售	74	1367	1366	29029	26348	817715	784311
医药及医疗器材专门零售	511	28211	24084	153497	131972	3174522	2647415
汽车、摩托车、燃料及零配件专门零售	125	7442	6952	65864	60526	7010317	6821224
家用电器及电子产品专门零售	160	3384	2880	184289	164908	8631670	5606564
五金、家具及室内装修材料专门零售	5	25	28	436	400	16475	22929
无店铺及其他零售	9	145	153	866	953	19094	13128
直营门店合计		**54188**	**50728**	**644679**	**559518**	**48648097**	**42851865**
批发业		**24083**	**23472**	**225986**	**216370**	**29265575**	**27943627**
农畜产品批发							
食品、饮料及烟草制品专门批发		951	1042	11638	10490	37737	37939
纺织、服装及日用品批发		146	139	1093	1008	18343	17854
文化、体育用品及器材批发		471	475	17432	17444	714200	678145
医药及医疗器材批发		745	680	5854	5445	387550	325480
矿产品、建材及化工产品批发		21394	20710	182014	172328	27956616	26717610
机械设备、五金交电及电子产品批发		376	426	7955	9655	151129	166599
贸易经纪与代理							
其他批发							

1-6 续表 7-2

专业店(含加油站)

项 目	连锁总店数(个)	门店数(个)		年末从业人员(人)		年末零售营业面积(平方米)	
	2008年	2008年	2007年	2008年	2007年	2008年	2007年
零售业		**30105**	**27256**	**418693**	**343148**	**19382522**	**14908238**
综合零售		331	256	8245	8479	472734	350555
食品、饮料及烟草制品专门零售		1281	1092	7967	7103	115650	92055
纺织、服装及日用品专门零售		652	561	7911	6834	134540	108579
文化、体育用品及器材专门零售		1346	1333	28863	26086	814016	780021
医药及医疗器材专门零售		15878	14541	118847	102800	2526247	2112826
汽车、摩托车、燃料及零配件专门零售		7303	6815	63829	58535	6690644	6504271
家用电器及电子产品专门零售		3144	2477	181729	131958	8593122	4923874
五金、家具及室内装修材料专门零售		25	28	436	400	16475	22929
无店铺及其他零售		145	153	866	953	19094	13128
加盟门店合计		**39468**	**34215**	**100085**	**110237**	**2463960**	**2802461**
批发业		**20120**	**17780**	**40486**	**32807**	**1267350**	**1083748**
农畜产品批发							
食品、饮料及烟草制品专门批发		131	56				
纺织、服装及日用品批发		161	186	233	186	13262	16052
文化、体育用品及器材批发		2	2	5	5		
医药及医疗器材批发		2517	2411	7953	7790	177454	156579
矿产品、建材及化工产品批发		17169	15044	30706	23555	1050636	874399
机械设备、五金交电及电子产品批发		140	81	1589	1271	25998	36718
贸易经纪与代理							
其他批发							
零售业		**19348**	**16435**	**59599**	**77430**	**1196610**	**1718713**
综合零售							
食品、饮料及烟草制品专门零售		160	139	411	371	11070	10311
纺织、服装及日用品专门零售		6455	6180	19777	12684	175345	169880
文化、体育用品及器材专门零售		21	33	166	262	3699	4290
医药及医疗器材专门零售		12333	9543	34650	29172	648275	534589
汽车、摩托车、燃料及零配件专门零售		139	137	2035	1991	319673	316953
家用电器及电子产品专门零售		240	403	2560	32950	38548	682690
五金、家具及室内装修材料专门零售							
无店铺及其他零售							

1-6 续表 8-1

加油站

项 目	连锁总店数(个)	门店数(个)		年末从业人员(人)		年末零售营业面积(平方米)	
	2008年	2008年	2007年	2008年	2007年	2008年	2007年
总 计	**209**	**27361**	**26390**	**238823**	**224900**	**34127403**	**32780998**
批发业	**95**	**20035**	**19543**	**176726**	**167597**	**27703872**	**26524729**
农畜产品批发							
食品、饮料及烟草制品专门批发							
纺织、服装及日用品批发							
文化、体育用品及器材批发							
医药及医疗器材批发							
矿产品、建材及化工产品批发	95	20035	19543	176726	167597	27703872	26524729
机械设备、五金交电及电子产品批发							
贸易经纪与代理							
其他批发							
零售业	**114**	**7326**	**6847**	**62097**	**57303**	**6423531**	**6256269**
综合零售							
食品、饮料及烟草制品专门零售							
纺织、服装及日用品专门零售							
文化、体育用品及器材专门零售							
医药及医疗器材专门零售							
汽车、摩托车、燃料及零配件专门零售	114	7326	6847	62097	57303	6423531	6256269
家用电器及电子产品专门零售							
五金、家具及室内装修材料专门零售							
无店铺及其他零售							
直营门店合计		**27235**	**26248**	**237318**	**223254**	**33915805**	**32560520**
批发业		**20030**	**19526**	**176668**	**167479**	**27690001**	**26507258**
农畜产品批发							
食品、饮料及烟草制品专门批发							
纺织、服装及日用品批发							
文化、体育用品及器材批发							
医药及医疗器材批发							
矿产品、建材及化工产品批发		20030	19526	176668	167479	27690001	26507258
机械设备、五金交电及电子产品批发							
贸易经纪与代理							
其他批发							

1-6 续表 8-2

加油站

项 目	连锁总店数（个）	门店数（个）		年末从业人员（人）		年末零售营业面积（平方米）	
	2008年	2008年	2007年	2008年	2007年	2008年	2007年
零售业		**7205**	**6722**	**60650**	**55775**	**6225804**	**6053262**
综合零售							
食品、饮料及烟草制品专门零售							
纺织、服装及日用品专门零售							
文化、体育用品及器材专门零售							
医药及医疗器材专门零售							
汽车、摩托车、燃料及零配件专门零售		7205	6722	60650	55775	6225804	6053262
家用电器及电子产品专门零售							
五金、家具及室内装修材料专门零售							
无店铺及其他零售							
加盟门店合计		**126**	**142**	**1505**	**1646**	**211598**	**220478**
批发业		**5**	**17**	**58**	**118**	**13871**	**17471**
农畜产品批发							
食品、饮料及烟草制品专门批发							
纺织、服装及日用品批发							
文化、体育用品及器材批发							
医药及医疗器材批发							
矿产品、建材及化工产品批发		5	17	58	118	13871	17471
机械设备、五金交电及电子产品批发							
贸易经纪与代理							
其他批发							
零售业		**121**	**125**	**1447**	**1528**	**197727**	**203007**
综合零售							
食品、饮料及烟草制品专门零售							
纺织、服装及日用品专门零售							
文化、体育用品及器材专门零售							
医药及医疗器材专门零售							
汽车、摩托车、燃料及零配件专门零售		121	125	1447	1528	197727	203007
家用电器及电子产品专门零售							
五金、家具及室内装修材料专门零售							
无店铺及其他零售							

1-6 续表 9-1

专卖店

项 目	连锁总店数(个)	门店数(个)		年末从业人员(人)		年末零售营业面积(平方米)	
	2008年	2008年	2007年	2008年	2007年	2008年	2007年
总 计	**281**	**14651**	**13047**	**124207**	**108923**	**3195930**	**2206644**
批发业	**46**	**3694**	**3376**	**19831**	**17394**	**1279438**	**681334**
农畜产品批发							
食品、饮料及烟草制品专门批发	14	1895	1650	7733	5880	47497	45241
纺织、服装及日用品批发	7	65	63	909	786	7639	8822
文化、体育用品及器材批发	3	27	25	324	315	5840	5267
医药及医疗器材批发	5	192	180	753	784	16648	10389
矿产品、建材及化工产品批发	13	1504	1450	9839	9379	1200414	610635
机械设备、五金交电及电子产品批发	4	11	8	273	250	1400	980
贸易经纪与代理							
其他批发							
零售业	**235**	**10957**	**9671**	**104376**	**91529**	**1916492**	**1525310**
综合零售	1	14	17	59	69	2217	1017
食品、饮料及烟草制品专门零售	65	2462	2279	17813	15752	203090	200726
纺织、服装及日用品专门零售	77	6648	5726	48234	41783	603290	496646
文化、体育用品及器材专门零售	9	67	97	1358	1283	24195	23853
医药及医疗器材专门零售	31	887	815	5493	4810	82716	78490
汽车、摩托车、燃料及零配件专门零售	14	263	239	3631	3352	195470	185440
家用电器及电子产品专门零售	34	565	469	26662	23181	682862	483738
五金、家具及室内装修材料专门零售	2	29	25	1077	1294	121062	55280
无店铺及其他零售	2	22	4	49	5	1590	120
直营门店合计		**7029**	**6356**	**95996**	**83757**	**2806827**	**1853016**
批发业		**1582**	**1506**	**16123**	**13964**	**1243116**	**646300**
农畜产品批发							
食品、饮料及烟草制品专门批发		414	374	5800	4164	28612	27694
纺织、服装及日用品批发		65	63	909	786	7639	8822
文化、体育用品及器材批发		13	13	324	315	5840	5267
医药及医疗器材批发		76	64	521	552	12008	5749
矿产品、建材及化工产品批发		1004	984	8296	7897	1187617	597788
机械设备、五金交电及电子产品批发		10	8	273	250	1400	980
贸易经纪与代理							
其他批发							

1-6 续表 9-2

专卖店

项目	连锁总店数(个)	门店数(个)		年末从业人员(人)		年末零售营业面积(平方米)	
	2008年	2008年	2007年	2008年	2007年	2008年	2007年
零售业		**5447**	**4850**	**79873**	**69793**	**1563711**	**1206716**
综合零售		6	6	35	36	997	457
食品、饮料及烟草制品专门零售		1754	1610	12607	10871	141533	138408
纺织、服装及日用品专门零售		2094	1780	29720	25698	363885	286556
文化、体育用品及器材专门零售		67	97	1358	1283	24195	23853
医药及医疗器材专门零售		683	645	4946	4263	65580	63347
汽车、摩托车、燃料及零配件专门零售		227	214	3419	3162	162007	154957
家用电器及电子产品专门零售		565	469	26662	23181	682862	483738
五金、家具及室内装修材料专门零售		29	25	1077	1294	121062	55280
无店铺及其他零售		22	4	49	5	1590	120
加盟门店合计		**7622**	**6691**	**28211**	**25166**	**389103**	**353628**
批发业		**2112**	**1870**	**3708**	**3430**	**36322**	**35034**
农畜产品批发							
食品、饮料及烟草制品专门批发		1481	1276	1933	1716	18885	17547
纺织、服装及日用品批发							
文化、体育用品及器材批发		14	12				
医药及医疗器材批发		116	116	232	232	4640	4640
矿产品、建材及化工产品批发		500	466	1543	1482	12797	12847
机械设备、五金交电及电子产品批发		1					
贸易经纪与代理							
其他批发							
零售业		**5510**	**4821**	**24503**	**21736**	**352781**	**318594**
综合零售		8	11	24	33	1220	560
食品、饮料及烟草制品专门零售		708	669	5206	4881	61557	62318
纺织、服装及日用品专门零售		4554	3946	18514	16085	239405	210090
文化、体育用品及器材专门零售							
医药及医疗器材专门零售		204	170	547	547	17136	15143
汽车、摩托车、燃料及零配件专门零售		36	25	212	190	33463	30483
家用电器及电子产品专门零售							
五金、家具及室内装修材料专门零售							
无店铺及其他零售							

1-6 续表 10-1

家居建材商店

项　目	连锁总店数(个)	门店数(个)		年末从业人员(人)		年末零售营业面积(平方米)	
	2008年	2008年	2007年	2008年	2007年	2008年	2007年
总　计	**20**	**116**	**93**	**12169**	**10379**	**948882**	**677785**
批发业	**1**	**3**	**3**	**266**	**98**	**1952**	**1952**
农畜产品批发							
食品、饮料及烟草制品专门批发							
纺织、服装及日用品批发							
文化、体育用品及器材批发							
医药及医疗器材批发							
矿产品、建材及化工产品批发							
机械设备、五金交电及电子产品批发	1	3	3	266	98	1952	1952
贸易经纪与代理							
其他批发							
零售业	**19**	**113**	**90**	**11903**	**10281**	**946930**	**675833**
综合零售	1	2	2	225	218	6000	6000
食品、饮料及烟草制品专门零售							
纺织、服装及日用品专门零售							
文化、体育用品及器材专门零售							
医药及医疗器材专门零售							
汽车、摩托车、燃料及零配件专门零售							
家用电器及电子产品专门零售							
五金、家具及室内装修材料专门零售	18	111	88	11678	10063	940930	669833
无店铺及其他零售							
直营门店合计		**109**	**91**	**11407**	**10177**	**878722**	**667785**
批发业		**3**	**3**	**266**	**98**	**1952**	**1952**
农畜产品批发							
食品、饮料及烟草制品专门批发							
纺织、服装及日用品批发							
文化、体育用品及器材批发							
医药及医疗器材批发							
矿产品、建材及化工产品批发							
机械设备、五金交电及电子产品批发		3	3	266	98	1952	1952
贸易经纪与代理							
其他批发							

1-6 续表 10-2

家居建材商店

项 目	连锁总店数(个)	门店数(个)		年末从业人员(人)		年末零售营业面积(平方米)	
	2008年	2008年	2007年	2008年	2007年	2008年	2007年
零售业		**106**	**88**	**11141**	**10079**	**876770**	**665833**
综合零售		2	2	225	218	6000	6000
食品、饮料及烟草制品专门零售							
纺织、服装及日用品专门零售							
文化、体育用品及器材专门零售							
医药及医疗器材专门零售							
汽车、摩托车、燃料及零配件专门零售							
家用电器及电子产品专门零售							
五金、家具及室内装修材料专门零售		104	86	10916	9861	870770	659833
无店铺及其他零售							
加盟门店合计		**7**	**2**	**762**	**202**	**70160**	**10000**
批发业							
农畜产品批发							
食品、饮料及烟草制品专门批发							
纺织、服装及日用品批发							
文化、体育用品及器材批发							
医药及医疗器材批发							
矿产品、建材及化工产品批发							
机械设备、五金交电及电子产品批发							
贸易经纪与代理							
其他批发							
零售业		**7**	**2**	**762**	**202**	**70160**	**10000**
综合零售							
食品、饮料及烟草制品专门零售							
纺织、服装及日用品专门零售							
文化、体育用品及器材专门零售							
医药及医疗器材专门零售							
汽车、摩托车、燃料及零配件专门零售							
家用电器及电子产品专门零售							
五金、家具及室内装修材料专门零售		7	2	762	202	70160	10000
无店铺及其他零售							

1-6 续表 11-1

厂家直销中心

项目	连锁总店数(个)	门店数(个)		年末从业人员(人)		年末零售营业面积(平方米)	
	2008年	2008年	2007年	2008年	2007年	2008年	2007年
总计	**4**	**50**	**46**	**357**	**355**	**65473**	**51633**
批发业	**1**	**6**	**5**	**220**	**210**	**197**	**167**
农畜产品批发							
食品、饮料及烟草制品专门批发	1	6	5	220	210	197	167
纺织、服装及日用品批发							
文化、体育用品及器材批发							
医药及医疗器材批发							
矿产品、建材及化工产品批发							
机械设备、五金交电及电子产品批发							
贸易经纪与代理							
其他批发							
零售业	**3**	**44**	**41**	**137**	**145**	**65276**	**51466**
综合零售							
食品、饮料及烟草制品专门零售							
纺织、服装及日用品专门零售							
文化、体育用品及器材专门零售							
医药及医疗器材专门零售	1	25	23	91	90	810	810
汽车、摩托车、燃料及零配件专门零售							
家用电器及电子产品专门零售	1	15	14			64066	50256
五金、家具及室内装修材料专门零售							
无店铺及其他零售	1	4	4	46	55	400	400
直营门店合计		**50**	**46**	**357**	**355**	**65473**	**51633**
批发业		**6**	**5**	**220**	**210**	**197**	**167**
农畜产品批发							
食品、饮料及烟草制品专门批发		6	5	220	210	197	167
纺织、服装及日用品批发							
文化、体育用品及器材批发							
医药及医疗器材批发							
矿产品、建材及化工产品批发							
机械设备、五金交电及电子产品批发							
贸易经纪与代理							
其他批发							

1-6 续表 11-2

厂家直销中心

项目	连锁总店数(个)	门店数(个)		年末从业人员(人)		年末零售营业面积(平方米)	
	2008年	2008年	2007年	2008年	2007年	2008年	2007年
零售业		**44**	**41**	**137**	**145**	**65276**	**51466**
综合零售							
食品、饮料及烟草制品专门零售							
纺织、服装及日用品专门零售							
文化、体育用品及器材专门零售							
医药及医疗器材专门零售		25	23	91	90	810	810
汽车、摩托车、燃料及零配件专门零售							
家用电器及电子产品专门零售		15	14			64066	50256
五金、家具及室内装修材料专门零售							
无店铺及其他零售		4	4	46	55	400	400
加盟门店合计							
批发业							
农畜产品批发							
食品、饮料及烟草制品专门批发							
纺织、服装及日用品批发							
文化、体育用品及器材批发							
医药及医疗器材批发							
矿产品、建材及化工产品批发							
机械设备、五金交电及电子产品批发							
贸易经纪与代理							
其他批发							
零售业							
综合零售							
食品、饮料及烟草制品专门零售							
纺织、服装及日用品专门零售							
文化、体育用品及器材专门零售							
医药及医疗器材专门零售							
汽车、摩托车、燃料及零配件专门零售							
家用电器及电子产品专门零售							
五金、家具及室内装修材料专门零售							
无店铺及其他零售							

1-6 续表 12-1

其他

项　目	连锁总店数（个）	门店数（个）		年末从业人员（人）		年末零售营业面积（平方米）	
	2008年	2008年	2007年	2008年	2007年	2008年	2007年
总　计	**24**	**601**	**550**	**5716**	**5236**	**202510**	**483820**
批发业	**4**	**218**	**222**	**1580**	**1569**	**132529**	**420240**
农畜产品批发							
食品、饮料及烟草制品专门批发	1	18	17	62	42	540	540
纺织、服装及日用品批发							
文化、体育用品及器材批发							
医药及医疗器材批发							
矿产品、建材及化工产品批发	2	191	196	1098	1177	131089	418800
机械设备、五金交电及电子产品批发	1	9	9	420	350	900	900
贸易经纪与代理							
其他批发							
零售业	**20**	**383**	**328**	**4136**	**3667**	**69981**	**63580**
综合零售	1	55	38	760	610	26292	21060
食品、饮料及烟草制品专门零售	6	57	54	1235	794	9080	8804
纺织、服装及日用品专门零售							
文化、体育用品及器材专门零售	2	19	19	946	971	10484	13099
医药及医疗器材专门零售	9	231	199	976	892	15225	11417
汽车、摩托车、燃料及零配件专门零售							
家用电器及电子产品专门零售	1	3	3	93	280	8000	8000
五金、家具及室内装修材料专门零售							
无店铺及其他零售	1	18	15	126	120	900	1200
直营门店合计		**522**	**474**	**5496**	**5019**	**196790**	**478250**
批发业		**174**	**178**	**1467**	**1455**	**128679**	**416440**
农畜产品批发							
食品、饮料及烟草制品专门批发		18	17	62	42	540	540
纺织、服装及日用品批发							
文化、体育用品及器材批发							
医药及医疗器材批发							
矿产品、建材及化工产品批发		147	152	985	1063	127239	415000
机械设备、五金交电及电子产品批发		9	9	420	350	900	900
贸易经纪与代理							
其他批发							

1-6 续表 12-2

其他

项目	连锁总店数(个)	门店数(个)		年末从业人员(人)		年末零售营业面积(平方米)	
	2008年	2008年	2007年	2008年	2007年	2008年	2007年
零售业		**348**	**296**	**4029**	**3564**	**68111**	**61810**
综合零售		55	38	760	610	26292	21060
食品、饮料及烟草制品专门零售		56	53	1234	791	9042	8766
纺织、服装及日用品专门零售							
文化、体育用品及器材专门零售		17	17	925	949	9972	12587
医药及医疗器材专门零售		199	170	891	814	13905	10197
汽车、摩托车、燃料及零配件专门零售							
家用电器及电子产品专门零售		3	3	93	280	8000	8000
五金、家具及室内装修材料专门零售							
无店铺及其他零售		18	15	126	120	900	1200
加盟门店合计		**79**	**76**	**220**	**217**	**5720**	**5570**
批发业		**44**	**44**	**113**	**114**	**3850**	**3800**
农畜产品批发							
食品、饮料及烟草制品专门批发							
纺织、服装及日用品批发							
文化、体育用品及器材批发							
医药及医疗器材批发							
矿产品、建材及化工产品批发		44	44	113	114	3850	3800
机械设备、五金交电及电子产品批发							
贸易经纪与代理							
其他批发							
零售业		**35**	**32**	**107**	**103**	**1870**	**1770**
综合零售							
食品、饮料及烟草制品专门零售		1	1	1	3	38	38
纺织、服装及日用品专门零售							
文化、体育用品及器材专门零售		2	2	21	22	512	512
医药及医疗器材专门零售		32	29	85	78	1320	1220
汽车、摩托车、燃料及零配件专门零售							
家用电器及电子产品专门零售							
五金、家具及室内装修材料专门零售							
无店铺及其他零售							

1-7 按行业与业态分

便利店

项目	商品购进总额		统一配送商品购进额	
	2008年	2007年	2008年	2007年
总计	**2267081**	**1888486**	**1600428**	**1297073**
批发业	**174070**	**126770**	**165367**	**86867**
农畜产品批发				
食品、饮料及烟草制品专门批发	172703	125292	164001	85388
纺织、服装及日用品批发				
文化、体育用品及器材批发				
医药及医疗器材批发				
矿产品、建材及化工产品批发	1367	1478	1367	1478
机械设备、五金交电及电子产品批发				
贸易经纪与代理				
其他批发				
零售业	**2093011**	**1761716**	**1435061**	**1210207**
综合零售	2042072	1714417	1389143	1168300
食品、饮料及烟草制品专门零售	28512	26700	28174	26364
纺织、服装及日用品专门零售				
文化、体育用品及器材专门零售				
医药及医疗器材专门零售	22427	20599	17744	15543
汽车、摩托车、燃料及零配件专门零售				
家用电器及电子产品专门零售				
五金、家具及室内装修材料专门零售				
无店铺及其他零售				
直营门店合计	**1926876**	**1636323**	**1270981**	**1089852**
批发业	**24228**	**19819**	**19698**	**18370**
农畜产品批发				
食品、饮料及烟草制品专门批发	23700	19294	19170	17846
纺织、服装及日用品批发				
文化、体育用品及器材批发				
医药及医疗器材批发				
矿产品、建材及化工产品批发	528	525	528	525
机械设备、五金交电及电子产品批发				
贸易经纪与代理				
其他批发				

连锁零售企业经营情况

单位：万元

自有配送中心配送商品购进额		非自有配送中心配送商品购进额		商品销售总额		零售额	
2008年	2007年	2008年	2007年	2008年	2007年	2008年	2007年
420720	**368079**	**547333**	**447099**	**2760418**	**2317034**	**2620784**	**2193862**
33756	**33375**	**70461**	**51949**	**185092**	**134913**	**169595**	**116215**
33756	33375	70461	51949	183917	133724	168419	115026
				1175	1189	1175	1189
386964	**334704**	**476873**	**395151**	**2575326**	**2182121**	**2451189**	**2077647**
371165	318273	469972	392265	2515582	2131383	2393307	2028307
6093	9441	5779	1594	31204	27723	29342	26325
9706	6990	1122	1292	28540	23016	28540	23016
357171	**312814**	**448293**	**375281**	**2249494**	**1926533**	**2144739**	**1838319**
14065	**12190**	**5105**	**5656**	**24485**	**21559**	**10248**	**8667**
14065	12190	5105	5656	24008	21095	9770	8203
				477	465	477	465

1-7 续表 1

便利店

项　　目	商品购进总额		统一配送商品购进额	
	2008年	2007年	2008年	2007年
零售业	**1902648**	**1616504**	**1251282**	**1071481**
综合零售	1866833	1580974	1216374	1037200
食品、饮料及烟草制品专门零售	22063	24160	21960	24076
纺织、服装及日用品专门零售				
文化、体育用品及器材专门零售				
医药及医疗器材专门零售	13751	11370	12948	10205
汽车、摩托车、燃料及零配件专门零售				
家用电器及电子产品专门零售				
五金、家具及室内装修材料专门零售				
无店铺及其他零售				
加盟门店合计	**340205**	**252163**	**329448**	**207222**
批发业	**149842**	**106951**	**145669**	**68496**
农畜产品批发				
食品、饮料及烟草制品专门批发	149003	105998	144831	67543
纺织、服装及日用品批发				
文化、体育用品及器材批发				
医药及医疗器材批发				
矿产品、建材及化工产品批发	839	954	839	954
机械设备、五金交电及电子产品批发				
贸易经纪与代理				
其他批发				
零售业	**190363**	**145212**	**183779**	**138726**
综合零售	175239	133443	172770	131100
食品、饮料及烟草制品专门零售	6448	2540	6214	2288
纺织、服装及日用品专门零售				
文化、体育用品及器材专门零售				
医药及医疗器材专门零售	8676	9229	4795	5338
汽车、摩托车、燃料及零配件专门零售				
家用电器及电子产品专门零售				
五金、家具及室内装修材料专门零售				
无店铺及其他零售				

单位：万元

自有配送中心配送商品购进额		非自有配送中心配送商品购进额		商品销售总额		零售额	
2008年	2007年	2008年	2007年	2008年	2007年	2008年	2007年
343106	**300623**	**443188**	**369626**	**2225009**	**1904974**	**2134492**	**1829651**
327718	284259	440896	368057	2183562	1867212	2094907	1793288
6033	9374	2292	1569	26366	25370	24504	23972
9356	6990			15080	12392	15080	12392
63549	**55265**	**99040**	**71818**	**510925**	**390501**	**476045**	**355544**
19691	**21185**	**65356**	**46293**	**160607**	**113354**	**159347**	**107548**
19691	21185	65356	46293	159909	112629	158649	106823
				698	724	698	724
43858	**34081**	**33685**	**25525**	**350318**	**277148**	**316698**	**247996**
43447	34014	29076	24208	332020	264171	298400	235019
60	67	3487	25	4838	2353	4838	2353
350		1122	1292	13460	10624	13460	10624

1-7 续表 2-1

折扣店

项　目	商品购进总额		统一配送商品购进额	
	2008年	2007年	2008年	2007年
总　计	**299276**	**245488**	**295842**	**242294**
批发业				
农畜产品批发				
食品、饮料及烟草制品专门批发				
纺织、服装及日用品批发				
文化、体育用品及器材批发				
医药及医疗器材批发				
矿产品、建材及化工产品批发				
机械设备、五金交电及电子产品批发				
贸易经纪与代理				
其他批发				
零售业	**299276**	**245488**	**295842**	**242294**
综合零售	232344	199889	228909	196695
食品、饮料及烟草制品专门零售				
纺织、服装及日用品专门零售	66933	45599	66933	45599
文化、体育用品及器材专门零售				
医药及医疗器材专门零售				
汽车、摩托车、燃料及零配件专门零售				
家用电器及电子产品专门零售				
五金、家具及室内装修材料专门零售				
无店铺及其他零售				
直营门店合计	**299276**	**245488**	**295842**	**242294**
批发业				
农畜产品批发				
食品、饮料及烟草制品专门批发				
纺织、服装及日用品批发				
文化、体育用品及器材批发				
医药及医疗器材批发				
矿产品、建材及化工产品批发				
机械设备、五金交电及电子产品批发				
贸易经纪与代理				
其他批发				

单位：万元

自有配送中心配送商品购进额		非自有配送中心配送商品购进额		商品销售总额		零售额	
2008年	2007年	2008年	2007年	2008年	2007年	2008年	2007年
183281	**154256**	**45628**	**42438**	**347566**	**272614**	**347566**	**272614**
183281	**154256**	**45628**	**42438**	**347566**	**272614**	**347566**	**272614**
183281	154256	45628	42438	269521	220820	269521	220820
				78044	51794	78044	51794
183281	**154256**	**45628**	**42438**	**347566**	**272614**	**347566**	**272614**

1-7 续表 2-2

折扣店

项目	商品购进总额		统一配送商品购进额	
	2008年	2007年	2008年	2007年
零售业	**299276**	**245488**	**295842**	**242294**
综合零售	232344	199889	228909	196695
食品、饮料及烟草制品专门零售				
纺织、服装及日用品专门零售	66933	45599	66933	45599
文化、体育用品及器材专门零售				
医药及医疗器材专门零售				
汽车、摩托车、燃料及零配件专门零售				
家用电器及电子产品专门零售				
五金、家具及室内装修材料专门零售				
无店铺及其他零售				
加盟门店合计				
批发业				
农畜产品批发				
食品、饮料及烟草制品专门批发				
纺织、服装及日用品批发				
文化、体育用品及器材批发				
医药及医疗器材批发				
矿产品、建材及化工产品批发				
机械设备、五金交电及电子产品批发				
贸易经纪与代理				
其他批发				
零售业				
综合零售				
食品、饮料及烟草制品专门零售				
纺织、服装及日用品专门零售				
文化、体育用品及器材专门零售				
医药及医疗器材专门零售				
汽车、摩托车、燃料及零配件专门零售				
家用电器及电子产品专门零售				
五金、家具及室内装修材料专门零售				
无店铺及其他零售				

单位：万元

自有配送中心配送商品购进额		非自有配送中心配送商品购进额		商品销售总额		零售额	
2008年	2007年	2008年	2007年	2008年	2007年	2008年	2007年
183281	**154256**	**45628**	**42438**	**347566**	**272614**	**347566**	**272614**
183281	154256	45628	42438	269521	220820	269521	220820
				78044	51794	78044	51794

1-7 续表 3-1

超市

项　目	商品购进总额		统一配送商品购进额	
	2008年	2007年	2008年	2007年
总　计	**16011210**	**14577688**	**12640210**	**11373268**
批发业	**80612**	**73550**	**46823**	**68557**
农畜产品批发				
食品、饮料及烟草制品专门批发	71406	63941	37617	58948
纺织、服装及日用品批发	8119	8112	8119	8112
文化、体育用品及器材批发				
医药及医疗器材批发	1088	1497	1088	1497
矿产品、建材及化工产品批发				
机械设备、五金交电及电子产品批发				
贸易经纪与代理				
其他批发				
零售业	**15930598**	**14504138**	**12593387**	**11304711**
综合零售	15452407	14159751	12193798	11033192
食品、饮料及烟草制品专门零售	145913	77618	108924	32428
纺织、服装及日用品专门零售	13850	12304	12893	11512
文化、体育用品及器材专门零售	5609	4311	5609	4311
医药及医疗器材专门零售	141707	81034	119519	73724
汽车、摩托车、燃料及零配件专门零售				
家用电器及电子产品专门零售	92100	91072	92100	91072
五金、家具及室内装修材料专门零售	79012	78047	60544	58471
无店铺及其他零售				
直营门店合计	**13293499**	**11715131**	**11069432**	**9716113**
批发业	**61883**	**51480**	**28094**	**46487**
农畜产品批发				
食品、饮料及烟草制品专门批发	52676	41871	18887	36878
纺织、服装及日用品批发	8119	8112	8119	8112
文化、体育用品及器材批发				
医药及医疗器材批发	1088	1497	1088	1497
矿产品、建材及化工产品批发				
机械设备、五金交电及电子产品批发				
贸易经纪与代理				
其他批发				

单位：万元

自有配送中心配送商品购进额		非自有配送中心配送商品购进额		商品销售总额		零售额	
2008年	2007年	2008年	2007年	2008年	2007年	2008年	2007年
8536373	**8176420**	**1694867**	**1651161**	**22495435**	**19194701**	**18405690**	**15834738**
26707	**48630**			**49429**	**72246**	**45462**	**48126**
26707	48630			40591	63333	36623	39212
				7808	7808	7808	7808
				1031	1105	1031	1105
8509666	**8127789**	**1694867**	**1651161**	**22446006**	**19122455**	**18360228**	**15786613**
8333921	7976066	1592711	1623657	21954152	18759446	17873285	15425873
11483	10174	86000	14000	160253	86964	160065	86844
12742	11423	150	89	13015	11983	11775	11156
5609	4311			6140	4223	6140	4223
65672	41558	8447	7663	138150	99015	134667	97708
80239	84257	7559	5753	91268	76812	91268	76797
				83027	84011	83027	84011
8034443	**7012016**	**1309117**	**1199610**	**18634824**	**15377528**	**14550811**	**12048085**
13371	**32656**			**28736**	**51628**	**24769**	**27508**
13371	32656			19897	42715	15930	18594
				7808	7808	7808	7808
				1031	1105	1031	1105

1-7 续表 3-2

超市

项　目	商品购进总额		统一配送商品购进额	
	2008年	2007年	2008年	2007年
零售业	**13231616**	**11663651**	**11041338**	**9669626**
综合零售	12774721	11340542	10647454	9403707
食品、饮料及烟草制品专门零售	135698	68362	108532	32046
纺织、服装及日用品专门零售	13850	12304	12893	11512
文化、体育用品及器材专门零售	5609	4311	5609	4311
医药及医疗器材专门零售	133912	73785	114206	68506
汽车、摩托车、燃料及零配件专门零售				
家用电器及电子产品专门零售	92100	91072	92100	91072
五金、家具及室内装修材料专门零售	75726	73274	60544	58471
无店铺及其他零售				
加盟门店合计	**2717712**	**2862557**	**1570778**	**1657155**
批发业	**18729**	**22070**	**18729**	**22070**
农畜产品批发				
食品、饮料及烟草制品专门批发	18729	22070	18729	22070
纺织、服装及日用品批发				
文化、体育用品及器材批发				
医药及医疗器材批发				
矿产品、建材及化工产品批发				
机械设备、五金交电及电子产品批发				
贸易经纪与代理				
其他批发				
零售业	**2698982**	**2840487**	**1552049**	**1635085**
综合零售	2677686	2819209	1546344	1629485
食品、饮料及烟草制品专门零售	10215	9256	392	382
纺织、服装及日用品专门零售				
文化、体育用品及器材专门零售				
医药及医疗器材专门零售	7795	7249	5314	5218
汽车、摩托车、燃料及零配件专门零售				
家用电器及电子产品专门零售				
五金、家具及室内装修材料专门零售	3286	4772		
无店铺及其他零售				

单位：万元

自有配送中心配送商品购进额		非自有配送中心配送商品购进额		商品销售总额		零售额	
2008年	2007年	2008年	2007年	2008年	2007年	2008年	2007年
8021072	**6979360**	**1309117**	**1199610**	**18606088**	**15325900**	**14526042**	**12020577**
7847826	6829989	1208874	1174256	18152803	14995432	14076451	11691336
11091	9792	86000	14000	145371	74019	145249	73959
12742	11423	150	89	13015	11983	11775	11156
5609	4311			6140	4223	6140	4223
63565	39588	6534	5512	118061	84743	115729	84420
80239	84257	7559	5753	91268	76812	91268	76797
				79430	78687	79430	78687
501930	**1164404**	**385750**	**451551**	**3860611**	**3817173**	**3854879**	**3786653**
13335	**15975**			**20693**	**20618**	**20693**	**20618**
13335	15975			20693	20618	20693	20618
488594	**1148430**	**385750**	**451551**	**3839918**	**3796555**	**3834186**	**3766035**
486095	1146077	383837	449401	3801349	3764014	3796834	3734538
392	382			14882	12945	14816	12885
2108	1970	1913	2151	20089	14272	18938	13288
				3597	5325	3597	5325

1-7 续表 4-1

大型超市

项　目	商品购进总额		统一配送商品购进额	
	2008年	2007年	2008年	2007年
总　计	**18644372**	**15215015**	**12189629**	**9277722**
批发业				
农畜产品批发				
食品、饮料及烟草制品专门批发				
纺织、服装及日用品批发				
文化、体育用品及器材批发				
医药及医疗器材批发				
矿产品、建材及化工产品批发				
机械设备、五金交电及电子产品批发				
贸易经纪与代理				
其他批发				
零售业	**18644372**	**15215015**	**12189629**	**9277722**
综合零售	18290806	14876088	11864015	8965203
食品、饮料及烟草制品专门零售	43607	34920	43607	34920
纺织、服装及日用品专门零售				
文化、体育用品及器材专门零售				
医药及医疗器材专门零售	7649	3485	7649	3485
汽车、摩托车、燃料及零配件专门零售	22134	20388	22134	20388
家用电器及电子产品专门零售	247944	237814	219992	211407
五金、家具及室内装修材料专门零售	32232	42319	32232	42319
无店铺及其他零售				
直营门店合计	**17894186**	**14474366**	**11725926**	**8796518**
批发业				
农畜产品批发				
食品、饮料及烟草制品专门批发				
纺织、服装及日用品批发				
文化、体育用品及器材批发				
医药及医疗器材批发				
矿产品、建材及化工产品批发				
机械设备、五金交电及电子产品批发				
贸易经纪与代理				
其他批发				

单位：万元

自有配送中心配送商品购进额		非自有配送中心配送商品购进额		商品销售总额		零售额	
2008年	2007年	2008年	2007年	2008年	2007年	2008年	2007年
7540864	**5652235**	**2818506**	**2245150**	**22338189**	**18716647**	**18955377**	**15801750**
7540864	**5652235**	**2818506**	**2245150**	**22338189**	**18716647**	**18955377**	**15801750**
7337826	5457066	2728469	2156735	21828989	18336749	18501372	15471639
17324	14447	26284	20473	57036	47086	53339	42662
3862	1798	3787	1688	4399	2115	4399	2115
				22322	20713	2587	4572
181852	178924	38140	32483	377635	241291	345873	212069
		21827	33771	47808	68693	47808	68693
7291442	**5374740**	**2627756**	**2041440**	**21385010**	**17924531**	**18003237**	**15011717**

1-7 续表 4-2

大型超市

项　目	商品购进总额		统一配送商品购进额	
	2008年	2007年	2008年	2007年
零售业	**17894186**	**14474366**	**11725926**	**8796518**
综合零售	17544407	14137127	11404100	8485686
食品、饮料及烟草制品专门零售	43607	34920	43607	34920
纺织、服装及日用品专门零售				
文化、体育用品及器材专门零售				
医药及医疗器材专门零售	3862	1798	3862	1798
汽车、摩托车、燃料及零配件专门零售	22134	20388	22134	20388
家用电器及电子产品专门零售	247944	237814	219992	211407
五金、家具及室内装修材料专门零售	32232	42319	32232	42319
无店铺及其他零售				
加盟门店合计	**750186**	**740649**	**463702**	**481205**
批发业				
农畜产品批发				
食品、饮料及烟草制品专门批发				
纺织、服装及日用品批发				
文化、体育用品及器材批发				
医药及医疗器材批发				
矿产品、建材及化工产品批发				
机械设备、五金交电及电子产品批发				
贸易经纪与代理				
其他批发				
零售业	**750186**	**740649**	**463702**	**481205**
综合零售	746399	738962	459915	479517
食品、饮料及烟草制品专门零售				
纺织、服装及日用品专门零售				
文化、体育用品及器材专门零售				
医药及医疗器材专门零售	3787	1688	3787	1688
汽车、摩托车、燃料及零配件专门零售				
家用电器及电子产品专门零售				
五金、家具及室内装修材料专门零售				
无店铺及其他零售				

单位：万元

自有配送中心配送商品购进额		非自有配送中心配送商品购进额		商品销售总额		零售额	
2008年	2007年	2008年	2007年	2008年	2007年	2008年	2007年
7291442	**5374740**	**2627756**	**2041440**	**21385010**	**17924531**	**18003237**	**15011717**
7088404	5179571	2541506	1954712	20875810	17544633	17549232	14681605
17324	14447	26284	20473	57036	47086	53339	42662
3862	1798			4399	2115	4399	2115
				22322	20713	2587	4572
181852	178924	38140	32483	377635	241291	345873	212069
		21827	33771	47808	68693	47808	68693
249422	**277495**	**190750**	**203710**	**953179**	**792116**	**952140**	**790034**
249422	**277495**	**190750**	**203710**	**953179**	**792116**	**952140**	**790034**
249422	277495	186963	202022	953179	792116	952140	790034
		3787	1688				

1-7 续表 5-1

仓储会员店

项目	商品购进总额		统一配送商品购进额	
	2008年	2007年	2008年	2007年
总计	**466555**	**393667**	**466555**	**393667**
批发业	**19096**	**19096**	**19096**	**19096**
农畜产品批发				
食品、饮料及烟草制品专门批发				
纺织、服装及日用品批发				
文化、体育用品及器材批发				
医药及医疗器材批发				
矿产品、建材及化工产品批发	19096	19096	19096	19096
机械设备、五金交电及电子产品批发				
贸易经纪与代理				
其他批发				
零售业	**447459**	**374571**	**447459**	**374571**
综合零售	329105	222936	329105	222936
食品、饮料及烟草制品专门零售				
纺织、服装及日用品专门零售				
文化、体育用品及器材专门零售				
医药及医疗器材专门零售	2506	3036	2506	3036
汽车、摩托车、燃料及零配件专门零售				
家用电器及电子产品专门零售	115848	148599	115848	148599
五金、家具及室内装修材料专门零售				
无店铺及其他零售				
直营门店合计	**466555**	**393667**	**466555**	**393667**
批发业	**19096**	**19096**	**19096**	**19096**
农畜产品批发				
食品、饮料及烟草制品专门批发				
纺织、服装及日用品批发				
文化、体育用品及器材批发				
医药及医疗器材批发				
矿产品、建材及化工产品批发	19096	19096	19096	19096
机械设备、五金交电及电子产品批发				
贸易经纪与代理				
其他批发				

单位：万元

自有配送中心配送商品购进额		非自有配送中心配送商品购进额		商品销售总额		零售额	
2008年	2007年	2008年	2007年	2008年	2007年	2008年	2007年
118353	**151635**	**85158**	**77247**	**1627220**	**1389702**	**362588**	**284282**
				19320	**19320**	**19320**	**19320**
				19320	19320	19320	19320
118353	**151635**	**85158**	**77247**	**1607900**	**1370382**	**343268**	**264962**
		85158	77247	1605101	1367757	340469	262336
2506	3036			2799	2626	2799	2626
115848	148599						
118353	**151635**	**85158**	**77247**	**1627220**	**1389702**	**362588**	**284282**
				19320	**19320**	**19320**	**19320**
				19320	19320	19320	19320

1-7 续表 5-2

仓储会员店

项目	商品购进总额		统一配送商品购进额	
	2008年	2007年	2008年	2007年
零售业	**447459**	**374571**	**447459**	**374571**
综合零售	329105	222936	329105	222936
食品、饮料及烟草制品专门零售				
纺织、服装及日用品专门零售				
文化、体育用品及器材专门零售				
医药及医疗器材专门零售	2506	3036	2506	3036
汽车、摩托车、燃料及零配件专门零售				
家用电器及电子产品专门零售	115848	148599	115848	148599
五金、家具及室内装修材料专门零售				
无店铺及其他零售				
加盟门店合计				
批发业				
农畜产品批发				
食品、饮料及烟草制品专门批发				
纺织、服装及日用品批发				
文化、体育用品及器材批发				
医药及医疗器材批发				
矿产品、建材及化工产品批发				
机械设备、五金交电及电子产品批发				
贸易经纪与代理				
其他批发				
零售业				
综合零售				
食品、饮料及烟草制品专门零售				
纺织、服装及日用品专门零售				
文化、体育用品及器材专门零售				
医药及医疗器材专门零售				
汽车、摩托车、燃料及零配件专门零售				
家用电器及电子产品专门零售				
五金、家具及室内装修材料专门零售				
无店铺及其他零售				

单位：万元

自有配送中心配送商品购进额		非自有配送中心配送商品购进额		商品销售总额		零售额	
2008年	2007年	2008年	2007年	2008年	2007年	2008年	2007年
118353	**151635**	**85158**	**77247**	**1607900**	**1370382**	**343268**	**264962**
		85158	77247	1605101	1367757	340469	262336
2506	3036			2799	2626	2799	2626
115848	148599						

1-7 续表 6-1

百货店

项　目	商品购进总额		统一配送商品购进额	
	2008年	2007年	2008年	2007年
总　计	**15607370**	**13115539**	**8637212**	**7473745**
批发业	**563455**	**553794**	**563455**	**553794**
农畜产品批发				
食品、饮料及烟草制品专门批发				
纺织、服装及日用品批发	557034	548742	557034	548742
文化、体育用品及器材批发	6422	5052	6422	5052
医药及医疗器材批发				
矿产品、建材及化工产品批发				
机械设备、五金交电及电子产品批发				
贸易经纪与代理				
其他批发				
零售业	**15043915**	**12561745**	**8073757**	**6919951**
综合零售	14847841	12404719	8060688	6918314
食品、饮料及烟草制品专门零售				
纺织、服装及日用品专门零售	183924	156182	919	792
文化、体育用品及器材专门零售				
医药及医疗器材专门零售				
汽车、摩托车、燃料及零配件专门零售				
家用电器及电子产品专门零售	12150	845	12150	845
五金、家具及室内装修材料专门零售				
无店铺及其他零售				
直营门店合计	**14875706**	**12453544**	**8216782**	**7008312**
批发业	**531800**	**522539**	**531800**	**522539**
农畜产品批发				
食品、饮料及烟草制品专门批发				
纺织、服装及日用品批发	525378	517486	525378	517486
文化、体育用品及器材批发	6422	5052	6422	5052
医药及医疗器材批发				
矿产品、建材及化工产品批发				
机械设备、五金交电及电子产品批发				
贸易经纪与代理				
其他批发				

单位：万元

自有配送中心配送商品购进额		非自有配送中心配送商品购进额		商品销售总额		零售额	
2008年	2007年	2008年	2007年	2008年	2007年	2008年	2007年
5566308	**4814892**	**1479112**	**1305875**	**19429853**	**16253683**	**16143053**	**13341359**
23365	**21788**			**663144**	**634528**	**531362**	**507965**
22866	21325			656529	629325	528888	506794
499	462			6615	5203	2473	1171
5542943	**4793104**	**1479112**	**1305875**	**18766709**	**15619155**	**15611692**	**12833394**
5530793	4792259	1479014	1305805	18531940	15424058	15380655	12643870
		97	70	224043	192726	220310	187153
12150	845			10727	2371	10727	2371
5233946	**4469292**	**1422699**	**1217297**	**18516767**	**15292909**	**15229966**	**12380585**
23365	**21788**			**626180**	**596828**	**494398**	**470265**
22866	21325			619565	591625	491924	469094
499	462			6615	5203	2473	1171

1-7 续表 6-2

百货店

项　目	商品购进总额		统一配送商品购进额	
	2008年	2007年	2008年	2007年
零售业	**14343906**	**11931006**	**7684982**	**6485774**
综合零售	14147832	11773979	7671912	6484137
食品、饮料及烟草制品专门零售				
纺织、服装及日用品专门零售	183924	156182	919	792
文化、体育用品及器材专门零售				
医药及医疗器材专门零售				
汽车、摩托车、燃料及零配件专门零售				
家用电器及电子产品专门零售	12150	845	12150	845
五金、家具及室内装修材料专门零售				
无店铺及其他零售				
加盟门店合计	**731664**	**661995**	**420431**	**465433**
批发业	**31655**	**31255**	**31655**	**31255**
农畜产品批发				
食品、饮料及烟草制品专门批发				
纺织、服装及日用品批发	31655	31255	31655	31255
文化、体育用品及器材批发				
医药及医疗器材批发				
矿产品、建材及化工产品批发				
机械设备、五金交电及电子产品批发				
贸易经纪与代理				
其他批发				
零售业	**700009**	**630740**	**388775**	**434177**
综合零售	700009	630740	388775	434177
食品、饮料及烟草制品专门零售				
纺织、服装及日用品专门零售				
文化、体育用品及器材专门零售				
医药及医疗器材专门零售				
汽车、摩托车、燃料及零配件专门零售				
家用电器及电子产品专门零售				
五金、家具及室内装修材料专门零售				
无店铺及其他零售				

单位：万元

自有配送中心配送商品购进额		非自有配送中心配送商品购进额		商品销售总额		零售额	
2008年	2007年	2008年	2007年	2008年	2007年	2008年	2007年
5210581	**4447505**	**1422699**	**1217297**	**17890587**	**14696081**	**14735569**	**11910320**
5198431	4446660	1422601	1217227	17655817	14500984	14504533	11720796
		97	70	224043	192726	220310	187153
12150	845			10727	2371	10727	2371
332362	**345599**	**56413**	**88578**	**913087**	**960774**	**913087**	**960774**
				36964	**37700**	**36964**	**37700**
				36964	37700	36964	37700
332362	**345599**	**56413**	**88578**	**876123**	**923074**	**876123**	**923074**
332362	345599	56413	88578	876123	923074	876123	923074

1-7 续表 7-1

专业店(含加油站)

项　目	商品购进总额		统一配送商品购进额	
	2008年	2007年	2008年	2007年
总　计	**109582783**	**92825922**	**94662372**	**78404048**
批发业	**61702778**	**54169995**	**55644632**	**47412356**
农畜产品批发				
食品、饮料及烟草制品专门批发	1994307	1489292	1863550	1484753
纺织、服装及日用品批发	115092	103871	113513	102384
文化、体育用品及器材批发	2280295	1914454	2006765	1648839
医药及医疗器材批发	301612	261408	237966	197757
矿产品、建材及化工产品批发	56149582	49693334	50571797	43277870
机械设备、五金交电及电子产品批发	861891	707637	851042	700754
贸易经纪与代理				
其他批发				
零售业	**47880005**	**38655927**	**39017741**	**30991691**
综合零售	431124	369108	231087	227414
食品、饮料及烟草制品专门零售	388911	308838	357312	281000
纺织、服装及日用品专门零售	408325	359443	296673	254166
文化、体育用品及器材专门零售	1689659	1451254	1187835	1326200
医药及医疗器材专门零售	2842774	2426340	2664996	2310090
汽车、摩托车、燃料及零配件专门零售	19545562	15126030	15561924	11649189
家用电器及电子产品专门零售	22525329	18574127	18671490	14904288
五金、家具及室内装修材料专门零售	26182	20940	24282	19499
无店铺及其他零售	22141	19847	22141	19847
直营门店合计	**107193904**	**88860897**	**92653791**	**75170363**
批发业	**60439631**	**52885338**	**54576989**	**46273740**
农畜产品批发				
食品、饮料及烟草制品专门批发	1993507	1487934	1862750	1483396
纺织、服装及日用品批发	106186	100968	104607	99481
文化、体育用品及器材批发	2280295	1914454	2006765	1648839
医药及医疗器材批发	269766	234479	206627	171039
矿产品、建材及化工产品批发	55034264	48534093	49650688	42263957
机械设备、五金交电及电子产品批发	755613	613410	745553	607030
贸易经纪与代理				
其他批发				

单位：万元

自有配送中心配送商品购进额		非自有配送中心配送商品购进额		商品销售总额		零售额	
2008年	2007年	2008年	2007年	2008年	2007年	2008年	2007年
60847641	**49998571**	**23251240**	**21624060**	**123153243**	**101065273**	**78820205**	**62509357**
31714425	**26194468**	**18627273**	**17890062**	**70302126**	**58680511**	**38238149**	**31347817**
1664986	1315380	55188	49241	2150840	1824322	147241	123160
102065	91054			122963	96183	37197	40075
2006765	1648839			2048136	1874406	1016106	930166
147763	101228	45269	35297	321005	292278	148506	122685
27185592	22514457	18299900	17664100	64687579	53709496	36463345	29743628
607255	523510	226916	141424	971603	883825	425755	388103
29133216	**23804104**	**4623967**	**3733998**	**52851118**	**42384762**	**40582056**	**31161541**
204902	210071	3434	3669	431671	345745	420648	334764
247078	187223	56897	53907	461294	351263	398741	301410
211154	187678	11068	10241	588993	467419	326819	286674
914358	1149010	46595	40272	1658531	1258401	1159464	741006
2091666	1793448	80549	90540	3463084	2849021	3291222	2788936
9825987	7643351	3260528	2639000	24172159	18332734	19131802	13198024
15591649	12593976	1164896	896369	21997400	18704776	15791588	13448677
24282	19499			45352	47610	30474	34255
22141	19847			32635	27794	31298	27794
59488250	**47552551**	**22912537**	**21392573**	**119850891**	**96417930**	**76867848**	**59842997**
30947580	**25586015**	**18576953**	**17866691**	**68843744**	**57532223**	**37829389**	**31009219**
1664186	1314023	55188	49241	2149010	1823045	145411	121882
93160	88151			109687	95236	28158	39128
2006765	1648839			2047526	1873662	1015496	929422
118502	76995	45269	35297	284588	265867	114015	96754
26554246	21992403	18258537	17640729	63410562	52673049	36188089	29511957
510723	465606	217959	141424	842372	801365	338221	310076

1-7 续表 7-2

专业店(含加油站)

项目	商品购进总额		统一配送商品购进额	
	2008年	2007年	2008年	2007年
零售业	**46754273**	**35975558**	**38076802**	**28896623**
综合零售	431124	369108	231087	227414
食品、饮料及烟草制品专门零售	374260	298673	347211	275821
纺织、服装及日用品专门零售	228008	187980	116810	85024
文化、体育用品及器材专门零售	1687449	1448419	1185625	1323366
医药及医疗器材专门零售	2597288	2201955	2427938	2093266
汽车、摩托车、燃料及零配件专门零售	19160531	14775716	15317732	11437942
家用电器及电子产品专门零售	22227291	16652919	18403976	13414446
五金、家具及室内装修材料专门零售	26182	20940	24282	19499
无店铺及其他零售	22141	19847	22141	19847
加盟门店合计	**2388879**	**3965025**	**2008582**	**3233684**
批发业	**1263147**	**1284656**	**1067643**	**1138616**
农畜产品批发				
食品、饮料及烟草制品专门批发	800	1358	800	1358
纺织、服装及日用品批发	8906	2903	8906	2903
文化、体育用品及器材批发				
医药及医疗器材批发	31846	26928	31339	26718
矿产品、建材及化工产品批发	1115318	1159241	921109	1013914
机械设备、五金交电及电子产品批发	106278	94227	105489	93724
贸易经纪与代理				
其他批发				
零售业	**1125732**	**2680369**	**940939**	**2095068**
综合零售				
食品、饮料及烟草制品专门零售	14651	10165	10102	5179
纺织、服装及日用品专门零售	180317	171463	179863	169142
文化、体育用品及器材专门零售	2210	2834	2210	2834
医药及医疗器材专门零售	245486	224385	237058	216824
汽车、摩托车、燃料及零配件专门零售	385031	350314	244192	211247
家用电器及电子产品专门零售	298038	1921208	267514	1489842
五金、家具及室内装修材料专门零售				
无店铺及其他零售				

单位：万元

自有配送中心配送商品购进额		非自有配送中心配送商品购进额		商品销售总额		零售额	
2008年	2007年	2008年	2007年	2008年	2007年	2008年	2007年
28540670	**21966536**	**4335584**	**3525882**	**51007147**	**38885707**	**39038458**	**28833778**
204902	210071	3434	3669	431671	345745	420648	334764
238410	183304	55463	52647	444510	339254	386093	291025
34555	22513	8450	7729	292783	231918	202251	166681
913373	1147695	45370	38753	1657398	1255419	1158513	739552
1909900	1622634	76321	84650	3173426	2578381	3003431	2521373
9815531	7601223	3026792	2469881	23256417	17317390	18252228	12380990
15377579	11139750	1119753	868554	21672957	16742196	15553523	12337344
24282	19499			45352	47610	30474	34255
22141	19847			32635	27794	31298	27794
1359391	**2446020**	**338703**	**231486**	**3302352**	**4647343**	**1952357**	**2666361**
766845	**608453**	**50320**	**23371**	**1458382**	**1148288**	**408760**	**338598**
800	1358			1830	1278	1830	1278
8906	2903			13277	947	9040	947
				610	744	610	744
29262	24233			36417	26412	34491	25931
631346	522055	41363	23371	1277018	1036447	275256	231672
96532	57904	8957		129231	82460	87535	78027
592546	**1837567**	**288384**	**208116**	**1843971**	**3499055**	**1543597**	**2327763**
8668	3919	1434	1260	16784	12009	12648	10385
176599	165165	2618	2512	296210	235501	124567	119993
986	1315	1225	1519	1133	2982	951	1454
181766	170815	4229	5890	289658	270640	287792	267563
10456	42128	233736	169119	915743	1015343	879575	817034
214070	1454226	45143	27815	324443	1962580	238065	1111334

1-7 续表 8-1

加油站

项 目	商品购进总额		统一配送商品购进额	
	2008年	2007年	2008年	2007年
总 计	**71541721**	**61053683**	**62229443**	**51356306**
批发业	**53168459**	**47034936**	**47823496**	**40799771**
农畜产品批发				
食品、饮料及烟草制品专门批发				
纺织、服装及日用品批发				
文化、体育用品及器材批发				
医药及医疗器材批发				
矿产品、建材及化工产品批发	53168459	47034936	47823496	40799771
机械设备、五金交电及电子产品批发				
贸易经纪与代理				
其他批发				
零售业	**18373262**	**14018747**	**14405947**	**10556536**
综合零售				
食品、饮料及烟草制品专门零售				
纺织、服装及日用品专门零售				
文化、体育用品及器材专门零售				
医药及医疗器材专门零售				
汽车、摩托车、燃料及零配件专门零售	18373262	14018747	14405947	10556536
家用电器及电子产品专门零售				
五金、家具及室内装修材料专门零售				
无店铺及其他零售				
直营门店合计	**71394792**	**60842150**	**62215000**	**51275878**
批发业	**53164473**	**46996636**	**47819510**	**40761471**
农畜产品批发				
食品、饮料及烟草制品专门批发				
纺织、服装及日用品批发				
文化、体育用品及器材批发				
医药及医疗器材批发				
矿产品、建材及化工产品批发	53164473	46996636	47819510	40761471
机械设备、五金交电及电子产品批发				
贸易经纪与代理				
其他批发				

单位：万元

自有配送中心配送商品购进额		非自有配送中心配送商品购进额		商品销售总额		零售额	
2008年	2007年	2008年	2007年	2008年	2007年	2008年	2007年
35203586	**28676489**	**19952670**	**19033900**	**84734088**	**68306310**	**54312740**	**41831471**
25385250	**21042273**	**17833540**	**17469321**	**61794467**	**51100604**	**36077412**	**29450931**
25385250	21042273	17833540	17469321	61794467	51100604	36077412	29450931
9818336	**7634216**	**2119131**	**1564579**	**22939621**	**17205706**	**18235328**	**12380540**
9818336	7634216	2119131	1564579	22939621	17205706	18235328	12380540
35189144	**28596061**	**19952670**	**19033900**	**84042548**	**67451029**	**53624444**	**41183709**
25381264	**21003973**	**17833540**	**17469321**	**61782209**	**51048838**	**36068398**	**29423229**
25381264	21003973	17833540	17469321	61782209	51048838	36068398	29423229

1-7 续表 8-2

加油站

项　　目	商品购进总额		统一配送商品购进额	
	2008年	2007年	2008年	2007年
零售业	**18230319**	**13845515**	**14395491**	**10514408**
综合零售				
食品、饮料及烟草制品专门零售				
纺织、服装及日用品专门零售				
文化、体育用品及器材专门零售				
医药及医疗器材专门零售				
汽车、摩托车、燃料及零配件专门零售	18230319	13845515	14395491	10514408
家用电器及电子产品专门零售				
五金、家具及室内装修材料专门零售				
无店铺及其他零售				
加盟门店合计	**146929**	**211533**	**14442**	**80428**
批发业	**3986**	**38300**	**3986**	**38300**
农畜产品批发				
食品、饮料及烟草制品专门批发				
纺织、服装及日用品批发				
文化、体育用品及器材批发				
医药及医疗器材批发				
矿产品、建材及化工产品批发	3986	38300	3986	38300
机械设备、五金交电及电子产品批发				
贸易经纪与代理				
其他批发				
零售业	**142943**	**173233**	**10456**	**42128**
综合零售				
食品、饮料及烟草制品专门零售				
纺织、服装及日用品专门零售				
文化、体育用品及器材专门零售				
医药及医疗器材专门零售				
汽车、摩托车、燃料及零配件专门零售	142943	173233	10456	42128
家用电器及电子产品专门零售				
五金、家具及室内装修材料专门零售				
无店铺及其他零售				

单位：万元

自有配送中心配送商品购进额		非自有配送中心配送商品购进额		商品销售总额		零售额	
2008年	2007年	2008年	2007年	2008年	2007年	2008年	2007年
9807880	**7592088**	**2119131**	**1564579**	**22260339**	**16402191**	**17556047**	**11760481**
9807880	7592088	2119131	1564579	22260339	16402191	17556047	11760481
14442	**80428**			**691540**	**855282**	**688296**	**647762**
3986	**38300**			**12259**	**51766**	**9014**	**27702**
3986	38300			12259	51766	9014	27702
10456	**42128**			**679282**	**803515**	**679282**	**620059**
10456	42128			679282	803515	679282	620059

1-7 续表 9-1

专卖店

项目	商品购进总额		统一配送商品购进额	
	2008年	2007年	2008年	2007年
总计	**7828870**	**6482125**	**6527532**	**5494257**
批发业	**2073665**	**1659252**	**1856938**	**1655720**
农畜产品批发				
食品、饮料及烟草制品专门批发	443751	337342	441317	335296
纺织、服装及日用品批发	46063	44976	46063	44976
文化、体育用品及器材批发	41874	223204	41874	223204
医药及医疗器材批发	46914	37648	38999	36216
矿产品、建材及化工产品批发	1356407	886243	1150030	886189
机械设备、五金交电及电子产品批发	138655	129839	138655	129839
贸易经纪与代理				
其他批发				
零售业	**5755206**	**4822874**	**4670594**	**3838537**
综合零售	3105	4005	222	245
食品、饮料及烟草制品专门零售	449354	381726	406478	341106
纺织、服装及日用品专门零售	1294409	939624	1223575	888184
文化、体育用品及器材专门零售	83752	66184	82665	65135
医药及医疗器材专门零售	105983	76717	104961	76279
汽车、摩托车、燃料及零配件专门零售	1007527	815821	382999	220239
家用电器及电子产品专门零售	2722138	2534916	2381372	2243467
五金、家具及室内装修材料专门零售	88318	3877	88318	3877
无店铺及其他零售	620	5	4	5
直营门店合计	**7237292**	**5992747**	**5971781**	**5040318**
批发业	**1956416**	**1570177**	**1740155**	**1567013**
农畜产品批发				
食品、饮料及烟草制品专门批发	409994	317251	407949	315488
纺织、服装及日用品批发	46063	44976	46063	44976
文化、体育用品及器材批发	41874	223204	41874	223204
医药及医疗器材批发	46194	36948	38319	35566
矿产品、建材及化工产品批发	1273636	817960	1067294	817940
机械设备、五金交电及电子产品批发	138655	129839	138655	129839
贸易经纪与代理				
其他批发				

单位：万元

自有配送中心配送商品购进额		非自有配送中心配送商品购进额		商品销售总额		零售额	
2008年	2007年	2008年	2007年	2008年	2007年	2008年	2007年
2872618	**2101641**	**1136165**	**1069826**	**11127128**	**8845085**	**7050898**	**5544948**
1004791	**762438**	**129682**	**122310**	**4218604**	**3129115**	**1482730**	**1093960**
441307	335288	10	8	749220	484427	99338	87456
33760	38523	4688	6226	61255	56746	28189	20700
5742	5828			331176	211889	6471	34757
37960	33595	150	170	48195	37765	21322	15207
486021	349204	116918	108406	3001747	2318992	1325230	933931
		7917	7500	27012	19296	2179	1909
1867827	**1339203**	**1006483**	**947515**	**6908525**	**5715970**	**5568168**	**4450988**
12	12	210	232	3013	4169	1098	1672
309802	261248	19468	17156	655435	572128	631134	545061
920688	686290	82097	48820	1768492	1333255	1126121	829304
40638	41910			103249	88696	103249	88696
53423	53622	1534	3704	84497	77513	82687	76995
179498	66257	4485	4857	1229777	988557	959719	804799
276105	226564	898686	872742	2924491	2646524	2524589	2099332
87661	3300			138852	5101	138852	5101
		4	5	718	28	718	28
2378740	**1699262**	**1126445**	**1061383**	**10295193**	**8116409**	**6521887**	**5080938**
889987	**674447**	**129552**	**122160**	**4094196**	**3027062**	**1450838**	**1067158**
407939	315480	10	8	710964	454041	70312	62045
33760	38523	4688	6226	61255	56746	28189	20700
5742	5828			331176	211889	6471	34757
37410	33095	20	20	47395	37065	20522	14507
405135	281522	116918	108406	2916411	2248039	1323180	933254
		7917	7500	26996	19281	2164	1894

1-7 续表 9-2

专卖店

项　目	商品购进总额		统一配送商品购进额	
	2008年	2007年	2008年	2007年
零售业	**5280876**	**4422570**	**4231626**	**3473305**
综合零售	2817	3652	222	245
食品、饮料及烟草制品专门零售	302522	249766	291470	238121
纺织、服装及日用品专门零售	1012292	713737	941458	662298
文化、体育用品及器材专门零售	83752	66184	82665	65135
医药及医疗器材专门零售	99599	70440	98577	70003
汽车、摩托车、燃料及零配件专门零售	968817	779992	347541	190155
家用电器及电子产品专门零售	2722138	2534916	2381372	2243467
五金、家具及室内装修材料专门零售	88318	3877	88318	3877
无店铺及其他零售	620	5	4	5
加盟门店合计	**591579**	**489378**	**555751**	**453939**
批发业	**117249**	**89074**	**116784**	**88707**
农畜产品批发				
食品、饮料及烟草制品专门批发	33757	20091	33368	19808
纺织、服装及日用品批发				
文化、体育用品及器材批发				
医药及医疗器材批发	720	700	680	650
矿产品、建材及化工产品批发	82771	68283	82736	68249
机械设备、五金交电及电子产品批发				
贸易经纪与代理				
其他批发				
零售业	**474330**	**400304**	**438968**	**365232**
综合零售	288	352		
食品、饮料及烟草制品专门零售	146832	131960	115008	102985
纺织、服装及日用品专门零售	282117	225887	282117	225887
文化、体育用品及器材专门零售				
医药及医疗器材专门零售	6384	6276	6384	6276
汽车、摩托车、燃料及零配件专门零售	38709	35829	35459	30084
家用电器及电子产品专门零售				
五金、家具及室内装修材料专门零售				
无店铺及其他零售				

单位：万元

自有配送中心配送商品购进额		非自有配送中心配送商品购进额		商品销售总额		零售额	
2008年	2007年	2008年	2007年	2008年	2007年	2008年	2007年
1488753	**1024815**	**996892**	**939223**	**6200997**	**5089347**	**5071050**	**4013780**
12	12	210	232	2775	3843	860	1345
204286	166435	10983	9949	480620	397775	458674	380118
651796	471260	81053	47734	1279276	917711	844889	593701
40638	41910			103249	88696	103249	88696
48943	49102	1534	3704	76772	70887	75033	70434
179312	66233	4423	4857	1194243	958783	924185	775025
276105	226564	898686	872742	2924491	2646524	2524589	2099332
87661	3300			138852	5101	138852	5101
		4	5	718	28	718	28
493878	**402378**	**9721**	**8443**	**831935**	**728676**	**529011**	**464010**
114804	**87991**	**130**	**150**	**124408**	**102053**	**31892**	**26803**
33368	19808			38256	30386	29026	25411
550	500	130	150	800	700	800	700
80886	67683			85336	70953	2050	677
				16	15	16	15
379075	**314388**	**9591**	**8293**	**707528**	**626623**	**497119**	**437208**
				238	327	238	327
105515	94813	8485	7207	174815	174353	172461	164943
268892	215030	1044	1086	489216	415544	281233	235603
4481	4521			7725	6625	7654	6561
187	24	62		35534	29774	35534	29774

1-7 续表 10-1

家居建材商店

项　　目	商品购进总额		统一配送商品购进额	
	2008年	2007年	2008年	2007年
总　　计	**715148**	**653956**	**352880**	**300728**
批发业	**14248**	**6695**	**14248**	**6695**
农畜产品批发				
食品、饮料及烟草制品专门批发				
纺织、服装及日用品批发				
文化、体育用品及器材批发				
医药及医疗器材批发				
矿产品、建材及化工产品批发				
机械设备、五金交电及电子产品批发	14248	6695	14248	6695
贸易经纪与代理				
其他批发				
零售业	**700900**	**647262**	**338633**	**294033**
综合零售	12658	13000	12658	13000
食品、饮料及烟草制品专门零售				
纺织、服装及日用品专门零售				
文化、体育用品及器材专门零售				
医药及医疗器材专门零售				
汽车、摩托车、燃料及零配件专门零售				
家用电器及电子产品专门零售				
五金、家具及室内装修材料专门零售	688242	634262	325975	281033
无店铺及其他零售				
直营门店合计	**684606**	**650956**	**326338**	**300728**
批发业	**14248**	**6695**	**14248**	**6695**
农畜产品批发				
食品、饮料及烟草制品专门批发				
纺织、服装及日用品批发				
文化、体育用品及器材批发				
医药及医疗器材批发				
矿产品、建材及化工产品批发				
机械设备、五金交电及电子产品批发	14248	6695	14248	6695
贸易经纪与代理				
其他批发				

单位：万元

自有配送中心配送商品购进额		非自有配送中心配送商品购进额		商品销售总额		零售额	
2008年	2007年	2008年	2007年	2008年	2007年	2008年	2007年
59070	**66580**	**130253**	**166751**	**847028**	**797458**	**742423**	**693239**
				15271	**7010**		
				15271	7010		
59070	**66580**	**130253**	**166751**	**831757**	**790448**	**742423**	**693239**
12658	13000			14287	15000	14287	15000
46412	53580	130253	166751	817470	775448	728136	678239
59070	**66580**	**130253**	**166751**	**810316**	**790458**	**705711**	**686239**
				15271	**7010**		
				15271	7010		

1-7 续表 10-2

家居建材商店

项目	商品购进总额		统一配送商品购进额	
	2008年	2007年	2008年	2007年
零售业	**670358**	**644262**	**312091**	**294033**
综合零售	12658	13000	12658	13000
食品、饮料及烟草制品专门零售				
纺织、服装及日用品专门零售				
文化、体育用品及器材专门零售				
医药及医疗器材专门零售				
汽车、摩托车、燃料及零配件专门零售				
家用电器及电子产品专门零售				
五金、家具及室内装修材料专门零售	657700	631262	299433	281033
无店铺及其他零售				
加盟门店合计	**30542**	**3000**	**26542**	
批发业				
农畜产品批发				
食品、饮料及烟草制品专门批发				
纺织、服装及日用品批发				
文化、体育用品及器材批发				
医药及医疗器材批发				
矿产品、建材及化工产品批发				
机械设备、五金交电及电子产品批发				
贸易经纪与代理				
其他批发				
零售业	**30542**	**3000**	**26542**	
综合零售				
食品、饮料及烟草制品专门零售				
纺织、服装及日用品专门零售				
文化、体育用品及器材专门零售				
医药及医疗器材专门零售				
汽车、摩托车、燃料及零配件专门零售				
家用电器及电子产品专门零售				
五金、家具及室内装修材料专门零售	30542	3000	26542	
无店铺及其他零售				

单位：万元

自有配送中心配送商品购进额		非自有配送中心配送商品购进额		商品销售总额		零售额	
2008年	2007年	2008年	2007年	2008年	2007年	2008年	2007年
59070	**66580**	**130253**	**166751**	**795046**	**783448**	**705711**	**686239**
12658	13000			14287	15000	14287	15000
46412	53580	130253	166751	780758	768448	691424	671239
				36712	**7000**	**36712**	**7000**
				36712	**7000**	**36712**	**7000**
				36712	7000	36712	7000

1-7 续表 11-1

厂家直销中心

项　　目	商品购进总额		统一配送商品购进额	
	2008年	2007年	2008年	2007年
总　　计	**140142**	**131646**	**136328**	**127503**
批发业	**6388**	**5430**	**6388**	**5430**
农畜产品批发				
食品、饮料及烟草制品专门批发	6388	5430	6388	5430
纺织、服装及日用品批发				
文化、体育用品及器材批发				
医药及医疗器材批发				
矿产品、建材及化工产品批发				
机械设备、五金交电及电子产品批发				
贸易经纪与代理				
其他批发				
零售业	**133754**	**126216**	**129940**	**122073**
综合零售				
食品、饮料及烟草制品专门零售				
纺织、服装及日用品专门零售				
文化、体育用品及器材专门零售				
医药及医疗器材专门零售	4656	4521	842	379
汽车、摩托车、燃料及零配件专门零售				
家用电器及电子产品专门零售	127749	120669	127749	120669
五金、家具及室内装修材料专门零售				
无店铺及其他零售	1349	1025	1349	1025
直营门店合计	**140142**	**131646**	**136328**	**127503**
批发业	**6388**	**5430**	**6388**	**5430**
农畜产品批发				
食品、饮料及烟草制品专门批发	6388	5430	6388	5430
纺织、服装及日用品批发				
文化、体育用品及器材批发				
医药及医疗器材批发				
矿产品、建材及化工产品批发				
机械设备、五金交电及电子产品批发				
贸易经纪与代理				
其他批发				

单位：万元

自有配送中心配送商品购进额		非自有配送中心配送商品购进额		商品销售总额		零售额	
2008年	2007年	2008年	2007年	2008年	2007年	2008年	2007年
134979	**121048**			**139014**	**115051**	**135915**	**112417**
6388				**3701**	**3146**	**602**	**512**
6388				3701	3146	602	512
128591	**121048**			**135313**	**111905**	**135313**	**111905**
842	379			4879	4826	4879	4826
127749	120669			128528	105635	128528	105635
				1907	1444	1907	1444
134979	**121048**			**139014**	**115051**	**135915**	**112417**
6388				**3701**	**3146**	**602**	**512**
6388				3701	3146	602	512

1-7 续表 11-2

厂家直销中心

项　目	商品购进总额		统一配送商品购进额	
	2008年	2007年	2008年	2007年
零售业	**133754**	**126216**	**129940**	**122073**
综合零售				
食品、饮料及烟草制品专门零售				
纺织、服装及日用品专门零售				
文化、体育用品及器材专门零售				
医药及医疗器材专门零售	4656	4521	842	379
汽车、摩托车、燃料及零配件专门零售				
家用电器及电子产品专门零售	127749	120669	127749	120669
五金、家具及室内装修材料专门零售				
无店铺及其他零售	1349	1025	1349	1025
加盟门店合计				
批发业				
农畜产品批发				
食品、饮料及烟草制品专门批发				
纺织、服装及日用品批发				
文化、体育用品及器材批发				
医药及医疗器材批发				
矿产品、建材及化工产品批发				
机械设备、五金交电及电子产品批发				
贸易经纪与代理				
其他批发				
零售业				
综合零售				
食品、饮料及烟草制品专门零售				
纺织、服装及日用品专门零售				
文化、体育用品及器材专门零售				
医药及医疗器材专门零售				
汽车、摩托车、燃料及零配件专门零售				
家用电器及电子产品专门零售				
五金、家具及室内装修材料专门零售				
无店铺及其他零售				

单位：万元

自有配送中心配送商品购进额		非自有配送中心配送商品购进额		商品销售总额		零售额	
2008年	2007年	2008年	2007年	2008年	2007年	2008年	2007年
128591	**121048**			**135313**	**111905**	**135313**	**111905**
842	379			4879	4826	4879	4826
127749	120669			128528	105635	128528	105635
				1907	1444	1907	1444

1-7 续表 12-1

其他

项　目	商品购进总额		统一配送商品购进额	
	2008年	2007年	2008年	2007年
总　计	**367853**	**303886**	**311826**	**242005**
批发业	**282352**	**213298**	**282352**	**213298**
农畜产品批发				
食品、饮料及烟草制品专门批发	2792	2211	2792	2211
纺织、服装及日用品批发				
文化、体育用品及器材批发				
医药及医疗器材批发				
矿产品、建材及化工产品批发	252972	184556	252972	184556
机械设备、五金交电及电子产品批发	26588	26531	26588	26531
贸易经纪与代理				
其他批发				
零售业	**85501**	**90588**	**29474**	**28707**
综合零售				
食品、饮料及烟草制品专门零售	16973	15978	15520	14123
纺织、服装及日用品专门零售				
文化、体育用品及器材专门零售	41453	43762		
医药及医疗器材专门零售	22548	28801	12128	12972
汽车、摩托车、燃料及零配件专门零售				
家用电器及电子产品专门零售	2702	435		
五金、家具及室内装修材料专门零售				
无店铺及其他零售	1826	1612	1826	1612
直营门店合计	**364867**	**299563**	**310141**	**238887**
批发业	**280788**	**210299**	**280788**	**210299**
农畜产品批发				
食品、饮料及烟草制品专门批发	2792	2211	2792	2211
纺织、服装及日用品批发				
文化、体育用品及器材批发				
医药及医疗器材批发				
矿产品、建材及化工产品批发	251408	181558	251408	181558
机械设备、五金交电及电子产品批发	26588	26531	26588	26531
贸易经纪与代理				
其他批发				

单位：万元

自有配送中心配送商品购进额		非自有配送中心配送商品购进额		商品销售总额		零售额	
2008年	2007年	2008年	2007年	2008年	2007年	2008年	2007年
268464	**195511**	**180**	**319**	**400180**	**347484**	**112302**	**241656**
254200	**183768**			**311278**	**247280**	**57167**	**188980**
2792	2211			2474	2211	2474	2211
251408	181558			276141	217401	49626	185415
				32663	27669	5067	1354
14264	**11743**	**180**	**319**	**88902**	**100204**	**55135**	**52676**
				1824	1357	1824	1357
2341	1982	180	319	18217	16839	17041	15671
				39162	44141	13225	13891
11923	9761			24544	32481	17891	16370
				2764	3531	2764	3531
				2391	1856	2391	1856
268343	**195391**	**180**	**319**	**396323**	**343546**	**111227**	**240601**
254200	**183768**			**308496**	**244396**	**57167**	**188980**
2792	2211			2474	2211	2474	2211
251408	181558			273359	214517	49626	185415
				32663	27669	5067	1354

1-7 续表 12-2

其他

项　　目	商品购进总额		统一配送商品购进额	
	2008年	2007年	2008年	2007年
零售业	**84079**	**89264**	**29353**	**28588**
综合零售				
食品、饮料及烟草制品专门零售	16848	15756	15506	14090
纺织、服装及日用品专门零售				
文化、体育用品及器材专门零售	40528	42992		
医药及医疗器材专门零售	22176	28469	12021	12885
汽车、摩托车、燃料及零配件专门零售				
家用电器及电子产品专门零售	2702	435		
五金、家具及室内装修材料专门零售				
无店铺及其他零售	1826	1612	1826	1612
加盟门店合计	**2986**	**4323**	**1686**	**3119**
批发业	**1564**	**2999**	**1564**	**2999**
农畜产品批发				
食品、饮料及烟草制品专门批发				
纺织、服装及日用品批发				
文化、体育用品及器材批发				
医药及医疗器材批发				
矿产品、建材及化工产品批发	1564	2999	1564	2999
机械设备、五金交电及电子产品批发				
贸易经纪与代理				
其他批发				
零售业	**1422**	**1324**	**121**	**120**
综合零售				
食品、饮料及烟草制品专门零售	125	222	14	33
纺织、服装及日用品专门零售				
文化、体育用品及器材专门零售	925	769		
医药及医疗器材专门零售	372	333	108	87
汽车、摩托车、燃料及零配件专门零售				
家用电器及电子产品专门零售				
五金、家具及室内装修材料专门零售				
无店铺及其他零售				

单位：万元

自有配送中心配送商品购进额		非自有配送中心配送商品购进额		商品销售总额		零售额	
2008年	2007年	2008年	2007年	2008年	2007年	2008年	2007年
14143	**11623**	**180**	**319**	**87827**	**99150**	**54061**	**51622**
				1824	1357	1824	1357
2328	1949	180	319	18093	16616	16916	15448
				38362	43427	12425	13177
11815	9674			24394	32364	17741	16253
				2764	3531	2764	3531
				2391	1856	2391	1856
121	**120**			**3857**	**3938**	**1075**	**1054**
				2782	**2884**		
				2782	2884		
				0	0		
121	**120**			**1075**	**1054**	**1075**	**1054**
14	33			124	223	124	223
				800	714	800	714
108	87			150	117	150	117

1-8 按登记注册类型与业态分连锁零售企业基本情况

便利店

项　目	连锁总店数（个）	门店数（个）		年末从业人员（人）		年末零售营业面积（平方米）	
	2008年	2008年	2007年	2008年	2007年	2008年	2007年
总　计	**120**	**16196**	**13912**	**97858**	**92721**	**1841747**	**1265821**
内资企业	109	14886	12870	86259	82582	1435767	908665
国有企业	7	530	551	3158	4164	247788	61658
集体企业	2	30	14	226	83	11569	500
股份合作企业							
联营企业							
有限责任公司	52	9902	8449	62560	60209	791012	532019
股份有限公司	4	1772	1673	6746	6895	145412	136002
私营企业	44	2652	2183	13569	11231	239986	178486
其他企业							
港、澳、台商投资企业	5	719	519	7276	6374	355550	312583
外商投资企业	6	591	523	4323	3765	50430	44573
直营门店合计		**7865**	**7393**	**69052**	**68527**	**1390841**	**906088**
内资企业		6919	6662	59633	60212	1035717	589307
国有企业		404	445	2832	3837	242521	57546
集体企业		30	14	226	83	11569	500
股份合作企业							
联营企业							
有限责任公司		5529	5370	48170	49200	603734	399440
股份有限公司		67	68	381	405	5982	6062
私营企业		889	765	8024	6687	171911	125759
其他企业							
港、澳、台商投资企业		665	478	6834	6086	324790	289623
外商投资企业		281	253	2585	2229	30334	27158
加盟门店合计		**8331**	**6519**	**28806**	**24194**	**450906**	**359733**
内资企业		7967	6208	26626	22370	400050	319358
国有企业		126	106	326	327	5267	4112
集体企业							
股份合作企业							
联营企业							
有限责任公司		4373	3079	14390	11009	187278	132579
股份有限公司		1705	1605	6365	6490	139430	129940
私营企业		1763	1418	5545	4544	68075	52727
其他企业							
港、澳、台商投资企业		54	41	442	288	30760	22960
外商投资企业		310	270	1738	1536	20096	17415

1-8 续表 1

折扣店

项目	连锁总店数(个)	门店数(个)		年末从业人员(人)		年末零售营业面积(平方米)	
	2008年	2008年	2007年	2008年	2007年	2008年	2007年
总计	**4**	**784**	**628**	**9432**	**7448**	**224518**	**184114**
内资企业	2	460	349	5470	3739	135397	106231
国有企业							
集体企业							
股份合作企业							
联营企业							
有限责任公司	1	456	345	5081	3424	106547	77381
股份有限公司							
私营企业	1	4	4	389	315	28850	28850
其他企业							
港、澳、台商投资企业							
外商投资企业	2	324	279	3962	3709	89121	77883
直营门店合计		**605**	**572**	**8033**	**6843**	**224518**	**184114**
内资企业		294	293	4071	3134	135397	106231
国有企业							
集体企业							
股份合作企业							
联营企业							
有限责任公司		290	289	3682	2819	106547	77381
股份有限公司							
私营企业		4	4	389	315	28850	28850
其他企业							
港、澳、台商投资企业							
外商投资企业		311	279	3962	3709	89121	77883
加盟门店合计		**179**	**56**	**1399**	**605**		
内资企业		166	56	1399	605		
国有企业							
集体企业							
股份合作企业							
联营企业							
有限责任公司		166	56	1399	605		
股份有限公司							
私营企业							
其他企业							
港、澳、台商投资企业							
外商投资企业		13					

1-8 续表 2

超市

项　　目	连锁总店数(个)	门店数(个)		年末从业人员(人)		年末零售营业面积(平方米)	
	2008年	2008年	2007年	2008年	2007年	2008年	2007年
总　　计	**433**	**30240**	**27145**	**419659**	**375633**	**19594052**	**17354134**
内资企业	415	27863	24860	339513	301986	16471313	14996518
国有企业	10	111	106	2106	2193	270843	260194
集体企业	7	126	42	1172	1048	57677	54613
股份合作企业	5	69	51	2645	1535	61308	40235
联营企业	1	196	173	710	681	6135	5638
有限责任公司	150	13167	11931	165940	140250	10482075	9498501
股份有限公司	28	6329	5933	79691	79455	2581211	2504752
私营企业	211	7842	6594	86152	75649	2963796	2583815
其他企业	3	23	30	1097	1175	48268	48770
港、澳、台商投资企业	6	169	145	7956	7439	285604	226562
外商投资企业	12	2208	2140	72190	66208	2837135	2131054
直营门店合计		**14347**	**13187**	**336586**	**291326**	**16835913**	**14739842**
内资企业		13123	12123	283968	246997	14494550	13000471
国有企业		111	106	2106	2193	270843	260194
集体企业		43	40	949	960	42947	44263
股份合作企业		69	51	2645	1535	61308	40235
联营企业		196	173	710	681	6135	5638
有限责任公司		7848	7328	152745	128553	9803870	8806244
股份有限公司		1428	1356	50728	46443	1683875	1567843
私营企业		3405	3039	72988	65457	2577304	2227284
其他企业		23	30	1097	1175	48268	48770
港、澳、台商投资企业		160	136	7869	7352	280754	221712
外商投资企业		1064	928	44749	36977	2060609	1517659
加盟门店合计		**15893**	**13958**	**83073**	**84307**	**2758139**	**2614292**
内资企业		14740	12737	55545	54989	1976763	1996047
国有企业							
集体企业		83	2	223	88	14730	10350
股份合作企业							
联营企业							
有限责任公司		5319	4603	13195	11697	678205	692257
股份有限公司		4901	4577	28963	33012	897336	936909
私营企业		4437	3555	13164	10192	386492	356531
其他企业							
港、澳、台商投资企业		9	9	87	87	4850	4850
外商投资企业		1144	1212	27441	29231	776526	613395

1-8 续表 3

大型超市

项目	连锁总店数(个)	门店数(个)		年末从业人员(人)		年末零售营业面积(平方米)	
	2008年	2008年	2007年	2008年	2007年	2008年	2007年
总计	**218**	**8072**	**7332**	**358215**	**305259**	**13249279**	**11244970**
内资企业	149	7438	6732	224835	186208	9307952	7869774
国有企业	3	28	28	4114	3761	131724	90111
集体企业	4	336	328	7794	6282	280577	256205
股份合作企业	1	24	19	2600	2500	50000	48000
联营企业							
有限责任公司	72	2961	2642	102216	83289	3872613	3293489
股份有限公司	13	1610	1445	65413	55768	3336606	2828225
私营企业	54	2433	2230	42299	34248	1622652	1343874
其他企业	2	46	40	399	360	13780	9870
港、澳、台商投资企业	12	270	259	32838	26999	1011886	857310
外商投资企业	57	364	341	100542	92052	2929441	2517886
直营门店合计		**3462**	**3138**	**330820**	**280380**	**12390538**	**10439471**
内资企业		2904	2617	206157	168222	8725063	7333194
国有企业		28	28	4114	3761	131724	90111
集体企业		62	54	7624	6112	263077	238705
股份合作企业		14	10	1820	1750	40000	38400
联营企业							
有限责任公司		1063	953	94313	75680	3662823	3083839
股份有限公司		1013	947	63060	53332	3224075	2737775
私营企业		722	623	35156	27517	1403364	1144364
其他企业		2	2	70	70		
港、澳、台商投资企业		246	237	31573	26214	969511	824568
外商投资企业		312	284	93090	85944	2695964	2281709
加盟门店合计		**4610**	**4194**	**27395**	**24879**	**858741**	**805499**
内资企业		4534	4115	18678	17986	582889	536580
国有企业							
集体企业		274	274	170	170	17500	17500
股份合作企业		10	9	780	750	10000	9600
联营企业							
有限责任公司		1898	1689	7903	7609	209790	209650
股份有限公司		597	498	2353	2436	112531	90450
私营企业		1711	1607	7143	6731	219288	199510
其他企业		44	38	329	290	13780	9870
港、澳、台商投资企业		24	22	1265	785	42375	32742
外商投资企业		52	57	7452	6108	233477	236177

1-8 续表 4

仓储会员店

项　目	连锁总店数（个）	门店数（个）		年末从业人员（人）		年末零售营业面积（平方米）	
	2008年	2008年	2007年	2008年	2007年	2008年	2007年
总　计	**7**	**331**	**324**	**13092**	**12110**	**439820**	**396372**
内资企业	4	284	281	728	739	8537	8537
国有企业	2	262	260	556	569	4200	4200
集体企业							
股份合作企业							
联营企业							
有限责任公司	1	11	11	172	170	4337	4337
股份有限公司	1	11	10				
私营企业							
其他企业							
港、澳、台商投资企业							
外商投资企业	3	47	43	12364	11371	431283	387835
直营门店合计		**331**	**324**	**13092**	**12110**	**439820**	**396372**
内资企业		284	281	728	739	8537	8537
国有企业		262	260	556	569	4200	4200
集体企业							
股份合作企业							
联营企业							
有限责任公司		11	11	172	170	4337	4337
股份有限公司		11	10				
私营企业							
其他企业							
港、澳、台商投资企业							
外商投资企业		47	43	12364	11371	431283	387835
加盟门店合计							
内资企业							
国有企业							
集体企业							
股份合作企业							
联营企业							
有限责任公司							
股份有限公司							
私营企业							
其他企业							
港、澳、台商投资企业							
外商投资企业							

1-8 续表 5

百货店

项目	连锁总店数（个）	门店数（个）		年末从业人员（人）		年末零售营业面积（平方米）	
	2008年	2008年	2007年	2008年	2007年	2008年	2007年
总 计	**87**	**3805**	**3674**	**185307**	**159171**	**11104026**	**9401701**
内资企业	71	3552	3467	146981	128481	8769896	7608362
国有企业	3	45	46	5216	5511	245806	219170
集体企业	4	21	23	2080	1797	111492	98843
股份合作企业							
联营企业							
有限责任公司	25	269	265	20026	17711	1403491	1405577
股份有限公司	22	3082	2970	111887	96044	6600367	5552619
私营企业	17	135	163	7772	7418	408740	332153
其他企业							
港、澳、台商投资企业	9	208	153	28731	22476	1528457	1262591
外商投资企业	7	45	54	9595	8214	805673	530748
直营门店合计		**1183**	**1052**	**154882**	**128937**	**10478721**	**8786607**
内资企业		934	850	118686	100676	8219571	7076668
国有企业		20	20	3642	3611	233260	206540
集体企业		21	23	2080	1797	111492	98843
股份合作企业							
联营企业							
有限责任公司		252	248	18734	16636	1329991	1343877
股份有限公司		533	453	87145	72160	6148088	5111255
私营企业		108	106	7085	6472	396740	316153
其他企业							
港、澳、台商投资企业		205	149	27601	21047	1473477	1199191
外商投资企业		44	53	8595	7214	785673	510748
加盟门店合计		**2622**	**2622**	**30425**	**30234**	**625305**	**615094**
内资企业		2618	2617	28295	27805	550325	531694
国有企业		25	26	1574	1900	12546	12630
集体企业							
股份合作企业							
联营企业							
有限责任公司		17	17	1292	1075	73500	61700
股份有限公司		2549	2517	24742	23884	452279	441364
私营企业		27	57	687	946	12000	16000
其他企业							
港、澳、台商投资企业		3	4	1130	1429	54980	63400
外商投资企业		1	1	1000	1000	20000	20000

1-8 续表 6

专业店(含加油站)

项　目	连锁总店数(个)	门店数(个)		年末从业人员(人)		年末零售营业面积(平方米)	
	2008年	2008年	2007年	2008年	2007年	2008年	2007年
总　计	**1259**	**93656**	**84943**	**744764**	**669755**	**51112057**	**45654326**
内资企业	1212	85533	77351	695699	631291	48378718	43659994
国有企业	140	18083	17455	112632	109164	5937170	5568984
集体企业	14	490	479	2166	1698	83872	53766
股份合作企业	9	181	169	1049	979	37478	31258
联营企业	4	293	295	1773	2174	34210	29742
有限责任公司	462	27856	22957	186157	156849	6905569	5206863
股份有限公司	173	27291	25963	300107	284136	33052560	30793690
私营企业	398	11094	9878	89901	74842	2267348	1927589
其他企业	12	245	155	1914	1449	60511	48102
港、澳、台商投资企业	12	449	457	2518	2652	38615	37283
外商投资企业	35	7674	7135	46547	35812	2694724	1957049
直营门店合计		**54188**	**50728**	**644679**	**559518**	**48648097**	**42851865**
内资企业		52454	49274	615743	534442	46099372	41036645
国有企业		8714	8582	93682	91665	5179632	4849110
集体企业		236	230	1876	1449	72972	46206
股份合作企业		108	92	855	755	32113	25803
联营企业		211	142	1378	1244	25576	19648
有限责任公司		12616	11811	142665	123727	5913275	4461653
股份有限公司		22643	21627	293231	248947	32774924	29871840
私营企业		7766	6635	80353	65206	2043834	1714283
其他企业		160	155	1703	1449	57046	48102
港、澳、台商投资企业		402	424	2380	2513	36482	35307
外商投资企业		1332	1030	26556	22563	2512243	1779913
加盟门店合计		**39468**	**34215**	**100085**	**110237**	**2463960**	**2802461**
内资企业		33079	28077	79956	96849	2279346	2623349
国有企业		9369	8873	18950	17499	757538	719874
集体企业		254	249	290	249	10900	7560
股份合作企业		73	77	194	224	5365	5455
联营企业		82	153	395	930	8634	10094
有限责任公司		15240	11146	43492	33122	992294	745210
股份有限公司		4648	4336	6876	35189	277636	921850
私营企业		3328	3243	9548	9636	223514	213306
其他企业		85		211		3465	
港、澳、台商投资企业		47	33	138	139	2133	1976
外商投资企业		6342	6105	19991	13249	182481	177136

1-8 续表 7

加油站

项目	连锁总店数(个)	门店数(个)		年末从业人员(人)		年末零售营业面积(平方米)	
	2008年	2008年	2007年	2008年	2007年	2008年	2007年
总计	**209**	**27361**	**26390**	**238823**	**224900**	**34127403**	**32780998**
内资企业	192	26542	25797	231966	219110	32832313	31895787
国有企业	47	6277	6234	59433	58388	3724856	3443953
集体企业							
股份合作企业	2	5	2	64	44	11600	9600
联营企业	1	2	2	128	128	5831	5831
有限责任公司	19	321	257	2461	1501	448751	184623
股份有限公司	122	19931	19296	169880	159049	28627111	28237616
私营企业	1	6	6			14164	14164
其他企业							
港、澳、台商投资企业	2	56	54	299	279	7241	6891
外商投资企业	15	763	539	6558	5511	1287849	878320
直营门店合计		**27235**	**26248**	**237318**	**223254**	**33915805**	**32560520**
内资企业		26416	25655	230461	217464	32620715	31675309
国有企业		6275	6231	59413	58358	3724656	3443653
集体企业							
股份合作企业		5	2	64	44	11600	9600
联营企业		2	2	128	128	5831	5831
有限责任公司		321	257	2461	1501	448751	184623
股份有限公司		19807	19157	168395	157433	28415713	28017438
私营企业		6	6			14164	14164
其他企业							
港、澳、台商投资企业		56	54	299	279	7241	6891
外商投资企业		763	539	6558	5511	1287849	878320
加盟门店合计		**126**	**142**	**1505**	**1646**	**211598**	**220478**
内资企业		126	142	1505	1646	211598	220478
国有企业		2	3	20	30	200	300
集体企业							
股份合作企业							
联营企业							
有限责任公司							
股份有限公司		124	139	1485	1616	211398	220178
私营企业							
其他企业							
港、澳、台商投资企业							
外商投资企业							

1-8 续表 8

专卖店

项目	连锁总店数(个)	门店数(个)		年末从业人员(人)		年末零售营业面积(平方米)	
	2008年	2008年	2007年	2008年	2007年	2008年	2007年
总计	**281**	**14651**	**13047**	**124207**	**108923**	**3195930**	**2206644**
内资企业	246	13074	11556	106124	92136	2969187	2004209
国有企业	17	934	917	8654	7404	427202	465405
集体企业	2	808	807	1503	1592	13539	13559
股份合作企业	6	460	464	1713	1758	18839	17874
联营企业							
有限责任公司	96	4668	4008	42215	36388	942336	690276
股份有限公司	19	932	803	8253	6591	849419	213745
私营企业	103	5211	4501	43268	37833	711652	597250
其他企业	3	61	56	518	570	6200	6100
港、澳、台商投资企业	21	613	509	8077	7399	84370	71285
外商投资企业	14	964	982	10006	9388	142373	131150
直营门店合计		**7029**	**6356**	**95996**	**83757**	**2806827**	**1853016**
内资企业		6015	5441	80753	69894	2621862	1695465
国有企业		830	804	8297	7095	425387	463540
集体企业		35	30	343	424	7239	7139
股份合作企业		82	84	506	533	6913	6458
联营企业							
有限责任公司		2373	2144	32411	28148	818725	580377
股份有限公司		641	584	7104	5707	836746	203869
私营企业		2019	1762	31650	27489	524152	431382
其他企业		35	33	442	498	2700	2700
港、澳、台商投资企业		569	464	7877	7199	82170	66450
外商投资企业		445	451	7366	6664	102795	91101
加盟门店合计		**7622**	**6691**	**28211**	**25166**	**389103**	**353628**
内资企业		7059	6115	25371	22242	347325	308744
国有企业		104	113	357	309	1815	1865
集体企业		773	777	1160	1168	6300	6420
股份合作企业		378	380	1207	1225	11926	11416
联营企业							
有限责任公司		2295	1864	9804	8240	123611	109899
股份有限公司		291	219	1149	884	12673	9876
私营企业		3192	2739	11618	10344	187500	165868
其他企业		26	23	76	72	3500	3400
港、澳、台商投资企业		44	45	200	200	2200	4835
外商投资企业		519	531	2640	2724	39578	40049

1-8 续表 9

家居建材商店

项目	连锁总店数(个)	门店数(个)		年末从业人员(人)		年末零售营业面积(平方米)	
	2008年	2008年	2007年	2008年	2007年	2008年	2007年
总计	**20**	**116**	**93**	**12169**	**10379**	**948882**	**677785**
内资企业	6	48	52	3266	3724	261495	285235
国有企业							
集体企业							
股份合作企业							
联营企业							
有限责任公司	2	29	32	2199	2818	194260	218000
股份有限公司							
私营企业	4	19	20	1067	906	67235	67235
其他企业							
港、澳、台商投资企业	3	18	17	2458	2509	133349	127114
外商投资企业	11	50	24	6445	4146	554038	265436
直营门店合计		**109**	**91**	**11407**	**10177**	**878722**	**667785**
内资企业		48	52	3266	3724	261495	285235
国有企业							
集体企业							
股份合作企业							
联营企业							
有限责任公司		29	32	2199	2818	194260	218000
股份有限公司							
私营企业		19	20	1067	906	67235	67235
其他企业							
港、澳、台商投资企业		18	17	2458	2509	133349	127114
外商投资企业		43	22	5683	3944	483878	255436
加盟门店合计		**7**	**2**	**762**	**202**	**70160**	**10000**
内资企业							
国有企业							
集体企业							
股份合作企业							
联营企业							
有限责任公司							
股份有限公司							
私营企业							
其他企业							
港、澳、台商投资企业							
外商投资企业		7	2	762	202	70160	10000

1-8　续表 10

厂家直销中心

项　目	连锁总店数（个）	门店数（个）		年末从业人员（人）		年末零售营业面积（平方米）	
	2008年	2008年	2007年	2008年	2007年	2008年	2007年
总　计	**4**	**50**	**46**	**357**	**355**	**65473**	**51633**
内资企业	4	50	46	357	355	65473	51633
国有企业							
集体企业							
股份合作企业							
联营企业							
有限责任公司	1	15	14			64066	50256
股份有限公司							
私营企业	3	35	32	357	355	1407	1377
其他企业							
港、澳、台商投资企业							
外商投资企业							
直营门店合计		**50**	**46**	**357**	**355**	**65473**	**51633**
内资企业		50	46	357	355	65473	51633
国有企业							
集体企业							
股份合作企业							
联营企业							
有限责任公司		15	14			64066	50256
股份有限公司							
私营企业		35	32	357	355	1407	1377
其他企业							
港、澳、台商投资企业							
外商投资企业							
加盟门店合计							
内资企业							
国有企业							
集体企业							
股份合作企业							
联营企业							
有限责任公司							
股份有限公司							
私营企业							
其他企业							
港、澳、台商投资企业							
外商投资企业							

1-8 续表 11

其他

项 目	连锁总店数(个)	门店数(个)		年末从业人员(人)		年末零售营业面积(平方米)	
	2008年	2008年	2007年	2008年	2007年	2008年	2007年
总 计	**24**	**601**	**550**	**5716**	**5236**	**202510**	**483820**
内资企业	24	601	550	5716	5236	202510	483820
国有企业	2	19	19	946	971	10484	13099
集体企业	2	70	53	780	630	26978	21746
股份合作企业	2	12	15	108	107	2270	2420
联营企业							
有限责任公司	11	257	225	1143	1181	26115	22588
股份有限公司	2	187	192	1148	1238	127239	415000
私营企业	5	56	46	1591	1109	9424	8967
其他企业							
港、澳、台商投资企业							
外商投资企业							
直营门店合计		**522**	**474**	**5496**	**5019**	**196790**	**478250**
内资企业		522	474	5496	5019	196790	478250
国有企业		17	17	925	949	9972	12587
集体企业		69	52	779	627	26940	21708
股份合作企业		12	15	108	107	2270	2420
联营企业							
有限责任公司		191	162	986	1033	20945	17568
股份有限公司		177	182	1107	1194	127239	415000
私营企业		56	46	1591	1109	9424	8967
其他企业							
港、澳、台商投资企业							
外商投资企业							
加盟门店合计		**79**	**76**	**220**	**217**	**5720**	**5570**
内资企业		79	76	220	217	5720	5570
国有企业		2	2	21	22	512	512
集体企业		1	1	1	3	38	38
股份合作企业							
联营企业							
有限责任公司		66	63	157	148	5170	5020
股份有限公司		10	10	41	44		
私营企业							
其他企业							
港、澳、台商投资企业							
外商投资企业							

1-9 按登记注册类型与业态分

便利店

项 目	商品购进总额		统一配送商品购进额	
	2008年	2007年	2008年	2007年
总 计	**2267081**	**1888486**	**1600428**	**1297073**
内资企业	2006455	1679499	1351208	1095184
国有企业	104319	112705	99189	90688
集体企业	4801	1268	1300	1268
股份合作企业				
联营企业				
有限责任公司	1628644	1351598	997931	801044
股份有限公司	20583	23204	19882	22400
私营企业	248109	190724	232907	179784
其他企业				
港、澳、台商投资企业	149590	118910	138185	111813
外商投资企业	111035	90077	111035	90077
直营门店合计	**1926876**	**1636323**	**1270981**	**1089852**
内资企业	1712001	1463578	1065242	923651
国有企业	89544	105051	84609	83236
集体企业	4801	1268	1300	1268
股份合作企业				
联营企业				
有限责任公司	1425634	1209869	797656	697991
股份有限公司	11998	12760	11998	12760
私营企业	180025	134630	169679	128397
其他企业				
港、澳、台商投资企业	142006	113380	132870	106835
外商投资企业	72868	59365	72868	59365
加盟门店合计	**340205**	**252163**	**329448**	**207222**
内资企业	294454	215921	285966	171533
国有企业	14774	7654	14580	7453
集体企业				
股份合作企业				
联营企业				
有限责任公司	203010	141729	200275	103053
股份有限公司	8585	10445	7884	9640
私营企业	68084	56094	63228	51387
其他企业				
港、澳、台商投资企业	7584	5530	5315	4978
外商投资企业	38167	30711	38167	30711

连锁零售企业经营情况

单位：万元

自有配送中心配送商品购进额		非自有配送中心配送商品购进额		商品销售总额		零售额	
2008年	2007年	2008年	2007年	2008年	2007年	2008年	2007年
420720	**368079**	**547333**	**447099**	**2760418**	**2317034**	**2620784**	**2193862**
331236	291327	457906	374800	2333494	2005436	2215997	1907116
24165	18625	72391	68978	100560	99827	100502	99414
				4669	1589	2745	725
183277	171510	339064	277541	1898662	1641508	1850196	1592947
7906	8251	561	646	57159	54420	57159	54420
115888	92942	45890	27635	272444	208092	205394	159609
56268	50980	11608	7995	244209	157423	244209	157423
33215	25772	77820	64305	182716	154175	160578	129323
357171	**312814**	**448293**	**375281**	**2249494**	**1926533**	**2144739**	**1838319**
285336	248762	384700	325970	1899953	1679091	1817337	1615729
10423	12126	72391	68978	86060	92022	86002	91610
				4669	1589	2745	725
178430	163277	273999	236310	1588346	1421508	1542345	1382384
3406	3451			16607	15292	16607	15292
93076	69909	38310	20682	204272	148681	169637	125719
50953	46002	11608	7995	234267	149162	234267	149162
20882	18049	51986	41316	115274	98279	93136	73427
63549	**55265**	**99040**	**71818**	**510925**	**390501**	**476045**	**355544**
45900	42565	73206	48829	433540	326345	398661	291387
13741	6499			14500	7805	14500	7805
4847	8232	65066	41231	310317	220001	307851	210564
4500	4800	561	646	40552	39128	40552	39128
22812	23034	7580	6953	68172	59411	35758	33891
5315	4978			9942	8261	9942	8261
12333	7723	25834	22989	67442	55895	67442	55895

1-9 续表 1

折扣店

项　目	商品购进总额		统一配送商品购进额	
	2008年	2007年	2008年	2007年
总　计	**299276**	**245488**	**295842**	**242294**
内资企业	178293	139691	178293	139691
国有企业				
集体企业				
股份合作企业				
联营企业				
有限责任公司	111360	94092	111360	94092
股份有限公司				
私营企业	66933	45599	66933	45599
其他企业				
港、澳、台商投资企业				
外商投资企业	120984	105797	117549	102603
直营门店合计	**299276**	**245488**	**295842**	**242294**
内资企业	178293	139691	178293	139691
国有企业				
集体企业				
股份合作企业				
联营企业				
有限责任公司	111360	94092	111360	94092
股份有限公司				
私营企业	66933	45599	66933	45599
其他企业				
港、澳、台商投资企业				
外商投资企业	120984	105797	117549	102603
加盟门店合计				
内资企业				
国有企业				
集体企业				
股份合作企业				
联营企业				
有限责任公司				
股份有限公司				
私营企业				
其他企业				
港、澳、台商投资企业				
外商投资企业				

单位：万元

自有配送中心配送商品购进额		非自有配送中心配送商品购进额		商品销售总额		零售额	
2008年	2007年	2008年	2007年	2008年	2007年	2008年	2007年
183281	**154256**	**45628**	**42438**	**347566**	**272614**	**347566**	**272614**
111360	94092			217508	163215	217508	163215
111360	94092			139464	111421	139464	111421
				78044	51794	78044	51794
71921	60164	45628	42438	130057	109399	130057	109399
183281	**154256**	**45628**	**42438**	**347566**	**272614**	**347566**	**272614**
111360	94092			217508	163215	217508	163215
111360	94092			139464	111421	139464	111421
				78044	51794	78044	51794
71921	60164	45628	42438	130057	109399	130057	109399

1-9 续表 2

超市

项　目	商品购进总额		统一配送商品购进额	
	2008年	2007年	2008年	2007年
总　计	**16011210**	**14577688**	**12640210**	**11373268**
内资企业	11896670	11092669	9676525	9098227
国有企业	88247	74898	75469	62849
集体企业	60625	59017	45726	41885
股份合作企业	102104	77541	102104	77541
联营企业	19426	17920	19426	17920
有限责任公司	6054389	5660989	4342310	4086992
股份有限公司	3638097	3590795	3511075	3485116
私营企业	1901914	1585226	1548545	1299641
其他企业	31870	26283	31870	26283
港、澳、台商投资企业	678117	546906	599777	487713
外商投资企业	3436423	2938112	2363909	1787329
直营门店合计	**13293499**	**11715131**	**11069432**	**9716113**
内资企业	10246340	9381014	8126753	7462433
国有企业	88247	74898	75469	62849
集体企业	52875	53584	42788	41224
股份合作企业	102104	77541	102104	77541
联营企业	19426	17920	19426	17920
有限责任公司	5707900	5358640	4032991	3827730
股份有限公司	2547833	2373214	2420825	2267687
私营企业	1696087	1398936	1401282	1141199
其他企业	31870	26283	31870	26283
港、澳、台商投资企业	676829	545843	598488	486649
外商投资企业	2370330	1788274	2344191	1767032
加盟门店合计	**2717712**	**2862557**	**1570778**	**1657155**
内资企业	1650330	1711655	1549772	1635794
国有企业				
集体企业	7750	5433	2939	661
股份合作企业				
联营企业				
有限责任公司	346489	302349	309320	259262
股份有限公司	1090265	1217582	1090250	1217429
私营企业	205827	186291	147263	158442
其他企业				
港、澳、台商投资企业	1289	1064	1289	1064
外商投资企业	1066093	1149838	19718	20298

单位：万元

自有配送中心配送商品购进额		非自有配送中心配送商品购进额		商品销售总额		零售额	
2008年	2007年	2008年	2007年	2008年	2007年	2008年	2007年
8536373	**8176420**	**1694867**	**1651161**	**22495435**	**19194701**	**18405690**	**15834738**
6424215	6551359	1087898	1155622	16339796	14262074	14859907	12647564
69154	57571	3178	2639	100942	81833	92963	74196
28114	25902	1824	199	64847	65161	41311	37968
101080	76655			112495	72742	112495	72742
19426	17920			22612	19245	13867	11502
2894661	2833992	302976	194699	8686503	7252348	7967943	6441883
2141049	2553130	713022	873844	5275258	4999224	4594463	4309095
1141815	963634	65576	83522	2033670	1737158	1994748	1668521
28918	22556	1322	719	43470	34363	42118	31659
6863	5245	592913	482468	783855	635831	466717	395237
2105295	1619816	14055	13071	5371784	4296796	3079066	2791937
8034443	**7012016**	**1309117**	**1199610**	**18634824**	**15377528**	**14550811**	**12048085**
5941944	5406745	703497	705642	13727070	11695562	12252913	10111572
69154	57571	3178	2639	100942	81833	92963	74196
25176	25241	1824	199	57299	59185	33763	31992
101080	76655			112495	72742	112495	72742
19426	17920			22612	19245	13867	11502
2630260	2611769	266339	166423	8335513	6949823	7618416	6163065
2027869	1724800	375852	492834	3250463	2938331	2569668	2248822
1040062	870234	54982	42828	1804276	1540039	1769624	1477594
28918	22556	1322	719	43470	34363	42118	31659
5575	4181	592913	482468	781866	634822	464728	394227
2086925	1601089	12707	11500	4125888	3047145	1833170	1542286
501930	**1164404**	**385750**	**451551**	**3860611**	**3817173**	**3854879**	**3786653**
482271	1144614	384402	449980	2612726	2566512	2606994	2535993
2939	661			7547	5976	7547	5976
264400	222223	36636	28276	350990	302526	349528	278818
113180	828330	337171	381010	2024795	2060893	2024795	2060272
101752	93400	10595	40694	229394	197119	225124	190927
1289	1064			1989	1010	1989	1010
18370	18727	1348	1571	1245896	1249651	1245896	1249651

1-9 续表 3

大型超市

项目	商品购进总额		统一配送商品购进额	
	2008年	2007年	2008年	2007年
总　计	**18644372**	**15215015**	**12189628.6**	**9277722**
内资企业	9376283	7705607	5998327.3	4489239
国有企业	138089	165680	28597.6	1964
集体企业	497098	444049	497097.8	444049
股份合作企业	71746	49927	57396.8	39942
联营企业				
有限责任公司	3980666	3037493	2663007	1903012
股份有限公司	3433789	2923947	1822819.3	1338346
私营企业	1246999	1077762	929408.8	761926
其他企业	7898	6748		
港、澳、台商投资企业	2440216	1671267	2025025.3	1368874
外商投资企业	6827873	5838141	4166276	3419609
直营门店合计	**17894186**	**14474366**	**11725926.4**	**8796518**
内资企业	8996746	7374102	5856927	4374349
国有企业	138089	165680	28597.6	1964
集体企业	494582	441699	494582.1	441699
股份合作企业	57397	39942	57396.8	39942
联营企业				
有限责任公司	3784835	2869266	2610756.4	1860281
股份有限公司	3374774	2874822	1805863.8	1332201
私营企业	1146470	982133	859730.3	698263
其他企业	600	560		
港、澳、台商投资企业	2417532	1671267	2002341.3	1368874
外商投资企业	6479909	5428997	3866658.1	3053294
加盟门店合计	**750186**	**740649**	**463702.2**	**481205**
内资企业	379537	331505	141400.3	114890
国有企业				
集体企业	2516	2350	2515.7	2350
股份合作企业	14349	9986		
联营企业				
有限责任公司	195831	168228	52250.6	42732
股份有限公司	59015	49125	16955.5	6145
私营企业	100529	95630	69678.5	63663
其他企业	7298	6188		
港、澳、台商投资企业	22684		22684	
外商投资企业	347965	409144	299617.9	366315

单位：万元

自有配送中心配送商品购进额		非自有配送中心配送商品购进额		商品销售总额		零售额	
2008年	2007年	2008年	2007年	2008年	2007年	2008年	2007年
7540864	**5652235**	**2818506**	**2245150**	**22338189**	**18716647**	**18955377**	**15801750**
3822956	2948546	1262781	879534	11835809	9739011	9690308	7968893
		28598		213388	168884	35477	33013
497098	444049			528078	483508	526347	480258
				65026	52630	65026	52630
1042120	791303	1071567	764034	5095628	4219874	4139711	3425258
1775098	1312467	47721	25879	4422345	3649792	3504051	2894171
508640	400726	114895	89621	1500630	1156640	1410226	1077011
				10714	7682	9469	6552
1784593	1173665	54671	50654	2839427	2432235	2140807	1856113
1933315	1530025	1501054	1314962	7662953	6545402	7124262	5976745
7291442	**5374740**	**2627756**	**2041440**	**21385010**	**17924531**	**18003237**	**15011717**
3714035	2861236	1231147	851953	11406999	9393523	9262537	7624977
		28598		213388	168884	35477	33013
494582	441699			523398	478828	521667	475578
				44955	42104	44955	42104
990715	748571	1071567	764034	4897548	4062724	3941631	3268108
1762384	1310441	43480	21760	4345472	3597411	3428217	2843362
466354	360525	87503	66159	1380993	1042442	1290589	962813
				1245	1130		
1784593	1173665	54671	50654	2795400	2412189	2096780	1836066
1792813	1339839	1341938	1138833	7182611	6118819	6643921	5550673
249422	**277495**	**190750**	**203710**	**953179**	**792116**	**952140**	**790034**
108921	87309	31634	27580	428810	345488	427771	343915
2516	2350			4680	4680	4680	4680
				20071	10526	20071	10526
51405	42732			198081	157150	198081	157150
12714	2026	4241	4118	76873	52381	75834	50809
42286	40201	27392	23462	119637	114198	119637	114198
				9469	6552	9469	6552
				44027	20046	44027	20046
140502	190186	159116	176130	480342	426582	480342	426072

1-9 续表 4

仓储会员店

项　目	商品购进总额		统一配送商品购进额	
	2008年	2007年	2008年	2007年
总　计	**466555**	**393667**	**466555**	**393667**
内资企业	137449	170731	137449	170731
国有企业	21602	22132	21602	22132
集体企业				
股份合作企业				
联营企业				
有限责任公司				
股份有限公司	115848	148599	115848	148599
私营企业				
其他企业				
港、澳、台商投资企业				
外商投资企业	329105	222936	329105	222936
直营门店合计	**466555**	**393667**	**466555**	**393667**
内资企业	137449	170731	137449	170731
国有企业	21602	22132	21602	22132
集体企业				
股份合作企业				
联营企业				
有限责任公司				
股份有限公司	115848	148599	115848	148599
私营企业				
其他企业				
港、澳、台商投资企业				
外商投资企业	329105	222936	329105	222936
加盟门店合计				
内资企业				
国有企业				
集体企业				
股份合作企业				
联营企业				
有限责任公司				
股份有限公司				
私营企业				
其他企业				
港、澳、台商投资企业				
外商投资企业				

单位：万元

自有配送中心配送商品购进额		非自有配送中心配送商品购进额		商品销售总额		零售额	
2008年	2007年	2008年	2007年	2008年	2007年	2008年	2007年
118353	**151635**	**85158**	**77247**	**1627220**	**1389702**	**362588**	**284282**
118353	151635			30482	30161	30482	30161
2506	3036			22119	21946	22119	21946
				8363	8215	8363	8215
115848	148599						
		85158	77247	1596739	1359542	332107	254121
118353	**151635**	**85158**	**77247**	**1627220**	**1389702**	**362588**	**284282**
118353	151635			30482	30161	30482	30161
2506	3036			22119	21946	22119	21946
				8363	8215	8363	8215
115848	148599						
		85158	77247	1596739	1359542	332107	254121

1-9 续表 5

百货店

项　目	商品购进总额		统一配送商品购进额	
	2008年	2007年	2008年	2007年
总　计	**15607370**	**13115539**	**8637212**	**7473745**
内资企业	11695012	9771326	4990265	4300632
国有企业	259636	203243	203084	152331
集体企业	84439	75685	9490	17145
股份合作企业				
联营企业				
有限责任公司	1900186	1658309	1244312	1113934
股份有限公司	9107479	7537649	3377350	2873725
私营企业	343272	296441	156030	143497
其他企业				
港、澳、台商投资企业	2275110	2078017	2275110	2078017
外商投资企业	1637248	1266196	1371837	1095095
直营门店合计	**14875706**	**12453544**	**8216782**	**7008312**
内资企业	11107516	9202913	4626247	3923778
国有企业	241117	185212	203084	152331
集体企业	84439	75685	9490	17145
股份合作企业				
联营企业				
有限责任公司	1857923	1626135	1212656	1082679
股份有限公司	8583965	7023781	3046288	2529926
私营企业	340072	292101	154730	141697
其他企业				
港、澳、台商投资企业	2218697	1989439	2218697	1989439
外商投资企业	1549493	1261192	1371837	1095095
加盟门店合计	**731664**	**661995**	**420431**	**465433**
内资企业	587497	568413	364018	376855
国有企业	18519	18031		
集体企业				
股份合作企业				
联营企业				
有限责任公司	42263	32174	31655	31255
股份有限公司	523514	513868	331062	343799
私营企业	3200	4340	1300	1800
其他企业				
港、澳、台商投资企业	56413	88578	56413	88578
外商投资企业	87755	5004		

单位：万元

自有配送中心配送商品购进额		非自有配送中心配送商品购进额		商品销售总额		零售额	
2008年	2007年	2008年	2007年	2008年	2007年	2008年	2007年
5566308	**4814892**	**1479112**	**1305875**	**19429853**	**16253683**	**16143053**	**13341359**
4159120	3552295	29243	36057	14454331	12165645	11555875	9668102
16906	13012			344527	212008	344527	212008
7616	15705			93590	82015	93590	82015
636181	547834			2157192	1895812	1972395	1723555
3372778	2869026			11473940	9603245	8873363	7374396
125639	106719	29243	36057	385082	372566	272000	276129
1407188	1262596	786158	742729	2832780	2395223	2448170	1986015
		663711	527089	2142742	1692815	2139009	1687241
5233946	**4469292**	**1422699**	**1217297**	**18516767**	**15292909**	**15229966**	**12380585**
3826758	3206696	29243	36057	13689556	11400391	10791100	8902848
16906	13012			329981	199574	329981	199574
7616	15705			93590	82015	93590	82015
636181	547834			2107656	1856643	1922858	1684386
3041716	2525227			10775447	8892593	8174871	6663744
124339	104919	29243	36057	382882	369566	269800	273129
1407188	1262596	729745	654151	2754468	2259703	2369858	1850495
		663711	527089	2072742	1632815	2069009	1627241
332362	**345599**	**56413**	**88578**	**913087**	**960774**	**913087**	**960774**
332362	345599			764775	765254	764775	765254
				14546	12433	14546	12433
				49537	39169	49537	39169
331062	343799			698492	710651	698492	710651
1300	1800			2200	3000	2200	3000
		56413	88578	78312	135520	78312	135520
				70000	60000	70000	60000

1-9 续表 6

专业店(含加油站)

项　目	商品购进总额		统一配送商品购进额	
	2008年	2007年	2008年	2007年
总　计	**109582783**	**92825922**	**94662372**	**78404048**
内资企业	104109113	88309890	89770927	74431744
国有企业	20151261	16989262	18692981	15941731
集体企业	116332	97616	55143	46506
股份合作企业	80945	42454	80796	41264
联营企业	109540	107776	109540	107776
有限责任公司	11348124	9209454	9205744	7502282
股份有限公司	67111815	57939842	57117344	47301994
私营企业	5087250	3830452	4406361	3397789
其他企业	103845	93034	103019	92403
港、澳、台商投资企业	101899	80445	100976	80445
外商投资企业	5371771	4435586	4790469	3891858
直营门店合计	**107193904**	**88860897**	**92653791**	**75170363**
内资企业	102058332	84638835	88071797	71468819
国有企业	19604199	16565081	18207932	15567425
集体企业	100146	81815	38956	30704
股份合作企业	80301	41895	80213	40705
联营企业	108909	99985	108909	99985
有限责任公司	10709847	8706294	8709855	7105867
股份有限公司	66615318	55532039	56753334	45422264
私营企业	4736700	3518691	4070409	3109467
其他企业	102912	93034	102190	92403
港、澳、台商投资企业	96589	79819	95667	79819
外商投资企业	5038983	4142242	4486327	3621725
加盟门店合计	**2388879**	**3965025**	**2008582**	**3233684**
内资企业	2050781	3671055	1699131	2962925
国有企业	547061	424181	485049	374307
集体企业	16187	15802	16187	15802
股份合作企业	645	559	583	559
联营企业	631	7790	631	7790
有限责任公司	638278	503160	495889	396415
股份有限公司	496497	2407803	364010	1879729
私营企业	350550	311761	335951	288323
其他企业	932		829	
港、澳、台商投资企业	5310	626	5310	626
外商投资企业	332788	293344	304142	270133

单位：万元

自有配送中心配送商品购进额		非自有配送中心配送商品购进额		商品销售总额		零售额	
2008年	2007年	2008年	2007年	2008年	2007年	2008年	2007年
60847641	**49998571**	**23251240**	**21624060**	**123153243**	**101065273**	**78820205**	**62509357**
57570629	47133397	22326446	20782013	116170228	95864316	73201643	58436196
10499995	8370850	6467165	6547279	21938986	17956392	16641184	13428992
54900	46149			126263	110479	93165	76515
11477	9923	25536	20023	95147	50015	30170	26472
108606	105393	405	2018	121754	113098	45611	38457
6749890	5808212	1037290	642856	12139643	9969510	8917361	7321273
37564434	30601287	14270748	13300457	76628393	63601888	43236192	34043722
2515248	2136657	524372	268341	5026111	3981182	4144236	3419135
66080	54927	931	1038	93931	81753	93725	81630
86571	66044			113385	89781	70158	63498
3190441	2799130	924794	842047	6869630	5111176	5548404	4009664
59488250	**47552551**	**22912537**	**21392573**	**119850891**	**96417930**	**76867848**	**59842997**
56494396	44937175	22013513	20571406	113297526	91556926	71488853	55980465
10249476	8166577	6233077	6377743	21416651	17516852	16157769	13006053
38757	30407			109929	94532	92874	76253
10955	9387	25475	20000	94352	49313	29381	25769
108239	99457	141	164	119501	104697	43357	30056
6335810	5474534	1004730	619291	11471381	9435122	8686326	7122068
37449066	29185405	14261781	13300456	75393643	60612015	42533433	32483114
2236374	1916481	487379	252713	4599886	3662643	3853736	3155523
65720	54927	931	1038	92183	81753	91977	81630
81261	65418			107983	87948	66322	62196
2912593	2549958	899024	821167	6445382	4773056	5312673	3800336
1359391	**2446020**	**338703**	**231486**	**3302352**	**4647343**	**1952357**	**2666361**
1076233	2196222	312933	210607	2872702	4307390	1712791	2455731
250519	204273	234088	169536	522336	439539	483416	422939
16142	15742			16334	15947	291	262
522	536	61	23	796	703	789	703
368	5936	264	1854	2253	8401	2253	8401
414080	333678	32560	23565	668262	534388	231035	199205
115368	1415881	8967	1	1234749	2989873	702759	1560608
278874	220176	36993	15628	426225	318538	290500	263613
360				1748		1748	
5310	626			5402	1833	3836	1302
277848	249172	25770	20880	424249	338120	235731	209328

1-9 续表 7

加油站

项　目	商品购进总额		统一配送商品购进额	
	2008年	2007年	2008年	2007年
总　计	**71541721**	**61053683**	**62229443**	**51356306**
内资企业	69776531	60101925	60673895	50564315
国有企业	15493349	13061784	14277605	12117396
集体企业				
股份合作企业	43784	11317	43784	11317
联营企业	85017	79433	85017	79433
有限责任公司	756659	328924	748314	328924
股份有限公司	53378753	46614498	45500206	38021276
私营企业	18969	5970	18969	5970
其他企业				
港、澳、台商投资企业	31940	27233	31940	27233
外商投资企业	1733250	924525	1523608	764758
直营门店合计	**71394792**	**60842150**	**62215000**	**51275878**
内资企业	69629602	59890392	60659453	50483887
国有企业	15482893	13050222	14267149	12105834
集体企业				
股份合作企业	43784	11317	43784	11317
联营企业	85017	79433	85017	79433
有限责任公司	756659	328924	748314	328924
股份有限公司	53242281	46414527	45496220	37952409
私营企业	18969	5970	18969	5970
其他企业				
港、澳、台商投资企业	31940	27233	31940	27233
外商投资企业	1733250	924525	1523608	764758
加盟门店合计	**146929**	**211533**	**14442**	**80428**
内资企业	146929	211533	14442	80428
国有企业	10456	11562	10456	11562
集体企业				
股份合作企业				
联营企业				
有限责任公司				
股份有限公司	136473	199971	3986	68866
私营企业				
其他企业				
港、澳、台商投资企业				
外商投资企业				

单位：万元

自有配送中心配送商品购进额		非自有配送中心配送商品购进额		商品销售总额		零售额	
2008年	2007年	2008年	2007年	2008年	2007年	2008年	2007年
35203586	**28676489**	**19952670**	**19033900**	**84734088**	**68306310**	**54312740**	**41831471**
34734437	28483023	19370462	18547604	81767649	66738896	51761854	40549115
7456164	5892521	5292364	5370208	17329816	13877338	14116407	11111105
				51126	11977	13486	11977
85017	79433			89818	83706	13674	9065
471431	190488	17583	15882	774654	316656	538967	215219
26721825	22320581	14041546	13155545	63501369	52442837	37058454	29195367
		18969	5970	20866	6382	20866	6382
31940	27233			34286	29875	19310	14939
437209	166233	582208	486296	2932153	1537540	2531576	1267417
35189144	**28596061**	**19952670**	**19033900**	**84042548**	**67451029**	**53624444**	**41183709**
34719995	28402595	19370462	18547604	81076109	65883614	51073558	39901354
7445708	5880959	5292364	5370208	17318256	13864555	14104847	11098322
				51126	11977	13486	11977
85017	79433			89818	83706	13674	9065
471431	190488	17583	15882	774654	316656	538967	215219
26717839	22251715	14041546	13155545	62821389	51600338	36381718	28560388
		18969	5970	20866	6382	20866	6382
31940	27233			34286	29875	19310	14939
437209	166233	582208	486296	2932153	1537540	2531576	1267417
14442	**80428**			**691540**	**855282**	**688296**	**647762**
14442	80428			691540	855282	688296	647762
10456	11562			11560	12783	11560	12783
3986	68866			679980	842499	676736	634979

1-9 续表 8

专卖店

项　目	商品购进总额		统一配送商品购进额	
	2008年	2007年	2008年	2007年
总　计	**7828870**	**6482125**	**6527532**	**5494257**
内资企业	7131893	5911508	5872667	4953961
国有企业	1102836	594243	863832	573357
集体企业	6726	7388	5112	5904
股份合作企业	25780	24977	18967	17555
联营企业				
有限责任公司	3062630	2738713	2129433	1915703
股份有限公司	834455	667445	824065	660809
私营企业	2067350	1844924	1999139	1746816
其他企业	32118	33818	32118	33818
港、澳、台商投资企业	273087	207247	231860	177404
外商投资企业	423890	363370	423006	362892
直营门店合计	**7237292**	**5992747**	**5971781**	**5040318**
内资企业	6601595	5490603	5378195	4568495
国有企业	1077845	574613	863590	573116
集体企业	4680	4794	3066	3310
股份合作企业	18863	18520	12382	11489
联营企业				
有限责任公司	2909012	2613646	1983151	1800368
股份有限公司	745640	593157	735250	586521
私营企业	1814298	1652641	1749498	1560459
其他企业	31258	33232	31258	33232
港、澳、台商投资企业	272907	207087	231680	177244
外商投资企业	362790	295058	361906	294579
加盟门店合计	**591579**	**489378**	**555751**	**453939**
内资企业	530299	420906	494472	385467
国有企业	24991	19630	241	241
集体企业	2046	2594	2046	2594
股份合作企业	6917	6458	6586	6066
联营企业				
有限责任公司	153618	125067	146282	115335
股份有限公司	88815	74288	88815	74288
私营企业	253052	192283	249641	186357
其他企业	860	586	860	586
港、澳、台商投资企业	180	160	180	160
外商投资企业	61100	68313	61100	68313

单位：万元

自有配送中心配送商品购进额		非自有配送中心配送商品购进额		商品销售总额		零售额	
2008年	2007年	2008年	2007年	2008年	2007年	2008年	2007年
2872618	**2101641**	**1136165**	**1069826**	**11127128**	**8845085**	**7050898**	**5544948**
2445085	1719663	1078834	1037442	10192025	8106820	6468618	5097734
703055	419307			2352894	1661970	1316723	791503
5112	5904			10707	11910	7292	8178
15218	14039	210	232	25526	25069	4524	4690
656915	474030	932365	896894	3408451	2873604	2603616	2019310
228520	196890	119439	111322	1666039	1252071	539010	479477
804147	575675	26820	28994	2688663	2236481	1960725	1752063
32118	33818			39745	45715	36729	42513
108708	100547	4865	4501	370606	276990	234240	169519
318826	281431	52466	27883	564498	461275	348039	277695
2378740	**1699262**	**1126445**	**1061383**	**10295193**	**8116409**	**6521887**	**5080938**
2012486	1385757	1069113	1028999	9452519	7476722	6032037	4732302
703055	419307			2325993	1640717	1289821	770251
3066	3310			7024	7223	3609	3491
8632	7973	210	232	19088	18863	4279	4358
546827	389550	932303	896894	3135659	2639690	2487506	1928550
141555	123168	119439	111322	1567428	1170935	517492	462742
578092	409216	17162	20551	2358342	1954157	1693362	1520975
31258	33232			38984	45138	35968	41936
108528	100387	4865	4501	368622	276809	232257	169337
257726	213118	52466	27883	474052	362878	257594	179298
493878	**402378**	**9721**	**8443**	**831935**	**728676**	**529011**	**464010**
432599	333906	9721	8443	739506	630098	436581	365432
				26901	21252	26901	21252
2046	2594			3683	4687	3683	4687
6586	6066			6438	6206	245	332
110087	84479	62		272792	233915	116110	90760
86965	73722			98611	81137	21518	16735
226054	166459	9659	8443	330320	282324	267363	231088
860	586			761	577	761	577
180	160			1984	182	1984	182
61100	68313			90446	98397	90446	98397

1-9 续表 9

家居建材商店

项　目	商品购进总额		统一配送商品购进额	
	2008年	2007年	2008年	2007年
总　计	**715148**	**653956**	**352880**	**300728**
内资企业	300878	321360	123165	130391
国有企业				
集体企业				
股份合作企业				
联营企业				
有限责任公司	253859	272232	91358	104369
股份有限公司				
私营企业	47019	49129	31807	26022
其他企业				
港、澳、台商投资企业	52142	56065	46879	51325
外商投资企业	362129	276531	182836	119012
直营门店合计	**684606**	**650956**	**326338**	**300728**
内资企业	300878	321360	123165	130391
国有企业				
集体企业				
股份合作企业				
联营企业				
有限责任公司	253859	272232	91358	104369
股份有限公司				
私营企业	47019	49129	31807	26022
其他企业				
港、澳、台商投资企业	52142	56065	46879	51325
外商投资企业	331587	273531	156294	119012
加盟门店合计	**30542**	**3000**	**26542**	
内资企业				
国有企业				
集体企业				
股份合作企业				
联营企业				
有限责任公司				
股份有限公司				
私营企业				
其他企业				
港、澳、台商投资企业				
外商投资企业	30542	3000	26542	

单位：万元

自有配送中心配送商品购进额		非自有配送中心配送商品购进额		商品销售总额		零售额	
2008年	2007年	2008年	2007年	2008年	2007年	2008年	2007年
59070	**66580**	**130253**	**166751**	**847028**	**797458**	**742423**	**693239**
24999	26300	74312	88020	313109	350184	208504	245965
17046	16349	74312	88020	262097	302774	176649	209903
7953	9951			51012	47411	31855	36063
				88008	93823	88008	93823
34071	40280	55942	78731	445911	353451	445911	353451
59070	**66580**	**130253**	**166751**	**810316**	**790458**	**705711**	**686239**
24999	26300	74312	88020	313109	350184	208504	245965
17046	16349	74312	88020	262097	302774	176649	209903
7953	9951			51012	47411	31855	36063
				88008	93823	88008	93823
34071	40280	55942	78731	409199	346451	409199	346451
				36712	**7000**	**36712**	**7000**
				36712	7000	36712	7000

1-9 续表 10

厂家直销中心

项　目	商品购进总额		统一配送商品购进额	
	2008年	2007年	2008年	2007年
总　计	**140142**	**131646**	**136328**	**127503**
内资企业	140142	131646	136328	127503
国有企业				
集体企业				
股份合作企业				
联营企业				
有限责任公司	127749	120669	127749	120669
股份有限公司				
私营企业	12393	10976	8579	6834
其他企业				
港、澳、台商投资企业				
外商投资企业				
直营门店合计	**140142**	**131646**	**136328**	**127503**
内资企业	140142	131646	136328	127503
国有企业				
集体企业				
股份合作企业				
联营企业				
有限责任公司	127749	120669	127749	120669
股份有限公司				
私营企业	12393	10976	8579	6834
其他企业				
港、澳、台商投资企业				
外商投资企业				
加盟门店合计				
内资企业				
国有企业				
集体企业				
股份合作企业				
联营企业				
有限责任公司				
股份有限公司				
私营企业				
其他企业				
港、澳、台商投资企业				
外商投资企业				

单位：万元

自有配送中心配送商品购进额		非自有配送中心配送商品购进额		商品销售总额		零售额	
2008年	2007年	2008年	2007年	2008年	2007年	2008年	2007年
134979	**121048**			**139014**	**115051**	**135915**	**112417**
134979	121048			139014	115051	135915	112417
127749	120669			128528	105635	128528	105635
7230	379			10487	9416	7388	6782
134979	**121048**			**139014**	**115051**	**135915**	**112417**
134979	121048			139014	115051	135915	112417
127749	120669			128528	105635	128528	105635
7230	379			10487	9416	7388	6782

1-9 续表 11

其他

项　目	商品购进总额		统一配送商品购进额	
	2008年	2007年	2008年	2007年
总　计	**367853**	**303886**	**311826**	**242005**
内资企业	367853	303886	311826	242005
国有企业	41453	43762		
集体企业	877	1597	333	639
股份合作企业	2101	1950	1192	1053
联营企业				
有限责任公司	28897	33425	16833	18145
股份有限公司	252465	182542	251408	181558
私营企业	42061	40610	42061	40610
其他企业				
港、澳、台商投资企业				
外商投资企业				
直营门店合计	**364867**	**299563**	**310141**	**238887**
内资企业	364867	299563	310141	238887
国有企业	40528	42992		
集体企业	752	1375	320	606
股份合作企业	2101	1950	1192	1053
联营企业				
有限责任公司	27225	30340	15161	15060
股份有限公司	252200	182296	251408	181558
私营企业	42061	40610	42061	40610
其他企业				
港、澳、台商投资企业				
外商投资企业				
加盟门店合计	**2986**	**4323**	**1686**	**3119**
内资企业	2986	4323	1686	3119
国有企业	925	769		
集体企业	125	222	14	33
股份合作企业				
联营企业				
有限责任公司	1672	3085	1672	3085
股份有限公司	264	246		
私营企业				
其他企业				
港、澳、台商投资企业				
外商投资企业				

单位：万元

自有配送中心配送商品购进额		非自有配送中心配送商品购进额		商品销售总额		零售额	
2008年	2007年	2008年	2007年	2008年	2007年	2008年	2007年
268464	**195511**	**180**	**319**	**400180**	**347484**	**112302**	**241656**
268464	195511	180	319	400180	347484	112302	241656
				39162	44141	13225	13891
153	320	180	319	2701	2957	2701	2957
1192	1053			2165	2175	989	1008
15063	11935			33299	41244	23864	22250
251408	181558			273359	214517	49626	185415
648	646			49493	42450	21897	16135
268343	**195391**	**180**	**319**	**396323**	**343546**	**111227**	**240601**
268343	195391	180	319	396323	343546	111227	240601
				38362	43427	12425	13177
140	286	180	319	2577	2734	2577	2734
1192	1053			2165	2175	989	1008
14955	11849			30367	38243	23714	22133
251408	181558			273359	214517	49626	185415
648	646			49493	42450	21897	16135
121	**120**			**3857**	**3938**	**1075**	**1054**
121	120			3857	3938	1075	1054
				800	714	800	714
14	33			124	223	124	223
108	87			2932	3001	150	117
				0	0	0	0

1-10 连锁零售企业门店分布情况

门店所在地	合计(个)		直营门店(个)		加盟门店(个)	
	2008年	2007年	2008年	2007年	2008年	2007年
全　国	**168502**	**151694**	**89691**	**83361**	**78811**	**68333**
北　京	6393	5926	4229	4059	2164	1867
天　津	2354	1894	1919	1464	435	430
河　北	5686	5537	3503	3516	2183	2021
山　西	1990	1794	844	801	1146	993
内蒙古	1891	1839	1658	1634	233	205
辽　宁	5341	4954	3168	2841	2173	2113
吉　林	1157	1121	736	677	421	444
黑龙江	1395	1289	858	826	537	463
上　海	12611	11929	9250	8972	3361	2957
江　苏	16950	16159	9945	9584	7005	6575
浙　江	19375	17284	8417	7737	10958	9547
安　徽	8321	7942	3148	3006	5173	4936
福　建	3162	2779	2442	2106	720	673
江　西	2344	2143	1886	1729	458	414
山　东	9261	8587	5419	5073	3842	3514
河　南	7156	6215	3820	3301	3336	2914
湖　北	7200	6014	3319	2963	3881	3051
湖　南	4009	3722	3081	2878	928	844
广　东	16617	14665	8313	7701	8304	6964
广　西	3361	2600	1827	1595	1534	1005
海　南	364	320	150	136	214	184
重　庆	7557	5162	2443	2363	5114	2799
四　川	6966	6173	3554	3058	3412	3115
贵　州	715	708	467	465	248	243
云　南	10353	9602	2283	1999	8070	7603
西　藏	52	44	10	6	42	38
陕　西	704	663	422	425	282	238
甘　肃	618	612	452	458	166	154
青　海	644	676	74	79	570	597
宁　夏	1388	905	302	227	1086	678
新　疆	2550	2424	1752	1682	798	742
港澳台及国外	17	12			17	12

1-11 连锁零售企业配送中心分布情况

所在地	配送中心数(个)		自有配送中心数(个)	
	2008年	2007年	2008年	2007年
全 国	**3604**	**3460**	**2873**	**2741**
北 京	95	99	68	76
天 津	19	18	17	17
河 北	58	52	55	49
山 西	53	51	49	47
内蒙古	131	127	107	100
辽 宁	85	59	75	49
吉 林	197	199	197	199
黑龙江	22	20	20	18
上 海	64	68	50	57
江 苏	478	451	294	279
浙 江	302	289	264	254
安 徽	189	219	141	171
福 建	66	56	57	48
江 西	41	36	30	27
山 东	161	139	151	130
河 南	511	501	337	310
湖 北	92	83	90	82
湖 南	85	82	82	78
广 东	341	352	277	289
广 西	133	89	124	80
海 南	5	5	5	5
重 庆	65	63	65	63
四 川	83	79	77	74
贵 州	9	8	9	8
云 南	121	127	116	122
西 藏				
陕 西	31	30	29	28
甘 肃	12	12	11	10
青 海	6	6	6	6
宁 夏	38	37	15	14
新 疆	111	103	55	52

1-12 连锁零售企业门店在36城市分布情况

门店所在地	合计(个)		直营门店(个)		加盟门店(个)	
	2008年	2007年	2008年	2007年	2008年	2007年
合　计	**76849**	**68849**	**44101**	**41070**	**32748**	**27779**
北　京	6393	5926	4229	4059	2164	1867
天　津	2354	1894	1919	1464	435	430
石家庄	1122	1048	670	676	452	372
太　原	1497	1302	555	511	942	791
呼和浩特	225	207	125	121	100	86
沈　阳	795	685	564	480	231	205
大　连	2251	2156	1105	1019	1146	1137
长　春	498	428	389	338	109	90
哈尔滨	923	796	582	542	341	254
上　海	12611	11929	9250	8972	3361	2957
南　京	2984	2845	1997	1818	987	1027
杭　州	3963	3537	2142	1913	1821	1624
宁　波	1874	1874	1081	1088	793	786
合　肥	2682	2519	599	523	2083	1996
福　州	617	559	398	353	219	206
厦　门	886	859	568	564	318	295
南　昌	619	572	446	412	173	160
济　南	693	571	539	418	154	153
青　岛	2612	2582	655	664	1957	1918
郑　州	1077	1049	544	524	533	525
武　汉	4129	3605	1974	1802	2155	1803
长　沙	1331	1258	820	768	511	490
广　州	5035	4441	3166	2903	1869	1538
深　圳	2991	2670	1409	1409	1582	1261
南　宁	729	669	439	385	290	284
海　口	239	205	105	92	134	113
重　庆	7557	5162	2443	2363	5114	2799
成　都	3205	2832	2422	2062	783	770
贵　阳	514	519	312	315	202	204
昆　明	2117	2059	1395	1323	722	736
拉　萨	23	18	4		19	18
西　安	441	407	234	229	207	178
兰　州	274	303	152	180	122	123
西　宁	434	317	73	78	361	239
银　川	373	343	191	178	182	165
乌鲁木齐	781	703	605	524	176	179

1-13 连锁零售企业配送中心在36城市分布情况

所在地	配送中心数(个)		自有配送中心数(个)	
	2008年	2007年	2008年	2007年
合　计	**1262**	**1267**	**1039**	**1052**
北　京	95	99	68	76
天　津	19	18	17	17
石 家 庄	19	18	19	18
太　原	48	47	44	43
呼和浩特	12	11	10	9
沈　阳	6	6	6	6
大　连	23	22	14	13
长　春	7	6	7	6
哈 尔 滨	4	4	4	4
上　海	64	68	50	57
南　京	61	61	42	43
杭　州	100	94	95	88
宁　波	28	28	27	27
合　肥	111	109	70	68
福　州	11	10	8	8
厦　门	27	22	23	18
南　昌	24	24	20	20
济　南	9	9	8	7
青　岛	33	32	31	30
郑　州	21	20	16	15
武　汉	51	48	50	48
长　沙	37	37	34	33
广　州	145	143	90	88
深　圳	38	59	30	51
南　宁	15	16	12	13
海　口	5	5	5	5
重　庆	65	63	65	63
成　都	24	23	22	22
贵　阳	5	5	5	5
昆　明	94	101	92	99
拉　萨				
西　安	7	7	6	6
兰　州	4	4	3	3
西　宁	6	6	6	6
银　川	18	17	15	14
乌鲁木齐	26	25	25	23

第二部分

零售企业地区篇

2-1 各地区连锁零售企业基本情况

项目	连锁总店数(个)	门店数(个)		年末从业人员(人)		年末零售营业面积(平方米)	
	2008年	2008年	2007年	2008年	2007年	2008年	2007年
全国	**2457**	**168502**	**151694**	**1970776**	**1746990**	**101978294**	**88921320**
北京	145	6059	5646	131717	116937	4955048	4344618
天津	41	1905	1479	28112	25080	1512314	1211273
河北	84	5205	5111	57134	54992	3803901	3660908
山西	33	1665	1533	25966	22442	646528	450192
内蒙古	17	1689	1661	13271	12761	330287	329237
辽宁	78	4877	4559	41164	37071	2407879	2098749
吉林	31	862	814	12557	10892	742095	508427
黑龙江	31	1003	907	18841	16431	402598	338292
上海	99	16913	16385	249255	236355	7298244	7163655
江苏	189	15208	14173	309167	280934	13043371	9937652
浙江	249	20074	17541	126247	115056	9054500	8274260
安徽	66	7397	7062	69331	62607	3155382	2978615
福建	115	2273	1962	41964	38049	2319746	1646267
江西	74	1922	1766	29332	25718	1762294	2611327
山东	117	8757	8104	107652	86303	10640150	9260991
河南	169	6658	5730	58067	43523	2888713	2230234
湖北	119	6691	5585	92975	76682	4063905	3544963
湖南	96	3657	3327	67840	58024	3502080	3033988
广东	260	23438	21332	254152	228177	17108796	15313717
广西	46	2825	2101	21377	18997	1942688	1659393
海南	8	190	148	818	777	53277	38873
重庆	69	7442	4973	62443	51071	3085149	2705715
四川	101	5738	5107	49500	38392	1611296	1385175
贵州	29	514	485	4668	4571	130118	125808
云南	38	10423	9665	38056	34173	2062115	1222568
西藏	3	10	6	370	6	12620	120
陕西	26	444	426	22192	18066	741411	455391
甘肃	13	466	461	4314	4096	266655	268535
青海	9	566	609	3078	3051	133513	111198
宁夏	17	1262	790	8221	5757	401724	341418
新疆	85	2369	2246	20995	19999	1899897	1669761

2-2 各地区连锁零售企业直营门店基本情况

项　　目	门店数（个）		年末从业人员（人）		年末零售营业面积（平方米）	
	2008年	2007年	2008年	2007年	2008年	2007年
全　　国	**89691**	**83361**	**1670400**	**1446949**	**94356260**	**81355043**
北　　京	4229	4037	121755	109129	4617867	4074051
天　　津	1762	1351	27530	24573	1491976	1191335
河　　北	3421	3455	50157	47910	3656061	3524519
山　　西	820	773	22092	19177	618735	426935
内 蒙 古	1646	1622	13239	12741	328644	327637
辽　　宁	3114	2795	34116	29916	2259924	1952150
吉　　林	700	648	12557	10892	732395	498377
黑 龙 江	822	788	18440	16075	396953	332347
上　　海	11432	11163	212978	196772	6189025	6039823
江　　苏	9909	9124	258946	200815	12019440	8270888
浙　　江	7604	6943	97792	90756	8158739	7488871
安　　徽	2918	2839	54152	48650	2945026	2766367
福　　建	2093	1796	40998	37224	2307182	1631817
江　　西	1845	1692	28573	25210	1728379	2578410
山　　东	5371	5091	92864	71079	9988193	8630379
河　　南	3810	3308	49114	35637	2737568	2088760
湖　　北	3193	2881	79944	66821	3843799	3349288
湖　　南	3223	2950	65589	56213	3452910	2960775
广　　东	8485	7943	193234	179289	15834582	14267047
广　　西	1711	1501	16032	15276	1736671	1552617
海　　南	96	85	682	698	48485	35959
重　　庆	2372	2306	52310	45227	2930607	2600423
四　　川	3469	3016	44436	34374	1501086	1278361
贵　　州	451	414	4548	4445	117130	112900
云　　南	2257	2028	24551	21992	1453399	664507
西　　藏	10	6	370	6	12620	120
陕　　西	357	365	21591	17324	697491	435459
甘　　肃	445	448	4228	3988	265463	267078
青　　海	69	75	2897	2111	110763	87598
宁　　夏	300	226	4823	3705	321901	290025
新　　疆	1757	1692	19862	18924	1853246	1630220

2–3 各地区连锁零售企业加盟门店基本情况

项　目	门店数（个）		年末从业人员（人）		年末零售营业面积（平方米）	
	2008年	2007年	2008年	2007年	2008年	2007年
全　国	**78811**	**68333**	**300376**	**300041**	**7622034**	**7566277**
北　京	1830	1609	9962	7808	337181	270567
天　津	143	128	582	507	20338	19938
河　北	1784	1656	6977	7082	147840	136389
山　西	845	760	3874	3265	27793	23257
内蒙古	43	39	32	20	1643	1600
辽　宁	1763	1764	7048	7155	147955	146599
吉　林	162	166			9700	10050
黑龙江	181	119	401	356	5645	5945
上　海	5481	5222	36277	39583	1109219	1123832
江　苏	5299	5049	50221	80119	1023931	1666764
浙　江	12470	10598	28455	24300	895761	785389
安　徽	4479	4223	15179	13957	210356	212248
福　建	180	166	966	825	12564	14450
江　西	77	74	759	508	33915	32917
山　东	3386	3013	14788	15224	651957	630612
河　南	2848	2422	8953	7886	151145	141474
湖　北	3498	2704	13031	9861	220106	195675
湖　南	434	377	2251	1811	49170	73213
广　东	14953	13389	60918	48888	1274214	1046670
广　西	1114	600	5345	3721	206017	106776
海　南	94	63	136	79	4792	2914
重　庆	5070	2667	10133	5844	154542	105292
四　川	2269	2091	5064	4018	110210	106814
贵　州	63	71	120	126	12988	12908
云　南	8166	7637	13505	12181	608716	558061
西　藏						
陕　西	87	61	601	742	43920	19932
甘　肃	21	13	86	108	1192	1457
青　海	497	534	181	940	22750	23600
宁　夏	962	564	3398	2052	79823	51393
新　疆	612	554	1133	1075	46651	39541

2-4 各地区连锁零售

项　目	商品购进总额		统一配送商品购进额		自有配送中心配送商品购进额	
	2008年	2007年	2008年	2007年	2008年	2007年
全　国	**171930660**	**145833417**	**137820814**	**114626310**	**86548670**	**71800867**
北　京	12064266	10618884	5164372	4335659	2795136	2571246
天　津	3201698	1981029	2616232	1537418	701592	562483
河　北	4653074	3736198	2543638	2061908	1491607	1170518
山　西	1272233	1033948	440701	282416	198743	118317
内蒙古	3055065	2446415	3051317	2443261	2733880	2189925
辽　宁	4138214	3354509	3248892	2665617	1603102	1340549
吉　林	497125	457058	343261	353846	287545	271000
黑龙江	1268848	1027473	1243552	1006383	349953	314672
上　海	15472097	14365016	11997346	11248629	7457403	7633425
江　苏	32102981	27169825	28181237	23430000	18967568	14314666
浙　江	13450164	12381167	12506451	11415216	11152602	10319821
安　徽	6750513	5395794	4966103	3973688	3979365	3046635
福　建	3131107	2122914	2401333	1588006	1295855	831544
江　西	1697324	1502593	1585669	1399264	1046727	921669
山　东	13356443	11114454	9434515	7796661	8702220	7126832
河　南	3222974	2247891	2548702	1974623	1703501	1364722
湖　北	6463381	5282891	5085145	4034058	3597631	2666703
湖　南	4940049	4086920	4766516	3941618	4326147	3440415
广　东	27175049	24789407	24030167	20223362	6067786	5034030
广　西	1894697	1411672	1662273	1257163	1237062	925956
海　南	27643	10079	22890	6744	17127	3181
重　庆	3171889	2576125	3036528	2489320	2605583	2152158
四　川	2340747	1879605	2140978	1737331	1151896	1246784
贵　州	167410	137882	134536	68356	54619	28459
云　南	1318835	1069810	1143015	933689	847066	714635
西　藏	3269	360	2069	360		
陕　西	1076118	894235	352955	230928	266173	199977
甘　肃	648766	517488	474042	403306	130801	129003
青　海	59546	55463	37437	35601	26851	22066
宁　夏	467252	214793	361938	118529	358055	114717
新　疆	2841885	1951522	2297003	1633352	1395077	1024759

企业经营情况

单位：万元

非自有配送中心配送商品购进额		商品销售总额		零售额	
2008年	2007年	2008年	2007年	2008年	2007年
31188443	**28629926**	**204665275**	**169314733**	**143696801**	**116830223**
561431	430765	13600630	11860999	11198628	9838364
1194617	785637	3356404	2624136	3159667	1895162
61830	39807	6371912	5193198	3670638	2709881
15117	13590	1610305	1434091	1129418	1004549
5907	3772	3078849	2461937	2957362	2437898
105168	97804	5417804	4417863	2670452	2104118
997	548	976849	782360	965448	771285
8870	3268	1369903	1101001	1242080	983965
1535236	1515696	23816476	21258975	17349465	15567615
5717665	7402402	33583332	29294211	21630830	18647490
1068266	858405	14603360	11771465	10367644	9010792
54203	38559	7321905	6104965	5083239	4203387
109853	91664	5013570	2736103	4186250	2074030
102459	93173	4026690	2849521	2308654	1597835
497225	509462	14302426	12422168	7680200	6490221
46850	35066	4514666	2899556	3134278	1932932
1002206	876118	7297550	6070948	5874581	4860343
352701	281222	5585738	4503759	5205263	4182541
17359327	14601639	30520055	26327527	22622235	18800805
149328	135824	3946641	2983903	2203953	1676314
3787	1688	25026	12307	23575	11387
267259	244268	3513467	2684827	2369329	1746529
599627	249941	2796330	1687406	1931064	940121
		193910	141640	92201	73868
44383	40026	2216462	1554658	1471987	1000279
		2182	413	2182	413
9326	7667	1242525	1016757	618084	479401
6182	4610	678465	529831	629609	492912
4655	5405	91384	67796	87732	67796
		570753	367339	254810	151404
303968	261904	3019709	2153076	1575943	1076586

2-5 各地区连锁零售企业

项目	商品购进总额		统一配送商品购进额		自有配送中心配送商品购进额	
	2008年	2007年	2008年	2007年	2008年	2007年
全国	**164376908**	**136854328**	**132443895**	**108124555**	**83548017**	**67109586**
北京	11694201	10307554	4976830	4171847	2676039	2472586
天津	3199188	1978826	2614459	1535740	701592	562483
河北	4624858	3715761	2524333	2049949	1472303	1158559
山西	1239209	1012611	407677	261079	198743	118317
内蒙古	3054766	2446110	3051018	2442955	2733581	2189620
辽宁	4042902	3221841	3186615	2568251	1583309	1281849
吉林	497125	457058	343261	353846	287545	271000
黑龙江	1264701	1025494	1239405	1004404	349953	314628
上海	14309092	13095742	10844365	9989662	7352224	6803487
江苏	30038322	23179726	27255885	21077253	18354837	12469150
浙江	12711131	11701514	11836081	10798511	10562728	9800960
安徽	6398407	5121260	4711033	3771707	3779974	2893001
福建	3099320	2098169	2395013	1583404	1292191	829694
江西	1696920	1502303	1585266	1398975	1046323	921380
山东	12679279	10607082	9115627	7534478	8422726	6898066
河南	3120165	2163202	2453209	1899697	1651073	1324023
湖北	6406714	5237640	5031047	3989707	3552995	2632323
湖南	4909448	4052730	4737747	3908546	4297642	3409197
广东	25974779	23670400	22891888	19200420	5518804	4485777
广西	1865074	1382188	1647943	1241816	1226958	921658
海南	22742	7854	17989	4518	16012	2643
重庆	3128975	2541486	2998703	2458928	2575431	2125783
四川	2304752	1849497	2107964	1709767	1130951	1227703
贵州	164064	132066	134440	68284	54619	28459
云南	1024331	841587	905898	751255	614225	534391
西藏	3269	360	2069	360		
陕西	1055776	883410	343782	222288	262599	196920
甘肃	648104	516723	473711	402932	130801	129003
青海	50928	50583	28882	30721	22536	21304
宁夏	336836	129005	312841	84933	309083	81175
新疆	2811532	1924548	2268915	1608324	1370221	1004447

直营门店经营情况

单位：万元

非自有配送中心配送商品购进额		商品销售总额		零售额	
2008年	2007年	2008年	2007年	2008年	2007年
30108066	**27574340**	**194252617**	**157967212**	**134981496**	**107798793**
526362	369304	13303966	11411253	10902502	9573558
1193086	784200	3343491	2611474	3146756	1882500
61830	39807	6312763	5142238	3612423	2659854
13334	11596	1577332	1412772	1127600	1002572
5907	3772	3078765	2461898	2957277	2437859
79650	72383	5316569	4271852	2573722	1987977
997	548	970311	775730	958910	764656
8870	3268	1367320	1099059	1239498	982023
1205973	1149981	20906513	18481658	14487923	12836708
5672853	7374510	31016025	25182183	19586857	15724715
1001902	772582	13718922	11004297	9751946	8473552
30946	22192	6980619	5814663	4916750	4065194
109561	91398	4979140	2711895	4151821	2049821
102459	93173	4026188	2849039	2308152	1597353
493109	506109	13612837	11817859	7081099	5979367
33951	21154	4402018	2793442	3031653	1838783
1002206	876118	7201186	5995927	5778217	4785332
352437	279368	5549124	4455784	5168649	4134567
16843078	14172597	28887187	24925287	21382035	17651258
145431	125066	3905182	2943504	2162493	1635914
		24013	11651	22563	10731
265879	243502	3463057	2645289	2326782	1714623
595233	248478	2750950	1651614	1886859	905210
		193712	141482	92003	73711
44277	38903	1950404	1348487	1206031	794267
		2182	413	2182	413
9326	7667	1222732	1006566	599168	469761
5851	4236	677916	529212	629060	492293
414	1287	84035	63077	80383	63077
		441622	281476	241275	139996
303145	261145	2986536	2126133	1568908	1071151

2-6 各地区连锁零售企业

项　目	商品购进总额		统一配送商品购进额		自有配送中心配送商品购进额	
	2008年	2007年	2008年	2007年	2008年	2007年
全　国	**7553752**	**8979089**	**5376919**	**6501756**	**3000653**	**4691282**
北　京	370065	311330	187543	163813	119096	98660
天　津	2510	2203	1772	1678		
河　北	28216	20437	19304	11959	19304	11959
山　西	33024	21337	33024	21337		
内蒙古	299	305	299	305	299	305
辽　宁	95312	132668	62277	97366	19793	58700
吉　林						
黑龙江	4147	1978	4147	1978		44
上　海	1163004	1269274	1152981	1258967	105179	829938
江　苏	2064659	3990099	925353	2352747	612731	1845516
浙　江	739033	679653	670370	616706	589874	518861
安　徽	352106	274535	255070	201981	199391	153635
福　建	31787	24746	6320	4602	3664	1850
江　西	404	289	404	289	404	289
山　东	677164	507372	318888	262183	279494	228766
河　南						
湖　北	56667	45251	54098	44351	44636	34380
湖　南	30601	34189	28769	33072	28505	31218
广　东	1200270	1119006	1138280	1022942	548982	548254
广　西	29623	29484	14330	15347	10104	4298
海　南	4902	2226	4902	2226	1115	538
重　庆	42914	34639	37825	30392	30153	26375
四　川	35994	30109	33013	27564	20946	19081
贵　州	3346	5817	96	72		
云　南	294503	228223	237117	182435	232841	180245
西　藏						
陕　西	20342	10825	9174	8641	3574	3057
甘　肃	663	765	331	374		
青　海	8619	4880	8556	4880	4314	762
宁　夏	130415	85788	49097	33596	48971	33541
新　疆	30353	26974	28088	25028	24856	20312

加盟门店经营情况

单位：万元

非自有配送中心配送商品购进额		商品销售总额		零售额	
2008年	2007年	2008年	2007年	2008年	2007年
1080377	**1055586**	**10412657**	**11347521**	**8715305**	**9031430**
35069	61461	296664	449746	296126	264807
1531	1437	12913	12662	12911	12662
		59148	50960	58216	50027
1783	1994	32972	21320	1818	1977
		84	39	84	39
25518	25421	101234	146010	96730	116141
		6538	6630	6538	6630
		2582	1942	2582	1942
329263	365716	2909963	2777317	2861542	2730906
44812	27892	2567308	4112027	2043972	2922775
66365	85823	884438	767168	615698	537241
23257	16367	341285	290302	166489	138193
292	266	34430	24209	34430	24209
		502	482	502	482
4117	3354	689589	604309	599101	510853
		96364	75021	96364	75011
264	1854	36614	47975	36614	47975
516249	429043	1632868	1402240	1240201	1149547
3897	10758	41460	40399	41460	40399
3787	1688	1012	656	1012	656
1380	766	50409	39538	42548	31906
4394	1463	45380	35793	44205	34911
		198	158	198	158
106	1123	266058	206171	265956	206012
		19793	10190	18915	9640
331	374	549	619	549	619
4241	4118	7350	4719	7350	4719
		129131	85863	13535	11408
823	759	33173	26942	7035	5436

2-7 按登记注册类型分各地区连锁零售企业基本情况

内资企业

项 目	连锁总店数（个）	门店数（个）		年末从业人员（人）		年末零售营业面积（平方米）	
	2008年	2008年	2007年	2008年	2007年	2008年	2007年
全 国	**2242**	**153789**	**138114**	**1614948**	**1436477**	**88006245**	**77982978**
北 京	120	5310	5040	99226	91809	3692872	3562439
天 津	34	1717	1430	24684	21636	1366975	1060408
河 北	84	5205	5111	57134	54992	3803901	3660908
山 西	32	1657	1525	25887	22352	645412	448992
内蒙古	17	1689	1661	13271	12761	330287	329237
辽 宁	73	4847	4530	35958	32416	2265485	1959280
吉 林	28	837	791	11758	10416	723904	494969
黑龙江	30	998	902	17062	14731	362624	298318
上 海	79	16027	15573	213663	204212	6351759	6294208
江 苏	161	12837	11886	208147	191521	9358164	6875165
浙 江	233	19789	17275	112183	102086	8324931	7796410
安 徽	64	7379	7045	67081	60417	3011896	2838209
福 建	101	1487	1430	29564	26734	1286079	929588
江 西	73	1919	1763	29287	25673	1761794	2610877
山 东	106	8579	7962	97775	77054	10392416	9030625
河 南							
湖 北	111	6578	5475	88797	72635	3953735	3449456
湖 南	90	3527	3199	61226	51300	3256463	2817812
广 东	214	15016	13260	153826	142531	12782426	12000107
广 西	46	2825	2101	21377	18997	1942688	1659393
海 南	8	190	148	818	777	53277	38873
重 庆	64	7252	4815	51360	41468	2618965	2350253
四 川	97	5699	5098	45772	35568	1513895	1311838
贵 州	27	433	417	3789	3545	121284	117624
云 南	33	10256	9441	32885	28650	1883232	1070953
西 藏	3	10	6	370	6	12620	120
陕 西	26	444	426	22192	18066	741411	455391
甘 肃	13	466	461	4314	4096	266655	268535
青 海	9	566	609	3078	3051	133513	111198
宁 夏	17	1262	790	8221	5757	401724	341418
新 疆	84	2366	2243	19985	18881	1877398	1647262

2-7 续表 1

国有企业

项　目	连锁总店数(个)	门店数(个)		年末从业人员(人)		年末零售营业面积(平方米)	
	2008年	2008年	2007年	2008年	2007年	2008年	2007年
全　国	**184**	**20012**	**19382**	**137382**	**133737**	**7275217**	**6682821**
北　京	6	121	131	3358	4084	243448	221038
天　津	5	304	237	1663	1123	20514	14929
河　北	11	1018	1036	8805	8663	1123427	1156050
山　西	3	151	151	1716	1709	62383	58283
内蒙古	1	1476	1453	9151	8863	177120	176850
辽　宁	5	208	208	2986	2862	240952	240952
吉　林	2	117	117	2105	2079	357504	175774
黑龙江	4	29	29	3128	2963	26780	26780
上　海	6	920	854	4239	5643	254430	75617
江　苏	4	202	212	6868	6857	379808	354281
浙　江	5	319	312	6479	6251	242783	232446
安　徽	7	1780	1765	16185	16170	1409346	1404836
福　建	13	315	312	3201	3133	120203	104802
江　西	8	76	68	2568	1182	22810	22350
山　东	9	175	178	858	898	22756	23133
河　南							
湖　北	8	237	232	2550	2633	179686	176344
湖　南	13	616	611	5647	5691	306153	302746
广　东	12	2051	1986	21437	21016	884958	826758
广　西	2	96	81	681	883	48801	44300
海　南							
重　庆	2	43	42	182	177	12850	12750
四　川	2	16	16	482	679		
贵　州	1	7	7	158	160	4915	4915
云　南	1	8000	7586	13165	11923	560000	531020
西　藏	1	6	6	6	6	120	120
陕　西	5	161	175	6583	5899	61343	20007
甘　肃	3	117	127	871	828	64043	63800
青　海							
宁　夏	5	100	90	1761	1706	46999	47049
新　疆	26	785	801	7300	7180	385511	350117

2–7 续表 2

集体企业

项目	连锁总店数(个)	门店数(个)		年末从业人员(人)		年末零售营业面积(平方米)	
	2008年	2008年	2007年	2008年	2007年	2008年	2007年
全国	**35**	**1881**	**1746**	**15721**	**13130**	**585704**	**499232**
北京	6	51	54	1318	1368	54516	62852
天津							
河北							
山西							
内蒙古	1	10	6	300	219	9360	9141
辽宁							
吉林							
黑龙江	1	31	31	46	75	460	460
上海	2	33	30	5626	4752	199626	168185
江苏	3	27	25	620	575	11290	9565
浙江	1	97	17	339	267	12587	11207
安徽							
福建	2	7	7	183	181	4012	4012
江西							
山东	1	36	31	1497	897	52811	60000
河南							
湖北	1	55	38	760	610	26292	21060
湖南	1	16		145		11069	
广东	7	881	880	2834	2464	101020	75174
广西							
海南							
重庆							
四川	1	4	4	14	14		
贵州							
云南	2	21	21	87	90	986	986
西藏							
陕西							
甘肃							
青海	1	3	3	1047	739	61000	40000
宁夏							
新疆	1	286	276	322	296	12275	8190

2-7 续表 3

股份合作企业

项目	连锁总店数(个)	门店数(个)		年末从业人员(人)		年末零售营业面积(平方米)	
	2008年	2008年	2007年	2008年	2007年	2008年	2007年
全国	**23**	**746**	**718**	**8115**	**6879**	**169895**	**139787**
北京	2	18	18	30	29	199	199
天津	1	6	6	88	81	342	342
河北	1	16	13	1534	929	33200	18600
山西	1	33	27	150	150	3027	2970
内蒙古							
辽宁							
吉林							
黑龙江							
上海	1	16	16	181	203	1588	1271
江苏							
浙江	2	11	10	101	160	12168	12180
安徽	1	24	19	2600	2500	50000	48000
福建							
江西							
山东	3	46	51	154	173	5917	4097
河南							
湖北	4	61	53	724	650	17354	13904
湖南							
广东	2	36	30	824	490	21000	19055
广西							
海南							
重庆	1	382	389	1226	1246	11586	12195
四川	1	18	18	74	72	2014	2014
贵州	1	3		18		2000	
云南							
西藏							
陕西							
甘肃							
青海							
宁夏	1	8		232		4540	
新疆							

2-7 续表 4

联营企业

项　目	连锁总店数（个）	门店数（个）		年末从业人员（人）		年末零售营业面积（平方米）	
	2008年	2008年	2007年	2008年	2007年	2008年	2007年
全　国	**5**	**489**	**468**	**2483**	**2855**	**40345**	**35380**
北　京	1	5	5	53	65	880	880
天　津							
河　北							
山　西							
内蒙古							
辽　宁							
吉　林							
黑龙江							
上　海							
江　苏	1	196	173	710	681	6135	5638
浙　江							
安　徽							
福　建	1	2	2	128	128	5831	5831
江　西							
山　东							
河　南							
湖　北							
湖　南	1	83	76	420	396	8946	5268
广　东	1	203	212	1172	1585	18553	17763
广　西							
海　南							
重　庆							
四　川							
贵　州							
云　南							
西　藏							
陕　西							
甘　肃							
青　海							
宁　夏							
新　疆							

2-7 续表 5

有限责任公司

项目	连锁总店数(个)	门店数(个)		年末从业人员(人)		年末零售营业面积(平方米)	
	2008年	2008年	2007年	2008年	2007年	2008年	2007年
全国	**873**	**59591**	**50879**	**587709**	**502289**	**24792421**	**20999287**
北京	50	2488	2549	50481	46189	1967604	1872210
天津	13	607	472	13716	12198	663822	464694
河北	31	435	423	17989	18363	436126	385518
山西	10	266	237	8339	5779	90557	72808
内蒙古	9	85	82	2815	2726	78361	85585
辽宁	21	1307	1244	9785	8749	311664	310209
吉林	9	179	173	2923	2629	169491	148317
黑龙江	9	318	260	4301	3300	111898	86437
上海	44	10123	9646	122626	114731	3509929	3136856
江苏	63	4028	3674	36212	28896	1126911	852735
浙江	96	8907	7768	34949	28039	1535041	1254689
安徽	23	2670	2515	16517	15356	581142	517820
福建	30	354	341	14271	12404	477052	346026
江西	22	520	505	9071	9372	437211	417337
山东	48	2508	2110	40150	32543	5950237	5495193
河南							
湖北	49	2728	2229	23202	18805	848138	635893
湖南	18	392	312	9740	8449	699924	574947
广东	98	7495	6079	62619	55809	2278289	1851692
广西	23	1425	901	9299	7752	300858	190838
海南	5	83	65	593	558	32118	21688
重庆	20	3597	1474	20497	13361	554359	412526
四川	41	3150	2988	22092	16799	582209	499312
贵州	16	327	322	2213	1958	56322	52891
云南	10	733	628	7373	4833	210313	144448
西藏							
陕西	10	185	154	10765	7404	524956	291328
甘肃	4	126	134	1309	1209	20337	32333
青海	3	435	488	1048	1354	33656	36683
宁夏	4	1002	597	3273	2046	83760	58913
新疆	31	661	551	5106	4478	509022	270232

2-7 续表 6

股份有限公司

项 目	连锁总店数（个）	门店数（个）		年末从业人员（人）		年末零售营业面积（平方米）	
	2008年	2008年	2007年	2008年	2007年	2008年	2007年
全 国	**262**	**41214**	**38989**	**573245**	**530127**	**46692814**	**42444033**
北 京	13	1283	1213	32038	31209	1142054	1155464
天 津	3	505	454	4068	3711	504539	455732
河 北	23	3443	3432	23811	23403	2005306	1977673
山 西	4	190	191	5684	5881	238838	109350
内蒙古							
辽 宁	12	965	904	9594	8395	1363909	1105374
吉 林	4	395	383	2627	2386	45714	41964
黑龙江	4	412	378	4159	4089	83635	75271
上 海	8	4651	4735	64527	63734	2147736	2676736
江 苏	7	6159	5646	142849	136024	7209075	5106092
浙 江	11	3197	3127	35495	36422	5437863	5355737
安 徽	8	2522	2412	24103	19920	699551	616068
福 建	12	293	256	2646	2372	386321	208241
江 西	23	1165	1036	12825	11700	1078417	2053580
山 东	15	5114	4946	48451	35720	4052180	3193307
河 南							
湖 北	14	2431	1956	45444	38232	2550855	2277211
湖 南	21	1609	1497	24555	22733	1814943	1567186
广 东	13	2180	2110	36370	34279	8466831	8296254
广 西	12	1112	990	9357	8565	1544995	1382778
海 南							
重 庆	3	564	631	16050	14981	1738989	1650639
四 川	10	533	512	10092	9399	621628	555029
贵 州	1	14	12	80	62	1117	1016
云 南	2	230	226	2754	2370	729573	105115
西 藏	1	2				2500	
陕 西	2	15	16	2811	2671	86610	79610
甘 肃	3	129	130	699	697	123205	122945
青 海	2	92	86	699	677	14826	17637
宁 夏	1	52	46	680	569	150600	130631
新 疆	5	249	273	2722	2855	820085	830998

2–7 续表 7

私营企业

项目	连锁总店数（个）	门店数（个）		年末从业人员（人）		年末零售营业面积（平方米）	
	2008年	2008年	2007年	2008年	2007年	2008年	2007年
全国	**840**	**29481**	**25651**	**286365**	**243906**	**8321090**	**7069596**
北京	42	1344	1070	11948	8865	284171	249796
天津	12	295	261	5149	4523	177758	124711
河北	18	293	207	4995	3634	205842	123067
山西	14	1017	919	9998	8833	250607	205581
内蒙古	6	118	120	1005	953	65446	57661
辽宁	35	2367	2174	13593	12410	348960	302745
吉林	12	138	112	3583	2862	119352	101914
黑龙江	12	208	204	5428	4304	139851	109370
上海	18	284	292	16464	15149	238450	235543
江苏	80	2111	2077	20538	18307	618887	543344
浙江	118	7258	6041	34820	30947	1084489	930151
安徽	23	335	292	7011	5851	243510	231277
福建	41	501	495	8992	8315	289254	256768
江西	19	137	133	4743	3339	223356	117610
山东	29	693	643	6453	6682	307515	254295
河南	54	1403	1364	16514	14763	425273	279902
湖北	35	1066	967	16117	11705	331410	325044
湖南	36	811	703	20719	14031	415428	367665
广东	78	2116	1904	27953	26185	1006054	905511
广西	9	192	129	2040	1797	48034	41477
海南	3	107	83	225	219	21159	17185
重庆	38	2666	2279	13405	11703	301181	262143
四川	42	1978	1560	13018	8605	308044	255483
贵州	6	75	64	1230	1255	56930	58802
云南	18	1272	980	9506	9434	382360	289384
西藏	1	2		364		10000	
陕西	9	83	81	2033	2092	68502	64446
甘肃	3	94	70	1435	1362	59070	49457
青海	3	36	32	284	281	24031	16878
宁夏	6	100	57	2275	1436	115825	104825
新疆	20	381	338	4527	4064	150341	187561

2-7 续表 8

其他企业

项　目	连锁总店数（个）	门店数（个）		年末从业人员（人）		年末零售营业面积（平方米）	
	2008年	2008年	2007年	2008年	2007年	2008年	2007年
全　国	**20**	**375**	**281**	**3928**	**3554**	**128759**	**112842**
北　京							
天　津							
河　北							
山　西							
内蒙古							
辽　宁							
吉　林	1	8	6	520	460	31843	27000
黑龙江							
上　海							
江　苏	3	114	79	350	181	6058	3510
浙　江							
安　徽	2	48	42	665	620	28347	20208
福　建	2	15	17	143	201	3406	3908
江　西	1	21	21	80	80		
山　东	1	7	3	212	141	1000	600
河　南	4	97	38	1243	1050	52220	49552
湖　北							
湖　南							
广　东	3	54	59	617	703	5721	7900
广　西							
海　南							
重　庆							
四　川							
贵　州	2	7	12	90	110		
云　南							
西　藏							
陕　西							
甘　肃							
青　海							
宁　夏							
新　疆	1	4	4	8	8	164	164

2-7 续表 9

港、澳、台商投资企业

项　目	连锁总店数（个）	门店数（个）		年末从业人员（人）		年末零售营业面积（平方米）	
	2008年	2008年	2007年	2008年	2007年	2008年	2007年
全　国	**68**	**2446**	**2059**	**89854**	**75848**	**3437831**	**2894728**
北　京	5	222	165	6096	5087	105393	67037
天　津	2	150	11	92	85	980	850
河　北							
山　西	1	8	8	79	90	1116	1200
内蒙古							
辽　宁	1	12	12	210	184	1125	1200
吉　林	1	9	9	126	126	3918	3918
黑龙江							
上　海	6	96	95	5088	4903	120058	116473
江　苏	8	153	138	16981	12639	425554	313170
浙　江	5	139	127	2615	2529	65093	57510
安　徽							
福　建	1	96	78	460	365	7900	7775
江　西							
山　东	1	7	6	162	131	1500	1176
河　南	2	15	11	3603	1042	119903	76672
湖　北	4	92	91	1113	1087	9482	9419
湖　南	1	25	25	375	380	10015	10015
广　东	22	1047	914	41611	37169	2082630	1854717
广　西							
海　南							
重　庆	3	149	122	9357	7905	429184	318962
四　川	1	29		193		2150	
贵　州	1	40	31	165	163	1250	1250
云　南	3	157	216	1528	1963	50580	53384
西　藏							
陕　西							
甘　肃							
青　海							
宁　夏							
新　疆							

2-7 续表 10

外商投资企业

项 目	连锁总店数(个)	门店数(个)		年末从业人员(人)		年末零售营业面积(平方米)	
	2008年	2008年	2007年	2008年	2007年	2008年	2007年
全 国	**147**	**12267**	**11521**	**265974**	**234665**	**10534218**	**8043614**
北 京	20	527	441	26395	20041	1156783	715142
天 津	5	38	38	3336	3359	144359	150015
河 北							
山 西							
内蒙古							
辽 宁	4	18	17	4996	4471	141269	138269
吉 林	2	16	14	673	350	14273	9540
黑龙江	1	5	5	1779	1700	39974	39974
上 海	14	790	717	30504	27240	826427	752974
江 苏	20	2218	2149	84039	76774	3259653	2749317
浙 江	11	146	139	11449	10441	664476	420340
安 徽	2	18	17	2250	2190	143486	140406
福 建	13	690	454	11940	10950	1025767	708904
江 西	1	3	3	45	45	500	450
山 东	10	171	136	9715	9118	246234	229190
河 南	2	21	18	206	142	350	450
湖 北	4	21	19	3065	2960	100688	86088
湖 南	5	105	103	6239	6344	235602	206161
广 东	24	7375	7158	58715	48477	2243740	1458893
广 西							
海 南							
重 庆	2	41	36	1726	1698	37000	36500
四 川	3	10	9	3535	2824	95251	73337
贵 州	1	41	37	714	863	7584	6934
云 南	2	10	8	3643	3560	128303	98231
西 藏							
陕 西							
甘 肃							
青 海							
宁 夏							
新 疆	1	3	3	1010	1118	22499	22499

2-8 按登记注册类型分各地区连锁零售企业直营门店基本情况

内资企业

项目	门店数（个）		年末从业人员（人）		年末零售营业面积（平方米）	
	2008年	2007年	2008年	2007年	2008年	2007年
全国	**83547**	**78113**	**1378858**	**1193414**	**81863827**	**71661636**
北京	3497	3438	89993	84069	3417027	3292578
天津	1574	1302	24102	21129	1346637	1040470
河北	3421	3455	50157	47910	3656061	3524519
山西	812	765	22013	19087	617619	425735
内蒙古	1646	1622	13239	12741	328644	327637
辽宁	3084	2766	28910	25261	2117530	1812681
吉林	675	625	11758	10416	714204	484919
黑龙江	817	783	16661	14375	356979	292373
上海	10863	10618	179034	166117	5261991	5187426
江苏	8680	8048	186491	141306	8947554	5818381
浙江	7384	6743	84757	78827	7457623	7042124
安徽	2900	2822	51902	46460	2801540	2625961
福建	1344	1300	28766	26064	1275410	919538
江西	1842	1689	28528	25165	1727879	2577960
山东	5197	4953	84438	63432	9780459	8440013
河南	3774	3279	45305	34453	2617315	2011638
湖北	3090	2781	75816	62824	3734129	3254281
湖南	3093	2822	58975	49489	3207293	2744599
广东	7009	6576	123425	116183	12221022	11492783
广西	1711	1501	16032	15276	1736671	1552617
海南	96	85	682	698	48485	35959
重庆	2213	2174	41356	35754	2466273	2246811
四川	3430	3007	40708	31550	1403685	1205024
贵州	370	346	3669	3419	108296	104716
云南	2090	1804	19380	16469	1274516	512892
西藏	10	6	370	6	12620	120
陕西	357	365	21591	17324	697491	435459
甘肃	445	448	4228	3988	265463	267078
青海	69	75	2897	2111	110763	87598
宁夏	300	226	4823	3705	321901	290025
新疆	1754	1689	18852	17806	1830747	1607721

2-8 续表 1

国有企业

项　目	门店数(个)		年末从业人员(人)		年末零售营业面积(平方米)	
	2008年	2007年	2008年	2007年	2008年	2007年
全　国	**10386**	**10262**	**116154**	**113680**	**6497539**	**5943828**
北　京	121	131	3358	4084	243448	221038
天　津	294	227	1663	1123	20194	14609
河　北	954	997	8553	8433	1120287	1154461
山　西	151	151	1716	1709	62383	58283
内蒙古	1476	1453	9151	8863	177120	176850
辽　宁	208	208	2986	2862	240952	240952
吉　林	117	117	2105	2079	357504	175774
黑龙江	29	29	3128	2963	26780	26780
上　海	624	643	4216	5620	254168	75355
江　苏	190	200	6807	6796	378008	352481
浙　江	315	306	6471	6239	242521	232146
安　徽	1780	1765	16185	16170	1409346	1404836
福　建	221	209	2844	2824	118708	103257
江　西	76	68	2568	1182	22810	22350
山　东	164	167	839	884	22006	22648
河　南	553	544	3236	2448	15108	14074
湖　北	237	232	2550	2633	179686	176344
湖　南	614	608	5627	5661	305953	302446
广　东	892	843	13878	13443	668797	620236
广　西	96	81	681	883	48801	44300
海　南						
重　庆	35	34	138	133	10467	10535
四　川	16	16	482	679		
贵　州	7	7	158	160	4915	4915
云　南	110	98	375	281	12000	10800
西　藏	6	6	6	6	120	120
陕　西	161	175	6583	5899	61343	20007
甘　肃	117	127	871	828	64043	63800
青　海						
宁　夏	100	90	1761	1706	46999	47049
新　疆	722	730	7218	7089	383072	347382

2-8 续表 2

集体企业

项目	门店数(个)		年末从业人员(人)		年末零售营业面积(平方米)	
	2008年	2007年	2008年	2007年	2008年	2007年
全国	**496**	**443**	**13877**	**11452**	**536236**	**457364**
北京	46	49	1306	1358	54216	62552
天津						
河北						
山西						
内蒙古	10	6	300	219	9360	9141
辽宁						
吉林						
黑龙江	31	31	46	75	460	460
上海	33	30	5626	4752	199626	168185
江苏	27	25	620	575	11290	9565
浙江	16	17	183	267	8207	11207
安徽						
福建	7	7	183	181	4012	4012
江西						
山东	36	31	1497	897	52811	60000
河南	49	49	413	413	10900	10900
湖北	55	38	760	610	26292	21060
湖南	16		145		11069	
广东	105	100	1596	1199	84220	58254
广西						
海南						
重庆						
四川	1	1	8	8		
贵州						
云南	20	20	86	87	948	948
西藏						
陕西						
甘肃						
青海	3	3	1047	739	61000	40000
宁夏						
新疆	41	36	61	72	1825	1080

2-8 续表 3

股份合作企业

项目	门店数（个）		年末从业人员（人）		年末零售营业面积（平方米）	
	2008年	2007年	2008年	2007年	2008年	2007年
全国	**285**	**252**	**5934**	**4680**	**142604**	**113316**
北京	14	14	26	25	166	166
天津	6	6	88	81	342	342
河北	16	13	1534	929	33200	18600
山西	33	27	150	150	3027	2970
内蒙古						
辽宁						
吉林						
黑龙江						
上海	16	16	181	203	1588	1271
江苏						
浙江	11	10	101	160	12168	12180
安徽	14	10	1820	1750	40000	38400
福建						
江西						
山东	33	31	115	112	4292	3042
河南						
湖北	61	53	724	650	17354	13904
湖南						
广东	36	30	824	490	21000	19055
广西						
海南						
重庆	16	24	47	58	913	1372
四川	18	18	74	72	2014	2014
贵州	3		18		2000	
云南						
西藏						
陕西						
甘肃						
青海						
宁夏	8		232		4540	
新疆						

2-8 续表 4

联营企业

项目	门店数(个)		年末从业人员(人)		年末零售营业面积(平方米)	
	2008年	2007年	2008年	2007年	2008年	2007年
全国	**407**	**315**	**2088**	**1925**	**31711**	**25286**
北京	5	5	53	65	880	880
天津						
河北						
山西						
内蒙古						
辽宁						
吉林						
黑龙江						
上海						
江苏	196	173	710	681	6135	5638
浙江						
安徽						
福建	2	2	128	128	5831	5831
江西						
山东						
河南						
湖北						
湖南	1	1	25	49	312	362
广东	203	134	1172	1002	18553	12575
广西						
海南						
重庆						
四川						
贵州						
云南						
西藏						
陕西						
甘肃						
青海						
宁夏						
新疆						

2-8 续表 5

有限责任公司

项目	门店数（个）		年末从业人员（人）		年末零售营业面积（平方米）	
	2008年	2007年	2008年	2007年	2008年	2007年
全国	**30217**	**28362**	**496077**	**428784**	**22522573**	**19042972**
北京	1593	1628	45789	41745	1816684	1703144
天津	585	452	13646	12130	661704	462776
河北	434	422	17709	18084	426126	375518
山西	266	237	8339	5779	90557	72808
内蒙古	85	82	2815	2726	78361	85585
辽宁	1028	946	8380	7290	283201	276984
吉林	179	173	2923	2629	169491	148317
黑龙江	158	162	3955	2999	108018	82257
上海	8364	8089	114604	106944	3362341	3029377
江苏	3156	2952	32130	25375	976768	707647
浙江	2304	1954	21980	16479	1039177	808119
安徽	535	510	9277	8469	429716	360495
福建	345	333	14043	12287	472663	342386
江西	443	431	8312	8864	403296	384420
山东	1423	1354	36530	29471	5684076	5233705
河南	896	765	20447	13271	552458	426709
湖北	784	680	14883	12274	777862	579524
湖南	391	309	9720	8389	699424	545747
广东	2304	2200	44286	42426	2022136	1660049
广西	361	341	4765	4788	127802	116624
海南	43	39	457	479	29530	20678
重庆	1069	989	15647	12181	501035	390972
四川	1910	1821	19020	14583	519924	437595
贵州	267	254	2135	1886	53492	50141
云南	514	533	6832	4567	197324	136581
西藏						
陕西	120	115	10346	6824	482556	272876
甘肃	117	121	1223	1101	19145	30876
青海	20	18	867	414	17056	17883
宁夏	64	55	473	420	27480	26393
新疆	459	397	4544	3910	493170	256786

2-8 续表 6

股份有限公司

项　目	门店数（个）		年末从业人员（人）		年末零售营业面积（平方米）	
	2008年	2007年	2008年	2007年	2008年	2007年
全　国	**26513**	**25227**	**502756**	**428188**	**44800929**	**39913644**
北　京	982	972	29828	29158	1094902	1115189
天　津	499	448	4025	3668	490739	441932
河　北	1734	1823	17366	16830	1871106	1852873
山　西	190	191	5684	5881	238838	109350
内蒙古						
辽　宁	964	891	9589	8330	1363609	1101474
吉　林	233	217	2627	2386	36014	31914
黑龙江	412	378	4159	4089	83635	75271
上　海	1542	1548	38305	33753	1208778	1681025
江　苏	3551	3171	128731	92929	7020527	4285512
浙　江	2488	2487	33964	35231	5388451	5313020
安　徽	235	242	17303	13920	664751	581268
福　建	291	254	2636	2362	386321	208241
江　西	1165	1036	12825	11700	1078417	2053580
山　东	2983	2862	39742	26418	3728079	2887123
河　南	1653	1355	7899	6973	1630469	1296395
湖　北	1182	1114	43010	36462	2471729	2223998
湖　南	1474	1404	23964	22332	1812893	1565916
广　东	2178	2104	36120	33885	8444748	8258991
广　西	1069	954	8629	7887	1513104	1350976
海　南						
重　庆	564	631	16050	14981	1738989	1650639
四　川	423	420	9855	9112	612464	545805
贵　州	14	12	80	62	1117	1016
云　南	230	226	2754	2370	729573	105115
西　藏	2				2500	
陕　西	15	16	2811	2671	86610	79610
甘　肃	129	130	699	697	123205	122945
青　海	10	22	699	677	8676	12837
宁　夏	52	46	680	569	150600	130631
新　疆	249	273	2722	2855	820085	830998

2-8 续表 7

私营企业

项 目	门店数(个)		年末从业人员(人)		年末零售营业面积(平方米)	
	2008年	2007年	2008年	2007年	2008年	2007年
全 国	**15023**	**13032**	**238660**	**201513**	**7224221**	**6065654**
北 京	736	639	9633	7634	206731	189609
天 津	190	169	4680	4127	173658	120811
河 北	283	200	4995	3634	205342	123067
山 西	172	159	6124	5568	222814	182324
内蒙古	75	81	973	933	63803	56061
辽 宁	884	721	7955	6779	229768	193271
吉 林	138	112	3583	2862	119352	101914
黑龙江	187	183	5373	4249	138086	107605
上 海	284	292	16102	14845	235490	232213
江 苏	1476	1448	17175	14769	549725	454028
浙 江	2250	1969	22058	20451	767099	665452
安 徽	332	291	6981	5821	243160	230624
福 建	463	478	8789	8081	284469	251903
江 西	137	133	4743	3339	223356	117610
山 东	551	505	5503	5509	288195	232895
河 南	607	551	12322	10370	362168	217408
湖 北	771	664	13889	10195	261206	239451
湖 南	597	500	19494	13058	377642	330128
广 东	1237	1106	24932	23035	955847	855723
广 西	185	125	1957	1718	46964	40717
海 南	53	46	225	219	18955	15281
重 庆	529	496	9474	8401	214869	193293
四 川	1062	731	11269	7096	269283	219610
贵 州	72	61	1188	1201	46772	48644
云 南	1216	927	9333	9164	334671	259448
西 藏	2		364		10000	
陕 西	61	59	1851	1930	66982	62966
甘 肃	82	70	1435	1362	59070	49457
青 海	36	32	284	281	24031	16878
宁 夏	76	35	1677	1010	92282	85952
新 疆	279	249	4299	3872	132431	171311

2-8 续表 8

其他企业

项　目	门店数（个）		年末从业人员（人）		年末零售营业面积（平方米）	
	2008年	2007年	2008年	2007年	2008年	2007年
全　国	**220**	**220**	**3312**	**3192**	**108014**	**99572**
北　京						
天　津						
河　北						
山　西						
内蒙古						
辽　宁						
吉　林	8	6	520	460	31843	27000
黑龙江						
上　海						
江　苏	84	79	318	181	5101	3510
浙　江						
安　徽	4	4	336	330	14567	10338
福　建	15	17	143	201	3406	3908
江　西	21	21	80	80		
山　东	7	3	212	141	1000	600
河　南	16	15	988	978	46212	46152
湖　北						
湖　南						
广　东	54	59	617	703	5721	7900
广　西						
海　南						
重　庆						
四　川						
贵　州	7	12	90	110		
云　南						
西　藏						
陕　西						
甘　肃						
青　海						
宁　夏						
新　疆	4	4	8	8	164	164

2-8 续表 9

港、澳、台商投资企业

项 目	门店数(个)		年末从业人员(人)		年末零售营业面积(平方米)	
	2008年	2007年	2008年	2007年	2008年	2007年
全 国	**2265**	**1905**	**86592**	**72920**	**3300533**	**2763965**
北 京	222	165	6096	5087	105393	67037
天 津	150	11	92	85	980	850
河 北						
山 西	8	8	79	90	1116	1200
内蒙古						
辽 宁	12	12	210	184	1125	1200
吉 林	9	9	126	126	3918	3918
黑龙江						
上 海	96	95	5088	4903	120058	116473
江 苏	152	138	16516	12639	417409	313170
浙 江	130	118	2528	2442	60243	52660
安 徽						
福 建	62	43	310	215	6200	3440
江 西						
山 东	7	6	162	131	1500	1176
河 南	15	11	3603	1042	119903	76672
湖 北	82	81	1063	1037	8982	8919
湖 南	25	25	375	380	10015	10015
广 东	951	840	39230	34658	1962377	1735489
广 西						
海 南						
重 庆	118	96	9228	7775	427334	317112
四 川	29		193		2150	
贵 州	40	31	165	163	1250	1250
云 南	157	216	1528	1963	50580	53384
西 藏						
陕 西						
甘 肃						
青 海						
宁 夏						
新 疆						

2-8 续表 10

外商投资企业

项目	门店数(个)		年末从业人员(人)		年末零售营业面积(平方米)	
	2008年	2007年	2008年	2007年	2008年	2007年
全国	**3879**	**3343**	**204950**	**180615**	**9191900**	**6929442**
北京	510	434	25666	19973	1095447	714436
天津	38	38	3336	3359	144359	150015
河北						
山西						
内蒙古						
辽宁	18	17	4996	4471	141269	138269
吉林	16	14	673	350	14273	9540
黑龙江	5	5	1779	1700	39974	39974
上海	473	450	28856	25752	806976	735924
江苏	1077	938	55939	46870	2654477	2139337
浙江	90	82	10507	9487	640873	394087
安徽	18	17	2250	2190	143486	140406
福建	687	453	11922	10945	1025572	708839
江西	3	3	45	45	500	450
山东	167	132	8264	7516	206234	189190
河南	21	18	206	142	350	450
湖北	21	19	3065	2960	100688	86088
湖南	105	103	6239	6344	235602	206161
广东	525	527	30579	28448	1651183	1038775
广西						
海南						
重庆	41	36	1726	1698	37000	36500
四川	10	9	3535	2824	95251	73337
贵州	41	37	714	863	7584	6934
云南	10	8	3643	3560	128303	98231
西藏						
陕西						
甘肃						
青海						
宁夏						
新疆	3	3	1010	1118	22499	22499

2-9 按登记注册类型分各地区连锁零售企业加盟门店基本情况

内资企业

项 目	门店数(个)		年末从业人员(人)		年末零售营业面积(平方米)	
	2008年	2007年	2008年	2007年	2008年	2007年
全 国	**70242**	**60001**	**236090**	**243063**	**6142418**	**6321342**
北 京	1813	1602	9233	7740	275845	269861
天 津	143	128	582	507	20338	19938
河 北	1784	1656	6977	7082	147840	136389
山 西	845	760	3874	3265	27793	23257
内蒙古	43	39	32	20	1643	1600
辽 宁	1763	1764	7048	7155	147955	146599
吉 林	162	166			9700	10050
黑龙江	181	119	401	356	5645	5945
上 海	5164	4955	34629	38095	1089768	1106782
江 苏	4157	3838	21656	50215	410610	1056784
浙 江	12405	10532	27426	23259	867308	754286
安 徽	4479	4223	15179	13957	210356	212248
福 建	143	130	798	670	10669	10050
江 西	77	74	759	508	33915	32917
山 东	3382	3009	13337	13622	611957	590612
河 南	2848	2422	8953	7886	151145	141474
湖 北	3488	2694	12981	9811	219606	195175
湖 南	434	377	2251	1811	49170	73213
广 东	8007	6684	30401	26348	561404	507324
广 西	1114	600	5345	3721	206017	106776
海 南	94	63	136	79	4792	2914
重 庆	5039	2641	10004	5714	152692	103442
四 川	2269	2091	5064	4018	110210	106814
贵 州	63	71	120	126	12988	12908
云 南	8166	7637	13505	12181	608716	558061
西 藏						
陕 西	87	61	601	742	43920	19932
甘 肃	21	13	86	108	1192	1457
青 海	497	534	181	940	22750	23600
宁 夏	962	564	3398	2052	79823	51393
新 疆	612	554	1133	1075	46651	39541

2-9 续表 1

国有企业

项 目	门店数（个）		年末从业人员（人）		年末零售营业面积（平方米）	
	2008年	2007年	2008年	2007年	2008年	2007年
全 国	**9626**	**9120**	**21228**	**20057**	**777678**	**738993**
北 京						
天 津	10	10			320	320
河 北	64	39	252	230	3140	1589
山 西						
内蒙古						
辽 宁						
吉 林						
黑龙江						
上 海	296	211	23	23	262	262
江 苏	12	12	61	61	1800	1800
浙 江	4	6	8	12	262	300
安 徽						
福 建	94	103	357	309	1495	1545
江 西						
山 东	11	11	19	14	750	485
河 南	13	15	13	28	466	700
湖 北						
湖 南	2	3	20	30	200	300
广 东	1159	1143	7559	7573	216161	206522
广 西						
海 南						
重 庆	8	8	44	44	2383	2215
四 川						
贵 州						
云 南	7890	7488	12790	11642	548000	520220
西 藏						
陕 西						
甘 肃						
青 海						
宁 夏						
新 疆	63	71	82	91	2439	2735

2-9　续表 2

集体企业

项　目	门店数（个）		年末从业人员（人）		年末零售营业面积（平方米）	
	2008年	2007年	2008年	2007年	2008年	2007年
全　国	**1385**	**1303**	**1844**	**1678**	**49468**	**41868**
北　京	5	5	12	10	300	300
天　津						
河　北						
山　西						
内蒙古						
辽　宁						
吉　林						
黑龙江						
上　海						
江　苏						
浙　江	81		156		4380	
安　徽						
福　建						
江　西						
山　东						
河　南	274	274	170	170	17500	17500
湖　北						
湖　南						
广　东	776	780	1238	1265	16800	16920
广　西						
海　南						
重　庆						
四　川	3	3	6	6		
贵　州						
云　南	1	1	1	3	38	38
西　藏						
陕　西						
甘　肃						
青　海						
宁　夏						
新　疆	245	240	261	224	10450	7110

2-9 续表 3

股份合作企业

项目	门店数（个）		年末从业人员（人）		年末零售营业面积（平方米）	
	2008年	2007年	2008年	2007年	2008年	2007年
全国	**461**	**466**	**2181**	**2199**	**27291**	**26471**
北京	4	4	4	4	33	33
天津						
河北						
山西						
内蒙古						
辽宁						
吉林						
黑龙江						
上海						
江苏						
浙江						
安徽	10	9	780	750	10000	9600
福建						
江西						
山东	13	20	39	61	1625	1055
河南	68	68	179	196	4960	4960
湖北						
湖南						
广东						
广西						
海南						
重庆	366	365	1179	1188	10673	10823
四川						
贵州						
云南						
西藏						
陕西						
甘肃						
青海						
宁夏						
新疆						

2-9 续表 4

联营企业

项　目	门店数（个）		年末从业人员（人）		年末零售营业面积（平方米）	
	2008年	2007年	2008年	2007年	2008年	2007年
全　国	**82**	**153**	**395**	**930**	**8634**	**10094**
北　京						
天　津						
河　北						
山　西						
内蒙古						
辽　宁						
吉　林						
黑龙江						
上　海						
江　苏						
浙　江						
安　徽						
福　建						
江　西						
山　东						
河　南						
湖　北						
湖　南	82	75	395	347	8634	4906
广　东		78		583		5188
广　西						
海　南						
重　庆						
四　川						
贵　州						
云　南						
西　藏						
陕　西						
甘　肃						
青　海						
宁　夏						
新　疆						

2-9 续表 5

有限责任公司

项目	门店数（个）		年末从业人员（人）		年末零售营业面积（平方米）	
	2008年	2007年	2008年	2007年	2008年	2007年
全国	**29374**	**22517**	**91632**	**73505**	**2269848**	**1956315**
北京	895	921	4692	4444	150920	169066
天津	22	20	70	68	2118	1918
河北	1	1	280	279	10000	10000
山西						
内蒙古						
辽宁	279	298	1405	1459	28463	33225
吉林						
黑龙江	160	98	346	301	3880	4180
上海	1759	1557	8022	7787	147588	107479
江苏	872	722	4082	3521	150143	145088
浙江	6603	5814	12969	11560	495864	446570
安徽	2135	2005	7240	6887	151426	157325
福建	9	8	228	117	4389	3640
江西	77	74	759	508	33915	32917
山东	1085	756	3620	3072	266161	261488
河南	1561	1193	3988	2929	58656	52420
湖北	1944	1549	8319	6531	70276	56369
湖南	1	3	20	60	500	29200
广东	5191	3879	18333	13383	256153	191643
广西	1064	560	4534	2964	173056	74214
海南	40	26	136	79	2588	1010
重庆	2528	485	4850	1180	53324	21554
四川	1240	1167	3072	2216	62285	61717
贵州	60	68	78	72	2830	2750
云南	219	95	541	266	12989	7867
西藏						
陕西	65	39	419	580	42400	18452
甘肃	9	13	86	108	1192	1457
青海	415	470	181	940	16600	18800
宁夏	938	542	2800	1626	56280	32520
新疆	202	154	562	568	15852	13446

2-9 续表 6

股份有限公司

项　目	门店数(个)		年末从业人员(人)		年末零售营业面积(平方米)	
	2008年	2007年	2008年	2007年	2008年	2007年
全　国	**14701**	**13762**	**70489**	**101939**	**1891885**	**2530389**
北　京	301	241	2210	2051	47152	40275
天　津	6	6	43	43	13800	13800
河　北	1709	1609	6445	6573	134200	124800
山　西						
内蒙古						
辽　宁	1	13	5	65	300	3900
吉　林	162	166			9700	10050
黑龙江						
上　海	3109	3187	26222	29981	938958	995711
江　苏	2608	2475	14118	43095	188548	820580
浙　江	709	640	1531	1191	49412	42717
安　徽	2287	2170	6800	6000	34800	34800
福　建	2	2	10	10		
江　西						
山　东	2131	2084	8709	9302	324101	306184
河　南	55	36	156	98	450	
湖　北	1249	842	2434	1770	79126	53213
湖　南	135	93	591	401	2050	1270
广　东	2	6	250	394	22083	37263
广　西	43	36	728	678	31891	31802
海　南						
重　庆						
四　川	110	92	237	287	9164	9224
贵　州						
云　南						
西　藏						
陕　西						
甘　肃						
青　海	82	64			6150	4800
宁　夏						
新　疆						

2-9 续表 7

私营企业

项　目	门店数（个）		年末从业人员（人）		年末零售营业面积（平方米）	
	2008年	2007年	2008年	2007年	2008年	2007年
全　国	**14458**	**12619**	**47705**	**42393**	**1096869**	**1003942**
北　京	608	431	2315	1231	77440	60187
天　津	105	92	469	396	4100	3900
河　北	10	7			500	
山　西	845	760	3874	3265	27793	23257
内蒙古	43	39	32	20	1643	1600
辽　宁	1483	1453	5638	5631	119192	109474
吉　林						
黑龙江	21	21	55	55	1765	1765
上　海			362	304	2960	3330
江　苏	635	629	3363	3538	69162	89316
浙　江	5008	4072	12762	10496	317390	264699
安　徽	3	1	30	30	350	653
福　建	38	17	203	234	4785	4865
江　西						
山　东	142	138	950	1173	19320	21400
河　南	796	813	4192	4393	63105	62494
湖　北	295	303	2228	1510	70204	85593
湖　南	214	203	1225	973	37786	37537
广　东	879	798	3021	3150	50207	49788
广　西	7	4	83	79	1070	760
海　南	54	37			2204	1904
重　庆	2137	1783	3931	3302	86312	68850
四　川	916	829	1749	1509	38761	35873
贵　州	3	3	42	54	10158	10158
云　南	56	53	173	270	47689	29936
西　藏						
陕　西	22	22	182	162	1520	1480
甘　肃	12					
青　海						
宁　夏	24	22	598	426	23543	18873
新　疆	102	89	228	192	17910	16250

2-9 续表 8

其他企业

项目	门店数(个)		年末从业人员(人)		年末零售营业面积(平方米)	
	2008年	2007年	2008年	2007年	2008年	2007年
全国	**155**	**61**	**616**	**362**	**20745**	**13270**
北京						
天津						
河北						
山西						
内蒙古						
辽宁						
吉林						
黑龙江						
上海						
江苏	30		32		957	
浙江						
安徽	44	38	329	290	13780	9870
福建						
江西						
山东						
河南	81	23	255	72	6008	3400
湖北						
湖南						
广东						
广西						
海南						
重庆						
四川						
贵州						
云南						
西藏						
陕西						
甘肃						
青海						
宁夏						
新疆						

2-9 续表 9

港、澳、台商投资企业

项　目	门店数(个)		年末从业人员(人)		年末零售营业面积(平方米)	
	2008年	2007年	2008年	2007年	2008年	2007年
全　国	**181**	**154**	**3262**	**2928**	**137298**	**130763**
北　京						
天　津						
河　北						
山　西						
内蒙古						
辽　宁						
吉　林						
黑龙江						
上　海						
江　苏	1		465		8145	
浙　江	9	9	87	87	4850	4850
安　徽						
福　建	34	35	150	150	1700	4335
江　西						
山　东						
河　南						
湖　北	10	10	50	50	500	500
湖　南						
广　东	96	74	2381	2511	120253	119228
广　西						
海　南						
重　庆	31	26	129	130	1850	1850
四　川						
贵　州						
云　南						
西　藏						
陕　西						
甘　肃						
青　海						
宁　夏						
新　疆						

2-9 续表 10

外商投资企业

项 目	门店数(个)		年末从业人员(人)		年末零售营业面积(平方米)	
	2008年	2007年	2008年	2007年	2008年	2007年
全 国	**8388**	**8178**	**61024**	**54050**	**1342318**	**1114172**
北 京	17	7	729	68	61336	706
天 津						
河 北						
山 西						
内蒙古						
辽 宁						
吉 林						
黑龙江						
上 海	317	267	1648	1488	19451	17050
江 苏	1141	1211	28100	29904	605176	609980
浙 江	56	57	942	954	23603	26253
安 徽						
福 建	3	1	18	5	195	65
江 西						
山 东	4	4	1451	1602	40000	40000
河 南						
湖 北						
湖 南						
广 东	6850	6631	28136	20029	592557	420118
广 西						
海 南						
重 庆						
四 川						
贵 州						
云 南						
西 藏						
陕 西						
甘 肃						
青 海						
宁 夏						
新 疆						

2–10 按登记注册类型分各地区连锁零售企业经营情况

内资企业

项目	商品购进总额		统一配送商品购进额	
	2008年	2007年	2008年	2007年
全国	**147340042**	**125537813**	**118546980**	**99179308**
北京	9440900	8503904	3675000	3215333
天津	2866772	1680538	2524244	1435066
河北	4653074	3736198	2543638	2061908
山西	1267893	1030095	440701	282416
内蒙古	3055065	2446415	3051317	2443261
辽宁	3833718	3098966	2955168	2420631
吉林	481764	453467	340684	351110
黑龙江	1183319	942408	1158023	921318
上海	13434817	12519402	11245026	10626238
江苏	24765430	21107730	22462714	18883175
浙江	12316449	11415094	11416292	10487734
安徽	6553365	5231323	4896607	3910469
福建	1752635	1490925	1212171	1096248
江西	1689078	1492246	1577423	1388918
山东	12169248	10011277	8625769	6960090
河南	2988748	2023125	2314476	1749857
湖北	6208852	5087019	4830616	3838187
湖南	4729833	3897763	4656202	3841392
广东	21660330	20167768	18671645	15857144
广西	1894697	1411672	1662273	1257163
海南	27643	10079	22890	6744
重庆	2220592	1691624	2085231	1604819
四川	1995021	1616217	1808154	1484963
贵州	117189	107564	84315	38038
云南	977080	769677	801260	633556
西藏	3269	360	2069	360
陕西	1076118	894235	352955	230928
甘肃	648766	517488	474042	403306
青海	59546	55463	37437	35601
宁夏	467252	214793	361938	118529
新疆	2801582	1912980	2256701	1594810

2–10 续表 1

内资企业

项　目	自有配送中心配送商品购进额		非自有配送中心配送商品购进额	
	2008年	2007年	2008年	2007年
全　国	**75411395**	**62785173**	**26317600**	**24353806**
北　京	1947669	1804149	378740	304694
天　津	701592	562483	1194617	785637
河　北	1491607	1170518	61830	39807
山　西	198743	118317	15117	13590
内蒙古	2733880	2189925	5907	3772
辽　宁	1603102	1340549	105168	97804
吉　林	287545	271000	997	548
黑龙江	349953	314672	8870	3268
上　海	7358277	7552375	1430579	1423030
江　苏	14669139	10899047	5190274	6890900
浙　江	10772322	9995859	376835	277131
安　徽	3979365	3046635	54203	38559
福　建	460791	380953	107788	90123
江　西	1046727	921669	94212	82827
山　东	8231824	6673988	158876	125736
河　南	1480084	1149903	46850	35066
湖　北	3570679	2641634	808178	738445
湖　南	4215997	3340337	352701	281222
广　东	3253171	2805294	14996661	12547094
广　西	1237062	925956	149328	135824
海　南	17127	3181	3787	1688
重　庆	1918512	1512120	7371	3859
四　川	1035896	1130784	400197	113574
贵　州	18803	12542		
云　南	694876	569306	44383	40026
西　藏				
陕　西	266173	199977	9326	7667
甘　肃	130801	129003	6182	4610
青　海	26851	22066	4655	5405
宁　夏	358055	114717		
新　疆	1354774	986216	303968	261904

单位：万元

商品销售总额		零售额	
2008年	2007年	2008年	2007年
172425975	**143149397**	**118697060**	**96519018**
10919389	9667384	8663202	7768783
2958975	2307599	2762421	1578736
6371912	5193198	3670638	2709881
1604533	1428935	1129418	1004549
3078849	2461937	2957362	2437898
5046354	4082342	2299002	1768598
960947	768895	949546	757821
1245449	1003758	1117626	886722
18362815	16749381	15013432	13385387
25585400	22367563	14917479	12759276
13095177	10538789	8867114	7784812
7115306	5944604	4876640	4043025
2570915	1888928	1930249	1322784
4019923	2838844	2303984	1591358
13094634	11229058	7078548	5958374
4162703	2668324	2782315	1701700
7026932	5829643	5603964	4619038
5314340	4246621	4933865	3925404
23565725	20358625	17352304	14235570
3946641	2983903	2203953	1676314
25026	12307	23575	11387
2471221	1821264	1350197	917104
2342818	1373440	1613157	751154
153629	105977	62020	48999
1828685	1185124	1114030	648090
2182	413	2182	413
1242525	1016757	618084	479401
678465	529831	629609	492912
91384	67796	87732	67796
570753	367339	254810	151404
2972369	2110818	1528603	1034329

2–10 续表 2

国有企业

项　目	商品购进总额		统一配送商品购进额		自有配送中心配送商品购进额	
	2008年	2007年	2008年	2007年	2008年	2007年
全　国	**21907441**	**18205924**	**19984753**	**16845052**	**11315781**	**8882400**
北　京	233910	177665	225752	153768	8874	9310
天　津	539877	44195	499965	1716	3376	922
河　北	1003330	822312	372854	250974	317310	189974
山　西	43756	42190	43756	42190		
内蒙古	2943382	2354705	2943382	2354705	2649042	2119235
辽　宁	341132	339052	184266	177107		
吉　林						
黑龙江	577718	475023	577718	475023	29390	36361
上　海	197281	218275	197195	201328	96145	102274
江　苏	1138030	903849	1138030	903849	1135594	901819
浙　江	766068	658132	766068	658132	763473	655297
安　徽	2717827	2034417	2710644	2028228	2709201	2027318
福　建	110912	86443	86104	66939	41636	26679
江　西	102745	89051	97375	79059	24674	19534
山　东	25175	29879	25175	29879	25175	29879
河　南	349643	13850	9727	9388	8515	8084
湖　北	866062	786341	865073	785503	373403	331662
湖　南	1225775	965161	1225775	965161	1225775	965161
广　东	5871309	6028001	5844662	6004039	148090	140451
广　西	221901	112171	221901	112171	221901	112171
海　南						
重　庆	6831	6337	6831	6337	6831	6337
四　川	309478	213210	309478	213210	309478	213210
贵　州	3528	3727	3528	3727		
云　南	360377	294770	288302	235816	288302	235816
西　藏	370	360	370	360		
陕　西	353833	330221	241773	179169	238551	177364
甘　肃	225236	156452	59827	50655		
青　海						
宁　夏	28213	23318	27298	22403	23540	18645
新　疆	1343744	996815	1011927	834217	667506	554898

单位：万元

非自有配送中心配送商品购进额		商品销售总额		零售额	
2008年	2007年	2008年	2007年	2008年	2007年
6571332	**6618897**	**25112578**	**20247000**	**18566720**	**14674962**
29433	1568	263101	203872	263043	203460
		590025	538133	493537	443806
		1699905	1440205	1037606	763185
		294924	234690	182161	171893
		2943382	2354705	2832870	2340705
		397895	399875	158536	81500
		366009	242835	366009	242835
		592485	500395	556339	461727
71555	67410	201995	197258	201923	197176
		951911	878366	442922	414824
		698850	623472	341232	295255
1444	909	2879292	2290462	2874863	2286581
5118	4656	670836	342533	648089	342533
		287214	116016	38079	35427
		29630	30989	20665	20828
		584585	258699	271435	89903
491670	453842	936389	851872	562908	466619
		1314180	1028559	1197251	933735
5677214	5846958	6189057	5236589	4430457	3775117
		390348	213310	301605	152416
		6858	6444	6858	6444
		364076	295804		
		3418	3356	3418	3356
		324339	265293	324339	265293
		389	413	389	413
		488998	410831	3116	3408
		222111	152301	188870	128925
		57393	27835	49656	19737
294898	243554	1362984	1101892	768544	527862

2-10 续表 3

集体企业

项目	商品购进总额		统一配送商品购进额		自有配送中心配送商品购进额	
	2008年	2007年	2008年	2007年	2008年	2007年
全国	**770898**	**686620**	**614201**	**557396**	**592993**	**538029**
北京	62848	56777	7787	16163	7544	15806
天津						
河北						
山西						
内蒙古	3748	3154				
辽宁						
吉林						
黑龙江	427	448	427	448	427	448
上海	415089	391488	415089	391488	413789	390220
江苏	23056	20365	23056	20365	22852	20166
浙江	26020	22503	24495	22503	24495	22503
安徽						
福建	3437	1160	3437	1160	1812	1160
江西						
山东	64124	37417	64124	37417	64124	37417
河南	27371	26935	27371	26935	11588	11152
湖北						
湖南	3501					
广东	85794	77734	15521	13098	15521	13098
广西						
海南						
重庆						
四川	5762	4859	5762	4859	5762	4859
贵州						
云南	2751	3037	2208	2079	153	320
西藏						
陕西						
甘肃						
青海	23036	20650	991	787	991	787
宁夏						
新疆	23935	20094	23935	20094	23935	20094

单位：万元

非自有配送中心配送商品购进额		商品销售总额		零售额	
2008年	2007年	2008年	2007年	2008年	2007年
2004	**519**	**830854**	**757620**	**767151**	**688615**
		66841	60364	66841	60364
		3949	3269	3949	3269
		645	685	645	685
		445142	419384	444171	418520
199	199	30467	26906	28736	23655
		26575	24360	7280	6068
1625		3801	1744	3801	1744
		57136	41425	57136	41425
		31190	31132	22516	17806
		1824	1357	1824	1357
		2942		1989	
		99184	89699	95769	85967
		5837	4969		
180	319	2726	3053	2726	3053
		29768	24703	29768	24703
		22828	24571		

2-10 续表 4

股份合作企业

项　目	商品购进总额		统一配送商品购进额		自有配送中心配送商品购进额	
	2008年	2007年	2008年	2007年	2008年	2007年
全　国	**282676**	**196849**	**260456**	**177355**	**128966**	**101671**
北　京	925	909				
天　津	1976	1705				
河　北	75613	53763	75613	53763	75613	53763
山　西	3539	3284	3539	3284		
内蒙古						
辽　宁						
吉　林						
黑龙江						
上　海	1880	1891				
江　苏						
浙　江	15234	12862	15234	12862	782	658
安　徽	71746	49927	57397	39942		
福　建						
江　西						
山　东	4244	5506	1360	1746	1151	1514
河　南	582	466	521	466	460	443
湖　北	36632	30223	36544	29033	11070	9033
湖　南						
广　东	24685	22233	24685	22233	24685	22233
广　西						
海　南						
重　庆	15263	14080	15206	14027	15206	14027
四　川						
贵　州	30356		30356			
云　南						
西　藏						
陕　西						
甘　肃						
青　海						
宁　夏						
新　疆						

单位：万元

非自有配送中心配送商品购进额		商品销售总额		零售额	
2008年	2007年	2008年	2007年	2008年	2007年
25745	**20255**	**300360**	**202631**	**213204**	**157541**
		973	949	159	153
		2511	2351	1166	1040
		77878	47184	77878	47184
		3419	3259		
		2245	1965	2245	1965
		14939	13439	14939	13439
		65026	52630	65026	52630
210	232	5007	6358	3092	3860
61	23	734	610	727	610
25475	20000	39219	33467	11527	9552
		28099	24095	28099	24095
		14324	13311		
		3281	3012	3281	3012
		37640			
		5065		5065	

2-10 续表 5

联营企业

项　目	商品购进总额		统一配送商品购进额		自有配送中心配送商品购进额	
	2008年	2007年	2008年	2007年	2008年	2007年
全　国	**128966**	**125695**	**128966**	**125695**	**128032**	**123312**
北　京	529	365	529	365		
天　津						
河　北						
山　西						
内蒙古						
辽　宁						
吉　林						
黑龙江						
上　海						
江　苏	19426	17920	19426	17920	19426	17920
浙　江						
安　徽						
福　建	85017	79433	85017	79433	85017	79433
江　西						
山　东						
河　南						
湖　北						
湖　南	1037	3282	1037	3282	632	1264
广　东	22957	24696	22957	24696	22957	24696
广　西						
海　南						
重　庆						
四　川						
贵　州						
云　南						
西　藏						
陕　西						
甘　肃						
青　海						
宁　夏						
新　疆						

单位：万元

非自有配送中心配送商品购进额		商品销售总额		零售额	
2008年	2007年	2008年	2007年	2008年	2007年
405	**2018**	**144366**	**132343**	**59477**	**49959**
		623	458	623	458
		22612	19245	13867	11502
		89818	83706	13674	9065
405	2018	2284	4296	2284	4296
		29029	24637	29029	24637

2-10 续表 6

有限责任公司

项　目	商品购进总额		统一配送商品购进额		自有配送中心配送商品购进额	
	2008年	2007年	2008年	2007年	2008年	2007年
全　国	**28496503**	**24176974**	**20930037**	**17660242**	**12434260**	**10869925**
北　京	3727976	3659372	2149013	2082737	1235083	1115143
天　津	838552	622784	549105	428277	491003	406303
河　北	477327	411304	299600	256908	231411	211757
山　西	73351	62564	42229	32869	7552	4376
内蒙古	77640	66549	77640	66549	63954	54981
辽　宁	307328	250867	250681	222214	20129	10719
吉　林	156025	171442	98711	116039	54486	45467
黑龙江	222454	161995	204030	146178	68278	70026
上　海	4549431	4190665	2469910	2422885	1186268	1370914
江　苏	2241936	1943636	2125790	1831042	906595	703053
浙　江	1896098	1613479	1723347	1472891	1516913	1296491
安　徽	1084752	982189	977536	900486	249843	209717
福　建	898990	809954	442432	466035	132200	111205
江　西	752930	638745	694485	581586	369725	342272
山　东	2171126	1869893	1547004	1347340	1226997	1133402
河　南	950864	657536	675623	441770	319903	283990
湖　北	1293226	1022811	1193690	952576	888834	700626
湖　南	640885	531745	613748	510018	430157	380654
广　东	2989898	2504452	2451680	1991026	1793621	1501634
广　西	204472	183597	169701	150376	132009	105382
海　南	17993	5398	15242	3259	13265	1383
重　庆	528798	403607	427913	342063	291891	275218
四　川	792344	417083	705908	335725	158586	153429
贵　州	41177	27374	40103	24498	12292	7736
云　南	235358	155768	187255	134066	141872	93972
西　藏						
陕　西	528530	391481	89162	32563	13617	11216
甘　肃	6856	11746	5775	11336	4452	10046
青　海	7864	10520	7801	10520	3690	3138
宁　夏	177136	126543	99895	76400	99895	76400
新　疆	605185	271876	595028	270011	369737	179276

单位：万元

非自有配送中心配送商品购进额		商品销售总额		零售额	
2008年	2007年	2008年	2007年	2008年	2007年
3757573	**2864044**	**33957829**	**28421946**	**27928089**	**22981650**
119505	102067	4233799	3973600	3627306	3367153
1005	1079	847954	723925	804847	708291
55260	32312	500961	452508	441962	390894
9169	9692	127945	104377	96183	75156
2719	1625	97203	80647	86301	70678
67733	59493	325631	319550	311294	305456
		171625	149771	168272	146421
		247795	181368	225506	162830
916169	698626	7727790	6767622	6379194	5615465
1012698	925203	2407291	2035455	2093519	1543810
98503	91713	2068598	1749930	1327107	1080730
52759	37649	1273568	1181757	868540	798642
35690	30457	999617	869977	535398	426021
76590	3213	740951	600535	372532	272032
129989	87774	2361894	1976466	2081697	1711328
8694	14256	893404	646120	753704	597151
173617	156012	1386760	1068197	1195021	895976
152840	111614	570034	493789	569879	493773
366298	321454	3513874	2727251	3081391	2385701
19285	15239	256822	260585	232987	230062
		18332	8856	18332	8856
5608	3593	596178	434772	583252	423918
393382	106284	813765	512930	744378	445346
		40896	28111	37342	24567
44203	39706	258060	171752	252263	149796
9078	7478	559014	427374	551444	410953
1323	1290	6144	13531	5604	12282
		17450	10418	13798	10418
		212304	154152	60627	41731
5459	6216	682174	296623	408413	176215

2–10 续表 7

股份有限公司

项　目	商品购进总额		统一配送商品购进额		自有配送中心配送商品购进额	
	2008年	2007年	2008年	2007年	2008年	2007年
全　国	**84514530**	**73014023**	**67039791**	**56012545**	**45457040**	**37871206**
北　京	4824292	4213683	799565	618626	576964	454404
天　津	1194798	782446	1187129	778025		
河　北	2841281	2303206	1664989	1434986	827375	683195
山　西	759660	639417	190542	113296	190542	113296
内蒙古						
辽　宁	2792849	2149896	2199973	1731790	1378095	1139101
吉　林	169283	168698	164647	164646	163832	163832
黑龙江	160508	143049	160508	143049	155637	138905
上　海	6729950	6325803	6720878	6316467	5636584	5657933
江　苏	20064675	17178422	18004782	15169697	11607563	8470183
浙　江	8440556	8122779	7791419	7453224	7538219	7291326
安　徽	2480467	1995532	981694	781431	965531	765884
福　建	310944	219172	291985	202218	118866	87234
江　西	681901	667977	650013	637940	628865	555117
山　东	9550495	7798107	6733411	5354490	6733411	5354490
河　南	1298066	1056012	1268053	1027931	962235	709493
湖　北	3752927	3032385	2487184	1867461	2125608	1460437
湖　南	2323998	1966531	2323998	1966531	2089270	1613743
广　东	11202399	10375081	9033816	6758284	549486	588292
广　西	1386205	1026897	1198428	912683	810910	626470
海　南						
重　庆	1506129	1113929	1487019	1101897	1487019	1101897
四　川	709320	847928	689795	847123	508818	713516
贵　州	437	48	437	48	437	48
云　南						
西　藏	1200					
陕　西	128267	110042	3217	2760	3217	2760
甘　肃	389183	325683	389123	325625	111892	106586
青　海	26160	23073	26160	23073	21505	17668
宁　夏	182767		182767		182767	
新　疆	605813	428229	408259	279246	82394	55398

单位：万元

非自有配送中心配送商品购进额		商品销售总额		零售额	
2008年	2007年	2008年	2007年	2008年	2007年
15151491	**14312147**	**99796492**	**83375157**	**60853864**	**49340695**
221992	163779	5722502	4965657	4248791	3705898
1187129	778025	1199245	787609	1194372	206019
2268	3477	3836636	3107033	1874774	1370024
		747104	731043	569847	524951
		3911608	3002097	1440003	1042644
		256960	256268	251673	251243
		189190	168791	119801	108960
442855	656995	8336016	7781415	6420139	5647516
4059711	5867870	20715987	18207391	11036855	9722878
253200	161898	8965035	7009659	5986003	5378018
		2722150	2200165	894055	715015
32363	29143	448160	302805	399846	281646
17623	79613	2772892	1985720	1740954	1198609
		10270771	8845514	4632550	3900226
150	89	2225570	1398954	1346933	695596
116918	108406	4375943	3644710	3560101	3024891
198515	167026	2855774	2253023	2638875	2052191
8483508	6169191	12110162	11057586	8785924	7156182
130044	120585	3219294	2438039	1623930	1252144
		1654659	1193566	566867	314619
561	646	857286	424506	585148	187100
		629	102	629	102
		944827	533666	309405	87363
		700		700	
		127740	110148	3484	3204
		420197	338623	405122	326329
4655	5405	41250	30592	41250	30592
		190941	118020	51226	31663
		677265	482456	124608	125075

2-10 续表 8

私营企业

项 目	商品购进总额		统一配送商品购进额		自有配送中心配送商品购进额	
	2008年	2007年	2008年	2007年	2008年	2007年
全 国	**11063299**	**8971845**	**9421770**	**7648520**	**5227208**	**4287328**
北 京	590419	395134	492353	343675	119204	209485
天 津	291569	229407	288045	227049	207213	155258
河 北	255523	145613	130582	65277	39899	31829
山 西	387587	282640	160635	90778	648	646
内蒙古	30296	22007	30296	22007	20883	15710
辽 宁	392409	359152	320250	289519	204878	190729
吉 林	102387	63449	23257	20547	15158	11823
黑龙江	222212	161893	215340	156619	96221	68932
上 海	1541186	1391280	1441955	1294070	25491	31033
江 苏	1268669	1037476	1141993	934240	973882	784908
浙 江	1172473	985339	1095729	868123	928441	729583
安 徽	161998	132335	140058	129648	54790	43717
福 建	343336	294763	303197	280463	81259	75242
江 西	150825	95874	135551	90333	23461	4747
山 东	345300	266424	245912	185167	172183	113235
河 南	330492	244465	301555	219507	147606	113599
湖 北	260005	215260	248124	203613	171764	139877
湖 南	534637	431044	491643	396399	470164	379515
广 东	1431306	1100662	1246341	1008859	667553	481658
广 西	82119	89008	72242	81933	72242	81933
海 南	9651	4681	7649	3485	3862	1798
重 庆	163572	153671	148262	140496	117566	114643
四 川	178117	133137	97210	84046	53253	45771
贵 州	39462	72846	8262	6756	6074	4758
云 南	378593	316102	323497	261595	264549	239199
西 藏	1699		1699			
陕 西	65488	62491	18804	16437	10789	8637
甘 肃	27490	23608	19316	15691	14457	12371
青 海	2486	1220	2486	1220	666	473
宁 夏	79135	64931	51978	19726	51853	19671
新 疆	222859	195935	217551	191242	211201	176550

单位：万元

非自有配送中心配送商品购进额		商品销售总额		零售额	
2008年	2007年	2008年	2007年	2008年	2007年
806797	**534170**	**12095635**	**9843188**	**10126514**	**8463242**
7809	37280	631550	462484	456438	431296
6483	6532	319240	255581	268500	219580
4303	4018	256531	146269	238419	138594
5948	3898	431142	355566	281227	232550
3188	2147	34316	23316	34242	23246
37436	38311	411221	360821	389170	338997
997	548	123918	79022	121157	76322
8870	3268	215335	152519	215335	152519
		1649627	1581738	1565761	1504746
116940	97066	1446464	1194819	1290912	1037226
25132	23520	1321180	1117929	1190554	1011303
		138904	184803	137790	155370
32992	25867	356312	287264	327069	260875
		217922	136012	151474	84730
28677	37729	361829	323785	275040	276186
36622	19979	384462	300573	344243	268398
500	185	286797	230041	272582	220643
941	565	569126	466954	523586	441409
469436	209015	1555005	1152507	863541	740936
		80177	71969	45431	41691
3787	1688	6694	3452	5243	2532
1764	267	199201	173171	193220	172124
6254	6644	298573	132220	280350	115696
		68450	70574	20632	20974
		298733	211361	225297	142586
		1093		1093	
249	189	66773	68404	60040	61836
4860	3320	30014	25376	30014	25376
		2916	2083	2916	2083
		105051	67332	88236	58274
3611	12134	227080	205245	227001	205146

2-10 续表 9

其他企业

项目	商品购进总额		统一配送商品购进额		自有配送中心配送商品购进额	
	2008年	2007年	2008年	2007年	2008年	2007年
全国	**175731**	**159884**	**167007**	**152504**	**127116**	**111301**
北京						
天津						
河北						
山西						
内蒙古						
辽宁						
吉林	54069	49878	54069	49878	54069	49878
黑龙江						
上海						
江苏	9639	6063	9639	6063	3228	999
浙江						
安徽	36576	36922	29278	30735		
福建						
江西	677	600				
山东	8784	4050	8784	4050	8784	4050
河南	31729	23861	31626	23861	29778	23142
湖北						
湖南						
广东	31982	34909	31982	34909	31258	33232
广西						
海南						
重庆						
四川						
贵州	2230	3569	1630	3009		
云南						
西藏						
陕西						
甘肃						
青海						
宁夏						
新疆	46	32				

单位：万元

非自有配送中心配送商品购进额		商品销售总额		零售额	
2008年	2007年	2008年	2007年	2008年	2007年
2253	**1757**	**187861**	**169513**	**182041**	**162354**
		42435	41000	42435	41000
725	562	10669	5382	10669	5382
		36366	34787	36366	34787
		2371	899	2371	899
		945	562	945	562
		8368	4522	8368	4522
1322	719	42757	32236	42757	32236
206	476	41316	46260	38093	42935
		2598	3834		
		38	31	38	31

2-10 续表 10

港、澳、台商投资企业

项目	商品购进总额		统一配送商品购进额		自有配送中心配送商品购进额	
	2008年	2007年	2008年	2007年	2008年	2007年
全国	**5970161**	**4758858**	**5417812**	**4355591**	**3450192**	**2659077**
北京	317797	245288	179059	135706	12421	11043
天津	2617	2098	2617	2098		
河北						
山西	4341	3853				
内蒙古						
辽宁	10772	10557				
吉林	923					
黑龙江						
上海	150721	128842	111294	104281		
江苏	1240560	601439	1039566	601439	858382	475504
浙江	165624	150057	133608	120786	78937	70132
安徽						
福建						
江西						
山东	14323	10341	14323	10341	14323	10341
河南	231298	223331	231298	223331	220489	213384
湖北	30094	27418	30094	27418	26952	25069
湖南	14190	13674	14190	13674	14190	13674
广东	2749984	2406009	2624846	2180567	1561033	1231480
广西						
海南						
重庆	872592	806170	872592	806170	612704	565762
四川	17394		17394			
贵州	14405	14401	14405	14401		
云南	132526	115380	132526	115380	50761	42687
西藏						
陕西						
甘肃						
青海						
宁夏						
新疆						

单位：万元

非自有配送中心配送商品购进额		商品销售总额		零售额	
2008年	2007年	2008年	2007年	2008年	2007年
1450215	**1288346**	**7272269**	**6081307**	**5692308**	**4721628**
62675	51348	382602	291476	291532	220491
		49264	2802	49081	2691
		5772	5156		
		13088	12279	13088	12279
		1638		1638	
51220	47851	363378	344941	354061	331834
35222	17611	1334037	1082167	801645	634106
54671	50654	199044	177351	191797	171617
		10394	6131	10394	6131
		18146	12892	18146	12892
		350196	229379	350196	229379
3142	2349	35231	31893	35231	31893
		22902	21043	22902	21043
983397	878125	3339405	2925857	2479062	2171609
259887	240409	961560	784520	938448	750381
		24932		14327	
		16651	16646	6551	5853
		144029	136773	114210	119429

2-10 续表 11

外商投资企业

项目	商品购进总额		统一配送商品购进额		自有配送中心配送商品购进额	
	2008年	2007年	2008年	2007年	2008年	2007年
全国	**18620458**	**15536746**	**13856022**	**11091411**	**7687083**	**6356618**
北京	2305568	1869692	1310314	984620	835046	756055
天津	332310	298394	89370	100255		
河北						
山西						
内蒙古						
辽宁	293724	244986	293724	244986		
吉林	14438	3591	2577	2736		
黑龙江	85529	85065	85529	85065		
上海	1886559	1716772	641026	518111	99126	81050
江苏	6096992	5460655	4678957	3945386	3440047	2940115
浙江	968091	816016	956551	806697	301343	253830
安徽	197148	164472	69496	63219		
福建	1378472	631990	1189162	491758	835064	450592
江西	8246	10346	8246	10346		
山东	1172872	1092836	794422	826230	456073	442503
河南	2928	1435	2928	1435	2928	1435
湖北	224435	168454	224435	168454		
湖南	196026	175482	96124	86552	95960	86404
广东	2764735	2215629	2733677	2185652	1253582	997257
广西						
海南						
重庆	78706	78330	78706	78330	74367	74276
四川	328332	263389	315430	252368	116000	116000
贵州	35816	15917	35816	15917	35816	15917
云南	209229	184754	209229	184754	101429	102642
西藏						
陕西						
甘肃						
青海						
宁夏						
新疆	40302	38542	40302	38542	40302	38542

单位：万元

非自有配送中心配送商品购进额		商品销售总额		零售额	
2008年	2007年	2008年	2007年	2008年	2007年
3420628	**2987774**	**24967031**	**20084030**	**19307433**	**15589577**
120016	74723	2298639	1902139	2243894	1849091
		348165	313735	348165	313735
		358362	323241	358362	323241
		14264	13464	14264	13464
		124454	97243	124454	97243
53436	44815	5090282	4164653	1981972	1850393
492169	493890	6663895	5844481	5911706	5254109
636760	530621	1309140	1055325	1308734	1054363
		206599	160361	206599	160361
2065	1541	2432260	841044	2245607	745115
8246	10346	6767	10677	4670	6477
338349	383727	1189646	1180218	583506	518954
		1768	1853	1768	1853
190886	135324	235387	209412	235387	209412
		248496	236094	248496	236094
1379270	1176420	3614926	3043045	2790870	2393626
		80685	79044	80685	79044
199430	136368	428580	313967	303580	188967
		23630	19017	23630	19017
		243747	232761	243747	232761
		47340	42257	47340	42257

2-11 按登记注册类型分各地区

内资企业

项 目	商品购进总额		统一配送商品购进额		自有配送中心配送商品购进额	
	2008年	2007年	2008年	2007年	2008年	2007年
全 国	**141844158**	**118614035**	**114010537**	**93528728**	**72932988**	**58634838**
北 京	9099032	8193306	3515655	3052251	1828573	1705489
天 津	2864261	1678335	2522472	1433388	701592	562483
河 北	4624858	3715761	2524333	2049949	1472303	1158559
山 西	1234869	1008758	407677	261079	198743	118317
内蒙古	3054766	2446110	3051018	2442955	2733581	2189620
辽 宁	3738406	2966298	2892891	2323265	1583309	1281849
吉 林	481764	453467	340684	351110	287545	271000
黑龙江	1179172	940430	1153876	919340	349953	314628
上 海	12308685	11280080	10128918	9397223	7265431	6730159
江 苏	23939901	18387694	21701471	16647739	14172063	9149963
浙 江	11616725	10841817	10783500	9972278	10201937	9524685
安 徽	6201259	4956788	4641537	3708488	3779974	2893001
福 建	1721010	1466289	1206013	1091756	457127	379102
江 西	1688674	1491957	1577020	1388629	1046323	921380
山 东	11623838	9541909	8306881	6697907	7952330	6445222
河 南	2885939	1938437	2218983	1674931	1427657	1109204
湖 北	6152364	5041928	4776697	3793995	3526223	2607414
湖 南	4699232	3863574	4627433	3808320	4187493	3309119
广 东	21041666	19658579	18106087	15435763	3078123	2645885
广 西	1865074	1382188	1647943	1241816	1226958	921658
海 南	22742	7854	17989	4518	16012	2643
重 庆	2178334	1657085	2048061	1574528	1889016	1485845
四 川	1959027	1586108	1775140	1457400	1014951	1111703
贵 州	113843	101747	84219	37966	18803	12542
云 南	682577	541454	564144	451121	462034	389062
西 藏	3269	360	2069	360		
陕 西	1055776	883410	343782	222288	262599	196920
甘 肃	648104	516723	473711	402932	130801	129003
青 海	50928	50583	28882	30721	22536	21304
宁 夏	336836	129005	312841	84933	309083	81175
新 疆	2771229	1886006	2228612	1569782	1329918	965904

连锁零售企业直营门店经营情况

单位：万元

非自有配送中心配送商品购进额		商品销售总额		零售额	
2008年	2007年	2008年	2007年	2008年	2007年
25505704	**23608367**	**164570059**	**134204372**	**112348412**	**89760253**
344803	243883	10655555	9218687	8399368	7504882
1193086	784200	2946062	2294937	2749510	1566074
61830	39807	6312763	5142238	3612423	2659854
13334	11596	1571561	1407615	1127600	1002572
5907	3772	3078765	2461898	2957277	2437859
79650	72383	4945120	3936332	2202272	1652457
997	548	954409	762266	943008	751191
8870	3268	1242866	1001816	1115044	884780
1125856	1079544	15518573	14026945	12217612	10709362
5171232	6883889	24405727	19601336	14244266	11168551
328560	244871	12285417	9862772	8326094	7338213
30946	22192	6774021	5654302	4710151	3904832
107658	89967	2538411	1864830	1897744	1298686
94212	82827	4019421	2838362	2303483	1590876
154759	122382	12511045	10731749	6585447	5554521
33951	21154	4050054	2562209	2679690	1607551
808178	738445	6930768	5754802	5507800	4544207
352437	279368	5277726	4198646	4897251	3877429
14679199	12330767	22819879	19758245	16826456	13772919
145431	125066	3905182	2943504	2162493	1635914
		24013	11651	22563	10731
5991	3093	2421541	1782191	1308378	885198
395803	112111	2297438	1337647	1568952	716243
		153431	105819	61822	48841
44277	38903	1562627	978954	848073	442077
		2182	413	2182	413
9326	7667	1222732	1006566	599168	469761
5851	4236	677916	529212	629060	492293
414	1287	84035	63077	80383	63077
		441622	281476	241275	139996
303145	261145	2939196	2083876	1521568	1028894

2-11 续表 1

国有企业

项　目	商品购进总额		统一配送商品购进额		自有配送中心配送商品购进额	
	2008年	2007年	2008年	2007年	2008年	2007年
全　国	**21301171**	**17735658**	**19484883**	**16463051**	**11051521**	**8671629**
北　京	233910	177665	225752	153768	8874	9310
天　津	539636	43954	499724	1475	3376	922
河　北	989459	815715	358982	244377	303438	183377
山　西	43756	42190	43756	42190		
内蒙古	2943382	2354705	2943382	2354705	2649042	2119235
辽　宁	341132	339052	184266	177107		
吉　林						
黑龙江	577718	475023	577718	475023	29390	36361
上　海	196839	217777	196753	200830	96145	102274
江　苏	1137944	903828	1137944	903828	1135508	901798
浙　江	766015	657042	766015	657042	763419	654207
安　徽	2717827	2034417	2710644	2028228	2709201	2027318
福　建	86162	67054	86104	66939	41636	26679
江　西	102745	89051	97375	79059	24674	19534
山　东	25175	29879	25175	29879	25175	29879
河　南						
	349220	13406	9687	9346	8474	8043
湖　北	866062	786341	865073	785503	373403	331662
湖　南	1215319	953599	1215319	953599	1215319	953599
广　东	5603662	5822897	5600083	5821952	137599	127900
广　西	221901	112171	221901	112171	221901	112171
海　南						
重　庆	6669	6176	6669	6176	6669	6176
四　川	309478	213210	309478	213210	309478	213210
贵　州	3528	3727	3528	3727		
云　南	74001	71334	59201	57067	59201	57067
西　藏	370	360	370	360		
陕　西	353833	330221	241773	179169	238551	177364
甘　肃	225236	156452	59827	50655		
青　海						
宁　夏	28213	23318	27298	22403	23540	18645
新　疆	1341980	995092	1011089	833263	667506	554898

单位：万元

非自有配送中心配送商品购进额		商品销售总额		零售额	
2008年	2007年	2008年	2007年	2008年	2007年
6337244	**6449361**	**24533495**	**19765256**	**18026557**	**14209819**
29433	1568	263101	203872	263043	203460
		589739	537846	493251	443520
		1686245	1433286	1023945	756266
		294924	234690	182161	171893
		2943382	2354705	2832870	2340705
		397895	399875	158536	81500
		366009	242835	366009	242835
		592485	500395	556339	461727
71555	67410	201459	196654	201386	196573
		951824	878345	442835	414803
		698800	623363	341183	295145
1444	909	2879292	2290462	2874863	2286581
5118	4656	644221	321567	621474	321567
		287214	116016	38079	35427
		29583	30937	20618	20776
		584121	258297	270971	89502
491670	453842	936389	851872	562908	466619
		1302620	1015776	1185691	920952
5443126	5677422	5922677	4999678	4202997	3554806
		390348	213310	301605	152416
		6697	6283	6697	6283
		364076	295804		
		3418	3356	3418	3356
		66601	64201	66601	64201
		389	413	389	413
		488998	410831	3116	3408
		222111	152301	188870	128925
		57393	27835	49656	19737
294898	243554	1361485	1100454	767045	526424

2-11 续表 2

集体企业

项　目	商品购进总额		统一配送商品购进额		自有配送中心配送商品购进额	
	2008年	2007年	2008年	2007年	2008年	2007年
全　国	**742274**	**660220**	**590501**	**535956**	**569336**	**516649**
北　京	62803	56717	7743	16103	7544	15806
天　津						
河　北						
山　西						
内蒙古	3748	3154				
辽　宁						
吉　林						
黑龙江	427	448	427	448	427	448
上　海	415089	391488	415089	391488	413789	390220
江　苏	23056	20365	23056	20365	22852	20166
浙　江	22208	22503	22208	22503	22208	22503
安　徽						
福　建	3437	1160	3437	1160	1812	1160
江　西						
山　东	64124	37417	64124	37417	64124	37417
河　南						
	24855	24585	24855	24585	9072	8802
湖　北						
湖　南	3501					
广　东	79721	69642	12735	9778	12735	9778
广　西						
海　南						
重　庆						
四　川	5693	4794	5693	4794	5693	4794
贵　州						
云　南	2626	2815	2194	2046	140	286
西　藏						
陕　西						
甘　肃						
青　海	23036	20650	991	787	991	787
宁　夏						
新　疆	7951	4482	7951	4482	7951	4482

单位：万元

非自有配送中心配送商品购进额		商品销售总额		零售额	
2008年	2007年	2008年	2007年	2008年	2007年
2004	**519**	**798486**	**726106**	**750825**	**672787**
		66791	60299	66791	60299
		3949	3269	3949	3269
		645	685	645	685
		445142	419384	444171	418520
199	199	30467	26906	28736	23655
		23270	24360	3975	6068
1625		3801	1744	3801	1744
		57136	41425	57136	41425
		26510	26452	17836	13126
		1824	1357	1824	1357
		2942		1989	
		91019	78840	87604	75108
		5762	4895		
180	319	2602	2829	2602	2829
		29768	24703	29768	24703
		6860	8959		

2-11 续表 3

股份合作企业

项目	商品购进总额		统一配送商品购进额		自有配送中心配送商品购进额	
	2008年	2007年	2008年	2007年	2008年	2007年
全国	**260765**	**179847**	**253287**	**170730**	**121859**	**95069**
北京	918	904				
天津	1976	1705				
河北	75613	53763	75613	53763	75613	53763
山西	3539	3284	3539	3284		
内蒙古						
辽宁						
吉林						
黑龙江						
上海	1880	1891				
江苏						
浙江	15234	12862	15234	12862	782	658
安徽	57397	39942	57397	39942		
福建						
江西						
山东	3894	5061	1298	1653	1088	1420
河南						
湖北	36632	30223	36544	29033	11070	9033
湖南						
广东	24685	22233	24685	22233	24685	22233
广西						
海南						
重庆	8642	7980	8621	7961	8621	7961
四川						
贵州	30356		30356			
云南						
西藏						
陕西						
甘肃						
青海						
宁夏						
新疆						

单位：万元

非自有配送中心配送商品购进额		商品销售总额		零售额	
2008年	2007年	2008年	2007年	2008年	2007年
25684	**20232**	**273055**	**185196**	**192100**	**145980**
		966	944	152	148
		2511	2351	1166	1040
		77878	47184	77878	47184
		3419	3259		
		2245	1965	2245	1965
		14939	13439	14939	13439
		44955	42104	44955	42104
210	232	4708	5938	2793	3441
25475	20000	39219	33467	11527	9552
		28099	24095	28099	24095
		8131	7437		
		3281	3012	3281	3012
		37640			
		5065		5065	

2-11 续表 4

联营企业

项目	商品购进总额		统一配送商品购进额		自有配送中心配送商品购进额	
	2008年	2007年	2008年	2007年	2008年	2007年
全国	**128334**	**117905**	**128334**	**117905**	**127664**	**117376**
北京	529	365	529	365		
天津						
河北						
山西						
内蒙古						
辽宁						
吉林						
黑龙江						
上海						
江苏	19426	17920	19426	17920	19426	17920
浙江						
安徽						
福建	85017	79433	85017	79433	85017	79433
江西						
山东						
河南						
湖北						
湖南	406	531	406	531	264	367
广东	22957	19657	22957	19657	22957	19657
广西						
海南						
重庆						
四川						
贵州						
云南						
西藏						
陕西						
甘肃						
青海						
宁夏						
新疆						

单位：万元

非自有配送中心配送商品购进额		商品销售总额		零售额	
2008年	2007年	2008年	2007年	2008年	2007年
141	**164**	**142113**	**123942**	**57224**	**41558**
		623	458	623	458
		22612	19245	13867	11502
		89818	83706	13674	9065
141	164	31	1074	31	1074
		29029	19459	29029	19459

2-11 续表 5

有限责任公司

项　目	商品购进总额		统一配送商品购进额		自有配送中心配送商品购进额	
	2008年	2007年	2008年	2007年	2008年	2007年
全　国	**26915342**	**22901182**	**19692693**	**16709105**	**11589334**	**10178494**
北　京	3635392	3582918	2065001	2022559	1160049	1060910
天　津	837723	622129	549014	428146	491003	406303
河　北	468415	402825	299600	256908	231411	211757
山　西	73351	62564	42229	32869	7552	4376
内蒙古	77640	66549	77640	66549	63954	54981
辽　宁	290247	238908	234004	210357	18671	10414
吉　林	156025	171442	98711	116039	54486	45467
黑龙江	220349	161650	201925	145834	68278	69982
上　海	4454840	4105670	2375519	2339322	1170075	1350168
江　苏	2158289	1861373	2102408	1810049	884837	684910
浙　江	1457783	1234690	1350020	1151089	1180770	1006029
安　徽	883509	827853	851682	802530	179667	160107
福　建	895326	808104	438768	464185	128537	109355
江　西	752526	638456	694082	581297	369322	341983
山　东	2002468	1724056	1386099	1208840	1103005	1026490
河　南	925238	633476	656231	426633	304852	275549
湖　北	1275955	1006931	1176454	936716	879898	692565
湖　南	640865	531730	613728	510003	430137	380639
广　东	2764399	2342317	2228749	1865131	1696858	1412365
广　西	176549	164441	157071	145358	122385	101490
海　南	16878	4860	14127	2721	12150	845
重　庆	519911	399256	421456	339534	286342	273208
四　川	779793	409010	693358	327652	151132	147277
贵　州	41082	27303	40008	24426	12292	7736
云　南	230680	152270	182576	131480	138145	92509
西　藏						
陕　西	511871	383797	83563	26979	13617	11216
甘　肃	6194	10981	5444	10962	4452	10046
青　海	7801	10520	7801	10520	3690	3138
宁　夏	59201	50569	59201	50569	59201	50569
新　疆	595046	264536	586229	263847	362564	176111

单位：万元

非自有配送中心配送商品购进额		商品销售总额		零售额	
2008年	2007年	2008年	2007年	2008年	2007年
3623249	**2770972**	**32104920**	**26931796**	**26675798**	**22005867**
116796	99671	4128893	3875424	3522400	3270317
914	949	847161	723154	804056	707520
55260	32312	491179	443191	432179	381577
9169	9692	127945	104377	96183	75156
2719	1625	97203	80647	86301	70678
67733	59493	308126	305803	293789	291709
		171625	149771	168272	146421
		247295	181087	225006	162550
916169	698626	7454974	6535723	6150496	5429917
1011824	923827	2353719	1992717	2040701	1503574
66770	66524	1607691	1357016	1081991	873530
29502	21283	1073831	1022781	755701	706023
35690	30457	995926	868192	531708	424236
76590	3213	740450	600053	372031	271550
128287	86246	2209661	1846705	1932590	1604074
4612	7765	878454	622845	747069	585490
173617	156012	1364840	1049765	1173101	877553
152840	111614	569994	488157	569839	488141
303781	284883	3188908	2498086	2872009	2253914
16608	14404	224788	238104	200953	207581
		17319	8200	17319	8200
4699	3073	581954	430190	569361	419646
390110	106113	797372	501247	727985	433663
		40698	27953	37144	24409
44097	38583	252596	168021	246799	146065
9078	7478	542834	420265	535264	403844
992	916	5594	12912	5055	11663
		17450	10418	13798	10418
		96708	79698	60627	41731
5396	6216	669734	289297	406072	174719

2-11 续表 6

股份有限公司

项 目	商品购进总额		统一配送商品购进额		自有配送中心配送商品购进额	
	2008年	2007年	2008年	2007年	2008年	2007年
全 国	**82247575**	**68740667**	**65140814**	**52481516**	**44793251**	**35202648**
北 京	4618122	4024308	725882	560355	534507	423734
天 津	1194798	782446	1187129	778025		
河 北	2835849	2297844	1659557	1429625	821942	677833
山 西	759660	639417	190542	113296	190542	113296
内蒙古						
辽 宁	2788863	2111596	2195987	1693490	1374109	1100801
吉 林	169283	168698	164647	164646	163832	163832
黑龙江	160508	143049	160508	143049	155637	138905
上 海	5714205	5180848	5705133	5171512	5565463	4856465
江 苏	19566052	14767041	17506159	13155424	11346322	6926633
浙 江	8420674	8116247	7771551	7446705	7527308	7284807
安 徽	2351359	1891874	852586	677773	836424	662226
福 建	310944	219172	291985	202218	118866	87234
江 西	681901	667977	650013	637940	628865	555117
山 东	9209550	7497325	6609046	5250624	6609046	5250624
河 南						
	1295499	1054552	1265750	1026717	962235	709493
湖 北	3739618	3026983	2475975	1862376	2115560	1457523
湖 南	2323692	1966430	2323692	1966430	2088964	1613642
广 东	11186567	10328698	9033816	6727718	549486	557726
广 西	1384985	1016974	1197208	902760	810910	626470
海 南						
重 庆	1506129	1113929	1487019	1101897	1487019	1101897
四 川	704046	843066	685222	843066	508316	712693
贵 州	437	48	437	48	437	48
云 南						
西 藏	1200					
陕 西	128267	110042	3217	2760	3217	2760
甘 肃	389183	325683	389123	325625	111892	106586
青 海	17604	18193	17604	18193	17190	16906
宁 夏	182767		182767		182767	
新 疆	605813	428229	408259	279246	82394	55398

单位：万元

非自有配送中心配送商品购进额		商品销售总额		零售额	
2008年	2007年	2008年	2007年	2008年	2007年
14800552	**13926373**	**95622420**	**77441094**	**57289914**	**44902492**
190765	136179	5606224	4659632	4132513	3583329
1187129	778025	1196718	785081	1191844	203491
2268	3477	3801704	3073100	1840774	1337024
		747104	731043	569847	524951
		3907045	2957380	1438684	1021991
		250422	249639	245135	244614
		189190	168791	119801	108960
138132	313508	5782042	5301949	3866165	3168050
4059701	5867870	19902871	15738964	10663653	8390504
244243	161898	8942738	7000527	5963705	5368886
		2610251	2086786	870055	687015
32363	29143	448160	302805	399846	281646
17623	79613	2772892	1985720	1740954	1198609
		9854866	8487440	4294778	3608126
150	89	2225490	1398954	1346853	695596
116918	108406	4329729	3613689	3513887	2993870
198515	167026	2855371	2252742	2638472	2051910
8483508	6169191	12089053	11005239	8764815	7103835
128824	110662	3210378	2420483	1615014	1234588
		1654659	1193566	566867	314619
		849317	418679	577179	181273
		629	102	629	102
		944827	533666	309405	87363
		700		700	
		127740	110148	3484	3204
		420197	338623	405122	326329
414	1287	33901	25873	33901	25873
		190941	118020	51226	31663
		677265	482456	124608	125075

2-11 续表 7

私营企业

项 目	商品购进总额		统一配送商品购进额		自有配送中心配送商品购进额	
	2008年	2007年	2008年	2007年	2008年	2007年
全 国	**10082057**	**8125447**	**8554708**	**6898548**	**4554129**	**3742258**
北 京	547358	350431	490748	299103	117598	195728
天 津	290129	228100	286605	225742	207213	155258
河 北	255523	145613	130582	65277	39899	31829
山 西	354563	261303	127611	69441	648	646
内蒙古	29997	21702	29997	21702	20584	15405
辽 宁	318164	276742	278635	242310	190529	170635
吉 林	102387	63449	23257	20547	15158	11823
黑龙江	220170	160260	213299	154986	96221	68932
上 海	1525832	1382406	1436423	1294070	19959	31033
江 苏	1025856	811104	903201	734090	760252	597538
浙 江	934812	798472	858473	682077	707449	556480
安 徽	161890	131968	139950	129281	54682	43349
福 建	340125	291366	300703	277821	81259	75242
江 西	150825	95874	135551	90333	23461	4747
山 东	309845	244121	212356	165443	141109	95340
河 南	260831	189144	232164	164376	114105	84762
湖 北	234098	191451	222652	180367	146291	116631
湖 南	515450	411283	474288	377756	452809	360872
广 东	1327692	1018226	1151080	934385	602545	462995
广 西	81639	88602	71762	81527	71762	81527
海 南	5864	2993	3862	1798	3862	1798
重 庆	136982	129744	124296	118960	100365	96603
四 川	160017	116029	81389	68678	40331	33729
贵 州	36211	67101	8262	6756	6074	4758
云 南	375269	315035	320173	260528	264549	239199
西 藏	1699		1699			
陕 西	61805	59349	15229	13380	7214	5580
甘 肃	27490	23608	19316	15691	14457	12371
青 海	2486	1220	2486	1220	666	473
宁 夏	66655	55117	43576	11961	43576	11961
新 疆	220393	193636	215085	188943	209503	175015

单位：万元

非自有配送中心配送商品购进额		商品销售总额		零售额	
2008年	2007年	2008年	2007年	2008年	2007年
714578	**438990**	**10919687**	**8868598**	**9185932**	**7626525**
7809	6465	588958	418058	413847	386870
5043	5226	309933	246505	259194	210504
4303	4018	255759	145478	237647	137802
4165	1904	398169	334247	279409	230573
3188	2147	34232	23276	34158	23206
11917	12890	332054	273274	311263	257257
997	548	123918	79022	121157	76322
8870	3268	213253	150858	213253	150858
		1632712	1571270	1553149	1494338
98782	91430	1134024	939777	1044264	819131
17547	16449	997979	844068	920301	781145
		138793	183934	137679	154874
32862	25711	354113	285916	324870	259528
		217922	136012	151474	84730
26263	35904	346724	314783	269164	272159
27867	12582	294774	224002	256256	192179
500	185	258767	204653	244552	195256
941	565	546768	440898	501229	415353
448579	198795	1429780	1086589	803809	698768
		79668	71607	44921	41330
		6694	3452	5243	2532
1293	20	170100	144714	165453	144651
5693	5998	277630	114011	260507	98295
		68450	70574	20632	20974
		296002	210237	222667	141620
		1093		1093	
249	189	63160	65323	57305	59305
4860	3320	30014	25376	30014	25376
		2916	2083	2916	2083
		91516	55923	74701	46865
2851	11376	223814	202679	223805	202644

2-11 续表 8

其他企业

项　目	商品购进总额		统一配送商品购进额		自有配送中心配送商品购进额	
	2008年	2007年	2008年	2007年	2008年	2007年
全　国	**166640**	**153110**	**165317**	**151918**	**125895**	**110715**
北　京						
天　津						
河　北						
山　西						
内蒙古						
辽　宁						
吉　林	54069	49878	54069	49878	54069	49878
黑龙江						
上　海						
江　苏	9278	6063	9278	6063	2867	999
浙　江						
安　徽	29278	30735	29278	30735		
福　建						
江　西	677	600				
山　东	8784	4050	8784	4050	8784	4050
河　南						
	30297	23275	30297	23275	28918	22556
湖　北						
湖　南						
广　东	31982	34909	31982	34909	31258	33232
广　西						
海　南						
重　庆						
四　川						
贵　州	2230	3569	1630	3009		
云　南						
西　藏						
陕　西						
甘　肃						
青　海						
宁　夏						
新　疆	46	32				

单位：万元

非自有配送中心配送商品购进额		商品销售总额		零售额	
2008年	2007年	2008年	2007年	2008年	2007年
2253	**1757**	**175883**	**162384**	**170063**	**155224**
		42435	41000	42435	41000
725	562	10211	5382	10211	5382
		26897	28235	26897	28235
		2371	899	2371	899
		945	562	945	562
		8368	4522	8368	4522
1322	719	40706	31659	40706	31659
206	476	41316	46260	38093	42935
		2598	3834		
		38	31	38	31

2-11 续表 9

港、澳、台商投资企业

项　目	商品购进总额		统一配送商品购进额		自有配送中心配送商品购进额	
	2008年	2007年	2008年	2007年	2008年	2007年
全　国	**5876702**	**4662901**	**5326622**	**4260186**	**3438099**	**2652249**
北　京	317797	245288	179059	135706	12421	11043
天　津	2617	2098	2617	2098		
河　北						
山　西	4341	3853				
内蒙古						
辽　宁	10772	10557				
吉　林	923					
黑龙江						
上　海	150721	128842	111294	104281		
江　苏	1217876	601439	1016882	601439	858382	475504
浙　江	164336	148993	132320	119722	77649	69069
安　徽						
福　建						
江　西						
山　东	14323	10341	14323	10341	14323	10341
河　南						
	231298	223331	231298	223331	220489	213384
湖　北	29914	27258	29914	27258	26772	24909
湖　南	14190	13674	14190	13674	14190	13674
广　东	2681334	2311375	2558465	2086485	1551064	1225976
广　西						
海　南						
重　庆	871936	806070	871936	806070	612048	565662
四　川	17394		17394			
贵　州	14405	14401	14405	14401		
云　南	132526	115380	132526	115380	50761	42687
西　藏						
陕　西						
甘　肃						
青　海						
宁　夏						
新　疆						

单位：万元

非自有配送中心配送商品购进额		商品销售总额		零售额	
2008年	2007年	2008年	2007年	2008年	2007年
1393802	**1199768**	**7130614**	**5914455**	**5552219**	**4555307**
62675	51348	382602	291476	291532	220491
		49264	2802	49081	2691
		5772	5156		
		13088	12279	13088	12279
		1638		1638	
51220	47851	363378	344941	354061	331834
35222	17611	1313503	1082167	781110	634106
54671	50654	197055	176341	189808	170607
		8611	6129	8611	6129
		18146	12892	18146	12892
		350196	229379	350196	229379
3142	2349	35031	31713	35031	31713
		22902	21043	22902	21043
926984	789547	3222987	2760663	2364208	2006480
259887	240409	960831	784055	937719	750381
		24932		14327	
		16651	16646	6551	5853
		144029	136773	114210	119429

2-11 续表 10

外商投资企业

项　目	商品购进总额		统一配送商品购进额		自有配送中心配送商品购进额	
	2008年	2007年	2008年	2007年	2008年	2007年
全　国	**16656049**	**13577393**	**13106736**	**10335641**	**7176930**	**5822498**
北　京	2277371	1868960	1282116	983889	835046	756055
天　津	332310	298394	89370	100255		
河　北						
山　西						
内蒙古						
辽　宁	293724	244986	293724	244986		
吉　林	14438	3591	2577	2736		
黑龙江	85529	85065	85529	85065		
上　海	1849686	1686820	604154	488159	86793	73328
江　苏	4880546	4190593	4537532	3828074	3324392	2843683
浙　江	930071	710704	920261	706511	283143	207206
安　徽	197148	164472	69496	63219		
福　建	1378310	631880	1189000	491648	835064	450592
江　西	8246	10346	8246	10346		
山　东	1041118	1054832	794422	826230	456073	442503
河　南						
	2928	1435	2928	1435	2928	1435
湖　北	224435	168454	224435	168454		
湖　南	196026	175482	96124	86552	95960	86404
广　东	2251779	1700447	2227337	1678172	889617	613915
广　西						
海　南						
重　庆	78706	78330	78706	78330	74367	74276
四　川	328332	263389	315430	252368	116000	116000
贵　州	35816	15917	35816	15917	35816	15917
云　南	209229	184754	209229	184754	101429	102642
西　藏						
陕　西						
甘　肃						
青　海						
宁　夏						
新　疆	40302	38542	40302	38542	40302	38542

单位：万元

非自有配送中心配送商品购进额		商品销售总额		零售额	
2008年	2007年	2008年	2007年	2008年	2007年
3208560	**2766205**	**22551945**	**17848384**	**17080865**	**13483233**
118884	74073	2265810	1901090	2211603	1848185
		348165	313735	348165	313735
		358362	323241	358362	323241
		14264	13464	14264	13464
		124454	97243	124454	97243
28897	22586	5024561	4109771	1916250	1795512
466399	473011	5296795	4498681	4561481	3922059
618671	477058	1236450	965183	1236044	964732
		206599	160361	206599	160361
1903	1431	2432118	840936	2245466	745007
8246	10346	6767	10677	4670	6477
338349	383727	1083646	1073218	477506	411954
		1768	1853	1768	1853
190886	135324	235387	209412	235387	209412
		248496	236094	248496	236094
1236895	1052282	2844322	2406379	2191371	1871859
		80685	79044	80685	79044
199430	136368	428580	313967	303580	188967
		23630	19017	23630	19017
		243747	232761	243747	232761
		47340	42257	47340	42257

2-12　按登记注册类型分各地区

内资企业

项　目	商品购进总额		统一配送商品购进额		自有配送中心配送商品购进额	
	2008年	2007年	2008年	2007年	2008年	2007年
全　国	**5495884**	**6923778**	**4536443**	**5650580**	**2478407**	**4150335**
北　京	341868	310599	159345	163082	119096	98660
天　津	2510	2203	1772	1678		
河　北	28216	20437	19304	11959	19304	11959
山　西	33024	21337	33024	21337		
内蒙古	299	305	299	305	299	305
辽　宁	95312	132668	62277	97366	19793	58700
吉　林						
黑龙江	4147	1978	4147	1978		44
上　海	1126132	1239322	1116109	1229015	92846	822215
江　苏	825529	2720036	761244	2235436	497076	1749084
浙　江	699724	573278	632792	515456	570385	471174
安　徽	352106	274535	255070	201981	199391	153635
福　建	31625	24636	6158	4492	3664	1850
江　西	404	289	404	289	404	289
山　东	545409	469368	318888	262183	279494	228766
河　南	102808	84688	95493	74926	52428	40699
湖　北	56487	45091	53918	44191	44456	34220
湖　南	30601	34189	28769	33072	28505	31218
广　东	618664	509190	565558	421381	175049	159408
广　西	29623	29484	14330	15347	10104	4298
海　南	4902	2226	4902	2226	1115	538
重　庆	42258	34539	37169	30292	29497	26275
四　川	35994	30109	33013	27564	20946	19081
贵　州	3346	5817	96	72		
云　南	294503	228223	237117	182435	232841	180245
西　藏						
陕　西	20342	10825	9174	8641	3574	3057
甘　肃	663	765	331	374		
青　海	8619	4880	8556	4880	4314	762
宁　夏	130415	85788	49097	33596	48971	33541
新　疆	30353	26974	28088	25028	24856	20312

连锁零售企业加盟门店经营情况

单位：万元

非自有配送中心配送商品购进额		商品销售总额		零售额	
2008年	2007年	2008年	2007年	2008年	2007年
811896	**745439**	**7855916**	**8945024**	**6348648**	**6758766**
33937	60812	263835	448697	263835	263901
1531	1437	12913	12662	12911	12662
		59148	50960	58216	50027
1783	1994	32972	21320	1818	1977
		84	39	84	39
25518	25421	101234	146010	96730	116141
		6538	6630	6538	6630
		2582	1942	2582	1942
304723	343487	2844242	2722436	2795820	2676025
19042	7012	1179673	2766227	673213	1590725
48275	32260	809760	676017	541020	446600
23257	16367	341285	290302	166489	138193
130	156	32504	24099	32504	24099
		502	482	502	482
4117	3354	583589	497309	493101	403853
12899	13911	112648	106115	102625	94150
		96164	74841	96164	74831
264	1854	36614	47975	36614	47975
317461	216327	745845	600380	525848	462651
3897	10758	41460	40399	41460	40399
3787	1688	1012	656	1012	656
1380	766	49681	39072	41819	31906
4394	1463	45380	35793	44205	34911
		198	158	198	158
106	1123	266058	206171	265956	206012
		19793	10190	18915	9640
331	374	549	619	549	619
4241	4118	7350	4719	7350	4719
		129131	85863	13535	11408
823	759	33173	26942	7035	5436

2-12 续表 1

国有企业

项　目	商品购进总额		统一配送商品购进额		自有配送中心配送商品购进额	
	2008年	2007年	2008年	2007年	2008年	2007年
全　国	**606270**	**470266**	**499870**	**382000**	**264260**	**210772**
北　京						
天　津	241	241	241	241		
河　北	13872	6597	13872	6597	13872	6597
山　西						
内蒙古						
辽　宁						
吉　林						
黑龙江						
上　海	442	498	442	498		
江　苏	86	21	86	21	86	21
浙　江	53	1090	53	1090	53	1090
安　徽						
福　建	24750	19389				
江　西						
山　东						
河　南	423	444	40	42	40	42
湖　北						
湖　南	10456	11562	10456	11562	10456	11562
广　东	267647	205104	244579	182087	10491	12551
广　西						
海　南						
重　庆	161	160	161	160	161	160
四　川						
贵　州						
云　南	286376	223436	229101	178749	229101	178749
西　藏						
陕　西						
甘　肃						
青　海						
宁　夏						
新　疆	1764	1723	839	954		

单位：万元

非自有配送中心配送商品购进额		商品销售总额		零售额	
2008年	2007年	2008年	2007年	2008年	2007年
234088	**169536**	**579083**	**481743**	**540163**	**465143**
		286	286	286	286
		13661	6919	13661	6919
		537	603	537	603
		87	21	87	21
		49	110	49	110
		26615	20966	26615	20966
		47	53	47	53
		464	402	464	402
		11560	12783	11560	12783
234088	169536	266380	236911	227460	220311
		161	160	161	160
		257738	201092	257738	201092
		1499	1438	1499	1438

2-12 续表 2

集体企业

项目	商品购进总额		统一配送商品购进额		自有配送中心配送商品购进额	
	2008年	2007年	2008年	2007年	2008年	2007年
全国	**28623**	**26401**	**23701**	**21440**	**23656**	**21380**
北京	45	60	45	60		
天津						
河北						
山西						
内蒙古						
辽宁						
吉林						
黑龙江						
上海						
江苏						
浙江	3813		2288		2288	
安徽						
福建						
江西						
山东						
河南	2516	2350	2516	2350	2516	2350
湖北						
湖南						
广东	6072	8092	2786	3320	2786	3320
广西						
海南						
重庆						
四川	69	65	69	65	69	65
贵州						
云南	125	222	14	33	14	33
西藏						
陕西						
甘肃						
青海						
宁夏						
新疆	15984	15612	15984	15612	15984	15612

单位：万元

非自有配送中心配送商品购进额		商品销售总额		零售额	
2008年	2007年	2008年	2007年	2008年	2007年
		32369	**31513**	**16326**	**15828**
		51	65	51	65
		3305		3305	
		4680	4680	4680	4680
		8166	10860	8166	10860
		75	74		
		124	223	124	223
		15968	15612		

2–12 续表 3

股份合作企业

项目	商品购进总额		统一配送商品购进额		自有配送中心配送商品购进额	
	2008年	2007年	2008年	2007年	2008年	2007年
全国	**21911**	**17002**	**7169**	**6625**	**7108**	**6602**
北京	8	5				
天津						
河北						
山西						
内蒙古						
辽宁						
吉林						
黑龙江						
上海						
江苏						
浙江						
安徽	14349	9986				
福建						
江西						
山东	350	445	62	93	62	93
河南	582	466	521	466	460	443
湖北						
湖南						
广东						
广西						
海南						
重庆	6621	6100	6586	6066	6586	6066
四川						
贵州						
云南						
西藏						
陕西						
甘肃						
青海						
宁夏						
新疆						

单位：万元

非自有配送中心配送商品购进额		商品销售总额		零售额	
2008年	2007年	2008年	2007年	2008年	2007年
61	**23**	**27305**	**17435**	**21105**	**11561**
		7	5	7	5
		20071	10526	20071	10526
		299	419	299	419
61	23	734	610	727	610
		6193	5874		

2-12 续表 4

联营企业

项目	商品购进总额		统一配送商品购进额		自有配送中心配送商品购进额	
	2008年	2007年	2008年	2007年	2008年	2007年
全国	**631**	**7790**	**631**	**7790**	**368**	**5936**
北京						
天津						
河北						
山西						
内蒙古						
辽宁						
吉林						
黑龙江						
上海						
江苏						
浙江						
安徽						
福建						
江西						
山东						
河南						
湖北						
湖南	631	2751	631	2751	368	897
广东		5039		5039		5039
广西						
海南						
重庆						
四川						
贵州						
云南						
西藏						
陕西						
甘肃						
青海						
宁夏						
新疆						

单位：万元

非自有配送中心配送商品购进额		商品销售总额		零售额	
2008年	2007年	2008年	2007年	2008年	2007年
264	**1854**	**2253**	**8401**	**2253**	**8401**
264	1854	2253	3223	2253	3223
			5178		5178

2-12 续表 5

有限责任公司

项 目	商品购进总额		统一配送商品购进额		自有配送中心配送商品购进额	
	2008年	2007年	2008年	2007年	2008年	2007年
全 国	**1581160**	**1275791**	**1237344**	**951137**	**844927**	**691431**
北 京	92584	76454	84012	60179	75035	54233
天 津	829	655	91	130		
河 北	8912	8478				
山 西						
内蒙古						
辽 宁	17082	11958	16676	11857	1458	305
吉 林						
黑龙江	2105	345	2105	345		44
上 海	94591	84995	94391	83562	16194	20747
江 苏	83647	82263	23382	20993	21758	18144
浙 江	438316	378789	373327	321801	336143	290462
安 徽	201244	154337	125855	97956	70176	49610
福 建	3664	1850	3664	1850	3664	1850
江 西	404	289	404	289	404	289
山 东	168659	145837	160905	138500	123993	106912
河 南	25626	24060	19392	15136	15051	8441
湖 北	17271	15880	17237	15861	8936	8060
湖 南	20	15	20	15	20	15
广 东	225499	162135	222932	125895	96763	89269
广 西	27923	19156	12630	5019	9624	3892
海 南	1115	538	1115	538	1115	538
重 庆	8886	4352	6457	2529	5548	2010
四 川	12550	8073	12550	8073	7454	6152
贵 州	96	72	96	72		
云 南	4679	3498	4679	2586	3727	1463
西 藏						
陕 西	16659	7684	5599	5584		
甘 肃	663	765	331	374		
青 海	63					
宁 夏	117936	75974	40694	25831	40694	25831
新 疆	10139	7340	8800	6164	7173	3165

单位：万元

非自有配送中心配送商品购进额		商品销售总额		零售额	
2008年	2007年	2008年	2007年	2008年	2007年
134324	**93072**	**1852908**	**1490150**	**1252291**	**975784**
2710	2396	104906	98176	104906	96836
91	130	793	771	791	771
		9783	9317	9783	9317
		17504	13747	17504	13747
		500	280	500	280
		272816	231899	228698	185548
874	1376	53572	42738	52818	40236
31733	25189	460907	392914	245116	207200
23257	16367	199736	158976	112839	92619
		3691	1785	3691	1785
		502	482	502	482
1703	1529	152233	129761	149107	107254
4083	6491	14950	23275	6635	11662
		21920	18433	21920	18423
		40	5631	40	5631
62517	36571	324966	229165	209382	131787
2677	836	32034	22481	32034	22481
		1012	656	1012	656
909	520	14225	4581	13891	4272
3272	171	16393	11683	16393	11683
		198	158	198	158
106	1123	5464	3731	5464	3731
		16180	7109	16180	7109
331	374	549	619	549	619
		115596	74454		
62		12440	7326	2340	1496

2–12 续表 6

股份有限公司

项 目	商品购进总额		统一配送商品购进额		自有配送中心配送商品购进额	
	2008年	2007年	2008年	2007年	2008年	2007年
全 国	**2266955**	**4273356**	**1898977**	**3531030**	**663790**	**2668558**
北 京	206170	189376	73683	58271	42456	30670
天 津						
河 北	5433	5362	5433	5362	5433	5362
山 西						
内蒙古						
辽 宁	3986	38300	3986	38300	3986	38300
吉 林						
黑龙江						
上 海	1015745	1144955	1015745	1144955	71121	801469
江 苏	498623	2411382	498623	2014273	261241	1543550
浙 江	19882	6532	19868	6519	10911	6519
安 徽	129107	103658	129107	103658	129107	103658
福 建						
江 西						
山 东	340945	300782	124365	103866	124365	103866
河 南	2568	1461	2303	1214		
湖 北	13309	5401	11209	5085	10048	2914
湖 南	306	101	306	101	306	101
广 东	15832	46383		30566		30566
广 西	1220	9923	1220	9923		
海 南						
重 庆						
四 川	5275	4862	4574	4057	501	822
贵 州						
云 南						
西 藏						
陕 西						
甘 肃						
青 海	8556	4880	8556	4880	4314	762
宁 夏						
新 疆						

单位：万元

非自有配送中心配送商品购进额		商品销售总额		零售额	
2008年	2007年	2008年	2007年	2008年	2007年
350940	**385775**	**4174072**	**5934063**	**3563951**	**4438204**
31227	27601	116278	306025	116278	122569
		2528	2528	2528	2528
		34933	33933	34000	33000
		4563	44717	1319	20653
		6538	6630	6538	6630
304723	343487	2553974	2479466	2553974	2479466
10	1	813116	2468427	373202	1332374
8957		22298	9132	22298	9132
		111899	113380	24000	28000
		415905	358074	337773	292101
		80		80	
		46214	31021	46214	31021
		403	281	403	281
		21109	52347	21109	52347
1220	9923	8916	17556	8916	17556
561	646	7970	5827	7970	5827
4241	4118	7350	4719	7350	4719

2–12 续表 7

私营企业

项目	商品购进总额		统一配送商品购进额		自有配送中心配送商品购进额	
	2008年	2007年	2008年	2007年	2008年	2007年
全国	**981242**	**846398**	**867062**	**749972**	**673078**	**545070**
北京	43061	44703	1605	44572	1605	13757
天津	1440	1307	1440	1307		
河北						
山西	33024	21337	33024	21337		
内蒙古	299	305	299	305	299	305
辽宁	74244	82410	41615	47209	14348	20094
吉林						
黑龙江	2042	1634	2042	1634		
上海	15354	8874	5531		5531	
江苏	242812	226371	238792	200150	213631	187370
浙江	237661	186867	237256	186046	220991	173103
安徽	108	367	108	367	108	367
福建	3211	3397	2494	2642		
江西						
山东	35456	22304	33556	19724	31074	17895
河南	69662	55321	69392	55131	33501	28836
湖北	25907	23809	25473	23246	25473	23246
湖南	19188	19761	17355	18643	17355	18643
广东	103614	82436	95261	74474	65008	18663
广西	480	406	480	406	480	406
海南	3787	1688	3787	1688		
重庆	26590	23927	23965	21537	17202	18040
四川	18100	17109	15820	15368	12922	12042
贵州	3251	5745				
云南	3324	1067	3324	1067		
西藏						
陕西	3683	3142	3574	3057	3574	3057
甘肃						
青海						
宁夏	12480	9814	8403	7765	8277	7710
新疆	2466	2299	2466	2299	1699	1535

单位：万元

非自有配送中心配送商品购进额		商品销售总额		零售额	
2008年	2007年	2008年	2007年	2008年	2007年
92219	**95180**	**1175948**	**974590**	**940582**	**836717**
	30815	42592	44426	42592	44426
1440	1307	9306	9077	9306	9077
		772	791	772	791
1783	1994	32972	21320	1818	1977
		84	39	84	39
25518	25421	79167	87547	77907	81741
		2082	1662	2082	1662
		16915	10468	12612	10408
18158	5636	312440	255042	246648	218094
7586	7071	323201	273862	270253	230158
		111	868	111	496
130	156	2199	1348	2199	1348
2414	1825	15106	9002	5876	4027
8755	7397	89688	76572	87987	76219
		28030	25387	28030	25387
		22357	26057	22357	26057
20856	10220	125225	65918	59733	42168
		510	362	510	362
3787	1688				
471	247	29102	28457	27767	27473
561	646	20943	18209	19843	17401
		2731	1124	2630	966
		3613	3081	2735	2531
		13535	11408	13535	11408
761	759	3267	2567	3196	2502

2-12 续表 8

其他企业

项 目	商品购进总额		统一配送商品购进额		自有配送中心配送商品购进额	
	2008年	2007年	2008年	2007年	2008年	2007年
全 国	**9090**	**6774**	**1690**	**586**	**1221**	**586**
北 京						
天 津						
河 北						
山 西						
内蒙古						
辽 宁						
吉 林						
黑龙江						
上 海						
江 苏	360		360		360	
浙 江						
安 徽	7298	6188				
福 建						
江 西						
山 东						
河 南	1432	586	1329	586	860	586
湖 北						
湖 南						
广 东						
广 西						
海 南						
重 庆						
四 川						
贵 州						
云 南						
西 藏						
陕 西						
甘 肃						
青 海						
宁 夏						
新 疆						

单位：万元

非自有配送中心配送商品购进额		商品销售总额		零售额	
2008年	2007年	2008年	2007年	2008年	2007年
		11978	**7129**	**11978**	**7129**
		458		458	
		9469	6552	9469	6552
		2051	577	2051	577

2-12 续表 9

港、澳、台商投资企业

项目	商品购进总额		统一配送商品购进额		自有配送中心配送商品购进额	
	2008年	2007年	2008年	2007年	2008年	2007年
全国	**93459**	**95958**	**91190**	**95406**	**12093**	**6828**
北京						
天津						
河北						
山西						
内蒙古						
辽宁						
吉林						
黑龙江						
上海						
江苏	22684		22684			
浙江	1289	1064	1289	1064	1289	1064
安徽						
福建						
江西						
山东						
河南						
湖北	180	160	180	160	180	160
湖南						
广东	68651	94634	66382	94082	9969	5504
广西						
海南						
重庆	656	100	656	100	656	100
四川						
贵州						
云南						
西藏						
陕西						
甘肃						
青海						
宁夏						
新疆						

单位：万元

非自有配送中心配送商品购进额		商品销售总额		零售额	
2008年	2007年	2008年	2007年	2008年	2007年
56413	**88578**	**141655**	**166852**	**140089**	**166321**
		20535		20535	
		1989	1010	1989	1010
		1784	2	1784	2
		200	180	200	180
56413	88578	116419	165194	114853	165129
		729	466	729	

2-12 续表 10

外商投资企业

项目	商品购进总额		统一配送商品购进额		自有配送中心配送商品购进额	
	2008年	2007年	2008年	2007年	2008年	2007年
全国	**1964409**	**1959353**	**749286**	**755770**	**510153**	**534119**
北京	28198	731	28198	731		
天津						
河北						
山西						
内蒙古						
辽宁						
吉林						
黑龙江						
上海	36873	29952	36873	29952	12333	7723
江苏	1216446	1270062	141425	117311	115655	96432
浙江	38021	105312	36290	100186	18200	46624
安徽						
福建	162	110	162	110		
江西						
山东	131755	38004				
河南						
湖北						
湖南						
广东	512956	515183	506340	507480	363965	383342
广西						
海南						
重庆						
四川						
贵州						
云南						
西藏						
陕西						
甘肃						
青海						
宁夏						
新疆						

单位：万元

非自有配送中心配送商品购进额		商品销售总额		零售额	
2008年	2007年	2008年	2007年	2008年	2007年
212068	**221569**	**2415086**	**2235645**	**2226568**	**2106343**
1133	650	32829	1049	32291	906
24540	22229	65721	54881	65721	54881
25770	20880	1367100	1345800	1350225	1332050
18089	53563	72689	90141	72689	89631
162	110	142	108	142	108
		106000	107000	106000	107000
142375	124138	770604	636666	599500	521767

2-13 按行业分各地区连锁零售企业基本情况

批发业

项 目	连锁总店数(个)	门店数(个)		年末从业人员(人)		年末零售营业面积(平方米)	
	2008年	2008年	2007年	2008年	2007年	2008年	2007年
全 国	**297**	**52608**	**48013**	**306778**	**282454**	**32443377**	**30531510**
北 京							
天 津	4	33	33	878	671	6476	6402
河 北	28	2682	2807	19940	18692	2459524	2504247
山 西							
内蒙古	1	1476	1453	9151	8863	177120	176850
辽 宁	14	1009	913	9344	7632	1051542	1048280
吉 林	2	183	183	2770	2770	365000	184000
黑龙江	3	52	54	3022	2873	1913	1851
上 海	6	195	193	1210	1247	12096	14488
江 苏	14	5242	5138	43307	38214	3718180	3366165
浙 江	31	5950	5420	37259	38184	5531617	5434080
安 徽	10	5958	5800	25290	24805	1847092	1810851
福 建	5	107	100	5158	5446	102518	96075
江 西	18	832	690	9402	7125	699672	921232
山 东	8	3253	2845	8507	6896	843596	774996
河 南	24	2412	1788	10659	8014	1438671	1299937
湖 北	10	327	305	2709	2445	91184	79907
湖 南							
广 东	31	8161	7045	62669	57712	8597299	8340473
广 西	12	1506	895	8714	6375	1363578	1108097
海 南							
重 庆	8	1529	1614	9347	9625	1061596	1083580
四 川	19	607	570	3224	3387	363516	354860
贵 州	3	49	39	338	306	13383	13226
云 南	12	8562	8081	17625	16180	1373454	705850
西 藏	1	6	6	6	6	120	120
陕 西	3	34	35	2857	2982	1500	1500
甘 肃	4	164	175	1533	1490	167598	167435
青 海							
宁 夏	4	1045	621	4180	2847	240133	192094
新 疆	22	1234	1210	7679	7667	914999	844914

2-13 续表 1

食品、饮料及烟草制品批发

项　目	连锁总店数（个）	门店数（个）		年末从业人员（人）		年末零售营业面积（平方米）	
	2008年	2008年	2007年	2008年	2007年	2008年	2007年
全　国	**51**	**7144**	**5577**	**34204**	**27005**	**277395**	**222621**
北　京							
天　津	1	6	6	88	81	342	342
河　北	1	3	3	36	36	85	85
山　西							
内蒙古							
辽　宁	1	90	91	338	469	7037	9102
吉　林							
黑龙江	1	3	3	176	176		
上　海	2	76	77	895	905	10956	13093
江　苏	4	613	725	3564	3173	10865	12660
浙　江	10	1080	944	2355	2319	53108	43287
安　徽							
福　建	2	26	18	1315	1352	21982	15837
江　西	3	32	21	2870	1289	800	800
山　东	3	466	361	2720	2450	20175	17675
河　南	2	1126	712	4286	2232	37185	29100
湖　北	2	14	13	515	490	857	767
湖　南							
广　东	7	3506	2503	11089	7723	100226	66096
广　西							
海　南							
重　庆	1	8	5	65	65	1200	1200
四　川	3	22	22	482	679	9000	9000
贵　州							
云　南							
西　藏	1	6	6	6	6	120	120
陕　西	2	23	23	2646	2808		
甘　肃							
青　海							
宁　夏							
新　疆	5	44	44	758	752	3457	3457

2-13 续表 2

纺织、服装及日用品批发

项目	连锁总店数（个）	门店数（个）		年末从业人员（人）		年末零售营业面积（平方米）	
	2008年	2008年	2007年	2008年	2007年	2008年	2007年
全国	**18**	**428**	**443**	**5438**	**4957**	**329244**	**289228**
北京							
天津							
河北	3	84	82	575	560	8206	8741
山西							
内蒙古							
辽宁	2	27	27	207	182	7300	7300
吉林							
黑龙江							
上海	2	8	5	215	242	890	1145
江苏	3	54	54	555	533	4500	5200
浙江							
安徽	1	13	12	3028	2804	284000	240500
福建							
江西	1	4	4	19	18	300	300
山东							
河南							
湖北							
湖南							
广东	5	231	253	733	518	22222	24373
广西							
海南							
重庆							
四川							
贵州	1	7	6	106	100	1826	1669
云南							
西藏							
陕西							
甘肃							
青海							
宁夏							
新疆							

2-13 续表 3

文化、体育用品及器材批发

项　目	连锁总店数（个）	门店数（个）		年末从业人员（人）		年末零售营业面积（平方米）	
	2008年	2008年	2007年	2008年	2007年	2008年	2007年
全　国	**12**	**506**	**508**	**17908**	**17887**	**730918**	**694290**
北　京							
天　津							
河　北							
山　西							
内蒙古							
辽　宁							
吉　林							
黑龙江							
上　海							
江　苏	1	80	82	6154	6156	364400	336873
浙　江	1	268	270	6169	5936	238264	229896
安　徽							
福　建	2	79	80	3715	3966	74705	74407
江　西							
山　东							
河　南							
湖　北							
湖　南							
广　东	6	44	41	1133	1134	14299	13864
广　西							
海　南							
重　庆							
四　川							
贵　州	1	2	2	67	43	10307	10307
云　南							
西　藏							
陕　西							
甘　肃							
青　海							
宁　夏	1	33	33	670	652	28943	28943
新　疆							

2-13 续表 4

医药及医疗器材批发

项　　目	连锁总店数(个)	门店数(个)		年末从业人员(人)		年末零售营业面积(平方米)	
	2008年	2008年	2007年	2008年	2007年	2008年	2007年
全　　国	**45**	**3463**	**3280**	**14758**	**14224**	**582752**	**493548**
北　　京							
天　　津	1	15	15	104	142	3282	3208
河　　北	2	35	34	404	451	8920	8420
山　　西							
内 蒙 古							
辽　　宁	1	101	52	1127	389	23656	14813
吉　　林							
黑 龙 江							
上　　海							
江　　苏	1	3	82	184	292	2000	6200
浙　　江	3	282	211	335	964	2210	1850
安　　徽	3	72	69	698	583	9209	8698
福　　建							
江　　西							
山　　东	1	27	9	99	90	275821	219021
河　　南	4	107	102	536	464	6323	5115
湖　　北	6	132	125	814	693	9382	6500
湖　　南							
广　　东	2	1339	1310	5903	5755	96560	95540
广　　西	1	5	4	16	15	209	185
海　　南							
重　　庆	4	702	692	1433	1421	25810	24185
四　　川	7	311	297	863	861	19981	14044
贵　　州							
云　　南	7	312	257	1949	1846	96704	83024
西　　藏							
陕　　西	1	11	12	211	174	1500	1500
甘　　肃							
青　　海							
宁　　夏							
新　　疆	1	9	9	82	84	1185	1245

2–13 续表 5

矿产品、建材及化工产品批发

项　目	连锁总店数(个)	门店数(个)		年末从业人员(人)		年末零售营业面积(平方米)	
	2008年	2008年	2007年	2008年	2007年	2008年	2007年
全　国	**147**	**40528**	**37678**	**223967**	**206757**	**30341689**	**28624674**
北　京							
天　津							
河　北	22	2560	2688	18925	17645	2442313	2487001
山　西							
内蒙古	1	1476	1453	9151	8863	177120	176850
辽　宁	10	791	743	7672	6592	1013549	1017065
吉　林	2	183	183	2770	2770	365000	184000
黑龙江	2	49	51	2846	2697	1913	1851
上　海	1	106	106				
江　苏	4	4489	4191	32540	27757	3324197	2972994
浙　江	13	4075	3759	25676	25213	5168335	5091324
安　徽	5	5854	5698	21162	20686	1517583	1516653
福　建	1	2	2	128	128	5831	5831
江　西	12	786	655	6021	5282	698022	919602
山　东	3	2756	2471	5580	4236	544000	534700
河　南	17	1172	967	5732	5198	1394163	1264722
湖　北	2	181	167	1380	1262	80945	72640
湖　南							
广　东	6	2863	2771	39365	38474	8320873	8101408
广　西	10	1492	879	8349	5940	1358525	1102358
海　南							
重　庆	3	819	917	7849	8139	1034586	1058195
四　川	6	258	236	1735	1712	333325	331006
贵　州	1	40	31	165	163	1250	1250
云　南	3	8219	7790	15039	13484	1271014	614426
西　藏							
陕　西							
甘　肃	4	164	175	1533	1490	167598	167435
青　海							
宁　夏	3	1012	588	3510	2195	211190	163151
新　疆	16	1181	1157	6839	6831	910357	840212

2-13 续表 6

机械设备、五金交电及电子产品批发

项目	连锁总店数（个）	门店数（个）		年末从业人员（人）		年末零售营业面积（平方米）	
	2008年	2008年	2007年	2008年	2007年	2008年	2007年
全国	**24**	**539**	**527**	**10503**	**11624**	**181379**	**207149**
北京							
天津	2	12	12	686	448	2852	2852
河北							
山西							
内蒙古							
辽宁							
吉林							
黑龙江							
上海	1	5	5	100	100	250	250
江苏	1	3	4	310	303	12218	32238
浙江	4	245	236	2724	3752	69700	67723
安徽	1	19	21	402	732	36300	45000
福建							
江西	2	10	10	492	536	550	530
山东	1	4	4	108	120	3600	3600
河南	1	7	7	105	120	1000	1000
湖北							
湖南							
广东	5	178	167	4446	4108	43119	39192
广西	1	9	12	349	420	4844	5554
海南							
重庆							
四川	3	16	15	144	135	1210	810
贵州							
云南	2	31	34	637	850	5736	8400
西藏							
陕西							
甘肃							
青海							
宁夏							
新疆							

2-13 续表 7

零售业

项　目	连锁总店数（个）	门店数（个）		年末从业人员（人）		年末零售营业面积（平方米）	
	2008年	2008年	2007年	2008年	2007年	2008年	2007年
全　国	**2160**	**115894**	**103681**	**1663998**	**1464536**	**69534917**	**58389810**
北　京	145	6059	5646	131717	116937	4955048	4344618
天　津	37	1872	1446	27234	24409	1505838	1204871
河　北	56	2523	2304	37194	36300	1344377	1156661
山　西	33	1665	1533	25966	22442	646528	450192
内蒙古	16	213	208	4120	3898	153167	152387
辽　宁	64	3868	3646	31820	29439	1356337	1050469
吉　林	29	679	631	9787	8122	377095	324427
黑龙江	28	951	853	15819	13558	400685	336441
上　海	93	16718	16192	248045	235108	7286148	7149167
江　苏	175	9966	9035	265860	242720	9325191	6571487
浙　江	218	14124	12121	88988	76872	3522883	2840180
安　徽	56	1439	1262	44041	37802	1308290	1167764
福　建	110	2166	1862	36806	32603	2217228	1550192
江　西	56	1090	1076	19930	18593	1062622	1690095
山　东	109	5504	5259	99145	79407	9796554	8485995
河　南	145	4246	3942	47408	35509	1450042	930297
湖　北	109	6364	5280	90266	74237	3972721	3465056
湖　南	96	3657	3327	67840	58024	3502080	3033988
广　东	229	15277	14287	191483	170465	8511497	6973244
广　西	34	1319	1206	12663	12622	579110	551296
海　南	8	190	148	818	777	53277	38873
重　庆	61	5913	3359	53096	41446	2023553	1622135
四　川	82	5131	4537	46276	35005	1247780	1030315
贵　州	26	465	446	4330	4265	116735	112582
云　南	26	1861	1584	20431	17993	688661	516718
西　藏	2	4		364		12500	
陕　西	23	410	391	19335	15084	739911	453891
甘　肃	9	302	286	2781	2606	99057	101100
青　海	9	566	609	3078	3051	133513	111198
宁　夏	13	217	169	4041	2910	161591	149324
新　疆	63	1135	1036	13316	12332	984898	824847

2-13 续表 8

综合零售

项　目	连锁总店数（个）	门店数（个）		年末从业人员（人）		年末零售营业面积（平方米）	
	2008年	2008年	2007年	2008年	2007年	2008年	2007年
全　国	**773**	**52761**	**48020**	**1052291**	**930344**	**45684637**	**39153362**
北　京	50	2596	2321	82352	77496	3123173	2896684
天　津	12	623	399	12857	11678	574152	413540
河　北	25	2095	1944	31891	31624	1141687	1028136
山　西	12	914	825	18531	16140	343820	285423
内蒙古	7	75	62	2602	2528	112983	110278
辽　宁	19	1782	1746	14212	13971	607162	577206
吉　林	8	161	165	4476	3974	200917	195684
黑龙江	6	126	141	7525	6401	191858	163335
上　海	38	12717	12452	193385	190266	5828911	5333143
江　苏	69	5392	5028	135230	116805	4399668	3803373
浙　江	97	8735	7580	64820	57245	2958125	2368988
安　徽	32	961	834	38652	32725	1115786	993757
福　建	29	318	283	15976	15988	503090	398248
江　西	17	153	147	10472	9298	685167	559890
山　东	49	4026	3872	89334	70084	9416900	8134740
河　南	46	1619	1553	29389	19132	875053	627564
湖　北	28	2792	2219	61090	48193	2740094	2426365
湖　南	31	503	431	31050	29041	1715515	1492058
广　东	80	1951	1756	106318	95805	5400155	4345197
广　西	9	251	236	6073	6000	181082	162701
海　南	1	7	5	131	108	9400	7100
重　庆	26	1644	1159	36507	29163	1518767	1211875
四　川	36	2437	2211	26743	20739	729312	654448
贵　州	5	94	91	951	906	25451	25223
云　南	8	359	216	6699	6238	240068	186594
西　藏	2	4		364		12500	
陕　西	13	123	101	16514	11774	634413	394471
甘　肃	2	91	68	862	1068	52986	46457
青　海	4	97	91	2033	1698	85826	70637
宁　夏	3	57	42	2108	1214	110086	101654
新　疆	9	58	42	3144	3042	150530	138593

2-13 续表 9

食品、饮料及烟草制品专门零售

项　目	连锁总店数(个)	门店数(个)		年末从业人员(人)		年末零售营业面积(平方米)	
	2008年	2008年	2007年	2008年	2007年	2008年	2007年
全　国	**159**	**4773**	**4201**	**32538**	**28664**	**495643**	**449391**
北　京	18	802	639	8238	6871	93255	81793
天　津	7	119	112	2470	2109	13841	14512
河　北	1	5	5	40	40	655	655
山　西	2	179	191	791	744	10327	11170
内蒙古							
辽　宁	2	49	47	723	665	5136	4896
吉　林	3	60	60	434	408	3604	2874
黑龙江							
上　海	7	281	283	1739	1990	29258	28554
江　苏	30	949	732	3875	3224	77103	60683
浙　江	23	649	475	3146	2402	110503	89886
安　徽	4	141	123	780	678	21450	20464
福　建	9	299	382	1597	1499	11497	11803
江　西	2	66	63	200	172	2387	2305
山　东	2	82	79	218	209	7600	7350
河　南	12	382	396	3782	3930	40532	46848
湖　北	13	215	151	1745	1538	32002	28677
湖　南	2	18	15	198	171	1378	1138
广　东	14	381	353	2140	1645	23618	24300
广　西	1	8	7	100	58	105	91
海　南							
重　庆	3	57	57	105	98	4497	4497
四　川							
贵　州	1	8	8	64	66	1044	1044
云　南	2	21	21	75	75	1651	1651
西　藏							
陕　西							
甘　肃							
青　海							
宁　夏							
新　疆	1	2	2	78	72	4200	4200

2-13 续表 10

纺织、服装及日用品专门零售

项　目	连锁总店数（个）	门店数（个）		年末从业人员（人）		年末零售营业面积（平方米）	
	2008年	2008年	2007年	2008年	2007年	2008年	2007年
全　国	**156**	**13821**	**12544**	**78326**	**63477**	**1023833**	**857120**
北　京	29	611	509	9141	8366	144504	126528
天　津	4	60	59	789	953	16305	19475
河　北	3	47	51	228	202	7597	7454
山　西	1	8	8	79	90	1116	1200
内蒙古							
辽　宁	4	61	54	588	511	7129	7223
吉　林	5	35	29	1065	851	21759	15079
黑龙江	1	5	5	139	139	800	1000
上　海	10	1283	1159	6223	5720	70054	63054
江　苏	1	24	22	214	255	1053	823
浙　江	12	2731	2162	10784	7652	174688	117237
安　徽	1	5	5	41	22	1680	1680
福　建	6	171	147	1498	917	19392	11896
江　西	3	16	16	423	377	5937	5272
山　东	5	36	34	484	468	14151	13727
河　南	14	118	111	1032	810	11487	10962
湖　北	10	222	198	3259	3018	42288	33159
湖　南	5	56	49	2109	1282	22595	21023
广　东	24	8017	7643	37319	28960	391777	341484
广　西							
海　南	2	70	54	225	219	5738	5825
重　庆	5	131	118	1228	1105	16005	13631
四　川	1	29		193		2150	
贵　州	1	11	11	263	246	8520	8520
云　南	1	5	1	177	106	4714	1458
西　藏							
陕　西	3	44	80	540	916	7839	11988
甘　肃							
青　海	2	12	6	245	252	23783	16650
宁　夏							
新　疆	3	13	13	40	40	772	772

2-13 续表 11

文化、体育用品及器材专门零售

项　目	连锁总店数（个）	门店数（个）		年末从业人员（人）		年末零售营业面积（平方米）	
	2008年	2008年	2007年	2008年	2007年	2008年	2007年
全　国	**87**	**1562**	**1554**	**31628**	**28869**	**860372**	**828308**
北　京	6	64	68	1362	601	44105	17851
天　津	1	15	15	911	934	9631	12246
河　北							
山　西	3	18	18	564	561	9415	9415
内蒙古							
辽　宁	1	23	23	240	230	42126	42126
吉　林	1	5	1	68	13	375	60
黑龙江	4	46	33	1427	891	43271	32623
上　海	5	279	269	4479	3056	112628	114945
江　苏	3	15	14	264	227	13415	13132
浙　江	5	35	45	851	865	5418	5630
安　徽	1	15	15	637	625	25720	24720
福　建	2	10	10	345	345	4612	4612
江　西	5	32	31	614	747	22400	21740
山　东	8	48	52	1105	1172	55078	56485
河　南	1	5	5	274	270	800	800
湖　北	5	45	44	1652	1652	24315	25335
湖　南	2	10	37	214	99	3464	3245
广　东	11	124	128	2313	2469	48903	54431
广　西	1	3	2	280	280	15000	15000
海　南							
重　庆	3	384	366	3527	3491	62968	63297
四　川	1	187	193	6283	6315	111989	116399
贵　州	2	11	11	284	273	8815	8815
云　南	3	71	70	2047	2086	79089	73224
西　藏							
陕　西							
甘　肃							
青　海							
宁　夏	1	8	8	281	281	10609	10609
新　疆	12	109	96	1606	1386	106226	101568

2-13 续表 12

医药及医疗器材专门零售

项　目	连锁总店数（个）	门店数（个）		年末从业人员（人）		年末零售营业面积（平方米）	
	2008年	2008年	2007年	2008年	2007年	2008年	2007年
全　国	**596**	**30844**	**26412**	**167665**	**143811**	**3446122**	**2875537**
北　京	24	962	1089	6238	6661	148879	162506
天　津	5	282	135	2118	1050	35560	19464
河　北	19	296	268	2616	2799	31322	28339
山　西	9	232	182	2383	1113	35710	16479
内蒙古	7	127	136	845	826	15630	17909
辽　宁	30	1624	1467	11121	9383	238353	239367
吉　林	7	380	354	1923	1638	43855	38525
黑龙江	13	712	619	5936	5428	114145	104480
上　海	16	1329	1213	7098	7252	205581	123713
江　苏	51	1925	1824	10953	10437	253542	213829
浙　江	69	1899	1781	7800	7037	163349	153382
安　徽	13	270	232	1968	1777	56436	44754
福　建	16	242	184	1449	1215	27623	19534
江　西	13	402	402	3478	3975	54533	60888
山　东	32	1139	1060	4642	4599	93454	81037
河　南	45	1402	1274	7049	5945	97578	69767
湖　北	33	2522	2138	12700	10628	170149	138878
湖　南	17	1089	879	17530	11129	253993	197350
广　东	49	4064	3792	19330	18329	546932	458009
广　西	16	771	707	4674	4484	80144	72225
海　南	4	109	87	182	187	21427	16636
重　庆	20	3612	1597	8948	5116	154550	111661
四　川	33	2338	2035	7602	5579	165789	125834
贵　州	14	323	311	2305	2240	33589	31664
云　南	5	1289	1163	8374	7032	193084	161455
西　藏							
陕　西	5	236	203	2112	2244	88659	40432
甘　肃	6	142	148	1919	1538	27701	36533
青　海	3	457	512	800	1101	23904	23911
宁　夏	5	89	75	883	810	13938	11196
新　疆	17	580	545	2689	2259	56713	55780

2-13 续表 13

汽车、摩托车、燃料及零配件专门零售

项目	连锁总店数(个)	门店数(个)		年末从业人员(人)		年末零售营业面积(平方米)	
	2008年	2008年	2007年	2008年	2007年	2008年	2007年
全国	**140**	**7707**	**7193**	**69539**	**63922**	**7206587**	**7007464**
北京	3	562	561	5782	4914	167403	179418
天津	3	684	648	3873	3552	507400	458400
河北							
山西	4	292	291	2361	2405	171068	61320
内蒙古							
辽宁	4	259	246	3497	3373	361312	99261
吉林							
黑龙江							
上海	2	555	545	7659	6243	349704	921535
江苏	2	15	18	186	145	4910	6104
浙江	3	16	18	113	123	12800	13820
安徽							
福建	26	972	722	8403	6896	1277495	885582
江西	6	368	370	2961	2497	201362	970707
山东	2	105	93	1370	879	80600	67720
河南	8	571	497	2245	2461	212332	22864
湖北	10	436	428	4468	4862	530653	493070
湖南	29	1878	1827	13929	13696	1319757	1150367
广东	10	244	223	5959	5732	1034669	840812
广西	3	245	234	1340	1653	269790	269790
海南							
重庆							
四川	2	51	52	591	617	100624	90524
贵州	3	18	14	463	534	39316	37316
云南	1	64	73	1100	1009	21000	23800
西藏							
陕西	1	5	5	76	54	6000	4000
甘肃	1	69	70			18370	18110
青海							
宁夏	1	11		119			
新疆	16	287	258	3044	2277	520022	392944

2-13 续表 14

家用电器及电子产品专门零售

项目	连锁总店数(个)	门店数(个)		年末从业人员(人)		年末零售营业面积(平方米)	
	2008年	2008年	2007年	2008年	2007年	2008年	2007年
全国	**207**	**4060**	**3428**	**215988**	**190870**	**9626095**	**6364518**
北京	10	421	440	14960	11050	894377	811634
天津	4	84	73	3318	3040	297317	215602
河北	7	77	32	2413	1630	163026	91957
山西	2	22	18	1257	1389	75072	65185
内蒙古	2	11	10	673	544	24554	24200
辽宁	4	70	63	1439	1306	95119	80390
吉林	5	38	22	1821	1238	106585	72205
黑龙江	3	31	24	746	624	50151	34543
上海	7	181	169	21981	14728	453988	306216
江苏	15	1615	1366	114379	110888	4500734	2405400
浙江	8	58	59	1373	1446	92600	85837
安徽	5	47	53	1963	1975	87218	82389
福建	21	152	131	7429	5579	359400	204398
江西	8	47	41	1764	1509	87556	66013
山东	10	65	66	1741	1694	108771	104936
河南	18	143	99	3495	2819	211910	151042
湖北	9	128	98	5306	4291	432820	319172
湖南	8	75	61	2586	2324	183208	166037
广东	32	440	340	15383	14516	771938	630684
广西	3	22	20	153	147	31489	31489
海南	1	4	2	280	263	16712	9312
重庆	4	85	62	2781	2473	266766	217174
四川	8	87	44	4672	1565	110916	16110
贵州							
云南	6	52	40	1959	1447	149055	68536
西藏							
陕西	1	2	2	93	96	3000	3000
甘肃							
青海							
宁夏	2	42	34	367	309	25160	24067
新疆	4	61	59	1656	1980	26653	76990

2-13 续表 15

五金、家具及室内装修材料专门零售

项目	连锁总店数（个）	门店数（个）		年末从业人员（人）		年末零售营业面积（平方米）	
	2008年	2008年	2007年	2008年	2007年	2008年	2007年
全国	**29**	**177**	**153**	**14936**	**13446**	**1169644**	**839262**
北京	5	41	19	3644	978	339352	68204
天津	1	5	5	898	1093	51632	51632
河北							
山西							
内蒙古							
辽宁							
吉林							
黑龙江							
上海	6	54	56	5396	5753	231074	253057
江苏	3	5	5	693	703	65500	65543
浙江	1	1	1	101	102	5400	5400
安徽							
福建	1	2	3	109	164	14119	14119
江西	2	6	6	18	18	3280	3280
山东	1	3	3	251	302	20000	20000
河南							
湖北							
湖南							
广东	7	33	32	2575	2867	292505	277027
广西							
海南							
重庆							
四川	1	2	2	192	190	27000	27000
贵州							
云南							
西藏							
陕西							
甘肃							
青海							
宁夏							
新疆	1	25	21	1059	1276	119782	54000

2-13 续表 16

无店铺及其他零售

项 目	连锁总店数（个）	门店数（个）		年末从业人员（人）		年末零售营业面积（平方米）	
	2008年	2008年	2007年	2008年	2007年	2008年	2007年
全 国	**13**	**189**	**176**	**1087**	**1133**	**21984**	**14848**
北 京							
天 津							
河 北	1	3	4	6	5	90	120
山 西							
内蒙古							
辽 宁							
吉 林							
黑龙江	1	31	31	46	75	460	460
上 海	2	39	46	85	100	4950	4950
江 苏	1	26	26	66	36	9266	2600
浙 江							
安 徽							
福 建							
江 西							
山 东							
河 南	1	6	7	142	142	350	450
湖 北	1	4	4	46	55	400	400
湖 南	2	28	28	224	282	2170	2770
广 东	2	23	20	146	142	1000	1300
广 西	1	19		43		1500	
海 南							
重 庆							
四 川							
贵 州							
云 南							
西 藏							
陕 西							
甘 肃							
青 海							
宁 夏	1	10	10	283	296	1798	1798
新 疆							

2-14 按行业分各地区连锁零售企业直营门店基本情况

批发业

项目	门店数（个）		年末从业人员（人）		年末零售营业面积（平方米）	
	2008年	2007年	2008年	2007年	2008年	2007年
全国	**26261**	**25558**	**249272**	**237279**	**30933058**	**29242181**
北京						
天津	33	33	878	671	6476	6402
河北	2655	2780	19695	18447	2459524	2504247
山西						
内蒙古	1476	1453	9151	8863	177120	176850
辽宁	964	830	9114	7218	1045985	1037123
吉林	183	183	2770	2770	365000	184000
黑龙江	52	54	3022	2873	1913	1851
上海	195	193	1138	1247	7861	9441
江苏	3379	3550	39518	36081	3673532	3304367
浙江	3520	3416	33261	35106	5325209	5268391
安徽	1932	1953	19467	19107	1697992	1655651
福建	107	100	5158	5446	102518	96075
江西	832	690	9402	7125	699672	921232
山东	2855	2733	7177	6598	841796	773696
河南	1262	1025	7245	5799	1398971	1269762
湖北	234	218	2450	2221	88739	77799
湖南						
广东	3131	3024	45627	44292	8377907	8157791
广西	883	769	6739	5956	1241997	1075576
海南						
重庆	464	560	6779	7060	1025828	1049287
四川	266	265	2679	2883	352263	343460
贵州	49	39	338	306	13383	13226
云南	618	540	4677	4268	778181	155694
西藏	6	6	6	6	120	120
陕西	34	35	2857	2982	1500	1500
甘肃	164	175	1533	1490	167598	167435
青海						
宁夏	107	79	1380	1221	183853	159574
新疆	860	855	7211	7243	898120	831631

2-14 续表 1

食品、饮料及烟草制品批发

项　　目	门店数(个)		年末从业人员(人)		年末零售营业面积(平方米)	
	2008年	2007年	2008年	2007年	2008年	2007年
全　　国	**1525**	**1557**	**19676**	**17152**	**101140**	**95250**
北　　京						
天　　津	6	6	88	81	342	342
河　　北	3	3	36	36	85	85
山　　西						
内 蒙 古						
辽　　宁	57	34	254	262	4762	3964
吉　　林						
黑 龙 江	3	3	176	176		
上　　海	76	77	895	905	6931	8046
江　　苏	613	725	3564	3173	10865	12660
浙　　江	175	179	1010	1153	13073	13731
安　　徽						
福　　建	26	18	1315	1352	21982	15837
江　　西	32	21	2870	1289	800	800
山　　东	303	284	2623	2380	18375	16375
河　　南	26	12	996	132	885	610
湖　　北	14	13	515	490	857	767
湖　　南						
广　　东	88	82	1377	1413	8406	8256
广　　西						
海　　南						
重　　庆	8	5	65	65	1200	1200
四　　川	22	22	482	679	9000	9000
贵　　州						
云　　南						
西　　藏	6	6	6	6	120	120
陕　　西	23	23	2646	2808		
甘　　肃						
青　　海						
宁　　夏						
新　　疆	44	44	758	752	3457	3457

2-14 续表 2

纺织、服装及日用品批发

项目	门店数（个）		年末从业人员（人）		年末零售营业面积（平方米）	
	2008年	2007年	2008年	2007年	2008年	2007年
全国	**264**	**253**	**4662**	**4153**	**272482**	**218476**
北京						
天津						
河北	84	82	575	560	8206	8741
山西						
内蒙古						
辽宁	27	27	207	182	7300	7300
吉林						
黑龙江						
上海	8	5	143	242	680	1145
江苏	54	54	555	533	4500	5200
浙江						
安徽	10	8	2485	2186	240500	185800
福建						
江西	4	4	19	18	300	300
山东						
河南						
湖北						
湖南						
广东	70	67	572	332	9170	8321
广西						
海南						
重庆						
四川						
贵州	7	6	106	100	1826	1669
云南						
西藏						
陕西						
甘肃						
青海						
宁夏						
新疆						

2-14 续表 3

文化、体育用品及器材批发

项目	门店数(个)		年末从业人员(人)		年末零售营业面积(平方米)	
	2008年	2007年	2008年	2007年	2008年	2007年
全国	**490**	**494**	**17903**	**17882**	**730918**	**694290**
北京						
天津						
河北						
山西						
内蒙古						
辽宁						
吉林						
黑龙江						
上海						
江苏	80	82	6154	6156	364400	336873
浙江	268	270	6169	5936	238264	229896
安徽						
福建	79	80	3715	3966	74705	74407
江西						
山东						
河南						
湖北						
湖南						
广东	28	27	1128	1129	14299	13864
广西						
海南						
重庆						
四川						
贵州	2	2	67	43	10307	10307
云南						
西藏						
陕西						
甘肃						
青海						
宁夏	33	33	670	652	28943	28943
新疆						

2-14 续表 4

医药及医疗器材批发

项　目	门店数(个)		年末从业人员(人)		年末零售营业面积(平方米)	
	2008年	2007年	2008年	2007年	2008年	2007年
全　国	**830**	**753**	**6573**	**6202**	**400658**	**332329**
北　京						
天　津	15	15	104	142	3282	3208
河　北	35	34	404	451	8920	8420
山　西						
内蒙古						
辽　宁	90	39	986	247	20674	12694
吉　林						
黑龙江						
上　海						
江　苏	3	82	184	292	2000	6200
浙　江	54	48	273	914	1280	1100
安　徽	72	69	698	583	9209	8698
福　建						
江　西						
山　东	27	9	99	90	275821	219021
河　南	89	84	496	417	5523	5115
湖　北	39	38	555	469	6937	4392
湖　南						
广　东	38	25	190	250	3040	2000
广　西	5	4	16	15	209	185
海　南						
重　庆	19	19	61	61	715	715
四　川	66	62	423	437	10932	4748
贵　州						
云　南	258	204	1791	1576	49431	53088
西　藏						
陕　西	11	12	211	174	1500	1500
甘　肃						
青　海						
宁　夏						
新　疆	9	9	82	84	1185	1245

2-14 续表 5

矿产品、建材及化工产品批发

项 目	门店数(个)		年末从业人员(人)		年末零售营业面积(平方米)	
	2008年	2007年	2008年	2007年	2008年	2007年
全 国	**22754**	**22055**	**191544**	**181537**	**29272479**	**27731405**
北 京						
天 津						
河 北	2533	2661	18680	17400	2442313	2487001
山 西						
内蒙古	1476	1453	9151	8863	177120	176850
辽 宁	790	730	7667	6527	1013249	1013165
吉 林	183	183	2770	2770	365000	184000
黑龙江	49	51	2846	2697	1913	1851
上 海	106	106				
江 苏	2627	2605	28800	25637	3280767	2931434
浙 江	2840	2683	23427	23351	5008792	4955941
安 徽	1834	1859	15882	15606	1413783	1418553
福 建	2	2	128	128	5831	5831
江 西	786	655	6021	5282	698022	919602
山 东	2521	2436	4347	4008	544000	534700
河 南	1140	922	5648	5130	1391563	1263037
湖 北	181	167	1380	1262	80945	72640
湖 南						
广 东	2802	2730	39104	38310	8316873	8100158
广 西	869	753	6374	5521	1236944	1069837
海 南						
重 庆	437	536	6653	6934	1023913	1047372
四 川	164	167	1638	1640	331201	328982
贵 州	40	31	165	163	1250	1250
云 南	329	302	2249	1842	723014	94206
西 藏						
陕 西						
甘 肃	164	175	1533	1490	167598	167435
青 海						
宁 夏	74	46	710	569	154910	130631
新 疆	807	802	6371	6407	893478	826929

2-14 续表 6

机械设备、五金交电及电子产品批发

项　　目	门店数（个）		年末从业人员（人）		年末零售营业面积（平方米）	
	2008年	2007年	2008年	2007年	2008年	2007年
全　　国	**398**	**446**	**8914**	**10353**	**155381**	**170431**
北　　京						
天　　津	12	12	686	448	2852	2852
河　　北						
山　　西						
内 蒙 古						
辽　　宁						
吉　　林						
黑 龙 江						
上　　海	5	5	100	100	250	250
江　　苏	2	2	261	290	11000	12000
浙　　江	183	236	2382	3752	63800	67723
安　　徽	16	17	402	732	34500	42600
福　　建						
江　　西	10	10	492	536	550	530
山　　东	4	4	108	120	3600	3600
河　　南	7	7	105	120	1000	1000
湖　　北						
湖　　南						
广　　东	105	93	3256	2858	26119	25192
广　　西	9	12	349	420	4844	5554
海　　南						
重　　庆						
四　　川	14	14	136	127	1130	730
贵　　州						
云　　南	31	34	637	850	5736	8400
西　　藏						
陕　　西						
甘　　肃						
青　　海						
宁　　夏						
新　　疆						

2-14 续表 7

零售业

项　目	门店数（个）		年末从业人员（人）		年末零售营业面积（平方米）	
	2008年	2007年	2008年	2007年	2008年	2007年
全　国	**63430**	**57803**	**1421128**	**1209670**	**63423202**	**52112862**
北　京	4229	4037	121755	109129	4617867	4074051
天　津	1729	1318	26652	23902	1485500	1184933
河　北	766	675	30462	29463	1196537	1020272
山　西	820	773	22092	19177	618735	426935
内蒙古	170	169	4088	3878	151524	150787
辽　宁	2150	1965	25002	22698	1213939	915027
吉　林	517	465	9787	8122	367395	314377
黑龙江	770	734	15418	13202	395040	330496
上　海	11237	10970	211840	195525	6181164	6030382
江　苏	6530	5574	219428	164734	8345908	4966521
浙　江	4084	3527	64531	55650	2833530	2220480
安　徽	986	886	34685	29543	1247034	1110716
福　建	1986	1696	35840	31778	2204664	1535742
江　西	1013	1002	19171	18085	1028707	1657178
山　东	2516	2358	85687	64481	9146397	7856683
河　南	2548	2283	41869	29838	1338597	818998
湖　北	2959	2663	77494	64600	3755060	3271489
湖　南	3223	2950	65589	56213	3452910	2960775
广　东	5354	4919	147607	134997	7456675	6109256
广　西	828	732	9293	9320	494674	477041
海　南	96	85	682	698	48485	35959
重　庆	1908	1746	45531	38167	1904779	1551136
四　川	3203	2751	41757	31491	1148823	934901
贵　州	402	375	4210	4139	103747	99674
云　南	1639	1488	19874	17724	675218	508813
西　藏	4		364		12500	
陕　西	323	330	18734	14342	695991	433959
甘　肃	281	273	2695	2498	97865	99643
青　海	69	75	2897	2111	110763	87598
宁　夏	193	147	3443	2484	138048	130451
新　疆	897	837	12651	11681	955126	798589

2-14 续表 8

综合零售

项 目	门店数(个)		年末从业人员(人)		年末零售营业面积(平方米)	
	2008年	2007年	2008年	2007年	2008年	2007年
全 国	**25932**	**24083**	**896575**	**776983**	**41259755**	**34983284**
北 京	1474	1385	77563	73672	2944460	2718446
天 津	551	327	12481	11302	560352	399740
河 北	342	324	25159	24787	993847	891747
山 西	178	176	14991	13210	320370	266622
内蒙古	75	62	2602	2528	112983	110278
辽 宁	443	449	8798	8756	495723	477352
吉 林	161	165	4476	3974	200917	195684
黑龙江	126	141	7525	6401	191858	163335
上 海	8698	8475	163046	155873	5014419	4466519
江 苏	2413	2165	91659	72147	3470276	2890517
浙 江	1860	1651	50787	44280	2443002	1891999
安 徽	556	497	29388	24545	1056856	938834
福 建	308	276	15660	15754	496235	392243
江 西	76	73	9713	8790	651252	526973
山 东	1383	1279	76669	55925	8806024	7541431
河 南	580	525	27252	17048	812086	569297
湖 北	1362	1245	57348	45809	2608630	2301512
湖 南	496	424	30601	28691	1688066	1436631
广 东	1724	1554	95322	85817	4853723	3958313
广 西	175	170	4460	4636	125801	116244
海 南	7	5	131	108	9400	7100
重 庆	664	567	35032	28469	1483627	1191845
四 川	1744	1688	24734	19473	695272	618935
贵 州	94	91	951	906	25451	25223
云 南	140	121	6158	5972	227079	178727
西 藏	4		364		12500	
陕 西	120	98	16302	11636	603413	386471
甘 肃	79	68	862	1068	52986	46457
青 海	15	27	2033	1698	79676	65837
宁 夏	34	21	1525	804	86741	82979
新 疆	50	34	2983	2904	136730	125993

2-14 续表 9

食品、饮料及烟草制品专门零售

项目	门店数（个）		年末从业人员（人）		年末零售营业面积（平方米）	
	2008年	2007年	2008年	2007年	2008年	2007年
全国	**3803**	**3340**	**26424**	**22946**	**406489**	**365768**
北京	477	392	5646	5012	59963	55998
天津	100	95	2430	2071	12481	13352
河北	5	5	40	40	655	655
山西	179	191	791	744	10327	11170
内蒙古						
辽宁	49	47	723	665	5136	4896
吉林	60	60	434	408	3604	2874
黑龙江						
上海	281	283	1449	1686	26508	25224
江苏	943	726	3860	3214	76623	60203
浙江	582	412	2962	2237	102137	81570
安徽	115	103	780	678	21009	20104
福建	205	279	1240	1190	10002	10258
江西	66	63	200	172	2387	2305
山东	9	9	72	69	1500	1500
河南	169	155	1647	1401	16586	14709
湖北	207	143	1686	1482	31482	28157
湖南	18	15	198	171	1378	1138
广东	243	268	1845	1340	13252	20210
广西	8	7	100	58	105	91
海南						
重庆	57	57	105	98	4497	4497
四川						
贵州	8	8	64	66	1044	1044
云南	20	20	74	72	1613	1613
西藏						
陕西						
甘肃						
青海						
宁夏						
新疆	2	2	78	72	4200	4200

2-14 续表 10

纺织、服装及日用品专门零售

项目	门店数(个)		年末从业人员(人)		年末零售营业面积(平方米)	
	2008年	2007年	2008年	2007年	2008年	2007年
全国	**2812**	**2418**	**40035**	**34708**	**609083**	**477150**
北京	587	490	9000	8274	142239	124643
天津	60	59	789	953	16305	19475
河北	47	51	228	202	7597	7454
山西	8	8	79	90	1116	1200
内蒙古						
辽宁	61	54	588	511	7129	7223
吉林	35	29	1065	851	21759	15079
黑龙江	5	5	139	139	800	1000
上海	529	511	3842	3798	43384	40144
江苏	2	3	93	123	250	140
浙江	238	85	2194	932	44425	13997
安徽	5	5	41	22	1680	1680
福建	131	108	1335	754	17692	7561
江西	16	16	423	377	5937	5272
山东	36	34	484	468	14151	13727
河南	118	111	1032	810	11487	10962
湖北	212	188	3209	2968	41788	32659
湖南	56	49	2109	1282	22595	21023
广东	452	410	10756	9565	143294	98692
广西						
海南	24	24	225	219	5738	5825
重庆	78	67	961	810	12355	10006
四川	29		193		2150	
贵州	11	11	263	246	8520	8520
云南	3	1	162	106	4298	1458
西藏						
陕西	44	80	540	916	7839	11988
甘肃						
青海	12	6	245	252	23783	16650
宁夏						
新疆	13	13	40	40	772	772

2-14 续表 11

文化、体育用品及器材专门零售

项　目	门店数（个）		年末从业人员（人）		年末零售营业面积（平方米）	
	2008年	2007年	2008年	2007年	2008年	2007年
全　国	**1539**	**1519**	**31441**	**28585**	**856161**	**823506**
北　京	56	55	1346	565	43626	17031
天　津	15	15	911	934	9631	12246
河　北						
山　西	18	18	564	561	9415	9415
内蒙古						
辽　宁	23	23	240	230	42126	42126
吉　林	5	1	68	13	375	60
黑龙江	46	33	1427	891	43271	32623
上　海	279	269	4479	3056	112628	114945
江　苏	15	14	264	227	13415	13132
浙　江	35	45	851	865	5418	5630
安　徽	15	15	637	625	25720	24720
福　建	10	10	345	345	4612	4612
江　西	32	31	614	747	22400	21740
山　东	48	52	1105	1172	55078	56485
河　南	5	5	274	270	800	800
湖　北	39	38	1552	1552	23615	24635
湖　南	10	37	214	99	3464	3245
广　东	123	127	2309	2464	48803	54331
广　西	3	2	280	280	15000	15000
海　南						
重　庆	382	364	3521	3485	62878	63207
四　川	183	182	6243	6200	109659	113819
贵　州	11	11	284	273	8815	8815
云　南	71	70	2047	2086	79089	73224
西　藏						
陕　西						
甘　肃						
青　海						
宁　夏	8	8	281	281	10609	10609
新　疆	107	94	1585	1364	105714	101056

2-14 续表 12

医药及医疗器材专门零售

项　目	门店数（个）		年末从业人员（人）		年末零售营业面积（平方米）	
	2008年	2007年	2008年	2007年	2008年	2007年
全　国	**17634**	**16061**	**130726**	**112485**	**2739248**	**2287188**
北　京	645	724	4690	4908	94727	106797
天　津	230	96	1952	957	30382	14486
河　北	292	259	2616	2799	31322	28339
山　西	123	71	2049	778	31367	12023
内蒙古	84	97	813	806	13987	16309
辽　宁	1245	1083	9717	7857	207394	203779
吉　林	218	188	1923	1638	34155	28475
黑龙江	531	500	5535	5072	108500	98535
上　海	711	706	5065	5450	133916	87199
江　苏	1717	1635	10368	9785	234634	196384
浙　江	1297	1259	6293	5791	134298	128777
安　徽	248	213	1876	1698	54551	42989
福　建	206	167	1319	1096	25109	16969
江　西	402	402	3478	3975	54533	60888
山　东	900	845	4284	4290	88903	77534
河　南	956	884	5782	4887	73046	48874
湖　北	581	529	4110	3812	87672	73884
湖　南	664	512	15748	9698	232472	179864
广　东	2097	1967	14000	13243	429735	357651
广　西	356	299	2917	2546	50989	44427
海　南	61	54	46	108	16635	13722
重　庆	642	629	3131	2832	74656	64407
四　川	1107	783	5132	3446	103202	68513
贵　州	263	243	2227	2168	30759	28914
云　南	1289	1163	8374	7032	193084	161455
西　藏						
陕　西	152	145	1723	1640	75739	28500
甘　肃	133	135	1833	1430	26509	35076
青　海	42	42	619	161	7304	5111
宁　夏	88	74	868	794	13740	10998
新　疆	354	357	2238	1788	45928	46309

2-14 续表 13

汽车、摩托车、燃料及零配件专门零售

项目	门店数(个)		年末从业人员(人)		年末零售营业面积(平方米)	
	2008年	2007年	2008年	2007年	2008年	2007年
全国	**7532**	**7031**	**67292**	**61741**	**6853451**	**6660028**
北京	533	532	5517	4670	159283	171298
天津	684	648	3873	3552	507400	458400
河北						
山西	292	291	2361	2405	171068	61320
内蒙古						
辽宁	259	246	3497	3373	361312	99261
吉林						
黑龙江						
上海	465	455	6497	5081	160297	732128
江苏	15	18	186	145	4910	6104
浙江	16	18	113	123	12800	13820
安徽						
福建	972	722	8403	6896	1277495	885582
江西	368	370	2961	2497	201362	970707
山东	74	72	1232	763	61970	51070
河南	571	497	2245	2461	212332	22864
湖北	436	428	4468	4862	530653	493070
湖南	1876	1824	13909	13666	1319557	1150067
广东	226	208	5371	5177	912723	721686
广西	245	234	1340	1653	269790	269790
海南						
重庆						
四川	51	52	591	617	100624	90524
贵州	15	11	421	480	29158	27158
云南	64	73	1100	1009	21000	23800
西藏						
陕西	5	5	76	54	6000	4000
甘肃	69	70			18370	18110
青海						
宁夏	11		119			
新疆	285	257	3012	2257	515347	389269

2-14 续表 14

家用电器及电子产品专门零售

项 目	门店数(个)		年末从业人员(人)		年末零售营业面积(平方米)	
	2008年	2007年	2008年	2007年	2008年	2007年
全 国	**3820**	**3025**	**213428**	**157920**	**9587547**	**5681828**
北 京	421	440	14960	11050	894377	811634
天 津	84	73	3318	3040	297317	215602
河 北	77	32	2413	1630	163026	91957
山 西	22	18	1257	1389	75072	65185
内蒙古	11	10	673	544	24554	24200
辽 宁	70	63	1439	1306	95119	80390
吉 林	38	22	1821	1238	106585	72205
黑龙江	31	24	746	624	50151	34543
上 海	181	169	21981	14728	453988	306216
江 苏	1394	982	112239	78354	4471034	1731898
浙 江	55	56	1230	1320	86050	79287
安 徽	47	53	1963	1975	87218	82389
福 建	152	131	7429	5579	359400	204398
江 西	47	41	1764	1509	87556	66013
山 东	65	66	1741	1694	108771	104936
河 南	143	99	3495	2819	211910	151042
湖 北	118	88	5075	4060	430820	317172
湖 南	75	61	2586	2324	183208	166037
广 东	434	334	15337	14457	771640	630046
广 西	22	20	153	147	31489	31489
海 南	4	2	280	263	16712	9312
重 庆	85	62	2781	2473	266766	217174
四 川	87	44	4672	1565	110916	16110
贵 州						
云 南	52	40	1959	1447	149055	68536
西 藏						
陕 西	2	2	93	96	3000	3000
甘 肃						
青 海						
宁 夏	42	34	367	309	25160	24067
新 疆	61	59	1656	1980	26653	76990

2-14 续表 15

五金、家具及室内装修材料专门零售

项 目	门店数（个）		年末从业人员（人）		年末零售营业面积（平方米）	
	2008年	2007年	2008年	2007年	2008年	2007年
全　国	**169**	**150**	**14120**	**13169**	**1089484**	**819262**
北　京	36	19	3033	978	279192	68204
天　津	5	5	898	1093	51632	51632
河　北						
山　西						
内蒙古						
辽　宁						
吉　林						
黑龙江						
上　海	54	56	5396	5753	231074	253057
江　苏	5	5	693	703	65500	65543
浙　江	1	1	101	102	5400	5400
安　徽						
福　建	2	3	109	164	14119	14119
江　西	6	6	18	18	3280	3280
山　东	1	1	100	100	10000	10000
河　南						
湖　北						
湖　南						
广　东	32	31	2521	2792	282505	267027
广　西						
海　南						
重　庆						
四　川	2	2	192	190	27000	27000
贵　州						
云　南						
西　藏						
陕　西						
甘　肃						
青　海						
宁　夏						
新　疆	25	21	1059	1276	119782	54000

2-14 续表 16

无店铺及其他零售

项目	门店数（个）		年末从业人员（人）		年末零售营业面积（平方米）	
	2008年	2007年	2008年	2007年	2008年	2007年
全国	**189**	**176**	**1087**	**1133**	**21984**	**14848**
北京						
天津						
河北	3	4	6	5	90	120
山西						
内蒙古						
辽宁						
吉林						
黑龙江	31	31	46	75	460	460
上海	39	46	85	100	4950	4950
江苏	26	26	66	36	9266	2600
浙江						
安徽						
福建						
江西						
山东						
河南	6	7	142	142	350	450
湖北	4	4	46	55	400	400
湖南	28	28	224	282	2170	2770
广东	23	20	146	142	1000	1300
广西	19		43		1500	
海南						
重庆						
四川						
贵州						
云南						
西藏						
陕西						
甘肃						
青海						
宁夏	10	10	283	296	1798	1798
新疆						

2-15 按行业分各地区连锁零售企业加盟门店基本情况

批发业

项 目	门店数(个)		年末从业人员(人)		年末零售营业面积(平方米)	
	2008年	2007年	2008年	2007年	2008年	2007年
全 国	**26347**	**22455**	**57506**	**45175**	**1510319**	**1289329**
北 京						
天 津						
河 北	27	27	245	245		
山 西						
内蒙古						
辽 宁	45	83	230	414	5557	11157
吉 林						
黑龙江						
上 海			72		4235	5047
江 苏	1863	1588	3789	2133	44648	61798
浙 江	2430	2004	3998	3078	206408	165689
安 徽	4026	3847	5823	5698	149100	155200
福 建						
江 西						
山 东	398	112	1330	298	1800	1300
河 南	1150	763	3414	2215	39700	30175
湖 北	93	87	259	224	2445	2108
湖 南						
广 东	5030	4021	17042	13420	219392	182682
广 西	623	126	1975	419	121581	32521
海 南						
重 庆	1065	1054	2568	2565	35768	34293
四 川	341	305	545	504	11253	11400
贵 州						
云 南	7944	7541	12948	11912	595273	550156
西 藏						
陕 西						
甘 肃						
青 海						
宁 夏	938	542	2800	1626	56280	32520
新 疆	374	355	468	424	16879	13283

2-15 续表 1

食品、饮料及烟草制品批发

项目	门店数（个）		年末从业人员（人）		年末零售营业面积（平方米）	
	2008年	2007年	2008年	2007年	2008年	2007年
全国	**5619**	**4020**	**14528**	**9853**	**176255**	**127371**
北京						
天津						
河北						
山西						
内蒙古						
辽宁	33	57	84	207	2275	5138
吉林						
黑龙江						
上海					4025	5047
江苏						
浙江	905	765	1345	1166	40035	29556
安徽						
福建						
江西						
山东	163	77	97	70	1800	1300
河南	1100	700	3290	2100	36300	28490
湖北						
湖南						
广东	3418	2421	9712	6310	91820	57840
广西						
海南						
重庆						
四川						
贵州						
云南						
西藏						
陕西						
甘肃						
青海						
宁夏						
新疆						

2-15 续表 2

纺织、服装及日用品批发

项　目	门店数（个）		年末从业人员（人）		年末零售营业面积（平方米）	
	2008年	2007年	2008年	2007年	2008年	2007年
全　国	**164**	**190**	**776**	**804**	**56762**	**70752**
北　京						
天　津						
河　北						
山　西						
内蒙古						
辽　宁						
吉　林						
黑龙江						
上　海			72		210	
江　苏						
浙　江						
安　徽	3	4	543	618	43500	54700
福　建						
江　西						
山　东						
河　南						
湖　北						
湖　南						
广　东	161	186	161	186	13052	16052
广　西						
海　南						
重　庆						
四　川						
贵　州						
云　南						
西　藏						
陕　西						
甘　肃						
青　海						
宁　夏						
新　疆						

2-15 续表 3

医药及医疗器材批发

项目	门店数(个)		年末从业人员(人)		年末零售营业面积(平方米)	
	2008年	2007年	2008年	2007年	2008年	2007年
全国	**2633**	**2527**	**8185**	**8022**	**182094**	**161219**
北京						
天津						
河北						
山西						
内蒙古						
辽宁	11	13	141	142	2982	2119
吉林						
黑龙江						
上海						
江苏						
浙江	228	163	62	50	930	750
安徽						
福建						
江西						
山东						
河南	18	18	40	47	800	
湖北	93	87	259	224	2445	2108
湖南						
广东	1301	1285	5713	5505	93520	93540
广西						
海南						
重庆	683	673	1372	1360	25095	23470
四川	245	235	440	424	9049	9296
贵州						
云南	54	53	158	270	47273	29936
西藏						
陕西						
甘肃						
青海						
宁夏						
新疆						

2-15 续表 4

矿产品、建材及化工产品批发

项目	门店数(个)		年末从业人员(人)		年末零售营业面积(平方米)	
	2008年	2007年	2008年	2007年	2008年	2007年
全国	**17774**	**15623**	**32423**	**25220**	**1069210**	**893269**
北京						
天津						
河北	27	27	245	245		
山西						
内蒙古						
辽宁	1	13	5	65	300	3900
吉林						
黑龙江						
上海						
江苏	1862	1586	3740	2120	43430	41560
浙江	1235	1076	2249	1862	159543	135383
安徽	4020	3839	5280	5080	103800	98100
福建						
江西						
山东	235	35	1233	228		
河南	32	45	84	68	2600	1685
湖北						
湖南						
广东	61	41	261	164	4000	1250
广西	623	126	1975	419	121581	32521
海南						
重庆	382	381	1196	1205	10673	10823
四川	94	69	97	72	2124	2024
贵州						
云南	7890	7488	12790	11642	548000	520220
西藏						
陕西						
甘肃						
青海						
宁夏	938	542	2800	1626	56280	32520
新疆	374	355	468	424	16879	13283

2-15 续表 5

机械设备、五金交电及电子产品批发

项目	门店数(个)		年末从业人员(人)		年末零售营业面积(平方米)	
	2008年	2007年	2008年	2007年	2008年	2007年
全国	**141**	**81**	**1589**	**1271**	**25998**	**36718**
北京						
天津						
河北						
山西						
内蒙古						
辽宁						
吉林						
黑龙江						
上海						
江苏	1	2	49	13	1218	20238
浙江	62		342		5900	
安徽	3	4			1800	2400
福建						
江西						
山东						
河南						
湖北						
湖南						
广东	73	74	1190	1250	17000	14000
广西						
海南						
重庆						
四川	2	1	8	8	80	80
贵州						
云南						
西藏						
陕西						
甘肃						
青海						
宁夏						
新疆						

2-15 续表 6

零售业

项 目	门店数（个）		年末从业人员（人）		年末零售营业面积（平方米）	
	2008年	2007年	2008年	2007年	2008年	2007年
全 国	**52464**	**45878**	**242870**	**254866**	**6111715**	**6276948**
北 京	1830	1609	9962	7808	337181	270567
天 津	143	128	582	507	20338	19938
河 北	1757	1629	6732	6837	147840	136389
山 西	845	760	3874	3265	27793	23257
内蒙古	43	39	32	20	1643	1600
辽 宁	1718	1681	6818	6741	142398	135442
吉 林	162	166			9700	10050
黑龙江	181	119	401	356	5645	5945
上 海	5481	5222	36205	39583	1104984	1118785
江 苏	3436	3461	46432	77986	979283	1604966
浙 江	10040	8594	24457	21222	689353	619700
安 徽	453	376	9356	8259	61256	57048
福 建	180	166	966	825	12564	14450
江 西	77	74	759	508	33915	32917
山 东	2988	2901	13458	14926	650157	629312
河 南	1698	1659	5539	5671	111445	111299
湖 北	3405	2617	12772	9637	217661	193567
湖 南	434	377	2251	1811	49170	73213
广 东	9923	9368	43876	35468	1054822	863988
广 西	491	474	3370	3302	84436	74255
海 南	94	63	136	79	4792	2914
重 庆	4005	1613	7565	3279	118774	70999
四 川	1928	1786	4519	3514	98957	95414
贵 州	63	71	120	126	12988	12908
云 南	222	96	557	269	13443	7905
西 藏						
陕 西	87	61	601	742	43920	19932
甘 肃	21	13	86	108	1192	1457
青 海	497	534	181	940	22750	23600
宁 夏	24	22	598	426	23543	18873
新 疆	238	199	665	651	29772	26258

2-15 续表 7

综合零售

项目	门店数(个)		年末从业人员(人)		年末零售营业面积(平方米)	
	2008年	2007年	2008年	2007年	2008年	2007年
全国	**26829**	**23937**	**155716**	**153361**	**4424882**	**4170078**
北京	1122	936	4789	3824	178713	178238
天津	72	72	376	376	13800	13800
河北	1753	1620	6732	6837	147840	136389
山西	736	649	3540	2930	23450	18801
内蒙古						
辽宁	1339	1297	5414	5215	111439	99854
吉林						
黑龙江						
上海	4019	3977	30339	34393	814492	866624
江苏	2979	2863	43571	44658	929392	912856
浙江	6875	5929	14033	12965	515123	476989
安徽	405	337	9264	8180	58930	54923
福建	10	7	316	234	6855	6005
江西	77	74	759	508	33915	32917
山东	2643	2593	12665	14159	610876	593309
河南	1039	1028	2137	2084	62967	58267
湖北	1430	974	3742	2384	131464	124853
湖南	7	7	449	350	27449	55427
广东	227	202	10996	9988	546432	386884
广西	76	66	1613	1364	55281	46457
海南						
重庆	980	592	1475	694	35140	20030
四川	693	523	2009	1266	34040	35513
贵州						
云南	219	95	541	266	12989	7867
西藏						
陕西	3	3	212	138	31000	8000
甘肃	12					
青海	82	64			6150	4800
宁夏	23	21	583	410	23345	18675
新疆	8	8	161	138	13800	12600

2-15 续表 8

食品、饮料及烟草制品专门零售

项 目	门店数（个）		年末从业人员（人）		年末零售营业面积（平方米）	
	2008年	2007年	2008年	2007年	2008年	2007年
全 国	**970**	**861**	**6114**	**5718**	**89154**	**83623**
北 京	325	247	2592	1859	33292	25795
天 津	19	17	40	38	1360	1160
河 北						
山 西						
内蒙古						
辽 宁						
吉 林						
黑龙江						
上 海			290	304	2750	3330
江 苏	6	6	15	10	480	480
浙 江	67	63	184	165	8366	8316
安 徽	26	20			441	360
福 建	94	103	357	309	1495	1545
江 西						
山 东	73	70	146	140	6100	5850
河 南	213	241	2135	2529	23946	32139
湖 北	8	8	59	56	520	520
湖 南						
广 东	138	85	295	305	10366	4090
广 西						
海 南						
重 庆						
四 川						
贵 州						
云 南	1	1	1	3	38	38
西 藏						
陕 西						
甘 肃						
青 海						
宁 夏						
新 疆						

2-15 续表 9

纺织、服装及日用品专门零售

项 目	门店数(个)		年末从业人员(人)		年末零售营业面积(平方米)	
	2008年	2007年	2008年	2007年	2008年	2007年
全 国	**11009**	**10126**	**38291**	**28769**	**414750**	**379970**
北 京	24	19	141	92	2265	1885
天 津						
河 北						
山 西						
内蒙古						
辽 宁						
吉 林						
黑龙江						
上 海	754	648	2381	1922	26670	22910
江 苏	22	19	121	132	803	683
浙 江	2493	2077	8590	6720	130263	103240
安 徽						
福 建	40	39	163	163	1700	4335
江 西						
山 东						
河 南						
湖 北	10	10	50	50	500	500
湖 南						
广 东	7565	7233	26563	19395	248483	242792
广 西						
海 南	46	30				
重 庆	53	51	267	295	3650	3625
四 川						
贵 州						
云 南	2		15		416	
西 藏						
陕 西						
甘 肃						
青 海						
宁 夏						
新 疆						

2-15 续表 10

文化、体育用品及器材专门零售

项　目	门店数(个)		年末从业人员(人)		年末零售营业面积(平方米)	
	2008年	2007年	2008年	2007年	2008年	2007年
全　国	**23**	**35**	**187**	**284**	**4211**	**4802**
北　京	8	13	16	36	479	820
天　津						
河　北						
山　西						
内蒙古						
辽　宁						
吉　林						
黑龙江						
上　海						
江　苏						
浙　江						
安　徽						
福　建						
江　西						
山　东						
河　南						
湖　北	6	6	100	100	700	700
湖　南						
广　东	1	1	4	5	100	100
广　西						
海　南						
重　庆	2	2	6	6	90	90
四　川	4	11	40	115	2330	2580
贵　州						
云　南						
西　藏						
陕　西						
甘　肃						
青　海						
宁　夏						
新　疆	2	2	21	22	512	512

2-15 续表 11

医药及医疗器材专门零售

项 目	门店数（个）		年末从业人员（人）		年末零售营业面积（平方米）	
	2008年	2007年	2008年	2007年	2008年	2007年
全　国	**13210**	**10351**	**36939**	**31326**	**706874**	**588349**
北　京	317	365	1548	1753	54152	55709
天　津	52	39	166	93	5178	4978
河　北	4	9				
山　西	109	111	334	335	4343	4456
内蒙古	43	39	32	20	1643	1600
辽　宁	379	384	1404	1526	30959	35588
吉　林	162	166			9700	10050
黑龙江	181	119	401	356	5645	5945
上　海	618	507	2033	1802	71665	36514
江　苏	208	189	585	652	18908	17445
浙　江	602	522	1507	1246	29051	24605
安　徽	22	19	92	79	1885	1765
福　建	36	17	130	119	2514	2565
江　西						
山　东	239	215	358	309	4551	3503
河　南	446	390	1267	1058	24532	20893
湖　北	1941	1609	8590	6816	82477	64994
湖　南	425	367	1782	1431	21521	17486
广　东	1967	1825	5330	5086	117197	100358
广　西	415	408	1757	1938	29155	27798
海　南	48	33	136	79	4792	2914
重　庆	2970	968	5817	2284	79894	47254
四　川	1231	1252	2470	2133	62587	57321
贵　州	60	68	78	72	2830	2750
云　南						
西　藏						
陕　西	84	58	389	604	12920	11932
甘　肃	9	13	86	108	1192	1457
青　海	415	470	181	940	16600	18800
宁　夏	1	1	15	16	198	198
新　疆	226	188	451	471	10785	9471

2-15 续表 12

汽车、摩托车、燃料及零配件专门零售

项 目	门店数（个）		年末从业人员（人）		年末零售营业面积（平方米）	
	2008年	2007年	2008年	2007年	2008年	2007年
全 国	**175**	**162**	**2247**	**2181**	**353136**	**347436**
北 京	29	29	265	244	8120	8120
天 津						
河 北						
山 西						
内蒙古						
辽 宁						
吉 林						
黑龙江						
上 海	90	90	1162	1162	189407	189407
江 苏						
浙 江						
安 徽						
福 建						
江 西						
山 东	31	21	138	116	18630	16650
河 南						
湖 北						
湖 南	2	3	20	30	200	300
广 东	18	15	588	555	121946	119126
广 西						
海 南						
重 庆						
四 川						
贵 州	3	3	42	54	10158	10158
云 南						
西 藏						
陕 西						
甘 肃						
青 海						
宁 夏						
新 疆	2	1	32	20	4675	3675

2-15 续表 13

家用电器及电子产品专门零售

项目	门店数（个）		年末从业人员（人）		年末零售营业面积（平方米）	
	2008年	2007年	2008年	2007年	2008年	2007年
全国	**240**	**403**	**2560**	**32950**	**38548**	**682690**
北京						
天津						
河北						
山西						
内蒙古						
辽宁						
吉林						
黑龙江						
上海						
江苏	221	384	2140	32534	29700	673502
浙江	3	3	143	126	6550	6550
安徽						
福建						
江西						
山东						
河南						
湖北	10	10	231	231	2000	2000
湖南						
广东	6	6	46	59	298	638
广西						
海南						
重庆						
四川						
贵州						
云南						
西藏						
陕西						
甘肃						
青海						
宁夏						
新疆						

2-15 续表 14

五金、家具及室内装修材料专门零售

项　目	门店数(个)		年末从业人员(人)		年末零售营业面积(平方米)	
	2008年	2007年	2008年	2007年	2008年	2007年
全　国	**8**	**3**	**816**	**277**	**80160**	**20000**
北　京	5		611		60160	
天　津						
河　北						
山　西						
内蒙古						
辽　宁						
吉　林						
黑龙江						
上　海						
江　苏						
浙　江						
安　徽						
福　建						
江　西						
山　东	2	2	151	202	10000	10000
河　南						
湖　北						
湖　南						
广　东	1	1	54	75	10000	10000
广　西						
海　南						
重　庆						
四　川						
贵　州						
云　南						
西　藏						
陕　西						
甘　肃						
青　海						
宁　夏						
新　疆						

2–16 按行业分各地区连锁零售企业经营情况

批发业　　单位：万元

项　目	商品购进总额		统一配送商品购进额	
	2008年	2007年	2008年	2007年
全　国	**64916664**	**56827878**	**58599300**	**50021812**
北　京				
天　津	45441	37597	43465	35892
河　北	3570454	2985539	1938300	1613647
山　西				
内蒙古	2943382	2354705	2943382	2354705
辽　宁	2251521	1847128	1747222	1436700
吉　林	163832	163832	163832	163832
黑龙江	635673	523079	635673	523079
上　海	82253	77890	82253	77890
江　苏	9627514	9143469	9627210	9137789
浙　江	9412479	9031029	8703966	8311825
安　徽	4189339	3324237	4189339	3324237
福　建	415882	382477	108563	111869
江　西	785448	766072	764962	746315
山　东	6413250	5145539	6406689	5142283
河　南	1105447	547012	740019	520368
湖　北	657014	586267	657014	586267
湖　南				
广　东	16172776	15238594	14495316	11960507
广　西	1333457	1004238	1145680	890025
海　南				
重　庆	1290857	974322	1290659	974110
四　川	593781	533534	565680	509203
贵　州	27943	19219	27943	19219
云　南	538393	437447	411221	323986
西　藏	370	360	370	360
陕　西	241768	180124	241768	180124
甘　肃	336195	262442	170727	156586
青　海				
宁　夏	313505	88837	236264	38695
新　疆	1768691	1172890	1261786	882301

2-16 续表 1

批发业

项　目	自有配送中心配送商品购进额		非自有配送中心配送商品购进额	
	2008年	2007年	2008年	2007年
全　国	**33063631**	**27244467**	**18827416**	**18064321**
北　京				
天　津	2629	2666		
河　北	1069410	816041	10	8
山　西				
内蒙古	2649042	2119235		
辽　宁	1194022	999317	7788	8400
吉　林	163832	163832		
黑龙江	96145	91457		
上　海	64812	67551		
江　苏	3230008	2473328	4059695	5867859
浙　江	8435728	8135783	247918	157582
安　徽	3583004	2727912	51681	36371
福　建	108563	111869		
江　西	531562	459719		64805
山　东	6406689	5142283		
河　南	457830	215799	4730	8365
湖　北	38849	30532	551360	496862
湖　南				
广　东	863626	602272	13533392	11104985
广　西	814965	651686	73240	72711
海　南				
重　庆	1288619	973250	150	170
四　川	377101	368595	7917	7500
贵　州				
云　南	387439	315462		
西　藏				
陕　西	241768	180124		
甘　肃	111892	106586		
青　海				
宁　夏	236264	38695		
新　疆	709832	450477	289535	238704

单位：万元

商品销售总额		零售额	
2008年	2007年	2008年	2007年
75767964	**62928069**	**40544386**	**33322894**
53329	40272	9117	5635
4684098	3990780	2023391	1541404
2943382	2354705	2832870	2340705
3363884	2685699	864213	650258
555275	432055	555275	432055
656860	554935	551327	456436
143697	127267	67542	57029
10549065	9604859	5759961	5244593
9760836	7784011	5770833	5236232
4539476	3780802	3420187	2824870
381009	368877	162160	143461
2346431	1553113	1028839	633153
6364545	5593743	1221645	1057867
2060032	1288192	988035	492382
730145	647178	305184	289609
17507159	15193707	11843736	9592920
2826286	2101420	1258495	940992
1427353	1151036	309998	250852
820849	638508	169859	60877
23754	21494	10101	7157
1219396	926822	501939	383583
389	413	389	413
307906	270999	3484	3204
392327	302924	344358	267310
328609	203046	65562	34136
1781872	1311213	475887	375761

2–16 续表 2

食品、饮料及烟草制品批发

项目	商品购进总额		统一配送商品购进额		自有配送中心配送商品购进额	
	2008年	2007年	2008年	2007年	2008年	2007年
全国	**2691347**	**2023506**	**2515665**	**1972026**	**2175936**	**1734884**
北京						
天津	1976	1705				
河北	78	66	10	8		
山西						
内蒙古						
辽宁	39542	41838	30896	36538	23109	28128
吉林						
黑龙江	27687	34734	27687	34734	27687	34734
上海	55104	56067	55104	56067	55104	56067
江苏	297200	247561	297198	243023	297198	243023
浙江	108978	91962	108978	91962	98751	81474
安徽						
福建	51593	31601	17804	26609	17804	26609
江西	300923	277235	300923	277235	231407	217976
山东	461672	403122	461672	403122	461672	403122
河南	135485	8365	4730	8365		
湖北	73192	58873	73192	58873	6388	
湖南						
广东	374006	222609	373559	187724	256658	153066
广西						
海南						
重庆	1890	690	1890	690		
四川	316165	220279	316165	220279	309478	213210
贵州						
云南						
西藏	370	360	370	360		
陕西	238551	177364	238551	177364	238551	177364
甘肃						
青海						
宁夏						
新疆	206936	149074	206936	149074	152130	100112

单位：万元

非自有配送中心配送商品购进额		商品销售总额		零售额	
2008年	2007年	2008年	2007年	2008年	2007年
125659	**101198**	**3130742**	**2511163**	**454696**	**367577**
		2511	2351	1166	1040
10	8	159	149	159	149
7788	8400	29637	38290	14140	20831
		36146	38668		
		103625	102950	55340	53722
		292555	309243	64318	68412
1208	860	113362	94726	45535	39800
		19496	33483	14535	11106
		552771	374142	6971	3266
		477218	421535	57868	34506
4730	8365	128943	8534	4660	8534
		73521	59002	31458	25196
57117	34603	390983	255450	154865	97491
		2233	713	713	713
		366657	298203	2581	2399
		389	413	389	413
		304422	267795		
54806	48962	236114	205518		

2-16 续表 3

纺织、服装及日用品批发

项　目	商品购进总额		统一配送商品购进额		自有配送中心配送商品购进额	
	2008年	2007年	2008年	2007年	2008年	2007年
全　国	**726307**	**705701**	**724728**	**704214**	**158692**	**150902**
北　京						
天　津						
河　北	37829	42485	37829	42485	35935	40655
山　西						
内蒙古						
辽　宁	9698	9599	8119	8112		
吉　林						
黑龙江						
上　海	9708	11484	9708	11484	9708	11484
江　苏	51470	53346	51470	53346	51470	53346
浙　江						
安　徽	534167	527416	534167	527416		
福　建						
江　西	9554	9500	9554	9500		
山　东						
河　南						
湖　北						
湖　南						
广　东	66267	51643	66267	51643	61579	45417
广　西						
海　南						
重　庆						
四　川						
贵　州	7615	227	7615	227		
云　南						
西　藏						
陕　西						
甘　肃						
青　海						
宁　夏						
新　疆						

单位：万元

非自有配送中心配送商品购进额		商品销售总额		零售额	
2008年	2007年	2008年	2007年	2008年	2007年
4688	**6226**	**848555**	**790063**	**602082**	**575376**
		44147	40709	8721	8301
		9687	9454	8353	8382
		10522	11888	1252	2451
		65737	64988	37703	34142
		633663	608000	506022	485469
4688	6226	83619	54765	38851	36373
		1180	258	1180	258

2-16 续表 4

文化、体育用品及器材批发

项　目	商品购进总额		统一配送商品购进额		自有配送中心配送商品购进额	
	2008年	2007年	2008年	2007年	2008年	2007年
全　国	**2328590**	**2142710**	**2055061**	**1877095**	**2013006**	**1655129**
北　京						
天　津						
河　北						
山　西						
内蒙古						
辽　宁						
吉　林						
黑龙江						
上　海						
江　苏	1125705	889938	1125705	889938	1125705	889938
浙　江	746073	634421	746073	634421	746073	634421
安　徽						
福　建	279272	271443	5742	5828	5742	5828
江　西						
山　东						
河　南						
湖　北						
湖　南						
广　东	158815	329454	158815	329454	122683	112078
广　西						
海　南						
重　庆						
四　川						
贵　州	5923	4590	5923	4590		
云　南						
西　藏						
陕　西						
甘　肃						
青　海						
宁　夏	12803	12863	12803	12863	12803	12863
新　疆						

单位：万元

非自有配送中心配送商品购进额		商品销售总额		零售额	
2008年	2007年	2008年	2007年	2008年	2007年
		2385927	**2091497**	**1025050**	**966094**
		936484	862891	427495	399349
		673045	603067	315427	274850
		271696	251688	133951	123290
		488210	358690	142975	165086
		5923	4590	2369	1046
		10569	10572	2833	2474

2-16 续表 5

医药及医疗器材批发

项 目	商品购进总额		统一配送商品购进额		自有配送中心配送商品购进额	
	2008年	2007年	2008年	2007年	2008年	2007年
全 国	**349614**	**300553**	**278053**	**235470**	**185723**	**134822**
北 京						
天 津	2629	2666	2629	2666	2629	2666
河 北	16897	18976	11427	11603		
山 西						
内蒙古						
辽 宁	12159	2432	10205	2041	10205	2041
吉 林						
黑龙江						
上 海						
江 苏	22525	9006	22525	8700	22525	
浙 江	26523	21466	26523	21466	6729	6169
安 徽	24661	40072	24661	40072	4174	7534
福 建						
江 西						
山 东	4697	2617	4697	2617	4697	2617
河 南	8736	4420	7711	3455		
湖 北	57935	50532	57935	50532	32461	30532
湖 南						
广 东	18949	15207	18949	15207	18949	15207
广 西	203	197	203	197	203	197
海 南						
重 庆	14951	15051	14809	14892	14659	14722
四 川	42158	36609	42158	36609	41784	36250
贵 州						
云 南	85500	77160	30404	22653	23492	14129
西 藏						
陕 西	3217	2760	3217	2760	3217	2760
甘 肃						
青 海						
宁 夏						
新 疆	7875	1382				

单位：万元

非自有配送中心配送商品购进额		商品销售总额		零售额	
2008年	2007年	2008年	2007年	2008年	2007年
45419	**35467**	**370230**	**331149**	**170859**	**138998**
		2884	3242	2884	3242
		21814	23503	20695	20563
		11903	10073	11903	10073
		21072	11569	21072	11479
19795	15297	21298	16730	1608	1447
		30311	48880	18466	19139
		4458	3221	4458	3221
		9544	2058	2377	1468
25475	20000	59394	52781	6084	5630
		27180	19727	27116	19723
		170	170	170	170
150	170	15254	13261	3009	3031
		43834	38783	16962	16224
		90529	82093	23470	18528
		3484	3204	3484	3204
		7101	1856	7101	1856

2-16 续表 6

矿产品、建材及化工产品批发

项　目	商品购进总额		统一配送商品购进额		自有配送中心配送商品购进额	
	2008年	2007年	2008年	2007年	2008年	2007年
全　国	**57779423**	**50784707**	**51995261**	**44369190**	**27923021**	**23045219**
北　京						
天　津						
河　北	3515651	2924011	1889033	1559551	1033475	775386
山　西						
内蒙古	2943382	2354705	2943382	2354705	2649042	2119235
辽　宁	2190123	1793259	1698002	1390009	1160709	969148
吉　林	163832	163832	163832	163832	163832	163832
黑龙江	607986	488345	607986	488345	68457	56722
上　海						
江　苏	8056466	7875496	8056164	7874660	1658962	1218899
浙　江	8274951	8115098	7566438	7395894	7555138	7387061
安　徽	3586783	2696222	3586783	2696222	3535102	2659851
福　建	85017	79433	85017	79433	85017	79433
江　西	312926	307152	292440	287395	251408	181558
山　东	5940320	4736545	5940320	4736545	5940320	4736545
河　南	951846	523741	718198	498062	448450	205313
湖　北	525886	476862	525886	476862		
湖　南						
广　东	15261070	14401188	13584056	11157987	110088	93831
广　西	1275969	934193	1088192	819980	757477	581641
海　南						
重　庆	1274016	958581	1273960	958528	1273960	958528
四　川	223253	265519	199441	244815	25840	119135
贵　州	14405	14401	14405	14401		
云　南	384765	315274	312690	256320	312690	256320
西　藏						
陕　西						
甘　肃	336195	262442	170727	156586	111892	106586
青　海						
宁　夏	300703	75974	223461	25831	223461	25831
新　疆	1553880	1022434	1054850	733227	557703	350365

单位：万元

非自有配送中心配送商品购进额		商品销售总额		零售额	
2008年	2007年	2008年	2007年	2008年	2007年
18416817	**17772506**	**67985962**	**56266397**	**37858697**	**30883483**
		4617978	3926419	1993816	1512391
		2943382	2354705	2832870	2340705
		3312657	2627881	829818	610972
		555275	432055	555275	432055
		620715	516267	551327	456436
		10813	748	10813	748
4059695	5867859	9141941	8269818	5118096	4644862
		8672970	6783476	5257435	4782513
51681	36371	3740971	2968934	2828093	2244426
		89818	83706	13674	9065
	64805	1739812	1109902	997355	606633
		5876888	5165167	1159319	1020140
		1912284	1266693	976527	478497
525886	476862	597230	535396	267642	258783
13471587	11064156	16232309	14333612	11465825	9262049
73240	72711	2776151	2053209	1243106	923059
		1409866	1137063	306277	247108
		397178	289894	147352	39982
		16651	16646	6551	5853
		1072052	795569	421654	334330
		392327	302924	344358	267310
		318040	192475	62729	31663
234729	189742	1538657	1103840	468786	373905

2-16 续表 7

机械设备、五金交电及电子产品批发

项 目	商品购进总额		统一配送商品购进额		自有配送中心配送商品购进额	
	2008年	2007年	2008年	2007年	2008年	2007年
全 国	**1041382**	**870702**	**1030533**	**863819**	**607255**	**523510**
北 京						
天 津	40836	33226	40836	33226		
河 北						
山 西						
内蒙古						
辽 宁						
吉 林						
黑龙江						
上 海	17441	10339	17441	10339		
江 苏	74150	68122	74150	68122	74150	68122
浙 江	255954	168082	255954	168082	29038	26658
安 徽	43728	60527	43728	60527	43728	60527
福 建						
江 西	162045	172185	162045	172185	48748	60185
山 东	6561	3256				
河 南	9380	10486	9380	10486	9380	10486
湖 北						
湖 南						
广 东	293670	218492	293670	218492	293670	182672
广 西	57285	69848	57285	69848	57285	69848
海 南						
重 庆						
四 川	12205	11127	7917	7500		
贵 州						
云 南	68128	45013	68128	45013	51257	45013
西 藏						
陕 西						
甘 肃						
青 海						
宁 夏						
新 疆						

单位：万元

非自有配送中心配送商品购进额		商品销售总额		零售额	
2008年	2007年	2008年	2007年	2008年	2007年
234833	**148924**	**1046548**	**937800**	**433002**	**391365**
		47934	34679	5067	1354
		18737	11680	136	108
		91276	86350	91276	86350
226916	141424	280162	286013	150828	137621
		134532	154988	67606	75836
		53848	69069	24514	23253
		5981	3820		
		9261	10908	4471	3884
		284858	171464	14104	12199
		49966	48041	15219	17763
7917	7500	13179	11629	2964	2272
		56815	49160	56815	30725

2-16 续表 8

零售业

项　目	商品购进总额		统一配送商品购进额		自有配送中心配送商品购进额	
	2008年	2007年	2008年	2007年	2008年	2007年
全　国	**107013997**	**89005540**	**79221514**	**64604498**	**53485039**	**44556400**
北　京	12064266	10618884	5164372	4335659	2795136	2571246
天　津	3156257	1943432	2572766	1501527	698963	559816
河　北	1082620	750660	605338	448261	422197	354477
山　西	1272233	1033948	440701	282416	198743	118317
内蒙古	111683	91710	107936	88555	84838	70690
辽　宁	1886693	1507381	1501670	1228917	409080	341232
吉　林	333293	293227	179430	190014	123713	107168
黑龙江	633175	504394	607880	483304	253808	223216
上　海	15389844	14287126	11915093	11170740	7392591	7565874
江　苏	22475467	18026355	18554027	14292211	15737560	11841338
浙　江	4037685	3350138	3802485	3103392	2716875	2184038
安　徽	2561175	2071557	776764	649451	396361	318724
福　建	2715225	1740438	2292770	1476136	1187292	719675
江　西	911876	736521	820708	652949	515164	461951
山　东	6943193	5968915	3027826	2654378	2295531	1984549
河　南	2117527	1700878	1808683	1454255	1245671	1148923
湖　北	5806368	4696623	4428132	3447791	3558782	2636171
湖　南	4940049	4086920	4766516	3941618	4326147	3440415
广　东	11002272	9550813	9534852	8262855	5204160	4431759
广　西	561240	407434	516593	367139	422097	274270
海　南	27643	10079	22890	6744	17127	3181
重　庆	1881033	1601802	1745869	1515210	1316964	1178909
四　川	1746966	1346071	1575297	1228128	774795	878189
贵　州	139467	118664	106593	49138	54619	28459
云　南	780442	632363	731794	609703	459627	399174
西　藏	2899		1699			
陕　西	834350	714111	111187	50804	24405	19853
甘　肃	312571	255046	303316	246719	18909	22417
青　海	59546	55463	37437	35601	26851	22066
宁　夏	153747	125955	125674	79834	121791	76022
新　疆	1073194	778633	1035217	751051	685244	574282

单位：万元

非自有配送中心配送商品购进额		商品销售总额		零售额	
2008年	2007年	2008年	2007年	2008年	2007年
12361027	**10565605**	**128897311**	**106386664**	**103152415**	**83507329**
561431	430765	13600630	11860999	11198628	9838364
1194617	785637	3303074	2583864	3150550	1889526
61820	39799	1687814	1202418	1647247	1168477
15117	13590	1610305	1434091	1129418	1004549
5907	3772	135468	107232	124492	97193
97381	89404	2053920	1732164	1806239	1453860
997	548	421574	350305	410173	339230
8870	3268	713042	546066	690753	527529
1535236	1515696	23672779	21131708	17281923	15510586
1657971	1534543	23034267	19689352	15870869	13402897
820348	700824	4842524	3987454	4596812	3774561
2522	2188	2782429	2324163	1663052	1378517
109853	91664	4632560	2367226	4024090	1930569
102459	28368	1680259	1296408	1279814	964683
497225	509462	7937881	6828425	6458554	5432354
42120	26700	2454635	1611364	2146244	1440551
450846	379255	6567405	5423770	5569397	4570734
352701	281222	5585738	4503759	5205263	4182541
3825935	3496654	13012897	11133820	10778500	9207884
76088	63113	1120355	882483	945457	735322
3787	1688	25026	12307	23575	11387
267109	244098	2086114	1533792	2059331	1495677
591710	242441	1975481	1048898	1761205	879244
		170156	120146	82101	66712
44383	40026	997066	627836	970048	616696
		1793		1793	
9326	7667	934619	745758	614599	476197
6182	4610	286139	226907	285252	225602
4655	5405	91384	67796	87732	67796
		242144	164292	189248	117268
14433	23200	1237837	841862	1100057	700826

2-16 续表 9

综合零售

项目	商品购进总额		统一配送商品购进额		自有配送中心配送商品购进额	
	2008年	2007年	2008年	2007年	2008年	2007年
全国	**51641462**	**43963913**	**34309625**	**28745298**	**21974558**	**18921004**
北京	5700412	5050799	2904017	2633381	1188816	1065776
天津	593424	372638	132023	46951	97876	45702
河北	782396	576495	427255	352783	351740	298832
山西	475083	329493	199530	118075	67174	27244
内蒙古	67346	53216	63598	50062	56222	44940
辽宁	491252	420865	408078	339903	56173	50432
吉林	155189	129205	40111	33035	37179	30843
黑龙江	322253	265282	296957	244192	113087	87026
上海	8366857	8289417	5581736	5481370	2764461	3434059
江苏	7100036	5484784	5703089	4213120	4534188	3320609
浙江	3203353	2684742	2971509	2446831	2009708	1624685
安徽	2280963	1841915	512668	422391	334366	281905
福建	546669	467108	517721	457094	413597	352027
江西	464705	418623	404887	369360	380977	347716
山东	5939719	5070231	2650437	2280596	2001051	1695485
河南	895470	712560	627822	507620	338490	319264
湖北	3397644	2637793	2045600	1415515	1832503	1269420
湖南	1133887	987875	964530	846473	767607	706366
广东	5971415	5039475	5083504	4207183	3129546	2545090
广西	157454	133873	113422	93596	53236	44241
海南	2751	2140				
重庆	1344050	1160374	1240966	1096597	831228	777634
四川	834787	622123	774852	591500	273752	270177
贵州	14890	10974	14290	10414	6544	2373
云南	348735	299896	345620	298984	134545	124236
西藏	2899		1699			
陕西	789396	666479	87960	30411	19485	15563
甘肃	18205	14437	10031	6520	5171	3201
青海	49830	49429	27784	29567	22495	18455
宁夏	74653	61740	47497	16534	47497	16534
新疆	115740	109933	110432	105241	105847	101170

单位：万元

非自有配送中心配送商品购进额		商品销售总额		零售额	
2008年	2007年	2008年	2007年	2008年	2007年
6404596	**5602049**	**67156079**	**56606483**	**55196465**	**46405639**
503417	399208	6889464	5892926	6330490	5352193
		662831	514089	662831	514089
58580	36873	1376276	1010373	1361523	997684
12631	11002	476659	379173	182159	127509
5087	3007	80168	64360	72367	55768
21192	19950	580491	531424	580491	531424
997	548	164225	156190	158938	151165
8471	2901	357218	267322	334929	248785
1454586	1425532	16162961	14311574	11700444	10656944
213920	175897	7954027	6741706	6527683	5583734
777007	663630	3875916	3191584	3729935	3059677
2522	2188	2494617	2071330	1380782	1129945
54659	41824	625297	257245	616831	249308
		611111	517107	376035	306467
484373	492974	6842003	5847635	5551085	4551016
9187	6472	975087	678929	885065	658771
163590	110755	3958267	3256018	3293331	2745743
145633	106037	1304085	1098653	1303132	1098653
1793339	1537541	7497593	6387070	6379657	5411468
59239	48613	161641	156237	160890	154850
		3285	2770	3285	2770
261501	240505	1499836	1175109	1474673	1138507
332450	237628	972105	754292	840118	622336
		18113	11801	15515	7966
18791	18504	397222	371484	394586	366733
		1793		1793	
9326	7667	878206	692900	559064	423890
4860	3320	19381	14312	19381	14312
4655	5405	80938	62461	80938	62461
		92799	63250	76047	54308
4585	4071	142466	127162	142466	127162

2-16 续表 10

食品、饮料及烟草制品专门零售

项　目	商品购进总额		统一配送商品购进额		自有配送中心配送商品购进额	
	2008年	2007年	2008年	2007年	2008年	2007年
全　国	**1073270**	**845780**	**960016**	**729942**	**594120**	**484515**
北　京	203427	153359	192638	128608	175218	117642
天　津	26496	24991	23715	23073		
河　北	1953	1916	1953	1916		
山　西	3539	3284	3539	3284		
内蒙古						
辽　宁	14532	12988	14532	12988		
吉　林	3388	3388				
黑龙江						
上　海	49726	43540	16742	14654	2502	1966
江　苏	282766	167862	263873	153472	118351	88285
浙　江	130784	98160	130632	98029	102228	75620
安　徽	15702	14239	15702	14239	12856	12281
福　建	106500	89902	81692	70398	41644	41454
江　西	3870	3378	3370	2922	3370	2922
山　东	8378	9161	8378	9161	6945	7901
河　南	66195	60761	54865	47007	42666	36513
湖　北	70800	67412	70800	67412	27286	25606
湖　南	5134	4882	5134	4882	4970	4733
广　东	68469	76146	61384	68445	47249	62419
广　西	997	609	997	609	997	609
海　南						
重　庆	2840	2271	2840	2271	2546	1902
四　川						
贵　州	1758	1592	1758	1592		
云　南	2043	2488	1499	1529	1319	1210
西　藏						
陕　西						
甘　肃						
青　海						
宁　夏						
新　疆	3974	3453	3974	3453	3974	3453

单位：万元

非自有配送中心配送商品购进额		商品销售总额		零售额	
2008年	2007年	2008年	2007年	2008年	2007年
194607	**107449**	**1383439**	**1102003**	**1289662**	**1017974**
		250898	201765	248233	199594
		56961	50298	56625	50082
1953	1916	2242	1916	2242	1916
		28942	26519	25523	23260
		22150	18759	22150	18759
		32312	32355	26259	26305
		62248	54801	62060	54681
116580	42112	301450	189283	279585	163273
28404	22409	154144	112295	139860	105994
		20635	15403	15124	11172
5118	4656	128975	95962	114045	80982
		4134	3366	4134	3366
1434	1260	9774	8600	9774	8600
11711	10488	120148	111216	107693	97663
22124	21654	79828	70428	79466	70056
		6037	6077	6037	6077
7104	2635	86797	87858	75087	81091
		1417	819	1417	819
		6597	6767	6597	6767
		1639	1539	1639	1539
180	319	2000	2468	2000	2468
		4111	3510	4111	3510

2-16 续表 11

纺织、服装及日用品专门零售

项　目	商品购进总额		统一配送商品购进额		自有配送中心配送商品购进额	
	2008年	2007年	2008年	2007年	2008年	2007年
全　国	**1967440**	**1513151**	**1600992**	**1200254**	**1144584**	**885391**
北　京	372419	285615	271356	183445	48465	44281
天　津	19167	14578	10367	9120	7749	7023
河　北	1407	1290	1407	1290	1188	1114
山　西	4341	3853				
内蒙古						
辽　宁	17092	15651	6320	5094	2311	2029
吉　林	6388	2736	5465	2736	2827	
黑龙江	490	463	490	463	490	463
上　海	30210	28627	29461	27898	15783	17352
江　苏	1321	1149	1321	1149	1321	
浙　江	271091	200537	271091	200237	237127	173586
安　徽	1120	1276	1120	1276		
福　建	12658	3693	4386	3693	3766	3693
江　西	25172	26622	5631	8087	3628	6097
山　东	22242	17567	22242	17567	21172	16567
河　南	20624	17036	19667	16244	3709	2408
湖　北	96426	82286	96376	82286	42309	42863
湖　南	140108	67411	140108	67411	139519	67022
广　东	864196	703701	672942	555509	605576	494854
广　西						
海　南	2002	1196				
重　庆	13060	10207	11461	9584	6301	4809
四　川	17394		17394			
贵　州	12951	13106				
云　南	6959	3375	6959	3375		
西　藏						
陕　西	6625	10295	3496	2938	1346	1233
甘　肃						
青　海	1820	747	1820	747		
宁　夏						
新　疆	160	137	114	105		

单位：万元

非自有配送中心配送商品购进额		商品销售总额		零售额	
2008年	2007年	2008年	2007年	2008年	2007年
93413	**59220**	**2672588**	**2057178**	**1763069**	**1366082**
47157	15877	479028	378152	278085	208060
		27368	24441	22233	21931
219	176	1879	1736	1879	1736
		5772	5156		
		22082	20218	22082	20218
		7821	3819	7760	3819
		544	465	544	465
6338	2145	140008	131030	90774	84311
		2325	2365	2325	2365
4271	4503	362458	292203	290860	232700
		1352	1276	1352	1276
		28479	12498	28479	12498
		21783	5847	4408	3947
		26178	20233	26086	20147
150	89	21767	19104	20527	18277
		123094	88077	120992	87828
589	389	128673	84118	83134	58573
34689	36042	1193419	915247	695414	538124
		2295	1337	844	417
		21847	18457	21481	17991
		24932		14327	
		11134	12361	11134	12361
		5814	4433	5814	4433
		10148	12899	10148	12899
		2232	1563	2232	1563
		158	146	158	146

2-16 续表 12

文化、体育用品及器材专门零售

项 目	商品购进总额		统一配送商品购进额		自有配送中心配送商品购进额	
	2008年	2007年	2008年	2007年	2008年	2007年
全 国	**1820472**	**1565510**	**1276109**	**1395646**	**960605**	**1195231**
北 京	41564	15383	41054	14930	765	679
天 津	39912	42479				
河 北						
山 西	47034	29947	47034	29947		
内蒙古						
辽 宁	16307	15875	16307	15875		
吉 林						
黑龙江	73912	26654	73912	26654	4891	4125
上 海	625507	440673	158510	352457	156971	350919
江 苏	4862	4736	4862	4736	4862	4736
浙 江	71388	42054	70301	41005	69989	40701
安 徽	14764	13258	14764	13258		
福 建	24002	22865	24002	22865	1812	1160
江 西	53617	51088	48247	41095	45062	40829
山 东	71506	68944	71506	68944	67150	64734
河 南	3266	2375	3266	2375	3266	2375
湖 北	54658	18783	53669	17945	48869	13645
湖 南	4758	5626	4758	5626	4758	5626
广 东	89088	89568	83807	84816	78940	79337
广 西	16078	16430	16078	16430		
海 南						
重 庆	41421	35354	41421	35354	41421	35354
四 川	366511	505571	366511	505571	366511	505571
贵 州	5119	5321	5119	5321		
云 南	53646	41101	52809	40924	25346	19721
西 藏						
陕 西						
甘 肃						
青 海						
宁 夏	5589	5589	4673	4673	916	916
新 疆	95965	65838	73500	44845	39077	24805

单位：万元

非自有配送中心配送商品购进额		商品销售总额		零售额	
2008年	2007年	2008年	2007年	2008年	2007年
46595	**40272**	**1807083**	**1395461**	**1282078**	**847816**
6803	5426	53472	19102	47836	14747
		37828	42951	11891	12701
		59473	38865	59473	38865
		19698	18545	14457	13216
		1199	19	1199	19
		87941	17328	87941	17328
		603142	689914	226453	220029
		6294	5979	6294	5979
313	304	64588	43170	60247	39681
		26260	21611	26260	21611
		28530	27301	26699	24648
		61166	52933	58798	51703
4356	4210	70584	67863	34666	57726
		3056	2119	3056	2119
		60301	26232	60301	26232
		6765	7911	6765	7911
4348	4279	97931	93189	77876	83061
		12617	13024	12617	13024
		42221	35590	42221	35590
		312780	48170	275653	44944
		5621	5486	5621	5486
25412	21203	52373	43330	44488	36939
		5432	5432	5432	5432
5363	4850	87812	69398	85835	68827

2-16 续表 13

医药及医疗器材专门零售

项 目	商品购进总额		统一配送商品购进额		自有配送中心配送商品购进额	
	2008年	2007年	2008年	2007年	2008年	2007年
全 国	**3150249**	**2644534**	**2930344**	**2495508**	**2239600**	**1910591**
北 京	153394	135276	147866	129979	110695	101852
天 津	30221	24454	30221	24454	4388	1157
河 北	40256	30707	37341	26621	27502	20996
山 西	30684	11932	29091	10032	8201	5022
内蒙古	13219	10116	13219	10116	5149	4247
辽 宁	225265	182015	191810	171872	13033	6748
吉 林	9034	8334	5149	4680	2523	2133
黑龙江	129052	115061	129052	115061	98951	93677
上 海	226566	235815	215505	224586	154896	164275
江 苏	266203	231154	252776	213235	239429	202053
浙 江	182616	154256	180784	152165	142047	125452
安 徽	69016	32256	52900	29674	49140	24537
福 建	26736	17225	22494	13625	19487	10946
江 西	39267	33667	33625	28618	25437	22220
山 东	74898	58664	60357	54602	43933	36663
河 南	154042	95073	146208	87094	86986	60621
湖 北	91513	83102	89433	79785	81096	70138
湖 南	329477	307728	325300	303829	312959	295027
广 东	398283	332010	393466	328499	348210	283774
广 西	70866	73330	70866	73311	52634	46228
海 南	10740	5899	10740	5899	4976	2336
重 庆	108703	91695	97333	81534	84407	71442
四 川	88625	54596	57830	49477	34946	26798
贵 州	56144	34686	55070	31810	48075	26086
云 南	178689	159360	154609	138748	135608	127864
西 藏						
陕 西	33925	33057	17438	15413	3574	3057
甘 肃	17135	21571	16054	21161	13738	19216
青 海	7896	5287	7833	5287	4356	3611
宁 夏	24151	13435	24151	13435	24025	13381
新 疆	63636	52772	61824	50908	59199	39033

单位：万元

非自有配送中心配送商品购进额		商品销售总额		零售额	
2008年	2007年	2008年	2007年	2008年	2007年
95439	**104886**	**3750892**	**3090611**	**3567085**	**3012592**
	6362	278468	178960	173226	161632
7488	7611	32084	26570	31998	26440
1066	829	52351	49045	51035	47729
2486	2588	42636	13570	42636	13570
819	765	17648	13575	14474	12128
7979	7659	243222	230942	228907	218886
		46024	43474	46024	43474
400	367	155395	138426	155395	138426
		262927	254698	261869	253602
7535	8686	308756	274923	301358	257862
10354	9978	199357	168396	198877	167561
		49581	47405	49581	47405
130	158	38445	25715	37444	25715
		56359	52390	54907	47171
6009	5015	87974	71267	83490	68346
2103	1577	115616	81786	110136	80818
		124667	94049	120028	91262
405	2018	378771	339678	378616	339678
16650	16871	517455	430952	514024	426028
16849	14500	74429	59697	68972	55313
3787	1688	8719	5830	8719	5830
5608	3593	125085	102760	123830	101713
4450	3909	122362	67037	121378	65886
		48192	39360	48192	39360
		215042	143695	200199	143695
		40779	35569	39901	35019
1323	1290	17914	25385	17027	24080
		8215	3772	4563	3772
		21376	16865	19315	15473
	9422	61044	54819	60965	54721

2-16 续表 14

汽车、摩托车、燃料及零配件专门零售

项　目	商品购进总额		统一配送商品购进额		自有配送中心配送商品购进额	
	2008年	2007年	2008年	2007年	2008年	2007年
全　国	**20575222**	**15962240**	**15967057**	**11889816**	**10005485**	**7709608**
北　京	3132333	2791835				
天　津	1772294	878280	1772294	878280		
河　北						
山　西	578241	537812	161507	121078	123368	86052
内蒙古						
辽　宁	919575	671837	661952	495037	217386	169953
吉　林						
黑龙江						
上　海	3933245	3172533	3932012	3171454	3932012	3171454
江　苏	4840	7404	4840	7404	4756	7404
浙　江	17298	15736	17298	15736	3870	4418
安　徽						
福　建	1317352	583086	1109083	425900	581243	272951
江　西	178271	63922	178271	63922	15048	11503
山　东	563935	471700	35210	30060		
河　南	579874	550568	571903	543900	530800	517543
湖　北	1351783	1105994	1351783	1105994	996109	703516
湖　南	3138789	2517031	3138789	2517031	2915997	2171026
广　东	1854696	1717146	1826012	1689649	96899	131174
广　西	280690	157272	280690	157272	280690	157272
海　南						
重　庆						
四　川	98657	74970	98657	74970	98657	74970
贵　州	48605	52984	30356			
云　南						
西　藏						
陕　西	2294	2042	2294	2042		
甘　肃	277231	219038	277231	219038		
青　海						
宁　夏						
新　疆	525221	371050	516876	371050	208649	230372

单位：万元

非自有配送中心配送商品购进额		商品销售总额		零售额	
2008年	2007年	2008年	2007年	2008年	2007年
3265013	**2643857**	**25424258**	**19342004**	**20094108**	**14007395**
		3302036	3082048	1952589	1834918
1187129	778025	1853284	1375954	1782812	732687
		829931	806457	684497	666215
		963779	742581	735654	481663
		4123522	3394447	2763999	2094508
84		5690	8187	5690	8065
		17718	16772	17403	16571
49946	45025	3064795	1392076	2810044	1277287
94212	18022	783983	524767	657443	435945
		610196	525797	468777	441176
18969	5970	795607	410504	632039	303876
107378	102117	1495736	1205736	1277755	965269
198515	167026	3547758	2769921	3213930	2474265
1604295	1522815	1950357	1820048	1396263	1325400
		749146	509480	598084	392841
		104505	81210	92097	70658
		85458	49600		
		222756	26503	222756	26503
		2838	2051	2838	2051
		248844	187210	248844	187210
		30108		30108	
4485	4857	636210	410656	500487	270289

2-16 续表 15

家用电器及电子产品专门零售

项　目	商品购进总额		统一配送商品购进额		自有配送中心配送商品购进额	
	2008年	2007年	2008年	2007年	2008年	2007年
全　国	**25845960**	**21708478**	**21620702**	**17720348**	**16385592**	**13353835**
北　京	2254999	2091572	1493107	1226100	1249665	1221800
天　津	604147	519649	604147	519649	588950	505935
河　北	256606	140247	137381	65647	41767	33535
山　西	133311	117627				
内蒙古	31119	28378	31119	28378	23467	21502
辽　宁	202671	188150	202671	188150	120176	112070
吉　林	159294	149563	128705	149563	81185	74192
黑龙江	107042	96486	107042	96486	35963	37477
上　海	1789047	1699012	1789047	1699012	345514	406232
江　苏	14768835	12074613	12276662	9644441	10815017	8194758
浙　江	153512	146655	153226	141390	144264	131577
安　徽	179609	168613	179609	168613		
福　建	671703	547184	523786	473186	125742	37445
江　西	146019	138368	146019	138368	41642	30663
山　东	256503	267175	179696	193448	155280	163200
河　南	396337	261072	383235	248581	238037	208765
湖　北	742195	700228	719121	677828	530610	510983
湖　南	178178	186199	178178	186199	170619	180447
广　东	1646423	1435509	1328871	1208580	886013	824562
广　西	34540	25920	34540	25920	34540	25920
海　南	12150	845	12150	845	12150	845
重　庆	370958	301902	351848	289869	351061	287769
四　川	328091	77790	260053	6610	930	674
贵　州						
云　南	190370	126143	170298	126143	162810	126143
西　藏						
陕　西	2111	2239				
甘　肃						
青　海						
宁　夏	49354	45191	49354	45191	49354	45191
新　疆	180837	172149	180837	172149	180837	172149

单位：万元

非自有配送中心配送商品购进额		商品销售总额		零售额	
2008年	2007年	2008年	2007年	2008年	2007年
2109281	**1807346**	**25532812**	**21780940**	**18895336**	**15948412**
4055	3893	2086672	1974586	1922455	1947116
		563516	483402	512958	465439
		255025	139321	230527	119385
		166892	164352	135130	135130
		37651	29297	37651	29297
68210	61796	202499	169695	202499	169695
		169992	114448	169992	114448
		111301	121840	111301	121840
		1890921	1829453	1834721	1773590
1303290	1285233	14396184	12385297	8689729	7300008
		160190	155634	151476	144978
		189984	167138	189954	167107
		708653	549812	385047	257851
8246	10346	140364	139053	122730	115139
1053	6003	279948	274356	273452	272669
	2105	421586	305853	385960	277174
157753	144729	723603	681786	615617	582899
7559	5753	202432	187322	202432	187307
304305	286584	1523247	1200809	1494081	1144066
		120427	143226	102801	118475
		10727	2371	10727	2371
		390529	195109	390529	195109
254810	904	421204	83605	400041	60837
		101859	35923	100205	35923
		2648	2339	2648	2339
		86880	73233	52797	36543
		167878	171680	167878	171680

2-16 续表 16

五金、家具及室内装修材料专门零售

项　目	商品购进总额		统一配送商品购进额		自有配送中心配送商品购进额	
	2008年	2007年	2008年	2007年	2008年	2007年
全　国	**913986**	**779444**	**531350**	**405198**	**158354**	**76379**
北　京	205718	95046	114335	19218	21511	19218
天　津	70597	66363				
河　北						
山　西						
内蒙古						
辽　宁						
吉　林						
黑龙江						
上　海	365279	374241	188673	196041	17046	16349
江　苏	40737	50442	40737	50442	13769	19280
浙　江	7643	8000	7643	8000	7643	8000
安　徽						
福　建	9607	9377	9607	9377		
江　西	956	853	658	577		
山　东	6013	5473				
河　南						
湖　北						
湖　南						
广　东	106875	155329	82037	118245	10724	10232
广　西						
海　南						
重　庆						
四　川	12902	11021				
贵　州						
云　南						
西　藏						
陕　西						
甘　肃						
青　海						
宁　夏						
新　疆	87661	3300	87661	3300	87661	3300

单位：万元

非自有配送中心配送商品购进额		商品销售总额		零售额	
2008年	2007年	2008年	2007年	2008年	2007年
152080	**200522**	**1132509**	**980863**	**1028297**	**870299**
		260591	133461	245714	120106
		69202	66159	69202	66159
74312	88020	421660	460651	336212	367780
16562	22614	52618	77408	52618	77408
		8154	7400	8154	7400
		9386	6618	5500	2280
		1358	946	1358	946
		11224	12675	11224	12675
61207	89889	142565	196471	142565	196471
		17593	14583	17593	14583
		138158	4492	138158	4492

2-16 续表 17

无店铺及其他零售

项 目	商品购进总额		统一配送商品购进额		自有配送中心配送商品购进额	
	2008年	2007年	2008年	2007年	2008年	2007年
全 国	**25936**	**22489**	**25319**	**22489**	**22141**	**19847**
北 京						
天 津						
河 北	4	5	4	5		
山 西						
内蒙古						
辽 宁						
吉 林						
黑龙江	427	448	427	448	427	448
上 海	3406	3268	3406	3268	3406	3268
江 苏	5867	4212	5867	4212	5867	4212
浙 江						
安 徽						
福 建						
江 西						
山 东						
河 南	1719	1435	1719	1435	1719	1435
湖 北	1349	1025	1349	1025		
湖 南	9718	10168	9718	10168	9718	10168
广 东	2829	1929	2829	1929	1003	317
广 西	616					
海 南						
重 庆						
四 川						
贵 州						
云 南						
西 藏						
陕 西						
甘 肃						
青 海						
宁 夏						
新 疆						

单位：万元

非自有配送中心配送商品购进额		商品销售总额		零售额	
2008年	2007年	2008年	2007年	2008年	2007年
4	**5**	**37651**	**31121**	**36315**	**31121**
4	5	41	28	41	28
		645	685	645	685
		5391	5142	5391	5142
		6924	4204	5587	4204
		1768	1853	1768	1853
		1907	1444	1907	1444
		11217	10079	11217	10079
		3533	2175	3533	2175
		677		677	
		5550	5512	5550	5512

2-17 按行业分各地区连锁零售

批发业

项 目	商品购进总额		统一配送商品购进额		自有配送中心配送商品购进额	
	2008年	2007年	2008年	2007年	2008年	2007年
全 国	**63334477**	**55290872**	**57217255**	**48669669**	**32148956**	**26510864**
北 京						
天 津	45441	37597	43465	35892	2629	2666
河 北	3569522	2984977	1937367	1613085	1068477	815479
山 西						
内蒙古	2943382	2354705	2943382	2354705	2649042	2119235
辽 宁	2226738	1782717	1726960	1376242	1178087	944340
吉 林	163832	163832	163832	163832	163832	163832
黑龙江	635673	523079	635673	523079	96145	91457
上 海	76722	77890	76722	77890	59281	67551
江 苏	9330067	8621006	9330065	8616162	3170235	2414334
浙 江	9164019	8817320	8514896	8147777	8270335	7984213
安 徽	3956670	3148690	3956670	3148690	3405247	2599987
福 建	415882	382477	108563	111869	108563	111869
江 西	785448	766072	764962	746315	531562	459719
山 东	6304438	5066482	6297877	5063226	6297877	5063226
河 南	1092357	535203	726928	508559	449510	211099
湖 北	653974	583373	653974	583373	35809	27638
湖 南						
广 东	15976247	15106247	14299233	11863046	802637	582293
广 西	1325825	1003969	1138049	889755	809629	651416
海 南						
重 庆	1281992	965902	1281972	965882	1280062	965172
四 川	589458	530929	562146	507100	375417	367058
贵 州	27943	19219	27943	19219		
云 南	251477	212945	181580	144171	158338	136713
西 藏	370	360	370	360		
陕 西	241768	180124	241768	180124	241768	180124
甘 肃	336195	262442	170727	156586	111892	106586
青 海						
宁 夏	195570	12863	195570	12863	195570	12863
新 疆	1743469	1150455	1236564	859867	687013	431995

企业直营门店经营情况

单位：万元

非自有配送中心配送商品购进额		商品销售总额		零售额	
2008年	2007年	2008年	2007年	2008年	2007年
18711611	**17994507**	**73964128**	**61503173**	**39886730**	**32791628**
		53329	40272	9117	5635
10	8	4683165	3989847	2023391	1541404
		2943382	2354705	2832870	2340705
3461	2929	3348821	2617899	853655	612328
		555275	432055	555275	432055
		656860	554935	551327	456436
		121862	111098	49943	40860
4059695	5867859	10030549	9191772	5682112	5169043
238282	157054	9499167	7570145	5732576	5212129
28425	20004	4326240	3589091	3381748	2784896
		381009	368877	162160	143461
	64805	2346431	1553113	1028839	633153
		6269667	5522070	1216216	1055569
1497	2674	2049054	1277933	984446	484325
551360	496862	727094	644677	302133	287118
13460464	11063378	17275504	15074933	11663221	9483357
70945	72711	2810426	2094074	1242635	933646
20	20	1418539	1142760	307895	248759
7917	7500	815434	634844	165619	57967
		23754	21494	10101	7157
		959827	724606	242471	181526
		389	413	389	413
		307906	270999	3484	3204
		392327	302924	344358	267310
		213013	128592	65562	34136
289535	238704	1755107	1289047	475189	375037

2-17 续表 1

食品、饮料及烟草制品批发

项目	商品购进总额		统一配送商品购进额		自有配送中心配送商品购进额	
	2008年	2007年	2008年	2007年	2008年	2007年
全国	**2489057**	**1873990**	**2317937**	**1861248**	**2108742**	**1676559**
北京						
天津	1976	1705				
河北	78	66	10	8		
山西						
内蒙古						
辽宁	20568	16092	16038	14643	12577	11715
吉林						
黑龙江	27687	34734	27687	34734	27687	34734
上海	55104	56067	55104	56067	55104	56067
江苏	297200	247561	297198	243023	297198	243023
浙江	80410	64592	80410	64592	76256	60728
安徽						
福建	51593	31601	17804	26609	17804	26609
江西	300923	277235	300923	277235	231407	217976
山东	431108	385681	431108	385681	431108	385681
河南	132253	2674	1497	2674		
湖北	73192	58873	73192	58873	6388	
湖南						
广东	253053	149341	253053	149341	253053	149341
广西						
海南						
重庆	1890	690	1890	690		
四川	316165	220279	316165	220279	309478	213210
贵州						
云南						
西藏	370	360	370	360		
陕西	238551	177364	238551	177364	238551	177364
甘肃						
青海						
宁夏						
新疆	206936	149074	206936	149074	152130	100112

单位：万元

非自有配送中心配送商品购进额		商品销售总额		零售额	
2008年	2007年	2008年	2007年	2008年	2007年
60303	**54905**	**2910054**	**2346252**	**244498**	**213447**
		2511	2351	1166	1040
10	8	159	149	159	149
3461	2929	20637	16648	6400	4994
		36146	38668		
		86753	86781	38468	37553
		292555	309243	64318	68412
529	332	83839	71236	16012	16310
		19496	33483	14535	11106
		552771	374142	6971	3266
		462559	414262	52439	32208
1497	2674	126030	2830	1748	2830
		73521	59002	31458	25196
		243262	164816	7144	6857
		2233	713	713	713
		366657	298203	2581	2399
		389	413	389	413
		304422	267795		
54806	48962	236114	205518		

2-17 续表 2

纺织、服装及日用品批发

项目	商品购进总额		统一配送商品购进额		自有配送中心配送商品购进额	
	2008年	2007年	2008年	2007年	2008年	2007年
全国	**685746**	**671542**	**684167**	**670055**	**149786**	**147999**
北京						
天津						
河北	37829	42485	37829	42485	35935	40655
山西						
内蒙古						
辽宁	9698	9599	8119	8112		
吉林						
黑龙江						
上海	4176	11484	4176	11484	4176	11484
江苏	51470	53346	51470	53346	51470	53346
浙江						
安徽	502512	496161	502512	496161		
福建						
江西	9554	9500	9554	9500		
山东						
河南						
湖北						
湖南						
广东	62893	48740	62893	48740	58205	42514
广西						
海南						
重庆						
四川						
贵州	7615	227	7615	227		
云南						
西藏						
陕西						
甘肃						
青海						
宁夏						
新疆						

单位：万元

非自有配送中心配送商品购进额		商品销售总额		零售额	
2008年	2007年	2008年	2007年	2008年	2007年
4688	**6226**	**798314**	**751416**	**556078**	**536729**
		44147	40709	8721	8301
		9687	9454	8353	8382
		5559	11888	526	2451
		65737	64988	37703	34142
		596698	570300	469058	447769
4688	6226	75306	53818	30537	35426
		1180	258	1180	258

2-17 续表 3

文化、体育用品及器材批发

项 目	商品购进总额		统一配送商品购进额		自有配送中心配送商品购进额	
	2008年	2007年	2008年	2007年	2008年	2007年
全 国	**2328590**	**2142710**	**2055061**	**1877095**	**2013006**	**1655129**
北 京						
天 津						
河 北						
山 西						
内蒙古						
辽 宁						
吉 林						
黑龙江						
上 海						
江 苏	1125705	889938	1125705	889938	1125705	889938
浙 江	746073	634421	746073	634421	746073	634421
安 徽						
福 建	279272	271443	5742	5828	5742	5828
江 西						
山 东						
河 南						
湖 北						
湖 南						
广 东	158815	329454	158815	329454	122683	112078
广 西						
海 南						
重 庆						
四 川						
贵 州	5923	4590	5923	4590		
云 南						
西 藏						
陕 西						
甘 肃						
青 海						
宁 夏	12803	12863	12803	12863	12803	12863
新 疆						

单位：万元

非自有配送中心配送商品购进额		商品销售总额		零售额	
2008年	2007年	2008年	2007年	2008年	2007年
		2385317	**2090753**	**1024440**	**965350**
		936484	862891	427495	399349
		673045	603067	315427	274850
		271696	251688	133951	123290
		487600	357946	142365	164342
		5923	4590	2369	1046
		10569	10572	2833	2474

2-17 续表 4

医药及医疗器材批发

项目	商品购进总额		统一配送商品购进额		自有配送中心配送商品购进额	
	2008年	2007年	2008年	2007年	2008年	2007年
全国	**317048**	**272924**	**246034**	**208102**	**155911**	**110089**
北京						
天津	2629	2666	2629	2666	2629	2666
河北	16897	18976	11427	11603		
山西						
内蒙古						
辽宁	10335	2067	8787	1778	8787	1778
吉林						
黑龙江						
上海						
江苏	22525	9006	22525	8700	22525	
浙江	21413	16725	21413	16725	1618	1427
安徽	24661	40072	24661	40072	4174	7534
福建						
江西						
山东	4697	2617	4697	2617	4697	2617
河南	7199	3003	6174	2037		
湖北	54896	47638	54896	47638	29421	27638
湖南						
广东	2151	1856	2151	1856	2151	1856
广西	203	197	203	197	203	197
海南						
重庆	12849	12730	12849	12730	12829	12710
四川	40543	35137	40543	35137	40168	34778
贵州						
云南	84960	76093	29864	21586	23492	14129
西藏						
陕西	3217	2760	3217	2760	3217	2760
甘肃						
青海						
宁夏						
新疆	7875	1382				

单位：万元

非自有配送中心配送商品购进额		商品销售总额		零售额	
2008年	2007年	2008年	2007年	2008年	2007年
45289	**35317**	**333013**	**304037**	**135568**	**112367**
		2884	3242	2884	3242
		21814	23503	20695	20563
		10403	8633	10403	8633
		21072	11569	21072	11479
19795	15297	20604	16116	914	834
		30311	48880	18466	19139
		4458	3221	4458	3221
		7441	2058	1701	1468
25475	20000	56343	50280	3033	3139
		3582	2712	3582	2712
		170	170	170	170
20	20	12817	10859	905	939
		41831	36766	14959	14208
		88699	80969	21741	17563
		3484	3204	3484	3204
		7101	1856	7101	1856

2-17 续表 5

矿产品、建材及化工产品批发

项 目	商品购进总额		统一配送商品购进额		自有配送中心配送商品购进额	
	2008年	2007年	2008年	2007年	2008年	2007年
全 国	**56578931**	**49553231**	**50989014**	**43283075**	**27210789**	**22455482**
北 京						
天 津						
河 北	3514718	2923450	1888101	1558989	1032542	774824
山 西						
内蒙古	2943382	2354705	2943382	2354705	2649042	2119235
辽 宁	2186137	1754959	1694016	1351709	1156723	930848
吉 林	163832	163832	163832	163832	163832	163832
黑龙江	607986	488345	607986	488345	68457	56722
上 海						
江 苏	7818339	7410936	7818339	7410936	1658508	1217809
浙 江	8069126	7933500	7420003	7263958	7417350	7260979
安 徽	3385770	2551930	3385770	2551930	3357345	2531926
福 建	85017	79433	85017	79433	85017	79433
江 西	312926	307152	292440	287395	251408	181558
山 东	5862072	4674928	5862072	4674928	5862072	4674928
河 南	943525	519041	709877	493362	440130	200613
湖 北	525886	476862	525886	476862		
湖 南						
广 东	15242878	14394184	13565864	11150983	110088	93831
广 西	1268337	933924	1080561	819710	752141	581371
海 南						
重 庆	1267253	952481	1267233	952462	1267233	952462
四 川	221334	264888	197522	244184	25771	119070
贵 州	14405	14401	14405	14401		
云 南	98389	91839	83589	77572	83589	77572
西 藏						
陕 西						
甘 肃	336195	262442	170727	156586	111892	106586
青 海						
宁 夏	182767		182767		182767	
新 疆	1528658	999999	1029628	710793	534884	331883

单位：万元

非自有配送中心配送商品购进额		商品销售总额		零售额	
2008年	2007年	2008年	2007年	2008年	2007年
18375455	**17749135**	**66620129**	**55155390**	**37580693**	**30650411**
		4617045	3925486	1993816	1512391
		2943382	2354705	2832870	2340705
		3308094	2583164	828499	590319
		555275	432055	555275	432055
		620715	516267	551327	456436
		10813	748	10813	748
4059695	5867859	8701273	7932281	5118096	4644862
		8449558	6593713	5257435	4782513
28425	20004	3566174	2817198	2828093	2244426
		89818	83706	13674	9065
	64805	1739812	1109902	997355	606633
		5796669	5100766	1159319	1020140
		1906322	1262137	976527	476143
525886	476862	597230	535396	267642	258783
13455776	11057152	16221492	14327931	11465487	9261822
70945	72711	2760290	2045863	1227245	915713
		1403489	1131188	306277	247108
		395053	289143	145302	39305
		16651	16646	6551	5853
		814313	594477	163916	133238
		392327	302924	344358	267310
		202444	118020	62729	31663
234729	189742	1511892	1081674	468088	373181

2-17 续表 6

机械设备、五金交电及电子产品批发

项 目	商品购进总额		统一配送商品购进额		自有配送中心配送商品购进额	
	2008年	2007年	2008年	2007年	2008年	2007年
全 国	**935104**	**776475**	**925044**	**770095**	**510723**	**465606**
北 京						
天 津	40836	33226	40836	33226		
河 北						
山 西						
内蒙古						
辽 宁						
吉 林						
黑龙江						
上 海	17441	10339	17441	10339		
江 苏	14830	10219	14830	10219	14830	10219
浙 江	246997	168082	246997	168082	29038	26658
安 徽	43728	60527	43728	60527	43728	60527
福 建						
江 西	162045	172185	162045	172185	48748	60185
山 东	6561	3256				
河 南	9380	10486	9380	10486	9380	10486
湖 北						
湖 南						
广 东	256458	182672	256458	182672	256458	182672
广 西	57285	69848	57285	69848	57285	69848
海 南						
重 庆						
四 川	11416	10624	7917	7500		
贵 州						
云 南	68128	45013	68128	45013	51257	45013
西 藏						
陕 西						
甘 肃						
青 海						
宁 夏						
新 疆						

单位：万元

非自有配送中心配送商品购进额		商品销售总额		零售额	
2008年	2007年	2008年	2007年	2008年	2007年
225876	**148924**	**917302**	**855325**	**345451**	**313324**
		47934	34679	5067	1354
		18737	11680	136	108
		13428	10799	13428	10799
217959	141424	272122	286013	142788	137621
		133057	152714	66131	73562
		53848	69069	24514	23253
		5981	3820		
		9261	10908	4471	3884
		244262	167711	14104	12199
		49966	48041	15219	17763
7917	7500	11893	10732	2777	2055
		56815	49160	56815	30725

2-17 续表 7

零售业

项目	商品购进总额		统一配送商品购进额		自有配送中心配送商品购进额	
	2008年	2007年	2008年	2007年	2008年	2007年
全国	**101042431**	**81563456**	**75226639**	**59454885**	**51399061**	**40598722**
北京	11694201	10307554	4976830	4171847	2676039	2472586
天津	3153747	1941229	2570994	1499849	698963	559816
河北	1055336	730784	586967	436864	403826	343080
山西	1239209	1012611	407677	261079	198743	118317
内蒙古	111384	91405	107637	88250	84539	70385
辽宁	1816164	1439124	1459655	1192009	405222	337510
吉林	333293	293227	179430	190014	123713	107168
黑龙江	629028	502415	603732	481325	253808	223172
上海	14232370	13017853	10767643	9911773	7292944	6735936
江苏	20708255	14558720	17925820	12461091	15184602	10054816
浙江	3547112	2884194	3321185	2650733	2292393	1816747
安徽	2441737	1972569	754363	623017	374727	293014
福建	2683438	1715692	2286450	1471534	1183628	717825
江西	911473	736232	820304	652660	514761	461661
山东	6374841	5540601	2817749	2471252	2124849	1834841
河南	2027809	1627999	1726281	1391138	1201564	1112924
湖北	5752740	4654266	4377073	3406334	3517186	2604685
湖南	4909448	4052730	4737747	3908546	4297642	3409197
广东	9998532	8564153	8592655	7337374	4716167	3903484
广西	539248	378219	509894	352061	417329	270242
海南	22742	7854	17989	4518	16012	2643
重庆	1846983	1575584	1716731	1493046	1295369	1160611
四川	1715295	1318568	1545818	1202667	755534	860645
贵州	136121	112847	106497	49066	54619	28459
云南	772854	628643	724318	607084	455886	397678
西藏	2899		1699			
陕西	814008	703286	102014	42164	20831	16796
甘肃	311908	254281	302984	246345	18909	22417
青海	50928	50583	28882	30721	22536	21304
宁夏	141267	116141	117271	72070	113514	68312
新疆	1068062	774093	1032351	748457	683207	572452

单位：万元

非自有配送中心配送商品购进额		商品销售总额		零售额	
2008年	2007年	2008年	2007年	2008年	2007年
11396455	**9579832**	**120288489**	**96464039**	**95094767**	**75007166**
526362	369304	13303966	11411253	10902502	9573558
1193086	784200	3290161	2571202	3137639	1876865
61820	39799	1629598	1152390	1589032	1118450
13334	11596	1577332	1412772	1127600	1002572
5907	3772	135383	107192	124407	97154
76189	69455	1967749	1653954	1720067	1375650
997	548	415036	343675	403635	332601
8870	3268	710460	544124	688171	525587
1205973	1149981	20784651	18370560	14437980	12795848
1613159	1506651	20985476	15990411	13904745	10555673
763619	615529	4219755	3434152	4019370	3261423
2522	2188	2654379	2225572	1535003	1280298
109561	91398	4598130	2343018	3989661	1906360
102459	28368	1679757	1295926	1279313	964201
493109	506109	7343170	6295789	5864883	4923798
32454	18480	2352964	1515509	2047207	1354458
450846	379255	6474092	5351250	5476084	4498214
352437	279368	5549124	4455784	5168649	4134567
3382614	3109219	11611684	9850353	9718814	8167901
74486	52355	1094756	849430	919859	702268
		24013	11651	22563	10731
265859	243482	2044519	1502529	2018887	1465864
587316	240978	1935516	1016770	1721240	847243
		169958	119988	81903	66554
44277	38903	990577	623882	963559	612741
		1793		1793	
9326	7667	914826	735568	595684	466557
5851	4236	285590	226288	284703	224983
414	1287	84035	63077	80383	63077
		228609	152884	175713	105859
13610	22441	1231429	837086	1093720	696114

2-17 续表 8

综合零售

项 目	商品购进总额		统一配送商品购进额		自有配送中心配送商品购进额	
	2008年	2007年	2008年	2007年	2008年	2007年
全 国	**47341842**	**39641208**	**31741822**	**26071019**	**20863231**	**17117818**
北 京	5581807	4941703	2835284	2538793	1155764	1032934
天 津	593424	372638	132023	46951	97876	45702
河 北	755283	556760	409053	341525	333539	287575
山 西	443929	310150	168376	98733	67174	27244
内蒙古	67346	53216	63598	50062	56222	44940
辽 宁	440197	368013	383797	316967	53083	47446
吉 林	155189	129205	40111	33035	37179	30843
黑龙江	322253	265282	296957	244192	113087	87026
上 海	7244609	7055084	4459689	4248469	2680207	2619137
江 苏	5615871	3922363	5327366	3855798	4189978	2981213
浙 江	2908500	2368677	2684902	2143125	1779742	1406130
安 徽	2162920	1744376	491440	397191	313138	256705
福 建	541094	463159	512733	453743	409933	350177
江 西	464302	418334	404484	369071	380574	347427
山 东	5414683	4678481	2478676	2129995	1831705	1546709
河 南	867118	692635	599740	487885	334765	315851
湖 北	3366344	2617149	2016435	1395208	1803337	1249113
湖 南	1129848	984507	962324	844222	765401	704115
广 东	5592383	4628663	4747708	3838475	2994317	2389196
广 西	139294	108358	110556	82218	51919	43076
海 南	2751	2140				
重 庆	1336469	1157072	1234187	1093931	827450	775064
四 川	820153	611394	760550	580833	262786	259738
贵 州	14890	10974	14290	10414	6544	2373
云 南	344057	296398	340942	296398	130818	122774
西 藏	2899		1699			
陕 西	778679	665475	87960	30411	19485	15563
甘 肃	18205	14437	10031	6520	5171	3201
青 海	41274	44549	19228	24687	18181	17693
宁 夏	62299	51980	39219	8824	39219	8824
新 疆	113773	108037	108464	103344	104640	100032

单位：万元

非自有配送中心配送商品购进额		商品销售总额		零售额	
2008年	2007年	2008年	2007年	2008年	2007年
5748307	**4837840**	**61193172**	**50862782**	**49272732**	**40722647**
470007	339589	6802466	5809472	6243493	5268739
		652678	503935	652678	503935
58580	36873	1318208	960475	1303455	947787
12631	11002	445505	359830	182159	127509
5087	3007	80168	64360	72367	55768
		513378	468399	513378	468399
997	548	164225	156190	158938	151165
8471	2901	357218	267322	334929	248785
1125323	1059816	13959311	12121208	9499260	8476015
212309	174037	6212829	4988647	4786485	3831403
720398	578496	3522719	2865618	3381254	2740461
2522	2188	2368077	1974272	1254242	1033259
54497	41714	620316	254921	611851	246985
		610610	516625	375533	305985
481959	491149	6292376	5354904	5002498	4082365
8067	5482	946540	658795	856518	638637
163590	110755	3890768	3206178	3225831	2695904
145633	106037	1299556	1088769	1298604	1088769
1592771	1324726	6951827	5875578	5833891	4899975
58019	38691	140811	128448	140059	127060
		3285	2770	3285	2770
261160	240409	1492863	1171526	1467701	1134925
329178	237457	958032	744565	826045	612609
		18113	11801	15515	7966
18686	17381	391759	367752	389122	363002
		1793		1793	
9326	7667	865526	691350	546384	422339
4860	3320	19381	14312	19381	14312
414	1287	73588	57742	73588	57742
		79430	51887	62678	42945
3824	3312	139816	125132	139816	125132

2-17 续表 9

食品、饮料及烟草制品专门零售

项 目	商品购进总额		统一配送商品购进额		自有配送中心配送商品购进额	
	2008年	2007年	2008年	2007年	2008年	2007年
全 国	**894999**	**691638**	**828287**	**619075**	**479471**	**385300**
北 京	137813	109754	127152	85139	109732	74174
天 津	25517	24225	23474	22832		
河 北	1953	1916	1953	1916		
山 西	3539	3284	3539	3284		
内蒙古						
辽 宁	14532	12988	14532	12988		
吉 林	3388	3388				
黑龙江						
上 海	39903	34666	16742	14654	2502	1966
江 苏	282666	167736	263813	153397	118331	88260
浙 江	126918	94905	126766	94774	98362	72364
安 徽	14935	13515	14935	13515	12856	12281
福 建	81750	70513	81692	70398	41644	41454
江 西	3870	3378	3370	2922	3370	2922
山 东	6330	7308	6330	7308	6330	7308
河 南	21162	19483	16235	14855	12520	11568
湖 北	69639	65241	69639	65241	27286	25606
湖 南	5134	4882	5134	4882	4970	4733
广 东	44464	44266	41928	41551	32746	35525
广 西	997	609	997	609	997	609
海 南						
重 庆	2840	2271	2840	2271	2546	1902
四 川						
贵 州	1758	1592	1758	1592		
云 南	1918	2265	1485	1496	1305	1176
西 藏						
陕 西						
甘 肃						
青 海						
宁 夏						
新 疆	3974	3453	3974	3453	3974	3453

单位：万元

非自有配送中心配送商品购进额		商品销售总额		零售额	
2008年	2007年	2008年	2007年	2008年	2007年
181202	**98957**	**1171996**	**900119**	**1084775**	**827184**
		174644	145206	171979	143036
		55968	49329	55634	49112
1953	1916	2242	1916	2242	1916
		28942	26519	25523	23260
		22150	18759	22150	18759
		32312	32355	26259	26305
		50296	44333	50174	44273
116560	42087	301350	189132	279485	163122
28404	22409	147350	106799	133066	100497
		19859	14695	14348	10465
5118	4656	102360	74996	87430	60016
		4134	3366	4134	3366
		7474	6644	7474	6644
3226	3281	58457	45068	48355	40926
22124	21654	78737	68517	78375	68146
		6037	6077	6037	6077
3637	2635	64045	51529	56471	46386
		1417	819	1417	819
		6597	6767	6597	6767
		1639	1539	1639	1539
180	319	1876	2245	1876	2245
		4111	3510	4111	3510

2-17 续表 10

纺织、服装及日用品专门零售

项目	商品购进总额		统一配送商品购进额		自有配送中心配送商品购进额	
	2008年	2007年	2008年	2007年	2008年	2007年
全国	**1505007**	**1115802**	**1139013**	**805225**	**699093**	**505196**
北京	371338	282231	270276	181811	48465	44281
天津	19167	14578	10367	9120	7749	7023
河北	1407	1290	1407	1290	1188	1114
山西	4341	3853				
内蒙古						
辽宁	17092	15651	6320	5094	2311	2029
吉林	6388	2736	5465	2736	2827	
黑龙江	490	463	490	463	490	463
上海	30210	28627	29461	27898	15783	17352
江苏	1143	996	1143	996	1143	
浙江	107314	79638	107314	79338	73350	52688
安徽	1120	1276	1120	1276		
福建	12658	3693	4386	3693	3766	3693
江西	25172	26622	5631	8087	3628	6097
山东	22242	17567	22242	17567	21172	16567
河南	20624	17036	19667	16244	3709	2408
湖北	96246	82126	96196	82126	42129	42703
湖南	140108	67411	140108	67411	139519	67022
广东	570871	431618	379617	283427	324875	235818
广西						
海南	2002	1196				
重庆	11950	9537	10805	9484	5645	4709
四川	17394		17394			
贵州	12951	13106				
云南	4175	3375	4175	3375		
西藏						
陕西	6625	10295	3496	2938	1346	1233
甘肃						
青海	1820	747	1820	747		
宁夏						
新疆	160	137	114	105		

单位：万元

非自有配送中心配送商品购进额		商品销售总额		零售额	
2008年	2007年	2008年	2007年	2008年	2007年
89751	**55622**	**1887161**	**1406133**	**1357269**	**1010485**
46722	15554	474758	374804	274352	204855
		27368	24441	22233	21931
219	176	1879	1736	1879	1736
		5772	5156		
		22082	20218	22082	20218
		7821	3819	7760	3819
		544	465	544	465
6338	2145	98884	94664	90774	84311
		2009	2043	2009	2043
4271	4503	125297	92575	94512	66487
		1352	1276	1352	1276
		26696	12496	26696	12496
		21783	5847	4408	3947
		26178	20233	26086	20147
150	89	21767	19104	20527	18277
		122894	87897	120792	87648
589	389	128673	84118	83134	58573
31462	32767	695091	505687	494238	353623
		2295	1337	844	417
		20505	16817	20139	16817
		24932		14327	
		11134	12361	11134	12361
		4913	4433	4913	4433
		10148	12899	10148	12899
		2232	1563	2232	1563
		158	146	158	146

2-17 续表 11

文化、体育用品及器材专门零售

项目	商品购进总额		统一配送商品购进额		自有配送中心配送商品购进额	
	2008年	2007年	2008年	2007年	2008年	2007年
全国	**1817337**	**1561906**	**1273899**	**1392811**	**959620**	**1193916**
北京	40339	13863	39829	13410	765	679
天津	39912	42479				
河北						
山西	47034	29947	47034	29947		
内蒙古						
辽宁	16307	15875	16307	15875		
吉林						
黑龙江	73912	26654	73912	26654	4891	4125
上海	625507	440673	158510	352457	156971	350919
江苏	4862	4736	4862	4736	4862	4736
浙江	71388	42054	70301	41005	69989	40701
安徽	14764	13258	14764	13258		
福建	24002	22865	24002	22865	1812	1160
江西	53617	51088	48247	41095	45062	40829
山东	71506	68944	71506	68944	67150	64734
河南	3266	2375	3266	2375	3266	2375
湖北	54390	18533	53401	17695	48601	13395
湖南	4758	5626	4758	5626	4758	5626
广东	88924	89377	83643	84625	78776	79146
广西	16078	16430	16078	16430		
海南						
重庆	41369	35302	41369	35302	41369	35302
四川	366010	504748	366010	504748	366010	504748
贵州	5119	5321	5119	5321		
云南	53646	41101	52809	40924	25346	19721
西藏						
陕西						
甘肃						
青海						
宁夏	5589	5589	4673	4673	916	916
新疆	95040	65069	73500	44845	39077	24805

单位：万元

非自有配送中心配送商品购进额		商品销售总额		零售额	
2008年	2007年	2008年	2007年	2008年	2007年
45370	**38753**	**1805149**	**1391765**	**1280327**	**845648**
5579	3907	53297	17539	47660	14523
		37828	42951	11891	12701
		59473	38865	59473	38865
		19698	18545	14457	13216
		1199	19	1199	19
		87941	17328	87941	17328
		603142	689914	226453	220029
		6294	5979	6294	5979
313	304	64588	43170	60247	39681
		26260	21611	26260	21611
		28530	27301	26699	24648
		61166	52933	58798	51703
4356	4210	70584	67863	34666	57726
		3056	2119	3056	2119
		60033	25982	60033	25982
		6765	7911	6765	7911
4348	4279	97749	93001	77876	83061
		12617	13024	12617	13024
		42172	35542	42172	35542
		312321	47238	275193	44012
		5621	5486	5621	5486
25412	21203	52373	43330	44488	36939
		5432	5432	5432	5432
5363	4850	87012	68684	85035	68113

2-17 续表 12

医药及医疗器材专门零售

项目	商品购进总额		统一配送商品购进额		自有配送中心配送商品购进额	
	2008年	2007年	2008年	2007年	2008年	2007年
全国	**2877750**	**2395374**	**2672899**	**2260078**	**2050788**	**1733200**
北京	128881	112656	123389	107376	90137	79502
天津	28689	23017	28689	23017	4388	1157
河北	40085	30567	37170	26481	27332	20856
山西	28814	9938	27221	8038	8201	5022
内蒙古	12920	9811	12920	9811	4850	3942
辽宁	205790	166611	174076	157899	12265	6012
吉林	9034	8334	5149	4680	2523	2133
黑龙江	124905	113083	124905	113083	98951	93633
上海	201164	209749	190103	198520	139502	149259
江苏	261222	227399	247795	209480	234973	198762
浙江	164464	138475	163661	137310	125100	110814
安徽	68388	31532	52494	29164	48733	24028
福建	25274	15817	21162	12373	19487	10946
江西	39267	33667	33625	28618	25437	22220
山东	72840	57013	59299	53990	43212	36323
河南	137709	83396	130518	75864	76749	52981
湖北	79096	71770	77450	69016	69113	59370
湖南	313371	288469	309194	284570	297116	277622
广东	338464	275017	335768	272861	290864	228553
广西	67034	69630	67034	69612	49183	43365
海南	5838	3673	5838	3673	3862	1798
重庆	83397	69501	75682	62188	67300	55865
四川	72089	38644	43154	35506	27152	20515
贵州	56049	34614	54975	31738	48075	26086
云南	178689	159360	154609	138748	135608	127864
西藏						
陕西	24299	23236	8264	6772		
甘肃	16472	20806	15722	20787	13738	19216
青海	7833	5287	7833	5287	4356	3611
宁夏	24025	13381	24025	13381	24025	13381
新疆	61646	50923	61174	50234	58556	38365

单位：万元

非自有配送中心配送商品购进额		商品销售总额		零售额	
2008年	2007年	2008年	2007年	2008年	2007年
84389	**93866**	**3419810**	**2788334**	**3239091**	**2714440**
	6362	257183	148951	151940	131623
5957	6175	30318	25032	30232	24902
1066	829	52204	48915	50888	47599
703	593	40818	11593	40818	11593
819	765	17564	13536	14389	12088
7979	7659	224163	215757	209848	203700
		39486	36845	39486	36845
400	367	152813	136484	152813	136484
		222278	214864	221749	214316
7525	8685	303308	270330	295910	253667
10234	9817	182122	156678	181642	155843
		48847	46581	48847	46581
	2	37394	24798	36393	24798
		56359	52390	54907	47171
5740	4747	86100	69928	81616	67007
2042	1554	104183	72213	98985	71597
		109443	82638	104804	79851
141	164	358246	314369	358091	314369
16298	16454	428631	356355	425379	352532
16468	13664	69662	54433	64204	50049
		7707	5174	7707	5174
4699	3073	91852	76768	91748	76704
3328	2617	96929	45569	95945	44545
		47994	39203	47994	39203
		215042	143695	200199	143695
		33666	26929	33666	26929
992	916	17365	24766	16478	23460
		8215	3772	4563	3772
		21209	16820	19148	15428
	9422	58711	52952	58702	52917

2-17 续表 13

汽车、摩托车、燃料及零配件专门零售

项 目	商品购进总额		统一配送商品购进额		自有配送中心配送商品购进额	
	2008年	2007年	2008年	2007年	2008年	2007年
全 国	**20151482**	**15576097**	**15687406**	**11648485**	**9994842**	**7667456**
北 京	2999847	2660730				
天 津	1772294	878280	1772294	878280		
河 北						
山 西	578241	537812	161507	121078	123368	86052
内蒙古						
辽 宁	919575	671837	661952	495037	217386	169953
吉 林						
黑龙江						
上 海	3933245	3172533	3932012	3171454	3932012	3171454
江 苏	4840	7404	4840	7404	4756	7404
浙 江	17298	15736	17298	15736	3870	4418
安 徽						
福 建	1317352	583086	1109083	425900	581243	272951
江 西	178271	63922	178271	63922	15048	11503
山 东	528725	441640				
河 南	579874	550568	571903	543900	530800	517543
湖 北	1351783	1105994	1351783	1105994	996109	703516
湖 南	3128333	2505469	3128333	2505469	2905541	2159464
广 东	1612608	1509499	1592276	1489964	96899	100608
广 西	280690	157272	280690	157272	280690	157272
海 南						
重 庆						
四 川	98657	74970	98657	74970	98657	74970
贵 州	45354	47239	30356			
云 南						
西 藏						
陕 西	2294	2042	2294	2042		
甘 肃	277231	219038	277231	219038		
青 海						
宁 夏						
新 疆	524972	371026	516627	371026	208463	230348

单位：万元

非自有配送中心配送商品购进额		商品销售总额		零售额	
2008年	2007年	2008年	2007年	2008年	2007年
3031215	**2474738**	**24472982**	**18296886**	**19178999**	**13160587**
		3225067	2807235	1875620	1743560
1187129	778025	1853284	1375954	1782812	732687
		829931	806457	684497	666215
		963779	742581	735654	481663
		3532769	2910332	2173246	1610393
84		5690	8187	5690	8065
		17718	16772	17403	16571
49946	45025	3064795	1392076	2810044	1277287
94212	18022	783983	524767	657443	435945
		575286	496187	433867	411566
18969	5970	795607	410504	632039	303876
107378	102117	1495736	1205736	1277755	965269
198515	167026	3536198	2757138	3202370	2461482
1370559	1353696	1713896	1576416	1195970	1096621
		749146	509480	598084	392841
		104505	81210	92097	70658
		85458	49600		
		222756	26503	222756	26503
		2838	2051	2838	2051
		248844	187210	248844	187210
		30108		30108	
4423	4857	635587	410492	499863	270125

2-17 续表 14

家用电器及电子产品专门零售

项目	商品购进总额		统一配送商品购进额		自有配送中心配送商品购进额	
	2008年	2007年	2008年	2007年	2008年	2007年
全国	**25547922**	**19787271**	**21353187**	**16230506**	**16171522**	**11899609**
北京	2254999	2091572	1493107	1226100	1249665	1221800
天津	604147	519649	604147	519649	588950	505935
河北	256606	140247	137381	65647	41767	33535
山西	133311	117627				
内蒙古	31119	28378	31119	28378	23467	21502
辽宁	202671	188150	202671	188150	120176	112070
吉林	159294	149563	128705	149563	81185	74192
黑龙江	107042	96486	107042	96486	35963	37477
上海	1789047	1699012	1789047	1699012	345514	406232
江苏	14491047	10173432	12029397	8174626	10610923	6750949
浙江	143586	136710	143300	131446	134338	121633
安徽	179609	168613	179609	168613		
福建	671703	547184	523786	473186	125742	37445
江西	146019	138368	146019	138368	41642	30663
山东	256503	267175	179696	193448	155280	163200
河南	396337	261072	383235	248581	238037	208765
湖北	733894	692427	710820	670027	530610	510983
湖南	178178	186199	178178	186199	170619	180447
广东	1644401	1433227	1326849	1206298	885963	824090
广西	34540	25920	34540	25920	34540	25920
海南	12150	845	12150	845	12150	845
重庆	370958	301902	351848	289869	351061	287769
四川	328091	77790	260053	6610	930	674
贵州						
云南	190370	126143	170298	126143	162810	126143
西藏						
陕西	2111	2239				
甘肃						
青海						
宁夏	49354	45191	49354	45191	49354	45191
新疆	180837	172149	180837	172149	180837	172149

单位：万元

非自有配送中心配送商品购进额		商品销售总额		零售额	
2008年	2007年	2008年	2007年	2008年	2007年
2064138	**1779531**	**25208369**	**19818360**	**18657272**	**14837079**
4055	3893	2086672	1974586	1922455	1947116
		563516	483402	512958	465439
		255025	139321	230527	119385
		166892	164352	135130	135130
		37651	29297	37651	29297
68210	61796	202499	169695	202499	169695
		169992	114448	169992	114448
		111301	121840	111301	121840
		1890921	1829453	1834721	1773590
1260119	1259228	14094456	10444482	8470668	6209783
		151808	145140	143093	134485
		189984	167138	189954	167107
		708653	549812	385047	257851
8246	10346	140364	139053	122730	115139
1053	6003	279948	274356	273452	272669
	2105	421586	305853	385960	277174
157753	144729	714573	672857	606587	573970
7559	5753	202432	187322	202432	187307
302333	284774	1517945	1198466	1492490	1142380
		120427	143226	102801	118475
		10727	2371	10727	2371
		390529	195109	390529	195109
254810	904	421204	83605	400041	60837
		101859	35923	100205	35923
		2648	2339	2648	2339
		86880	73233	52797	36543
		167878	171680	167878	171680

2-17 续表 15

五金、家具及室内装修材料专门零售

项目	商品购进总额		统一配送商品购进额		自有配送中心配送商品购进额	
	2008年	2007年	2008年	2007年	2008年	2007年
全国	**880158**	**771672**	**504808**	**405198**	**158354**	**76379**
北京	179176	95046	87793	19218	21511	19218
天津	70597	66363				
河北						
山西						
内蒙古						
辽宁						
吉林						
黑龙江						
上海	365279	374241	188673	196041	17046	16349
江苏	40737	50442	40737	50442	13769	19280
浙江	7643	8000	7643	8000	7643	8000
安徽						
福建	9607	9377	9607	9377		
江西	956	853	658	577		
山东	2013	2473				
河南						
湖北						
湖南						
广东	103588	150557	82037	118245	10724	10232
广西						
海南						
重庆						
四川	12902	11021				
贵州						
云南						
西藏						
陕西						
甘肃						
青海						
宁夏						
新疆	87661	3300	87661	3300	87661	3300

单位：万元

非自有配送中心配送商品购进额		商品销售总额		零售额	
2008年	2007年	2008年	2007年	2008年	2007年
152080	**200522**	**1092200**	**968538**	**987988**	**857975**
		229879	133461	215002	120106
		69202	66159	69202	66159
74312	88020	421660	460651	336212	367780
16562	22614	52618	77408	52618	77408
		8154	7400	8154	7400
		9386	6618	5500	2280
		1358	946	1358	946
		5224	5675	5224	5675
61207	89889	138968	191147	138968	191147
		17593	14583	17593	14583
		138158	4492	138158	4492

2-17 续表 16

无店铺及其他零售

项目	商品购进总额		统一配送商品购进额		自有配送中心配送商品购进额	
	2008年	2007年	2008年	2007年	2008年	2007年
全国	**25936**	**22489**	**25319**	**22489**	**22141**	**19847**
北京						
天津						
河北	4	5	4	5		
山西						
内蒙古						
辽宁						
吉林						
黑龙江	427	448	427	448	427	448
上海	3406	3268	3406	3268	3406	3268
江苏	5867	4212	5867	4212	5867	4212
浙江						
安徽						
福建						
江西						
山东						
河南	1719	1435	1719	1435	1719	1435
湖北	1349	1025	1349	1025		
湖南	9718	10168	9718	10168	9718	10168
广东	2829	1929	2829	1929	1003	317
广西	616					
海南						
重庆						
四川						
贵州						
云南						
西藏						
陕西						
甘肃						
青海						
宁夏						
新疆						

单位：万元

非自有配送中心配送商品购进额		商品销售总额		零售额	
2008年	2007年	2008年	2007年	2008年	2007年
4	**5**	**37651**	**31121**	**36315**	**31121**
4	5	41	28	41	28
		645	685	645	685
		5391	5142	5391	5142
		6924	4204	5587	4204
		1768	1853	1768	1853
		1907	1444	1907	1444
		11217	10079	11217	10079
		3533	2175	3533	2175
		677		677	
		5550	5512	5550	5512

2-18 按行业分各地区连锁零售

批发业

项目	商品购进总额		统一配送商品购进额		自有配送中心配送商品购进额	
	2008年	2007年	2008年	2007年	2008年	2007年
全国	**1582187**	**1537005**	**1382045**	**1352143**	**914675**	**733603**
北京						
天津						
河北	933	562	933	562	933	562
山西						
内蒙古						
辽宁	24783	64411	20262	60458	15936	54977
吉林						
黑龙江						
上海	5531		5531		5531	
江苏	297447	522463	297145	521627	59773	58994
浙江	248460	213709	189070	164047	165393	151570
安徽	232669	175547	232669	175547	177757	127925
福建						
江西						
山东	108812	79058	108812	79058	108812	79058
河南	13091	11809	13091	11809	8321	4700
湖北	3040	2894	3040	2894	3040	2894
湖南						
广东	196530	132346	196083	97461	60989	19979
广西	7631	270	7631	270	5336	270
海南						
重庆	8865	8421	8688	8227	8558	8077
四川	4323	2606	3534	2103	1684	1537
贵州						
云南	286916	224503	229641	179816	229101	178749
西藏						
陕西						
甘肃						
青海						
宁夏	117936	75974	40694	25831	40694	25831
新疆	25222	22434	25222	22434	22819	18482

企业加盟门店经营情况

单位：万元

非自有配送中心配送商品购进额		商品销售总额		零售额	
2008年	2007年	2008年	2007年	2008年	2007年
115805	**69814**	**1803836**	**1424896**	**657656**	**531266**
		0	0		
		933	933		
4327	5471	15063	67800	10559	37930
		21836	16169	17599	16169
		518517	413087	77849	75551
9636	528	261669	213867	38257	24103
23257	16367	213235	191711	38439	39974
		94879	71674	5430	2298
3233	5691	10978	10259	3589	8057
		3051	2501	3051	2491
72928	41607	231655	118774	180515	109563
2295		15861	7346	15861	7346
130	150	8814	8276	2103	2093
		5415	3665	4240	2910
		259569	202216	259467	202058
		115596	74454		
		26766	22166	698	724

2-18 续表 1

食品、饮料及烟草制品批发

项　目	商品购进总额		统一配送商品购进额		自有配送中心配送商品购进额	
	2008年	2007年	2008年	2007年	2008年	2007年
全　国	**202290**	**149516**	**197728**	**110778**	**67194**	**58325**
北　京						
天　津						
河　北						
山　西						
内蒙古						
辽　宁	18974	25746	14858	21894	10531	16413
吉　林						
黑龙江						
上　海						
江　苏						
浙　江	28568	27369	28568	27369	22495	20746
安　徽						
福　建						
江　西						
山　东	30563	17441	30563	17441	30563	17441
河　南	3233	5691	3233	5691		
湖　北						
湖　南						
广　东	120953	73268	120506	38383	3605	3725
广　西						
海　南						
重　庆						
四　川						
贵　州						
云　南						
西　藏						
陕　西						
甘　肃						
青　海						
宁　夏						
新　疆						

单位：万元

非自有配送中心配送商品购进额		商品销售总额		零售额	
2008年	2007年	2008年	2007年	2008年	2007年
65356	**46293**	**220688**	**164911**	**210198**	**154130**
4327	5471	9000	21642	7740	15837
		16872	16169	16872	16169
679	528	29523	23490	29523	23490
		14660	7273	5430	2298
3233	5691	2912	5704	2912	5704
57117	34603	147721	90634	147721	90634

2-18 续表 2

纺织、服装及日用品批发

项 目	商品购进总额		统一配送商品购进额		自有配送中心配送商品购进额	
	2008年	2007年	2008年	2007年	2008年	2007年
全 国	**40561**	**34158**	**40561**	**34158**	**8906**	**2903**
北 京						
天 津						
河 北						
山 西						
内蒙古						
辽 宁						
吉 林						
黑龙江						
上 海	5531		5531		5531	
江 苏						
浙 江						
安 徽	31655	31255	31655	31255		
福 建						
江 西						
山 东						
河 南						
湖 北						
湖 南						
广 东	3374	2903	3374	2903	3374	2903
广 西						
海 南						
重 庆						
四 川						
贵 州						
云 南						
西 藏						
陕 西						
甘 肃						
青 海						
宁 夏						
新 疆						

单位：万元

非自有配送中心配送商品购进额		商品销售总额		零售额	
2008年	2007年	2008年	2007年	2008年	2007年
		50241	**38647**	**46004**	**38647**
		4963		726	
		36964	37700	36964	37700
		8313	947	8313	947

2-18 续表 3

医药及医疗器材批发

项 目	商品购进总额		统一配送商品购进额		自有配送中心配送商品购进额	
	2008年	2007年	2008年	2007年	2008年	2007年
全 国	**32566**	**27628**	**32019**	**27368**	**29812**	**24733**
北 京						
天 津						
河 北						
山 西						
内蒙古						
辽 宁	1824	365	1418	263	1418	263
吉 林						
黑龙江						
上 海						
江 苏						
浙 江	5110	4741	5110	4741	5110	4741
安 徽						
福 建						
江 西						
山 东						
河 南	1537	1418	1537	1418		
湖 北	3040	2894	3040	2894	3040	2894
湖 南						
广 东	16798	13351	16798	13351	16798	13351
广 西						
海 南						
重 庆	2102	2321	1960	2162	1830	2012
四 川	1615	1472	1615	1472	1615	1472
贵 州						
云 南	540	1067	540	1067		
西 藏						
陕 西						
甘 肃						
青 海						
宁 夏						
新 疆						

单位：万元

非自有配送中心配送商品购进额		商品销售总额		零售额	
2008年	2007年	2008年	2007年	2008年	2007年
130	**150**	**37217**	**27112**	**35291**	**26631**
		1500	1441	1500	1441
		694	614	694	614
		2103		676	
		3051	2501	3051	2491
		23598	17015	23534	17011
130	150	2437	2401	2103	2093
		2004	2016	2004	2016
		1830	1124	1729	966

2-18 续表 4

矿产品、建材及化工产品批发

项目	商品购进总额		统一配送商品购进额		自有配送中心配送商品购进额	
	2008年	2007年	2008年	2007年	2008年	2007年
全国	**1200492**	**1231476**	**1006248**	**1086115**	**712232**	**589738**
北京						
天津						
河北	933	562	933	562	933	562
山西						
内蒙古						
辽宁	3986	38300	3986	38300	3986	38300
吉林						
黑龙江						
上海						
江苏	238127	464559	237825	463723	453	1090
浙江	205825	181598	146435	131937	137788	126082
安徽	201013	144292	201013	144292	177757	127925
福建						
江西						
山东	78249	61617	78249	61617	78249	61617
河南	8321	4700	8321	4700	8321	4700
湖北						
湖南						
广东	18192	7004	18192	7004		
广西	7631	270	7631	270	5336	270
海南						
重庆	6763	6100	6728	6066	6728	6066
四川	1919	631	1919	631	69	65
贵州						
云南	286376	223436	229101	178749	229101	178749
西藏						
陕西						
甘肃						
青海						
宁夏	117936	75974	40694	25831	40694	25831
新疆	25222	22434	25222	22434	22819	18482

单位：万元

非自有配送中心配送商品购进额		商品销售总额		零售额	
2008年	2007年	2008年	2007年	2008年	2007年
41363	**23371**	**1365834**	**1111007**	**278004**	**233073**
		933	933		
		4563	44717	1319	20653
		440668	337536		
		223412	189764		
23257	16367	174796	151737		
		80219	64401		
		5962	4556		2353
15811	7004	10818	5681	338	227
2295		15861	7346	15861	7346
		6377	5874		
		2125	751	2050	677
		257738	201092	257738	201092
		115596	74454		
		26766	22166	698	724

2-18 续表 5

机械设备、五金交电及电子产品批发

项　目	商品购进总额		统一配送商品购进额		自有配送中心配送商品购进额	
	2008年	2007年	2008年	2007年	2008年	2007年
全　国	**106278**	**94227**	**105489**	**93724**	**96532**	**57904**
北　京						
天　津						
河　北						
山　西						
内蒙古						
辽　宁						
吉　林						
黑龙江						
上　海						
江　苏	59320	57904	59320	57904	59320	57904
浙　江	8957		8957			
安　徽						
福　建						
江　西						
山　东						
河　南						
湖　北						
湖　南						
广　东	37212	35820	37212	35820	37212	
广　西						
海　南						
重　庆						
四　川	789	503				
贵　州						
云　南						
西　藏						
陕　西						
甘　肃						
青　海						
宁　夏						
新　疆						

单位：万元

非自有配送中心配送商品购进额		商品销售总额		零售额	
2008年	2007年	2008年	2007年	2008年	2007年
8957		**129246**	**82475**	**87550**	**78041**
		0	0		
		77849	75551	77849	75551
8957		8040		8040	
		1475	2274	1475	2274
		40596	3753		
		1287	898	187	217

2-18 续表 6

零售业

项　目	商品购进总额		统一配送商品购进额		自有配送中心配送商品购进额	
	2008年	2007年	2008年	2007年	2008年	2007年
全　国	**5971566**	**7442084**	**3994875**	**5149613**	**2085978**	**3957679**
北　京	370065	311330	187543	163813	119096	98660
天　津	2510	2203	1772	1678		
河　北	27284	19876	18372	11397	18372	11397
山　西	33024	21337	33024	21337		
内蒙古	299	305	299	305	299	305
辽　宁	70529	68257	42015	36908	3857	3723
吉　林						
黑龙江	4147	1978	4147	1978		44
上　海	1157473	1269274	1147450	1258967	99648	829938
江　苏	1767212	3467635	628208	1831120	552958	1786522
浙　江	490573	465944	481300	452658	424481	367292
安　徽	119438	98988	22402	26434	21634	25710
福　建	31787	24746	6320	4602	3664	1850
江　西	404	289	404	289	404	289
山　东	568352	428314	210076	183125	170682	149709
河　南	89718	72880	82402	63117	44107	35999
湖　北	53628	42357	51059	41457	41597	31486
湖　南	30601	34189	28769	33072	28505	31218
广　东	1003741	986660	942197	925482	487993	528275
广　西	21992	29215	6699	15077	4768	4028
海　南	4902	2226	4902	2226	1115	538
重　庆	34050	26218	29137	22164	21595	18298
四　川	31671	27503	29479	25461	19262	17544
贵　州	3346	5817	96	72		
云　南	7587	3720	7476	2619	3741	1496
西　藏						
陕　西	20342	10825	9174	8641	3574	3057
甘　肃	663	765	331	374		
青　海	8619	4880	8556	4880	4314	762
宁　夏	12480	9814	8403	7765	8277	7710
新　疆	5131	4540	2866	2594	2037	1830

单位：万元

非自有配送中心配送商品购进额		商品销售总额		零售额	
2008年	2007年	2008年	2007年	2008年	2007年
964571	**985772**	**8608821**	**9922625**	**8057649**	**8500164**
35069	61461	296664	449746	296126	264807
1531	1437	12913	12662	12911	12662
		58216	50027	58216	50027
1783	1994	32972	21320	1818	1977
		84	39	84	39
21192	19950	86171	78210	86171	78210
		6538	6630	6538	6630
		2582	1942	2582	1942
329263	365716	2888128	2761148	2843943	2714737
44812	27892	2048791	3698940	1966124	2847224
56729	85295	622769	553302	577442	513138
		128050	98591	128050	98219
292	266	34430	24209	34430	24209
		502	482	502	482
4117	3354	594710	532636	593671	508555
9666	8220	101671	95855	99036	86093
		93313	72520	93313	72520
264	1854	36614	47975	36614	47975
443321	387436	1401213	1283466	1059686	1039984
1602	10758	25599	33054	25599	33054
3787	1688	1012	656	1012	656
1250	616	41595	31262	40444	29813
4394	1463	39965	32128	39965	32001
		198	158	198	158
106	1123	6489	3955	6489	3955
		19793	10190	18915	9640
331	374	549	619	549	619
4241	4118	7350	4719	7350	4719
		13535	11408	13535	11408
823	759	6407	4776	6337	4711

2-18 续表 7

综合零售

项 目	商品购进总额		统一配送商品购进额		自有配送中心配送商品购进额	
	2008年	2007年	2008年	2007年	2008年	2007年
全 国	**4299621**	**4322706**	**2567804**	**2674279**	**1111326**	**1803185**
北 京	118605	109097	68733	94588	33052	32842
天 津						
河 北	27113	19736	18201	11257	18201	11257
山 西	31154	19343	31154	19343		
内蒙古						
辽 宁	51055	52853	24281	22936	3089	2986
吉 林						
黑龙江						
上 海	1122248	1234334	1122048	1232901	84254	814922
江 苏	1484165	1562421	375724	357322	344210	339396
浙 江	294853	316065	286607	303706	229966	218555
安 徽	118043	97539	21228	25201	21228	25201
福 建	5575	3949	4988	3350	3664	1850
江 西	404	289	404	289	404	289
山 东	525036	391749	171760	150601	169346	148776
河 南	28352	19925	28082	19735	3725	3413
湖 北	31300	20643	29166	20307	29166	20307
湖 南	4039	3368	2206	2251	2206	2251
广 东	379032	410812	335797	368709	135229	155894
广 西	18160	25515	2867	11378	1317	1164
海 南						
重 庆	7582	3302	6779	2666	3778	2570
四 川	14634	10728	14302	10667	10966	10439
贵 州						
云 南	4679	3498	4679	2586	3727	1463
西 藏						
陕 西	10717	1004				
甘 肃						
青 海	8556	4880	8556	4880	4314	762
宁 夏	12354	9760	8277	7710	8277	7710
新 疆	1968	1897	1968	1897	1207	1138

单位：万元

非自有配送中心配送商品购进额		商品销售总额		零售额	
2008年	2007年	2008年	2007年	2008年	2007年
656289	**764209**	**5962908**	**5743701**	**5923734**	**5682991**
33410	59619	86997	83454	86997	83454
		10154	10154	10154	10154
		58069	49897	58069	49897
		31154	19343		
21192	19950	67112	63025	67112	63025
329263	365716	2203650	2190366	2201184	2180929
1611	1861	1741198	1753060	1741198	1752331
56609	85134	353196	325966	348681	319216
		126540	97059	126540	96687
162	110	4980	2323	4980	2323
		502	482	502	482
2414	1825	549626	492730	548587	468650
1120	990	28547	20134	28547	20134
		67500	49840	67500	49840
		4528	9883	4528	9883
200568	212815	545766	511493	545766	511492
1220	9923	20831	27789	20831	27789
341	97	6972	3583	6972	3583
3272	171	14073	9727	14073	9727
106	1123	5464	3731	5464	3731
		12681	1550	12681	1550
4241	4118	7350	4719	7350	4719
		13369	11363	13369	11363
761	759	2650	2030	2650	2030

2-18 续表 8

食品、饮料及烟草制品专门零售

项目	商品购进总额		统一配送商品购进额		自有配送中心配送商品购进额	
	2008年	2007年	2008年	2007年	2008年	2007年
全国	**178271**	**154142**	**131729**	**110868**	**114649**	**99214**
北京	65614	43605	65486	43468	65486	43468
天津	979	766	241	241		
河北						
山西						
内蒙古						
辽宁						
吉林						
黑龙江						
上海	9823	8874				
江苏	100	126	60	75	20	25
浙江	3866	3255	3866	3255	3866	3255
安徽	767	724	767	724		
福建	24750	19389				
江西						
山东	2048	1853	2048	1853	615	593
河南	45032	41278	38630	32152	30145	24945
湖北	1161	2171	1161	2171		
湖南						
广东	24005	31880	19456	26894	14504	26894
广西						
海南						
重庆						
四川						
贵州						
云南	125	222	14	33	14	33
西藏						
陕西						
甘肃						
青海						
宁夏						
新疆						

单位：万元

非自有配送中心配送商品购进额		商品销售总额		零售额	
2008年	2007年	2008年	2007年	2008年	2007年
13405	**8492**	**211443**	**201884**	**204887**	**190789**
		76254	56558	76254	56558
		993	970	991	970
		11952	10468	11886	10408
20	25	100	151	100	151
		6795	5497	6795	5497
		776	708	776	708
		26615	20966	26615	20966
1434	1260	2300	1956	2300	1956
8485	7207	61691	66148	59338	56737
		1091	1910	1091	1910
3467		22752	36329	18617	34705
		124	223	124	223

2-18 续表 9

纺织、服装及日用品专门零售

项 目	商品购进总额		统一配送商品购进额		自有配送中心配送商品购进额	
	2008年	2007年	2008年	2007年	2008年	2007年
全 国	**462433**	**397350**	**461979**	**395029**	**445491**	**380195**
北 京	1080	3384	1080	1634		
天 津						
河 北						
山 西						
内蒙古						
辽 宁						
吉 林						
黑龙江						
上 海						
江 苏	178	154	178	154	178	
浙 江	163777	120898	163777	120898	163777	120898
安 徽						
福 建						
江 西						
山 东						
河 南						
湖 北	180	160	180	160	180	160
湖 南						
广 东	293324	272083	293324	272083	280700	259037
广 西						
海 南						
重 庆	1110	671	656	100	656	100
四 川						
贵 州						
云 南	2783		2783			
西 藏						
陕 西						
甘 肃						
青 海						
宁 夏						
新 疆						

单位：万元

非自有配送中心配送商品购进额		商品销售总额		零售额	
2008年	2007年	2008年	2007年	2008年	2007年
3662	**3598**	**785427**	**651045**	**405800**	**355596**
435	323	4271	3348	3733	3205
		41124	36366		
		317	322	317	322
		237161	199627	196348	166213
		1784	2	1784	2
		200	180	200	180
3227	3275	498328	409560	201176	184501
		1342	1640	1342	1174
		901		901	

2-18 续表 10

文化、体育用品及器材专门零售

项目	商品购进总额		统一配送商品购进额		自有配送中心配送商品购进额	
	2008年	2007年	2008年	2007年	2008年	2007年
全国	**3135**	**3604**	**2210**	**2834**	**986**	**1315**
北京	1225	1519	1225	1519		
天津						
河北						
山西						
内蒙古						
辽宁						
吉林						
黑龙江						
上海						
江苏						
浙江						
安徽						
福建						
江西						
山东						
河南						
湖北	268	250	268	250	268	250
湖南						
广东	164	191	164	191	164	191
广西						
海南						
重庆	53	52	53	52	53	52
四川	501	822	501	822	501	822
贵州						
云南						
西藏						
陕西						
甘肃						
青海						
宁夏						
新疆	925	769				

单位：万元

非自有配送中心配送商品购进额		商品销售总额		零售额	
2008年	2007年	2008年	2007年	2008年	2007年
1225	**1519**	**1933**	**3696**	**1751**	**2168**
1225	1519	176	1564	176	223
		268	250	268	250
		182	188		
		48	48	48	48
		459	932	459	932
		800	714	800	714

2-18 续表 11

医药及医疗器材专门零售

项 目	商品购进总额		统一配送商品购进额		自有配送中心配送商品购进额	
	2008年	2007年	2008年	2007年	2008年	2007年
全 国	**272500**	**249160**	**257445**	**235430**	**188812**	**177392**
北 京	24512	22620	24477	22604	20558	22350
天 津	1531	1437	1531	1437		
河 北	171	140	171	140	171	140
山 西	1870	1994	1870	1994		
内蒙古	299	305	299	305	299	305
辽 宁	19474	15405	17734	13972	768	737
吉 林						
黑龙江	4147	1978	4147	1978		44
上 海	25403	26066	25403	26066	15394	15016
江 苏	4981	3755	4981	3755	4456	3291
浙 江	18151	15781	17124	14855	16946	14639
安 徽	628	725	406	509	406	509
福 建	1462	1408	1332	1252		
江 西						
山 东	2058	1652	1058	612	722	340
河 南	16333	11677	15690	11230	10237	7641
湖 北	12418	11332	11983	10769	11983	10769
湖 南	16106	19259	16106	19259	15842	17405
广 东	59819	56993	57698	55638	57346	55221
广 西	3832	3699	3832	3699	3450	2864
海 南	4902	2226	4902	2226	1115	538
重 庆	25306	22194	21650	19346	17108	15577
四 川	16536	15952	14676	13971	7795	6283
贵 州	96	72	96	72		
云 南						
西 藏						
陕 西	9625	9822	9174	8641	3574	3057
甘 肃	663	765	331	374		
青 海	63					
宁 夏	126	54	126	54		
新 疆	1990	1850	650	674	643	668

单位：万元

非自有配送中心配送商品购进额		商品销售总额		零售额	
2008年	2007年	2008年	2007年	2008年	2007年
11050	**11020**	**331082**	**302277**	**327994**	**298152**
		21285	30009	21285	30009
1531	1437	1766	1538	1766	1538
		147	130	147	130
1783	1994	1818	1977	1818	1977
		84	39	84	39
		19059	15186	19059	15186
		6538	6630	6538	6630
		2582	1942	2582	1942
		40649	39834	40120	39286
10	1	5448	4593	5448	4195
119	161	17235	11718	17235	11718
		734	825	734	825
130	156	1051	918	1051	918
269	268	1874	1339	1874	1339
61	23	11433	9573	11151	9221
		15224	11411	15224	11411
264	1854	20525	25309	20525	25309
352	417	88824	74598	88646	73496
382	836	4768	5264	4768	5264
3787	1688	1012	656	1012	656
909	520	33233	25992	32082	25008
1122	1292	25433	21468	25433	21342
		198	158	198	158
		7112	8640	6235	8090
331	374	549	619	549	619
		166	45	166	45
		2333	1868	2263	1803

2-18 续表 12

汽车、摩托车、燃料及零配件专门零售

项　目	商品购进总额		统一配送商品购进额		自有配送中心配送商品购进额	
	2008年	2007年	2008年	2007年	2008年	2007年
全　国	**423741**	**386143**	**279651**	**241331**	**10643**	**42152**
北　京	132487	131105				
天　津						
河　北						
山　西						
内蒙古						
辽　宁						
吉　林						
黑龙江						
上　海						
江　苏						
浙　江						
安　徽						
福　建						
江　西						
山　东	35210	30060	35210	30060		
河　南						
湖　北						
湖　南	10456	11562	10456	11562	10456	11562
广　东	242088	207647	233736	199685		30566
广　西						
海　南						
重　庆						
四　川						
贵　州	3251	5745				
云　南						
西　藏						
陕　西						
甘　肃						
青　海						
宁　夏						
新　疆	249	24	249	24	187	24

单位：万元

非自有配送中心配送商品购进额		商品销售总额		零售额	
2008年	2007年	2008年	2007年	2008年	2007年
233798	**169119**	**951276**	**1045118**	**915108**	**846809**
		76969	274814	76969	91358
		590753	484115	590753	484115
		34910	29610	34910	29610
		11560	12783	11560	12783
233736	169119	236461	243632	200293	228779
62		624	164	624	164

2-18 续表 13

家用电器及电子产品专门零售

项　目	商品购进总额		统一配送商品购进额		自有配送中心配送商品购进额	
	2008年	2007年	2008年	2007年	2008年	2007年
全　国	**298038**	**1921208**	**267514**	**1489842**	**214070**	**1454226**
北　京						
天　津						
河　北						
山　西						
内蒙古						
辽　宁						
吉　林						
黑龙江						
上　海						
江　苏	277789	1901181	247265	1469815	204094	1443810
浙　江	9926	9944	9926	9944	9926	9944
安　徽						
福　建						
江　西						
山　东						
河　南						
湖　北	8301	7800	8301	7800		
湖　南						
广　东	2022	2282	2022	2282	50	472
广　西						
海　南						
重　庆						
四　川						
贵　州						
云　南						
西　藏						
陕　西						
甘　肃						
青　海						
宁　夏						
新　疆						

单位：万元

非自有配送中心配送商品购进额		商品销售总额		零售额	
2008年	2007年	2008年	2007年	2008年	2007年
45143	**27815**	**324443**	**1962580**	**238065**	**1111334**
43171	26005	301728	1940814	219061	1090225
		8382	10494	8382	10494
		9030	8929	9030	8929
1972	1810	5303	2343	1591	1686

2-18 续表 14

五金、家具及室内装修材料专门零售

项　目	商品购进总额		统一配送商品购进额		自有配送中心配送商品购进额	
	2008年	2007年	2008年	2007年	2008年	2007年
全　国	**33828**	**7772**	**26542**			
北　京	26542		26542			
天　津						
河　北						
山　西						
内蒙古						
辽　宁						
吉　林						
黑龙江						
上　海						
江　苏						
浙　江						
安　徽						
福　建						
江　西						
山　东	4000	3000				
河　南						
湖　北						
湖　南						
广　东	3286	4772				
广　西						
海　南						
重　庆						
四　川						
贵　州						
云　南						
西　藏						
陕　西						
甘　肃						
青　海						
宁　夏						
新　疆						

单位：万元

非自有配送中心配送商品购进额		商品销售总额		零售额	
2008年	2007年	2008年	2007年	2008年	2007年
		40309	**12325**	**40309**	**12325**
		30712		30712	
		6000	7000	6000	7000
		3597	5325	3597	5325

2-19　按业态分各地区连锁零售企业基本情况

便利店

项　目	连锁总店数（个）	门店数（个）		年末从业人员（人）		年末零售营业面积（平方米）	
	2008年	2008年	2007年	2008年	2007年	2008年	2007年
全　国	**120**	**16196**	**13912**	**97858**	**92721**	**1841747**	**1265821**
北　京	11	628	615	4646	4490	86529	86739
天　津	4	547	333	2448	2390	77858	1000
河　北	5	1868	1734	15199	15446	153114	138858
山　西	3	837	750	4367	3805	27141	22422
内蒙古							
辽　宁	4	379	398	1438	2096	56394	58507
吉　林							
黑龙江	1	57	81	1478	1350	28600	29070
上　海	16	4558	4502	29575	31936	431659	250777
江　苏	12	351	284	3034	1911	61277	19377
浙　江	9	1272	955	3019	2776	75859	64874
安　徽	3	64	48	838	895	42371	23921
福　建	5	102	88	741	660	12008	11278
江　西	1	7	7	213	591	3820	3800
山　东	1	8	5			5000	2500
河　南	5	1203	792	4218	2961	49825	41097
湖　北	6	136	132	886	865	23354	22164
湖　南	5	111	76	657	351	19959	6090
广　东	10	2892	1976	17109	12574	464505	383708
广　西	3	73	73	575	777	8464	8145
海　南							
重　庆	2	145	114	1206	1232	23630	18542
四　川	8	769	774	5173	4700	162262	46571
贵　州	3	83	75	787	724	20245	20017
云　南							
西　藏							
陕　西							
甘　肃							
青　海							
宁　夏							
新　疆	3	106	100	251	191	7873	6364

2-19 续表 1

折扣店

项目	连锁总店数(个)	门店数(个)		年末从业人员(人)		年末零售营业面积(平方米)	
	2008年	2008年	2007年	2008年	2007年	2008年	2007年
全国	**4**	**784**	**628**	**9432**	**7448**	**224518**	**184114**
北京	2	132	120	2018	1902	60149	54147
天津							
河北							
山西							
内蒙古							
辽宁							
吉林							
黑龙江							
上海	2	652	508	7414	5546	164369	129967
江苏							
浙江							
安徽							
福建							
江西							
山东							
河南							
湖北							
湖南							
广东							
广西							
海南							
重庆							
四川							
贵州							
云南							
西藏							
陕西							
甘肃							
青海							
宁夏							
新疆							

2-19 续表 2

超市

项　目	连锁总店数（个）	门店数（个）		年末从业人员（人）		年末零售营业面积（平方米）	
	2008年	2008年	2007年	2008年	2007年	2008年	2007年
全　国	**433**	**30240**	**27145**	**419659**	**375633**	**19594052**	**17354134**
北　京	21	1706	1467	42017	39059	1537873	1530604
天　津	4	44	35	1096	963	52614	48255
河　北	12	125	123	4711	3610	221119	176147
山　西	7	206	188	9425	7052	97552	82631
内蒙古	6	68	56	1233	1100	76916	66878
辽　宁	8	113	104	1425	1158	216827	215764
吉　林	3	29	28	1733	1342	39968	36235
黑龙江	1	9	9	480	488	8410	8800
上　海	14	7475	7432	106534	107757	3534741	3394105
江　苏	42	3703	3482	80580	72757	2715805	2429272
浙　江	63	6897	5951	31329	27864	1514225	1296515
安　徽	24	334	303	8311	7154	300221	282235
福　建	15	97	95	5054	4854	100709	83035
江　西	7	99	97	2289	2383	87759	83230
山　东	25	1437	1294	28102	20502	5191131	4936013
河　南	35	1236	1177	13445	12130	475662	323562
湖　北	14	1805	1326	14236	9874	414722	372443
湖　南	18	206	197	7602	7331	354826	388066
广　东	38	682	628	18199	17914	1474087	730751
广　西	7	256	208	5883	5445	183336	160739
海　南	2	20	18	177	216	11347	9895
重　庆	23	1707	1243	13430	8644	314570	228494
四　川	21	1639	1407	12547	9139	271509	195571
贵　州	3	46	41	478	449	10050	11922
云　南	2	87	74	1339	1202	44979	34585
西　藏	1	2				2500	
陕　西	6	77	59	4160	1899	139048	40773
甘　肃	2	91	68	862	1068	52986	46457
青　海	2	4	4	827	802	18076	24337
宁　夏	2	17	9	575	150	24492	22660
新　疆	5	23	22	1580	1327	105992	94160

2-19 续表 3

大型超市

项目	连锁总店数(个)	门店数(个)		年末从业人员(人)		年末零售营业面积(平方米)	
	2008年	2008年	2007年	2008年	2007年	2008年	2007年
全国	**218**	**8072**	**7332**	**358215**	**305259**	**13249279**	**11244970**
北京	11	93	89	16033	15142	580345	461212
天津	5	35	32	9605	8550	445680	365559
河北	7	62	47	6388	6216	260271	225198
山西	5	29	29	5486	5312	200505	175120
内蒙古	1	3	3	115	160	11967	20000
辽宁	8	1397	1350	10978	10485	315101	289455
吉林	3	47	46	1880	1783	71274	69774
黑龙江	4	60	51	5567	4563	154848	125465
上海	7	166	146	42306	37753	1348745	1214882
江苏	19	823	652	33417	24000	878961	673697
浙江	32	1621	1589	33073	29049	1229620	1032907
安徽	6	468	402	7681	6846	185307	179014
福建	7	121	107	9524	10348	340198	256559
江西	5	20	17	3889	2560	208938	105300
山东	15	768	708	25996	22888	1293186	989803
河南	14	372	358	10917	4526	166120	114670
湖北	10	762	707	32871	26627	1459812	1353761
湖南	10	162	135	20956	19702	1191530	986102
广东	23	364	355	52555	46234	1922288	1815641
广西							
海南	1	37	29			15421	11360
重庆	4	84	70	5858	4518	211943	188182
四川	7	219	187	7492	5233	166918	165597
贵州	1	2	2	70	70		
云南	3	181	65	4420	4036	147803	110231
西藏	1	2		364		10000	
陕西	4	36	32	7614	5756	296355	184688
甘肃							
青海	1	90	84	159	157	6750	6300
宁夏	1	40	33	1533	1064	85594	78994
新疆	3	8	7	1468	1681	43799	45499

2-19 续表 4

仓储会员店

项目	连锁总店数（个）	门店数（个）		年末从业人员（人）		年末零售营业面积（平方米）	
	2008年	2008年	2007年	2008年	2007年	2008年	2007年
全国	**7**	**331**	**324**	**13092**	**12110**	**439820**	**396372**
北京	1	7	5	3105	2490	130869	94446
天津							
河北							
山西							
内蒙古							
辽宁							
吉林	1	11	11	172	170	4337	4337
黑龙江							
上海	1	38	37	8553	8220	292414	285389
江苏	1	2	1	706	661	8000	8000
浙江							
安徽							
福建							
江西							
山东							
河南	1	69	67	323	336	4200	4200
湖北							
湖南							
广东	1	11	10				
广西							
海南							
重庆							
四川							
贵州							
云南							
西藏							
陕西							
甘肃							
青海							
宁夏							
新疆	1	193	193	233	233		

2-19 续表 5

百货店

项目	连锁总店数（个）	门店数（个）		年末从业人员（人）		年末零售营业面积（平方米）	
	2008年	2008年	2007年	2008年	2007年	2008年	2007年
全国	**87**	**3805**	**3674**	**185307**	**159171**	**11104026**	**9401701**
北京	9	67	78	15775	15691	773300	718581
天津							
河北	3	32	31	5066	5141	474684	454714
山西	1	5	5	1056	996	55040	37173
内蒙古	1	13	12	1484	1484	29700	28500
辽宁	1	10	11	700	700	26000	22600
吉林	1	74	80	691	679	85338	85338
黑龙江							
上海	3	15	15	1259	1219	88330	88330
江苏	5	967	904	19662	19329	792455	715320
浙江	1	10	8			309112	125791
安徽	2	137	111	25028	20804	894000	760500
福建	4	23	19	1975	1516	71720	63736
江西	4	28	27	4111	3833	385000	367910
山东	11	1837	1876	35428	26875	2940025	2217066
河南	3	15	13	5259	2732	234970	191025
湖北	1	59	48	10426	8972	757941	625549
湖南							
广东	18	206	170	28262	25858	1702692	1544625
广西							
海南	1	4	2	280	263	16712	9312
重庆	4	218	179	17663	14939	1003500	821167
四川	6	51	51	4430	2238	146031	261334
贵州	2	13	13	330	289	18827	18827
云南	2	8	8	635	755	38639	35293
西藏							
陕西	3	10	10	4740	4119	199010	169010
甘肃							
青海	1	3	3	1047	739	61000	40000
宁夏							
新疆							

2-19 续表 6

专业店(含加油站)

项　目	连锁总店数(个)	门店数(个)		年末从业人员(人)		年末零售营业面积(平方米)	
	2008年	2008年	2007年	2008年	2007年	2008年	2007年
全　国	**1259**	**93656**	**84943**	**744764**	**669755**	**51112057**	**45654326**
北　京	59	2328	2420	30894	25517	1290970	1202846
天　津	14	1100	904	8947	7415	714606	617191
河　北	50	2628	2659	23151	22019	2309708	2242086
山　西	8	374	337	4139	3831	244534	110508
内蒙古	8	1600	1585	10216	9793	207504	209659
辽　宁	48	2784	2534	24096	20504	1778616	1500347
吉　林	16	617	577	6491	5656	494909	279046
黑龙江	25	877	766	11316	10030	210740	174957
上　海	31	2446	2286	31413	22513	1068891	1413267
江　苏	85	8713	8305	161767	153855	8284931	5847603
浙　江	130	7259	6539	47429	46455	5741067	5619969
安　徽	26	6260	6082	26749	26316	1726643	1727011
福　建	62	1478	1228	17579	14931	1532649	1065582
江　西	49	1588	1445	15720	14741	934719	1621893
山　东	50	4089	3665	13812	12320	1060189	985983
河　南	94	2953	2582	17214	14429	1835198	1443987
湖　北	69	3448	2960	29747	26024	1315893	1093813
湖　南	54	3082	2803	36027	28947	1907480	1627276
广　东	125	15665	14962	112499	102559	11099722	10421712
广　西	33	2384	1739	14286	11966	1710883	1452018
海　南	4	129	99	361	298	9797	8306
重　庆	27	4654	2734	22067	19439	1502128	1420258
四　川	49	2871	2556	17940	15054	819996	679962
贵　州	15	313	303	2257	2287	38662	33322
云　南	27	9938	9337	29696	26576	1114824	957732
西　藏	1	6	6	6	6	120	120
陕　西	11	291	259	4433	4711	104209	53932
甘　肃	9	315	333	2855	2434	148469	156878
青　海	5	469	518	1045	1353	47687	40561
宁　夏	14	1205	748	6113	4543	291638	239764
新　疆	61	1792	1672	14499	13233	1564675	1406737

2-19 续表 7

加油站

项目	连锁总店数(个)	门店数(个)		年末从业人员(人)		年末零售营业面积(平方米)	
	2008年	2008年	2007年	2008年	2007年	2008年	2007年
全国	**209**	**27361**	**26390**	**238823**	**224900**	**34127403**	**32780998**
北京	1	547	543	5439	4560	156751	166576
天津	3	684	648	3873	3552	507400	458400
河北	19	2119	2221	16703	15466	2067580	2073455
山西	4	292	291	2361	2405	171068	61320
内蒙古	1	1476	1453	9151	8863	177120	176850
辽宁	12	975	914	9668	8513	1374861	1116326
吉林	2	183	183	2770	2770	365000	184000
黑龙江	2	49	51	2846	2697	1913	1851
上海	1	551	541	7568	6148	348354	920185
江苏	2	2552	2536	27296	24133	3148047	2824884
浙江	3	2102	2088	22397	22569	4911436	4881449
安徽	3	1749	1741	15037	14996	1409583	1414353
福建	25	911	671	7747	6408	1280176	888463
江西	15	993	859	7723	6484	749745	1452909
山东	2	2565	2473	4694	4254	544000	534700
河南	19	1521	1260	6594	6290	1600995	1283001
湖北	10	515	503	5212	5566	601670	560225
湖南	29	1878	1827	13929	13696	1319757	1150367
广东	9	2912	2834	40794	40168	8791826	8401459
广西	11	1024	911	7250	6458	1481655	1314548
海南							
重庆	1	420	511	6589	6859	1023000	1046000
四川	3	186	188	1998	2031	427435	415416
贵州	1	3		18		2000	
云南	2	117	124	1320	1209	23441	25891
西藏							
陕西							
甘肃	4	185	197	997	954	121968	121545
青海							
宁夏	2	63	46	799	569	150600	130631
新疆	23	789	776	8050	7282	1370022	1176194

2-19 续表 8

专卖店

项目	连锁总店数(个)	门店数(个)		年末从业人员(人)		年末零售营业面积(平方米)	
	2008年	2008年	2007年	2008年	2007年	2008年	2007年
全　国	**281**	**14651**	**13047**	**124207**	**108923**	**3195930**	**2206644**
北　京	27	1061	840	13770	11829	159987	138619
天　津	9	129	126	2576	2678	151834	106931
河　北	6	460	491	2201	2160	381005	420305
山　西	8	207	219	1455	1416	20151	21078
内蒙古	1	5	5	223	224	4200	4200
辽　宁	9	194	162	2527	2128	14941	12076
吉　林	7	84	72	1590	1262	46269	33697
黑龙江							
上　海	21	1523	1417	17929	16714	153884	149744
江　苏	21	608	509	9322	7741	245287	188063
浙　江	12	3012	2496	11071	8592	173217	122804
安　徽	5	134	116	724	592	6840	5934
福　建	21	450	422	6982	5576	248343	151958
江　西	7	33	21	2125	547	14819	14194
山　东	13	598	534	4017	3370	129343	108114
河　南	13	731	687	6416	6234	55660	61437
湖　北	14	360	309	3696	3358	63144	53306
湖　南	9	96	116	2598	1693	28285	26454
广　东	37	3526	3144	23248	20317	214311	201631
广　西	2	104	74	533	751	39900	38400
海　南							
重　庆	8	609	610	2128	2209	28568	28262
四　川	9	187	130	1726	1838	17580	9140
贵　州	5	57	51	746	752	42334	41720
云　南	3	194	166	1946	1584	715184	84041
西　藏							
陕　西	2	30	66	1245	1581	2789	6988
甘　肃	2	60	60	597	594	65200	65200
青　海							
宁　夏							
新　疆	10	199	204	2816	3183	172855	112348

2-19 续表 9

家居建材商店

项目	连锁总店数(个)	门店数(个)		年末从业人员(人)		年末零售营业面积(平方米)	
	2008年	2008年	2007年	2008年	2007年	2008年	2007年
全国	**20**	**116**	**93**	**12169**	**10379**	**948882**	**677785**
北京	3	28	3	3438	797	334906	57304
天津	2	8	8	1164	1191	53584	53584
河北							
山西							
内蒙古							
辽宁							
吉林							
黑龙江							
上海	4	40	42	4272	4697	215211	237194
江苏	2	4	4	520	540	53500	53500
浙江	2	3	3	326	320	11400	11400
安徽							
福建	1	2	3	109	164	14119	14119
江西							
山东	1	3	3	251	302	20000	20000
河南							
湖北							
湖南							
广东	4	26	25	1897	2178	219162	203684
广西							
海南							
重庆							
四川	1	2	2	192	190	27000	27000
贵州							
云南							
西藏							
陕西							
甘肃							
青海							
宁夏							
新疆							

2-19 续表 10

厂家直销中心

项　目	连锁总店数(个)	门店数(个)		年末从业人员(人)		年末零售营业面积(平方米)	
	2008年	2008年	2007年	2008年	2007年	2008年	2007年
全　国	**4**	**50**	**46**	**357**	**355**	**65473**	**51633**
北　京							
天　津							
河　北							
山　西							
内蒙古							
辽　宁							
吉　林							
黑龙江							
上　海							
江　苏							
浙　江							
安　徽							
福　建							
江　西							
山　东							
河　南	1	15	14			64066	50256
湖　北	2	10	9	266	265	597	567
湖　南							
广　东							
广　西							
海　南							
重　庆	1	25	23	91	90	810	810
四　川							
贵　州							
云　南							
西　藏							
陕　西							
甘　肃							
青　海							
宁　夏							
新　疆							

2-19 续表 11

其他

项目	连锁总店数（个）	门店数（个）		年末从业人员（人）		年末零售营业面积（平方米）	
	2008年	2008年	2007年	2008年	2007年	2008年	2007年
全国	**24**	**601**	**550**	**5716**	**5236**	**202510**	**483820**
北京	1	9	9	21	20	120	120
天津	3	42	41	2276	1893	16138	18753
河北	1	30	26	418	400	4000	3600
山西	1	7	5	38	30	1605	1260
内蒙古							
辽宁							
吉林							
黑龙江							
上海							
江苏	2	37	32	159	140	3155	2820
浙江							
安徽							
福建							
江西	1	147	152	985	1063	127239	415000
山东	1	17	19	46	46	1276	1512
河南	3	64	40	275	175	3012	
湖北	3	111	94	847	697	28442	23360
湖南							
广东	4	66	62	383	543	12029	11965
广西	1	8	7	100	58	105	91
海南							
重庆							
四川							
贵州							
云南	1	15	15	20	20	686	686
西藏							
陕西							
甘肃							
青海							
宁夏							
新疆	2	48	48	148	151	4703	4653

2-20 按业态分各地区连锁零售企业直营门店基本情况

便利店

项 目	门店数（个）		年末从业人员（人）		年末零售营业面积（平方米）	
	2008年	2007年	2008年	2007年	2008年	2007年
全 国	**7865**	**7393**	**69052**	**68527**	**1390841**	**906088**
北 京	442	431	4389	4267	76905	77266
天 津	481	267	2115	2057	77858	1000
河 北	116	115	8747	8888	15274	12469
山 西	101	101	827	875	3691	3621
内蒙古						
辽 宁	346	341	1354	1889	54119	53369
吉 林						
黑龙江	57	81	1478	1350	28600	29070
上 海	3689	3630	26177	27449	384118	207857
江 苏	329	268	2927	1803	59884	18364
浙 江	162	158	1040	1299	22706	29162
安 徽	61	47	808	865	42021	23268
福 建	99	87	723	655	11813	11213
江 西	7	7	213	591	3820	3800
山 东	8	5			5000	2500
河 南	95	82	855	773	12925	11907
湖 北	128	124	827	809	22834	21644
湖 南	111	76	657	351	19959	6090
广 东	751	711	8454	7413	340987	307072
广 西	73	73	575	777	8464	8145
海 南						
重 庆	40	30	976	1082	21180	16782
四 川	641	653	4933	4488	152492	37331
贵 州	83	75	787	724	20245	20017
云 南						
西 藏						
陕 西						
甘 肃						
青 海						
宁 夏						
新 疆	45	31	190	122	5946	4141

2-20 续表 1

折扣店

项　目	门店数（个）		年末从业人员（人）		年末零售营业面积（平方米）	
	2008年	2007年	2008年	2007年	2008年	2007年
全　国	**605**	**572**	**8033**	**6843**	**224518**	**184114**
北　京	132	120	2018	1902	60149	54147
天　津						
河　北						
山　西						
内 蒙 古						
辽　宁						
吉　林						
黑 龙 江						
上　海	473	452	6015	4941	164369	129967
江　苏						
浙　江						
安　徽						
福　建						
江　西						
山　东						
河　南						
湖　北						
湖　南						
广　东						
广　西						
海　南						
重　庆						
四　川						
贵　州						
云　南						
西　藏						
陕　西						
甘　肃						
青　海						
宁　夏						
新　疆						

2-20 续表 2

超市

项目	门店数（个）		年末从业人员（人）		年末零售营业面积（平方米）	
	2008年	2007年	2008年	2007年	2008年	2007年
全国	**14347**	**13187**	**336586**	**291326**	**16835913**	**14739842**
北京	770	715	37485	35458	1368784	1361839
天津	38	29	1053	920	38814	34455
河北	125	123	4711	3610	221119	176147
山西	97	77	9091	6717	93209	78175
内蒙古	68	56	1233	1100	76916	66878
辽宁	113	104	1425	1158	216827	215764
吉林	29	28	1733	1342	39968	36235
黑龙江	9	9	480	488	8410	8800
上海	4508	4387	81540	78990	2787640	2589671
江苏	2171	1862	51566	41285	2058471	1757023
浙江	1246	1133	20848	18499	1134748	951052
安徽	334	303	8311	7154	300221	282235
福建	81	80	4659	4535	92084	75130
江西	34	34	2129	2256	53844	50313
山东	978	872	26088	18533	4960221	4711988
河南	473	425	11568	10302	435612	288212
湖北	453	415	11558	7989	310964	268983
湖南	199	190	7153	6981	327377	332639
广东	546	482	17537	17192	1273807	697496
广西	180	142	4270	4081	128055	114282
海南	20	18	177	216	11347	9895
重庆	627	555	11815	7797	272653	203414
四川	980	927	10787	8214	248038	173589
贵州	46	41	478	449	10050	11922
云南	29	27	1110	1014	38440	28918
西藏	2				2500	
陕西	76	58	4098	1837	138048	39773
甘肃	79	68	862	1068	52986	46457
青海	4	4	827	802	18076	24337
宁夏	17	9	575	150	24492	22660
新疆	15	14	1419	1189	92192	81560

2-20 续表 3

大型超市

项目	门店数(个)		年末从业人员(人)		年末零售营业面积(平方米)	
	2008年	2007年	2008年	2007年	2008年	2007年
全国	**3462**	**3138**	**330820**	**280380**	**12390538**	**10439471**
北京	93	89	16033	15142	580345	461212
天津	35	32	9605	8550	445680	365559
河北	61	46	6108	5937	250271	215198
山西	29	29	5486	5312	200505	175120
内蒙古	3	3	115	160	11967	20000
辽宁	58	53	5564	5270	203662	189601
吉林	47	46	1880	1783	71274	69774
黑龙江	60	51	5567	4563	154848	125465
上海	162	142	41468	36915	1326145	1192282
江苏	263	230	29598	21458	759016	567807
浙江	493	417	29931	25572	1096558	897605
安徽	93	93	5247	4696	161527	159544
福建	121	107	9524	10348	340198	256559
江西	20	17	3889	2560	208938	105300
山东	269	282	24102	19713	1190636	897376
河南	96	82	10657	4270	143203	91753
湖北	684	644	31807	26128	1432106	1332368
湖南	162	135	20956	19702	1191530	986102
广东	322	314	45449	40615	1686264	1581105
广西						
海南	29	22			13217	9456
重庆	84	70	5858	4518	211943	188182
四川	185	144	7243	4892	156349	152066
贵州	2	2	70	70		
云南	20	17	4108	3958	141353	108031
西藏	2		364		10000	
陕西	36	32	7614	5756	296355	184688
甘肃						
青海	8	20	159	157	600	1500
宁夏	17	12	950	654	62249	60319
新疆	8	7	1468	1681	43799	45499

2-20 续表 4

仓储会员店

项　目	门店数（个）		年末从业人员（人）		年末零售营业面积（平方米）	
	2008年	2007年	2008年	2007年	2008年	2007年
全　国	**331**	**324**	**13092**	**12110**	**439820**	**396372**
北　京	7	5	3105	2490	130869	94446
天　津						
河　北						
山　西						
内蒙古						
辽　宁						
吉　林	11	11	172	170	4337	4337
黑龙江						
上　海	38	37	8553	8220	292414	285389
江　苏	2	1	706	661	8000	8000
浙　江						
安　徽						
福　建						
江　西						
山　东						
河　南	69	67	323	336	4200	4200
湖　北						
湖　南						
广　东	11	10				
广　西						
海　南						
重　庆						
四　川						
贵　州						
云　南						
西　藏						
陕　西						
甘　肃						
青　海						
宁　夏						
新　疆	193	193	233	233		

2-20 续表 5

百货店

项　目	门店数（个）		年末从业人员（人）		年末零售营业面积（平方米）	
	2008年	2007年	2008年	2007年	2008年	2007年
全　国	**1183**	**1052**	**154882**	**128937**	**10478721**	**8786607**
北　京	67	78	15775	15691	773300	718581
天　津						
河　北	32	31	5066	5141	474684	454714
山　西	5	5	1056	996	55040	37173
内蒙古	13	12	1484	1484	29700	28500
辽　宁	10	11	700	700	26000	22600
吉　林	74	80	691	679	85338	85338
黑龙江						
上　海	15	15	1259	1219	88330	88330
江　苏	96	93	9016	8783	641255	581136
浙　江	10	8			309112	125791
安　徽	107	80	17685	14186	815700	671000
福　建	23	19	1975	1516	71720	63736
江　西	16	16	3512	3452	385000	367910
山　东	160	142	26695	17893	2663829	1940769
河　南	15	13	5259	2732	234970	191025
湖　北	59	48	10426	8972	757941	625549
湖　南						
广　东	176	137	25308	22227	1613083	1436512
广　西						
海　南	4	2	280	263	16712	9312
重　庆	218	179	17663	14939	1003500	821167
四　川	51	51	4430	2238	146031	261334
贵　州	13	13	330	289	18827	18827
云　南	8	8	635	755	38639	35293
西　藏						
陕　西	8	8	4590	4043	169010	162010
甘　肃						
青　海	3	3	1047	739	61000	40000
宁　夏						
新　疆						

2–20 续表 6

专业店(含加油站)

项　目	门店数(个)		年末从业人员(人)		年末零售营业面积(平方米)	
	2008年	2007年	2008年	2007年	2008年	2007年
全　国	**54188**	**50728**	**644679**	**559518**	**48648097**	**42851865**
北　京	1950	1994	28924	23392	1225954	1136312
天　津	1048	865	8781	7322	709428	612213
河　北	2597	2623	22906	21774	2309708	2242086
山　西	374	337	4139	3831	244534	110508
内蒙古	1557	1546	10184	9773	205861	208059
辽　宁	2404	2135	22626	18841	1746545	1460910
吉　林	455	411	6491	5656	485209	268996
黑龙江	696	647	10915	9674	205095	169012
上　海	1738	1689	28146	19549	807609	1187346
江　苏	6421	6144	155176	118438	8192192	5095395
浙　江	5159	4817	42816	43214	5541381	5454417
安　徽	2215	2220	21377	21157	1619158	1624746
福　建	1451	1220	17546	14902	1532100	1064982
江　西	1588	1445	15720	14741	934719	1621893
山　东	3480	3344	12397	11889	1051594	978013
河　南	2571	2240	16281	13710	1817686	1431509
湖　北	1398	1248	20567	18653	1228271	1024011
湖　南	2655	2433	34225	27486	1885759	1609490
广　东	5827	5533	80554	77834	10568958	9919386
广　西	1346	1205	10554	9609	1560147	1391699
海　南	43	43	225	219	7209	7296
重　庆	1251	1320	15190	16012	1407266	1357269
四　川	1515	1175	15216	12580	755720	619925
贵　州	256	238	2185	2222	35982	30722
云　南	1994	1796	16748	14664	519551	407576
西　藏	6	6	6	6	120	120
陕　西	207	201	4044	4107	91289	42000
甘　肃	306	320	2769	2326	147277	155421
青　海	54	48	864	413	31087	21761
宁　夏	266	205	3298	2901	235160	207046
新　疆	1360	1280	13809	12623	1545528	1391746

2-20 续表 7

加油站

项　目	门店数（个）		年末从业人员（人）		年末零售营业面积（平方米）	
	2008年	2007年	2008年	2007年	2008年	2007年
全　国	**27235**	**26248**	**237318**	**223254**	**33915805**	**32560520**
北　京	518	514	5174	4316	148631	158456
天　津	684	648	3873	3552	507400	458400
河　北	2119	2221	16703	15466	2067580	2073455
山　西	292	291	2361	2405	171068	61320
内蒙古	1476	1453	9151	8863	177120	176850
辽　宁	974	901	9663	8448	1374561	1112426
吉　林	183	183	2770	2770	365000	184000
黑龙江	49	51	2846	2697	1913	1851
上　海	461	451	6406	4986	158947	730778
江　苏	2552	2536	27296	24133	3148047	2824884
浙　江	2102	2088	22397	22569	4911436	4881449
安　徽	1749	1741	15037	14996	1409583	1414353
福　建	911	671	7747	6408	1280176	888463
江　西	993	859	7723	6484	749745	1452909
山　东	2565	2473	4694	4254	544000	534700
河　南	1521	1260	6594	6290	1600995	1283001
湖　北	515	503	5212	5566	601670	560225
湖　南	1876	1824	13909	13666	1319557	1150067
广　东	2912	2831	40794	40076	8791826	8396279
广　西	1020	907	7197	6405	1468084	1300977
海　南						
重　庆	420	511	6589	6859	1023000	1046000
四　川	186	188	1998	2031	427435	415416
贵　州	3		18		2000	
云　南	117	124	1320	1209	23441	25891
西　藏						
陕　西						
甘　肃	185	197	997	954	121968	121545
青　海						
宁　夏	63	46	799	569	150600	130631
新　疆	789	776	8050	7282	1370022	1176194

2-20 续表 8

专卖店

项　目	门店数(个)		年末从业人员(人)		年末零售营业面积(平方米)	
	2008年	2007年	2008年	2007年	2008年	2007年
全　国	**7029**	**6356**	**95996**	**83757**	**2806827**	**1853016**
北　京	736	593	11178	9970	126695	112824
天　津	110	109	2536	2640	150474	105771
河　北	460	491	2201	2160	381005	420305
山　西	207	219	1455	1416	20151	21078
内蒙古	5	5	223	224	4200	4200
辽　宁	183	151	2447	2058	12771	9906
吉　林	84	72	1590	1262	46269	33697
黑龙江						
上　海	769	769	15548	14792	123189	121787
江　苏	608	509	9322	7741	245287	188063
浙　江	531	407	2831	1852	42834	19444
安　徽	108	96	724	592	6399	5574
福　建	316	280	6462	5104	245148	146078
江　西	33	21	2125	547	14819	14194
山　东	458	426	3436	2905	105637	88221
河　南	422	355	3937	3383	21894	19898
湖　北	350	299	3646	3308	62644	52806
湖　南	96	116	2598	1693	28285	26454
广　东	760	669	13652	11287	120292	109827
广　西	104	74	533	751	39900	38400
海　南						
重　庆	127	129	717	789	13255	12799
四　川	95	64	1635	1772	15456	7116
贵　州	51	45	698	691	32026	31412
云　南	192	166	1931	1584	714768	84041
西　藏						
陕　西	30	66	1245	1581	2789	6988
甘　肃	60	60	597	594	65200	65200
青　海						
宁　夏						
新　疆	134	165	2729	3061	165440	106933

2-20 续表 9

家居建材商店

项目	门店数(个)		年末从业人员(人)		年末零售营业面积(平方米)	
	2008年	2007年	2008年	2007年	2008年	2007年
全国	**109**	**91**	**11407**	**10177**	**878722**	**667785**
北京	23	3	2827	797	274746	57304
天津	8	8	1164	1191	53584	53584
河北						
山西						
内蒙古						
辽宁						
吉林						
黑龙江						
上海	40	42	4272	4697	215211	237194
江苏	4	4	520	540	53500	53500
浙江	3	3	326	320	11400	11400
安徽						
福建	2	3	109	164	14119	14119
江西						
山东	1	1	100	100	10000	10000
河南						
湖北						
湖南						
广东	26	25	1897	2178	219162	203684
广西						
海南						
重庆						
四川	2	2	192	190	27000	27000
贵州						
云南						
西藏						
陕西						
甘肃						
青海						
宁夏						
新疆						

2-20 续表 10

厂家直销中心

项　目	门店数（个）		年末从业人员（人）		年末零售营业面积（平方米）	
	2008年	2007年	2008年	2007年	2008年	2007年
全　国	**50**	**46**	**357**	**355**	**65473**	**51633**
北　京						
天　津						
河　北						
山　西						
内蒙古						
辽　宁						
吉　林						
黑龙江						
上　海						
江　苏						
浙　江						
安　徽						
福　建						
江　西						
山　东						
河　南	15	14			64066	50256
湖　北	10	9	266	265	597	567
湖　南						
广　东						
广　西						
海　南						
重　庆	25	23	91	90	810	810
四　川						
贵　州						
云　南						
西　藏						
陕　西						
甘　肃						
青　海						
宁　夏						
新　疆						

2-20 续表 11

其他

项目	门店数（个）		年末从业人员（人）		年末零售营业面积（平方米）	
	2008年	2007年	2008年	2007年	2008年	2007年
全国	**522**	**474**	**5496**	**5019**	**196790**	**478250**
北京	9	9	21	20	120	120
天津	42	41	2276	1893	16138	18753
河北	30	26	418	400	4000	3600
山西	7	5	38	30	1605	1260
内蒙古						
辽宁						
吉林						
黑龙江						
上海						
江苏	15	13	115	106	1835	1600
浙江						
安徽						
福建						
江西	147	152	985	1063	127239	415000
山东	17	19	46	46	1276	1512
河南	54	30	234	131	3012	
湖北	111	94	847	697	28442	23360
湖南						
广东	66	62	383	543	12029	11965
广西	8	7	100	58	105	91
海南						
重庆						
四川						
贵州						
云南	14	14	19	17	648	648
西藏						
陕西						
甘肃						
青海						
宁夏						
新疆	2	2	14	15	341	341

2-21　按业态分各地区连锁零售企业加盟门店基本情况

便利店

项　目	门店数(个)		年末从业人员(人)		年末零售营业面积(平方米)	
	2008年	2007年	2008年	2007年	2008年	2007年
全　国	**8331**	**6519**	**28806**	**24194**	**450906**	**359733**
北　京	186	184	257	223	9624	9473
天　津	66	66	333	333		
河　北	1752	1619	6452	6558	137840	126389
山　西	736	649	3540	2930	23450	18801
内蒙古						
辽　宁	33	57	84	207	2275	5138
吉　林						
黑龙江						
上　海	869	872	3398	4487	47541	42920
江　苏	22	16	107	108	1393	1013
浙　江	1110	797	1979	1477	53153	35712
安　徽	3	1	30	30	350	653
福　建	3	1	18	5	195	65
江　西						
山　东						
河　南	1108	710	3363	2188	36900	29190
湖　北	8	8	59	56	520	520
湖　南						
广　东	2141	1265	8655	5161	123518	76636
广　西						
海　南						
重　庆	105	84	230	150	2450	1760
四　川	128	121	240	212	9770	9240
贵　州						
云　南						
西　藏						
陕　西						
甘　肃						
青　海						
宁　夏						
新　疆	61	69	61	69	1927	2223

2-21 续表 1

折扣店

项目	门店数(个)		年末从业人员(人)		年末零售营业面积(平方米)	
	2008年	2007年	2008年	2007年	2008年	2007年
全国	**179**	**56**	**1399**	**605**		
北京						
天津						
河北						
山西						
内蒙古						
辽宁						
吉林						
黑龙江						
上海	179	56	1399	605		
江苏						
浙江						
安徽						
福建						
江西						
山东						
河南						
湖北						
湖南						
广东						
广西						
海南						
重庆						
四川						
贵州						
云南						
西藏						
陕西						
甘肃						
青海						
宁夏						
新疆						

2-21 续表 2

超市

项　目	门店数 (个)		年末从业人员 (人)		年末零售营业面积 (平方米)	
	2008年	2007年	2008年	2007年	2008年	2007年
全　国	**15893**	**13958**	**83073**	**84307**	**2758139**	**2614292**
北　京	936	752	4532	3601	169089	168765
天　津	6	6	43	43	13800	13800
河　北						
山　西	109	111	334	335	4343	4456
内蒙古						
辽　宁						
吉　林						
黑龙江						
上　海	2967	3045	24994	28767	747101	804434
江　苏	1532	1620	29014	31472	657334	672249
浙　江	5651	4818	10481	9365	379477	345463
安　徽						
福　建	16	15	395	319	8625	7905
江　西	65	63	160	127	33915	32917
山　东	459	422	2014	1969	230910	224025
河　南	763	752	1877	1828	40050	35350
湖　北	1352	911	2678	1885	103758	103460
湖　南	7	7	449	350	27449	55427
广　东	136	146	662	722	200280	33255
广　西	76	66	1613	1364	55281	46457
海　南						
重　庆	1080	688	1615	847	41917	25080
四　川	659	480	1760	925	23471	21982
贵　州						
云　南	58	47	229	188	6539	5667
西　藏						
陕　西	1	1	62	62	1000	1000
甘　肃	12					
青　海						
宁　夏						
新　疆	8	8	161	138	13800	12600

2-21　续表 3

大型超市

项　目	门店数（个）		年末从业人员（人）		年末零售营业面积（平方米）	
	2008年	2007年	2008年	2007年	2008年	2007年
全　国	**4610**	**4194**	**27395**	**24879**	**858741**	**805499**
北　京						
天　津						
河　北	1	1	280	279	10000	10000
山　西						
内蒙古						
辽　宁	1339	1297	5414	5215	111439	99854
吉　林						
黑龙江						
上　海	4	4	838	838	22600	22600
江　苏	560	422	3819	2542	119945	105890
浙　江	1128	1172	3142	3477	133062	135302
安　徽	375	309	2434	2150	23780	19470
福　建						
江　西						
山　东	499	426	1894	3175	102550	92427
河　南	276	276	260	256	22917	22917
湖　北	78	63	1064	499	27706	21393
湖　南						
广　东	42	41	7106	5619	236024	234536
广　西						
海　南	8	7			2204	1904
重　庆						
四　川	34	43	249	341	10569	13531
贵　州						
云　南	161	48	312	78	6450	2200
西　藏						
陕　西						
甘　肃						
青　海	82	64			6150	4800
宁　夏	23	21	583	410	23345	18675
新　疆						

2-21 续表 4

百货店

项 目	门店数(个)		年末从业人员(人)		年末零售营业面积(平方米)	
	2008年	2007年	2008年	2007年	2008年	2007年
全 国	**2622**	**2622**	**30425**	**30234**	**625305**	**615094**
北 京						
天 津						
河 北						
山 西						
内蒙古						
辽 宁						
吉 林						
黑龙江						
上 海						
江 苏	871	811	10646	10546	151200	134184
浙 江						
安 徽	30	31	7343	6618	78300	89500
福 建						
江 西	12	11	599	381		
山 东	1677	1734	8733	8982	276196	276297
河 南						
湖 北						
湖 南						
广 东	30	33	2954	3631	89609	108113
广 西						
海 南						
重 庆						
四 川						
贵 州						
云 南						
西 藏						
陕 西	2	2	150	76	30000	7000
甘 肃						
青 海						
宁 夏						
新 疆						

2-21 续表 5

专业店(含加油站)

项　目	门店数(个)		年末从业人员(人)		年末零售营业面积(平方米)	
	2008年	2007年	2008年	2007年	2008年	2007年
全　国	**39468**	**34215**	**100085**	**110237**	**2463960**	**2802461**
北　京	378	426	1970	2125	65016	66534
天　津	52	39	166	93	5178	4978
河　北	31	36	245	245		
山　西						
内蒙古	43	39	32	20	1643	1600
辽　宁	380	399	1470	1663	32071	39437
吉　林	162	166			9700	10050
黑龙江	181	119	401	356	5645	5945
上　海	708	597	3267	2964	261282	225921
江　苏	2292	2161	6591	35417	92739	752208
浙　江	2100	1722	4613	3241	199686	165552
安　徽	4045	3862	5372	5159	107485	102265
福　建	27	8	33	29	549	600
江　西						
山　东	609	321	1415	431	8595	7970
河　南	382	342	933	719	17512	12478
湖　北	2050	1712	9180	7371	87622	69802
湖　南	427	370	1802	1461	21721	17786
广　东	9838	9429	31945	24725	530764	502326
广　西	1038	534	3732	2357	150736	60319
海　南	86	56	136	79	2588	1010
重　庆	3403	1414	6877	3427	94862	62989
四　川	1356	1381	2724	2474	64276	60037
贵　州	57	65	72	65	2680	2600
云　南	7944	7541	12948	11912	595273	550156
西　藏						
陕　西	84	58	389	604	12920	11932
甘　肃	9	13	86	108	1192	1457
青　海	415	470	181	940	16600	18800
宁　夏	939	543	2815	1642	56478	32718
新　疆	432	392	690	610	19147	14991

2-21 续表 6

加油站

项　目	门店数（个）		年末从业人员（人）		年末零售营业面积（平方米）	
	2008年	2007年	2008年	2007年	2008年	2007年
全　国	**126**	**142**	**1505**	**1646**	**211598**	**220478**
北　京	29	29	265	244	8120	8120
天　津						
河　北						
山　西						
内蒙古						
辽　宁	1	13	5	65	300	3900
吉　林						
黑龙江						
上　海	90	90	1162	1162	189407	189407
江　苏						
浙　江						
安　徽						
福　建						
江　西						
山　东						
河　南						
湖　北						
湖　南	2	3	20	30	200	300
广　东		3		92		5180
广　西	4	4	53	53	13571	13571
海　南						
重　庆						
四　川						
贵　州						
云　南						
西　藏						
陕　西						
甘　肃						
青　海						
宁　夏						
新　疆						

2-21 续表 7

专卖店

项目	门店数(个)		年末从业人员(人)		年末零售营业面积(平方米)	
	2008年	2007年	2008年	2007年	2008年	2007年
全国	**7622**	**6691**	**28211**	**25166**	**389103**	**353628**
北京	325	247	2592	1859	33292	25795
天津	19	17	40	38	1360	1160
河北						
山西						
内蒙古						
辽宁	11	11	80	70	2170	2170
吉林						
黑龙江						
上海	754	648	2381	1922	30695	27957
江苏						
浙江	2481	2089	8240	6740	130383	103360
安徽	26	20			441	360
福建	134	142	520	472	3195	5880
江西						
山东	140	108	581	465	23706	19893
河南	309	332	2479	2851	33766	41539
湖北	10	10	50	50	500	500
湖南						
广东	2766	2475	9596	9030	94019	91804
广西						
海南						
重庆	482	481	1411	1420	15313	15463
四川	92	66	91	66	2124	2024
贵州	6	6	48	61	10308	10308
云南	2		15		416	
西藏						
陕西						
甘肃						
青海						
宁夏						
新疆	65	39	87	122	7415	5415

2-21 续表 8

家居建材商店

项　目	门店数(个)		年末从业人员(人)		年末零售营业面积(平方米)	
	2008年	2007年	2008年	2007年	2008年	2007年
全　国	**7**	**2**	**762**	**202**	**70160**	**10000**
北　京	5		611		60160	
天　津						
河　北						
山　西						
内蒙古						
辽　宁						
吉　林						
黑龙江						
上　海						
江　苏						
浙　江						
安　徽						
福　建						
江　西						
山　东	2	2	151	202	10000	10000
河　南						
湖　北						
湖　南						
广　东						
广　西						
海　南						
重　庆						
四　川						
贵　州						
云　南						
西　藏						
陕　西						
甘　肃						
青　海						
宁　夏						
新　疆						

2-21 续表 9

其他

项目	门店数（个）		年末从业人员（人）		年末零售营业面积（平方米）	
	2008年	2007年	2008年	2007年	2008年	2007年
全国	**79**	**76**	**220**	**217**	**5720**	**5570**
北京						
天津						
河北						
山西						
内蒙古						
辽宁						
吉林						
黑龙江						
上海						
江苏	22	19	44	34	1320	1220
浙江						
安徽						
福建						
江西						
山东						
河南	10	10	41	44		
湖北						
湖南						
广东						
广西						
海南						
重庆						
四川						
贵州						
云南	1	1	1	3	38	38
西藏						
陕西						
甘肃						
青海						
宁夏						
新疆	46	46	134	136	4362	4312

2-22 按业态分各地区

便利店

项目	商品购进总额		统一配送商品购进额		自有配送中心配送商品购进额	
	2008年	2007年	2008年	2007年	2008年	2007年
全国	**2267081**	**1888486**	**1600428**	**1297073**	**420720**	**368079**
北京	145935	130205	101450	90847	11198	10534
天津	109767	1250	34147	1250		
河北	37223	32727	31221	25529	31163	25529
山西	39515	29609	39515	29609		
内蒙古						
辽宁	67125	61727	57907	55099	32362	36693
吉林						
黑龙江	39766	36869	21342	21053	21342	21053
上海	1143782	1088481	656359	617198	108229	100695
江苏	63214	39099	63071	38965	36195	26762
浙江	44977	30539	43147	28448	39341	24661
安徽	21213	15568	21213	15568	7689	7350
福建	18959	15602	14719	12185	8090	6939
江西	573	937	573	937		
山东	1262	601	1262	601	1262	601
河南	10770	13546	10576	13345	3417	2885
湖北	20031	21165	20031	21165	10860	10245
湖南	14051	8351	9774	8351	8899	7476
广东	301335	213316	288422	170261	61567	58699
广西	19824	15916	19344	15296	19204	14556
海南						
重庆	10627	10076	10627	10076	1553	912
四川	138030	108668	136628	107059	8057	5955
贵州	13988	8593	13988	8593	6544	2373
云南						
西藏						
陕西						
甘肃						
青海						
宁夏						
新疆	5114	5640	5114	5640	3747	4162

连锁零售企业经营情况

单位：万元

非自有配送中心配送商品购进额		商品销售总额		零售额	
2008年	2007年	2008年	2007年	2008年	2007年
547333	**447099**	**2760418**	**2317034**	**2620784**	**2193862**
87030	76938	161548	140537	161038	139641
		157894	91132	157894	91132
		68902	59159	68902	59159
		39603	28615		
7788	8400	64773	71221	49276	53761
		42928	36780	20639	18243
204004	187932	1394895	1254853	1348492	1201933
20893	6186	84573	39530	84573	39530
2285	2392	44950	34603	34114	33364
		21624	17758	20510	16588
2065	1541	18925	16772	18925	16772
		685	695	685	695
		989	407	989	407
4730	8365	12064	14495	12064	14495
		23460	21874	23460	21874
		13558	8002	12605	8002
94315	58669	370810	267126	368948	265728
140	739	17073	16122	16506	15183
		17184	14047	17184	14047
124084	95938	181404	169751	181404	169751
		16607	8993	16607	8993
		5971	4566	5971	4566

2-22 续表 1

折扣店

项目	商品购进总额		统一配送商品购进额		自有配送中心配送商品购进额	
	2008年	2007年	2008年	2007年	2008年	2007年
全国	**299276**	**245488**	**295842**	**242294**	**183281**	**154256**
北京	115995	91232	112561	88038		
天津						
河北						
山西						
内蒙古						
辽宁						
吉林						
黑龙江						
上海	183281	154256	183281	154256	183281	154256
江苏						
浙江						
安徽						
福建						
江西						
山东						
河南						
湖北						
湖南						
广东						
广西						
海南						
重庆						
四川						
贵州						
云南						
西藏						
陕西						
甘肃						
青海						
宁夏						
新疆						

单位：万元

非自有配送中心配送商品购进额		商品销售总额		零售额	
2008年	2007年	2008年	2007年	2008年	2007年
45628	**42438**	**347566**	**272614**	**347566**	**272614**
45628	42438	132558	99334	132558	99334
		215007	173281	215007	173281

2-22 续表 2

超市

项　目	商品购进总额		统一配送商品购进额		自有配送中心配送商品购进额	
	2008年	2007年	2008年	2007年	2008年	2007年
全　国	**16011210**	**14577688**	**12640210**	**11373268**	**8536373**	**8176420**
北　京	2313355	2246060	1759146	1815956	717292	705281
天　津	20737	17006	18345	15685		
河　北	225927	166235	176106	130213	105483	88272
山　西	127403	59337	117678	52477	74726	31620
内蒙古	33513	25033	29765	21879	18573	13935
辽　宁	50050	44204	26655	21982	7045	6917
吉　林	32670	20076	9808	9690	9808	9690
黑龙江	4485	2843	4485	2843	4485	2843
上　海	4131313	4438479	3438596	3653651	2061664	2790855
江　苏	3643245	3058476	2525517	1861631	2322319	1708786
浙　江	1320293	1148279	1141092	961709	972987	827695
安　徽	230676	188284	186028	161901	117796	91921
福　建	104981	74072	69130	66987	50331	49046
江　西	40527	29118	26010	24662	4207	3955
山　东	1408085	1235692	1105580	994189	1080316	982092
河　南	252219	206970	222163	182652	96544	87786
湖　北	231174	173923	172330	136020	156844	124784
湖　南	202146	179586	185127	165430	176800	159122
广　东	827724	688232	727679	613856	216594	190103
广　西	141679	120293	98127	80636	38081	32020
海　南	2751	2140				
重　庆	235004	153147	227668	146676	84944	76593
四　川	196555	130346	179390	116356	110602	93733
贵　州	8134	8172	8134	8172	6074	4758
云　南	37569	32184	34454	32184	15662	13680
西　藏	1200					
陕　西	88217	31899	59792	6149	5869	4347
甘　肃	18205	14437	10031	6520	5171	3201
青　海	17403	22374	17403	22374	16770	16667
宁　夏	4599	5820	4599	5820	4599	5820
新　疆	59372	54969	59372	54969	54787	50898

单位：万元

非自有配送中心配送商品购进额		商品销售总额		零售额	
2008年	2007年	2008年	2007年	2008年	2007年
1694867	**1651161**	**22495435**	**19194701**	**18405690**	**15834738**
299971	267480	2906480	2608808	2360941	2075878
		43234	36349	43234	36349
49444	23801	230412	177028	222032	169229
2486	2588	129704	70822	129704	70822
2679	1679	38228	26055	38228	26055
		47784	45673	47784	45673
		38307	33148	33019	28123
		5662	2501	5662	2501
503946	715021	9168049	7976594	6803720	6189172
144241	62363	3838457	3217302	3364691	2881407
72409	69272	1462881	1235357	1333075	1113307
2522	2188	201962	237214	197271	204796
7267	5587	88655	83913	83285	56130
		47236	41313	46911	41023
4093	2163	1610167	1333941	1429056	1106252
8837	6161	277413	226182	267585	215368
14176	9926	258456	212607	244490	201056
7911	5928	212055	200884	212055	200868
475632	396338	1007350	784567	675103	538625
59099	47874	151110	143890	150926	143440
		4596	3479	4596	3479
1614	97	263536	161375	260081	159704
10058	6614	173822	141374	169899	139956
		9212	9779	7859	7075
18791	18504	38970	34021	36333	31679
		700		700	
249	189	92045	33308	88495	29551
4860	3320	19381	14312	19381	14312
		43103	31564	43103	31564
		8555	2375	8555	2375
4585	4071	77916	68968	77916	68968

2–22 续表 3

大型超市

项 目	商品购进总额		统一配送商品购进额		自有配送中心配送商品购进额	
	2008年	2007年	2008年	2007年	2008年	2007年
全 国	**18644372**	**15215015**	**12189629**	**9277722**	**7540864**	**5652235**
北 京	1349816	1143773	299964	201385	179268	142246
天 津	481265	370068	97876	45702	97876	45702
河 北	256159	222697	134629	115192	127761	105596
山 西	251707	180058	67907	42953		
内蒙古	2408	1328	2408	1328		
辽 宁	381295	333897	332974	286489	28479	25001
吉 林	86023	80925	2932	2191		
黑龙江	278002	225570	271130	220296	87260	63130
上 海	2824077	2514736	1179691	931031	413789	390220
江 苏	1897102	1038728	1617884	963910	1166039	654480
浙 江	1499045	1228440	1446402	1177099	1085762	853758
安 徽	351741	261998	97120	64756		
福 建	410587	383914	406902	380370	341080	302835
江 西	67715	50116	49311	29323	49311	29323
山 东	1599283	1520214	698539	625568	111086	83498
河 南	248708	152753	204138	128601	14720	13134
湖 北	1908378	1447690	1206579	762969	1010133	628303
湖 南	759845	649634	623543	542149	428264	403473
广 东	2733335	2276617	2575099	1983639	1751404	1304003
广 西						
海 南	7649	3485	7649	3485	3862	1798
重 庆	285542	292030	281996	289400	281996	289400
四 川	252196	216028	229825	199396	137196	136408
贵 州	600	560				
云 南	221691	190459	221691	189547	113045	107435
西 藏	1699		1699			
陕 西	352467	312719	28167	24262	13617	11216
甘 肃						
青 海	9390	6405	9390	6405	4735	1000
宁 夏	70054	55920	42897	10714	42897	10714
新 疆	56595	54255	51287	49562	51287	49562

单位：万元

非自有配送中心配送商品购进额		商品销售总额		零售额	
2008年	2007年	2008年	2007年	2008年	2007年
2818506	**2245150**	**22338189**	**18716647**	**18955377**	**15801750**
70788	12352	1390697	1199388	1380442	1193281
		476039	398080	476039	398080
6868	9596	258486	238607	252114	233718
12631	11002	252655	222407	76308	64539
2408	1328	4177	6774	4177	6774
21192	19950	460910	427935	460910	427935
997	548	85281	81645	85281	81645
8471	2901	308628	228041	308628	228041
746636	522579	4035411	3697679	3248554	2989310
92774	80946	2009750	1594270	1457950	1130345
266038	222922	1713963	1414867	1704211	1402095
		345249	261904	345249	261904
45457	34855	456572	136562	456536	136562
		138082	84708	101760	51704
463860	469369	1765565	1592799	1272919	1078371
500	400	183386	94848	82823	71037
148249	100636	2477631	2058116	1939614	1632414
145281	105861	956582	768634	956582	768634
768838	635337	3523382	3016943	3183969	2735061
3787	1688	4399	2115	4399	2115
		312909	291906	312909	291906
		365932	234491	238969	109491
		1245	1130		
		257712	239029	257712	239029
		1093		1093	
9078	7478	396278	298374	206808	151308
4655	5405	8067	6194	8067	6194
		84244	60875	67492	51933
		63866	58327	63866	58327

2–22 续表 4

仓储会员店

项　目	商品购进总额		统一配送商品购进额		自有配送中心配送商品购进额	
	2008年	2007年	2008年	2007年	2008年	2007年
全　国	**466555**	**393667**	**466555**	**393667**	**118353**	**151635**
北　京	243948	145689	243948	145689		
天　津						
河　北						
山　西						
内蒙古						
辽　宁						
吉　林						
黑龙江						
上　海						
江　苏	85158	77247	85158	77247		
浙　江						
安　徽						
福　建						
江　西						
山　东						
河　南	2506	3036	2506	3036	2506	3036
湖　北						
湖　南						
广　东	115848	148599	115848	148599	115848	148599
广　西						
海　南						
重　庆						
四　川						
贵　州						
云　南						
西　藏						
陕　西						
甘　肃						
青　海						
宁　夏						
新　疆	19096	19096	19096	19096		

单位：万元

非自有配送中心配送商品购进额		商品销售总额		零售额	
2008年	2007年	2008年	2007年	2008年	2007年
85158	**77247**	**1627220**	**1389702**	**362588**	**284282**
		241806	168406	241806	168406
		8363	8215	8363	8215
		1264632	1105420		
85158	77247	90300	85715	90300	85715
		2799	2626	2799	2626
		19320	19320	19320	19320

2-22 续表 5

百货店

项　目	商品购进总额		统一配送商品购进额		自有配送中心配送商品购进额	
	2008年	2007年	2008年	2007年	2008年	2007年
全　国	**15607370**	**13115539**	**8637212**	**7473745**	**5566308**	**4814892**
北　京	1624843	1379121	467427	347285	281249	207965
天　津						
河　北	234206	134943	82193	75421	82096	75351
山　西	109982	93860				
内蒙古	37649	31006	37649	31006	37649	31006
辽　宁	23092	20775	11395	9950	11395	9950
吉　林	36496	28205	27370	21154	27370	21154
黑龙江						
上　海	188298	187476	187757	186653		
江　苏	1598103	1372365	1598103	1372365	1056654	972119
浙　江	464281	390721	464281	390721		
安　徽	2240982	1907416	757170	710186	223003	182770
福　建	58304	26634	39214	25515	24895	19815
江　西	354856	338908	327459	314439	327459	314439
山　东	2932847	2313340	849699	663614	813239	632902
河　南	421425	375620	224805	216493	224805	216493
湖　北	1218289	964718	632721	465065	632721	465065
湖　南						
广　东	2384160	2079537	1654520	1527815	1115315	1010717
广　西						
海　南	12150	845	12150	845	12150	845
重　庆	930073	854608	930073	854608	669364	613478
四　川	263073	181103	242675	181103	25954	40036
贵　州	18874	17696	5923	4590		
云　南	83638	74133	83638	74133		
西　藏						
陕　西	348712	321861				
甘　肃						
青　海	23036	20650	991	787	991	787
宁　夏						
新　疆						

单位：万元

非自有配送中心配送商品购进额		商品销售总额		零售额	
2008年	2007年	2008年	2007年	2008年	2007年
1479112	**1305875**	**19429853**	**16253683**	**16143053**	**13341359**
		2172534	1774975	2166132	1768601
97	70	790938	516380	790938	516380
		110312	94402		
		44293	36514	36492	27922
		25014	22696	25014	22696
		32275	33182	32275	33182
		198697	207210	198214	206590
		2133428	1929040	1730919	1567638
464281	390721	792567	623663	792567	623663
		2573225	2175329	1337554	1145001
		71104	52231	68044	49700
		424257	390772	227080	213425
16211	21210	3466715	2919424	2851470	2367418
		540571	380515	537785	377849
		1150076	924560	1046893	862519
539205	517098	2955275	2603802	2508363	2155441
		10727	2371	10727	2371
259887	240409	1031737	844423	1007256	808445
199430	136368	375758	224577	374657	219039
		17057	16951	13503	13407
		93644	94748	93644	92340
		389884	361218	263762	243030
		29768	24703	29768	24703

2–22　续表 6

专业店(含加油站)

项　目	商品购进总额		统一配送商品购进额		自有配送中心配送商品购进额	
	2008年	2007年	2008年	2007年	2008年	2007年
全　国	**109582783**	**92825922**	**94662372**	**78404048**	**60847641**	**49998571**
北　京	5408560	4888622	1721474	1404372	1391315	1350810
天　津	2208956	1276354	2208956	1276354	409033	370620
河　北	3598863	3000630	1818861	1536645	844490	696875
山　西	690810	638096	167124	128242	123368	86052
内蒙古	2973842	2382173	2973842	2382173	2677658	2144985
辽　宁	3197199	2531651	2411281	1940399	1515994	1253815
吉　林	331427	318584	292641	311542	247539	240156
黑龙江	946595	762191	946595	762191	236866	227646
上　海	5751172	4815977	5273114	4716532	4592567	4094975
江　苏	23676096	20467041	21161827	18014296	14274918	10834827
浙　江	9801450	9337442	9092499	8612542	8769038	8395271
安　徽	3896332	3015401	3895002	3014150	3625135	2760088
福　建	1990859	1124366	1488767	692931	857711	436465
江　西	792041	744877	740705	691268	410714	386299
山　东	6858587	5577267	6534798	5331844	6487305	5280398
河　南	1835931	1288849	1652267	1238603	1190007	882844
湖　北	2862461	2466085	2830488	2439530	1715969	1372571
湖　南	3814176	3171327	3798240	3147667	3562942	2792712
广　东	19931568	18382682	17993291	14990298	2294711	1895354
广　西	1560650	1216365	1372873	1102133	1007848	820280
海　南	5093	3609	3091	2414	1115	538
重　庆	1682100	1238637	1561531	1165179	1544325	1151035
四　川	1236376	1045863	1158228	996054	706621	843265
贵　州	98814	48672	97739	45796	42001	21328
云　南	967212	765611	795052	631361	718206	593201
西　藏	370	360	370	360		
陕　西	191527	148353	172930	128470	154622	112367
甘　肃	518115	395743	351565	289477	13183	18494
青　海	9717	6034	9654	6034	4356	3611
宁　夏	392598	153053	314441	101994	310558	98183
新　疆	2353286	1614009	1823129	1303196	1117526	833510

单位：万元

非自有配送中心配送商品购进额		商品销售总额		零售额	
2008年	2007年	2008年	2007年	2008年	2007年
23251240	**21624060**	**123153243**	**101065273**	**78820205**	**62509357**
14337	18191	5564451	5072131	3938893	3769276
1194617	785637	2271970	1754426	2158647	1095741
5408	6327	4169642	3443968	1670079	1241842
		988968	950998	843534	810756
819	765	2983523	2385413	2869837	2369966
76189	69455	4332830	3416218	1992764	1461235
		756453	578529	753038	575179
400	367	1012685	833679	907151	735180
		6024401	5312668	4282558	3537511
4455287	6273940	24190372	21320120	13703400	12056337
263254	173099	10168045	8121447	6173842	5568599
51681	36371	4168869	3405165	3171679	2567503
55064	49681	3747426	1931849	3254365	1599050
102459	93173	2908722	2075498	1838344	1074419
12852	16489	6878610	6082394	1761121	1586633
22367	10941	2784257	1700715	1717679	952098
719722	654800	3091924	2607420	2389238	1937635
198920	169044	4251923	3421372	3917940	3125716
15403259	12896891	21283310	18556843	15165734	12464653
90090	87211	3446983	2666378	1752682	1382896
		5304	4342	3853	3422
5608	3593	1847616	1333163	745739	445824
257276	2617	1389602	668589	878708	232796
		98927	53628	51186	42835
25412	21203	1096522	673040	990106	569714
		389	413	389	413
		237493	206082	54468	47274
1323	1290	531391	399149	484535	363231
		10446	5335	6795	5335
		477954	304088	178763	97096
294898	252976	2432237	1780214	1163138	789194

2–22 续表 7

加油站

项　目	商品购进总额		统一配送商品购进额		自有配送中心配送商品购进额	
	2008年	2007年	2008年	2007年	2008年	2007年
全　国	**71541721**	**61053683**	**62229443**	**51356306**	**35203586**	**28676489**
北　京	2829568	2527157				
天　津	1772294	878280	1772294	878280		
河　北	3230180	2756545	1603562	1392085	748004	607920
山　西	578241	537812	161507	121078	123368	86052
内蒙古	2943382	2354705	2943382	2354705	2649042	2119235
辽　宁	2732424	2144497	1982681	1564446	1378095	1139101
吉　林	163832	163832	163832	163832	163832	163832
黑龙江	607986	488345	607986	488345	68457	56722
上　海	3932012	3171454	3932012	3171454	3932012	3171454
江　苏	7596335	7085209	7596335	7085209	1652645	1217351
浙　江	7757842	7624748	7108719	6955205	7095291	6943888
安　徽	2698381	2018224	2698381	2018224	2698381	2018224
福　建	1320381	590514	1112112	433328	666260	352384
江　西	94189	151906	73704	132149	15048	11503
山　东	6088432	4839657	5861988	4674858	5861988	4674858
河　南	1283201	1038901	1255874	1013222	967157	714504
湖　北	1747944	1461787	1747944	1461787	996109	703516
湖　南	3138789	2517031	3138789	2517031	2915997	2171026
广　东	15537334	14805397	13839988	11542661	103917	138368
广　西	1378076	1032704	1190299	918490	861879	680151
海　南						
重　庆	1256197	944501	1256197	944501	1256197	944501
四　川	285364	311053	285364	311053	116353	186945
贵　州	30356		30356			
云　南	24388	20504	24388	20504	24388	20504
西　藏						
陕　西						
甘　肃	501534	374894	336065	269038		
青　海						
宁　夏	182767		182767		182767	
新　疆	1830295	1214029	1322920	924823	726398	554451

单位：万元

非自有配送中心配送商品购进额		商品销售总额		零售额	
2008年	2007年	2008年	2007年	2008年	2007年
19952670	**19033900**	**84734088**	**68306310**	**54312740**	**41831471**
		2973077	2748137	1706015	1568439
1187129	778025	1853284	1375954	1782812	732687
		3780268	3188820	1341198	1041023
		829931	806457	684497	666215
		2943382	2354705	2832870	2340705
		3836303	2989989	1516106	1053465
		555275	432055	555275	432055
		620715	516267	551327	456436
		4119137	3390241	2759614	2090302
4059695	5867859	8544471	7544394	5118096	4644862
		8117114	6274951	5270085	4792738
		2920549	2277169	2828093	2244426
49946	45025	3066611	1403716	2735717	1214286
17623	79613	2110463	1383181	1492486	829158
		6068913	5315289	1354649	1185027
18969	5970	2217681	1392539	1340695	690430
516347	470573	1924038	1590912	1436273	1112353
198515	167026	3547758	2769921	3213930	2474265
13615888	11375688	16730444	14820947	12034628	9774570
70945	72711	3187729	2405695	1551258	1181627
		1392336	1123752	306277	247108
		466420	339411	232511	106762
		37640			
		248398	49617	233423	34681
		514173	374465	468204	339852
		221049	118020	81334	31663
217615	171410	1906929	1319708	885369	546338

2-22 续表 8

专卖店

项 目	商品购进总额		统一配送商品购进额		自有配送中心配送商品购进额	
	2008年	2007年	2008年	2007年	2008年	2007年
全 国	**7828870**	**6482125**	**6527532**	**5494257**	**2872618**	**2101641**
北 京	678300	518623	365581	242087	214814	154410
天 津	217112	162462	203555	153380	194684	146161
河 北	293287	173502	293219	173444	293205	173432
山 西	52169	32342	47828	28489		
内蒙古	7652	6875	7652	6875		
辽 宁	419453	362255	408681	351698	7826	8174
吉 林	10510	9269	10510	9269	2827	
黑龙江						
上 海	954280	855438	950418	851738	80827	86075
江 苏	1099878	1059686	1098855	1059249	97181	97968
浙 江	299817	224746	298730	223697	265174	197436
安 徽	9571	7127	9571	7127	5742	4506
福 建	537809	488949	372995	400641	13748	16444
江 西	190204	157079	190204	157079	3628	6097
山 东	550160	458656	244432	177633	209012	147341
河 南	321685	85463	103574	71224	43309	37876
湖 北	214119	201802	214069	201802	63525	64683
湖 南	149831	78022	149831	78022	149242	77633
广 东	798180	885659	610322	697671	498673	411185
广 西	171548	58490	170932	58490	170932	58490
海 南						
重 庆	23887	23105	23791	23002	22560	20362
四 川	241615	186577	194232	137364	163468	127388
贵 州	27001	54189	8752	1205		
云 南	7848	5826	7848	5826		
西 藏						
陕 西	95195	79403	92066	72047	92066	72047
甘 肃	112447	107308	112447	107308	112447	107308
青 海						
宁 夏						
新 疆	345315	199272	337440	197890	167729	86626

单位：万元

非自有配送中心配送商品购进额		商品销售总额		零售额	
2008年	2007年	2008年	2007年	2008年	2007年
1136165	**1069826**	**11127128**	**8845085**	**7050898**	**5544948**
43678	13366	793904	684468	580981	511791
		239047	188117	224437	181403
14	13	845221	744981	658263	476480
		88382	66167	79191	57751
		8628	7181	8628	7181
		486493	434121	94705	92818
		56171	47641	53472	44942
6338	2145	1181779	1162098	1004764	993515
902750	879106	1187821	1040727	1155672	833315
		398514	319129	307396	247365
		10976	7596	10976	7596
		621501	508158	299595	213535
		234349	42019	44248	31154
210	232	568478	479965	352744	337900
10416	9199	584617	374539	383985	193824
120060	110755	287364	239186	225708	200665
589	389	151620	104867	106081	79322
38699	41189	1273975	953169	615511	498029
		330059	156696	282422	133975
150	170	35606	35088	21282	21777
8779	8404	292220	234043	69836	54506
		50863	51159	3046	1559
		728736	512220	93315	65917
		126826	117775	4551	8237
		127693	116369	125693	115369
4485	4857	416284	217607	244399	135022

2-22 续表 9

家居建材商店

项目	商品购进总额		统一配送商品购进额		自有配送中心配送商品购进额	
	2008年	2007年	2008年	2007年	2008年	2007年
全国	**715148**	**653956**	**352880**	**300728**	**59070**	**66580**
北京	182605	74663	92824			
天津	84844	73057	14248	6695		
河北						
山西						
内蒙古						
辽宁						
吉林						
黑龙江						
上海	295893	310173	128130	137570	17046	16349
江苏	30331	41894	30331	41894	13769	19280
浙江	20301	21000	20301	21000	20301	21000
安徽						
福建	9607	9377	9607	9377		
江西						
山东	6013	5473				
河南						
湖北						
湖南						
广东	72651	107299	57440	84192	7953	9951
广西						
海南						
重庆						
四川	12902	11021				
贵州						
云南						
西藏						
陕西						
甘肃						
青海						
宁夏						
新疆						

单位：万元

非自有配送中心配送商品购进额		商品销售总额		零售额	
2008年	2007年	2008年	2007年	2008年	2007年
130253	**166751**	**847028**	**797458**	**742423**	**693239**
		235694	112015	235694	112015
		84473	73169	69202	66159
74312	88020	333604	369174	248156	276303
16562	22614	37186	52560	37186	52560
		22441	22400	22441	22400
		9386	6618	5500	2280
		11224	12675	11224	12675
39380	56118	95428	134266	95428	134266
		17593	14583	17593	14583

2-22 续表 10

厂家直销中心

项目	商品购进总额		统一配送商品购进额		自有配送中心配送商品购进额	
	2008年	2007年	2008年	2007年	2008年	2007年
全国	**140142**	**131646**	**136328**	**127503**	**134979**	**121048**
北京						
天津						
河北						
山西						
内蒙古						
辽宁						
吉林						
黑龙江						
上海						
江苏						
浙江						
安徽						
福建						
江西						
山东						
河南	127749	120669	127749	120669	127749	120669
湖北	7737	6455	7737	6455	6388	
湖南						
广东						
广西						
海南						
重庆	4656	4521	842	379	842	379
四川						
贵州						
云南						
西藏						
陕西						
甘肃						
青海						
宁夏						
新疆						

单位：万元

非自有配送中心配送商品购进额		商品销售总额		零售额	
2008年	2007年	2008年	2007年	2008年	2007年
		139014	**115051**	**135915**	**112417**
		128528	105635	128528	105635
		5608	4590	2509	1956
		4879	4826	4879	4826

2-22 续表 11

其他

项　目	商品购进总额		统一配送商品购进额		自有配送中心配送商品购进额	
	2008年	2007年	2008年	2007年	2008年	2007年
全　国	**367853**	**303886**	**311826**	**242005**	**268464**	**195511**
北　京	909	896				
天　津	79017	80832	39106	38353		
河　北	7409	5464	7409	5464	7409	5464
山　西	648	646	648	646	648	646
内蒙古						
辽　宁						
吉　林						
黑龙江						
上　海						
江　苏	9855	15289	492	444	492	444
浙　江						
安　徽						
福　建						
江　西	251408	181558	251408	181558	251408	181558
山　东	206	3211	206	3211		
河　南	1982	984	925		444	
湖　北	1192	1053	1192	1053	1192	1053
湖　南						
广　东	10249	7466	7547	7031	5721	5419
广　西	997	609	997	609	997	609
海　南						
重　庆						
四　川						
贵　州						
云　南	877	1597	333	639	153	320
西　藏						
陕　西						
甘　肃						
青　海						
宁　夏						
新　疆	3106	4281	1564	2999		

单位：万元

非自有配送中心配送商品购进额		商品销售总额		零售额	
2008年	2007年	2008年	2007年	2008年	2007年
180	**319**	**400180**	**347484**	**112302**	**241656**
		958	937	144	141
		83748	82864	30215	26299
		8313	13075	8313	13075
		681	681	681	681
		11445	14946	6138	645
		273359	214517	49626	185415
		678	564	678	564
		1031		1031	
		3031	2596	2669	2224
		10526	10811	9179	9003
		1417	819	1417	819
180	319	877	1600	877	1600
		4116	4074	1334	1190

2-23 按业态分各地区连锁零售

便利店

项目	商品购进总额		统一配送商品购进额		自有配送中心配送商品购进额	
	2008年	2007年	2008年	2007年	2008年	2007年
全国	**1926876**	**1636323**	**1270981**	**1089852**	**357171**	**312814**
北京	142089	128079	97603	89079	9534	9969
天津	109767	1250	34147	1250		
河北	19022	21470	13020	14272	12962	14272
山西	8361	10267	8361	10267		
内蒙古						
辽宁	48152	35980	43049	33204	21831	20279
吉林						
黑龙江	39766	36869	21342	21053	21342	21053
上海	1037279	999103	550056	529252	95096	87241
江苏	61518	37218	61415	37134	35239	26636
浙江	31235	21964	30432	20799	27519	17724
安徽	21105	15201	21105	15201	7581	6983
福建	18797	15492	14557	12075	8090	6939
江西	573	937	573	937		
山东	1262	601	1262	601	1262	601
河南	7303	7612	7303	7612	3377	2843
湖北	18870	18994	18870	18994	10860	10245
湖南	14051	8351	9774	8351	8899	7476
广东	167542	136185	158406	129640	55184	52835
广西	19824	15916	19344	15296	19204	14556
海南						
重庆	10267	9836	10267	9836	1193	672
四川	131833	101721	131833	101721	7706	5955
贵州	13988	8593	13988	8593	6544	2373
云南						
西藏						
陕西						
甘肃						
青海						
宁夏						
新疆	4275	4687	4275	4687	3747	4162

企业直营门店经营情况

单位：万元

非自有配送中心配送商品购进额		商品销售总额		零售额	
2008年	2007年	2008年	2007年	2008年	2007年
448293	**375281**	**2249494**	**1926533**	**2144739**	**1838319**
84847	75734	157052	137792	156542	136896
		150268	83506	150268	83506
		20616	18578	20616	18578
		8448	9272		
3461	2929	55773	49578	41536	37925
		42928	36780	20639	18243
179464	165703	1172243	1075229	1128306	1031746
20674	5778	82262	37693	82262	37693
1392	1680	33016	28995	22180	27756
		21514	16889	20400	16091
1903	1431	18784	16664	18784	16664
		685	695	685	695
		989	407	989	407
1497	2674	8864	8500	8864	8500
		22369	19964	22369	19964
		13558	8002	12605	8002
31952	23968	214230	173948	212368	172550
140	739	17073	16122	16506	15183
		16770	13771	16770	13771
122962	94646	170174	161315	170174	161315
		16607	8993	16607	8993
		5273	3842	5273	3842

2-23 续表 1

折扣店

项目	商品购进总额		统一配送商品购进额		自有配送中心配送商品购进额	
	2008年	2007年	2008年	2007年	2008年	2007年
全国	**299276**	**245488**	**295842**	**242294**	**183281**	**154256**
北京	115995	91232	112561	88038		
天津						
河北						
山西						
内蒙古						
辽宁						
吉林						
黑龙江						
上海	183281	154256	183281	154256	183281	154256
江苏						
浙江						
安徽						
福建						
江西						
山东						
河南						
湖北						
湖南						
广东						
广西						
海南						
重庆						
四川						
贵州						
云南						
西藏						
陕西						
甘肃						
青海						
宁夏						
新疆						

单位：万元

非自有配送中心配送商品购进额		商品销售总额		零售额	
2008年	2007年	2008年	2007年	2008年	2007年
45628	**42438**	**347566**	**272614**	**347566**	**272614**
45628	42438	132558	99334	132558	99334
		215007	173281	215007	173281

2-23 续表 2

超市

项目	商品购进总额		统一配送商品购进额		自有配送中心配送商品购进额	
	2008年	2007年	2008年	2007年	2008年	2007年
全国	**13293499**	**11715131**	**11069432**	**9716113**	**8034443**	**7012016**
北京	2198596	2139091	1694260	1723137	685904	673004
天津	20737	17006	18345	15685		
河北	225927	166235	176106	130213	105483	88272
山西	125533	57343	115809	50483	74726	31620
内蒙古	33513	25033	29765	21879	18573	13935
辽宁	50050	44204	26655	21982	7045	6917
吉林	32670	20076	9808	9690	9808	9690
黑龙江	4485	2843	4485	2843	4485	2843
上海	3105745	3284650	2422852	2508696	1990543	1989386
江苏	2522820	1850038	2454032	1798352	2259004	1661779
浙江	1101305	966473	928618	787136	804246	690622
安徽	230676	188284	186028	161901	117796	91921
福建	98106	68825	62972	62495	46667	47196
江西	40123	28829	25606	24373	3804	3666
山东	1282216	1123318	986463	888152	961199	876056
河南	227142	190058	197356	165929	96094	87386
湖北	210374	154861	151564	116977	136078	105741
湖南	198107	176218	182921	163180	174594	156871
广东	818979	677111	722220	607507	212483	185325
广西	123519	94778	95260	69258	36764	30856
海南	2751	2140				
重庆	224285	147349	220104	143389	80384	73404
四川	186439	125080	169606	111151	104154	88757
贵州	8134	8172	8134	8172	6074	4758
云南	34348	29598	31233	29598	12547	12217
西藏	1200					
陕西	88108	31814	59792	6149	5869	4347
甘肃	18205	14437	10031	6520	5171	3201
青海	17403	22374	17403	22374	16770	16667
宁夏	4599	5820	4599	5820	4599	5820
新疆	57404	53072	57404	53072	53580	49760

单位：万元

非自有配送中心配送商品购进额		商品销售总额		零售额	
2008年	2007年	2008年	2007年	2008年	2007年
1309117	**1199610**	**18634824**	**15377528**	**14550811**	**12048085**
268744	209064	2823979	2528099	2278440	1995170
		40706	33821	40706	33821
49444	23801	230412	177028	222032	169229
703	593	127886	68846	127886	68846
2679	1679	38228	26055	38228	26055
		47784	45673	47784	45673
		38307	33148	33019	28123
		5662	2501	5662	2501
199223	371534	7200866	5978250	4836603	4190888
142829	60885	2540756	1914960	2066991	1579792
34103	37884	1230210	1046904	1104919	931093
2522	2188	201962	237214	197271	204796
7137	5431	83084	80993	77714	53210
		46734	40831	46410	40542
4093	2163	1500650	1237800	1319540	1032619
7717	5171	254268	211387	244440	200573
14176	9926	205549	166655	191582	155105
7911	5928	207527	191001	207527	190985
474284	394767	975323	756299	643076	510357
57879	37951	130279	116100	130095	115651
		4596	3479	4596	3479
1273		253330	155190	251025	154502
6785	6443	163310	135985	159387	134568
		9212	9779	7859	7075
18686	17381	35266	31116	32629	28774
		700		700	
249	189	91937	33227	88387	29470
4860	3320	19381	14312	19381	14312
		43103	31564	43103	31564
		8555	2375	8555	2375
3824	3312	75266	66938	75266	66938

2-23 续表 3

大型超市

项　目	商品购进总额		统一配送商品购进额		自有配送中心配送商品购进额	
	2008年	2007年	2008年	2007年	2008年	2007年
全　国	**17894186**	**14474366**	**11725926**	**8796518**	**7291442**	**5374740**
北　京	1349816	1143773	299964	201385	179268	142246
天　津	481265	370068	97876	45702	97876	45702
河　北	247247	214219	134629	115192	127761	105596
山　西	251707	180058	67907	42953		
内蒙古	2408	1328	2408	1328		
辽　宁	330240	281045	308693	263553	25389	22014
吉　林	86023	80925	2932	2191		
黑龙江	278002	225570	271130	220296	87260	63130
上　海	2824077	2514736	1179691	931031	413789	390220
江　苏	1796193	964994	1576475	950115	1147315	640686
浙　江	1406935	1074079	1356024	1027864	1013472	758085
安　徽	254926	189659	97120	64756		
福　建	410587	383914	406902	380370	341080	302835
江　西	67715	50116	49311	29323	49311	29323
山　东	1516688	1445259	695904	623276	110864	83031
河　南	245433	149740	200863	125588	11445	10121
湖　北	1897878	1446110	1198179	761705	1001733	627039
湖　南	759845	649634	623543	542149	428264	403473
广　东	2459990	1999985	2308370	1714710	1625703	1157641
广　西						
海　南	3862	1798	3862	1798	3862	1798
重　庆	285542	292030	281996	289400	281996	289400
四　川	247678	210565	225307	193933	132678	130945
贵　州	600	560				
云　南	220233	189547	220233	189547	112433	107435
西　藏	1699		1699			
陕　西	352467	312719	28167	24262	13617	11216
甘　肃						
青　海	835	1525	835	1525	421	238
宁　夏	57700	46160	34620	3004	34620	3004
新　疆	56595	54255	51287	49562	51287	49562

单位：万元

非自有配送中心配送商品购进额		商品销售总额		零售额	
2008年	2007年	2008年	2007年	2008年	2007年
2627756	**2041440**	**21385010**	**17924531**	**18003237**	**15011717**
70788	12352	1390697	1199388	1380442	1193281
		476039	398080	476039	398080
6868	9596	248704	229290	242331	224401
12631	11002	252655	222407	76308	64539
2408	1328	4177	6774	4177	6774
		393797	364910	393797	364910
997	548	85281	81645	85281	81645
8471	2901	308628	228041	308628	228041
746636	522579	4009644	3674813	3222787	2966444
92774	80946	1941655	1560901	1389855	1096976
247949	169359	1572164	1256208	1562412	1243946
		242819	193713	242819	193713
45457	34855	456572	136562	456536	136562
		138082	84708	101760	51704
461446	467544	1678085	1505982	1186477	993127
500	400	177985	89509	77422	65698
148249	100636	2463038	2054229	1925022	1628526
145281	105861	956582	768634	956582	768634
627811	512770	3118702	2697543	2779289	2415662
		4399	2115	4399	2115
		312909	291906	312909	291906
		362372	230152	235409	105152
		1245	1130		
		255952	238203	255952	238203
		1093		1093	
9078	7478	396278	298374	206808	151308
414	1287	717	1475	717	1475
		70875	49512	54124	40570
		63866	58327	63866	58327

2-23 续表 4

仓储会员店

项　目	商品购进总额		统一配送商品购进额		自有配送中心配送商品购进额	
	2008年	2007年	2008年	2007年	2008年	2007年
全　国	**466555**	**393667**	**466555**	**393667**	**118353**	**151635**
北　京	243948	145689	243948	145689		
天　津						
河　北						
山　西						
内蒙古						
辽　宁						
吉　林						
黑龙江						
上　海						
江　苏	85158	77247	85158	77247		
浙　江						
安　徽						
福　建						
江　西						
山　东						
河　南	2506	3036	2506	3036	2506	3036
湖　北						
湖　南						
广　东	115848	148599	115848	148599	115848	148599
广　西						
海　南						
重　庆						
四　川						
贵　州						
云　南						
西　藏						
陕　西						
甘　肃						
青　海						
宁　夏						
新　疆	19096	19096	19096	19096		

单位：万元

非自有配送中心配送商品购进额		商品销售总额		零售额	
2008年	2007年	2008年	2007年	2008年	2007年
85158	**77247**	**1627220**	**1389702**	**362588**	**284282**
		241806	168406	241806	168406
		8363	8215	8363	8215
		1264632	1105420		
85158	77247	90300	85715	90300	85715
		2799	2626	2799	2626
		19320	19320	19320	19320

2–23 续表 5

百货店

项目	商品购进总额		统一配送商品购进额		自有配送中心配送商品购进额	
	2008年	2007年	2008年	2007年	2008年	2007年
全国	**14875706**	**12453544**	**8216782**	**7008312**	**5233946**	**4469292**
北京	1624843	1379121	467427	347285	281249	207965
天津						
河北	234206	134943	82193	75421	82096	75351
山西	109982	93860				
内蒙古	37649	31006	37649	31006	37649	31006
辽宁	23092	20775	11395	9950	11395	9950
吉林	36496	28205	27370	21154	27370	21154
黑龙江						
上海	188298	187476	187757	186653		
江苏	1336868	1093871	1336868	1093871	795420	693626
浙江	464281	390721	464281	390721		
安徽	2188207	1851327	704395	654097	201883	157936
福建	58304	26634	39214	25515	24895	19815
江西	354856	338908	327459	314439	327459	314439
山东	2616564	2109273	799691	621342	763231	590630
河南	421425	375620	224805	216493	224805	216493
湖北	1218289	964718	632721	465065	632721	465065
湖南						
广东	2293397	1957111	1598107	1439237	1115315	1010717
广西						
海南	12150	845	12150	845	12150	845
重庆	930073	854608	930073	854608	669364	613478
四川	263073	181103	242675	181103	25954	40036
贵州	18874	17696	5923	4590		
云南	83638	74133	83638	74133		
西藏						
陕西	338104	320943				
甘肃						
青海	23036	20650	991	787	991	787
宁夏						
新疆						

单位：万元

非自有配送中心配送商品购进额		商品销售总额		零售额	
2008年	2007年	2008年	2007年	2008年	2007年
1422699	**1217297**	**18516767**	**15292909**	**15229966**	**12380585**
		2172534	1774975	2166132	1768601
97	70	790938	516380	790938	516380
		110312	94402		
		44293	36514	36492	27922
		25014	22696	25014	22696
		32275	33182	32275	33182
		198697	207210	198214	206590
		1760236	1513378	1357727	1151976
464281	390721	792567	623663	792567	623663
		2512261	2109629	1276590	1079301
		71104	52231	68044	49700
		424257	390772	227080	213425
16211	21210	3114323	2609978	2499078	2057972
		540571	380515	537785	377849
		1150076	924560	1046893	862519
482792	428520	2841308	2435306	2394396	1986945
		10727	2371	10727	2371
259887	240409	1031737	844423	1007256	808445
199430	136368	375758	224577	374657	219039
		17057	16951	13503	13407
		93644	94748	93644	92340
		377311	359749	251189	241561
		29768	24703	29768	24703

2-23 续表 6

专业店(含加油站)

项 目	商品购进总额		统一配送商品购进额		自有配送中心配送商品购进额	
	2008年	2007年	2008年	2007年	2008年	2007年
全 国	**107193904**	**88860897**	**92653791**	**75170363**	**59488250**	**47552551**
北 京	5249256	4729994	1694692	1378615	1370757	1328460
天 津	2207425	1274918	2207425	1274918	409033	370620
河 北	3597760	2999928	1817758	1535944	843387	696173
山 西	690810	638096	167124	128242	123368	86052
内蒙古	2973543	2381868	2973543	2381868	2677359	2144679
辽 宁	3173663	2479266	2389891	1889547	1509822	1214515
吉 林	331427	318584	292641	311542	247539	240156
黑龙江	942448	760212	942448	760212	236866	227602
上 海	5720238	4789911	5242180	4690466	4571642	4079959
江 苏	23095809	18039575	20612366	16019032	14006525	9328819
浙 江	9549451	9123503	8899889	8448266	8594210	8237064
安 徽	3694691	2870385	3693582	2869349	3446972	2631654
福 建	1990859	1124366	1488767	692931	857711	436465
江 西	792041	744877	740705	691268	410714	386299
山 东	6850392	5572651	6527603	5328269	6481880	5278354
河 南	1813561	1275157	1630276	1225112	1174947	874359
湖 北	2838434	2443808	2806896	2417816	1700678	1358658
湖 南	3787614	3140506	3771678	3116846	3536644	2763745
广 东	19368822	17886190	17444116	14506755	2001971	1628170
广 西	1549186	1212396	1361410	1098164	999062	817147
海 南	3979	3071	1977	1876		
重 庆	1657606	1216837	1538895	1145030	1526228	1134654
四 川	1223063	1033996	1146162	985061	696991	834623
贵 州	98814	48672	97739	45796	42001	21328
云 南	680296	541108	565411	451545	489105	414452
西 藏	370	360	370	360		
陕 西	181902	138531	163756	119829	151048	109310
甘 肃	517452	394978	351233	289103	13183	18494
青 海	9654	6034	9654	6034	4356	3611
宁 夏	274537	77025	273621	76109	269864	72351
新 疆	2328802	1594095	1799985	1284458	1094388	814778

单位：万元

非自有配送中心配送商品购进额		商品销售总额		零售额	
2008年	2007年	2008年	2007年	2008年	2007年
22912537	**21392573**	**119850891**	**96417930**	**76867848**	**59842997**
12677	16349	5461750	4762397	3836731	3644481
1193086	784200	2270204	1752888	2156881	1094203
5408	6327	4168562	3442906	1669932	1241712
		988968	950998	843534	810756
819	765	2983439	2385374	2869752	2369927
76189	69455	4309719	3356875	1972897	1425956
		749915	571899	746501	568549
400	367	1010103	831737	904569	733238
		5388036	4788719	3650959	3014111
4412106	6247934	23364512	18961421	13400876	10886161
254177	172938	9907500	7906734	6136709	5543649
28425	20004	3991865	3250330	3169471	2564404
55064	49681	3747107	1931636	3254046	1598838
102459	93173	2908722	2075498	1838344	1074419
11149	14960	6870156	6077979	1755793	1582219
22306	10918	2768833	1690561	1709926	944499
719722	654800	3064350	2584329	2361665	1914554
198656	167190	4219838	3383281	3885855	3087624
15149206	12716351	20582743	17980723	14731787	12031065
87413	86375	3426354	2653768	1732054	1370286
		4292	3686	2841	2766
4699	3073	1814820	1306661	713461	420096
257276	2617	1371590	651651	861871	216739
		98927	53628	51186	42835
25412	21203	836953	470824	730639	367656
		389	413	389	413
		230381	197442	48233	39185
992	916	530842	398530	483986	362611
		10446	5335	6795	5335
		362192	229589	178597	97051
294898	252976	2407384	1760123	1161571	787661

2-23 续表 7

加油站

项目	商品购进总额		统一配送商品购进额		自有配送中心配送商品购进额	
	2008年	2007年	2008年	2007年	2008年	2007年
全国	**71394792**	**60842150**	**62215000**	**51275878**	**35189144**	**28596061**
北京	2697082	2396053				
天津	1772294	878280	1772294	878280		
河北	3230180	2756545	1603562	1392085	748004	607920
山西	578241	537812	161507	121078	123368	86052
内蒙古	2943382	2354705	2943382	2354705	2649042	2119235
辽宁	2728438	2106196	1978695	1526146	1374109	1100801
吉林	163832	163832	163832	163832	163832	163832
黑龙江	607986	488345	607986	488345	68457	56722
上海	3932012	3171454	3932012	3171454	3932012	3171454
江苏	7596335	7085209	7596335	7085209	1652645	1217351
浙江	7757842	7624748	7108719	6955205	7095291	6943888
安徽	2698381	2018224	2698381	2018224	2698381	2018224
福建	1320381	590514	1112112	433328	666260	352384
江西	94189	151906	73704	132149	15048	11503
山东	6088432	4839657	5861988	4674858	5861988	4674858
河南	1283201	1038901	1255874	1013222	967157	714504
湖北	1747944	1461787	1747944	1461787	996109	703516
湖南	3128333	2505469	3128333	2505469	2905541	2159464
广东	15537334	14774831	13839988	11512095	103917	107802
广西	1378076	1032704	1190299	918490	861879	680151
海南						
重庆	1256197	944501	1256197	944501	1256197	944501
四川	285364	311053	285364	311053	116353	186945
贵州	30356		30356			
云南	24388	20504	24388	20504	24388	20504
西藏						
陕西						
甘肃	501534	374894	336065	269038		
青海						
宁夏	182767		182767		182767	
新疆	1830295	1214029	1322920	924823	726398	554451

单位：万元

非自有配送中心配送商品购进额		商品销售总额		零售额	
2008年	2007年	2008年	2007年	2008年	2007年
19952670	**19033900**	**84042548**	**67451029**	**53624444**	**41183709**
		2896108	2473323	1629046	1477082
1187129	778025	1853284	1375954	1782812	732687
		3780268	3188820	1341198	1041023
		829931	806457	684497	666215
		2943382	2354705	2832870	2340705
		3831740	2945272	1514788	1032811
		555275	432055	555275	432055
		620715	516267	551327	456436
		3528385	2906126	2168862	1606187
4059695	5867859	8544471	7544394	5118096	4644862
		8117114	6274951	5270085	4792738
		2920549	2277169	2828093	2244426
49946	45025	3066611	1403716	2735717	1214286
17623	79613	2110463	1383181	1492486	829158
		6068913	5315289	1354649	1185027
18969	5970	2217681	1392539	1340695	690430
516347	470573	1924038	1590912	1436273	1112353
198515	167026	3536198	2757138	3202370	2461482
13615888	11375688	16730444	14789143	12034628	9742766
70945	72711	3180033	2398646	1543562	1174577
		1392336	1123752	306277	247108
		466420	339411	232511	106762
		37640			
		248398	49617	233423	34681
		514173	374465	468204	339852
		221049	118020	81334	31663
217615	171410	1906929	1319708	885369	546338

2-23 续表 8

专卖店

项目	商品购进总额		统一配送商品购进额		自有配送中心配送商品购进额	
	2008年	2007年	2008年	2007年	2008年	2007年
全　国	**7237292**	**5992747**	**5971781**	**5040318**	**2378740**	**1699262**
北　京	612686	475018	300095	198619	149328	110942
天　津	216133	161695	203314	153139	194684	146161
河　北	293287	173502	293219	173444	293205	173432
山　西	52169	32342	47828	28489		
内蒙古	7652	6875	7652	6875		
辽　宁	417705	360571	406933	350014	7826	8174
吉　林	10510	9269	10510	9269	2827	
黑龙江						
上　海	954280	855438	950418	851738	80827	86075
江　苏	1099878	1059686	1098855	1059249	97181	97968
浙　江	137623	103775	136536	102726	102980	76465
安　徽	8803	6403	8803	6403	5742	4506
福　建	513060	469560	372995	400641	13748	16444
江　西	190204	157079	190204	157079	3628	6097
山　东	409939	350297	104499	69626	104289	69394
河　南	273331	40573	61427	35257	9707	9116
湖　北	213939	201642	213889	201642	63345	64523
湖　南	149831	78022	149831	78022	149242	77633
广　东	667302	750454	479834	562749	378626	287120
广　西	171548	58490	170932	58490	170932	58490
海　南						
重　庆	16547	16305	16526	16286	15424	13796
四　川	239765	186011	192382	136798	163468	127388
贵　州	23655	48372	8656	1133		
云　南	5064	5826	5064	5826		
西　藏						
陕　西	95195	79403	92066	72047	92066	72047
甘　肃	112447	107308	112447	107308	112447	107308
青　海						
宁　夏						
新　疆	344742	198831	336867	197449	167218	86185

单位：万元

非自有配送中心配送商品购进额		商品销售总额		零售额	
2008年	2007年	2008年	2007年	2008年	2007年
1126445	**1061383**	**10295193**	**8116409**	**6521887**	**5080938**
43678	13366	717650	627910	504726	455233
		238054	187148	223446	180434
14	13	845221	744981	658263	476480
		88382	66167	79191	57751
		8628	7181	8628	7181
		484483	432121	92695	90818
		56171	47641	53472	44942
6338	2145	1123783	1109563	987892	977346
902750	879106	1187821	1040727	1155672	833315
		161025	119394	110719	81045
		10200	6888	10200	6888
		593103	487191	271197	192568
		234349	42019	44248	31154
210	232	442732	379474	313321	306785
1931	1992	519140	304708	320860	133403
120060	110755	287164	239006	225508	200485
589	389	151620	104867	106081	79322
37654	40104	1048928	736391	516511	391410
		330059	156696	282422	133975
20	20	28613	28513	20482	21077
8779	8404	290154	233351	67770	53815
		50666	51001	2848	1401
		727835	512220	92414	65917
		126826	117775	4551	8237
		127693	116369	125693	115369
4423	4857	414894	217108	243080	134588

2-23 续表 9

家居建材商店

项　目	商品购进总额		统一配送商品购进额		自有配送中心配送商品购进额	
	2008年	2007年	2008年	2007年	2008年	2007年
全　国	**684606**	**650956**	**326338**	**300728**	**59070**	**66580**
北　京	156063	74663	66282			
天　津	84844	73057	14248	6695		
河　北						
山　西						
内蒙古						
辽　宁						
吉　林						
黑龙江						
上　海	295893	310173	128130	137570	17046	16349
江　苏	30331	41894	30331	41894	13769	19280
浙　江	20301	21000	20301	21000	20301	21000
安　徽						
福　建	9607	9377	9607	9377		
江　西						
山　东	2013	2473				
河　南						
湖　北						
湖　南						
广　东	72651	107299	57440	84192	7953	9951
广　西						
海　南						
重　庆						
四　川	12902	11021				
贵　州						
云　南						
西　藏						
陕　西						
甘　肃						
青　海						
宁　夏						
新　疆						

单位：万元

非自有配送中心配送商品购进额		商品销售总额		零售额	
2008年	2007年	2008年	2007年	2008年	2007年
130253	**166751**	**810316**	**790458**	**705711**	**686239**
		204982	112015	204982	112015
		84473	73169	69202	66159
74312	88020	333604	369174	248156	276303
16562	22614	37186	52560	37186	52560
		22441	22400	22441	22400
		9386	6618	5500	2280
		5224	5675	5224	5675
39380	56118	95428	134266	95428	134266
		17593	14583	17593	14583

2-23 续表 10

厂家直销中心

项　目	商品购进总额		统一配送商品购进额		自有配送中心配送商品购进额	
	2008年	2007年	2008年	2007年	2008年	2007年
全　国	**140142**	**131646**	**136328**	**127503**	**134979**	**121048**
北　京						
天　津						
河　北						
山　西						
内蒙古						
辽　宁						
吉　林						
黑龙江						
上　海						
江　苏						
浙　江						
安　徽						
福　建						
江　西						
山　东						
河　南	127749	120669	127749	120669	127749	120669
湖　北	7737	6455	7737	6455	6388	
湖　南						
广　东						
广　西						
海　南						
重　庆	4656	4521	842	379	842	379
四　川						
贵　州						
云　南						
西　藏						
陕　西						
甘　肃						
青　海						
宁　夏						
新　疆						

单位：万元

非自有配送中心配送商品购进额		商品销售总额		零售额	
2008年	2007年	2008年	2007年	2008年	2007年
		139014	**115051**	**135915**	**112417**
		128528	105635	128528	105635
		5608	4590	2509	1956
		4879	4826	4879	4826

2–23 续表 11

其他

项目	商品购进总额		统一配送商品购进额		自有配送中心配送商品购进额	
	2008年	2007年	2008年	2007年	2008年	2007年
全国	**364867**	**299563**	**310141**	**238887**	**268343**	**195391**
北京	909	896				
天津	79017	80832	39106	38353		
河北	7409	5464	7409	5464	7409	5464
山西	648	646	648	646	648	646
内蒙古						
辽宁						
吉林						
黑龙江						
上海						
江苏	9747	15202	385	357	385	357
浙江						
安徽						
福建						
江西	251408	181558	251408	181558	251408	181558
山东	206	3211	206	3211		
河南	1717	738	925		444	
湖北	1192	1053	1192	1053	1192	1053
湖南						
广东	10249	7466	7547	7031	5721	5419
广西	997	609	997	609	997	609
海南						
重庆						
四川						
贵州						
云南	752	1375	320	606	140	286
西藏						
陕西						
甘肃						
青海						
宁夏						
新疆	617	513				

单位：万元

非自有配送中心配送商品购进额		商品销售总额		零售额	
2008年	2007年	2008年	2007年	2008年	2007年
180	**319**	**396323**	**343546**	**111227**	**240601**
		958	937	144	141
		83748	82864	30215	26299
		8313	13075	8313	13075
		681	681	681	681
		11295	14829	5988	528
		273359	214517	49626	185415
		678	564	678	564
		1031		1031	
		3031	2596	2669	2224
		10526	10811	9179	9003
		1417	819	1417	819
180	319	753	1377	753	1377
		534	476	534	476

2-24 按业态分各地区连锁零售

便利店

项目	商品购进总额		统一配送商品购进额		自有配送中心配送商品购进额	
	2008年	2007年	2008年	2007年	2008年	2007年
全国	**340205**	**252163**	**329448**	**207222**	**63549**	**55265**
北京	3847	2127	3847	1768	1664	565
天津						
河北	18201	11257	18201	11257	18201	11257
山西	31154	19343	31154	19343		
内蒙古						
辽宁	18974	25746	14858	21894	10531	16413
吉林						
黑龙江						
上海	106503	89379	106303	87946	13133	13453
江苏	1697	1881	1657	1831	956	126
浙江	13742	8576	12715	7649	11822	6937
安徽	108	367	108	367	108	367
福建	162	110	162	110		
江西						
山东						
河南	3468	5935	3273	5733	40	42
湖北	1161	2171	1161	2171		
湖南						
广东	133793	77131	130016	40621	6383	5865
广西						
海南						
重庆	360	240	360	240	360	240
四川	6198	6947	4795	5338	350	
贵州						
云南						
西藏						
陕西						
甘肃						
青海						
宁夏						
新疆	839	954	839	954		

企业加盟门店经营情况

单位：万元

非自有配送中心配送商品购进额		商品销售总额		零售额	
2008年	2007年	2008年	2007年	2008年	2007年
99040	**71818**	**510925**	**390501**	**476045**	**355544**
2183	1203	4496	2745	4496	2745
		7626	7626	7626	7626
		48286	40580	48286	40580
		31154	19343		
4327	5471	9000	21642	7740	15837
24540	22229	222652	179624	220186	170187
219	408	2311	1837	2311	1837
893	712	11934	5608	11934	5608
		111	868	111	496
162	110	142	108	142	108
3233	5691	3201	5995	3201	5995
		1091	1910	1091	1910
62364	34701	156580	93177	156580	93177
		414	276	414	276
1122	1292	11230	8436	11230	8436
		698	724	698	724

2-24 续表 1

超市

项　目	商品购进总额		统一配送商品购进额		自有配送中心配送商品购进额	
	2008年	2007年	2008年	2007年	2008年	2007年
全　国	**2717712**	**2862557**	**1570778**	**1657155**	**501930**	**1164404**
北　京	114759	106970	64887	92819	31388	32277
天　津						
河　北						
山　西	1870	1994	1870	1994		
内蒙古						
辽　宁						
吉　林						
黑龙江						
上　海	1025568	1153829	1015745	1144955	71121	801469
江　苏	1120426	1208438	71485	63279	63315	47008
浙　江	218988	181806	212473	174573	168741	137073
安　徽						
福　建	6875	5247	6158	4492	3664	1850
江　西	404	289	404	289	404	289
山　东	125870	112374	119117	106037	119117	106037
河　南	25077	16913	24807	16723	450	400
湖　北	20800	19063	20766	19043	20766	19043
湖　南	4039	3368	2206	2251	2206	2251
广　东	8745	11121	5459	6349	4111	4778
广　西	18160	25515	2867	11378	1317	1164
海　南						
重　庆	10719	5798	7564	3287	4560	3189
四　川	10116	5265	9784	5204	6448	4976
贵　州						
云　南	3221	2586	3221	2586	3115	1463
西　藏						
陕　西	109	85				
甘　肃						
青　海						
宁　夏						
新　疆	1968	1897	1968	1897	1207	1138

单位：万元

非自有配送中心配送商品购进额		商品销售总额		零售额	
2008年	2007年	2008年	2007年	2008年	2007年
385750	**451551**	**3860611**	**3817173**	**3854879**	**3786653**
31227	58416	82501	80709	82501	80709
		2528	2528	2528	2528
1783	1994	1818	1977	1818	1977
304723	343487	1967183	1998344	1967117	1998284
1412	1478	1297701	1302343	1297701	1301614
38306	31388	232671	188453	228156	182213
130	156	5571	2920	5571	2920
		502	482	502	482
		109517	96141	109517	73633
1120	990	23145	14795	23145	14795
		52907	45952	52907	45952
		4528	9883	4528	9883
1348	1571	32027	28268	32027	28268
1220	9923	20831	27789	20831	27789
341	97	10207	6185	9056	5201
3272	171	10513	5389	10513	5389
106	1123	3704	2905	3704	2905
		108	81	108	81
761	759	2650	2030	2650	2030

2–24 续表 2

大型超市

项　目	商品购进总额		统一配送商品购进额		自有配送中心配送商品购进额	
	2008年	2007年	2008年	2007年	2008年	2007年
全　国	**750186**	**740649**	**463702**	**481205**	**249422**	**277495**
北　京						
天　津						
河　北	8912	8478				
山　西						
内蒙古						
辽　宁	51055	52853	24281	22936	3089	2986
吉　林						
黑龙江						
上　海						
江　苏	100908	73734	41408	13794	18724	13794
浙　江	92110	154361	90379	149236	72289	95673
安　徽	96815	72339				
福　建						
江　西						
山　东	82595	74956	2635	2292	222	467
河　南	3275	3013	3275	3013	3275	3013
湖　北	10500	1580	8400	1264	8400	1264
湖　南						
广　东	273344	276632	266728	268929	125701	146362
广　西						
海　南	3787	1688	3787	1688		
重　庆						
四　川	4518	5463	4518	5463	4518	5463
贵　州						
云　南	1458	912	1458		612	
西　藏						
陕　西						
甘　肃						
青　海	8556	4880	8556	4880	4314	762
宁　夏	12354	9760	8277	7710	8277	7710
新　疆						

单位：万元

非自有配送中心配送商品购进额		商品销售总额		零售额	
2008年	2007年	2008年	2007年	2008年	2007年
190750	**203710**	**953179**	**792116**	**952140**	**790034**
		9783	9317	9783	9317
21192	19950	67112	63025	67112	63025
		25767	22866	25767	22866
		68095	33369	68095	33369
18089	53563	141799	158659	141799	158149
		102430	68190	102430	68190
2414	1825	87481	86817	86442	85244
		5402	5339	5402	5339
		14592	3888	14592	3888
141027	122567	404680	319400	404680	319399
3787	1688				
		3560	4339	3560	4339
		1760	826	1760	826
4241	4118	7350	4719	7350	4719
		13369	11363	13369	11363

2-24 续表 3

百货店

项目	商品购进总额		统一配送商品购进额		自有配送中心配送商品购进额	
	2008年	2007年	2008年	2007年	2008年	2007年
全国	**731664**	**661995**	**420431**	**465433**	**332362**	**345599**
北京						
天津						
河北						
山西						
内蒙古						
辽宁						
吉林						
黑龙江						
上海						
江苏	261234	278494	261234	278494	261234	278494
浙江						
安徽	52775	56089	52775	56089	21120	24834
福建						
江西						
山东	316283	204068	50008	42272	50008	42272
河南						
湖北						
湖南						
广东	90764	122426	56413	88578		
广西						
海南						
重庆						
四川						
贵州						
云南						
西藏						
陕西	10608	919				
甘肃						
青海						
宁夏						
新疆						

单位：万元

非自有配送中心配送商品购进额		商品销售总额		零售额	
2008年	2007年	2008年	2007年	2008年	2007年
56413	**88578**	**913087**	**960774**	**913087**	**960774**
		373192	415662	373192	415662
		60964	65700	60964	65700
		352392	309446	352392	309446
56413	88578	113967	168496	113967	168496
		12572	1469	12572	1469

2–24 续表 4

专业店(含加油站)

项目	商品购进总额		统一配送商品购进额		自有配送中心配送商品购进额	
	2008年	2007年	2008年	2007年	2008年	2007年
全国	**2388879**	**3965025**	**2008582**	**3233684**	**1359391**	**2446020**
北京	159304	158629	26782	25757	20558	22350
天津	1531	1437	1531	1437		
河北	1103	702	1103	702	1103	702
山西						
内蒙古	299	305	299	305	299	305
辽宁	23536	52385	21390	50852	6172	39300
吉林						
黑龙江	4147	1978	4147	1978		44
上海	30934	26066	30934	26066	20925	15016
江苏	580287	2427466	549461	1995264	268394	1506008
浙江	252000	213938	192610	164277	174828	158207
安徽	201641	145016	201420	144801	178163	128434
福建						
江西						
山东	8195	4616	7195	3576	5425	2044
河南	22370	13692	21991	13491	15060	8484
湖北	24026	22277	23592	21713	15291	13913
湖南	26562	30821	26562	30821	26299	28967
广东	562746	496492	549175	483544	292740	267184
广西	11463	3969	11463	3969	8786	3133
海南	1115	538	1115	538	1115	538
重庆	24494	21801	22636	20149	18097	16381
四川	13312	11867	12066	10992	9629	8642
贵州						
云南	286916	224503	229641	179816	229101	178749
西藏						
陕西	9625	9822	9174	8641	3574	3057
甘肃	663	765	331	374		
青海	63					
宁夏	118061	76028	40820	25885	40694	25831
新疆	24484	19914	23144	18738	23138	18733

单位：万元

非自有配送中心配送商品购进额		商品销售总额		零售额	
2008年	2007年	2008年	2007年	2008年	2007年
338703	**231486**	**3302352**	**4647343**	**1952357**	**2666361**
1659	1842	102701	309734	102162	124795
1531	1437	1766	1538	1766	1538
		1080	1063	147	130
		84	39	84	39
		23112	59343	19868	35279
		6538	6630	6538	6630
		2582	1942	2582	1942
		636365	523948	631599	523400
43181	26006	825860	2358700	302525	1170176
9076	161	260545	214713	37133	24950
23257	16367	177005	154835	2209	3099
		319	212	319	212
1703	1529	8454	4415	5328	4415
61	23	15423	10154	7753	7600
		27573	23091	27573	23081
264	1854	32085	38091	32085	38091
254054	180539	700567	576121	433947	433588
2677	836	20629	12610	20629	12610
		1012	656	1012	656
909	520	32796	26503	32278	25728
		18012	16938	16837	16057
		259569	202216	259467	202058
		7112	8640	6235	8090
331	374	549	619	549	619
		115762	74499	166	45
		24853	20092	1567	1534

2-24 续表 5

加油站

项　目	商品购进总额		统一配送商品购进额		自有配送中心配送商品购进额	
	2008年	2007年	2008年	2007年	2008年	2007年
全　国	**146929**	**211533**	**14442**	**80428**	**14442**	**80428**
北　京	132487	131105				
天　津						
河　北						
山　西						
内蒙古						
辽　宁	3986	38300	3986	38300	3986	38300
吉　林						
黑龙江						
上　海						
江　苏						
浙　江						
安　徽						
福　建						
江　西						
山　东						
河　南						
湖　北						
湖　南	10456	11562	10456	11562	10456	11562
广　东		30566		30566		30566
广　西						
海　南						
重　庆						
四　川						
贵　州						
云　南						
西　藏						
陕　西						
甘　肃						
青　海						
宁　夏						
新　疆						

单位：万元

非自有配送中心配送商品购进额		商品销售总额		零售额	
2008年	2007年	2008年	2007年	2008年	2007年
		691540	**855282**	**688296**	**647762**
		76969	274814	76969	91358
		4563	44717	1319	20653
		590753	484115	590753	484115
		11560	12783	11560	12783
			31804		31804
		7696	7049	7696	7049

2–24 续表 6

专卖店

项目	商品购进总额		统一配送商品购进额		自有配送中心配送商品购进额	
	2008年	2007年	2008年	2007年	2008年	2007年
全国	**591579**	**489378**	**555751**	**453939**	**493878**	**402378**
北京	65614	43605	65486	43468	65486	43468
天津	979	766	241	241		
河北						
山西						
内蒙古						
辽宁	1748	1684	1748	1684		
吉林						
黑龙江						
上海						
江苏						
浙江	162194	120972	162194	120972	162194	120972
安徽	767	724	767	724		
福建	24750	19389				
江西						
山东	140221	108359	139933	108007	104723	77947
河南	48354	44891	42147	35967	33602	28760
湖北	180	160	180	160	180	160
湖南						
广东	130878	135205	130489	134922	120048	124065
广西						
海南						
重庆	7341	6800	7266	6716	7136	6566
四川	1850	566	1850	566		
贵州	3346	5817	96	72		
云南	2783		2783			
西藏						
陕西						
甘肃						
青海						
宁夏						
新疆	573	441	573	441	511	441

单位：万元

非自有配送中心配送商品购进额		商品销售总额		零售额	
2008年	2007年	2008年	2007年	2008年	2007年
9721	**8443**	**831935**	**728676**	**529011**	**464010**
		76254	56558	76254	56558
		993	970	991	970
		2010	2000	2010	2000
		57996	52535	16872	16169
		237489	199735	196677	166321
		776	708	776	708
		28398	20968	28398	20968
		125746	100491	39423	31115
8485	7207	65478	69831	63125	60421
		200	180	200	180
1044	1086	225047	216779	99000	106619
130	150	6993	6574	800	700
		2066	692	2066	692
		198	158	198	158
		901		901	
62		1390	499	1320	434

2-24 续表 7

家居建材商店

项 目	商品购进总额		统一配送商品购进额		自有配送中心配送商品购进额	
	2008年	2007年	2008年	2007年	2008年	2007年
全 国	**30542**	**3000**	**26542**			
北 京	26542		26542			
天 津						
河 北						
山 西						
内 蒙 古						
辽 宁						
吉 林						
黑 龙 江						
上 海						
江 苏						
浙 江						
安 徽						
福 建						
江 西						
山 东	4000	3000				
河 南						
湖 北						
湖 南						
广 东						
广 西						
海 南						
重 庆						
四 川						
贵 州						
云 南						
西 藏						
陕 西						
甘 肃						
青 海						
宁 夏						
新 疆						

单位：万元

非自有配送中心配送商品购进额		商品销售总额		零售额	
2008年	2007年	2008年	2007年	2008年	2007年
		36712	**7000**	**36712**	**7000**
		30712		30712	
		6000	7000	6000	7000

2-24 续表 8

其他

项　目	商品购进总额		统一配送商品购进额		自有配送中心配送商品购进额	
	2008年	2007年	2008年	2007年	2008年	2007年
全　国	**2986**	**4323**	**1686**	**3119**	**121**	**120**
北　京						
天　津						
河　北						
山　西						
内蒙古						
辽　宁						
吉　林						
黑龙江						
上　海						
江　苏	108	87	108	87	108	87
浙　江						
安　徽						
福　建						
江　西						
山　东						
河　南	264	246				
湖　北						
湖　南						
广　东						
广　西						
海　南						
重　庆						
四　川						
贵　州						
云　南	125	222	14	33	14	33
西　藏						
陕　西						
甘　肃						
青　海						
宁　夏						
新　疆	2489	3768	1564	2999		

单位：万元

非自有配送中心配送商品购进额		商品销售总额		零售额	
2008年	2007年	2008年	2007年	2008年	2007年
		3857	**3938**	**1075**	**1054**
		0	0	0	0
		150	117	150	117
		124	223	124	223
		3582	3598	800	714

2–25 36城市连锁零售企业基本情况

项目	连锁总店数(个)	门店数(个)		年末从业人员(人)		年末零售营业面积(平方米)	
	2008年	2008年	2007年	2008年	2007年	2008年	2007年
合计	**1300**	**116850**	**106513**	**1466873**	**1319989**	**72483152**	**61935098**
北京	145	6059	5646	131717	116937	4955048	4344618
天津	41	1905	1479	28112	25080	1512314	1211273
石家庄	18	2403	2293	27425	27878	887404	848607
太原	17	1274	1143	14767	12931	443669	270047
呼和浩特	2	1485	1462	9381	9079	182720	181950
沈阳	26	1201	1102	12440	10390	506834	503029
大连	19	2036	1966	14118	13848	492796	456452
长春	18	527	489	8696	7429	530607	324640
哈尔滨	16	732	628	13105	11814	269374	235647
上海	99	16913	16385	249255	236355	7298244	7163655
南京	42	9568	8970	226344	210551	10499888	7764300
杭州	92	6945	6019	54816	50771	6369385	5950971
宁波	30	1322	1367	23754	22330	894447	783163
合肥	27	6350	6142	53413	49047	2740615	2574969
福州	19	509	454	14751	16286	636421	489656
厦门	36	659	674	9511	6555	484932	154196
南昌	37	655	633	13736	13777	825821	758022
济南	8	2746	2608	25843	16996	2114040	1656178
青岛	39	2514	2496	29510	27612	1878586	1575369
郑州	20	444	422	11375	7902	425148	323128
武汉	77	4084	3550	70967	60440	3158521	2773908
长沙	40	1295	1161	32013	25326	1113390	958996
广州	125	17581	16427	144662	129917	12700031	11432747
深圳	45	1809	1850	60928	58184	2784636	2614123
南宁	20	1689	1013	10501	7891	1133281	921242
海口	8	190	148	818	777	53277	38873
重庆	69	7442	4973	62443	51071	3085149	2705715
成都	42	3148	2755	33436	24558	837289	464396
贵阳	18	371	350	3715	3765	111228	110084
昆明	32	10042	9434	35087	31512	1919372	1110579
拉萨	2	4		364		12500	
西安	17	368	348	17883	13708	690223	409491
兰州	4	177	185	1701	1365	42291	51243
西宁	9	566	609	3078	3051	133513	111198
银川	13	1206	790	7726	5757	389683	341418
乌鲁木齐	28	631	542	9482	9099	370475	321215

2-26 36城市连锁零售企业直营门店基本情况

项目	门店数（个）		年末从业人员（人）		年末零售营业面积（平方米）	
	2008年	2007年	2008年	2007年	2008年	2007年
合计	**61579**	**57705**	**1246655**	**1090029**	**66826634**	**56179079**
北京	4229	4037	121755	109129	4617867	4074051
天津	1762	1351	27530	24573	1491976	1191335
石家庄	656	671	20693	21041	740064	712218
太原	536	494	11217	10001	420089	251246
呼和浩特	1485	1462	9381	9079	182720	181950
沈阳	922	778	11093	8931	475301	467794
大连	996	932	10094	9840	407382	369160
长春	365	323	8696	7429	520907	314590
哈尔滨	551	520	12704	11498	263729	230402
上海	11432	11163	212978	196772	6189025	6039823
南京	6304	5766	193282	146787	9816346	6415192
杭州	4561	4168	49285	46435	6125543	5756731
宁波	745	764	21774	20280	806678	693240
合肥	2271	2248	40790	37349	2556274	2384609
福州	446	410	14504	16046	632756	483356
厦门	549	559	9090	6202	482693	151986
南昌	643	622	13137	13396	825821	758022
济南	2739	2600	25766	16911	2111517	1654578
青岛	406	417	20090	18150	1543300	1254442
郑州	395	346	11288	7682	422872	318628
武汉	2080	1891	60935	52710	3048862	2687391
长沙	1003	884	30802	24266	1093719	942480
广州	5499	5242	97674	92106	11626319	10555011
深圳	1374	1338	58444	55675	2723061	2553677
南宁	711	586	6640	5731	967314	848665
海口	96	85	682	698	48485	35959
重庆	2372	2306	52310	45227	2930607	2600423
成都	2638	2231	32138	23456	801994	431225
贵阳	311	282	3601	3646	98390	97326
昆明	2149	1945	22281	19867	1370918	590321
拉萨	4		364		12500	
西安	302	308	17402	13066	646823	390039
兰州	168	172	1615	1257	41099	49786
西宁	69	75	2897	2111	110763	87598
银川	244	226	4328	3705	309860	290025
乌鲁木齐	566	503	9395	8977	363060	315800

2–27　36城市连锁零售企业加盟门店基本情况

项　目	门店数（个）		年末从业人员（人）		年末零售营业面积（平方米）	
	2008年	2007年	2008年	2007年	2008年	2007年
合　计	**55271**	**48808**	**220218**	**229960**	**5656518**	**5756019**
北　京	1830	1609	9962	7808	337181	270567
天　津	143	128	582	507	20338	19938
石家庄	1747	1622	6732	6837	147340	136389
太　原	738	649	3550	2930	23580	18801
呼和浩特						
沈　阳	279	324	1347	1459	31533	35235
大　连	1040	1034	4024	4008	85414	87292
长　春	162	166			9700	10050
哈尔滨	181	108	401	316	5645	5245
上　海	5481	5222	36277	39583	1109219	1123832
南　京	3264	3204	33062	63764	683542	1349108
杭　州	2384	1851	5531	4336	243842	194240
宁　波	577	603	1980	2050	87769	89923
合　肥	4079	3894	12623	11698	184341	190360
福　州	63	44	247	240	3665	6300
厦　门	110	115	421	353	2239	2210
南　昌	12	11	599	381		
济　南	7	8	77	85	2523	1600
青　岛	2108	2079	9420	9462	335286	320927
郑　州	49	76	87	220	2276	4500
武　汉	2004	1659	10032	7730	109659	86517
长　沙	292	277	1211	1060	19671	16516
广　州	12082	11185	46988	37811	1073712	877736
深　圳	435	512	2484	2509	61575	60446
南　宁	978	427	3861	2160	165967	72577
海　口	94	63	136	79	4792	2914
重　庆	5070	2667	10133	5844	154542	105292
成　都	510	524	1298	1102	35295	33171
贵　阳	60	68	114	119	12838	12758
昆　明	7893	7489	12806	11645	548454	520258
拉　萨						
西　安	66	40	481	642	43400	19452
兰　州	9	13	86	108	1192	1457
西　宁	497	534	181	940	22750	23600
银　川	962	564	3398	2052	79823	51393
乌鲁木齐	65	39	87	122	7415	5415

2-28　36城市连锁零售企业经营情况

单位：万元

项　目	商品购进总额		统一配送商品购进额		自有配送中心配送商品购进额	
	2008年	2007年	2008年	2007年	2008年	2007年
合　计	**140386180**	**121343821**	**113115949**	**95349755**	**69542030**	**58663533**
北　京	12064266	10618884	5164372	4335659	2795136	2571246
天　津	3201698	1981029	2616232	1537418	701592	562483
石家庄	1280841	927189	209958	199502	183860	174251
太　原	626269	479208	226252	154481	130920	90428
呼和浩特	2949606	2358855	2949606	2358855	2649042	2119235
沈　阳	550490	481566	486841	444090	25578	18052
大　连	1543312	1329203	1506690	1296963	1188727	1029327
长　春	214816	190147	111756	131142	66704	59568
哈尔滨	1047001	844366	1028577	828549	144484	140713
上　海	15472097	14365016	11997346	11248629	7457403	7633425
南　京	27693104	23976647	24203090	20415557	15676557	11928260
杭　州	10621454	9986093	9925691	9267532	9164853	8675672
宁　波	1084672	890210	1049171	868860	802534	646357
合　肥	6284636	5015535	4658387	3715721	3844358	2929310
福　州	943720	908487	594023	578599	326905	287272
厦　门	839793	418823	749439	392654	584095	210883
南　昌	1234835	1094573	1176893	1037415	753512	723964
济　南	7517811	6042092	6745712	5461604	6295013	5005956
青　岛	2360769	2000578	744329	663139	684993	599105
郑　州	820039	628999	630486	475551	474536	436175
武　汉	5770755	4702841	4480776	3514827	3353864	2451019
长　沙	1727567	1436553	1592852	1321997	1416414	1196367
广　州	21304407	19872480	18771326	15818404	2322879	2070888
深　圳	3795756	3356782	3565205	3105312	2453491	2100386
南　宁	1070222	817122	855255	677861	834571	659401
海　口	27643	10079	22890	6744	17127	3181
重　庆	3171889	2576125	3036528	2489320	2605583	2152158
成　都	1466055	1113205	1361733	1052860	614415	730203
贵　阳	127630	128778	95356	59812	51643	26541
昆　明	1262227	1023785	1089522	888576	819788	696163
拉　萨	2899		1699			
西　安	786520	672875	79427	22958	10431	8340
兰　州	291864	237280	290782	236870	12228	16542
西　宁	59546	55463	37437	35601	26851	22066
银　川	467252	214793	361938	118529	358055	114717
乌鲁木齐	702718	588162	698373	588162	693889	573883

2-28 续表

单位：万元

项目	非自有配送中心配送商品购进额		商品销售总额		零售额	
	2008年	2007年	2008年	2007年	2008年	2007年
合　计	**29656818**	**27273056**	**162245521**	**137139076**	**115102117**	**95467280**
北　京	561431	430765	13600630	11860999	11198628	9838364
天　津	1194617	785637	3356404	2624136	3159667	1895162
石家庄	6868	9596	1880816	1419897	1360141	1017086
太　原	9169	9692	961414	855124	480527	425581
呼和浩特			2949912	2359688	2839400	2345688
沈　阳			662858	645826	476543	460929
大　连	101783	94465	1717745	1497550	889832	724784
长　春			619366	439125	611318	431400
哈尔滨			1143398	920397	1121110	901860
上　海	1535236	1515696	23816476	21258975	17349465	15567615
南　京	5457291	7160880	28516960	24976023	17557864	15217885
杭　州	757897	587995	11345141	9024144	7393051	6501192
宁　波	186652	160225	1268461	1066688	1237596	1048608
合　肥	51681	36371	6819409	5673898	4679035	3838681
福　州	130	158	1626748	899139	1161620	491738
厦　门	29415	21821	894840	462775	766895	368712
南　昌	84836	13560	1640700	1403480	942344	634475
济　南	450699	455649	7632437	6625693	2736241	2230805
青　岛	20096	30661	2772088	2476368	2117129	1918252
郑　州	510	2595	930093	680664	877389	654709
武　汉	869425	756429	6433403	5352168	5148133	4257885
长　沙	145686	107880	1811465	1571716	1764973	1546171
广　州	16397960	13699592	23585734	20694509	17216933	14259190
深　圳	894663	859266	4421555	3877938	3907502	3411205
南　宁	4607	2030	1688688	1351883	762274	634835
海　口	3787	1688	25026	12307	23575	11387
重　庆	267259	244268	3513467	2684827	2369329	1746529
成　都	588819	243455	1655663	796115	1456395	640749
贵　阳			144956	132193	83484	68256
昆　明	25592	21522	2157152	1508712	1418100	959293
拉　萨			1793		1793	
西　安	249	189	888853	704535	581271	446719
兰　州	1323	1290	263437	209073	263437	209073
西　宁	4655	5405	91384	67796	87732	67796
银　川			523085	367339	207142	151404
乌鲁木齐	4485	14279	883966	637376	854249	543265

2-29　36城市连锁零售企业直营门店经营情况

单位：万元

项　目	商品购进总额		统一配送商品购进额		自有配送中心配送商品购进额	
	2008年	2007年	2008年	2007年	2008年	2007年
合　计	**134482095**	**113775320**	**109137106**	**89978889**	**67631489**	**54873332**
北　京	11694201	10307554	4976830	4171847	2676039	2472586
天　津	3199188	1978826	2614459	1535740	701592	562483
石家庄	1253558	907313	191586	188104	165488	162854
太　原	595028	459865	195011	135138	130920	90428
呼和浩特	2949606	2358855	2949606	2358855	2649042	2119235
沈　阳	531181	467583	469678	431641	24159	17789
大　连	1481944	1228921	1463565	1213833	1171120	971627
长　春	214816	190147	111756	131142	66704	59568
哈尔滨	1042853	842431	1024430	826615	144484	140713
上　海	14309092	13095742	10844365	9989662	7352224	6803487
南　京	26054223	20406607	23641872	18407754	15395883	10409095
杭　州	10400655	9784540	9734785	9100639	8982936	8508796
宁　波	993201	748119	983392	743925	754876	575090
合　肥	6030081	4814431	4403832	3514617	3645481	2776552
福　州	942258	907079	592691	577347	326905	287272
厦　门	814882	399324	749277	392544	584095	210883
南　昌	1234835	1094573	1176893	1037415	753512	723964
济　南	7517136	6041944	6745037	5461457	6294338	5005808
青　岛	1989953	1754989	694197	620887	634928	556856
郑　州	812385	618441	629039	473917	473089	434541
武　汉	5735004	4676901	4447125	3489353	3329675	2435516
长　沙	1701311	1405833	1566595	1291277	1390421	1167501
广　州	20318434	18947166	17826647	14935166	1848096	1591761
深　圳	3760780	3291329	3532350	3041214	2420755	2036387
南　宁	1046205	801811	844754	675281	826365	656822
海　口	22742	7854	17989	4518	16012	2643
重　庆	3128975	2541486	2998703	2458928	2575431	2125783
成　都	1456486	1103569	1352164	1043224	606944	722571
贵　阳	124380	123033	95356	59812	51643	26541
昆　明	972942	800127	857624	709794	590674	517381
拉　萨	2899		1699			
西　安	769752	665107	73828	17374	10431	8340
兰　州	291201	236515	290451	236496	12228	16542
西　宁	50928	50583	28882	30721	22536	21304
银　川	336836	129005	312841	84933	309083	81175
乌鲁木齐	702145	587721	697800	587721	693377	573442

2–29 续表

单位：万元

项目	非自有配送中心配送商品购进额		商品销售总额		零售额	
	2008年	2007年	2008年	2007年	2008年	2007年
合计	**28700146**	**26319475**	**153723747**	**127387950**	**108040944**	**87852299**
北京	526362	369304	13303966	11411253	10902502	9573558
天津	1193086	784200	3343491	2611474	3146756	1882500
石家庄	6868	9596	1823373	1370661	1302698	967850
太原	9169	9692	930196	835781	480463	425581
呼和浩特			2949912	2359688	2839400	2345688
沈阳			643840	631096	457526	446200
大连	76264	69044	1656254	1386054	832844	643158
长春			612828	432495	604780	424771
哈尔滨			1140816	918492	1118527	899955
上海	1205973	1149981	20906513	18481658	14487923	12836708
南京	5414120	7134875	26462442	21384151	16026682	12814139
杭州	748940	587995	11102248	8808867	7328857	6448873
宁波	168532	106556	1133325	924989	1125966	918967
合肥	28425	20004	6581397	5453480	4615819	3769999
福州		2	1624232	898432	1159104	491031
厦门	29253	21711	867765	441489	739820	347425
南昌	84836	13560	1640700	1403480	942344	634475
济南	450699	455649	7631602	6625332	2735406	2230445
青岛	20096	30661	2364629	2106990	1709671	1548874
郑州	510	2595	927132	670559	876781	654015
武汉	869425	756429	6392815	5325793	5107545	4231509
长沙	145423	106025	1779783	1533906	1733291	1508361
广州	15938947	13305251	22223919	19489183	16204807	13302804
深圳	894544	859167	4352316	3785353	3838262	3318620
南宁	2311	2030	1653882	1327406	727468	610358
海口			24013	11651	22563	10731
重庆	265879	243502	3463057	2645289	2326782	1714623
成都	588819	243455	1646146	786131	1446952	630965
贵阳			144956	132193	83484	68256
昆明	25592	21522	1898389	1307396	1159336	757978
拉萨			1793		1793	
西安	249	189	872565	697345	564983	439529
兰州	992	916	262888	208454	262888	208454
西宁	414	1287	84035	63077	80383	63077
银川			393954	281476	193607	139996
乌鲁木齐	4423	14279	882576	636878	852930	542831

2-30 36城市连锁零售企业加盟门店经营情况

单位：万元

项 目	商品购进总额		统一配送商品购进额		自有配送中心配送商品购进额	
	2008年	2007年	2008年	2007年	2008年	2007年
合 计	**5904085**	**7568501**	**3978843**	**5370865**	**1910541**	**3790201**
北 京	370065	311330	187543	163813	119096	98660
天 津	2510	2203	1772	1678		
石家庄	27284	19876	18372	11397	18372	11397
太 原	31241	19343	31241	19343		
呼和浩特						
沈 阳	19309	13983	17163	12449	1418	263
大 连	61368	100282	43125	83130	17607	57700
长 春						
哈尔滨	4147	1934	4147	1934		
上 海	1163004	1269274	1152981	1258967	105179	829938
南 京	1638881	3570040	561218	2007804	280675	1519165
杭 州	220798	201553	190906	166893	181917	166876
宁 波	91472	142092	65779	124936	47658	71267
合 肥	254556	201104	254556	201104	198877	152758
福 州	1462	1408	1332	1252		
厦 门	24912	19499	162	110		
南 昌						
济 南	675	148	675	148	675	148
青 岛	370816	245590	50132	42252	50064	42249
郑 州	7655	10558	1447	1634	1447	1634
武 汉	35751	25940	33651	25474	24189	15503
长 沙	26257	30720	26257	30720	25993	28866
广 州	985973	925314	944679	883239	474783	479126
深 圳	34976	65453	32855	64098	32737	63999
南 宁	24017	15311	10501	2580	8206	2580
海 口	4902	2226	4902	2226	1115	538
重 庆	42914	34639	37825	30392	30153	26375
成 都	9569	9636	9569	9636	7471	7632
贵 阳	3251	5745				
昆 明	289284	223658	231898	178782	229114	178782
拉 萨						
西 安	16768	7768	5599	5584		
兰 州	663	765	331	374		
西 宁	8619	4880	8556	4880	4314	762
银 川	130415	85788	49097	33596	48971	33541
乌鲁木齐	573	441	573	441	511	441

2–30 续表

单位：万元

项目	非自有配送中心配送商品购进额		商品销售总额		零售额	
	2008年	2007年	2008年	2007年	2008年	2007年
合计	**956672**	**953581**	**8521774**	**9751126**	**7061173**	**7614981**
北京	35069	61461	296664	449746	296126	264807
天津	1531	1437	12913	12662	12911	12662
石家庄			57443	49236	57443	49236
太原			31218	19343	64	
呼和浩特						
沈阳			19017	14730	19017	14730
大连	25518	25421	61492	111496	56987	81627
长春			6538	6630	6538	6630
哈尔滨			2582	1905	2582	1905
上海	329263	365716	2909963	2777317	2861542	2730906
南京	43171	26005	2054517	3591873	1531182	2403747
杭州	8957		242893	215277	64194	52319
宁波	18121	53669	135136	141699	111630	129640
合肥	23257	16367	238012	220419	63216	68682
福州	130	156	2516	707	2516	707
厦门	162	110	27075	21286	27075	21286
南昌						
济南			835	361	835	361
青岛			407459	369378	407459	369378
郑州			2960	10105	608	694
武汉			40588	26375	40588	26375
长沙	264	1854	31682	37810	31682	37810
广州	459013	394341	1361815	1205326	1012126	956386
深圳	119	99	69240	92585	69240	92585
南宁	2295		34806	24477	34806	24477
海口	3787	1688	1012	656	1012	656
重庆	1380	766	50409	39538	42548	31906
成都			9518	9985	9443	9784
贵阳						
昆明			258764	201315	258764	201315
拉萨						
西安			16288	7190	16288	7190
兰州	331	374	549	619	549	619
西宁	4241	4118	7350	4719	7350	4719
银川			129131	85863	13535	11408
乌鲁木齐	62		1390	499	1320	434

第三部分

餐饮企业综合篇

3-1 连锁餐饮企业总体情况

项目	单位	总计		直营店		加盟店	
		2008年	2007年	2008年	2007年	2008年	2007年
连锁总店数	个	453					
门店总数	个	12561	10973	8315	6952	4246	4021
市	个	11486	9925	7879	6671	3607	3254
县及县以下	个	1075	1048	436	281	639	767
年末年末从业人员	人	660744	587428	449645	362251	211099	225177
连锁门店商品购进总额	万元	2715855	2344597	2039257	1581064	676598	763533
其中：统一配送商品购进额	万元	1925174	1463727	1588538	1187871	336636	275856
其中：自有配送中心	万元	1186741	870660	952636	685777	234106	184883
非自有配送中心	万元	352776	260866	277643	213341	75134	47525
年末餐饮营业面积	平方米	6518555	5794824	4196693	3470944	2321862	2323880
年末餐位数	位	2530675	2321406	1476128	1264435	1054547	1056971
营业额	万元	8069057	6447306	5979592	4661119	2089465	1786187
餐费收入及商品销售额	万元	7961590	6364672	5873409	4579274	2088182	1785399
市	万元	7498400	5993713	5667550	4442001	1830850	1551712
县及县以下	万元	463190	370959	205858	137272	257332	233687

3-2 连锁餐饮企业基本情况

项　　目	连锁总店数（个）	门店数（个）		年末从业人员（人）		年末餐饮营业面积（平方米）		年末餐位数（个）	
	2008年	2008年	2007年	2008年	2007年	2008年	2007年	2008年	2007年
总　　计	**453**	**12561**	**10973**	**660744**	**587428**	**6518555**	**5794824**	**2530675**	**2321406**
一、按登记注册类型分									
内资企业	312	5789	5336	289046	286666	3741519	3523535	1587479	1533960
国有企业	3	16	16	164	180	10630	10268	2726	2596
集体企业	3	18	18	563	718	16440	16440	3746	3746
股份合作企业	6	23	24	1901	1932	34681	26781	9883	8652
联营企业									
国有联营企业									
集体联营企业									
国有与集体联营企业									
其他联营企业									
有限责任公司	81	1791	1761	90745	99297	1149722	1132034	350889	349897
国有独资公司									
其他有限责任公司	81	1791	1761	90745	99297	1149722	1132034	350889	349897
股份有限公司	12	782	761	67912	65751	666994	681745	155103	152469
私营企业	205	3140	2741	125801	116712	1830142	1636227	1061647	1013350
私营独资企业	23	442	431	21680	21002	199849	186676	95618	91070
私营合伙企业	5	83	23	1098	618	10585	8250	6853	3092
私营有限责任公司	171	2503	2244	97984	93027	1507868	1421921	931277	912792
私营股份有限公司	6	112	43	5039	2065	111840	19380	27899	6396
其他企业	2	19	15	1960	2076	32910	20040	3485	3250
港、澳、台商投资企业	45	1176	1002	53383	46180	451126	407429	144761	132328
港澳台商合资经营企业	7	193	179	7883	5579	83855	72737	21418	19569
港澳台商合作经营企业	3	23	22	1191	1028	17884	16713	4580	4208
港、澳、台商独资经营企业	34	728	597	28605	24497	251937	231643	84796	78239
港、澳、台商投资股份有限公司	1	232	204	15704	15076	97450	86336	33967	30312
外商投资企业	96	5596	4635	318315	254582	2325910	1863860	798435	655118
中外合资经营企业	16	1128	939	66474	51286	546556	450244	178078	149447
中外合作经营企业	8	155	136	6704	6331	59698	56652	19811	19280
外资企业	69	3877	3163	205148	157924	1464686	1162934	586946	473841
外商投资股份有限公司	3	436	397	39989	39041	254970	194030	13600	12550
二、按行业分									
正餐服务	269	5971	5513	348783	348907	4432579	4083636	1768429	1692907
快餐服务	144	5545	4704	294798	226631	1917911	1587575	702317	587782
饮料及冷饮服务	17	471	376	3709	3290	42755	33660	16181	12871
其他餐饮服务	23	574	380	13454	8600	125310	89953	43748	27846
三、按业态分									
正餐	260	4898	4645	316957	320659	3931886	3676445	1560443	1516168
快餐	149	5932	4944	304667	233498	2003190	1642305	729094	605529
茶馆	3	19	19	306	341	5197	5197	1898	2152
咖啡店	15	705	522	16266	12725	293916	216407	86016	63624
酒吧									
其他餐饮	26	1007	843	22548	20205	284366	254470	153224	133933

3-2 续表 1

项目	连锁总店数（个）	门店数（个）		年末从业人员（人）		年末餐饮营业面积（平方米）		年末餐位数（个）	
	2008年	2008年	2007年	2008年	2007年	2008年	2007年	2008年	2007年
直营门店合计		**8315**	**6952**	**449645**	**362251**	**4196693**	**3470944**	**1476128**	**1264435**
一、按登记注册类型分									
内资企业		2726	2382	121282	103657	1916032	1628194	722528	647969
国有企业		16	16	164	180	10630	10268	2726	2596
集体企业		18	18	563	718	16440	16440	3746	3746
股份合作企业		17	18	1022	995	34681	26781	9883	8652
联营企业									
国有联营企业									
集体联营企业									
国有与集体联营企业									
其他联营企业									
有限责任公司		825	700	43687	34147	581554	462346	159320	141229
国有独资公司									
其他有限责任公司		825	700	43687	34147	581554	462346	159320	141229
股份有限公司		113	97	13251	11687	180314	165811	35869	31738
私营企业		1728	1525	61225	54829	1075413	932248	507499	456758
私营独资企业		110	107	2802	2567	55738	46830	25473	22248
私营合伙企业		26	18	490	410	6585	5250	5153	1392
私营有限责任公司		1503	1380	53709	50664	908320	867858	451200	428948
私营股份有限公司		89	20	4224	1188	104770	12310	25673	4170
其他企业		9	8	1370	1101	17000	14300	3485	3250
港、澳、台商投资企业		1111	944	51517	44670	434939	393789	135576	124968
港澳台商合资经营企业		183	167	7642	5394	80825	70407	20548	18899
港澳台商合作经营企业		23	22	1191	1028	17884	16713	4580	4208
港、澳、台商独资经营企业		673	551	26980	23172	238780	220333	76481	71549
港、澳、台商投资股份有限公司		232	204	15704	15076	97450	86336	33967	30312
外商投资企业		4478	3626	276846	213924	1845722	1448961	618024	491498
中外合资经营企业		858	726	58374	44926	384556	323044	134878	115527
中外合作经营企业		153	134	6674	6301	59248	56202	19682	19155
外资企业		3275	2626	185345	140104	1231044	944561	449864	344266
外商投资股份有限公司		192	140	26453	22593	170874	125154	13600	12550
二、按行业分									
正餐服务		2325	1893	149946	132082	2248077	1867185	767990	680928
快餐服务		5204	4399	286932	220038	1830755	1504685	662776	548974
饮料及冷饮服务		470	375	3704	3285	42665	33660	16161	12871
其他餐饮服务		316	285	9063	6846	75196	65414	29201	21662
三、按业态分									
正餐		1941	1616	141301	124296	2095731	1760941	714542	641843
快餐		5405	4563	293845	226132	1877543	1548384	677748	563248
茶馆		19	19	306	341	5197	5197	1898	2152
咖啡店		434	308	8161	6360	131826	89207	42796	29704
酒吧									
其他餐饮		516	446	6032	5122	86396	67215	39144	27488

3-2 续表 2

项目	连锁总店数（个）	门店数（个）		年末从业人员（人）		年末餐饮营业面积（平方米）		年末餐位数（个）	
	2008年	2008年	2007年	2008年	2007年	2008年	2007年	2008年	2007年
加盟门店合计		**4246**	**4021**	**211099**	**225177**	**2321862**	**2323880**	**1054547**	**1056971**
一、按登记注册类型分									
内资企业		3063	2954	167764	183009	1825487	1895341	864951	885991
国有企业									
集体企业									
股份合作企业		6	6	879	937				
联营企业									
国有联营企业									
集体联营企业									
国有与集体联营企业									
其他联营企业									
有限责任公司		966	1061	47058	65150	568168	669688	191569	208668
国有独资公司									
其他有限责任公司		966	1061	47058	65150	568168	669688	191569	208668
股份有限公司		669	664	54661	54064	486680	515934	119234	120731
私营企业		1412	1216	64576	61883	754729	703979	554148	556592
私营独资企业		332	324	18878	18435	144111	139846	70145	68822
私营合伙企业		57	5	608	208	4000	3000	1700	1700
私营有限责任公司		1000	864	44275	42363	599548	554063	480077	483844
私营股份有限公司		23	23	815	877	7070	7070	2226	2226
其他企业		10	7	590	975	15910	5740		
港、澳、台商投资企业		65	58	1866	1510	16187	13640	9185	7360
港澳台商合资经营企业		10	12	241	185	3030	2330	870	670
港澳台商合作经营企业									
港、澳、台商独资经营企业		55	46	1625	1325	13157	11310	8315	6690
港、澳、台商投资股份有限公司									
外商投资企业		1118	1009	41469	40658	480188	414899	180411	163620
中外合资经营企业		270	213	8100	6360	162000	127200	43200	33920
中外合作经营企业		2	2	30	30	450	450	129	125
外资企业		602	537	19803	17820	233642	218373	137082	129575
外商投资股份有限公司		244	257	13536	16448	84096	68876		
二、按行业分									
正餐服务		3646	3620	198837	216825	2184502	2216451	1000439	1011979
快餐服务		341	305	7866	6593	87156	82890	39541	38808
饮料及冷饮服务		1	1	5	5	90		20	
其他餐饮服务		258	95	4391	1754	50114	24539	14547	6184
三、按业态分									
正餐		2957	3029	175656	196363	1836155	1915504	845901	874325
快餐		527	381	10822	7366	125647	93921	51346	42281
茶馆									
咖啡店		271	214	8105	6365	162090	127200	43220	33920
酒吧									
其他餐饮		491	397	16516	15083	197970	187255	114080	106445

3-3 连锁餐饮企业经营情况

单位：万元

项目	商品购进总额		统一配送商品购进额	
	2008年	2007年	2008年	2007年
总计	**2715855**	**2344597**	**1925174**	**1463727**
一、按登记注册类型分				
内资企业	899921	1034041	452420	391600
国有企业	478	434	130	111
集体企业	800	745		
股份合作企业	17286	15977		
联营企业				
国有联营企业				
集体联营企业				
国有与集体联营企业				
其他联营企业				
有限责任公司	298455	328564	190884	203604
国有独资公司				
其他有限责任公司	298455	328564	190884	203604
股份有限公司	152820	302752	67074	50459
私营企业	426068	381905	194332	137426
私营独资企业	10675	10921	5411	6209
私营合伙企业	2550	488	2550	488
私营有限责任公司	397054	368494	170980	129122
私营股份有限公司	15789	2001	15391	1607
其他企业	4015	3663		
港、澳、台商投资企业	188340	149710	138228	99808
港澳台商合资经营企业	40230	31538	18762	11735
港澳台商合作经营企业	15176	16682	4234	3677
港、澳、台商独资经营企业	132934	101490	115232	84396
港、澳、台商投资股份有限公司				
外商投资企业	1627593	1160846	1334526	972319
中外合资经营企业	432214	298818	431803	297411
中外合作经营企业	5507	4356	5507	4356
外资企业	824457	670503	654285	544393
外商投资股份有限公司	365415	187169	242931	126159
二、按行业分				
正餐服务	1350815	1308111	661258	511314
快餐服务	1274358	970615	1211069	919061
饮料及冷饮服务	12478	9844	12468	9798
其他餐饮服务	78205	56028	40380	23555
三、按业态分				
正餐	1241548	1214492	640270	490888
快餐	1309939	992576	1228970	930063
茶馆	2224	2178	2224	2178
咖啡店	31496	24689	31496	24653
酒吧				
其他餐饮	130648	110662	22214	15945

3-3 续表 1

项　　目	自有配送中心配送商品购进额		非自有配送中心配送商品购进额	
	2008年	2007年	2008年	2007年
总　　计	**1186741**	**870660**	**352776**	**260866**
一、按登记注册类型分				
内资企业	315768	237199	71224	62602
国有企业	130	111		
集体企业				
股份合作企业				
联营企业				
国有联营企业				
集体联营企业				
国有与集体联营企业				
其他联营企业				
有限责任公司	127552	113480	20583	20305
国有独资公司				
其他有限责任公司	127552	113480	20583	20305
股份有限公司	64068	47217		
私营企业	124018	76392	50641	42297
私营独资企业	3292	2405	1405	3304
私营合伙企业	2364	338		
私营有限责任公司	103235	72041	49236	38993
私营股份有限公司	15128	1607		
其他企业				
港、澳、台商投资企业	100635	69857	34815	28366
港澳台商合资经营企业	16213	10313	2549	1422
港澳台商合作经营企业			4234	3677
港、澳、台商独资经营企业	84423	59544	28032	23267
港、澳、台商投资股份有限公司				
外商投资企业	770338	563604	246737	169899
中外合资经营企业	264596	183450	35453	29422
中外合作经营企业	1491	1254	150	130
外资企业	356336	305253	116118	87835
外商投资股份有限公司	147916	73647	95016	52512
二、按行业分				
正餐服务	412699	293697	164752	113427
快餐服务	750986	562118	163000	131921
饮料及冷饮服务	1966	2241	8483	6650
其他餐饮服务	21091	12604	16541	8869
三、按业态分				
正餐	405578	290544	169230	111759
快餐	760244	565627	171699	139437
茶馆	380	478	1844	1700
咖啡店	5864	4660	8479	6646
酒吧				
其他餐饮	14675	9351	1524	1324

单位：万元

营业额		餐费收入及商品销售额	
2008年	2007年	2008年	2007年
8069057	**6447306**	**7961590**	**6364672**
2939647	2493111	2900150	2456889
13592	10894	4254	3024
10477	9543	10477	9543
17886	16877	17886	16877
719876	734668	702165	718827
719876	734668	702165	718827
802445	665376	802442	665376
1361058	1042995	1348613	1030485
140782	124150	140216	123953
10128	3354	10128	3354
1147160	908952	1135281	896639
62988	6539	62988	6539
14314	12758	14314	12758
768322	626183	768017	625878
108910	86577	108606	86273
33629	32704	33629	32704
412514	324864	412514	324864
213269	182038	213269	182038
4361088	3328013	4293423	3281905
871243	726205	870547	725308
113375	104377	95300	85902
2729495	2162581	2680601	2135845
646975	334850	646975	334850
3905539	3130167	3823475	3076347
3914768	3147227	3889368	3122410
61608	41947	61604	41946
187143	127966	187143	123969
3547498	2810182	3474698	2763536
4042762	3245856	4012144	3217316
7455	7388	7455	7388
192085	137126	192081	137124
279258	246755	275212	239308

3-3 续表 2

项目	商品购进总额		统一配送商品购进额	
	2008年	2007年	2008年	2007年
直营门店合计	**2039257**	**1581064**	**1588538**	**1187871**
一、按登记注册类型分				
内资企业	568043	491469	286406	215496
国有企业	478	434	130	111
集体企业	800	745		
股份合作企业	17286	15977		
联营企业				
国有联营企业				
集体联营企业				
国有与集体联营企业				
其他联营企业				
有限责任公司	129647	119725	74761	68315
国有独资公司				
其他有限责任公司	129647	119725	74761	68315
股份有限公司	104376	75774	47693	31120
私营企业	314244	277312	163823	115951
私营独资企业	8055	8606	4324	5395
私营合伙企业	920	488	920	488
私营有限责任公司	289702	266431	143188	108460
私营股份有限公司	15567	1787	15391	1607
其他企业	1214	1500		
港、澳、台商投资企业	181835	144957	132026	95226
港澳台商合资经营企业	39618	31240	18263	11460
港澳台商合作经营企业	15176	16682	4234	3677
港、澳、台商独资经营企业	127040	97034	109529	80089
港、澳、台商投资股份有限公司				
外商投资企业	1289379	944638	1170105	877149
中外合资经营企业	430613	297171	430201	295765
中外合作经营企业	5473	4322	5473	4322
外资企业	706498	567165	633635	523175
外商投资股份有限公司	146795	75981	100796	53887
二、按行业分				
正餐服务	729047	580297	364787	263793
快餐服务	1242000	942019	1182938	891866
饮料及冷饮服务	12464	9830	12454	9798
其他餐饮服务	55746	48918	28359	22414
三、按业态分				
正餐	714787	568974	345269	244724
快餐	1264303	963998	1191588	902840
茶馆	2224	2178	2224	2178
咖啡店	29881	23029	29881	23006
酒吧				
其他餐饮	28062	22884	19576	15123

单位：万元

自有配送中心配送商品购进额		非自有配送中心配送商品购进额		营业额		餐费收入及商品销售额	
2008年	2007年	2008年	2007年	2008年	2007年	2008年	2007年
952636	**685777**	**277643**	**213341**	**5979592**	**4661119**	**5873409**	**4579274**
197427	124397	46039	40491	1561237	1166454	1522839	1130837
130	111			13592	10894	4254	3024
				10477	9543	10477	9543
				17886	16877	17886	16877
44800	30272	9234	8961	411093	352871	393382	337029
44800	30272	9234	8961	411093	352871	393382	337029
44835	28003			212261	156240	212258	156240
107663	66010	36805	31530	887423	610958	876076	599053
2391	1771	1218	3125	18672	15590	18106	15393
734	338			5585	2734	5585	2734
89410	62294	35588	28405	803432	588995	792652	577286
15128	1607			59733	3640	59733	3640
				8506	9071	8506	9071
94519	65285	34729	28356	741724	623108	741604	622988
15800	10048	2464	1412	107706	85720	107586	85600
		4234	3677	33629	32704	33629	32704
78719	55236	28032	23267	387120	322647	387120	322647
				213269	182038	213269	182038
660690	496096	196874	144493	3676631	2871557	3608966	2825449
262994	181803	35453	29422	812113	679777	811417	678880
1458	1220	150	130	112018	103047	93942	84573
340710	286402	116003	87725	2486415	1947539	2437522	1920802
55528	26670	45268	27216	266085	141195	266085	141195
208062	134348	95176	66209	1967162	1424607	1886382	1371577
728243	537600	162737	131740	3811555	3091812	3786155	3066995
1966	2241	8483	6650	61566	41947	61562	41946
14364	11589	11246	8742	139309	102753	139309	98757
202480	132662	99655	64542	1842260	1320759	1770676	1274827
733329	540969	166140	139129	3913392	3182514	3882841	3154049
380	478	1844	1700	7455	7388	7455	7388
4263	3014	8479	6646	132913	90698	132909	90696
12184	8655	1524	1324	83573	59760	79527	52314

3-3 续表 3

项 目	商品购进总额		统一配送商品购进额	
	2008年	2007年	2008年	2007年
加盟门店合计	**676598**	**763533**	**336636**	**275856**
一、按登记注册类型分				
内资企业	331878	542572	166014	176104
国有企业				
集体企业				
股份合作企业				
联营企业				
国有联营企业				
集体联营企业				
国有与集体联营企业				
其他联营企业				
有限责任公司	168808	208839	116123	135289
国有独资公司				
其他有限责任公司	168808	208839	116123	135289
股份有限公司	48444	226978	19381	19339
私营企业	111825	104593	30509	21475
私营独资企业	2621	2316	1087	814
私营合伙企业	1630		1630	
私营有限责任公司	107352	102063	27792	20662
私营股份有限公司	222	214		
其他企业	2802	2163		
港、澳、台商投资企业	6505	4754	6202	4582
港澳台商合资经营企业	612	298	499	275
港澳台商合作经营企业				
港、澳、台商独资经营企业	5893	4456	5704	4307
港、澳、台商投资股份有限公司				
外商投资企业	338215	216207	164420	95171
中外合资经营企业	1601	1647	1601	1647
中外合作经营企业	34	34	34	34
外资企业	117959	103339	20650	21218
外商投资股份有限公司	218620	111189	142135	72273
二、按行业分				
正餐服务	621768	727814	296471	247520
快餐服务	32358	28596	28130	27195
饮料及冷饮服务	13	13	13	
其他餐饮服务	22458	7110	12021	1141
三、按业态分				
正餐	526761	645518	295001	246164
快餐	45636	28578	37382	27224
茶馆				
咖啡店	1615	1660	1615	1647
酒吧				
其他餐饮	102586	87778	2638	823

单位：万元

自有配送中心配送商品购进额		非自有配送中心配送商品购进额		营业额		餐费收入及商品销售额	
2008年	2007年	2008年	2007年	2008年	2007年	2008年	2007年
234106	**184883**	**75134**	**47525**	**2089465**	**1786187**	**2088182**	**1785399**
118341	112803	25185	22111	1378410	1326657	1377311	1326053
82752	83208	11349	11343	308783	381798	308783	381798
82752	83208	11349	11343	308783	381798	308783	381798
19233	19213			590184	509136	590184	509136
16356	10382	13836	10768	473636	432036	472537	431432
900	635	187	179	122110	108560	122110	108560
1630				4543	620	4543	620
13825	9747	13649	10589	343728	319957	342629	319353
				3255	2899	3255	2899
				5808	3687	5808	3687
6116	4572	86	9	26598	3075	26414	2890
413	265	86	9	1204	858	1020	673
5704	4307			25394	2217	25394	2217
109649	67508	49863	25405	684457	456456	684457	456456
1601	1647			59130	46428	59130	46428
34	34			1358	1330	1358	1330
15625	18850	116	110	243079	215043	243079	215043
92388	46977	49747	25295	380890	193656	380890	193656
204636	159349	69575	47218	1938377	1705559	1937093	1704771
22743	24519	263	181	103213	55415	103213	55415
				42		42	
6726	1015	5295	127	47834	25213	47834	25213
203098	157882	69575	47218	1705238	1489423	1704022	1488710
26916	24658	5558	308	129371	63342	129303	63267
1601	1647			59172	46428	59172	46428
2490	697			195685	186994	195685	186994

3–4 按登记注册类型与行业分连锁餐饮企业基本情况

正餐服务

项目	连锁总店数（个）	门店数（个）		年末从业人员（人）		年末餐饮营业面积（平方米）		年末餐位数（个）	
	2008年	2008年	2007年	2008年	2007年	2008年	2007年	2008年	2007年
总　　计	**269**	**5971**	**5513**	**348783**	**348907**	**4432579**	**4083636**	**1768429**	**1692907**
内资企业	226	4067	3965	251273	262160	3380814	3251122	1453579	1436526
国有企业	2	11	11	32	32	8143	7781	1710	1580
集体企业	2	10	10	495	658	15771	15771	3491	3491
股份合作企业	6	23	24	1901	1932	34681	26781	9883	8652
联营企业									
国有联营企业									
集体联营企业									
国有与集体联营企业									
其他联营企业									
有限责任公司	52	1254	1354	73338	90291	1020405	1051930	303149	319465
国有独资公司									
其他有限责任公司	52	1254	1354	73338	90291	1020405	1051930	303149	319465
股份有限公司	11	770	749	67469	65302	664411	679162	153901	151267
私营企业	151	1980	1802	106078	101869	1604493	1449657	977960	948821
私营独资企业	15	352	339	20064	19421	163559	152378	82574	78353
私营合伙企业	3	16	15	546	535	8750	7890	2782	2522
私营有限责任公司	129	1530	1433	81136	80495	1327444	1276609	868565	865010
私营股份有限公司	4	82	15	4332	1418	104740	12780	24039	2936
其他企业	2	19	15	1960	2076	32910	20040	3485	3250
港、澳、台商投资企业	14	100	90	6642	5637	122706	121217	35769	38575
港澳台商合资经营企业	4	20	15	1903	514	33444	22444	4410	3920
港澳台商合作经营企业									
港、澳、台商独资经营企业	10	80	75	4739	5123	89262	98773	31359	34655
港、澳、台商投资股份有限公司									
外商投资企业	29	1804	1458	90868	81110	929059	711297	279081	217806
中外合资经营企业	7	341	261	10090	7753	228960	172621	62866	47307
中外合作经营企业	3	37	32	1394	1521	15768	17624	3610	4190
外资企业	17	1034	805	41155	34630	452901	350022	212395	166099
外商投资股份有限公司	2	392	360	38229	37206	231430	171030	210	210
直营门店合计		**2325**	**1893**	**149946**	**132082**	**2248077**	**1867185**	**1476128**	**1264435**
内资企业		1324	1169	89045	82071	1624178	1401377	722528	647969
国有企业		11	11	32	32	8143	7781	2726	2596
集体企业		10	10	495	658	15771	15771	3746	3746
股份合作企业		17	18	1022	995	34681	26781	9883	8652
联营企业									
国有联营企业									
集体联营企业									
国有与集体联营企业									
其他联营企业									
有限责任公司		311	315	26525	25426	453369	383814	159320	141229
国有独资公司									
其他有限责任公司		311	315	26525	25426	453369	383814	159320	141229
股份有限公司		101	85	12808	11238	177731	163228	35869	31738

3-4 续表 1

正餐服务

项目	连锁总店数（个）	门店数（个）		年末从业人员（人）		年末餐饮营业面积（平方米）		年末餐位数（个）	
	2008年	2008年	2007年	2008年	2007年	2008年	2007年	2008年	2007年
私营企业		865	722	46793	42621	917483	789702	507499	456758
私营独资企业		44	37	1474	1206	28408	20452	25473	22248
私营合伙企业		11	10	338	327	5750	4890	5153	1392
私营有限责任公司		731	663	41065	40152	782905	755900	451200	428948
私营股份有限公司		79	12	3916	936	100420	8460	25673	4170
其他企业		9	8	1370	1101	17000	14300	3485	3250
港、澳、台商投资企业		97	87	6614	5609	122176	120687	135576	124968
港澳台商合资经营企业		17	12	1875	486	32914	21914	20548	18899
港澳台商合作经营企业								4580	4208
港、澳、台商独资经营企业		80	75	4739	5123	89262	98773	76481	71549
港、澳、台商投资股份有限公司								33967	30312
外商投资企业		904	637	54287	44402	501723	345121	618024	491498
中外合资经营企业		71	48	1990	1393	66960	45421	134878	115527
中外合作经营企业		37	32	1394	1521	15768	17624	19682	19155
外资企业		648	454	26210	20730	271661	179922	449864	344266
外商投资股份有限公司		148	103	24693	20758	147334	102154	13600	12550
加盟门店合计		**3646**	**3620**	**198837**	**216825**	**2184502**	**2216451**	**1000439**	**1011979**
内资企业		2743	2796	162228	180089	1756636	1849745	842392	872082
国有企业									
集体企业									
股份合作企业		6	6	879	937				
联营企业									
国有联营企业									
集体联营企业									
国有与集体联营企业									
其他联营企业									
有限责任公司		943	1039	46813	64865	567036	668116	191215	208178
国有独资公司									
其他有限责任公司		943	1039	46813	64865	567036	668116	191215	208178
股份有限公司		669	664	54661	54064	486680	515934	119234	120731
私营企业		1115	1080	59285	59248	687010	659955	531943	543173
私营独资企业		308	302	18590	18215	135151	131926	66142	65142
私营合伙企业		5	5	208	208	3000	3000	1700	1700
私营有限责任公司		799	770	40071	40343	544539	520709	463535	475765
私营股份有限公司		3	3	416	482	4320	4320	566	566
其他企业		10	7	590	975	15910	5740		
港、澳、台商投资企业		3	3	28	28	530	530	190	190
港澳台商合资经营企业		3	3	28	28	530	530	190	190
港澳台商合作经营企业									
港、澳、台商独资经营企业									
港、澳、台商投资股份有限公司									
外商投资企业		900	821	36581	36708	427336	366176	157857	139707
中外合资经营企业		270	213	8100	6360	162000	127200	43200	33920
中外合作经营企业									
外资企业		386	351	14945	13900	181240	170100	114657	105787
外商投资股份有限公司		244	257	13536	16448	84096	68876		

3-4 续表 2-1

快餐服务

项 目	连锁总店数（个）	门店数（个）		年末从业人员（人）		年末餐饮营业面积（平方米）		年末餐位数（个）	
	2008年	2008年	2007年	2008年	2007年	2008年	2007年	2008年	2007年
总　　计	**144**	**5545**	**4704**	**294798**	**226631**	**1917911**	**1587575**	**702317**	**587782**
内资企业	61	982	800	26438	16211	251343	190765	90744	68952
国有企业									
集体企业									
股份合作企业									
联营企业									
国有联营企业									
集体联营企业									
国有与集体联营企业									
其他联营企业									
有限责任公司	24	479	356	16043	7779	120044	71558	44937	27989
国有独资公司									
其他有限责任公司	24	479	356	16043	7779	120044	71558	44937	27989
股份有限公司									
私营企业	37	503	444	10395	8432	131299	119207	45807	40963
私营独资企业	6	84	87	1467	1464	34420	32788	12326	12171
私营合伙企业									
私营有限责任公司	29	389	329	8221	6321	89779	79819	29621	25332
私营股份有限公司	2	30	28	707	647	7100	6600	3860	3460
其他企业									
港、澳、台商投资企业	24	908	798	42843	38253	286393	254232	98862	85551
港澳台商合资经营企业	3	173	164	5980	5065	50411	50293	17008	15649
港澳台商合作经营企业	2	21	20	741	618	7884	6713	3080	2708
港、澳、台商独资经营企业	18	482	410	20418	17494	130648	110890	44807	36882
港、澳、台商投资股份有限公司	**1**	**232**	**204**	**15704**	**15076**	**97450**	**86336**	**33967**	**30312**
外商投资企业	59	3655	3106	225517	172167	1380175	1142578	512711	433279
中外合资经营企业	8	755	660	56077	43337	314734	276203	113517	101256
中外合作经营企业	5	118	104	5310	4810	43930	39028	16201	15090
外资企业	45	2738	2305	162370	122185	997971	804347	369603	304593
外商投资股份有限公司	1	44	37	1760	1835	23540	23000	13390	12340
直营门店合计		**5204**	**4399**	**286932**	**220038**	**1830755**	**1504685**	**1476128**	**1264435**
内资企业		920	737	25268	15019	232423	169435	722528	647969
国有企业								2726	2596
集体企业								3746	3746
股份合作企业								9883	8652
联营企业									
国有联营企业									
集体联营企业									
国有与集体联营企业									
其他联营企业									
有限责任公司		478	353	16013	7689	119764	70788	159320	141229
国有独资公司									
其他有限责任公司		478	353	16013	7689	119764	70788	159320	141229
股份有限公司								35869	31738

3-4 续表 2-2

快餐服务

项　　目	连锁总店数（个）	门店数（个）		年末从业人员（人）		年末餐饮营业面积（平方米）		年末餐位数（个）	
	2008年	2008年	2007年	2008年	2007年	2008年	2007年	2008年	2007年
私营企业		442	384	9255	7330	112659	98647	507499	456758
私营独资企业		60	65	1179	1244	25460	24868	25473	22248
私营合伙企业								5153	1392
私营有限责任公司		372	311	7768	5834	82849	69929	451200	428948
私营股份有限公司		10	8	308	252	4350	3850	25673	4170
其他企业								3485	3250
港、澳、台商投资企业		846	743	41005	36771	270736	241122	135576	124968
港澳台商合资经营企业		166	155	5767	4908	47911	48493	20548	18899
港澳台商合作经营企业		21	20	741	618	7884	6713	4580	4208
港、澳、台商独资经营企业		427	364	18793	16169	117491	99580	76481	71549
港、澳、台商投资股份有限公司		232	204	15704	15076	97450	86336	33967	30312
外商投资企业		3438	2919	220659	168248	1327596	1094128	618024	491498
中外合资经营企业		755	660	56077	43337	314734	276203	134878	115527
中外合作经营企业		116	102	5280	4780	43480	38578	19682	19155
外资企业		2523	2120	157542	118296	945842	756347	449864	344266
外商投资股份有限公司		44	37	1760	1835	23540	23000	13600	12550
加盟门店合计		**341**	**305**	**7866**	**6593**	**87156**	**82890**	**39541**	**38808**
内资企业		62	63	1170	1192	18920	21330	8082	7815
国有企业									
集体企业									
股份合作企业									
联营企业									
国有联营企业									
集体联营企业									
国有与集体联营企业									
其他联营企业									
有限责任公司		1	3	30	90	280	770	144	300
国有独资公司									
其他有限责任公司		1	3	30	90	280	770	144	300
股份有限公司									
私营企业		61	60	1140	1102	18640	20560	7938	7515
私营独资企业		24	22	288	220	8960	7920	4003	3680
私营合伙企业									
私营有限责任公司		17	18	453	487	6930	9890	2275	2175
私营股份有限公司		20	20	399	395	2750	2750	1660	1660
其他企业									
港、澳、台商投资企业		62	55	1838	1482	15657	13110	8995	7170
港澳台商合资经营企业		7	9	213	157	2500	1800	680	480
港澳台商合作经营企业									
港、澳、台商独资经营企业		55	46	1625	1325	13157	11310	8315	6690
港、澳、台商投资股份有限公司									
外商投资企业		217	187	4858	3919	52579	48450	22464	23823
中外合资经营企业									
中外合作经营企业		2	2	30	30	450	450	129	125
外资企业		215	185	4828	3889	52129	48000	22335	23698
外商投资股份有限公司									

3-4 续表 3-1

饮料及冷饮服务

项目	连锁总店数（个）	门店数（个）		年末从业人员（人）		年末餐饮营业面积（平方米）		年末餐位数（个）	
	2008年	2008年	2007年	2008年	2007年	2008年	2007年	2008年	2007年
总计	**17**	**471**	**376**	**3709**	**3290**	**42755**	**33660**	**16181**	**12871**
内资企业	7	227	222	978	992	7523	7302	4090	3963
国有企业	1	5	5	132	148	2487	2487	1016	1016
集体企业									
股份合作企业									
联营企业									
国有联营企业									
集体联营企业									
国有与集体联营企业									
其他联营企业									
有限责任公司									
国有独资公司									
其他有限责任公司									
股份有限公司									
私营企业	6	222	217	846	844	5036	4815	3074	2947
私营独资企业	1	2	2	51	42	1000	1000	270	270
私营合伙企业									
私营有限责任公司	5	220	215	795	802	4036	3815	2804	2677
私营股份有限公司									
其他企业									
港、澳、台商投资企业	5	149	111	1985	1835	27106	21570	8199	6672
港澳台商合资经营企业									
港澳台商合作经营企业									
港、澳、台商独资经营企业	5	149	111	1985	1835	27106	21570	8199	6672
港、澳、台商投资股份有限公司									
外商投资企业	5	95	43	746	463	8126	4788	3892	2236
中外合资经营企业	1	32	18	307	196	2862	1420	1695	884
中外合作经营企业									
外资企业	4	63	25	439	267	5264	3368	2197	1352
外商投资股份有限公司									
直营门店合计		**470**	**375**	**3704**	**3285**	**42665**	**33660**	**1476128**	**1264435**
内资企业		226	221	973	987	7433	7302	722528	647969
国有企业		5	5	132	148	2487	2487	2726	2596
集体企业								3746	3746
股份合作企业								9883	8652
联营企业									
国有联营企业									
集体联营企业									
国有与集体联营企业									
其他联营企业									
有限责任公司								159320	141229
国有独资公司									
其他有限责任公司								159320	141229
股份有限公司								35869	31738

3-4 续表 3-2

饮料及冷饮服务

项目	连锁总店数(个)	门店数(个)		年末从业人员(人)		年末餐饮营业面积(平方米)		年末餐位数(个)	
	2008年	2008年	2007年	2008年	2007年	2008年	2007年	2008年	2007年
私营企业		221	216	841	839	4946	4815	507499	456758
私营独资企业		2	2	51	42	1000	1000	25473	22248
私营合伙企业								5153	1392
私营有限责任公司		219	214	790	797	3946	3815	451200	428948
私营股份有限公司								25673	4170
其他企业								3485	3250
港、澳、台商投资企业		149	111	1985	1835	27106	21570	135576	124968
港澳台商合资经营企业								20548	18899
港澳台商合作经营企业								4580	4208
港、澳、台商独资经营企业		149	111	1985	1835	27106	21570	76481	71549
港、澳、台商投资股份有限公司								33967	30312
外商投资企业		95	43	746	463	8126	4788	618024	491498
中外合资经营企业		32	18	307	196	2862	1420	134878	115527
中外合作经营企业								19682	19155
外资企业		63	25	439	267	5264	3368	449864	344266
外商投资股份有限公司								13600	12550
加盟门店合计		**1**	**1**	**5**	**5**	**90**		**20**	
内资企业		1	1	5	5	90		20	
国有企业									
集体企业									
股份合作企业									
联营企业									
国有联营企业									
集体联营企业									
国有与集体联营企业									
其他联营企业									
有限责任公司									
国有独资公司									
其他有限责任公司									
股份有限公司									
私营企业		1	1	5	5	90		20	
私营独资企业									
私营合伙企业									
私营有限责任公司		1	1	5	5	90		20	
私营股份有限公司									
其他企业									
港、澳、台商投资企业									
港澳台商合资经营企业									
港澳台商合作经营企业									
港、澳、台商独资经营企业									
港、澳、台商投资股份有限公司									
外商投资企业									
中外合资经营企业									
中外合作经营企业									
外资企业									
外商投资股份有限公司									

3-4 续表 4-1

其他餐饮服务

项　目	连锁总店数(个)	门店数(个)		年末从业人员(人)		年末餐饮营业面积(平方米)		年末餐位数(个)	
	2008年	2008年	2007年	2008年	2007年	2008年	2007年	2008年	2007年
总　计	**23**	**574**	**380**	**13454**	**8600**	**125310**	**89953**	**43748**	**27846**
内资企业	18	513	349	10357	7303	101839	74346	39066	24519
国有企业									
集体企业	1	8	8	68	60	669	669	255	255
股份合作企业									
联营企业									
国有联营企业									
集体联营企业									
国有与集体联营企业									
其他联营企业									
有限责任公司	5	58	51	1364	1227	9273	8546	2803	2443
国有独资公司									
其他有限责任公司	5	58	51	1364	1227	9273	8546	2803	2443
股份有限公司	1	12	12	443	449	2583	2583	1202	1202
私营企业	11	435	278	8482	5567	89314	62548	34806	20619
私营独资企业	1	4	3	98	75	870	510	448	276
私营合伙企业	2	67	8	552	83	1835	360	4071	570
私营有限责任公司	8	364	267	7832	5409	86609	61678	30287	19773
私营股份有限公司									
其他企业									
港、澳、台商投资企业	2	19	3	1913	455	14921	10410	1931	1530
港澳台商合资经营企业									
港澳台商合作经营企业	1	2	2	450	410	10000	10000	1500	1500
港、澳、台商独资经营企业	1	17	1	1463	45	4921	410	431	30
港、澳、台商投资股份有限公司									
外商投资企业	3	42	28	1184	842	8550	5197	2751	1797
中外合资经营企业									
中外合作经营企业									
外资企业	3	42	28	1184	842	8550	5197	2751	1797
外商投资股份有限公司									
直营门店合计		**316**	**285**	**9063**	**6846**	**75196**	**65414**	**1476128**	**1264435**
内资企业								722528	647969
国有企业		256	255	5996	5580	51998	50080	2726	2596
集体企业								3746	3746
股份合作企业		8	8	68	60	669	669	9883	8652
联营企业									
国有联营企业									
集体联营企业									
国有与集体联营企业									
其他联营企业									
有限责任公司								159320	141229
国有独资公司		36	32	1149	1032	8421	7744		
其他有限责任公司								159320	141229
股份有限公司		36	32	1149	1032	8421	7744	35869	31738

3-4 续表 4-2

其他餐饮服务

项　　目	连锁总店数(个)	门店数(个)		年末从业人员(人)		年末餐饮营业面积(平方米)		年末餐位数(个)	
	2008年	2008年	2007年	2008年	2007年	2008年	2007年	2008年	2007年
私营企业		12	12	443	449	2583	2583	507499	456758
私营独资企业		200	203	4336	4039	40325	39084	25473	22248
私营合伙企业		4	3	98	75	870	510	5153	1392
私营有限责任公司		15	8	152	83	835	360	451200	428948
私营股份有限公司		181	192	4086	3881	38620	38214	25673	4170
其他企业								3485	3250
港、澳、台商投资企业								135576	124968
港澳台商合资经营企业		19	3	1913	455	14921	10410	20548	18899
港澳台商合作经营企业								4580	4208
港、澳、台商独资经营企业		2	2	450	410	10000	10000	76481	71549
港、澳、台商投资股份有限公司		17	1	1463	45	4921	410	33967	30312
外商投资企业								618024	491498
中外合资经营企业		41	27	1154	811	8277	4924	134878	115527
中外合作经营企业								19682	19155
外资企业								449864	344266
外商投资股份有限公司		41	27	1154	811	8277	4924	13600	12550
加盟门店合计		**258**	**95**	**4391**	**1754**	**50114**	**24539**	**14547**	**6184**
内资企业		257	94	4361	1723	49841	24266	14457	6094
国有企业									
集体企业									
股份合作企业									
联营企业									
国有联营企业									
集体联营企业									
国有与集体联营企业									
其他联营企业									
有限责任公司		22	19	215	195	852	802	210	190
国有独资公司									
其他有限责任公司		22	19	215	195	852	802	210	190
股份有限公司									
私营企业		235	75	4146	1528	48989	23464	14247	5904
私营独资企业									
私营合伙企业		52		400		1000			
私营有限责任公司		183	75	3746	1528	47989	23464	14247	5904
私营股份有限公司									
其他企业									
港、澳、台商投资企业									
港澳台商合资经营企业									
港澳台商合作经营企业									
港、澳、台商独资经营企业									
港、澳、台商投资股份有限公司									
外商投资企业		1	1	30	31	273	273	90	90
中外合资经营企业									
中外合作经营企业									
外资企业		1	1	30	31	273	273	90	90
外商投资股份有限公司									

3-5 按登记注册类型与行业分

正餐服务

项　　目	商品购进总额		统一配送商品购进额	
	2008年	2007年	2008年	2007年
总　　计	**1350815**	**1308111**	**661258**	**511314**
内资企业	763974	950271	347735	333341
国有企业	348	323		
集体企业	552	539		
股份合作企业	17286	15977		
联营企业				
国有联营企业				
集体联营企业				
国有与集体联营企业				
其他联营企业				
有限责任公司	264955	310330	160229	188778
国有独资公司				
其他有限责任公司	264955	310330	160229	188778
股份有限公司	151974	301902	66228	49609
私营企业	324845	317535	121278	94954
私营独资企业	4744	4239	854	705
私营合伙企业	575	338	575	338
私营有限责任公司	303897	311110	104458	92303
私营股份有限公司	15628	1848	15391	1607
其他企业	4015	3663		
港、澳、台商投资企业	38533	36051	5917	4936
港澳台商合资经营企业	19857	18284	650	422
港澳台商合作经营企业				
港、澳、台商独资经营企业	18675	17767	5268	4514
港、澳、台商投资股份有限公司				
外商投资企业	548309	321789	307605	173037
中外合资经营企业	6995	6755	6583	5349
中外合作经营企业	150	130	150	130
外资企业	191117	140591	73309	54254
外商投资股份有限公司	350047	174314	227563	113304
直营门店合计	**729047**	**580297**	**364787**	**263793**
内资企业	456064	416540	195001	159740
国有企业	348	323		
集体企业	552	539		
股份合作企业	17286	15977		
联营企业				
国有联营企业				
集体联营企业				
国有与集体联营企业				
其他联营企业				
有限责任公司	96492	101996	44166	53739
国有独资公司				
其他有限责任公司	96492	101996	44166	53739
股份有限公司	103530	74925	46847	30270

连锁餐饮企业经营情况

单位：万元

自有配送中心配送商品购进额		非自有配送中心配送商品购进额		营业额		餐费收入及商品销售额	
2008年	2007年	2008年	2007年	2008年	2007年	2008年	2007年
412699	**293697**	**164752**	**113427**	**3905539**	**3130167**	**3823475**	**3076347**
235804	196830	51000	48677	2576676	2257222	2543768	2230395
				11227	8679	1888	809
				9819	8865	9819	8865
				17886	16877	17886	16877
99838	100836	19411	19289	595575	647115	583814	636291
99838	100836	19411	19289	595575	647115	583814	636291
63222	46367			793876	658255	793874	658255
72743	49627	31590	29388	1133979	904674	1122174	896541
667	526	187	179	131542	115215	130976	115018
575	338			3840	3047	3840	3047
56374	47155	31403	29209	936570	780819	925331	772883
15128	1607			62027	5593	62027	5593
				14314	12758	14314	12758
2490	2929	650	422	106592	82598	106288	82294
		650	422	48654	37658	48349	37354
2490	2929			57938	44940	57938	44940
174406	93939	113102	64328	1222271	790346	1173420	763659
5684	4389	283	344	78013	59638	78013	59638
		150	130	17080	20238	17080	20238
20806	15903	33022	24198	517886	407349	469035	380662
147916	73647	79647	39656	609292	303122	609292	303122
208062	**134348**	**95176**	**66209**	**1967162**	**1424607**	**1886382**	**1371577**
125157	86104	31172	26755	1252641	961843	1220833	935620
				11227	8679	1888	809
				9819	8865	9819	8865
				17886	16877	17886	16877
17147	17878	8062	7946	290251	269362	278490	258538
17147	17878	8062	7946	290251	269362	278490	258538
43989	27154			203693	149119	203690	149119

3-5 续表 1

正餐服务

项　　目	商品购进总额		统一配送商品购进额	
	2008年	2007年	2008年	2007年
私营企业	236644	221280	103988	75731
私营独资企业	3249	2717	667	526
私营合伙企业	575	338	575	338
私营有限责任公司	217282	216466	87355	73260
私营股份有限公司	15537	1758	15391	1607
其他企业	1214	1500		
港、澳、台商投资企业	38533	36051	5917	4936
港澳台商合资经营企业	19857	18284	650	422
港澳台商合作经营企业				
港、澳、台商独资经营企业	18675	17767	5268	4514
港、澳、台商投资股份有限公司				
外商投资企业	234450	127706	163868	99118
中外合资经营企业	5394	5109	4982	3702
中外合作经营企业	150	130	150	130
外资企业	97480	59342	73309	54254
外商投资股份有限公司	131426	63125	85427	41031
加盟门店合计	**621768**	**727814**	**296471**	**247520**
内资企业	307910	533730	152734	173601
国有企业				
集体企业				
股份合作企业				
联营企业				
国有联营企业				
集体联营企业				
国有与集体联营企业				
其他联营企业				
有限责任公司	168464	208334	116063	135039
国有独资公司				
其他有限责任公司	168464	208334	116063	135039
股份有限公司	48444	226978	19381	19339
私营企业	88201	96256	17290	19223
私营独资企业	1495	1522	187	179
私营合伙企业				
私营有限责任公司	86615	94644	17103	19044
私营股份有限公司	91	90		
其他企业	2802	2163		
港、澳、台商投资企业				
港澳台商合资经营企业				
港澳台商合作经营企业				
港、澳、台商独资经营企业				
港、澳、台商投资股份有限公司				
外商投资企业	313858	194083	143737	73919
中外合资经营企业	1601	1647	1601	1647
中外合作经营企业				
外资企业	93637	81248		
外商投资股份有限公司	218620	111189	142135	72273

单位：万元

自有配送中心配送商品购进额		非自有配送中心配送商品购进额		营业额		餐费收入及商品销售额	
2008年	2007年	2008年	2007年	2008年	2007年	2008年	2007年
64021	41072	23111	18809	711260	499870	700554	492341
667	526			11340	7821	10774	7625
575	338			2897	2427	2897	2427
47652	38600	23111	18809	637510	486189	627371	478857
15128	1607			59513	3432	59513	3432
				8506	9071	8506	9071
2490	2929	650	422	106408	82414	106288	82294
		650	422	48469	37474	48349	37354
2490	2929			57938	44940	57938	44940
80416	45315	63354	39032	608113	380351	559262	353663
4083	2742	283	344	18883	13210	18883	13210
		150	130	17080	20238	17080	20238
20806	15903	33022	24198	343748	237437	294897	210750
55528	26670	29900	14361	228402	109467	228402	109467
204636	**159349**	**69575**	**47218**	**1938377**	**1705559**	**1937093**	**1704771**
110647	110726	19828	21922	1324035	1295379	1322935	1294775
82692	82958	11349	11343	305324	377753	305324	377753
82692	82958	11349	11343	305324	377753	305324	377753
19233	19213			590184	509136	590184	509136
8722	8555	8479	10579	422719	404804	421620	404200
		187	179	120202	107393	120202	107393
				943	620	943	620
8722	8555	8292	10400	299060	294630	297961	294026
				2514	2161	2514	2161
				5808	3687	5808	3687
				184	184		
				184	184		
93989	48624	49747	25295	614158	409996	614158	409996
1601	1647			59130	46428	59130	46428
				174138	169912	174138	169912
92388	46977	49747	25295	380890	193656	380890	193656

3-5 续表 2-1

快餐服务

项目	商品购进总额		统一配送商品购进额	
	2008年	2007年	2008年	2007年
总计	**1274358**	**970615**	**1211069**	**919061**
内资企业	72269	43074	66277	35880
国有企业				
集体企业				
股份合作企业				
联营企业				
国有联营企业				
集体联营企业				
国有与集体联营企业				
其他联营企业				
有限责任公司	30665	15666	29050	13391
国有独资公司				
其他有限责任公司	30665	15666	29050	13391
股份有限公司				
私营企业	41604	27407	37227	22489
私营独资企业	5216	6183	3842	5005
私营合伙企业				
私营有限责任公司	36227	21071	33385	17484
私营股份有限公司	161	153		
其他企业				
港、澳、台商投资企业	128806	92250	122252	86469
港澳台商合资经营企业	20373	13254	18112	11313
港澳台商合作经营企业	4234	3677	4234	3677
港、澳、台商独资经营企业	104199	75320	99906	71479
港、澳、台商投资股份有限公司				
外商投资企业	1073283	835291	1022540	796713
中外合资经营企业	423764	291476	423764	291476
中外合作经营企业	5357	4226	5357	4226
外资企业	628793	526734	578050	488156
外商投资股份有限公司	15369	12856	15369	12856
直营门店合计	**1242000**	**942019**	**1182938**	**891866**
内资企业	70604	41197	64969	34479
国有企业				
集体企业				
股份合作企业				
联营企业				
国有联营企业				
集体联营企业				
国有与集体联营企业				
其他联营企业				
有限责任公司	30605	15416	28990	13141
国有独资公司				
其他有限责任公司	30605	15416	28990	13141
股份有限公司				

单位：万元

自有配送中心配送商品购进额		非自有配送中心配送商品购进额		营业额		餐费收入及商品销售额	
2008年	2007年	2008年	2007年	2008年	2007年	2008年	2007年
750986	**562118**	**163000**	**131921**	**3914768**	**3147227**	**3889368**	**3122410**
59039	27512	3678	5053	218800	136409	212211	131012
26108	11209	1172	1016	110776	74392	104827	69374
26108	11209	1172	1016	110776	74392	104827	69374
32930	16303	2506	4037	108024	62018	107384	61638
2625	1879	1218	3125	8104	8092	8104	8092
30306	14424	1288	912	98959	52980	98319	52600
				961	946	961	946
96566	65171	25686	21298	589047	491074	589047	491074
16213	10313	1899	1000	60256	48919	60256	48919
		4234	3677	12592	10723	12592	10723
80353	54858	19553	16621	302930	249394	302930	249394
				213269	182038	213269	182038
595382	469435	133636	105571	3106921	2519744	3088111	2500324
258911	179061	35171	29079	789134	664738	788441	663843
1491	1254			96295	84139	78219	65665
334979	289119	83097	63637	2183809	1739138	2183767	1739089
		15369	12856	37683	31728	37683	31728
728243	**537600**	**162737**	**131740**	**3811555**	**3091812**	**3786155**	**3066995**
58008	26411	3617	4990	211775	129816	205186	124419
26048	10959	1172	1016	110666	73892	104717	68874
26048	10959	1172	1016	110666	73892	104717	68874

3-5 续表 2-2

快餐服务

项　　目	商品购进总额		统一配送商品购进额	
	2008年	2007年	2008年	2007年
私营企业	40000	25780	35979	21338
私营独资企业	4091	5389	2942	4370
私营合伙企业				
私营有限责任公司	35879	20362	33037	16969
私营股份有限公司	30	29		
其他企业				
港、澳、台商投资企业	122301	87497	116050	81887
港澳台商合资经营企业	19761	12956	17614	11039
港澳台商合作经营企业	4234	3677	4234	3677
港、澳、台商独资经营企业	98306	70864	94202	67172
港、澳、台商投资股份有限公司				
外商投资企业	1049094	813326	1001920	775500
中外合资经营企业	423764	291476	423764	291476
中外合作经营企业	5323	4192	5323	4192
外资企业	604638	504803	557464	466977
外商投资股份有限公司	15369	12856	15369	12856
加盟门店合计	**32358**	**28596**	**28130**	**27195**
内资企业	1665	1877	1308	1400
国有企业				
集体企业				
股份合作企业				
联营企业				
国有联营企业				
集体联营企业				
国有与集体联营企业				
其他联营企业				
有限责任公司	60	250	60	250
国有独资公司				
其他有限责任公司	60	250	60	250
股份有限公司				
私营企业	1605	1627	1248	1150
私营独资企业	1126	794	900	635
私营合伙企业				
私营有限责任公司	348	710	348	516
私营股份有限公司	131	124		
其他企业				
港、澳、台商投资企业	6505	4754	6202	4582
港澳台商合资经营企业	612	298	499	275
港澳台商合作经营企业				
港、澳、台商独资经营企业	5893	4456	5704	4307
港、澳、台商投资股份有限公司				
外商投资企业	24189	21965	20620	21213
中外合资经营企业				
中外合作经营企业	34	34	34	34
外资企业	24155	21932	20586	21179
外商投资股份有限公司				

单位：万元

自有配送中心配送商品购进额		非自有配送中心配送商品购进额		营业额		餐费收入及商品销售额	
2008年	2007年	2008年	2007年	2008年	2007年	2008年	2007年
31959	15452	2444	3975	101109	55924	100469	55544
1724	1245	1218	3125	6196	6925	6196	6925
30235	14207	1226	850	94693	48791	94053	48411
				220	208	220	208
90449	60599	25600	21288	562633	488184	562633	488184
15800	10048	1814	990	59236	48246	59236	48246
		4234	3677	12592	10723	12592	10723
74649	50551	19553	16621	277536	247178	277536	247178
				213269	182038	213269	182038
579786	450590	133520	105461	3037147	2473812	3018336	2454393
258911	179061	35171	29079	789134	664738	788441	663843
1458	1220			94937	82810	76862	64335
319417	270308	82981	63527	2115392	1694536	2115350	1694487
		15369	12856	37683	31728	37683	31728
22743	**24519**	**263**	**181**	**103213**	**55415**	**103213**	**55415**
1031	1101	62	62	7025	6593	7025	6593
60	250			110	500	110	500
60	250			110	500	110	500
971	851	62	62	6915	6093	6915	6093
900	635			1908	1167	1908	1167
71	217	62	62	4266	4189	4266	4189
				741	738	741	738
6116	4572	86	9	26414	2890	26414	2890
413	265	86	9	1020	673	1020	673
5704	4307			25394	2217	25394	2217
15596	18845	116	110	69775	45932	69775	45932
34	34			1358	1330	1358	1330
15562	18811	116	110	68417	44602	68417	44602

3-5 续表 3-1

饮料及冷饮服务

项目	商品购进总额		统一配送商品购进额	
	2008年	2007年	2008年	2007年
总计	**12478**	**9844**	**12468**	**9798**
内资企业	601	759	591	713
国有企业	130	111	130	111
集体企业				
股份合作企业				
联营企业				
国有联营企业				
集体联营企业				
国有与集体联营企业				
其他联营企业				
有限责任公司				
国有独资公司				
其他有限责任公司				
股份有限公司				
私营企业	471	648	461	602
私营独资企业	164	225	164	225
私营合伙企业				
私营有限责任公司	306	423	296	377
私营股份有限公司				
其他企业				
港、澳、台商投资企业	10059	8403	10059	8403
港澳台商合资经营企业				
港澳台商合作经营企业				
港、澳、台商独资经营企业	10059	8403	10059	8403
港、澳、台商投资股份有限公司				
外商投资企业	1818	681	1818	681
中外合资经营企业	1455	587	1455	587
中外合作经营企业				
外资企业	363	95	363	95
外商投资股份有限公司				
直营门店合计	**12464**	**9830**	**12454**	**9798**
内资企业	587	746	577	713
国有企业	130	111	130	111
集体企业				
股份合作企业				
联营企业				
国有联营企业				
集体联营企业				
国有与集体联营企业				
其他联营企业				
有限责任公司				
国有独资公司				
其他有限责任公司				
股份有限公司				

单位：万元

自有配送中心配送商品购进额		非自有配送中心配送商品购进额		营业额		餐费收入及商品销售额	
2008年	2007年	2008年	2007年	2008年	2007年	2008年	2007年
1966	**2241**	**8483**	**6650**	**61608**	**41947**	**61604**	**41946**
386	484	4	4	6514	6037	6514	6037
130	111			2365	2215	2365	2215
256	373	4	4	4149	3822	4149	3822
				325	394	325	394
256	373	4	4	3823	3428	3823	3428
1580	1757	8479	6646	41484	30499	41484	30499
1580	1757	8479	6646	41484	30499	41484	30499
				13610	5410	13606	5409
				4096	1829	4092	1828
				9514	3582	9514	3582
1966	**2241**	**8483**	**6650**	**61566**	**41947**	**61562**	**41946**
386	484	4	4	6472	6037	6472	6037
130	111			2365	2215	2365	2215

3-5 续表 3-2

饮料及冷饮服务

项目	商品购进总额		统一配送商品购进额	
	2008年	2007年	2008年	2007年
私营企业	457	635	447	602
私营独资企业	164	225	164	225
私营合伙企业				
私营有限责任公司	293	410	283	377
私营股份有限公司				
其他企业				
港、澳、台商投资企业	10059	8403	10059	8403
港澳台商合资经营企业				
港澳台商合作经营企业				
港、澳、台商独资经营企业	10059	8403	10059	8403
港、澳、台商投资股份有限公司				
外商投资企业	1818	681	1818	681
中外合资经营企业	1455	587	1455	587
中外合作经营企业				
外资企业	363	95	363	95
外商投资股份有限公司				
加盟门店合计	**13**	**13**	**13**	
内资企业	13	13	13	
国有企业				
集体企业				
股份合作企业				
联营企业				
国有联营企业				
集体联营企业				
国有与集体联营企业				
其他联营企业				
有限责任公司				
国有独资公司				
其他有限责任公司				
股份有限公司				
私营企业	13	13	13	
私营独资企业				
私营合伙企业				
私营有限责任公司	13	13	13	
私营股份有限公司				
其他企业				
港、澳、台商投资企业				
港澳台商合资经营企业				
港澳台商合作经营企业				
港、澳、台商独资经营企业				
港、澳、台商投资股份有限公司				
外商投资企业				
中外合资经营企业				
中外合作经营企业				
外资企业				
外商投资股份有限公司				

单位：万元

自有配送中心配送商品购进额		非自有配送中心配送商品购进额		营业额		餐费收入及商品销售额	
2008年	2007年	2008年	2007年	2008年	2007年	2008年	2007年
256	373	4	4	4107	3822	4107	3822
				325	394	325	394
256	373	4	4	3781	3428	3781	3428
1580	1757	8479	6646	41484	30499	41484	30499
1580	1757	8479	6646	41484	30499	41484	30499
				13610	5410	13606	5409
				4096	1829	4092	1828
				9514	3582	9514	3582
				42		**42**	
				42		42	
				42		42	
				42		42	

3-5 续表 4-1

其他餐饮服务

项目	商品购进总额		统一配送商品购进额	
	2008年	2007年	2008年	2007年
总计	**78205**	**56028**	**40380**	**23555**
内资企业	63078	39938	37817	21666
国有企业				
集体企业	248	206		
股份合作企业				
联营企业				
国有联营企业				
集体联营企业				
国有与集体联营企业				
其他联营企业				
有限责任公司	2835	2568	1605	1435
国有独资公司				
其他有限责任公司	2835	2568	1605	1435
股份有限公司	846	850	846	850
私营企业	59149	36315	35366	19382
私营独资企业	550	274	550	274
私营合伙企业	1975	150	1975	150
私营有限责任公司	56624	35891	32841	18957
私营股份有限公司				
其他企业				
港、澳、台商投资企业	10942	13006		
港澳台商合资经营企业				
港澳台商合作经营企业	10942	13006		
港、澳、台商独资经营企业				
港、澳、台商投资股份有限公司				
外商投资企业	4184	3084	2563	1889
中外合资经营企业				
中外合作经营企业				
外资企业	4184	3084	2563	1889
外商投资股份有限公司				
直营门店合计	**55746**	**48918**	**28359**	**22414**
内资企业	40788	32987	25859	20564
国有企业				
集体企业	248	206		
股份合作企业				
联营企业				
国有联营企业				
集体联营企业				
国有与集体联营企业				
其他联营企业				
有限责任公司	2551	2313	1605	1435
国有独资公司				
其他有限责任公司	2551	2313	1605	1435
股份有限公司	846	850	846	850

单位：万元

自有配送中心配送商品购进额		非自有配送中心配送商品购进额		营业额		餐费收入及商品销售额	
2008年	2007年	2008年	2007年	2008年	2007年	2008年	2007年
21091	**12604**	**16541**	**8869**	**187143**	**127966**	**187143**	**123969**
20539	12374	16541	8869	137658	93442	137658	89446
				658	678	658	678
1605	1435			13525	13162	13525	13162
1605	1435			13525	13162	13525	13162
846	850			8568	7121	8568	7121
18088	10089	16541	8869	114907	72481	114907	68485
				811	450	811	450
1789				6288	307	6288	307
16299	10089	16541	8869	107808	71725	107808	67728
				31199	22012	31199	22012
				21038	21981	21038	21981
				10161	31	10161	31
551	230			18286	12512	18286	12512
551	230			18286	12512	18286	12512
14364	**11589**	**11246**	**8742**	**139309**	**102753**	**139309**	**98757**
13877	11398	11246	8742	90349	68758	90349	64762
				658	678	658	678
1605	1435			10176	9617	10176	9617
1605	1435			10176	9617	10176	9617
846	850			8568	7121	8568	7121

3-5 续表 4-2

其他餐饮服务

项目	商品购进总额		统一配送商品购进额	
	2008年	2007年	2008年	2007年
私营企业	37143	29618	23408	18279
私营独资企业	550	274	550	274
私营合伙企业	345	150	345	150
私营有限责任公司	36248	29194	22513	17855
私营股份有限公司				
其他企业				
港、澳、台商投资企业	10942	13006		
港澳台商合资经营企业				
港澳台商合作经营企业	10942	13006		
港、澳、台商独资经营企业				
港、澳、台商投资股份有限公司				
外商投资企业	4016	2925	2500	1850
中外合资经营企业				
中外合作经营企业				
外资企业	4016	2925	2500	1850
外商投资股份有限公司				
加盟门店合计	**22458**	**7110**	**12021**	**1141**
内资企业	22290	6951	11958	1102
国有企业				
集体企业				
股份合作企业				
联营企业				
国有联营企业				
集体联营企业				
国有与集体联营企业				
其他联营企业				
有限责任公司	285	255		
国有独资公司				
其他有限责任公司	285	255		
股份有限公司				
私营企业	22006	6697	11958	1102
私营独资企业				
私营合伙企业	1630		1630	
私营有限责任公司	20376	6697	10328	1102
私营股份有限公司				
其他企业				
港、澳、台商投资企业				
港澳台商合资经营企业				
港澳台商合作经营企业				
港、澳、台商独资经营企业				
港、澳、台商投资股份有限公司				
外商投资企业	168	159	63	39
中外合资经营企业				
中外合作经营企业				
外资企业	168	159	63	39
外商投资股份有限公司				

单位：万元

自有配送中心配送商品购进额		非自有配送中心配送商品购进额		营业额		餐费收入及商品销售额	
2008年	2007年	2008年	2007年	2008年	2007年	2008年	2007年
11426	9113	11246	8742	70947	51342	70947	47346
				811	450	811	450
159				2688	307	2688	307
11267	9113	11246	8742	67448	50586	67448	46589
				31199	22012	31199	22012
				21038	21981	21038	21981
				10161	31	10161	31
488	191			17762	11984	17762	11984
488	191			17762	11984	17762	11984
6726	**1015**	**5295**	**127**	**47834**	**25213**	**47834**	**25213**
6663	976	5295	127	47309	24684	47309	24684
				3349	3545	3349	3545
				3349	3545	3349	3545
6663	976	5295	127	43960	21139	43960	21139
1630				3600		3600	
5033	976	5295	127	40360	21139	40360	21139
63	39			524	529	524	529
63	39			524	529	524	529

3-6 按行业与业态分连锁餐饮企业基本情况

正餐

项目	连锁总店数(个)	门店数(个)		年末从业人员(人)		年末餐饮营业面积(平方米)		年末餐位数(个)	
	2008年	2008年	2007年	2008年	2007年	2008年	2007年	2008年	2007年
总计	**260**	**4898**	**4645**	**316957**	**320659**	**3931886**	**3676445**	**1560443**	**1516168**
正餐服务	246	4814	4562	312846	317043	3876104	3625701	1544945	1503815
快餐服务	7	34	39	2072	1852	30939	26694	7842	4871
饮料及冷饮服务									
其他餐饮服务	7	50	44	2039	1764	24843	24050	7656	7482
直营门店合计		**1941**	**1616**	**141301**	**124296**	**2095731**	**1760941**	**714542**	**641843**
正餐服务		1860	1538	137300	120817	2041222	1714570	699334	629880
快餐服务		32	35	1992	1746	29939	22594	7642	4571
饮料及冷饮服务									
其他餐饮服务		49	43	2009	1733	24570	23777	7566	7392
加盟门店合计		**2957**	**3029**	**175656**	**196363**	**1836155**	**1915504**	**845901**	**874325**
正餐服务		2954	3024	175546	196226	1834882	1911131	845611	873935
快餐服务		2	4	80	106	1000	4100	200	300
饮料及冷饮服务									
其他餐饮服务		1	1	30	31	273	273	90	90

3-6 续表 1

快餐

项目	连锁总店数(个)	门店数(个)		年末从业人员(人)		年末餐饮营业面积(平方米)		年末餐位数(个)	
	2008年	2008年	2007年	2008年	2007年	2008年	2007年	2008年	2007年
总计	**149**	**5932**	**4944**	**304667**	**233498**	**2003190**	**1642305**	**729094**	**605529**
正餐服务	10	164	132	5928	5008	54330	44691	10868	9376
快餐服务	135	5479	4635	292166	224307	1882807	1557124	692790	581423
饮料及冷饮服务									
其他餐饮服务	4	289	177	6573	4183	66053	40490	25436	14730
直营门店合计		**5405**	**4563**	**293845**	**226132**	**1877543**	**1548384**	**677748**	**563248**
正餐服务		130	102	5768	4868	50450	41171	10773	9288
快餐服务		5140	4334	284380	217820	1796651	1478334	653449	542915
饮料及冷饮服务									
其他餐饮服务		135	127	3697	3444	30442	28879	13526	11045
加盟门店合计		**527**	**381**	**10822**	**7366**	**125647**	**93921**	**51346**	**42281**
正餐服务		34	30	160	140	3880	3520	95	88
快餐服务		339	301	7786	6487	86156	78790	39341	38508
饮料及冷饮服务									
其他餐饮服务		154	50	2876	739	35611	11611	11910	3685

3-6 续表 2

茶馆

项目	连锁总店数（个）	门店数（个）		年末从业人员（人）		年末餐饮营业面积（平方米）		年末餐位数（个）	
	2008年	2008年	2007年	2008年	2007年	2008年	2007年	2008年	2007年
总　　计	**3**	**19**	**19**	**306**	**341**	**5197**	**5197**	**1898**	**2152**
正餐服务	1	8	8	139	139	1800	1800	618	872
快餐服务									
饮料及冷饮服务	2	11	11	167	202	3397	3397	1280	1280
其他餐饮服务									
直营门店合计		**19**	**19**	**306**	**341**	**5197**	**5197**	**1898**	**2152**
正餐服务		8	8	139	139	1800	1800	618	872
快餐服务									
饮料及冷饮服务		11	11	167	202	3397	3397	1280	1280
其他餐饮服务									
加盟门店合计									
正餐服务									
快餐服务									
饮料及冷饮服务									
其他餐饮服务									

3-6 续表 3

咖啡店

项目	连锁总店数（个）	门店数（个）		年末从业人员（人）		年末餐饮营业面积（平方米）		年末餐位数（个）	
	2008年	2008年	2007年	2008年	2007年	2008年	2007年	2008年	2007年
总　　计	**15**	**705**	**522**	**16266**	**12725**	**293916**	**216407**	**86016**	**63624**
正餐服务	4	494	377	12379	10526	256486	190687	74794	55297
快餐服务									
饮料及冷饮服务	10	194	144	2424	2154	32509	25310	10791	8297
其他餐饮服务	1	17	1	1463	45	4921	410	431	30
直营门店合计		**434**	**308**	**8161**	**6360**	**131826**	**89207**	**42796**	**29704**
正餐服务		224	164	4279	4166	94486	63487	31594	21377
快餐服务									
饮料及冷饮服务		193	143	2419	2149	32419	25310	10771	8297
其他餐饮服务		17	1	1463	45	4921	410	431	30
加盟门店合计		**271**	**214**	**8105**	**6365**	**162090**	**127200**	**43220**	**33920**
正餐服务		270	213	8100	6360	162000	127200	43200	33920
快餐服务									
饮料及冷饮服务		1	1	5	5	90		20	
其他餐饮服务									

3-6 续表 4

其他餐饮

项目	连锁总店数（个）	门店数（个）		年末从业人员（人）		年末餐饮营业面积（平方米）		年末餐位数（个）	
	2008年	2008年	2007年	2008年	2007年	2008年	2007年	2008年	2007年
总　　计	**26**	**1007**	**843**	**22548**	**20205**	**284366**	**254470**	**153224**	**133933**
正餐服务	8	491	434	17491	16191	243859	220757	137204	123547
快餐服务	2	32	30	560	472	4165	3757	1685	1488
饮料及冷饮服务	5	266	221	1118	934	6849	4953	4110	3294
其他餐饮服务	11	218	158	3379	2608	29493	25003	10225	5604
直营门店合计		**516**	**446**	**6032**	**5122**	**86396**	**67215**	**39144**	**27488**
正餐服务		103	81	2460	2092	60119	46157	25671	19511
快餐服务		32	30	560	472	4165	3757	1685	1488
饮料及冷饮服务		266	221	1118	934	6849	4953	4110	3294
其他餐饮服务		115	114	1894	1624	15263	12348	7678	3195
加盟门店合计		**491**	**397**	**16516**	**15083**	**197970**	**187255**	**114080**	**106445**
正餐服务		388	353	15031	14099	183740	174600	111533	104036
快餐服务									
饮料及冷饮服务									
其他餐饮服务		103	44	1485	984	14230	12655	2547	2409

3-7 按行业与业态分连锁餐饮企业经营情况

正餐 单位：万元

项　目	商品购进总额		统一配送商品购进额		自有配送中心配送商品购进额	
	2008年	2007年	2008年	2007年	2008年	2007年
总　计	**1241548**	**1214492**	**640270**	**490888**	**405578**	**290544**
正餐服务	1212224	1190193	624497	481860	398167	283275
快餐服务	12571	6424	11583	5354	3222	3594
饮料及冷饮服务						
其他餐饮服务	16753	17875	4190	3674	4190	3674
直营门店合计						
正餐服务						
快餐服务						
饮料及冷饮服务						
其他餐饮服务						
加盟门店合计						
正餐服务						
快餐服务						
饮料及冷饮服务						
其他餐饮服务						

3-7 续表 1

正餐 单位：万元

项　目	非自有配送中心配送商品购进额		营业额		餐费收入及商品销售额	
	2008年	2007年	2008年	2007年	2008年	2007年
总　计	**169230**	**111759**	**3547498**	**2810182**	**3474698**	**2763536**
正餐服务	161214	110236	3479647	2759187	3406848	2712541
快餐服务	8017	1523	24895	10605	24895	10605
饮料及冷饮服务						
其他餐饮服务			42956	40390	42956	40390
直营门店合计						
正餐服务						
快餐服务						
饮料及冷饮服务						
其他餐饮服务						
加盟门店合计						
正餐服务						
快餐服务						
饮料及冷饮服务						
其他餐饮服务						

3-7 续表 2-1

快餐

单位：万元

项 目	商品购进总额		统一配送商品购进额		自有配送中心配送商品购进额	
	2008年	2007年	2008年	2007年	2008年	2007年
总 计	**1309939**	**992576**	**1228970**	**930063**	**760244**	**565627**
正餐服务	6532	5697	970	789	693	554
快餐服务	1259503	962691	1197200	912345	745479	557162
饮料及冷饮服务						
其他餐饮服务	43905	24188	30800	16929	14072	7910
直营门店合计	**714787**	**568974**	**345269**	**244724**	**202480**	**132662**
正餐服务	685847	545405	329775	236112	195132	125573
快餐服务	12355	5853	11368	4977	3222	3454
饮料及冷饮服务						
其他餐饮服务	16585	17716	4126	3635	4126	3635
加盟门店合计	**526761**	**645518**	**295001**	**246164**	**203098**	**157882**
正餐服务	526378	644789	294722	245748	203035	157703
快餐服务	215	571	215	377		140
饮料及冷饮服务						
其他餐饮服务	168	159	63	39	63	39

3-7 续表 2-2

快餐

单位：万元

项 目	非自有配送中心配送商品购进额		营业额		餐费收入及商品销售额	
	2008年	2007年	2008年	2007年	2008年	2007年
总 计	**171699**	**139437**	**4042762**	**3245856**	**4012144**	**3217316**
正餐服务	174	170	75644	64161	70425	60438
快餐服务	154984	130398	3884816	3133193	3859417	3108376
饮料及冷饮服务						
其他餐饮服务	16541	8869	82302	48501	82302	48501
直营门店合计	**99655**	**64542**	**1842260**	**1320759**	**1770676**	**1274827**
正餐服务	91638	63019	1775293	1271068	1703709	1225136
快餐服务	8017	1523	24536	9830	24536	9830
饮料及冷饮服务						
其他餐饮服务			42431	39862	42431	39862
加盟门店合计	**69575**	**47218**	**1705238**	**1489423**	**1704022**	**1488710**
正餐服务	69575	47218	1704354	1488119	1703139	1487406
快餐服务			359	775	359	775
饮料及冷饮服务						
其他餐饮服务			524	529	524	529

3-7 续表 3-1

茶馆　　　　单位：万元

项　目	商品购进总额		统一配送商品购进额		自有配送中心配送商品购进额	
	2008年	2007年	2008年	2007年	2008年	2007年
总　计	**2224**	**2178**	**2224**	**2178**	**380**	**478**
正餐服务	1844	1700	1844	1700		
快餐服务						
饮料及冷饮服务	380	478	380	478	380	478
其他餐饮服务						
直营门店合计	**1264303**	**963998**	**1191588**	**902840**	**733329**	**540969**
正餐服务	6528	5693	970	789	693	554
快餐服务	1227360	934666	1169285	885527	722736	532784
饮料及冷饮服务						
其他餐饮服务	30416	23640	21332	16523	9900	7631
加盟门店合计	**45636**	**28578**	**37382**	**27224**	**26916**	**24658**
正餐服务	4	4				
快餐服务	32143	28025	27915	26818	22743	24379
饮料及冷饮服务						
其他餐饮服务	13489	548	9467	406	4172	279

3-7 续表 3-2

茶馆　　　　单位：万元

项　目	非自有配送中心配送商品购进额		营业额		餐费收入及商品销售额	
	2008年	2007年	2008年	2007年	2008年	2007年
总　计	**1844**	**1700**	**7455**	**7388**	**7455**	**7388**
正餐服务	1844	1700	4497	4473	4497	4473
快餐服务						
饮料及冷饮服务			2958	2915	2958	2915
其他餐饮服务						
直营门店合计	**166140**	**139129**	**3913392**	**3182514**	**3882841**	**3154049**
正餐服务	174	170	75378	63901	70228	60253
快餐服务	154720	130216	3781962	3078553	3756563	3053736
饮料及冷饮服务						
其他餐饮服务	11246	8742	56051	40060	56051	40060
加盟门店合计	**5558**	**308**	**129371**	**63342**	**129303**	**63267**
正餐服务			266	260	198	185
快餐服务	263	181	102854	54640	102854	54640
饮料及冷饮服务						
其他餐饮服务	5295	127	26251	8442	26251	8442

3-7 续表 4-1

咖啡店 单位：万元

项目	商品购进总额		统一配送商品购进额		自有配送中心配送商品购进额	
	2008年	2007年	2008年	2007年	2008年	2007年
总计	**31496**	**24689**	**31496**	**24653**	**5864**	**4660**
正餐服务	19781	15438	19781	15438	4284	2903
快餐服务						
饮料及冷饮服务	11715	9251	11715	9215	1580	1757
其他餐饮服务						
直营门店合计	**2224**	**2178**	**2224**	**2178**	**380**	**478**
正餐服务	1844	1700	1844	1700		
快餐服务						
饮料及冷饮服务	380	478	380	478	380	478
其他餐饮服务						
加盟门店合计						
正餐服务						
快餐服务						
饮料及冷饮服务						
其他餐饮服务						

3-7 续表 4-2

咖啡店 单位：万元

项目	非自有配送中心配送商品购进额		营业额		餐费收入及商品销售额	
	2008年	2007年	2008年	2007年	2008年	2007年
总计	**8479**	**6646**	**192085**	**137126**	**192081**	**137124**
正餐服务			134353	103039	134353	103039
快餐服务						
饮料及冷饮服务	8479	6646	47570	34055	47566	34054
其他餐饮服务			10161	31	10161	31
直营门店合计	**1844**	**1700**	**7455**	**7388**	**7455**	**7388**
正餐服务	1844	1700	4497	4473	4497	4473
快餐服务						
饮料及冷饮服务			2958	2915	2958	2915
其他餐饮服务						
加盟门店合计						
正餐服务						
快餐服务						
饮料及冷饮服务						
其他餐饮服务						

3-7 续表 5-1

其他餐饮　　　　单位：万元

项　目	商品购进总额		统一配送商品购进额		自有配送中心配送商品购进额	
	2008年	2007年	2008年	2007年	2008年	2007年
总　计	**130648**	**110662**	**22214**	**15945**	**14675**	**9351**
正餐服务	110433	95083	14165	11527	9555	6964
快餐服务	2285	1500	2285	1362	2285	1362
饮料及冷饮服务	383	115	373	105	6	6
其他餐饮服务	17547	13965	5391	2952	2829	1019
直营门店合计	**29881**	**23029**	**29881**	**23006**	**4263**	**3014**
正餐服务	18180	13792	18180	13792	2683	1257
快餐服务						
饮料及冷饮服务	11701	9238	11701	9215	1580	1757
其他餐饮服务						
加盟门店合计	**1615**	**1660**	**1615**	**1647**	**1601**	**1647**
正餐服务	1601	1647	1601	1647	1601	1647
快餐服务						
饮料及冷饮服务	13	13	13			
其他餐饮服务						

3-7 续表 5-2

其他餐饮　　　　单位：万元

项　目	非自有配送中心配送商品购进额		营业额		餐费收入及商品销售额	
	2008年	2007年	2008年	2007年	2008年	2007年
总　计	**1524**	**1324**	**279258**	**246755**	**275212**	**239308**
正餐服务	1520	1320	211398	199306	207352	195856
快餐服务			5057	3429	5057	3429
饮料及冷饮服务	4	4	11080	4976	11080	4976
其他餐饮服务			51724	39044	51724	35047
直营门店合计	**8479**	**6646**	**132913**	**90698**	**132909**	**90696**
正餐服务			75223	56611	75223	56611
快餐服务						
饮料及冷饮服务	8479	6646	47529	34055	47525	34054
其他餐饮服务			10161	31	10161	31
加盟门店合计			**59172**	**46428**	**59172**	**46428**
正餐服务			59130	46428	59130	46428
快餐服务						
饮料及冷饮服务			42		42	
其他餐饮服务						

3-8 按登记注册类型与业态分连锁餐饮企业基本情况

正餐

项　　目	连锁总店数(个)	门店数(个)		年末从业人员(人)		年末餐饮营业面积(平方米)		年末餐位数(个)	
	2008年	2008年	2007年	2008年	2007年	2008年	2007年	2008年	2007年
总　　计	**260**	**4898**	**4645**	**316957**	**320659**	**3931886**	**3676445**	**1560443**	**1516168**
内资企业	221	3951	3875	248158	259483	3320922	3210255	1433537	1421125
国有企业	2	11	11	32	32	8143	7781	1710	1580
集体企业	2	10	10	495	658	15771	15771	3491	3491
股份合作企业	6	23	24	1901	1932	34681	26781	9883	8652
联营企业									
有限责任公司	54	1261	1363	72860	89869	1010311	1048869	303356	318562
股份有限公司	11	776	755	67585	65319	657411	670162	150987	148210
私营企业	144	1851	1697	103325	99597	1561695	1420851	960625	937380
其他企业	2	19	15	1960	2076	32910	20040	3485	3250
港、澳、台商投资企业	14	90	81	6529	5531	126466	125503	35229	38205
外商投资企业	25	857	689	62270	55645	484498	340687	91677	56838
直营门店合计		**1941**	**1616**	**141301**	**124296**	**2095731**	**1760941**	**714542**	**641843**
内资企业		1242	1107	86096	79627	1569666	1364430	591623	549817
国有企业		11	11	32	32	8143	7781	1710	1580
集体企业		10	10	495	658	15771	15771	3491	3491
股份合作企业		17	18	1022	995	34681	26781	9883	8652
联营企业									
有限责任公司		318	324	26047	25004	443275	380753	112141	110384
股份有限公司		109	93	13010	11454	173231	158728	32336	28465
私营企业		768	643	44120	40383	877565	760316	428577	393995
其他企业		9	8	1370	1101	17000	14300	3485	3250
港、澳、台商投资企业		87	78	6501	5503	125936	124973	35039	38015
外商投资企业		612	431	48704	39166	400129	271538	87880	54011
加盟门店合计		**2957**	**3029**	**175656**	**196363**	**1836155**	**1915504**	**845901**	**874325**
内资企业		2709	2768	162062	179856	1751256	1845825	841914	871308
国有企业									
集体企业									
股份合作企业		6	6	879	937				
联营企业									
有限责任公司		943	1039	46813	64865	567036	668116	191215	208178
股份有限公司		667	662	54575	53865	484180	511434	118651	119745
私营企业		1083	1054	59205	59214	684130	660535	532048	543385
其他企业		10	7	590	975	15910	5740		
港、澳、台商投资企业		3	3	28	28	530	530	190	190
外商投资企业		245	258	13566	16479	84369	69149	3797	2827

3-8 续表 1

快餐

项 目	连锁总店数(个)	门店数(个)		年末从业人员(人)		年末餐饮营业面积(平方米)		年末餐位数(个)	
	2008年	2008年	2007年	2008年	2007年	2008年	2007年	2008年	2007年
总 计	**149**	**5932**	**4944**	**304667**	**233498**	**2003190**	**1642305**	**729094**	**605529**
内资企业	65	1293	983	34020	21099	315986	224988	115798	83492
国有企业									
集体企业									
股份合作企业									
联营企业									
有限责任公司	23	474	348	16125	7872	118009	66941	44994	28088
股份有限公司									
私营企业	42	819	635	17895	13227	197977	158047	70804	55404
其他企业									
港、澳、台商投资企业	25	920	809	43406	38769	292633	259946	100902	87421
外商投资企业	59	3719	3152	227241	173630	1394571	1157371	512394	434616
直营门店合计		**5405**	**4563**	**293845**	**226132**	**1877543**	**1548384**	**677748**	**563248**
内资企业		1045	844	29894	19134	258575	192627	95911	72204
国有企业									
集体企业									
股份合作企业									
联营企业									
有限责任公司		473	345	16095	7782	117729	66171	44850	27788
股份有限公司									
私营企业		572	499	13799	11352	140846	126456	51061	44416
其他企业									
港、澳、台商投资企业		858	754	41568	37287	276976	246836	91907	80251
外商投资企业		3502	2965	222383	169711	1341992	1108921	489930	410793
加盟门店合计		**527**	**381**	**10822**	**7366**	**125647**	**93921**	**51346**	**42281**
内资企业		248	139	4126	1965	57411	32361	19887	11288
国有企业									
集体企业									
股份合作企业									
联营企业									
有限责任公司		1	3	30	90	280	770	144	300
股份有限公司									
私营企业		247	136	4096	1875	57131	31591	19743	10988
其他企业									
港、澳、台商投资企业		62	55	1838	1482	15657	13110	8995	7170
外商投资企业		217	187	4858	3919	52579	48450	22464	23823

3-8 续表 2

茶馆

项目	连锁总店数(个)	门店数(个)		年末从业人员(人)		年末餐饮营业面积(平方米)		年末餐位数(个)	
	2008年	2008年	2007年	2008年	2007年	2008年	2007年	2008年	2007年
总计	**3**	**19**	**19**	**306**	**341**	**5197**	**5197**	**1898**	**2152**
内资企业	3	19	19	306	341	5197	5197	1898	2152
国有企业	1	5	5	132	148	2487	2487	1016	1016
集体企业									
股份合作企业									
联营企业									
有限责任公司									
股份有限公司									
私营企业	2	14	14	174	193	2710	2710	882	1136
其他企业									
港、澳、台商投资企业									
外商投资企业									
直营门店合计		**19**	**19**	**306**	**341**	**5197**	**5197**	**1898**	**2152**
内资企业		19	19	306	341	5197	5197	1898	2152
国有企业		5	5	132	148	2487	2487	1016	1016
集体企业									
股份合作企业									
联营企业									
有限责任公司									
股份有限公司									
私营企业		14	14	174	193	2710	2710	882	1136
其他企业									
港、澳、台商投资企业									
外商投资企业									
加盟门店合计									
内资企业									
国有企业									
集体企业									
股份合作企业									
联营企业									
有限责任公司									
股份有限公司									
私营企业									
其他企业									
港、澳、台商投资企业									
外商投资企业									

3-8 续表 3

咖啡店

项目	连锁总店数(个)	门店数(个)		年末从业人员(人)		年末餐饮营业面积(平方米)		年末餐位数(个)	
	2008年	2008年	2007年	2008年	2007年	2008年	2007年	2008年	2007年
总计	**15**	**705**	**522**	**16266**	**12725**	**293916**	**216407**	**86016**	**63624**
内资企业	5	19	18	836	713	19331	14350	2385	3259
国有企业									
集体企业									
股份合作企业									
联营企业									
有限责任公司	1	7	6	710	600	15260	10500	1407	2349
股份有限公司									
私营企业	4	12	12	126	113	4071	3850	978	910
其他企业									
港、澳、台商投资企业	6	166	112	3448	1880	32027	21980	8630	6702
外商投资企业	4	520	392	11982	10132	242558	180077	75001	53663
直营门店合计		**434**	**308**	**8161**	**6360**	**131826**	**89207**	**42796**	**29704**
内资企业		18	17	831	708	19241	14350	2365	3259
国有企业									
集体企业									
股份合作企业									
联营企业									
有限责任公司		7	6	710	600	15260	10500	1407	2349
股份有限公司									
私营企业		11	11	121	108	3981	3850	958	910
其他企业									
港、澳、台商投资企业		166	112	3448	1880	32027	21980	8630	6702
外商投资企业		250	179	3882	3772	80558	52877	31801	19743
加盟门店合计		**271**	**214**	**8105**	**6365**	**162090**	**127200**	**43220**	**33920**
内资企业		1	1	5	5	90		20	
国有企业									
集体企业									
股份合作企业									
联营企业									
有限责任公司									
股份有限公司									
私营企业		1	1	5	5	90		20	
其他企业									
港、澳、台商投资企业									
外商投资企业		270	213	8100	6360	162000	127200	43200	33920

3-8 续表 4

其他餐饮

项目	连锁总店数（个）	门店数（个）		年末从业人员（人）		年末餐饮营业面积（平方米）		年末餐位数（个）	
	2008年	2008年	2007年	2008年	2007年	2008年	2007年	2008年	2007年
总计	**26**	**1007**	**843**	**22548**	**20205**	**284366**	**254470**	**153224**	**133933**
内资企业	18	507	441	5726	5030	80083	68745	33861	23932
国有企业									
集体企业	1	8	8	68	60	669	669	255	255
股份合作企业									
联营企业									
有限责任公司	3	49	44	1050	956	6142	5724	1132	898
股份有限公司	1	6	6	327	432	9583	11583	4116	4259
私营企业	13	444	383	4281	3582	63689	50769	28358	18520
其他企业									
港、澳、台商投资企业									
外商投资企业	8	500	402	16822	15175	204283	185725	119363	110001
直营门店合计		**516**	**446**	**6032**	**5122**	**86396**	**67215**	**39144**	**27488**
内资企业		402	395	4155	3847	63353	51590	30731	20537
国有企业									
集体企业		8	8	68	60	669	669	255	255
股份合作企业									
联营企业									
有限责任公司		27	25	835	761	5290	4922	922	708
股份有限公司		4	4	241	233	7083	7083	3533	3273
私营企业		363	358	3011	2793	50311	38916	26021	16301
其他企业									
港、澳、台商投资企业									
外商投资企业		114	51	1877	1275	23043	15625	8413	6951
加盟门店合计		**491**	**397**	**16516**	**15083**	**197970**	**187255**	**114080**	**106445**
内资企业		105	46	1571	1183	16730	17155	3130	3395
国有企业									
集体企业									
股份合作企业									
联营企业									
有限责任公司		22	19	215	195	852	802	210	190
股份有限公司		2	2	86	199	2500	4500	583	986
私营企业		81	25	1270	789	13378	11853	2337	2219
其他企业									
港、澳、台商投资企业									
外商投资企业		386	351	14945	13900	181240	170100	110950	103050

3-9 按登记注册类型与业态分

正餐

项目	商品购进总额		统一配送商品购进额	
	2008年	2007年	2008年	2007年
总计	**1241548**	**1214492**	**640270**	**490888**
内资企业	752211	941952	336482	325135
国有企业	348	323		
集体企业	552	539		
股份合作企业	17286	15977		
联营企业				
有限责任公司	265334	310899	161955	190346
股份有限公司	149814	299510	64068	47217
私营企业	314863	311040	110459	87573
其他企业	4015	3663		
港、澳、台商投资企业	45410	45332	5917	4936
外商投资企业	443927	227209	297870	160817
直营门店合计	**714787**	**568974**	**345269**	**244724**
内资企业	444238	407781	183680	151283
国有企业	348	323		
集体企业	552	539		
股份合作企业	17286	15977		
联营企业				
有限责任公司	96871	102565	45892	55307
股份有限公司	101518	72658	44835	28003
私营企业	226451	214218	92954	67973
其他企业	1214	1500		
港、澳、台商投资企业	45410	45332	5917	4936
外商投资企业	225139	115862	155672	88505
加盟门店合计	**526761**	**645518**	**295001**	**246164**
内资企业	307973	534171	152802	173852
国有企业				
集体企业				
股份合作企业				
联营企业				
有限责任公司	168464	208334	116063	135039
股份有限公司	48296	226852	19233	19213
私营企业	88412	96822	17505	19600
其他企业	2802	2163		
港、澳、台商投资企业				
外商投资企业	218788	111347	142199	72312

连锁餐饮企业经营情况

单位：万元

自有配送中心配送商品购进额		非自有配送中心配送商品购进额		营业额		餐费收入及商品销售额	
2008年	2007年	2008年	2007年	2008年	2007年	2008年	2007年
405578	**290544**	**169230**	**111759**	**3547498**	**2810182**	**3474698**	**2763536**
230853	194884	47463	45487	2544536	2234468	2520892	2214814
				11227	8679	1888	809
				9819	8865	9819	8865
				17886	16877	17886	16877
101564	102404	19411	19289	590472	644706	578711	633882
64068	47217			797419	658247	797416	658247
65221	45264	28052	26198	1103400	884336	1100859	883376
				14314	12758	14314	12758
2490	2929	650	422	118530	**99329**	**118226**	**99025**
172236	92731	121118	65851	884432	476385	835580	449698
202480	**132662**	**99655**	**64542**	**1842260**	**1320759**	**1770676**	**1274827**
120206	84019	27635	23565	1220897	939414	1198285	920288
				11227	8679	1888	809
				9819	8865	9819	8865
				17886	16877	17886	16877
18873	19446	8062	7946	285148	266954	273386	256129
44835	28003			207724	149951	207722	149951
56499	36569	19573	15619	680588	479017	679078	478586
				8506	9071	8506	9071
2490	2929	650	422	118346	99145	118226	99025
79784	45715	71371	40556	503017	282201	454166	255514
203098	**157882**	**69575**	**47218**	**1705238**	**1489423**	**1704022**	**1488710**
110647	110866	19828	21922	1323639	1295054	1322608	1294525
82692	82958	11349	11343	305324	377753	305324	377753
19233	19213			589695	508296	589695	508296
8722	8695	8479	10579	422812	405319	421781	404790
				5808	3687	5808	3687
				184	184		
92451	47016	49747	25295	381414	194184	381414	194184

3-9 续表 1

快餐

项　　目	商品购进总额		统一配送商品购进额	
	2008年	2007年	2008年	2007年
总　　计	**1309939**	**992576**	**1228970**	**930063**
内资企业	113364	64298	93758	49870
国有企业				
集体企业				
股份合作企业				
联营企业				
有限责任公司	30779	15946	27817	12672
股份有限公司				
私营企业	82586	48352	65941	37198
其他企业				
港、澳、台商投资企业	132872	95975	122252	86469
外商投资企业	1063703	832303	1012960	793725
直营门店合计	**1264303**	**963998**	**1191588**	**902840**
内资企业	98422	62439	83198	48441
国有企业				
集体企业				
股份合作企业				
联营企业				
有限责任公司	30719	15696	27757	12422
股份有限公司				
私营企业	67703	46743	55441	36019
其他企业				
港、澳、台商投资企业	126366	91221	116050	81887
外商投资企业	1039515	810338	992340	772512
加盟门店合计	**45636**	**28578**	**37382**	**27224**
内资企业	14942	1859	10560	1429
国有企业				
集体企业				
股份合作企业				
联营企业				
有限责任公司	60	250	60	250
股份有限公司				
私营企业	14882	1609	10500	1179
其他企业				
港、澳、台商投资企业	6505	4754	6202	4582
外商投资企业	24189	21965	20620	21213

单位：万元

自有配送中心配送商品购进额		非自有配送中心配送商品购进额		营业额		餐费收入及商品销售额	
2008年	2007年	2008年	2007年	2008年	2007年	2008年	2007年
760244	**565627**	**171699**	**139437**	**4042762**	**3245856**	**4012144**	**3217316**
69860	32486	20393	14091	302383	184012	290575	174891
24875	10490	1172	1016	111057	75276	105108	70259
44985	21996	19221	13076	191326	108736	185467	104632
96566	65171	25686	21298	598146	**496324**	**598146**	**496324**
593819	467970	125619	104048	3142233	2565520	3123423	2546101
733329	**540969**	**166140**	**139129**	**3913392**	**3182514**	**3882841**	**3154049**
64657	31245	15037	13903	269201	169491	257461	160446
24815	10240	1172	1016	110947	74776	104998	69759
39841	21005	13864	12887	158254	94715	152463	90687
90449	60599	25600	21288	571733	493434	571733	493434
578223	449125	125504	103938	3072458	2519589	3053648	2500169
26916	**24658**	**5558**	**308**	**129371**	**63342**	**129303**	**63267**
5203	1241	5357	189	33183	14520	33115	14445
60	250			110	500	110	500
5143	991	5357	189	33073	14020	33005	13945
6116	4572	86	9	26414	2890	26414	2890
15596	18845	116	110	69775	45932	69775	45932

3–9 续表 2

茶馆

项　　目	商品购进总额		统一配送商品购进额	
	2008年	2007年	2008年	2007年
总　　计	**2224**	**2178**	**2224**	**2178**
内资企业	2224	2178	2224	2178
国有企业	130	111	130	111
集体企业				
股份合作企业				
联营企业				
有限责任公司				
股份有限公司				
私营企业	2095	2067	2095	2067
其他企业				
港、澳、台商投资企业				
外商投资企业				
直营门店合计	**2224**	**2178**	**2224**	**2178**
内资企业	2224	2178	2224	2178
国有企业	130	111	130	111
集体企业				
股份合作企业				
联营企业				
有限责任公司				
股份有限公司				
私营企业	2095	2067	2095	2067
其他企业				
港、澳、台商投资企业				
外商投资企业				
加盟门店合计				
内资企业				
国有企业				
集体企业				
股份合作企业				
联营企业				
有限责任公司				
股份有限公司				
私营企业				
其他企业				
港、澳、台商投资企业				
外商投资企业				

单位：万元

自有配送中心配送商品购进额		非自有配送中心配送商品购进额		营业额		餐费收入及商品销售额	
2008年	2007年	2008年	2007年	2008年	2007年	2008年	2007年
380	**478**	**1844**	**1700**	**7455**	**7388**	**7455**	**7388**
380	478	1844	1700	7455	7388	7455	7388
130	111			2365	2215	2365	2215
250	367	1844	1700	5090	5173	5090	5173
380	**478**	**1844**	**1700**	**7455**	**7388**	**7455**	**7388**
380	478	1844	1700	7455	7388	7455	7388
130	111			2365	2215	2365	2215
250	367	1844	1700	5090	5173	5090	5173

3-9 续表 3

咖啡店

项目	商品购进总额		统一配送商品购进额	
	2008年	2007年	2008年	2007年
总计	**31496**	**24689**	**31496**	**24653**
内资企业	200	261	200	225
国有企业				
集体企业				
股份合作企业				
联营企业				
有限责任公司				
股份有限公司				
私营企业	200	261	200	225
其他企业				
港、澳、台商投资企业	10059	8403	10059	8403
外商投资企业	21236	16025	21236	16025
直营门店合计	**29881**	**23029**	**29881**	**23006**
内资企业	187	248	187	225
国有企业				
集体企业				
股份合作企业				
联营企业				
有限责任公司				
股份有限公司				
私营企业	187	248	187	225
其他企业				
港、澳、台商投资企业	10059	8403	10059	8403
外商投资企业	19635	14378	19635	14378
加盟门店合计	**1615**	**1660**	**1615**	**1647**
内资企业	13	13	13	
国有企业				
集体企业				
股份合作企业				
联营企业				
有限责任公司				
股份有限公司				
私营企业	13	13	13	
其他企业				
港、澳、台商投资企业				
外商投资企业	1601	1647	1601	1647

单位：万元

自有配送中心配送商品购进额		非自有配送中心配送商品购进额		营业额		餐费收入及商品销售额	
2008年	2007年	2008年	2007年	2008年	2007年	2008年	2007年
5864	**4660**	**8479**	**6646**	**192085**	**137126**	**192081**	**137124**
				8818	5657	8818	5657
				6671	4012	6671	4012
				2147	1645	2147	1645
1580	1757	8479	6646	51645	**30530**	**51645**	**30530**
4284	2903			131621	100939	131617	100938
4263	**3014**	**8479**	**6646**	**132913**	**90698**	**132909**	**90696**
				8776	5657	8776	5657
				6671	4012	6671	4012
				2106	1645	2106	1645
1580	1757	8479	6646	51645	30530	51645	30530
2683	1257			72491	54511	72487	54510
1601	**1647**			**59172**	**46428**	**59172**	**46428**
				42		42	
				42		42	
1601	1647			59130	46428	59130	46428

3-9 续表 4

其他餐饮

项　　目	商品购进总额		统一配送商品购进额	
	2008年	2007年	2008年	2007年
总　　计	**130648**	**110662**	**22214**	**15945**
内资企业	31921	25353	19755	14192
国有企业				
集体企业	248	206		
股份合作企业				
联营企业				
有限责任公司	2342	1719	1112	586
股份有限公司	3006	3242	3006	3242
私营企业	26325	20186	15637	10364
其他企业				
港、澳、台商投资企业				
外商投资企业	98727	85309	2459	1753
直营门店合计	**28062**	**22884**	**19576**	**15123**
内资企业	22972	18824	17117	13369
国有企业				
集体企业	248	206		
股份合作企业				
联营企业				
有限责任公司	2058	1464	1112	586
股份有限公司	2858	3116	2858	3116
私营企业	17808	14037	13146	9667
其他企业				
港、澳、台商投资企业				
外商投资企业	5090	4061	2459	1753
加盟门店合计	**102586**	**87778**	**2638**	**823**
内资企业	8950	6529	2638	823
国有企业				
集体企业				
股份合作企业				
联营企业				
有限责任公司	285	255		
股份有限公司	148	126	148	126
私营企业	8517	6149	2490	697
其他企业				
港、澳、台商投资企业				
外商投资企业	93637	81248		

单位：万元

自有配送中心配送商品购进额		非自有配送中心配送商品购进额		营业额		餐费收入及商品销售额	
2008年	2007年	2008年	2007年	2008年	2007年	2008年	2007年
14675	**9351**	**1524**	**1324**	**279258**	**246755**	**275212**	**239308**
14675	9351	1524	1324	76456	61587	72410	54140
				658	678	658	678
1112	586			11676	10675	11676	10675
				5026	7129	5026	7129
13563	8765	1524	1324	59095	43105	55050	35659
				202802	185168	202802	185168
12184	**8655**	**1524**	**1324**	**83573**	**59760**	**79527**	**52314**
12184	8655	1524	1324	54909	44504	50863	37058
				658	678	658	678
1112	586			8327	7129	8327	7129
				4537	6289	4537	6289
11072	8069	1524	1324	41386	30408	37341	22962
				28664	15256	28664	15256
2490	**697**			**195685**	**186994**	**195685**	**186994**
2490	697			21547	17082	21547	17082
				3349	3545	3349	3545
				489	840	489	840
2490	697			17709	12697	17709	12697
				174138	169912	174138	169912

3-10 连锁餐饮企业门店分布情况

门店所在地	合计(个)		直营门店(个)		加盟门店(个)	
	2008年	2007年	2008年	2007年	2008年	2007年
全　国	**12561**	**10973**	**8315**	**6952**	**4246**	**4021**
北　京	1640	1458	1443	1293	197	165
天　津	253	235	215	195	38	40
河　北	322	312	141	118	181	194
山　西	276	260	84	67	192	193
内蒙古	190	177	71	65	119	112
辽　宁	331	282	238	196	93	86
吉　林	83	74	54	47	29	27
黑龙江	186	184	125	119	61	65
上　海	1158	1020	1007	876	151	144
江　苏	1171	900	685	547	486	353
浙　江	833	706	566	464	267	242
安　徽	330	310	166	140	164	170
福　建	284	234	228	179	56	55
江　西	145	132	82	66	63	66
山　东	540	534	288	248	252	286
河　南	390	375	159	122	231	253
湖　北	330	294	244	206	86	88
湖　南	183	170	144	129	39	41
广　东	1890	1447	1759	1329	131	118
广　西	100	90	63	56	37	34
海　南	33	29	30	26	3	3
重　庆	577	479	161	161	416	318
四　川	605	557	136	113	469	444
贵　州	57	60	21	17	36	43
云　南	169	154	65	51	104	103
西　藏	8	9	3	1	5	8
陕　西	177	173	52	40	125	133
甘　肃	111	121	10	11	101	110
青　海	23	24	14	14	9	10
宁　夏	27	26	7	5	20	21
新　疆	116	122	40	34	76	88
港澳台及国外	23	25	14	17	9	8

3-11 连锁餐饮企业配送中心分布情况

所在地	配送中心数(个)		自有配送中心数(个)	
	2008年	2007年	2008年	2007年
全　国	**367**	**336**	**187**	**186**
北　京	39	34	30	28
天　津	8	8	7	7
河　北	9	8	1	1
山　西	17	15	3	3
内蒙古	36	33	4	8
辽　宁	6	6	5	5
吉　林	4	4	2	2
黑龙江	9	9	3	3
上　海	9	8	8	7
江　苏	54	50	20	20
浙　江	21	21	18	18
安　徽	22	19	2	2
福　建	5	5	2	2
江　西	6	6	3	3
山　东	16	16	10	10
河　南	10	9	4	4
湖　北	4	4	4	4
湖　南	4	4	4	4
广　东	31	29	26	25
广　西	1	1	1	1
海　南				
重　庆	11	10	11	10
四　川	4	3	3	3
贵　州				
云　南	6	5	5	5
西　藏				
陕　西	23	18	2	2
甘　肃	2	2	2	2
青　海	2	2	2	2
宁　夏	4	4	2	2
新　疆	4	3	3	3

3-12 连锁餐饮企业门店在36城市分布情况

门店所在地	合计(个)		直营门店(个)		加盟门店(个)	
	2008年	2007年	2008年	2007年	2008年	2007年
合 计	**7616**	**6607**	**5989**	**5148**	**1627**	**1459**
北 京	1640	1458	1443	1293	197	165
天 津	253	235	215	195	38	40
石家庄	55	49	27	21	28	28
太 原	83	70	45	37	38	33
呼和浩特	40	41	19	19	21	22
沈 阳	128	107	107	91	21	16
大 连	102	93	76	66	26	27
长 春	41	39	35	31	6	8
哈尔滨	123	114	106	92	17	22
上 海	1158	1020	1007	876	151	144
南 京	288	243	213	189	75	54
杭 州	266	214	228	187	38	27
宁 波	127	117	96	84	31	33
合 肥	149	130	114	99	35	31
福 州	81	60	56	39	25	21
厦 门	129	104	123	99	6	5
南 昌	58	45	49	37	9	8
济 南	66	66	37	35	29	31
青 岛	194	185	185	164	9	21
郑 州	111	98	44	34	67	64
武 汉	244	206	202	168	42	38
长 沙	77	76	55	51	22	25
广 州	518	438	474	393	44	45
深 圳	569	436	551	422	18	14
南 宁	46	43	29	24	17	19
海 口	23	21	20	18	3	3
重 庆	577	479	161	161	416	318
成 都	159	136	91	73	68	63
贵 阳	31	32	18	16	13	16
昆 明	92	80	55	43	37	37
拉 萨	7	4	3	1	4	3
西 安	73	64	47	36	26	28
兰 州	28	28	10	10	18	18
西 宁	21	21	14	14	7	7
银 川	16	14	7	5	9	9
乌鲁木齐	43	41	27	25	16	16

3-13 连锁餐饮企业配送中心在36城市分布情况

所在地	配送中心数(个)		自有配送中心数(个)	
	2008年	2007年	2008年	2007年
合　计	**195**	**187**	**149**	**145**
北　京	39	34	30	28
天　津	8	8	7	7
石家庄				
太　原	2	2	2	2
呼和浩特	8	8		
沈　阳	3	3	2	2
大　连	3	3	3	3
长　春	2	2	2	2
哈尔滨	3	3	3	3
上　海	9	8	8	7
南　京	24	24	7	7
杭　州	20	20	17	17
宁　波				
合　肥				
福　州	1	1		
厦　门	2	2	2	2
南　昌	2	2	2	2
济　南	1	1	1	1
青　岛	6	6	6	6
郑　州	1	1		
武　汉	4	4	4	4
长　沙	2	2	2	2
广　州	16	16	14	14
深　圳	9	9	9	9
南　宁				
海　口				
重　庆	11	10	11	10
成　都	2	2	2	2
贵　阳				
昆　明	6	5	5	5
拉　萨				
西　安	2	2	2	2
兰　州	2	2	2	2
西　宁	2	2	2	2
银　川	2	2	1	1
乌鲁木齐	3	3	3	3

第四部分

餐饮企业地区篇

4-1 各地区连锁餐饮企业基本情况

项目	连锁总店数(个)	门店数(个)		年末从业人员(人)		年末餐饮营业面积(平方米)		年末餐位数(位)	
	2008年	2008年	2007年	2008年	2007年	2008年	2007年	2008年	2007年
全　国	**453**	**12561**	**10973**	**660744**	**587428**	**6518555**	**5794824**	**2530675**	**2321406**
北　京	80	1740	1540	85592	70523	980255	923275	273525	251612
天　津	14	305	276	13747	11091	79647	73101	32068	30271
河　北	7	36	34	2185	2088	66720	62370	8264	7855
山　西	5	66	57	5299	5775	57867	46095	12656	11200
内蒙古	8	1239	1169	91745	89109	660188	594890	115112	115904
辽　宁	9	338	298	23700	19914	162905	129136	49379	41608
吉　林	1	2	2	15	15	180	180	48	48
黑龙江	7	53	51	2198	2200	47692	42497	13138	12023
上　海	27	1167	965	53341	36615	315927	272600	122934	103373
江　苏	26	881	691	38425	31218	313031	262005	114215	93630
浙　江	32	865	673	40659	33564	661030	456294	167740	129030
安　徽	6	111	104	4023	4099	109768	90830	26232	22616
福　建	14	315	266	12261	11592	106469	91598	34146	29789
江　西	9	65	57	3810	2454	37389	32231	16742	15074
山　东	19	266	249	11680	10296	176895	170463	126001	123709
河　南	17	138	112	2839	2484	61963	57724	20462	16901
湖　北	29	263	227	24846	21236	292940	263751	82060	75353
湖　南	13	137	121	8877	7316	96379	82914	23185	22081
广　东	77	1820	1386	90015	71504	694188	519219	346403	285380
广　西	3	52	48	3152	2603	22956	20098	8031	6885
海　南	2	7	6	201	162	1505	1185	478	376
重　庆	17	1862	1899	101623	118614	1224273	1290203	784896	787386
四　川	7	226	186	10836	5643	68941	53860	30851	25951
贵　州	2	14	12	1210	1147	28139	24139	4139	3169
云　南	7	167	141	4995	4258	76835	68250	35284	30647
西　藏	1	3				460		125	
陕　西	5	331	319	20894	19844	148713	140526	73332	70964
甘　肃	2	6	7	440	825	6160	6310	1945	2021
青　海	2	11	11	356	243	2800	3360	652	870
宁　夏	1	7	6	300	258	4860	4000	2460	2200
新　疆	4	68	60	1480	738	11480	11720	4172	3480

4-2 各地区连锁餐饮企业直营门店基本情况

项目	门店数(个)		年末从业人员(人)		年末餐饮营业面积(平方米)		年末餐位数(个)	
	2008年	2007年	2008年	2007年	2008年	2007年	2008年	2007年
全国	**8315**	**6952**	**449645**	**362251**	**4196693**	**3470944**	**1476128**	**1264435**
北京	1528	1355	75211	60884	766344	690660	236451	215853
天津	279	253	13489	10853	78165	71669	31668	29891
河北	26	25	2185	2088	45720	42370	8264	7855
山西	56	50	4709	4800	41957	40355	12656	11200
内蒙古	216	165	27641	23404	198220	150236	9352	11873
辽宁	337	297	23700	19914	162905	129136	49379	41608
吉林	2	2	15	15	180	180	48	48
黑龙江	53	48	2198	2057	47692	41445	13138	11236
上海	1167	965	53341	36615	315927	272600	119227	100636
江苏	674	584	34986	29902	261832	235016	97444	85128
浙江	542	405	30921	25343	473130	302694	120166	86190
安徽	105	99	3158	3369	67870	65370	22662	20170
福建	237	195	10152	9642	93749	79188	26316	22369
江西	62	54	3466	2117	36139	30981	16302	14634
山东	232	213	10327	8943	156645	147113	122791	120399
河南	136	110	2839	2484	60963	56724	20462	16901
湖北	260	223	24747	21081	288740	259084	81715	74056
湖南	130	116	8195	6689	86239	73914	21205	20531
广东	1725	1309	84466	66855	642284	471824	335522	275774
广西	52	48	3152	2603	22956	20098	8031	6885
海南	7	6	201	162	1505	1185	478	376
重庆	208	194	13051	11529	189516	156440	74454	51527
四川	109	90	8624	3649	37658	26247	13799	9848
贵州	14	12	1210	1147	28139	24139	4139	3169
云南	65	53	2081	1696	42525	36780	14628	12551
西藏	3				460		125	
陕西	36	30	3402	2694	30813	25626	8312	6944
甘肃	6	7	440	825	6160	6310	1945	2021
青海	11	11	356	243	2800	3360	652	870
宁夏	2	1	92	50	1860	1000	760	500
新疆	35	32	1290	598	7600	9200	4037	3392

4–3 各地区连锁餐饮企业加盟门店基本情况

项目	门店数（个）		年末从业人员（人）		年末餐饮营业面积（平方米）		年末餐位数（个）	
	2008年	2007年	2008年	2007年	2008年	2007年	2008年	2007年
全　国	**4246**	**4021**	**211099**	**225177**	**2321862**	**2323880**	**1054547**	**1056971**
北　京	212	185	10381	9639	213911	232615	37074	35759
天　津	26	23	258	238	1482	1432	400	380
河　北	10	9			21000	20000		
山　西	10	7	590	975	15910	5740		
内蒙古	1023	1004	64104	65705	461968	444654	105760	104031
辽　宁	1	1						
吉　林								
黑龙江		3		143		1052		787
上　海							3707	2737
江　苏	207	107	3439	1316	51199	26989	16771	8502
浙　江	323	268	9738	8221	187900	153600	47574	42840
安　徽	6	5	865	730	41898	25460	3570	2446
福　建	78	71	2109	1950	12720	12410	7830	7420
江　西	3	3	344	337	1250	1250	440	440
山　东	34	36	1353	1353	20250	23350	3210	3310
河　南	2	2			1000	1000		
湖　北	3	4	99	155	4200	4667	345	1297
湖　南	7	5	682	627	10140	9000	1980	1550
广　东	95	77	5549	4649	51904	47395	10881	9606
广　西								
海　南								
重　庆	1654	1705	88572	107085	1034757	1133763	710442	735859
四　川	117	96	2212	1994	31283	27613	17052	16103
贵　州								
云　南	102	88	2914	2562	34310	31470	20656	18096
西　藏								
陕　西	295	289	17492	17150	117900	114900	65020	64020
甘　肃								
青　海								
宁　夏	5	5	208	208	3000	3000	1700	1700
新　疆	33	28	190	140	3880	2520	135	88

4–4 各地区连锁餐饮

项目	商品购进总额		统一配送商品购进额		自有配送中心配送商品购进额	
	2008年	2007年	2008年	2007年	2008年	2007年
全国	**2715855**	**2344597**	**1925174**	**1463727**	**1186741**	**870660**
北京	523105	431667	331411	249983	145702	127380
天津	4687	5535	1972	2701	1610	2143
河北	4754	4823	636	708	636	708
山西	21561	17507	17546	13843	17546	13843
内蒙古	400048	397480	263893	148729	182893	107836
辽宁	100597	79608	100303	79314	14264	11233
吉林	194	176				
黑龙江	11859	10630	10559	9006	1367	2387
上海	138356	110640	138305	110467	67968	57960
江苏	222936	172423	205200	159572	105430	82881
浙江	270588	180601	269683	179723	230160	136475
安徽	6773	6732	5173	3693	3653	2373
福建	22789	18951	22789	18951	12173	10308
江西	16088	12618	14356	11096	1609	966
山东	57094	49285	10487	9733	10300	9554
河南	4486	4042	4454	4012	2380	2127
湖北						
湖南	9511	7666	8899	7096	8899	7096
广东	391731	310214	314026	236668	252494	172126
广西	15170	13277	15037	13109	26	28
海南						
重庆	428520	453021	145823	166607	97938	98357
四川	25451	22137	15167	12877	6032	4899
贵州	366					
云南	22769	19305	21033	17607	16540	13035
西藏						
陕西	6937	6265	1304	1004	1304	1004
甘肃	2803	3281	1437	1505	372	364
青海	1187	1140	186	150		
宁夏						
新疆	5497	5576	5497	5576	5444	5576

企业经营情况

单位：万元

非自有配送中心配送商品购进额		营业额		餐费收入及商品销售额	
2008年	2007年	2008年	2007年	2008年	2007年
352776	**260866**	**8069057**	**6447306**	**7961590**	**6364672**
54353	41993	1210694	972353	1210369	972214
361	557	242225	194160	241227	192960
		15027	12631	15024	12631
		67783	58016	67783	58016
80999	40893	1166162	782148	1166162	782148
		294544	239595	294544	239595
		294	268	294	268
		27873	21561	27873	21561
51938	38181	684183	557722	625989	523163
71644	54058	518965	408451	518965	408451
18296	14127	577927	441837	577927	441636
1520	1320	48702	42316	43625	38474
9633	7961	255518	160616	255518	160616
12548	9982	44001	35568	43901	35468
187	179	191880	174935	185197	169918
30	20	11910	10014	11565	9746
		291954	240581	290209	238959
		105699	92912	105146	92532
1827	1988	1091915	822940	1073635	804269
15011	13081	39564	31376	39564	31376
		3273	3169	3273	3169
23752	27217	791697	827494	791606	827329
9135	7978	142300	105199	142300	101202
		16746	14745	16379	14745
1487	1329	65657	51730	65657	51730
		310		310	
		134595	119734	119888	107261
		6443	6754	6443	6754
		1657	2103	1657	2103
		1600	1455	1600	1455
53		17962	14926	17962	14926

4-5 各地区连锁餐饮企业

项　目	商品购进总额		统一配送商品购进额		自有配送中心配送商品购进额	
	2008年	2007年	2008年	2007年	2008年	2007年
全　国	**2039257**	**1581064**	**1588538**	**1187871**	**952636**	**685777**
北　京	479647	389435	324729	242191	141800	119698
天　津	4402	5281	1972	2701	1610	2143
河　北	4184	4293	636	708	636	708
山　西	18760	15344	17546	13843	17546	13843
内蒙古	158569	86004	100093	55415	69445	40416
辽　宁	100597	79608	100303	79314	14264	11233
吉　林	194	176				
黑龙江	11859	9743	10559	8266	1367	1647
上　海	138356	110640	138305	110467	67968	57960
江　苏	204802	167333	191412	154858	97327	78629
浙　江	262997	174188	262845	174062	225579	133072
安　徽	6773	6732	5173	3693	3653	2373
福　建	22789	18951	22789	18951	12173	10308
江　西	16088	12618	14356	11096	1609	966
山　东	56383	48128	10300	9414	10300	9414
河　南	4481	4038	4454	4012	2380	2127
湖　北						
湖　南	9511	7666	8899	7096	8899	7096
广　东	379449	298450	306285	228880	244815	164401
广　西	15170	13277	15037	13109	26	28
海　南						
重　庆	98397	87279	20564	20687	13001	13623
四　川	14642	12918	10386	9109	1250	1132
贵　州	366					
云　南	14542	12780	13597	11843	9936	8093
西　藏						
陕　西	6866	6189	1233	927	1233	927
甘　肃	2803	3281	1437	1505	372	364
青　海	1187	1140	186	150		
宁　夏						
新　疆	5444	5576	5444	5576	5444	5576

直营门店经营情况

单位：万元

非自有配送中心配送商品购进额		营业额		餐费收入及商品销售额	
2008年	2007年	2008年	2007年	2008年	2007年
277643	**213341**	**5979592**	**4661119**	**5873409**	**4579274**
54238	41884	1108798	877898	1108473	877759
361	557	238595	190335	237782	189319
		15027	12631	15024	12631
		61975	54330	61975	54330
30647	14998	259383	138714	259383	138714
		294544	239595	294544	239595
		294	268	294	268
		27873	19751	27873	19751
51938	38181	684183	557722	625989	523163
66264	53922	487186	394402	487186	394402
18296	14127	494790	372379	494790	372177
1520	1320	40311	36134	36265	32680
9633	7961	204897	135551	204897	135551
12548	9982	43949	35520	43849	35420
		182995	166697	176312	161679
30	20	11842	9939	11565	9746
		290154	238378	288409	236756
		99029	88301	98476	87921
1766	1926	1066158	799198	1047878	780527
15011	13081	39564	31376	39564	31376
		3273	3169	3273	3169
5453	6770	128682	72696	128591	72672
9135	7978	96771	83978	96771	79982
		16746	14745	16379	14745
803	633	36592	46406	36592	46406
		310		310	
		19574	16576	4867	4102
		6443	6754	6443	6754
		1657	2103	1657	2103
		657	835	657	835
		17341	14741	17341	14741

4-6 各地区连锁餐饮企业

项目	商品购进总额		统一配送商品购进额		自有配送中心配送商品购进额	
	2008年	2007年	2008年	2007年	2008年	2007年
全国	**676598**	**763533**	**336636**	**275856**	**234106**	**184883**
北京	43459	42232	6682	7792	3902	7682
天津	285	255				
河北	570	530				
山西	2802	2163				
内蒙古	241479	311475	163800	93315	113448	67420
辽宁						
吉林						
黑龙江		887		740		740
上海						
江苏	18134	5090	13788	4714	8103	4252
浙江	7591	6414	6839	5661	4581	3403
安徽						
福建						
江西						
山东	711	1157	187	319		140
河南	4	4				
湖北						
湖南						
广东	12282	11764	7740	7788	7679	7726
广西						
海南						
重庆	330122	365742	125259	145920	84937	84734
四川	10809	9220	4782	3767	4782	3767
贵州						
云南	8228	6525	7436	5764	6604	4942
西藏						
陕西	71	77	71	77	71	77
甘肃						
青海						
宁夏						
新疆	53		53			

加盟门店经营情况

单位：万元

非自有配送中心配送商品购进额		营业额		餐费收入及商品销售额	
2008年	2007年	2008年	2007年	2008年	2007年
75134	**47525**	**2089465**	**1786187**	**2088182**	**1785399**
116	110	101896	94455	101896	94455
		3629	3825	3445	3641
		5808	3687	5808	3687
50352	25895	906779	643433	906779	643433
			1810		1810
5381	136	31779	14049	31779	14049
		83137	69458	83137	69458
		8391	6181	7360	5794
		50621	25064	50621	25064
		52	48	52	48
187	179	8885	8238	8885	8238
		68	75		
		1800	2204	1800	2204
		6669	4611	6669	4611
62	62	25757	23741	25757	23741
18300	20448	663015	754798	663015	754656
		45529	21221	45529	21221
684	696	29065	5325	29065	5325
		115021	103158	115021	103158
		943	620	943	620
53		621	185	621	185

4-7 按登记注册类型分各地区连锁餐饮企业基本情况

内资企业

项目	连锁总店数(个)	门店数(个)		年末从业人员(人)		年末餐饮营业面积(平方米)		年末餐位数(位)	
	2008年	2008年	2007年	2008年	2007年	2008年	2007年	2008年	2007年
全国	**312**	**5789**	**5336**	**289046**	**286666**	**3741519**	**3523535**	**1587479**	**1533960**
北京	60	774	711	34473	32383	578342	559580	140877	127130
天津	9	82	82	1229	1231	14809	16530	5543	6490
河北	7	36	34	2185	2088	66720	62370	8264	7855
山西	4	26	24	2663	3139	40860	33340	6705	6737
内蒙古	7	849	811	53569	51956	429508	424610	115112	115904
辽宁	1	3	2	130	95	10500	7000	1310	880
吉林									
黑龙江	2	22	21	678	751	8861	8573	4791	4674
上海	9	94	95	1511	1441	27603	27672	7676	7651
江苏	16	392	280	8777	6412	119066	93821	41552	30512
浙江	25	206	130	11877	8476	304518	171069	65455	43143
安徽	5	94	88	2823	3000	107718	88980	24412	20916
福建	7	136	113	3879	3510	28889	25880	13695	12375
江西	8	32	31	2160	2054	23520	21120	11975	10307
山东	15	103	112	2901	2971	113854	116131	100295	100853
河南	14	69	63	1962	1740	33358	34222	13923	12296
湖北	23	102	99	14247	13584	224477	208498	58213	55287
湖南	11	44	41	2821	2716	57650	48300	9389	9427
广东	52	804	598	32836	21498	320650	245789	213521	184566
广西	1	4	5	315	310	3790	3790	800	800
海南	1	3	3	65	60	350	350	150	150
重庆	13	1384	1492	81264	101642	952161	1068272	630264	667472
四川	2	24	25	1105	1006	23600	21100	6390	5540
贵州	2	14	12	1210	1147	28139	24139	4139	3169
云南	4	84	77	2015	1948	52543	50483	22954	21391
西藏	1	3				460		125	
陕西	5	331	319	20894	19844	148713	140526	73332	70964
甘肃	2	6	7	440	825	6160	6310	1945	2021
青海	2	11	11	356	243	2800	3360	652	870
宁夏	1	7	6	300	258	4860	4000	2460	2200
新疆	3	50	44	361	338	7040	7720	1560	2380

4-7 续表 1

国有企业

项目	连锁总店数(个)	门店数(个)		年末从业人员(人)		年末餐饮营业面积(平方米)		年末餐位数(位)	
	2008年	2008年	2007年	2008年	2007年	2008年	2007年	2008年	2007年
全国	**3**	**16**	**16**	**164**	**180**	**10630**	**10268**	**2726**	**2596**
北京									
天津	1	5	5	32	32				
河北									
山西									
内蒙古									
辽宁									
吉林									
黑龙江									
上海	1	6	6			8143	7781	1710	1580
江苏									
浙江	1	5	5	132	148	2487	2487	1016	1016
安徽									
福建									
江西									
山东									
河南									
湖北									
湖南									
广东									
广西									
海南									
重庆									
四川									
贵州									
云南									
西藏									
陕西									
甘肃									
青海									
宁夏									
新疆									

4-7 续表 2

集体企业

项目	连锁总店数(个)	门店数(个)		年末从业人员(人)		年末餐饮营业面积(平方米)		年末餐位数(位)	
	2008年	2008年	2007年	2008年	2007年	2008年	2007年	2008年	2007年
全国	**3**	**18**	**18**	**563**	**718**	**16440**	**16440**	**3746**	**3746**
北京									
天津									
河北									
山西									
内蒙古									
辽宁									
吉林									
黑龙江									
上海	1	7	7			1771	1771	691	691
江苏									
浙江									
安徽									
福建									
江西									
山东									
河南									
湖北									
湖南									
广东	2	11	11	563	718	14669	14669	3055	3055
广西									
海南									
重庆									
四川									
贵州									
云南									
西藏									
陕西									
甘肃									
青海									
宁夏									
新疆									

4-7 续表 3

股份合作企业

项目	连锁总店数(个)	门店数(个)		年末从业人员(人)		年末餐饮营业面积(平方米)		年末餐位数(位)	
	2008年	2008年	2007年	2008年	2007年	2008年	2007年	2008年	2007年
全国	**6**	**23**	**24**	**1901**	**1932**	**34681**	**26781**	**9883**	**8652**
北京	2	9	10	450	529	7250	7680	2790	3199
天津									
河北									
山西									
内蒙古									
辽宁									
吉林									
黑龙江									
上海									
江苏									
浙江									
安徽									
福建									
江西									
山东									
河南									
湖北	1	3	3	261	135	4500	3200	800	600
湖南									
广东	3	11	11	1190	1268	22931	15901	6293	4853
广西									
海南									
重庆									
四川									
贵州									
云南									
西藏									
陕西									
甘肃									
青海									
宁夏									
新疆									

4-7 续表 4

有限责任公司

项目	连锁总店数(个)	门店数(个)		年末从业人员(人)		年末餐饮营业面积(平方米)		年末餐位数(位)	
	2008年	2008年	2007年	2008年	2007年	2008年	2007年	2008年	2007年
全国	**81**	**1791**	**1761**	**90745**	**99297**	**1149722**	**1132034**	**350889**	**349897**
北京	20	249	225	7441	6681	128994	104312	34528	27999
天津	5	57	53	802	775	9032	9252	3772	4053
河北	1	7	7	469	523	6750	7400	1939	2090
山西									
内蒙古	4	182	155	2577	2286	45148	40810	9268	8309
辽宁									
吉林									
黑龙江									
上海	1	23	25	235	210	1330	2130	760	960
江苏	2	12	16	383	432	2810	4300	1009	2100
浙江	4	27	27	3888	3544	97057	61020	18100	18910
安徽	1	21	15	220	150	4400	3000	2200	1500
福建	1	2	1	435	434	300	300	50	50
江西	1	2	2	95	88	520	520	485	460
山东	3	31	32	177	222	7644	8044	3451	3501
河南	4	17	17	236	236	6769	8643	1578	1471
湖北	10	51	53	7466	7405	99861	92632	27356	27540
湖南	3	13	12	1583	1463	32760	26950	5801	6499
广东	12	273	153	16530	7805	122411	75719	40641	23942
广西									
海南	1	3	3	65	60	350	350	150	150
重庆	3	769	919	44029	63281	517047	627513	178550	201866
四川	1	3	2	203	156	6000	4500	3200	2500
贵州	1	12	12	1148	1147	25339	24139	3499	3169
云南	2	29	26	1100	976	16500	15000	10410	9370
西藏									
陕西	1	8	6	1663	1423	18700	15500	4142	3458
甘肃									
青海									
宁夏									
新疆									

4-7 续表 5

股份有限公司

项　目	连锁总店数(个)	门店数(个)		年末从业人员(人)		年末餐饮营业面积(平方米)		年末餐位数(位)	
	2008年	2008年	2007年	2008年	2007年	2008年	2007年	2008年	2007年
全　国	**12**	**782**	**761**	**67912**	**65751**	**666994**	**681745**	**155103**	**152469**
北　京	2	87	77	13359	12540	239938	249879	34721	32271
天　津	1	2	2	30	30	200	200	60	60
河　北	2	7	7	765	713	9000	9000	4025	4025
山　西	1	5	6	521	519	5630	5900	1985	2017
内蒙古	2	654	643	50792	49490	382560	382000	104794	106545
辽　宁									
吉　林									
黑龙江									
上　海									
江　苏									
浙　江	1	12	12	443	449	2583	2583	1202	1202
安　徽									
福　建									
江　西									
山　东									
河　南	1	2	2	36	120	1000	4100	500	640
湖　北	1	7	6	1639	1458	16500	16500	3700	1450
湖　南									
广　东									
广　西									
海　南									
重　庆									
四　川									
贵　州									
云　南	1	6	6	327	432	9583	11583	4116	4259
西　藏									
陕　西									
甘　肃									
青　海									
宁　夏									
新　疆									

4-7 续表 6

私营企业

项目	连锁总店数(个)	门店数(个)		年末从业人员(人)		年末餐饮营业面积(平方米)		年末餐位数(位)	
	2008年	2008年	2007年	2008年	2007年	2008年	2007年	2008年	2007年
全　国	**205**	**3140**	**2741**	**125801**	**116712**	**1830142**	**1636227**	**1061647**	**1013350**
北　京	36	429	399	13223	12633	202160	197709	68838	63661
天　津	2	18	22	365	394	5577	7078	1711	2377
河　北	4	22	20	951	852	50970	45970	2300	1740
山　西	2	8	8	1282	1320	15820	18400	4720	4720
内蒙古	1	13	13	200	180	1800	1800	1050	1050
辽　宁	1	3	2	130	95	10500	7000	1310	880
吉　林									
黑龙江	2	22	21	678	751	8861	8573	4791	4674
上　海	6	58	57	1276	1231	16359	15990	4515	4420
江　苏	14	380	264	8394	5980	116256	89521	40543	28412
浙　江	19	162	86	7414	4335	202391	104979	45137	22015
安　徽	4	73	73	2603	2850	103318	85980	22212	19416
福　建	6	134	112	3444	3076	28589	25580	13645	12325
江　西	7	30	29	2065	1966	23000	20600	11490	9847
山　东	12	72	80	2724	2749	106210	108087	96844	97352
河　南	9	50	44	1690	1384	25589	21479	11845	10185
湖　北	10	35	32	3781	3810	90116	85166	22872	22447
湖　南	8	31	29	1238	1253	24890	21350	3588	2928
广　东	35	509	423	14553	11707	160639	139500	163532	152716
广　西	1	4	5	315	310	3790	3790	800	800
海　南									
重　庆	10	615	573	37235	38361	435114	440759	451714	465606
四　川	1	21	23	902	850	17600	16600	3190	3040
贵　州	1	2		62		2800		640	
云　南	1	49	45	588	540	26460	23900	8428	7762
西　藏	1	3				460		125	
陕　西	4	323	313	19231	18421	130013	125026	69190	67506
甘　肃	2	6	7	440	825	6160	6310	1945	2021
青　海	2	11	11	356	243	2800	3360	652	870
宁　夏	1	7	6	300	258	4860	4000	2460	2200
新　疆	3	50	44	361	338	7040	7720	1560	2380

4-7 续表 7

其他企业

项目	连锁总店数(个)	门店数(个)		年末从业人员(人)		年末餐饮营业面积(平方米)		年末餐位数(位)	
	2008年	2008年	2007年	2008年	2007年	2008年	2007年	2008年	2007年
全国	**2**	**19**	**15**	**1960**	**2076**	**32910**	**20040**	**3485**	**3250**
北京									
天津									
河北									
山西	1	13	10	860	1300	19410	9040		
内蒙古									
辽宁									
吉林									
黑龙江									
上海									
江苏									
浙江									
安徽									
福建									
江西									
山东									
河南									
湖北	1	6	5	1100	776	13500	11000	3485	3250
湖南									
广东									
广西									
海南									
重庆									
四川									
贵州									
云南									
西藏									
陕西									
甘肃									
青海									
宁夏									
新疆									

其他企业

4-7 续表 8

港、澳、台商投资企业

项　目	连锁总店数（个）	门店数（个）		年末从业人员（人）		年末餐饮营业面积（平方米）		年末餐位数（位）	
	2008年	2008年	2007年	2008年	2007年	2008年	2007年	2008年	2007年
全　国	**45**	**1176**	**1002**	**53383**	**46180**	**451126**	**407429**	**144761**	**132328**
北　京	5	225	204	7169	7102	125473	128837	40265	45925
天　津	2	9	9	178	178	2070	2070	952	952
河　北									
山　西									
内蒙古									
辽　宁	3	40	30	1021	454	15447	6361	5086	3438
吉　林									
黑龙江	2	12	11	373	345	12478	10074	3288	2255
上　海	7	385	335	22104	19725	139240	125079	46904	42498
江　苏	2	107	91	4116	3096	29673	25403	9411	7198
浙　江	1	3	3	122	112	601	601	416	416
安　徽									
福　建	3	61	54	2341	2438	28579	23852	11664	8929
江　西									
山　东	1	1	1	80	78	450	450	150	150
河　南									
湖　北	2	8	3	479	400	2578	3500	476	230
湖　南									
广　东	11	205	162	11653	9272	70315	63897	13499	10860
广　西	1	17	16	613	493	5384	4213	2157	1785
海　南	1	4	3	136	102	1155	835	328	226
重　庆	1	4	5	199	196	707	707	416	416
四　川	1	31	28	819	779				
贵　州									
云　南	2	64	47	1980	1410	16976	11550	9749	7050
西　藏									
陕　西									
甘　肃									
青　海									
宁　夏									
新　疆									

4-7 续表 9

外商投资企业

项 目	连锁总店数(个)	门店数(个)		年末从业人员(人)		年末餐饮营业面积(平方米)		年末餐位数(位)	
	2008年	2008年	2007年	2008年	2007年	2008年	2007年	2008年	2007年
全 国	**96**	**5596**	**4635**	**318315**	**254582**	**2325910**	**1863860**	**798435**	**655118**
北 京	15	741	625	43950	31038	276440	234858	92383	78557
天 津	3	214	185	12340	9682	62768	54501	25573	22829
河 北									
山 西	1	40	33	2636	2636	17007	12755	5951	4463
内蒙古	1	390	358	38176	37153	230680	170280		
辽 宁	5	295	266	22549	19365	136958	115775	42983	37290
吉 林	1	2	2	15	15	180	180	48	48
黑龙江	3	19	19	1147	1104	26353	23850	5059	5094
上 海	11	688	535	29726	15449	149084	119849	68354	53224
江 苏	8	382	320	25532	21710	164292	142781	63252	55920
浙 江	6	656	540	28660	24976	355911	284624	101869	85471
安 徽	1	17	16	1200	1099	2050	1850	1820	1700
福 建	4	118	99	6041	5644	49001	41866	8787	8485
江 西	1	33	26	1650	400	13869	11111	4767	4767
山 东	3	162	136	8699	7247	62591	53882	25556	22706
河 南	3	69	49	877	744	28605	23502	6539	4605
湖 北	4	153	125	10120	7252	65885	51753	23371	19836
湖 南	2	93	80	6056	4600	38729	34614	13796	12654
广 东	14	811	626	45526	40734	303223	209533	119383	89954
广 西	1	31	27	2224	1800	13782	12095	5074	4300
海 南									
重 庆	3	474	402	20160	16776	271405	221224	154216	119498
四 川	4	171	133	8912	3858	45341	32760	24461	20411
贵 州									
云 南	1	19	17	1000	900	7316	6217	2581	2206
西 藏									
陕 西									
甘 肃									
青 海									
宁 夏									
新 疆	1	18	16	1119	400	4440	4000	2612	1100

4-8 按登记注册类型分各地区连锁餐饮企业直营门店基本情况

内资企业

项 目	门店数(个)		年末从业人员(人)		年末餐饮营业面积(平方米)		年末餐位数(个)	
	2008年	2007年	2008年	2007年	2008年	2007年	2008年	2007年
全 国	**2726**	**2382**	**121282**	**103657**	**1916032**	**1628194**	**722528**	**647969**
北 京	614	581	25067	23705	380470	345595	107747	95065
天 津	59	62	999	1021	13857	15628	5333	6300
河 北	26	25	2185	2088	45720	42370	8264	7855
山 西	16	17	2073	2164	24950	27600	6705	6737
内蒙古	70	64	3001	2699	51636	48832	9352	11873
辽 宁	3	2	130	95	10500	7000	1310	880
吉 林								
黑龙江	22	18	678	608	8861	7521	4791	3887
上 海	94	95	1511	1441	27603	27672	7676	7651
江 苏	192	182	5551	5253	70367	68632	25461	22490
浙 江	192	116	11029	7445	288568	155119	61970	39148
安 徽	88	83	1958	2270	65820	63520	20842	18470
福 建	58	42	1770	1560	16169	13470	5865	4955
江 西	29	28	1816	1717	22270	19870	11535	9867
山 东	69	76	1548	1618	93604	92781	97085	97543
河 南	67	61	1962	1740	32358	33222	13923	12296
湖 北	99	95	14148	13429	220277	203831	57868	53990
湖 南	39	37	2239	2139	47510	39300	7409	7877
广 东	736	536	28803	17619	276213	202244	205906	176610
广 西	4	5	315	310	3790	3790	800	800
海 南	3	3	65	60	350	350	150	150
重 庆	116	138	7637	8457	98644	104609	30772	34663
四 川	7	7	465	416	12120	10140	4058	3321
贵 州	14	12	1210	1147	28139	24139	4139	3169
云 南	34	32	661	646	30983	29463	10348	9745
西 藏	3				460		125	
陕 西	36	30	3402	2694	30813	25626	8312	6944
甘 肃	6	7	440	825	6160	6310	1945	2021
青 海	11	11	356	243	2800	3360	652	870
宁 夏	2	1	92	50	1860	1000	760	500
新 疆	17	16	171	198	3160	5200	1425	2292

4-8 续表 1

国有企业

项　目	门店数(个)		年末从业人员(人)		年末餐饮营业面积(平方米)		年末餐位数(个)	
	2008年	2007年	2008年	2007年	2008年	2007年	2008年	2007年
全　国	**16**	**16**	**164**	**180**	**10630**	**10268**	**2726**	**2596**
北　京								
天　津	5	5	32	32				
河　北								
山　西								
内蒙古								
辽　宁								
吉　林								
黑龙江								
上　海	6	6			8143	7781	1710	1580
江　苏								
浙　江	5	5	132	148	2487	2487	1016	1016
安　徽								
福　建								
江　西								
山　东								
河　南								
湖　北								
湖　南								
广　东								
广　西								
海　南								
重　庆								
四　川								
贵　州								
云　南								
西　藏								
陕　西								
甘　肃								
青　海								
宁　夏								
新　疆								

4-8 续表 2

集体企业

项目	门店数（个）		年末从业人员（人）		年末餐饮营业面积（平方米）		年末餐位数（个）	
	2008年	2007年	2008年	2007年	2008年	2007年	2008年	2007年
全　国	**18**	**18**	**563**	**718**	**16440**	**16440**	**3746**	**3746**
北　京								
天　津								
河　北								
山　西								
内蒙古								
辽　宁								
吉　林								
黑龙江								
上　海	7	7			1771	1771	691	691
江　苏								
浙　江								
安　徽								
福　建								
江　西								
山　东								
河　南								
湖　北								
湖　南								
广　东	11	11	563	718	14669	14669	3055	3055
广　西								
海　南								
重　庆								
四　川								
贵　州								
云　南								
西　藏								
陕　西								
甘　肃								
青　海								
宁　夏								
新　疆								

4-8 续表 3

股份合作企业

项目	门店数（个）		年末从业人员（人）		年末餐饮营业面积（平方米）		年末餐位数（个）	
	2008年	2007年	2008年	2007年	2008年	2007年	2008年	2007年
全国	**17**	**18**	**1022**	**995**	**34681**	**26781**	**9883**	**8652**
北京	9	10	450	529	7250	7680	2790	3199
天津								
河北								
山西								
内蒙古								
辽宁								
吉林								
黑龙江								
上海								
江苏								
浙江								
安徽								
福建								
江西								
山东								
河南								
湖北	3	3	261	135	4500	3200	800	600
湖南								
广东	5	5	311	331	22931	15901	6293	4853
广西								
海南								
重庆								
四川								
贵州								
云南								
西藏								
陕西								
甘肃								
青海								
宁夏								
新疆								

4-8 续表 4

有限责任公司

项　目	门店数(个)		年末从业人员(人)		年末餐饮营业面积(平方米)		年末餐位数(个)	
	2008年	2007年	2008年	2007年	2008年	2007年	2008年	2007年
全　国	**825**	**700**	**43687**	**34147**	**581554**	**462346**	**159320**	**141229**
北　京	241	221	6277	5677	97624	77062	30778	25029
天　津	35	34	587	580	8180	8450	3562	3863
河　北	7	7	469	523	6750	7400	1939	2090
山　西								
内蒙古	15	14	669	579	13056	12456	2159	2023
辽　宁								
吉　林								
黑龙江								
上　海	23	25	235	210	1330	2130	760	960
江　苏	11	13	353	342	2530	3530	865	1800
浙　江	27	27	3888	3544	97057	61020	18100	18910
安　徽	21	15	220	150	4400	3000	2200	1500
福　建	2	1	435	434	300	300	50	50
江　西	2	2	95	88	520	520	485	460
山　东	31	32	177	222	7644	8044	3451	3501
河　南	17	17	236	236	6769	8643	1578	1471
湖　北	51	50	7466	7282	99861	89165	27356	26363
湖　南	11	10	1275	1166	26760	21950	4421	5349
广　东	271	150	16299	7573	120180	70597	39741	21942
广　西								
海　南	3	3	65	60	350	350	150	150
重　庆	29	54	1807	2662	31804	37190	8494	14251
四　川	3	2	203	156	6000	4500	3200	2500
贵　州	12	12	1148	1147	25339	24139	3499	3169
云　南	5	5	120	93	6400	6400	2390	2390
西　藏								
陕　西	8	6	1663	1423	18700	15500	4142	3458
甘　肃								
青　海								
宁　夏								
新　疆								

4-8 续表 5

股份有限公司

项 目	门店数(个)		年末从业人员(人)		年末餐饮营业面积(平方米)		年末餐位数(个)	
	2008年	2007年	2008年	2007年	2008年	2007年	2008年	2007年
全 国	**113**	**97**	**13251**	**11687**	**180314**	**165811**	**35869**	**31738**
北 京	33	22	7459	6240	101638	85969	14721	10271
天 津	1	1	15	15	100	100	60	60
河 北	7	7	765	713	9000	9000	4025	4025
山 西	5	6	521	519	5630	5900	1985	2017
内蒙古	42	37	2132	1940	36780	34576	6143	8800
辽 宁								
吉 林								
黑龙江								
上 海								
江 苏								
浙 江	12	12	443	449	2583	2583	1202	1202
安 徽								
福 建								
江 西								
山 东								
河 南	2	2	36	120	1000	4100	500	640
湖 北	7	6	1639	1458	16500	16500	3700	1450
湖 南								
广 东								
广 西								
海 南								
重 庆								
四 川								
贵 州								
云 南	4	4	241	233	7083	7083	3533	3273
西 藏								
陕 西								
甘 肃								
青 海								
宁 夏								
新 疆								

4-8 续表 6

私营企业

项　目	门店数(个)		年末从业人员(人)		年末餐饮营业面积(平方米)		年末餐位数(个)	
	2008年	2007年	2008年	2007年	2008年	2007年	2008年	2007年
全　国	**1728**	**1525**	**61225**	**54829**	**1075413**	**932248**	**507499**	**456758**
北　京	331	328	10881	11259	173958	174884	59458	56566
天　津	18	22	365	394	5577	7078	1711	2377
河　北	12	11	951	852	29970	25970	2300	1740
山　西	8	8	1282	1320	15820	18400	4720	4720
内蒙古	13	13	200	180	1800	1800	1050	1050
辽　宁	3	2	130	95	10500	7000	1310	880
吉　林								
黑龙江	22	18	678	608	8861	7521	4791	3887
上　海	58	57	1276	1231	16359	15990	4515	4420
江　苏	181	169	5198	4911	67837	65102	24596	20690
浙　江	148	72	6566	3304	186441	89029	41652	18020
安　徽	67	68	1738	2120	61420	60520	18642	16970
福　建	56	41	1335	1126	15869	13170	5815	4905
江　西	27	26	1721	1629	21750	19350	11050	9407
山　东	38	44	1371	1396	85960	84737	93634	94042
河　南	48	42	1690	1384	24589	20479	11845	10185
湖　北	32	31	3682	3778	85916	83966	22527	22327
湖　南	28	27	964	973	20750	17350	2988	2528
广　东	449	370	11630	8997	118433	101077	156817	146760
广　西	4	5	315	310	3790	3790	800	800
海　南								
重　庆	87	84	5830	5795	66840	67419	22278	20412
四　川	4	5	262	260	6120	5640	858	821
贵　州	2		62		2800		640	
云　南	25	23	300	320	17500	15980	4425	4082
西　藏	3				460		125	
陕　西	28	24	1739	1271	12113	10126	4170	3486
甘　肃	6	7	440	825	6160	6310	1945	2021
青　海	11	11	356	243	2800	3360	652	870
宁　夏	2	1	92	50	1860	1000	760	500
新　疆	17	16	171	198	3160	5200	1425	2292

4-8 续表 7

其他企业

项目	门店数(个)		年末从业人员(人)		年末餐饮营业面积(平方米)		年末餐位数(个)	
	2008年	2007年	2008年	2007年	2008年	2007年	2008年	2007年
全国	**9**	**8**	**1370**	**1101**	**17000**	**14300**	**3485**	**3250**
北京								
天津								
河北								
山西	3	3	270	325	3500	3300		
内蒙古								
辽宁								
吉林								
黑龙江								
上海								
江苏								
浙江								
安徽								
福建								
江西								
山东								
河南								
湖北	6	5	1100	776	13500	11000	3485	3250
湖南								
广东								
广西								
海南								
重庆								
四川								
贵州								
云南								
西藏								
陕西								
甘肃								
青海								
宁夏								
新疆								

4-8 续表 8

港、澳、台商投资企业

项　目	门店数（个）		年末从业人员（人）		年末餐饮营业面积（平方米）		年末餐位数（个）	
	2008年	2007年	2008年	2007年	2008年	2007年	2008年	2007年
全　国	**1111**	**944**	**51517**	**44670**	**434939**	**393789**	**135576**	**124968**
北　京	222	201	7104	7037	125066	127977	40000	45685
天　津	6	6	150	150	1540	1540	762	762
河　北								
山　西								
内蒙古								
辽　宁	40	30	1021	454	15447	6361	5086	3438
吉　林								
黑龙江	12	11	373	345	12478	10074	3288	2255
上　海	385	335	22104	19725	139240	125079	46904	42498
江　苏	100	82	3903	2939	27173	23603	8731	6718
浙　江	3	3	122	112	601	601	416	416
安　徽								
福　建	61	54	2341	2438	28579	23852	11664	8929
江　西								
山　东	1	1	80	78	450	450	150	150
河　南								
湖　北	8	3	479	400	2578	3500	476	230
湖　南								
广　东	205	162	11653	9272	70315	63897	13499	10860
广　西	17	16	613	493	5384	4213	2157	1785
海　南	4	3	136	102	1155	835	328	226
重　庆	4	5	199	196	707	707	416	416
四　川	31	28	819	779				
贵　州								
云　南	12	4	420	150	4226	1100	1699	600
西　藏								
陕　西								
甘　肃								
青　海								
宁　夏								
新　疆								

4-8 续表 9

外商投资企业

项目	门店数(个)		年末从业人员(人)		年末餐饮营业面积(平方米)		年末餐位数(个)	
	2008年	2007年	2008年	2007年	2008年	2007年	2008年	2007年
全国	**4478**	**3626**	**276846**	**213924**	**1845722**	**1448961**	**618024**	**491498**
北京	692	573	43040	30142	260808	217088	88704	75103
天津	214	185	12340	9682	62768	54501	25573	22829
河北								
山西	40	33	2636	2636	17007	12755	5951	4463
内蒙古	146	101	24640	20705	146584	101404		
辽宁	294	265	22549	19365	136958	115775	42983	37290
吉林	2	2	15	15	180	180	48	48
黑龙江	19	19	1147	1104	26353	23850	5059	5094
上海	688	535	29726	15449	149084	119849	64647	50487
江苏	382	320	25532	21710	164292	142781	63252	55920
浙江	347	286	19770	17786	183961	146974	57780	46626
安徽	17	16	1200	1099	2050	1850	1820	1700
福建	118	99	6041	5644	49001	41866	8787	8485
江西	33	26	1650	400	13869	11111	4767	4767
山东	162	136	8699	7247	62591	53882	25556	22706
河南	69	49	877	744	28605	23502	6539	4605
湖北	153	125	10120	7252	65885	51753	23371	19836
湖南	91	79	5956	4550	38729	34614	13796	12654
广东	784	611	44010	39964	295756	205683	116117	88304
广西	31	27	2224	1800	13782	12095	5074	4300
海南								
重庆	88	51	5215	2876	90165	51124	43266	16448
四川	71	55	7340	2454	25538	16107	9741	6527
贵州								
云南	19	17	1000	900	7316	6217	2581	2206
西藏								
陕西								
甘肃								
青海								
宁夏								
新疆	18	16	1119	400	4440	4000	2612	1100

4-9 按登记注册类型分各地区连锁餐饮企业加盟门店基本情况

内资企业

项目	门店数(个)		年末从业人员(人)		年末餐饮营业面积(平方米)		年末餐位数(个)	
	2008年	2007年	2008年	2007年	2008年	2007年	2008年	2007年
全国	**3063**	**2954**	**167764**	**183009**	**1825487**	**1895341**	**864951**	**885991**
北京	160	130	9406	8678	197872	213985	33130	32065
天津	23	20	230	210	952	902	210	190
河北	10	9			21000	20000		
山西	10	7	590	975	15910	5740		
内蒙古	779	747	50568	49257	377872	375778	105760	104031
辽宁								
吉林								
黑龙江		3		143		1052		787
上海								
江苏	200	98	3226	1159	48699	25189	16091	8022
浙江	14	14	848	1031	15950	15950	3485	3995
安徽	6	5	865	730	41898	25460	3570	2446
福建	78	71	2109	1950	12720	12410	7830	7420
江西	3	3	344	337	1250	1250	440	440
山东	34	36	1353	1353	20250	23350	3210	3310
河南	2	2			1000	1000		
湖北	3	4	99	155	4200	4667	345	1297
湖南	5	4	582	577	10140	9000	1980	1550
广东	68	62	4033	3879	44437	43545	7615	7956
广西								
海南								
重庆	1268	1354	73627	93185	853517	963663	599492	632809
四川	17	18	640	590	11480	10960	2332	2219
贵州								
云南	50	45	1354	1302	21560	21020	12606	11646
西藏								
陕西	295	289	17492	17150	117900	114900	65020	64020
甘肃								
青海								
宁夏	5	5	208	208	3000	3000	1700	1700
新疆	33	28	190	140	3880	2520	135	88

4-9 续表 1

有限责任公司

项目	门店数(个)		年末从业人员(人)		年末餐饮营业面积(平方米)		年末餐位数(个)	
	2008年	2007年	2008年	2007年	2008年	2007年	2008年	2007年
全国	**966**	**1061**	**47058**	**65150**	**568168**	**669688**	**191569**	**208668**
北京	8	4	1164	1004	31370	27250	3750	2970
天津	22	19	215	195	852	802	210	190
河北								
山西								
内蒙古	167	141	1908	1707	32092	28354	7109	6286
辽宁								
吉林								
黑龙江								
上海								
江苏	1	3	30	90	280	770	144	300
浙江								
安徽								
福建								
江西								
山东								
河南								
湖北		3		123		3467		1177
湖南	2	2	308	297	6000	5000	1380	1150
广东	2	3	231	232	2231	5122	900	2000
广西								
海南								
重庆	740	865	42222	60619	485243	590323	170056	187615
四川								
贵州								
云南	24	21	980	883	10100	8600	8020	6980
西藏								
陕西								
甘肃								
青海								
宁夏								
新疆								

4-9 续表 2

股份有限公司

项　目	门店数(个)		年末从业人员(人)		年末餐饮营业面积(平方米)		年末餐位数(个)	
	2008年	2007年	2008年	2007年	2008年	2007年	2008年	2007年
全　国	**669**	**664**	**54661**	**54064**	**486680**	**515934**	**119234**	**120731**
北　京	54	55	5900	6300	138300	163910	20000	22000
天　津	1	1	15	15	100	100		
河　北								
山　西								
内蒙古	612	606	48660	47550	345780	347424	98651	97745
辽　宁								
吉　林								
黑龙江								
上　海								
江　苏								
浙　江								
安　徽								
福　建								
江　西								
山　东								
河　南								
湖　北								
湖　南								
广　东								
广　西								
海　南								
重　庆								
四　川								
贵　州								
云　南	2	2	86	199	2500	4500	583	986
西　藏								
陕　西								
甘　肃								
青　海								
宁　夏								
新　疆								

4-9 续表 3

私营企业

项目	门店数（个）		年末从业人员（人）		年末餐饮营业面积（平方米）		年末餐位数（个）	
	2008年	2007年	2008年	2007年	2008年	2007年	2008年	2007年
全国	**1412**	**1216**	**64576**	**61883**	**754729**	**703979**	**554148**	**556592**
北京	98	71	2342	1374	28202	22825	9380	7095
天津								
河北	10	9			21000	20000		
山西								
内蒙古								
辽宁								
吉林								
黑龙江		3		143		1052		787
上海								
江苏	199	95	3196	1069	48419	24419	15947	7722
浙江	14	14	848	1031	15950	15950	3485	3995
安徽	6	5	865	730	41898	25460	3570	2446
福建	78	71	2109	1950	12720	12410	7830	7420
江西	3	3	344	337	1250	1250	440	440
山东	34	36	1353	1353	20250	23350	3210	3310
河南	2	2			1000	1000		
湖北	3	1	99	32	4200	1200	345	120
湖南	3	2	274	280	4140	4000	600	400
广东	60	53	2923	2710	42206	38423	6715	5956
广西								
海南								
重庆	528	489	31405	32566	368274	373340	429436	445194
四川	17	18	640	590	11480	10960	2332	2219
贵州								
云南	24	22	288	220	8960	7920	4003	3680
西藏								
陕西	295	289	17492	17150	117900	114900	65020	64020
甘肃								
青海								
宁夏	5	5	208	208	3000	3000	1700	1700
新疆	50	44	361	338	7040	7720	1560	2380

4-9 续表 4

其他企业

项 目	门店数(个)		年末从业人员(人)		年末餐饮营业面积(平方米)		年末餐位数(个)	
	2008年	2007年	2008年	2007年	2008年	2007年	2008年	2007年
全　国	**10**	**7**	**590**	**975**	**15910**	**5740**		
北　京								
天　津								
河　北								
山　西	10	7	590	975	15910	5740		
内蒙古								
辽　宁								
吉　林								
黑龙江								
上　海								
江　苏								
浙　江								
安　徽								
福　建								
江　西								
山　东								
河　南								
湖　北								
湖　南								
广　东								
广　西								
海　南								
重　庆								
四　川								
贵　州								
云　南								
西　藏								
陕　西								
甘　肃								
青　海								
宁　夏								
新　疆								

4-9 续表 5

港、澳、台商投资企业

项目	门店数（个）		年末从业人员（人）		年末餐饮营业面积（平方米）		年末餐位数（个）	
	2008年	2007年	2008年	2007年	2008年	2007年	2008年	2007年
全国	**65**	**58**	**1866**	**1510**	**16187**	**13640**	**9185**	**7360**
北京	3	3	65	65	407	860	265	240
天津	3	3	28	28	530	530	190	190
河北								
山西								
内蒙古								
辽宁								
吉林								
黑龙江								
上海								
江苏	7	9	213	157	2500	1800	680	480
浙江								
安徽								
福建								
江西								
山东								
河南								
湖北								
湖南								
广东								
广西								
海南								
重庆								
四川								
贵州								
云南	52	43	1560	1260	12750	10450	8050	6450
西藏								
陕西								
甘肃								
青海								
宁夏								
新疆								

4-9 续表 6

外商投资企业

项目	门店数(个)		年末从业人员(人)	
	2008年	2007年	2008年	2007年
全国	**1118**	**1009**	**41469**	**40658**
北京	49	52	910	896
天津				
河北				
山西				
内蒙古	244	257	13536	16448
辽宁	1	1		
吉林				
黑龙江				
上海				
江苏				
浙江	309	254	8890	7190
安徽				
福建				
江西				
山东				
河南				
湖北				
湖南	2	1	100	50
广东	27	15	1516	770
广西				
海南				
重庆	386	351	14945	13900
四川	100	78	1572	1404
贵州				
云南				
西藏				
陕西				
甘肃				
青海				
宁夏				
新疆	18	16	1119	400

4-9 续表 7

外商投资企业

项目	年末餐饮营业面积（平方米）		年末餐位数（个）	
	2008年	2007年	2008年	2007年
全国	**480188**	**414899**	**180411**	**163620**
北京	15632	17770	3679	3454
天津				
河北				
山西				
内蒙古	84096	68876		
辽宁				
吉林				
黑龙江				
上海			3707	2737
江苏				
浙江	171950	137650	44089	38845
安徽				
福建				
江西				
山东				
河南				
湖北				
湖南				
广东	7467	3850	3266	1650
广西				
海南				
重庆	181240	170100	110950	103050
四川	19803	16653	14720	13884
贵州				
云南				
西藏				
陕西				
甘肃				
青海				
宁夏				
新疆	4440	4000	2612	1100

4-10 按登记注册类型分各地区

内资企业

项 目	商品购进总额		统一配送商品购进额		自有配送中心配送商品购进额	
	2008年	2007年	2008年	2007年	2008年	2007年
全 国	**899921**	**1034041**	**452420**	**391600**	**315768**	**237199**
北 京	205461	194397	65041	46563	48674	29996
天 津	3470	4123	1610	2143	1610	2143
河 北	4754	4823	636	708	636	708
山 西	4883	4630	868	967	868	967
内蒙古	50001	223166	36330	35426	34978	34189
辽 宁						
吉 林						
黑龙江	2125	3598	2125	3124	1367	2387
上 海	4848	4403	4797	4231	3350	3026
江 苏	64662	45908	49186	34997	27035	20461
浙 江	73300	57966	73300	57960	36957	17653
安 徽	6773	6732	5173	3693	3653	2373
福 建	367	65	367	65		
江 西	4641	3558	2909	2035	1609	966
山 东	6158	6743	3554	4023	3367	3844
河 南	4486	4042	4454	4012	2380	2127
湖 北						
湖 南	1509	1306	897	736	897	736
广 东	111520	72575	48822	15760	47779	14454
广 西	333	367	200	198	26	28
海 南						
重 庆	320419	366786	142324	165090	96549	97134
四 川	10284	9261				
贵 州	366					
云 南	8133	7902	6397	6204	1903	1632
西 藏						
陕 西	6937	6265	1304	1004	1304	1004
甘 肃	2803	3281	1437	1505	372	364
青 海	1187	1140	186	150		
宁 夏						
新 疆	505	1007	505	1007	452	1007

连锁餐饮企业经营情况

单位：万元

非自有配送中心配送商品购进额		营业额		餐费收入及商品销售额	
2008年	2007年	2008年	2007年	2008年	2007年
71224	**62602**	**2939647**	**2493111**	**2900150**	**2456889**
4489	4624	483191	396128	482903	396029
		17121	15522	17121	15522
		15027	12631	15024	12631
		22188	21767	22188	21767
1352	1237	557362	479025	557362	479025
		7708	5666	7708	5666
		8731	6896	8731	6896
		27773	24698	18434	16828
18390	10573	119479	83223	119479	83223
17646	13706	200776	124006	200776	123804
1520	1320	33545	30186	28468	26344
		122578	48350	122578	48350
1102	922	11949	10197	11849	10097
187	179	44395	53887	37712	48869
30	20	10721	10014	10376	9746
		158693	135817	156953	134204
		25906	19246	25353	18866
1043	1306	299040	197779	298835	197582
174	170	631	695	631	695
		773	773	773	773
23752	27217	573039	636472	572948	636307
		21354	19105	21354	15108
		16746	14745	16379	14745
1487	1329	13765	13901	13765	13901
		310		310	
		134595	119734	119888	107261
		6443	6754	6443	6754
		1657	2103	1657	2103
		1600	1455	1600	1455
53		2554	2339	2554	2339

4-10 续表 1

国有企业

项 目	商品购进总额		统一配送商品购进额		自有配送中心配送商品购进额	
	2008年	2007年	2008年	2007年	2008年	2007年
全 国	**478**	**434**	**130**	**111**	**130**	**111**
北 京						
天 津	296	276				
河 北						
山 西						
内 蒙 古						
辽 宁						
吉 林						
黑 龙 江						
上 海	51	47				
江 苏						
浙 江	130	111	130	111	130	111
安 徽						
福 建						
江 西						
山 东						
河 南						
湖 北						
湖 南						
广 东						
广 西						
海 南						
重 庆						
四 川						
贵 州						
云 南						
西 藏						
陕 西						
甘 肃						
青 海						
宁 夏						
新 疆						

单位：万元

非自有配送中心配送商品购进额		营业额		餐费收入及商品销售额	
2008年	2007年	2008年	2007年	2008年	2007年
		13592	**10894**	**4254**	**3024**
		1888	809	1888	809
		9338	7870		
		2365	2215	2365	2215

4-10 续表 2

集体企业

项目	商品购进总额		统一配送商品购进额		自有配送中心配送商品购进额	
	2008年	2007年	2008年	2007年	2008年	2007年
全国	**800**	**745**				
北京						
天津						
河北						
山西						
内蒙古						
辽宁						
吉林						
黑龙江						
上海						
江苏						
浙江						
安徽						
福建						
江西						
山东						
河南						
湖北						
湖南						
广东	800	745				
广西						
海南						
重庆						
四川						
贵州						
云南						
西藏						
陕西						
甘肃						
青海						
宁夏						
新疆						

单位：万元

非自有配送中心配送商品购进额		营业额		餐费收入及商品销售额	
2008年	2007年	2008年	2007年	2008年	2007年
		10477	**9543**	**10477**	**9543**
		10477	9543	10477	9543

4-10 续表 3

股份合作企业

项 目	商品购进总额		统一配送商品购进额		自有配送中心配送商品购进额	
	2008年	2007年	2008年	2007年	2008年	2007年
全 国	**17286**	**15977**				
北 京	2716	3263				
天 津						
河 北						
山 西						
内 蒙 古						
辽 宁						
吉 林						
黑 龙 江						
上 海						
江 苏						
浙 江						
安 徽						
福 建						
江 西						
山 东						
河 南						
湖 北						
湖 南						
广 东	14570	12714				
广 西						
海 南						
重 庆						
四 川						
贵 州						
云 南						
西 藏						
陕 西						
甘 肃						
青 海						
宁 夏						
新 疆						

单位：万元

非自有配送中心配送商品购进额		营业额		餐费收入及商品销售额	
2008年	2007年	2008年	2007年	2008年	2007年
		17886	**16877**	**17886**	**16877**
		5766	5909	5766	5909
		1305	806	1305	806
		10815	10162	10815	10162

4-10 续表 4

有限责任公司

项 目	商品购进总额		统一配送商品购进额		自有配送中心配送商品购进额	
	2008年	2007年	2008年	2007年	2008年	2007年
全 国	**298455**	**328564**	**190884**	**203604**	**127552**	**113480**
北 京	37960	37231	16668	17304	10598	10490
天 津	2109	2066	546	362	546	362
河 北	119	144				
山 西						
内蒙古	5299	4510	3423	2648	2451	1701
辽 宁						
吉 林						
黑龙江						
上 海						
江 苏	1471	1864	1471	1607	1471	1607
浙 江	19609	27983	19609	27983	827	1063
安 徽						
福 建						
江 西	1136	950	1136	950	34	29
山 东	604	537	604	537	604	537
河 南	900	858	900	858	900	858
湖 北						
湖 南	230	210	230	210	230	210
广 东	46946	29986	18474	3245	18403	3150
广 西						
海 南						
重 庆	174131	214811	126338	146572	91487	93473
四 川						
贵 州						
云 南	2747	2619	1487	1329		
西 藏						
陕 西	5195	4797				
甘 肃						
青 海						
宁 夏						
新 疆						

单位：万元

非自有配送中心配送商品购进额		营业额		餐费收入及商品销售额	
2008年	2007年	2008年	2007年	2008年	2007年
20583	**20305**	**719876**	**734668**	**702165**	**718827**
3325	3836	78165	73428	77964	73329
		11031	10830	11031	10830
		2869	2911	2869	2911
972	947	9507	8718	9507	8718
		3226	4036	3226	4036
799	817	50127	47092	50127	46891
		1164	487	1164	487
		4364	4305	4364	4305
1102	922	1770	1480	1770	1480
		7528	6701	1578	1684
		2304	2011	2304	2011
		56470	51744	54827	50237
		17166	13326	17166	13326
71	94	134495	90129	134495	90129
		773	773	773	773
12828	12360	306510	387784	306427	387784
		1489	1381	1489	1381
		16379	14745	16379	14745
1487	1329	4707	3771	4707	3771
		9832	9018		

4-10 续表 5

股份有限公司

项　目	商品购进总额		统一配送商品购进额		自有配送中心配送商品购进额	
	2008年	2007年	2008年	2007年	2008年	2007年
全　国	**152820**	**302752**	**67074**	**50459**	**64068**	**47217**
北　京	102903	78499	29862	12954	29862	12954
天　津						
河　北	1546	1578	636	708	636	708
山　西						
内蒙古	44322	218366	32527	32487	32527	32487
辽　宁						
吉　林						
黑龙江						
上　海						
江　苏						
浙　江	846	850	846	850	846	850
安　徽						
福　建						
江　西						
山　东						
河　南	197	217	197	217	197	217
湖　北						
湖　南						
广　东						
广　西						
海　南						
重　庆						
四　川						
贵　州						
云　南	3006	3242	3006	3242		
西　藏						
陕　西						
甘　肃						
青　海						
宁　夏						
新　疆						

单位：万元

非自有配送中心配送商品购进额		营业额		餐费收入及商品销售额	
2008年	2007年	2008年	2007年	2008年	2007年
		802445	**665376**	**802442**	**665376**
		217376	158923	217376	158923
		246	246	246	246
		3500	3147	3497	3147
		2783	3479	2783	3479
		547025	469547	547025	469547
		8568	7121	8568	7121
		231	314	231	314
		17690	15470	17690	15470
		5026	7129	5026	7129

4-10 续表 6

私营企业

项 目	商品购进总额		统一配送商品购进额		自有配送中心配送商品购进额	
	2008年	2007年	2008年	2007年	2008年	2007年
全 国	**426068**	**381905**	**194332**	**137426**	**124018**	**76392**
北 京	61883	75404	18512	16305	8214	6552
天 津	1065	1781	1065	1781	1065	1781
河 北	3090	3100				
山 西	868	967	868	967	868	967
内蒙古	380	290	380	290		
辽 宁						
吉 林						
黑龙江	2125	3598	2125	3124	1367	2387
上 海	4797	4356	4797	4231	3350	3026
江 苏	63190	44043	47715	33390	25564	18854
浙 江	52715	29023	52715	29017	35153	15629
安 徽	6773	6732	5173	3693	3653	2373
福 建	367	65	367	65		
江 西	3505	2608	1773	1085	1575	938
山 东	5553	6206	2950	3487	2763	3308
河 南	3389	2967	3357	2936	1283	1052
湖 北						
湖 南	1279	1096	667	526	667	526
广 东	49204	29130	30348	12515	29376	11303
广 西	333	367	200	198	26	28
海 南						
重 庆	146288	151976	15986	18518	5062	3661
四 川	10284	9261				
贵 州	366					
云 南	2379	2041	1903	1632	1903	1632
西 藏						
陕 西	1742	1469	1304	1004	1304	1004
甘 肃	2803	3281	1437	1505	372	364
青 海	1187	1140	186	150		
宁 夏						
新 疆	505	1007	505	1007	452	1007

单位：万元

非自有配送中心配送商品购进额		营业额		餐费收入及商品销售额	
2008年	2007年	2008年	2007年	2008年	2007年
50641	**42297**	**1361058**	**1042995**	**1348613**	**1030485**
1164	788	181884	157868	181797	157868
		3955	3638	3955	3638
		8658	6573	8658	6573
		12097	12041	12097	12041
380	290	830	760	830	760
		7708	5666	7708	5666
		8731	6896	8731	6896
		18434	16828	18434	16828
18390	10573	116253	79188	116253	79188
16847	12888	139715	67577	139715	67577
1520	1320	32381	29699	27304	25858
		118214	44045	118214	44045
		10179	8717	10079	8617
187	179	36867	47185	36134	47185
30	20	8187	7689	7842	7421
		76222	61285	76126	61179
		8740	5921	8187	5541
972	1212	143253	87946	143048	87749
174	170	631	695	631	695
10924	14857	266529	248688	266521	248523
		19865	17723	19865	13727
		367			
		4033	3001	4033	3001
		310		310	
		124762	110716	119888	107261
		6443	6754	6443	6754
		1657	2103	1657	2103
		1600	1455	1600	1455
53		2554	2339	2554	2339

4-10 续表 7

其他企业

项　目	商品购进总额		统一配送商品购进额		自有配送中心配送商品购进额	
	2008年	2007年	2008年	2007年	2008年	2007年
全　国	**4015**	**3663**				
北　京						
天　津						
河　北						
山　西	4015	3663				
内 蒙 古						
辽　宁						
吉　林						
黑 龙 江						
上　海						
江　苏						
浙　江						
安　徽						
福　建						
江　西						
山　东						
河　南						
湖　北						
湖　南						
广　东						
广　西						
海　南						
重　庆						
四　川						
贵　州						
云　南						
西　藏						
陕　西						
甘　肃						
青　海						
宁　夏						
新　疆						

单位：万元

非自有配送中心配送商品购进额		营业额		餐费收入及商品销售额	
2008年	2007年	2008年	2007年	2008年	2007年
		14314	**12758**	**14314**	**12758**
		7308	6247	7308	6247
		7006	6511	7006	6511

4-10 续表 8

港、澳、台商投资企业

项目	商品购进总额		统一配送商品购进额		自有配送中心配送商品购进额	
	2008年	2007年	2008年	2007年	2008年	2007年
全国	**188340**	**149710**	**138228**	**99808**	**100635**	**69857**
北京	59470	51494	27543	21151	19064	14505
天津	855	855				
河北						
山西						
内蒙古						
辽宁	4046	2779	4046	2779	4046	2779
吉林						
黑龙江	2778	1585	2778	1585		
上海	1711	2176	1711	2176	1711	2176
江苏	20373	13254	18112	11313	16213	10313
浙江	711	455	650	422		
安徽						
福建	10411	8714	10411	8714	778	753
江西						
山东						
河南						
湖北						
湖南						
广东	67290	51035	52283	34305	51498	33623
广西	4234	3677	4234	3677		
海南						
重庆	524	424	524	424	524	424
四川	9135	7978	9135	7978		
贵州						
云南	6801	5285	6801	5285	6801	5285
西藏						
陕西						
甘肃						
青海						
宁夏						
新疆						

单位：万元

非自有配送中心配送商品购进额		营业额		餐费收入及商品销售额	
2008年	2007年	2008年	2007年	2008年	2007年
34815	**28366**	**768322**	**626183**	**768017**	**625878**
8479	6646	151422	125160	151422	125160
		2890	2890	2586	2586
		11544	6620	11544	6620
		7277	3721	7277	3721
		270421	226253	270421	226253
1899	1000	40689	28738	40689	28738
650	422	2380	1480	2380	1480
9633	7961	47189	40735	47189	40735
		1837	1784	1837	1784
		8297	5350	8297	5350
785	682	154723	129941	154723	129941
4234	3677	9690	7823	9690	7823
		2500	2396	2500	2396
		1543	1365	1543	1365
9135	7978	24564	20330	24564	20330
		31357	21598	31357	21598

4-10 续表 9

外商投资企业

项目	商品购进总额		统一配送商品购进额		自有配送中心配送商品购进额	
	2008年	2007年	2008年	2007年	2008年	2007年
全国	**1627593**	**1160846**	**1334526**	**972319**	**770338**	**563604**
北京	258175	185776	238827	182268	77965	82879
天津	361	557	361	557		
河北						
山西	16678	12877	16678	12877	16678	12877
内蒙古	350047	174314	227563	113304	147916	73647
辽宁	96550	76828	96256	76535	10218	8454
吉林	194	176				
黑龙江	6956	5446	5656	4296		
上海	131797	104061	131797	104061	62907	52758
江苏	137901	113262	137901	113262	62182	52107
浙江	196578	122181	195734	121341	193203	118822
安徽						
福建	12011	10172	12011	10172	11394	9555
江西	11447	9061	11447	9061		
山东	50937	42542	6933	5709	6933	5709
河南						
湖北						
湖南	8002	6360	8002	6360	8002	6360
广东	212921	186603	212921	186603	153217	124050
广西	10604	9234	10604	9234		
海南						
重庆	107577	85810	2975	1094	865	800
四川	6032	4899	6032	4899	6032	4899
贵州						
云南	7835	6118	7835	6118	7835	6118
西藏						
陕西						
甘肃						
青海						
宁夏						
新疆	4993	4569	4993	4569	4993	4569

单位：万元

非自有配送中心配送商品购进额		营业额		餐费收入及商品销售额	
2008年	2007年	2008年	2007年	2008年	2007年
246737	**169899**	**4361088**	**3328013**	**4293423**	**3281905**
41385	30723	576081	451065	576045	451024
361	557	222214	175748	221521	174852
		45595	36250	45595	36250
79647	39656	608800	303122	608800	303122
		275292	227308	275292	227308
		294	268	294	268
		11865	10944	11865	10944
51938	38181	385989	306772	337134	280083
51355	42486	358797	296490	358797	296490
		374770	316352	374770	316352
		15157	12130	15157	12130
		85751	71531	85751	71531
11447	9061	32052	25371	32052	25371
		145648	119264	145648	119264
		1189		1189	
		124964	99415	124959	99406
		79793	73666	79793	73666
		638153	495220	620078	476746
10604	9234	29243	22858	29243	22858
		217115	189657	217115	189657
		96382	65764	96382	65764
		20536	16232	20536	16232
		15409	12587	15409	12587

4–11 按登记注册类型分各地区

内资企业

项 目	商品购进总额		统一配送商品购进额		自有配送中心配送商品购进额	
	2008年	2007年	2008年	2007年	2008年	2007年
全 国	**568043**	**491469**	**286406**	**215496**	**197427**	**124397**
北 京	171354	160033	64602	46372	48248	29805
天 津	3186	3868	1610	2143	1610	2143
河 北	4184	4293	636	708	636	708
山 西	2082	2467	868	967	868	967
内蒙古	27142	22879	14665	14383	13918	13746
辽 宁						
吉 林						
黑龙江	2125	2711	2125	2384	1367	1647
上 海	4848	4403	4797	4231	3350	3026
江 苏	47140	41115	35897	30558	19345	16474
浙 江	71107	56996	71107	56991	34764	16683
安 徽	6773	6732	5173	3693	3653	2373
福 建	367	65	367	65		
江 西	4641	3558	2909	2035	1609	966
山 东	5446	5586	3367	3704	3367	3704
河 南	4481	4038	4454	4012	2380	2127
湖 北						
湖 南	1509	1306	897	736	897	736
广 东	105853	67651	47697	14812	46716	13568
广 西	333	367	200	198	26	28
海 南						
重 庆	83933	82293	17065	19170	11612	12400
四 川	4257	3808				
贵 州	366					
云 南	5609	5684	4664	4747	1003	998
西 藏						
陕 西	6866	6189	1233	927	1233	927
甘 肃	2803	3281	1437	1505	372	364
青 海	1187	1140	186	150		
宁 夏						
新 疆	452	1007	452	1007	452	1007

连锁餐饮企业直营门店经营情况

单位：万元

非自有配送中心配送商品购进额		营业收入		餐费收入及商品销售额	
2008年	2007年	2008年	2007年	2008年	2007年
46039	**40491**	**1561237**	**1166454**	**1522839**	**1130837**
4489	4624	398174	317530	397885	317431
		13676	11881	13676	11881
		15027	12631	15024	12631
		16380	18080	16380	18080
748	637	31473	29248	31473	29248
		7708	5666	7708	5666
		8731	5085	8731	5085
		27773	24698	18434	16828
13095	10446	88720	69848	88720	69848
17646	13706	187535	111713	187535	111512
1520	1320	25154	24004	21108	20550
		71957	23285	71957	23285
1102	922	11897	10149	11797	10049
		35510	45648	28827	40631
30	20	10653	9939	10376	9746
		156892	133613	155153	132000
		19237	14635	18684	14255
981	1244	282733	183737	282528	183541
174	170	631	695	631	695
		773	773	773	773
5453	6770	84162	51587	84071	51563
		9833	8648	9833	4651
		16746	14745	16379	14745
803	633	9291	10195	9291	10195
		310		310	
		19574	16576	4867	4102
		6443	6754	6443	6754
		1657	2103	1657	2103
		657	835	657	835
		1933	2154	1933	2154

4-11 续表 1

国有企业

项 目	商品购进总额		统一配送商品购进额		自有配送中心配送商品购进额	
	2008年	2007年	2008年	2007年	2008年	2007年
全 国	**478**	**434**	**130**	**111**	**130**	**111**
北 京						
天 津	296	276				
河 北						
山 西						
内 蒙 古						
辽 宁						
吉 林						
黑 龙 江						
上 海	51	47				
江 苏						
浙 江	130	111	130	111	130	111
安 徽						
福 建						
江 西						
山 东						
河 南						
湖 北						
湖 南						
广 东						
广 西						
海 南						
重 庆						
四 川						
贵 州						
云 南						
西 藏						
陕 西						
甘 肃						
青 海						
宁 夏						
新 疆						

单位：万元

非自有配送中心配送商品购进额		营业收入		餐费收入及商品销售额	
2008年	2007年	2008年	2007年	2008年	2007年
		13592	**10894**	**4254**	**3024**
		1888	809	1888	809
		9338	7870		
		2365	2215	2365	2215

4-11 **续表 2**

集体企业

项　目	商品购进总额		统一配送商品购进额		自有配送中心配送商品购进额	
	2008年	2007年	2008年	2007年	2008年	2007年
全　国	**800**	**745**				
北　京						
天　津						
河　北						
山　西						
内蒙古						
辽　宁						
吉　林						
黑龙江						
上　海						
江　苏						
浙　江						
安　徽						
福　建						
江　西						
山　东						
河　南						
湖　北						
湖　南						
广　东	800	745				
广　西						
海　南						
重　庆						
四　川						
贵　州						
云　南						
西　藏						
陕　西						
甘　肃						
青　海						
宁　夏						
新　疆						

单位：万元

非自有配送中心配送商品购进额		营业收入		餐费收入及商品销售额	
2008年	2007年	2008年	2007年	2008年	2007年
		10477	**9543**	**10477**	**9543**
		10477	9543	10477	9543

4-11 续表 3

股份合作企业

项　目	商品购进总额		统一配送商品购进额		自有配送中心配送商品购进额	
	2008年	2007年	2008年	2007年	2008年	2007年
全　国	**17286**	**15977**				
北　京	2716	3263				
天　津						
河　北						
山　西						
内蒙古						
辽　宁						
吉　林						
黑龙江						
上　海						
江　苏						
浙　江						
安　徽						
福　建						
江　西						
山　东						
河　南						
湖　北						
湖　南						
广　东	14570	12714				
广　西						
海　南						
重　庆						
四　川						
贵　州						
云　南						
西　藏						
陕　西						
甘　肃						
青　海						
宁　夏						
新　疆						

单位：万元

非自有配送中心配送商品购进额		营业收入		餐费收入及商品销售额	
2008年	2007年	2008年	2007年	2008年	2007年
		17886	**16877**	**17886**	**16877**
		5766	5909	5766	5909
		1305	806	1305	806
		10815	10162	10815	10162

4-11 **续表** 4

有限责任公司

项 目	商品购进总额		统一配送商品购进额		自有配送中心配送商品购进额	
	2008年	2007年	2008年	2007年	2008年	2007年
全 国	**129647**	**119725**	**74761**	**68315**	**44800**	**30272**
北 京	35297	34133	16668	17304	10598	10490
天 津	1824	1811	546	362	546	362
河 北	119	144				
山 西						
内蒙古	1674	1491	991	819	624	472
辽 宁						
吉 林						
黑龙江						
上 海						
江 苏	1411	1614	1411	1357	1411	1357
浙 江	19609	27983	19609	27983	827	1063
安 徽						
福 建						
江 西	1136	950	1136	950	34	29
山 东	604	537	604	537	604	537
河 南	900	858	900	858	900	858
湖 北						
湖 南	230	210	230	210	230	210
广 东	45068	28405	18474	3245	18403	3150
广 西						
海 南						
重 庆	15084	15473	13390	14057	10622	11745
四 川						
贵 州						
云 南	1497	1321	803	633		
西 藏						
陕 西	5195	4797				
甘 肃						
青 海						
宁 夏						
新 疆						

单位：万元

非自有配送中心配送商品购进额		营业收入		餐费收入及商品销售额	
2008年	2007年	2008年	2007年	2008年	2007年
9234	**8961**	**411093**	**352871**	**393382**	**337029**
3325	3836	72710	67181	72508	67083
		7682	7285	7682	7285
		2869	2911	2869	2911
368	347	2205	2021	2205	2021
		3116	3536	3116	3536
799	817	50127	47092	50127	46891
		1164	487	1164	487
		4364	4305	4364	4305
1102	922	1770	1480	1770	1480
		7528	6701	1578	1684
		2304	2011	2304	2011
		56470	50141	54827	48634
		13365	10656	13365	10656
71	94	131170	87242	131170	87242
		773	773	773	773
2767	2312	23146	31835	23063	31835
		1489	1381	1489	1381
		16379	14745	16379	14745
803	633	2630	2072	2630	2072
		9832	9018		

4-11 续表 5

股份有限公司

项目	商品购进总额		统一配送商品购进额		自有配送中心配送商品购进额	
	2008年	2007年	2008年	2007年	2008年	2007年
全国	**104376**	**75774**	**47693**	**31120**	**44835**	**28003**
北京	73840	48914	29862	12954	29862	12954
天津						
河北	1546	1578	636	708	636	708
山西						
内蒙古	25089	21099	13294	13274	13294	13274
辽宁						
吉林						
黑龙江						
上海						
江苏						
浙江	846	850	846	850	846	850
安徽						
福建						
江西						
山东						
河南	197	217	197	217	197	217
湖北						
湖南						
广东						
广西						
海南						
重庆						
四川						
贵州						
云南	2858	3116	2858	3116		
西藏						
陕西						
甘肃						
青海						
宁夏						
新疆						

单位：万元

非自有配送中心配送商品购进额		营业额		餐费收入及商品销售额	
2008年	2007年	2008年	2007年	2008年	2007年
		212261	**156240**	**212258**	**156240**
		146365	93802	146365	93802
		150	150	150	150
		3500	3147	3497	3147
		2783	3479	2783	3479
		28438	26467	28438	26467
		8568	7121	8568	7121
		231	314	231	314
		17690	15470	17690	15470
		4537	6289	4537	6289

4-11 续表 6

私营企业

项 目	商品购进总额		统一配送商品购进额		自有配送中心配送商品购进额	
	2008年	2007年	2008年	2007年	2008年	2007年
全 国	**314244**	**277312**	**163823**	**115951**	**107663**	**66010**
北 京	59502	73723	18072	16113	7788	6360
天 津	1065	1781	1065	1781	1065	1781
河 北	2520	2570				
山 西	868	967	868	967	868	967
内蒙古	380	290	380	290		
辽 宁						
吉 林						
黑龙江	2125	2711	2125	2384	1367	1647
上 海	4797	4356	4797	4231	3350	3026
江 苏	45729	39501	34485	29201	17934	15117
浙 江	50522	28053	50522	28047	32960	14660
安 徽	6773	6732	5173	3693	3653	2373
福 建	367	65	367	65		
江 西	3505	2608	1773	1085	1575	938
山 东	4842	5050	2763	3168	2763	3168
河 南	3384	2963	3357	2936	1283	1052
湖 北						
湖 南	1279	1096	667	526	667	526
广 东	45415	25788	29223	11567	28312	10418
广 西	333	367	200	198	26	28
海 南						
重 庆	68849	66820	3675	5112	990	655
四 川	4257	3808				
贵 州	366					
云 南	1254	1247	1003	998	1003	998
西 藏						
陕 西	1671	1392	1233	927	1233	927
甘 肃	2803	3281	1437	1505	372	364
青 海	1187	1140	186	150		
宁 夏						
新 疆	452	1007	452	1007	452	1007

单位：万元

非自有配送中心配送商品购进额		营业额		餐费收入及商品销售额	
2008年	2007年	2008年	2007年	2008年	2007年
36805	**31530**	**887423**	**610958**	**876076**	**599053**
1164	788	173333	150638	173246	150638
		3955	3638	3955	3638
		8658	6573	8658	6573
		12097	12041	12097	12041
380	290	830	760	830	760
		7708	5666	7708	5666
		8731	5085	8731	5085
		18434	16828	18434	16828
13095	10446	85604	66312	85604	66312
16847	12888	126474	55284	126474	55284
1520	1320	23990	23518	19944	20064
		67593	18981	67593	18981
		10127	8669	10027	8569
		27982	38947	27249	38947
30	20	8119	7614	7842	7421
		74422	60685	74325	60579
		5871	3980	5318	3600
910	1150	130271	76791	130065	76594
174	170	631	695	631	695
2685	4458	61016	19751	61008	19728
		8343	7267	8343	3270
		367			
		2125	1834	2125	1834
		310		310	
		9741	7558	4867	4102
		6443	6754	6443	6754
		1657	2103	1657	2103
		657	835	657	835
		1933	2154	1933	2154

4-11 续表 7

其他企业

项目	商品购进总额		统一配送商品购进额		自有配送中心配送商品购进额	
	2008年	2007年	2008年	2007年	2008年	2007年
全国	**1214**	**1500**				
北京						
天津						
河北						
山西	1214	1500				
内蒙古						
辽宁						
吉林						
黑龙江						
上海						
江苏						
浙江						
安徽						
福建						
江西						
山东						
河南						
湖北						
湖南						
广东						
广西						
海南						
重庆						
四川						
贵州						
云南						
西藏						
陕西						
甘肃						
青海						
宁夏						
新疆						

单位：万元

非自有配送中心配送商品购进额		营业额		餐费收入及商品销售额	
2008年	2007年	2008年	2007年	2008年	2007年
		8506	**9071**	**8506**	**9071**
		1500	2560	1500	2560
		7006	6511	7006	6511

4-11 续表 8

港、澳、台商投资企业

项　目	商品购进总额		统一配送商品购进额		自有配送中心配送商品购进额	
	2008年	2007年	2008年	2007年	2008年	2007年
全　国	**181835**	**144957**	**132026**	**95226**	**94519**	**65285**
北　京	59281	51345	27543	21151	19064	14505
天　津	855	855				
河　北						
山　西						
内蒙古						
辽　宁	4046	2779	4046	2779	4046	2779
吉　林						
黑龙江	2778	1585	2778	1585		
上　海	1711	2176	1711	2176	1711	2176
江　苏	19761	12956	17614	11039	15800	10048
浙　江	711	455	650	422		
安　徽						
福　建	10411	8714	10411	8714	778	753
江　西						
山　东						
河　南						
湖　北						
湖　南						
广　东	67290	51035	52283	34305	51498	33623
广　西	4234	3677	4234	3677		
海　南						
重　庆	524	424	524	424	524	424
四　川	9135	7978	9135	7978		
贵　州						
云　南	1098	978	1098	978	1098	978
西　藏						
陕　西						
甘　肃						
青　海						
宁　夏						
新　疆						

单位：万元

非自有配送中心配送商品购进额		营业额		餐费收入及商品销售额	
2008年	2007年	2008年	2007年	2008年	2007年
34729	**28356**	**768322**	**626183**	**768017**	**625878**
8479	6646	151422	125160	151422	125160
		2890	2890	2586	2586
		11544	6620	11544	6620
		7277	3721	7277	3721
		270421	226253	270421	226253
1814	990	40689	28738	40689	28738
650	422	2380	1480	2380	1480
9633	7961	47189	40735	47189	40735
		1837	1784	1837	1784
		8297	5350	8297	5350
785	682	154723	129941	154723	129941
4234	3677	9690	7823	9690	7823
		2500	2396	2500	2396
		1543	1365	1543	1365
9135	7978	24564	20330	24564	20330
		31357	21598	31357	21598

4-11 续表 9

外商投资企业

项　目	商品购进总额		统一配送商品购进额		自有配送中心配送商品购进额	
	2008年	2007年	2008年	2007年	2008年	2007年
全　国	**1289379**	**944638**	**1170105**	**877149**	**660690**	**496096**
北　京	249012	178057	232585	174669	74489	75389
天　津	361	557	361	557		
河　北						
山　西	16678	12877	16678	12877	16678	12877
内蒙古	131426	63125	85427	41031	55528	26670
辽　宁	96550	76828	96256	76535	10218	8454
吉　林	194	176				
黑龙江	6956	5446	5656	4296		
上　海	131797	104061	131797	104061	62907	52758
江　苏	137901	113262	137901	113262	62182	52107
浙　江	191179	116737	191088	116650	190815	116389
安　徽						
福　建	12011	10172	12011	10172	11394	9555
江　西	11447	9061	11447	9061		
山　东	50937	42542	6933	5709	6933	5709
河　南						
湖　北						
湖　南	8002	6360	8002	6360	8002	6360
广　东	206306	179763	206306	179763	146602	117210
广　西	10604	9234	10604	9234		
海　南						
重　庆	13940	4562	2975	1094	865	800
四　川	1250	1132	1250	1132	1250	1132
贵　州						
云　南	7835	6118	7835	6118	7835	6118
西　藏						
陕　西						
甘　肃						
青　海						
宁　夏						
新　疆	4993	4569	4993	4569	4993	4569

单位：万元

非自有配送中心配送商品购进额		营业额		餐费收入及商品销售额	
2008年	2007年	2008年	2007年	2008年	2007年
196874	**144493**	**3676631**	**2871557**	**3608966**	**2825449**
41270	30614	560005	435807	559969	435766
361	557	222214	175748	221521	174852
		45595	36250	45595	36250
29900	14361	227910	109467	227910	109467
		275292	227308	275292	227308
		294	268	294	268
		11865	10944	11865	10944
51938	38181	385989	306772	337134	280083
51355	42486	358797	296490	358797	296490
		304875	259186	304875	259186
		15157	12130	15157	12130
		85751	71531	85751	71531
11447	9061	32052	25371	32052	25371
		145648	119264	145648	119264
		1189		1189	
		124964	99415	124959	99406
		79793	73666	79793	73666
		628703	485520	610628	467046
10604	9234	29243	22858	29243	22858
		42977	19745	42977	19745
		62375	55000	62375	55000
		20536	16232	20536	16232
		15409	12587	15409	12587

4-12 按登记注册类型分各地区

内资企业

项目	商品购进总额		统一配送商品购进额		自有配送中心配送商品购进额	
	2008年	2007年	2008年	2007年	2008年	2007年
全国	**331878**	**542572**	**166014**	**176104**	**118341**	**112803**
北京	34106	34364	439	192	426	192
天津	285	255				
河北	570	530				
山西	2802	2163				
内蒙古	22859	200287	21665	21042	21060	20443
辽宁						
吉林						
黑龙江		887		740		740
上海						
江苏	17522	4793	13290	4440	7690	3987
浙江	2193	970	2193	970	2193	970
安徽						
福建						
江西						
山东	711	1157	187	319		140
河南	4	4				
湖北						
湖南						
广东	5667	4924	1125	948	1064	886
广西						
海南						
重庆	236486	284494	125259	145920	84937	84734
四川	6027	5452				
贵州						
云南	2524	2218	1732	1457	900	635
西藏						
陕西	71	77	71	77	71	77
甘肃						
青海						
宁夏						
新疆	53		53			

连锁餐饮企业加盟门店经营情况

单位：万元

非自有配送中心配送商品购进额		营业收入		餐费收入及商品销售额	
2008年	2007年	2008年	2007年	2008年	2007年
25185	**22111**	**1378410**	**1326657**	**1377311**	**1326053**
		85017	78598	85017	78598
		3445	3641	3445	3641
		5808	3687	5808	3687
605	600	525889	449778	525889	449778
			1810		1810
5295	127	30759	13376	30759	13376
		13241	12293	13241	12293
		8391	6181	7360	5794
		50621	25064	50621	25064
		52	48	52	48
187	179	8885	8238	8885	8238
		68	75		
		1800	2204	1800	2204
		6669	4611	6669	4611
62	62	16307	14041	16307	14041
18300	20448	488877	584886	488877	584744
		11521	10457	11521	10457
684	696	4474	3706	4474	3706
		115021	103158	115021	103158
		943	620	943	620
53		621	185	621	185

4-12 **续表** 1

有限责任公司

项　目	商品购进总额		统一配送商品购进额		自有配送中心配送商品购进额	
	2008年	2007年	2008年	2007年	2008年	2007年
全　国	**168808**	**208839**	**116123**	**135289**	**82752**	**83208**
北　京	2663	3098				
天　津	285	255				
河　北						
山　西						
内蒙古	3625	3019	2431	1829	1827	1230
辽　宁						
吉　林						
黑龙江						
上　海						
江　苏	60	250	60	250	60	250
浙　江						
安　徽						
福　建						
江　西						
山　东						
河　南						
湖　北						
湖　南						
广　东	1878	1581				
广　西						
海　南						
重　庆	159047	199338	112948	132514	80865	81728
四　川						
贵　州						
云　南	1251	1298	684	696		
西　藏						
陕　西						
甘　肃						
青　海						
宁　夏						
新　疆						

单位：万元

非自有配送中心配送商品购进额		营业收入		餐费收入及商品销售额	
2008年	2007年	2008年	2007年	2008年	2007年
11349	**11343**	**308783**	**381798**	**308783**	**381798**
		5456	6247	5456	6247
		3349	3545	3349	3545
605	600	7302	6697	7302	6697
		110	500	110	500
			1604		1604
		3801	2670	3801	2670
		3325	2887	3325	2887
10061	10048	283364	355949	283364	355949
684	696	2077	1699	2077	1699

4-12 续表 2

股份有限公司

项目	商品购进总额		统一配送商品购进额		自有配送中心配送商品购进额	
	2008年	2007年	2008年	2007年	2008年	2007年
全国	**48444**	**226978**	**19381**	**19339**	**19233**	**19213**
北京	29062	29584				
天津						
河北						
山西						
内蒙古	19233	197268	19233	19213	19233	19213
辽宁						
吉林						
黑龙江						
上海						
江苏						
浙江						
安徽						
福建						
江西						
山东						
河南						
湖北						
湖南						
广东						
广西						
海南						
重庆						
四川						
贵州						
云南	148	126	148	126		
西藏						
陕西						
甘肃						
青海						
宁夏						
新疆						

单位：万元

非自有配送中心配送商品购进额		营业收入		餐费收入及商品销售额	
2008年	2007年	2008年	2007年	2008年	2007年
		590184	**509136**	**590184**	**509136**
		71012	65120	71012	65120
		96	96	96	96
		518587	443080	518587	443080
		489	840	489	840

4-12 续表 3

私营企业

项 目	商品购进总额		统一配送商品购进额		自有配送中心配送商品购进额	
	2008年	2007年	2008年	2007年	2008年	2007年
全 国	**111825**	**104593**	**30509**	**21475**	**16356**	**10382**
北 京	2381	1682	439	192	426	192
天 津						
河 北	570	530				
山 西						
内蒙古						
辽 宁						
吉 林						
黑龙江		887		740		740
上 海						
江 苏	17462	4543	13230	4190	7630	3737
浙 江	2193	970	2193	970	2193	970
安 徽						
福 建						
江 西						
山 东	711	1157	187	319		140
河 南	4	4				
湖 北						
湖 南						
广 东	3789	3343	1125	948	1064	886
广 西						
海 南						
重 庆	77439	85156	12311	13406	4072	3006
四 川	6027	5452				
贵 州						
云 南	1126	794	900	635	900	635
西 藏						
陕 西	71	77	71	77	71	77
甘 肃						
青 海						
宁 夏						
新 疆	53		53			

单位：万元

非自有配送中心配送商品购进额		营业收入		餐费收入及商品销售额	
2008年	2007年	2008年	2007年	2008年	2007年
13836	**10768**	**473636**	**432036**	**472537**	**431432**
		8550	7231	8550	7231
			1810		1810
5295	127	30649	12876	30649	12876
		13241	12293	13241	12293
		8391	6181	7360	5794
		50621	25064	50621	25064
		52	48	52	48
187	179	8885	8238	8885	8238
		68	75		
		1800	600	1800	600
		2868	1941	2868	1941
62	62	12982	11154	12982	11154
8239	10400	205513	228937	205513	228796
		11521	10457	11521	10457
		1908	1167	1908	1167
		115021	103158	115021	103158
		943	620	943	620
53		621	185	621	185

4-12 续表 4

其他企业

项目	商品购进总额		统一配送商品购进额		自有配送中心配送商品购进额	
	2008年	2007年	2008年	2007年	2008年	2007年
全国	**2802**	**2163**				
北京						
天津						
河北						
山西	2802	2163				
内蒙古						
辽宁						
吉林						
黑龙江						
上海						
江苏						
浙江						
安徽						
福建						
江西						
山东						
河南						
湖北						
湖南						
广东						
广西						
海南						
重庆						
四川						
贵州						
云南						
西藏						
陕西						
甘肃						
青海						
宁夏						
新疆						

单位：万元

非自有配送中心配送商品购进额		营业收入		餐费收入及商品销售额	
2008年	2007年	2008年	2007年	2008年	2007年
		5808	**3687**	**5808**	**3687**
		5808	3687	5808	3687

4-12 续表 5

港、澳、台商投资企业

项　目	商品购进总额		统一配送商品购进额		自有配送中心配送商品购进额	
	2008年	2007年	2008年	2007年	2008年	2007年
全　国	**6505**	**4754**	**6202**	**4582**	**6116**	**4572**
北　京	190	149				
天　津						
河　北						
山　西						
内 蒙 古						
辽　宁						
吉　林						
黑 龙 江						
上　海						
江　苏	612	298	499	275	413	265
浙　江						
安　徽						
福　建						
江　西						
山　东						
河　南						
湖　北						
湖　南						
广　东						
广　西						
海　南						
重　庆						
四　川						
贵　州						
云　南	5704	4307	5704	4307	5704	4307
西　藏						
陕　西						
甘　肃						
青　海						
宁　夏						
新　疆						

单位：万元

非自有配送中心配送商品购进额		营业收入		餐费收入及商品销售额	
2008年	2007年	2008年	2007年	2008年	2007年
86	**9**	**26598**	**3075**	**26414**	**2890**
		802	598	802	598
		184	184		
86	9	1020	673	1020	673
		24591	1619	24591	1619

4-12 续表 6

外商投资企业

项　目	商品购进总额		统一配送商品购进额		自有配送中心配送商品购进额	
	2008年	2007年	2008年	2007年	2008年	2007年
全　国	**338215**	**216207**	**164420**	**95171**	**109649**	**67508**
北　京	9163	7719	6242	7600	3476	7490
天　津						
河　北						
山　西						
内蒙古	218620	111189	142135	72273	92388	46977
辽　宁						
吉　林						
黑龙江						
上　海						
江　苏						
浙　江	5398	5444	4646	4691	2388	2433
安　徽						
福　建						
江　西						
山　东						
河　南						
湖　北						
湖　南						
广　东	6615	6840	6615	6840	6615	6840
广　西						
海　南						
重　庆	93637	81248				
四　川	4782	3767	4782	3767	4782	3767
贵　州						
云　南						
西　藏						
陕　西						
甘　肃						
青　海						
宁　夏						
新　疆						

单位：万元

非自有配送中心配送商品购进额		营业收入		餐费收入及商品销售额	
2008年	2007年	2008年	2007年	2008年	2007年
49863	**25405**	**684457**	**456456**	**684457**	**456456**
116	110	16076	15259	16076	15259
49747	25295	380890	193656	380890	193656
		69896	57166	69896	57166
		9450	9700	9450	9700
		174138	169912	174138	169912
		34007	10764	34007	10764

4-13 按行业分各地区连锁餐饮企业基本情况

正餐服务

项 目	连锁总店数(个)	门店数(个)		年末从业人员(人)		年末餐饮营业面积(平方米)		年末餐位数(个)	
	2008年	2008年	2007年	2008年	2007年	2008年	2007年	2008年	2007年
全 国	**269**	**5971**	**5513**	**348783**	**348907**	**4432579**	**4083636**	**1768429**	**1692907**
北 京	48	672	543	45401	40681	697243	668211	168526	158560
天 津	4	13	12	222	222	2870	2870	930	970
河 北	6	34	32	2065	1968	65550	61200	8124	7715
山 西	4	26	24	2663	3139	40860	33340	6705	6737
内蒙古	8	1239	1169	91745	89109	660188	594890	115112	115904
辽 宁	3	15	9	691	153	20244	8539	2994	1680
吉 林	1	2	2	15	15	180	180	48	48
黑龙江	6	45	43	1598	1600	43836	38647	11082	9967
上 海	12	373	309	9189	9314	92711	78184	44405	36245
江 苏	7	69	69	1140	1146	37368	35668	11313	10597
浙 江	21	479	329	20211	14416	510269	322171	119012	81943
安 徽	4	73	73	2603	2850	103318	85980	22212	19416
福 建	9	153	129	3914	3467	35832	30032	16895	13428
江 西	6	24	23	1875	1759	20700	18300	10690	9047
山 东	10	37	40	2146	2154	89932	91137	94544	95200
河 南	14	85	70	2731	2363	40793	38621	13023	11353
湖 北	25	108	105	14756	14093	227697	212778	58803	55797
湖 南	9	30	28	2592	2508	56250	47040	8897	9135
广 东	41	236	192	15886	14517	228999	207596	177776	168411
广 西	1	4	5	315	310	3790	3790	800	800
海 南									
重 庆	13	1770	1860	99549	117067	1209829	1278277	772586	781771
四 川	2	56	44	2853	2366	24935	17957	8800	7220
贵 州	2	14	12	1210	1147	28139	24139	4139	3169
云 南	3	35	32	1427	1408	26083	26583	14526	13629
西 藏									
陕 西	4	323	311	20694	19644	145913	137726	71432	69064
甘 肃	2	6	7	440	825	6160	6310	1945	2021
青 海	1	4	3	280	160	2200	3000	300	300
宁 夏	1	7	6	300	258	4860	4000	2460	2200
新 疆	2	39	32	272	248	5830	6470	350	580

4-13 续表 1

快餐服务

项　目	连锁总店数(个)	门店数(个)		年末从业人员(人)		年末餐饮营业面积(平方米)		年末餐位数(个)	
	2008年	2008年	2007年	2008年	2007年	2008年	2007年	2008年	2007年
全　国	**144**	**5545**	**4704**	**294798**	**226631**	**1917911**	**1587575**	**702317**	**587782**
北　京	24	894	830	37859	27690	256768	234995	96740	86253
天　津	9	256	232	13138	10501	73750	67274	30779	29031
河　北	1	2	2	120	120	1170	1170	140	140
山　西	1	40	33	2636	2636	17007	12755	5951	4463
内蒙古									
辽　宁	6	323	289	23009	19761	142661	120597	46385	39928
吉　林									
黑龙江	1	8	8	600	600	3856	3850	2056	2056
上　海	10	671	605	41726	26628	208419	188516	73623	64543
江　苏	14	531	451	30651	25853	206592	180884	76464	67003
浙　江	6	353	315	19650	18337	142821	126913	45472	43973
安　徽	2	38	31	1420	1249	6450	4850	4020	3200
福　建	4	160	136	7912	7691	70337	61266	17201	16311
江　西	3	41	34	1935	695	16689	13931	6052	6027
山　东	8	228	208	9454	8064	86513	78876	31307	28359
河　南	2	44	33	30	46	18719	16652	6639	4748
湖　北	3	150	122	10011	7143	64785	50973	22971	19556
湖　南	4	107	93	6285	4808	40129	35874	14288	12946
广　东	29	1297	938	71802	54968	442517	290980	161052	110161
广　西	2	48	43	2837	2293	19166	16308	7231	6085
海　南	1	4	3	136	102	1155	835	328	226
重　庆	3	32	39	1598	1547	13209	11926	8591	5615
四　川	3	146	114	7013	2359	25536	18433	18422	15340
贵　州									
云　南	4	132	109	3568	2850	50752	41667	20758	17018
西　藏	1	3				460		125	
陕　西	1	8	8	200	200	2800	2800	1900	1900
甘　肃									
青　海									
宁　夏									
新　疆	2	29	28	1208	490	5650	5250	3822	2900

4-13 续表 2

饮料及冷饮服务

项目	连锁总店数(个)	门店数(个)		年末从业人员(人)		年末餐饮营业面积(平方米)		年末餐位数(个)	
	2008年	2008年	2007年	2008年	2007年	2008年	2007年	2008年	2007年
全国	**17**	**471**	**376**	**3709**	**3290**	**42755**	**33660**	**16181**	**12871**
北京	3	89	78	1067	1195	16671	13076	5065	4386
天津									
河北									
山西									
内蒙古									
辽宁									
吉林									
黑龙江									
上海	3	92	42	611	382	7341	4328	3425	1935
江苏	2	5	5	72	55	2495	2495	570	570
浙江	2	7	7	183	190	3487	3487	1286	1286
安徽									
福建									
江西									
山东	1	1	1	80	78	450	450	150	150
河南									
湖北	1	5		79		458		286	
湖南									
广东	4	269	238	1549	1322	10983	8954	4960	4193
广西									
海南									
重庆									
四川	1	3	5	68	68	870	870	439	351
贵州									
云南									
西藏									
陕西									
甘肃									
青海									
宁夏									
新疆									

4-13 续表 3

其他餐饮服务

项　目	连锁总店数（个）	门店数（个）		年末从业人员（人）		年末餐饮营业面积（平方米）		年末餐位数（个）	
	2008年	2008年	2007年	2008年	2007年	2008年	2007年	2008年	2007年
全　国	**23**	**574**	**380**	**13454**	**8600**	**125310**	**89953**	**43748**	**27846**
北　京	5	85	89	1265	957	9573	6993	3194	2413
天　津	1	36	32	387	368	3027	2957	359	270
河　北									
山　西									
内蒙古									
辽　宁									
吉　林									
黑龙江									
上　海	2	31	9	1815	291	7456	1572	1481	650
江　苏	3	276	166	6562	4164	66576	42958	25868	15460
浙　江	3	26	22	615	621	4453	3723	1970	1828
安　徽									
福　建	1	2	1	435	434	300	300	50	50
江　西									
山　东									
河　南	1	9	9	78	75	2451	2451	800	800
湖　北									
湖　南									
广　东	3	18	18	778	697	11689	11689	2615	2615
广　西									
海　南	1	3	3	65	60	350	350	150	150
重　庆	1	60		476		1235		3719	
四　川	1	21	23	902	850	17600	16600	3190	3040
贵　州									
云　南									
西　藏									
陕　西									
甘　肃									
青　海	1	7	8	76	83	600	360	352	570
宁　夏									
新　疆									

4-14 按行业分各地区连锁餐饮企业直营门店基本情况

正餐服务

项　目	门店数（个）		年末从业人员（人）		年末餐饮营业面积（平方米）		年末餐位数（个）	
	2008年	2007年	2008年	2007年	2008年	2007年	2008年	2007年
全　国	**2325**	**1893**	**149946**	**132082**	**2248077**	**1867185**	**767990**	**680928**
北　京	518	414	36002	32008	499466	454226	135421	126495
天　津	9	8	179	179	2240	2240	740	780
河　北	24	23	2065	1968	44550	41200	8124	7715
山　西	16	17	2073	2164	24950	27600	6705	6737
内蒙古	216	165	27641	23404	198220	150236	9352	11873
辽　宁	15	9	691	153	20244	8539	2994	1680
吉　林	2	2	15	15	180	180	48	48
黑龙江	45	40	1598	1457	43836	37595	11082	9180
上　海	373	309	9189	9314	92711	78184	40698	33508
江　苏	26	26	900	906	25560	23860	7476	6760
浙　江	205	112	11589	7370	337269	183971	73652	45353
安　徽	67	68	1738	2120	61420	60520	18642	16970
福　建	75	58	1805	1517	23112	17622	9065	6008
江　西	21	20	1531	1422	19450	17050	10250	8607
山　东	22	25	1166	1187	72082	73287	92794	93450
河　南	83	68	2731	2363	39793	37621	13023	11353
湖　北	105	101	14657	13938	223497	208111	58458	54500
湖　南	26	24	2024	1931	46250	38040	7117	7585
广　东	176	138	12090	10848	185745	165234	170161	160455
广　西	4	5	315	310	3790	3790	800	800
海　南								
重　庆	168	155	11377	9982	176072	144514	62144	45912
四　川	56	44	2853	2366	24935	17957	8800	7220
贵　州	14	12	1210	1147	28139	24139	4139	3169
云　南	9	9	361	326	13483	13483	5923	5663
西　藏								
陕　西	32	26	3252	2544	28913	23726	7162	5794
甘　肃	6	7	440	825	6160	6310	1945	2021
青　海	4	3	280	160	2200	3000	300	300
宁　夏	2	1	92	50	1860	1000	760	500
新　疆	6	4	82	108	1950	3950	215	492

4-14 续表 1

快餐服务

项目	门店数(个)		年末从业人员(人)		年末餐饮营业面积(平方米)		年末餐位数(个)	
	2008年	2007年	2008年	2007年	2008年	2007年	2008年	2007年
全国	**5204**	**4399**	**286932**	**220038**	**1830755**	**1504685**	**662776**	**548974**
北京	843	776	36914	26760	241002	216638	92886	82649
天津	256	232	13138	10501	73750	67274	30779	29031
河北	2	2	120	120	1170	1170	140	140
山西	40	33	2636	2636	17007	12755	5951	4463
内蒙古								
辽宁	322	288	23009	19761	142661	120597	46385	39928
吉林								
黑龙江	8	8	600	600	3856	3850	2056	2056
上海	671	605	41726	26628	208419	188516	73623	64543
江苏	521	437	30328	25516	202812	177314	75440	66023
浙江	304	264	18534	17162	127921	111513	43258	37723
安徽	38	31	1420	1249	6450	4850	4020	3200
福建	160	136	7912	7691	70337	61266	17201	16311
江西	41	34	1935	695	16689	13931	6052	6027
山东	209	187	9081	7678	84113	73376	29847	26799
河南	44	33	30	46	18719	16652	6639	4748
湖北	150	122	10011	7143	64785	50973	22971	19556
湖南	104	92	6171	4758	39989	35874	14088	12946
广东	1269	922	70277	54187	434760	286840	157786	108511
广西	48	43	2837	2293	19166	16308	7231	6085
海南	4	3	136	102	1155	835	328	226
重庆	32	39	1598	1547	13209	11926	8591	5615
四川	46	36	5441	955	5733	1780	3702	1456
贵州								
云南	56	44	1720	1370	29042	23297	8705	6888
西藏	3				460		125	
陕西	4	4	150	150	1900	1900	1150	1150
甘肃								
青海								
宁夏								
新疆	29	28	1208	490	5650	5250	3822	2900

4-14 续表 2

饮料及冷饮服务

项目	门店数(个)		年末从业人员(人)		年末餐饮营业面积(平方米)		年末餐位数(个)	
	2008年	2007年	2008年	2007年	2008年	2007年	2008年	2007年
全国	**470**	**375**	**3704**	**3285**	**42665**	**33660**	**16161**	**12871**
北京	88	77	1062	1190	16581	13076	5045	4386
天津								
河北								
山西								
内蒙古								
辽宁								
吉林								
黑龙江								
上海	92	42	611	382	7341	4328	3425	1935
江苏	5	5	72	55	2495	2495	570	570
浙江	7	7	183	190	3487	3487	1286	1286
安徽								
福建								
江西								
山东	1	1	80	78	450	450	150	150
河南								
湖北	5		79		458		286	
湖南								
广东	269	238	1549	1322	10983	8954	4960	4193
广西								
海南								
重庆								
四川	3	5	68	68	870	870	439	351
贵州								
云南								
西藏								
陕西								
甘肃								
青海								
宁夏								
新疆								

4-14 续表 3

其他餐饮服务

项 目	门店数(个)		年末从业人员(人)		年末餐饮营业面积(平方米)		年末餐位数(个)	
	2008年	2007年	2008年	2007年	2008年	2007年	2008年	2007年
全 国	**316**	**285**	**9063**	**6846**	**75196**	**65414**	**29201**	**21662**
北 京	79	88	1233	926	9295	6720	3099	2323
天 津	14	13	172	173	2175	2155	149	80
河 北								
山 西								
内蒙古								
辽 宁								
吉 林								
黑龙江								
上 海	31	9	1815	291	7456	1572	1481	650
江 苏	122	116	3686	3425	30965	31347	13958	11775
浙 江	26	22	615	621	4453	3723	1970	1828
安 徽								
福 建	2	1	435	434	300	300	50	50
江 西								
山 东								
河 南	9	9	78	75	2451	2451	800	800
湖 北								
湖 南								
广 东	11	11	550	498	10796	10796	2615	2615
广 西								
海 南	3	3	65	60	350	350	150	150
重 庆	8		76		235		3719	
四 川	4	5	262	260	6120	5640	858	821
贵 州								
云 南								
西 藏								
陕 西								
甘 肃								
青 海	7	8	76	83	600	360	352	570
宁 夏								
新 疆								

4-15 按行业分各地区连锁餐饮企业加盟门店基本情况

正餐服务

项目	门店数(个)		年末从业人员(人)		年末餐饮营业面积(平方米)		年末餐位数(个)	
	2008年	2007年	2008年	2007年	2008年	2007年	2008年	2007年
全国	**3646**	**3620**	**198837**	**216825**	**2184502**	**2216451**	**1000439**	**1011979**
北京	154	129	9399	8673	197777	213985	33105	32065
天津	4	4	43	43	630	630	190	190
河北	10	9			21000	20000		
山西	10	7	590	975	15910	5740		
内蒙古	1023	1004	64104	65705	461968	444654	105760	104031
辽宁								
吉林								
黑龙江		3		143		1052		787
上海							3707	2737
江苏	43	43	240	240	11808	11808	3837	3837
浙江	274	217	8622	7046	173000	138200	45360	36590
安徽	6	5	865	730	41898	25460	3570	2446
福建	78	71	2109	1950	12720	12410	7830	7420
江西	3	3	344	337	1250	1250	440	440
山东	15	15	980	967	17850	17850	1750	1750
河南	2	2			1000	1000		
湖北	3	4	99	155	4200	4667	345	1297
湖南	4	4	568	577	10000	9000	1780	1550
广东	60	54	3796	3669	43254	42362	7615	7956
广西								
海南								
重庆	1602	1705	88172	107085	1033757	1133763	710442	735859
四川								
贵州								
云南	26	23	1066	1082	12600	13100	8603	7966
西藏								
陕西	291	285	17442	17100	117000	114000	64270	63270
甘肃								
青海								
宁夏	5	5	208	208	3000	3000	1700	1700
新疆	33	28	190	140	3880	2520	135	88

4-15 续表 1

快餐服务

项目	门店数(个)		年末从业人员(人)		年末餐饮营业面积(平方米)		年末餐位数(个)	
	2008年	2007年	2008年	2007年	2008年	2007年	2008年	2007年
全国	**341**	**305**	**7866**	**6593**	**87156**	**82890**	**39541**	**38808**
北京	51	54	945	930	15766	18357	3854	3604
天津								
河北								
山西								
内蒙古								
辽宁								
吉林								
黑龙江								
上海								
江苏	10	14	323	337	3780	3570	1024	980
浙江	49	51	1116	1175	14900	15400	2214	6250
安徽								
福建								
江西								
山东	19	21	373	386	2400	5500	1460	1560
河南								
湖北								
湖南	3	1	114	50	140		200	
广东	28	16	1525	781	7757	4140	3266	1650
广西								
海南								
重庆								
四川	100	78	1572	1404	19803	16653	14720	13884
贵州								
云南	76	65	1848	1480	21710	18370	12053	10130
西藏								
陕西	4	4	50	50	900	900	750	750
甘肃								
青海								
宁夏								
新疆								

4-15 续表 2

饮料及冷饮服务

项　目	门店数(个)		年末从业人员(人)		年末餐饮营业面积(平方米)		年末餐位数(个)	
	2008年	2007年	2008年	2007年	2008年	2007年	2008年	2007年
全　国	**1**	**1**	**5**	**5**	**90**		**20**	
北　京	1	1	5	5	90		20	
天　津								
河　北								
山　西								
内蒙古								
辽　宁								
吉　林								
黑龙江								
上　海								
江　苏								
浙　江								
安　徽								
福　建								
江　西								
山　东								
河　南								
湖　北								
湖　南								
广　东								
广　西								
海　南								
重　庆								
四　川								
贵　州								
云　南								
西　藏								
陕　西								
甘　肃								
青　海								
宁　夏								
新　疆								

4-15 续表 3

其他餐饮服务

项 目	门店数（个）		年末从业人员（人）		年末餐饮营业面积（平方米）		年末餐位数（个）	
	2008年	2007年	2008年	2007年	2008年	2007年	2008年	2007年
全 国	**258**	**95**	**4391**	**1754**	**50114**	**24539**	**14547**	**6184**
北 京	6	1	32	31	278	273	95	90
天 津	22	19	215	195	852	802	210	190
河 北								
山 西								
内蒙古								
辽 宁								
吉 林								
黑龙江								
上 海								
江 苏	154	50	2876	739	35611	11611	11910	3685
浙 江								
安 徽								
福 建								
江 西								
山 东								
河 南								
湖 北								
湖 南								
广 东	7	7	228	199	893	893		
广 西								
海 南								
重 庆	52		400		1000			
四 川	17	18	640	590	11480	10960	2332	2219
贵 州								
云 南								
西 藏								
陕 西								
甘 肃								
青 海								
宁 夏								
新 疆								

4-16 按行业分各地区连锁

正餐服务

项 目	商品购进总额		统一配送商品购进额		自有配送中心配送商品购进额	
	2008年	2007年	2008年	2007年	2008年	2007年
全 国	**1350815**	**1308111**	**661258**	**511314**	**412699**	**293697**
北 京	261663	231558	84267	59172	37565	20018
天 津	296	276				
河 北	4452	4538	636	708	636	708
山 西	4883	4630	868	967	868	967
内 蒙 古	400048	397480	263893	148729	182893	107836
辽 宁	294	294				
吉 林	194	176				
黑 龙 江	7993	7658	6693	6034	1367	2387
上 海	41416	33687	41364	33639	25867	21105
江 苏	14189	14987	11829	11346	6418	6496
浙 江	76629	59943	76568	59905	40290	19675
安 徽	6773	6732	5173	3693	3653	2373
福 建	1762	1435	1762	1435	778	753
江 西	2721	1926	1773	1085	1575	938
山 东	4436	4272	1993	1906	1806	1727
河 南	3586	3184	3554	3153	1480	1269
湖 北						
湖 南	1509	1306	897	736	897	736
广 东	76458	67915	10931	8588	10205	7500
广 西	333	367	200	198	26	28
海 南						
重 庆	424330	448672	141634	162258	94760	97134
四 川						
贵 州	366					
云 南	5754	5861	4493	4572		
西 藏						
陕 西	6655	5959	1022	698	1022	698
甘 肃	2803	3281	1437	1505	372	364
青 海	1001	990				
宁 夏						
新 疆	273	986	273	986	220	986

餐饮企业经营情况

单位：万元

非自有配送中心配送商品购进额		营业额		餐费收入及商品销售额	
2008年	2007年	2008年	2007年	2008年	2007年
164752	**113427**	**3905539**	**3130167**	**3823475**	**3076347**
36629	28377	632883	502840	632682	502742
		3271	2169	2967	1864
		14571	12244	14568	12244
		22188	21767	22188	21767
80999	40893	1166162	782148	1166162	782148
		10895	6382	10895	6382
		294	268	294	268
		20845	15574	20845	15574
		168979	131626	110789	97069
1994	1830	21610	20875	21610	20875
18296	14127	257414	163755	257414	163554
1520	1320	32381	29699	27304	25858
		122118	47240	122118	47240
		9071	7754	8971	7654
187	179	35331	44637	34597	44637
30	20	10492	8869	10147	8602
		166068	141651	164328	140038
		24112	18273	24112	18273
642	1088	188728	151820	188523	151623
174	170	631	695	631	695
22741	24092	768838	810652	768747	810487
		56764	52633	56764	52633
		16746	14745	16379	14745
1487	1329	9732	10900	9732	10900
		134015	119117	119308	106643
		6443	6754	6443	6754
		1346	1797	1346	1797
		1600	1455	1600	1455
53		2013	1829	2013	1829

4-16 续表 1

快餐服务

项 目	商品购进总额		统一配送商品购进额		自有配送中心配送商品购进额	
	2008年	2007年	2008年	2007年	2008年	2007年
全 国	**1274358**	**970615**	**1211069**	**919061**	**750986**	**562118**
北 京	247102	188629	234820	180976	106340	105832
天 津	3160	4127	1972	2701	1610	2143
河 北	302	285				
山 西	16678	12877	16678	12877	16678	12877
内蒙古						
辽 宁	100303	79314	100303	79314	14264	11233
吉 林						
黑龙江	3866	2972	3866	2972		
上 海	95485	76367	95485	76241	42101	36855
江 苏	163878	132525	161617	130584	84167	67709
浙 江	191849	118797	191005	117958	188474	115438
安 徽						
福 建	21027	17516	21027	17516	11394	9555
江 西	13366	10692	12583	10011	34	29
山 东	52659	45012	8494	7827	8494	7827
河 南	121	133	121	133	121	133
湖 北						
湖 南	8002	6360	8002	6360	8002	6360
广 东	301633	226535	300646	225527	239840	162073
广 西	14838	12911	14838	12911		
海 南						
重 庆	2400	4349	2400	4349	1389	1224
四 川	15167	12877	15167	12877	6032	4899
贵 州						
云 南	17016	13443	16540	13035	16540	13035
西 藏						
陕 西	282	306	282	306	282	306
甘 肃						
青 海						
宁 夏						
新 疆	5224	4590	5224	4590	5224	4590

单位：万元

非自有配送中心配送商品购进额		营业额		餐费收入及商品销售额	
2008年	2007年	2008年	2007年	2008年	2007年
163000	**131921**	**3914768**	**3147227**	**3889368**	**3122410**
9245	6970	533191	434123	533068	434082
361	557	234253	187302	233560	186407
		457	387	457	387
		45595	36250	45595	36250
		283650	233213	283650	233213
		7028	5987	7028	5987
51938	38181	485205	416812	485205	416812
53105	43356	412841	337155	412841	337155
		307513	266964	307513	266964
		16321	12617	16321	12617
9633	7961	129036	109071	129036	109071
12548	9982	34930	27814	34930	27814
		154712	128514	148763	123497
		413	154	413	154
		124259	98930	124253	98922
		81587	74639	81034	74259
1186	900	867505	638506	849430	620032
14838	12911	38933	30681	38933	30681
		2500	2396	2500	2396
1011	3125	16882	16842	16882	16842
9135	7978	65195	34328	65195	34328
		55925	40831	55925	40831
		310		310	
		580	617	580	617
		15950	13097	15950	13097

4-16 续表 2

饮料及冷饮服务

项目	商品购进总额		统一配送商品购进额		自有配送中心配送商品购进额	
	2008年	2007年	2008年	2007年	2008年	2007年
全国	**12478**	**9844**	**12468**	**9798**	**1966**	**2241**
北京	8765	7049	8765	7013	250	367
天津						
河北						
山西						
内蒙古						
辽宁						
吉林						
黑龙江						
上海	1455	587	1455	587		
江苏	383	115	373	105	6	6
浙江	294	336	294	336	130	111
安徽						
福建						
江西						
山东						
河南						
湖北						
湖南						
广东	1580	1757	1580	1757	1580	1757
广西						
海南						
重庆						
四川						
贵州						
云南						
西藏						
陕西						
甘肃						
青海						
宁夏						
新疆						

单位：万元

非自有配送中心配送商品购进额		营业额		餐费收入及商品销售额	
2008年	2007年	2008年	2007年	2008年	2007年
8483	**6650**	**61608**	**41947**	**61604**	**41946**
8479	6646	29193	23256	29193	23256
		13521	5591	13517	5590
4	4	996	725	996	725
		2691	2609	2691	2609
		1837	1784	1837	1784
		1628		1628	
		11266	7466	11266	7466
		477	515	477	515

4-16 续表 3

其他餐饮服务

项　目	商品购进总额		统一配送商品购进额		自有配送中心配送商品购进额	
	2008年	2007年	2008年	2007年	2008年	2007年
全　国	**78205**	**56028**	**40380**	**23555**	**21091**	**12604**
北　京	5575	4431	3560	2822	1548	1163
天　津	1230	1133				
河　北						
山　西						
内蒙古						
辽　宁						
吉　林						
黑龙江						
上　海						
江　苏	44486	24797	31381	17538	14840	8669
浙　江	1817	1524	1817	1524	1266	1250
安　徽						
福　建						
江　西						
山　东						
河　南	779	725	779	725	779	725
湖　北						
湖　南						
广　东	12060	14008	869	796	869	796
广　西						
海　南						
重　庆	1789		1789		1789	
四　川	10284	9261				
贵　州						
云　南						
西　藏						
陕　西						
甘　肃						
青　海	186	150	186	150		
宁　夏						
新　疆						

单位：万元

非自有配送中心配送商品购进额		营业额		餐费收入及商品销售额	
2008年	2007年	2008年	2007年	2008年	2007年
16541	**8869**	**187143**	**127966**	**187143**	**123969**
		15427	12133	15427	12133
		4700	4689	4700	4689
		16478	3692	16478	3692
16541	8869	83519	49697	83519	49697
		10309	8509	10309	8509
		4364	4305	4364	4305
		1006	991	1006	991
		24416	25148	24416	25148
		773	773	773	773
		5977		5977	
		19865	17723	19865	13727
		311	307	311	307

4-17 按行业分各地区连锁餐饮

正餐服务

项目	商品购进总额		统一配送商品购进额		自有配送中心配送商品购进额	
	2008年	2007年	2008年	2007年	2008年	2007年
全国	**729047**	**580297**	**364787**	**263793**	**208062**	**134348**
北京	227670	197208	83941	58980	37239	19826
天津	296	276				
河北	3882	4008	636	708	636	708
山西	2082	2467	868	967	868	967
内蒙古	158569	86004	100093	55415	69445	40416
辽宁	294	294				
吉林	194	176				
黑龙江	7993	6771	6693	5294	1367	1647
上海	41416	33687	41364	33639	25867	21105
江苏	10432	11230	8282	7799	2960	3038
浙江	72834	57327	72773	57288	36495	17059
安徽	6773	6732	5173	3693	3653	2373
福建	1762	1435	1762	1435	778	753
江西	2721	1926	1773	1085	1575	938
山东	3856	3574	1806	1727	1806	1727
河南	3581	3180	3554	3153	1480	1269
湖北						
湖南	1509	1306	897	736	897	736
广东	71613	63750	10627	8399	9901	7311
广西	333	367	200	198	26	28
海南						
重庆	95838	82930	18005	16338	11453	12400
四川						
贵州	366					
云南	4355	4437	3661	3750		
西藏						
陕西	6655	5959	1022	698	1022	698
甘肃	2803	3281	1437	1505	372	364
青海	1001	990				
宁夏						
新疆	220	986	220	986	220	986

企业直营门店经营情况

单位：万元

非自有配送中心配送商品购进额		营业额		餐费收入及商品销售额	
2008年	2007年	2008年	2007年	2008年	2007年
95176	**66209**	**1967162**	**1424607**	**1886382**	**1371577**
36629	28377	548074	424242	547872	424144
		2991	1889	2871	1769
		14571	12244	14568	12244
		16380	18080	16380	18080
30647	14998	259383	138714	259383	138714
		10895	6382	10895	6382
		294	268	294	268
		20845	13763	20845	13763
		168979	131626	110789	97069
1994	1830	17571	16836	17571	16836
18296	14127	188181	108220	188181	108018
1520	1320	23990	23518	19944	20064
		71497	22176	71497	22176
		9019	7706	8919	7606
		27167	37492	26433	37492
30	20	10424	8794	10147	8602
		164268	139447	162528	137834
		18011	13662	18011	13662
642	1088	174882	140074	174677	139877
174	170	631	695	631	695
4442	3645	109423	55854	109332	55831
		56764	52633	56764	52633
		16746	14745	16379	14745
803	633	7166	8361	7166	8361
		19175	16157	4468	3683
		6443	6754	6443	6754
		1346	1797	1346	1797
		657	835	657	835
		1391	1644	1391	1644

4-17 续表 1

快餐服务

项　目	商品购进总额		统一配送商品购进额		自有配送中心配送商品购进额	
	2008年	2007年	2008年	2007年	2008年	2007年
全　国	**1242000**	**942019**	**1182938**	**891866**	**728243**	**537600**
北　京	237918	180919	228641	173415	102927	98381
天　津	3160	4127	1972	2701	1610	2143
河　北	302	285				
山　西	16678	12877	16678	12877	16678	12877
内蒙古						
辽　宁	100303	79314	100303	79314	14264	11233
吉　林						
黑龙江	3866	2972	3866	2972		
上　海	95485	76367	95485	76241	42101	36855
江　苏	162991	131740	160844	129822	83694	67194
浙　江	188052	115000	187961	114913	187688	114652
安　徽						
福　建	21027	17516	21027	17516	11394	9555
江　西	13366	10692	12583	10011	34	29
山　东	52527	44554	8494	7687	8494	7687
河　南	121	133	121	133	121	133
湖　北						
湖　南	8002	6360	8002	6360	8002	6360
广　东	294957	219632	293969	218624	233225	155233
广　西	14838	12911	14838	12911		
海　南						
重　庆	2400	4349	2400	4349	1389	1224
四　川	10386	9109	10386	9109	1250	1132
贵　州						
云　南	10187	8343	9936	8093	9936	8093
西　藏						
陕　西	212	230	212	230	212	230
甘　肃						
青　海						
宁　夏						
新　疆	5224	4590	5224	4590	5224	4590

单位：万元

非自有配送中心配送商品购进额		营业额		餐费收入及商品销售额	
2008年	2007年	2008年	2007年	2008年	2007年
162737	**131740**	**3811555**	**3091812**	**3786155**	**3066995**
9130	6860	516837	418796	516714	418754
361	557	234253	187302	233560	186407
		457	387	457	387
		45595	36250	45595	36250
		283650	233213	283650	233213
		7028	5987	7028	5987
51938	38181	485205	416812	485205	416812
53019	43346	411351	335586	411351	335586
		293609	253041	293609	253041
		16321	12617	16321	12617
9633	7961	129036	109071	129036	109071
12548	9982	34930	27814	34930	27814
		153991	127421	148042	122404
		413	154	413	154
		124259	98930	124253	98922
		81018	74639	80465	74259
1124	838	858016	628751	839940	610276
14838	12911	38933	30681	38933	30681
		2500	2396	2500	2396
1011	3125	16882	16842	16882	16842
9135	7978	31188	23564	31188	23564
		29426	38045	29426	38045
		310		310	
		399	419	399	419
		15950	13097	15950	13097

4-17 续表 2

饮料及冷饮服务

项目	商品购进总额		统一配送商品购进额		自有配送中心配送商品购进额	
	2008年	2007年	2008年	2007年	2008年	2007年
全国	**12464**	**9830**	**12454**	**9798**	**1966**	**2241**
北京	8752	7036	8752	7013	250	367
天津						
河北						
山西						
内蒙古						
辽宁						
吉林						
黑龙江						
上海	1455	587	1455	587		
江苏	383	115	373	105	6	6
浙江	294	336	294	336	130	111
安徽						
福建						
江西						
山东						
河南						
湖北						
湖南						
广东	1580	1757	1580	1757	1580	1757
广西						
海南						
重庆						
四川						
贵州						
云南						
西藏						
陕西						
甘肃						
青海						
宁夏						
新疆						

单位：万元

非自有配送中心配送商品购进额		营业额		餐费收入及商品销售额	
2008年	2007年	2008年	2007年	2008年	2007年
8483	**6650**	**61566**	**41947**	**61562**	**41946**
8479	6646	29151	23256	29151	23256
		13521	5591	13517	5590
4	4	996	725	996	725
		2691	2609	2691	2609
		1837	1784	1837	1784
		1628		1628	
		11266	7466	11266	7466
		477	515	477	515

4-17　续表 3

其他餐饮服务

项　目	商品购进总额		统一配送商品购进额		自有配送中心配送商品购进额	
	2008年	2007年	2008年	2007年	2008年	2007年
全　国	**55746**	**48918**	**28359**	**22414**	**14364**	**11589**
北　京	5307	4272	3396	2783	1384	1124
天　津	946	878				
河　北						
山　西						
内蒙古						
辽　宁						
吉　林						
黑龙江						
上　海						
江　苏	30997	24249	21914	17132	10667	8390
浙　江	1817	1524	1817	1524	1266	1250
安　徽						
福　建						
江　西						
山　东						
河　南	779	725	779	725	779	725
湖　北						
湖　南						
广　东	11299	13311	109	100	109	100
广　西						
海　南						
重　庆	159		159		159	
四　川	4257	3808				
贵　州						
云　南						
西　藏						
陕　西						
甘　肃						
青　海	186	150	186	150		
宁　夏						
新　疆						

单位：万元

非自有配送中心配送商品购进额		营业额		餐费收入及商品销售额	
2008年	2007年	2008年	2007年	2008年	2007年
11246	**8742**	**139309**	**102753**	**139309**	**98757**
		14736	11605	14736	11605
		1351	1144	1351	1144
		16478	3692	16478	3692
11246	8742	57268	41255	57268	41255
		10309	8509	10309	8509
		4364	4305	4364	4305
		1006	991	1006	991
		21995	22907	21995	22907
		773	773	773	773
		2377		2377	
		8343	7267	8343	3270
		311	307	311	307

4-18 按行业分各地区连锁餐饮

正餐服务

项 目	商品购进总额		统一配送商品购进额		自有配送中心配送商品购进额	
	2008年	2007年	2008年	2007年	2008年	2007年
全 国	**621768**	**727814**	**296471**	**247520**	**204636**	**159349**
北 京	33993	34351	326	192	326	192
天 津						
河 北	570	530				
山 西	2802	2163				
内蒙古	241479	311475	163800	93315	113448	67420
辽 宁						
吉 林						
黑龙江		887		740		740
上 海						
江 苏	3758	3758	3547	3547	3458	3458
浙 江	3794	2616	3794	2616	3794	2616
安 徽						
福 建						
江 西						
山 东	580	699	187	179		
河 南	4	4				
湖 北						
湖 南						
广 东	4845	4165	303	189	303	189
广 西						
海 南						
重 庆	328492	365742	123629	145920	83307	84734
四 川						
贵 州						
云 南	1399	1424	832	822		
西 藏						
陕 西						
甘 肃						
青 海						
宁 夏						
新 疆	53		53			

企业加盟门店经营情况

单位：万元

非自有配送中心配送商品购进额		营业额		餐费收入及商品销售额	
2008年	2007年	2008年	2007年	2008年	2007年
69575	**47218**	**1938377**	**1705559**	**1937093**	**1704771**
		84809	78598	84809	78598
		280	280	96	96
		5808	3687	5808	3687
50352	25895	906779	643433	906779	643433
			1810		1810
0	0	4039	4039	4039	4039
		69233	55536	69233	55536
		8391	6181	7360	5794
		50621	25064	50621	25064
		52	48	52	48
187	179	8164	7145	8164	7145
		68	75		
		1800	2204	1800	2204
		6101	4611	6101	4611
		13846	11746	13846	11746
18300	20448	659415	754798	659415	754656
684	696	2566	2539	2566	2539
		114840	102960	114840	102960
		943	620	943	620
53		621	185	621	185

4-18 续表 1

快餐服务

项　目	商品购进总额		统一配送商品购进额		自有配送中心配送商品购进额	
	2008年	2007年	2008年	2007年	2008年	2007年
全　国	**32358**	**28596**	**28130**	**27195**	**22743**	**24519**
北　京	9185	7710	6179	7561	3413	7451
天　津						
河　北						
山　西						
内蒙古						
辽　宁						
吉　林						
黑龙江						
上　海						
江　苏	887	785	774	761	473	515
浙　江	3797	3797	3044	3044	786	787
安　徽						
福　建						
江　西						
山　东	131	458		140		140
河　南						
湖　北						
湖　南						
广　东	6677	6902	6677	6902	6615	6840
广　西						
海　南						
重　庆						
四　川	4782	3767	4782	3767	4782	3767
贵　州						
云　南	6829	5101	6604	4942	6604	4942
西　藏						
陕　西	71	77	71	77	71	77
甘　肃						
青　海						
宁　夏						
新　疆						

单位：万元

非自有配送中心配送商品购进额		营业额		餐费收入及商品销售额	
2008年	2007年	2008年	2007年	2008年	2007年
263	**181**	**103213**	**55415**	**103213**	**55415**
116	110	16354	15328	16354	15328
86	9	1489	1568	1489	1568
		13904	13923	13904	13923
		721	1093	721	1093
		568		568	
62	62	9490	9755	9490	9755
		34007	10764	34007	10764
		26499	2786	26499	2786
		181	198	181	198

4-18 续表 2

饮料及冷饮服务

项目	商品购进总额		统一配送商品购进额		自有配送中心配送商品购进额	
	2008年	2007年	2008年	2007年	2008年	2007年
全国	**13**	**13**	**13**			
北京	13	13	13			
天津						
河北						
山西						
内蒙古						
辽宁						
吉林						
黑龙江						
上海						
江苏						
浙江						
安徽						
福建						
江西						
山东						
河南						
湖北						
湖南						
广东						
广西						
海南						
重庆						
四川						
贵州						
云南						
西藏						
陕西						
甘肃						
青海						
宁夏						
新疆						

单位：万元

非自有配送中心配送商品购进额		营业额		餐费收入及商品销售额	
2008年	2007年	2008年	2007年	2008年	2007年
		42		**42**	
		42		42	

4-18 续表 3

其他餐饮服务

项目	商品购进总额		统一配送商品购进额		自有配送中心配送商品购进额	
	2008年	2007年	2008年	2007年	2008年	2007年
全国	**22458**	**7110**	**12021**	**1141**	**6726**	**1015**
北京	268	159	163	39	163	39
天津	285	255				
河北						
山西						
内蒙古						
辽宁						
吉林						
黑龙江						
上海						
江苏	13489	548	9467	406	4172	279
浙江						
安徽						
福建						
江西						
山东						
河南						
湖北						
湖南						
广东	760	697	760	697	760	697
广西						
海南						
重庆	1630		1630		1630	
四川	6027	5452				
贵州						
云南						
西藏						
陕西						
甘肃						
青海						
宁夏						
新疆						

单位：万元

非自有配送中心配送商品购进额		营业额		餐费收入及商品销售额	
2008年	2007年	2008年	2007年	2008年	2007年
5295	**127**	**47834**	**25213**	**47834**	**25213**
		691	529	691	529
		3349	3545	3349	3545
5295	127	26251	8442	26251	8442
		2421	2240	2421	2240
		3600		3600	
		11521	10457	11521	10457

4-19 按业态分各地区连锁餐饮企业基本情况

正餐

项目	连锁总店数(个)	门店数(个)		年末从业人员(人)		年末餐饮营业面积(平方米)		年末餐位数(个)	
	2008年	2008年	2007年	2008年	2007年	2008年	2007年	2008年	2007年
全国	**260**	**4898**	**4645**	**316957**	**320659**	**3931886**	**3676445**	**1560443**	**1516168**
北京	50	692	557	46265	41290	704579	673419	171426	160740
天津	4	13	12	222	222	2870	2870	930	970
河北	6	34	32	2065	1968	65550	61200	8124	7715
山西	4	26	24	2663	3139	40860	33340	6705	6737
内蒙古	8	1239	1169	91745	89109	660188	594890	115112	115904
辽宁	3	15	9	691	153	20244	8539	2994	1680
吉林	1	2	2	15	15	180	180	48	48
黑龙江	6	45	43	1598	1600	43836	38647	11082	9967
上海	12	221	194	8515	7770	88400	72498	36701	31007
江苏	8	69	67	1280	1258	39291	38326	12119	11575
浙江	20	165	95	10983	7600	290326	158767	60025	38395
安徽	3	18	18	2212	2499	82118	71480	11012	9716
福建	7	147	125	3781	3359	34622	29032	16385	13048
江西	6	24	23	1875	1759	20700	18300	10690	9047
山东	11	44	52	2238	2250	101932	103137	95504	95800
河南	14	64	57	2095	1740	29664	30822	13923	12296
湖北	25	108	105	14756	14093	227697	212778	58803	55797
湖南	7	20	19	1722	1758	39790	35340	7004	6300
广东	39	196	176	14709	13666	211663	198188	171746	166811
广西									
海南	1	3	3	65	60	350	350	150	150
重庆	12	1374	1500	84039	102667	1018129	1098277	656486	673771
四川	1	3	2	203	156	6000	4500	3200	2500
贵州	2	14	12	1210	1147	28139	24139	4139	3169
云南	2	29	26	1100	976	16500	15000	10410	9370
西藏									
陕西	3	314	305	19803	19064	142438	135316	70920	68704
甘肃	2	6	7	440	825	6160	6310	1945	2021
青海	1	4	3	280	160	2200	3000	300	300
宁夏	1	7	6	300	258	4860	4000	2460	2200
新疆	1	2	2	87	98	2600	3800	100	430

4-19 续表 1

快餐

项 目	连锁总店数（个）	门店数（个）		年末从业人员（人）		年末餐饮营业面积（平方米）		年末餐位数（个）	
	2008年	2008年	2007年	2008年	2007年	2008年	2007年	2008年	2007年
全 国	**149**	**5932**	**4944**	**304667**	**233498**	**2003190**	**1642305**	**729094**	**605529**
北 京	24	894	830	37859	27690	256768	234995	96740	86253
天 津	9	256	232	13138	10501	73750	67274	30779	29031
河 北	1	2	2	120	120	1170	1170	140	140
山 西	1	40	33	2636	2636	17007	12755	5951	4463
内蒙古									
辽 宁	6	323	289	23009	19761	142661	120597	46385	39928
吉 林									
黑龙江	1	8	8	600	600	3856	3850	2056	2056
上 海	9	659	592	40423	25504	194730	180702	68327	61781
江 苏	15	799	611	36934	29766	269445	219384	100908	80613
浙 江	7	363	322	19724	18434	143821	127543	45792	44323
安 徽	2	38	31	1420	1249	6450	4850	4020	3200
福 建	5	164	138	7992	7746	70797	61516	17501	16481
江 西	3	41	34	1935	695	16689	13931	6052	6027
山 东	7	221	196	9362	7968	74513	66876	30347	27759
河 南	3	74	55	744	744	32299	26902	6539	4605
湖 北	3	150	122	10011	7143	64785	50973	22971	19556
湖 南	5	110	96	6445	4958	41329	37074	14774	13432
广 东	26	1278	918	71638	54809	444362	292007	161121	110197
广 西	3	52	48	3152	2603	22956	20098	8031	6885
海 南	1	4	3	136	102	1155	835	328	226
重 庆	3	32	39	1598	1547	13209	11926	8591	5615
四 川	4	199	156	9663	4569	44471	31890	24022	20060
贵 州									
云 南	4	132	109	3568	2850	50752	41667	20758	17018
西 藏	1	3				460		125	
陕 西	2	17	14	1091	780	6275	5210	2412	2260
甘 肃									
青 海	1	7	8	76	83	600	360	352	570
宁 夏									
新 疆	3	66	58	1393	640	8880	7920	4072	3050

4-19 续表 2

茶馆

项目	连锁总店数(个)	门店数(个)		年末从业人员(人)		年末餐饮营业面积(平方米)		年末餐位数(个)	
	2008年	2008年	2007年	2008年	2007年	2008年	2007年	2008年	2007年
全国	**3**	**19**	**19**	**306**	**341**	**5197**	**5197**	**1898**	**2152**
北京	1	6	6	35	54	910	910	264	264
天津									
河北									
山西									
内蒙古									
辽宁									
吉林									
黑龙江									
上海									
江苏	1	8	8	139	139	1800	1800	618	872
浙江	1	5	5	132	148	2487	2487	1016	1016
安徽									
福建									
江西									
山东									
河南									
湖北									
湖南									
广东									
广西									
海南									
重庆									
四川									
贵州									
云南									
西藏									
陕西									
甘肃									
青海									
宁夏									
新疆									

4-19 续表 3

咖啡店

项目	连锁总店数(个)	门店数(个)		年末从业人员(人)		年末餐饮营业面积(平方米)		年末餐位数(个)	
	2008年	2008年	2007年	2008年	2007年	2008年	2007年	2008年	2007年
全国	**15**	**705**	**522**	**16266**	**12725**	**293916**	**216407**	**86016**	**63624**
北京	2	83	72	1032	1141	15761	12166	4801	4122
天津									
河北									
山西									
内蒙古									
辽宁									
吉林									
黑龙江									
上海	4	219	153	3747	2909	26233	15780	15246	9034
江苏									
浙江	2	323	243	9681	7242	221826	165287	60137	44698
安徽									
福建									
江西									
山东	1	1	1	80	78	450	450	150	150
河南									
湖北	1	5		79		458		286	
湖南	1	7	6	710	600	15260	10500	1407	2349
广东	3	64	42	869	687	13058	11354	3550	2920
广西									
海南									
重庆									
四川	1	3	5	68	68	870	870	439	351
贵州									
云南									
西藏									
陕西									
甘肃									
青海									
宁夏									
新疆									

4-19 续表 4

其他餐饮

项目	连锁总店数(个)	门店数(个)		年末从业人员(人)		年末餐饮营业面积(平方米)		年末餐位数(个)	
	2008年	2008年	2007年	2008年	2007年	2008年	2007年	2008年	2007年
全　国	**26**	**1007**	**843**	**22548**	**20205**	**284366**	**254470**	**153224**	**133933**
北　京	3	65	75	401	348	2237	1785	294	233
天　津	1	36	32	387	368	3027	2957	359	270
河　北									
山　西									
内蒙古									
辽　宁									
吉　林									
黑龙江									
上　海	2	68	26	656	432	6564	3620	2660	1551
江　苏	2	5	5	72	55	2495	2495	570	570
浙　江	2	9	8	139	140	2570	2210	770	598
安　徽	1	55	55	391	351	21200	14500	11200	9700
福　建	2	4	3	488	487	1050	1050	260	260
江　西									
山　东									
河　南									
湖　北									
湖　南									
广　东	9	282	250	2799	2342	25105	17670	9986	5452
广　西									
海　南									
重　庆	2	456	360	15986	14400	192935	180000	119819	108000
四　川	1	21	23	902	850	17600	16600	3190	3040
贵　州									
云　南	1	6	6	327	432	9583	11583	4116	4259
西　藏									
陕　西									
甘　肃									
青　海									
宁　夏									
新　疆									

4-20 按业态分各地区连锁餐饮企业直营门店基本情况

正餐

项 目	门店数(个)		年末从业人员(人)		年末餐饮营业面积(平方米)		年末餐位数(个)	
	2008年	2007年	2008年	2007年	2008年	2007年	2008年	2007年
全 国	**1941**	**1616**	**141301**	**124296**	**2095731**	**1760941**	**714542**	**641843**
北 京	537	427	36836	32586	506529	459161	138231	128585
天 津	9	8	179	179	2240	2240	740	780
河 北	24	23	2065	1968	44550	41200	8124	7715
山 西	16	17	2073	2164	24950	27600	6705	6737
内蒙古	216	165	27641	23404	198220	150236	9352	11873
辽 宁	15	9	691	153	20244	8539	2994	1680
吉 林	2	2	15	15	180	180	48	48
黑龙江	45	40	1598	1457	43836	37595	11082	9180
上 海	221	194	8515	7770	88400	72498	32994	28270
江 苏	24	22	960	928	26483	25518	8082	7538
浙 江	161	91	10461	6914	279326	147767	57865	35725
安 徽	12	13	1347	1769	40220	46020	7442	7270
福 建	69	54	1672	1409	21902	16622	8555	5628
江 西	21	20	1531	1422	19450	17050	10250	8607
山 东	29	35	1258	1267	84082	82187	93754	93950
河 南	64	57	2095	1740	29664	30822	13923	12296
湖 北	105	101	14657	13938	223497	208111	58458	54500
湖 南	16	15	1154	1181	29790	26340	5224	4750
广 东	136	122	10913	9997	168409	155826	164131	158855
广 西								
海 南	3	3	65	60	350	350	150	150
重 庆	158	146	10812	9482	165612	134614	56994	40962
四 川	3	2	203	156	6000	4500	3200	2500
贵 州	14	12	1210	1147	28139	24139	4139	3169
云 南	5	5	120	93	6400	6400	2390	2390
西 藏								
陕 西	23	20	2361	1964	25438	21316	6650	5434
甘 肃	6	7	440	825	6160	6310	1945	2021
青 海	4	3	280	160	2200	3000	300	300
宁 夏	2	1	92	50	1860	1000	760	500
新 疆	1	2	57	98	1600	3800	60	430

4-20 续表 1

快餐

项目	门店数(个)		年末从业人员(人)		年末餐饮营业面积(平方米)		年末餐位数(个)	
	2008年	2007年	2008年	2007年	2008年	2007年	2008年	2007年
全国	**5405**	**4563**	**293845**	**226132**	**1877543**	**1548384**	**677748**	**563248**
北京	843	776	36914	26760	241002	216638	92886	82649
天津	256	232	13138	10501	73750	67274	30779	29031
河北	2	2	120	120	1170	1170	140	140
山西	40	33	2636	2636	17007	12755	5951	4463
内蒙古								
辽宁	322	288	23009	19761	142661	120597	46385	39928
吉林								
黑龙江	8	8	600	600	3856	3850	2056	2056
上海	659	592	40423	25504	194730	180702	68327	61781
江苏	637	549	33815	28780	231054	205203	88174	76148
浙江	314	271	18608	17259	128921	112143	43578	38073
安徽	38	31	1420	1249	6450	4850	4020	3200
福建	164	138	7992	7746	70797	61516	17501	16481
江西	41	34	1935	695	16689	13931	6052	6027
山东	202	177	8989	7598	72113	64476	28887	26299
河南	72	53	744	744	31299	25902	6539	4605
湖北	150	122	10011	7143	64785	50973	22971	19556
湖南	107	95	6331	4908	41189	37074	14574	13432
广东	1250	902	70113	54028	436605	287867	157855	108547
广西	52	48	3152	2603	22956	20098	8031	6885
海南	4	3	136	102	1155	835	328	226
重庆	32	39	1598	1547	13209	11926	8591	5615
四川	99	78	8091	3165	24668	15237	9302	6176
贵州								
云南	56	44	1720	1370	29042	23297	8705	6888
西藏	3				460		125	
陕西	13	10	1041	730	5375	4310	1662	1510
甘肃								
青海	7	8	76	83	600	360	352	570
宁夏								
新疆	34	30	1233	500	6000	5400	3977	2962

4-20 续表 2

茶馆

项目	门店数(个)		年末从业人员(人)		年末餐饮营业面积(平方米)		年末餐位数(个)	
	2008年	2007年	2008年	2007年	2008年	2007年	2008年	2007年
全国	**19**	**19**	**306**	**341**	**5197**	**5197**	**1898**	**2152**
北京	6	6	35	54	910	910	264	264
天津								
河北								
山西								
内蒙古								
辽宁								
吉林								
黑龙江								
上海								
江苏	8	8	139	139	1800	1800	618	872
浙江	5	5	132	148	2487	2487	1016	1016
安徽								
福建								
江西								
山东								
河南								
湖北								
湖南								
广东								
广西								
海南								
重庆								
四川								
贵州								
云南								
西藏								
陕西								
甘肃								
青海								
宁夏								
新疆								

4-20 续表 3

咖啡店

项 目	门店数(个)		年末从业人员(人)		年末餐饮营业面积(平方米)		年末餐位数(个)	
	2008年	2007年	2008年	2007年	2008年	2007年	2008年	2007年
全 国	**434**	**308**	**8161**	**6360**	**131826**	**89207**	**42796**	**29704**
北 京	82	71	1027	1136	15671	12166	4781	4122
天 津								
河 北								
山 西								
内蒙古								
辽 宁								
吉 林								
黑龙江								
上 海	219	153	3747	2909	26233	15780	15246	9034
江 苏								
浙 江	53	30	1581	882	59826	38087	16937	10778
安 徽								
福 建								
江 西								
山 东	1	1	80	78	450	450	150	150
河 南								
湖 北	5		79		458		286	
湖 南	7	6	710	600	15260	10500	1407	2349
广 东	64	42	869	687	13058	11354	3550	2920
广 西								
海 南								
重 庆								
四 川	3	5	68	68	870	870	439	351
贵 州								
云 南								
西 藏								
陕 西								
甘 肃								
青 海								
宁 夏								
新 疆								

4–20 续表 4

其他餐饮

项目	门店数（个）		年末从业人员（人）		年末餐饮营业面积（平方米）		年末餐位数（个）	
	2008年	2007年	2008年	2007年	2008年	2007年	2008年	2007年
全国	**516**	**446**	**6032**	**5122**	**86396**	**67215**	**39144**	**27488**
北京	60	75	399	348	2232	1785	289	233
天津	14	13	172	173	2175	2155	149	80
河北								
山西								
内蒙古								
辽宁								
吉林								
黑龙江								
上海	68	26	656	432	6564	3620	2660	1551
江苏	5	5	72	55	2495	2495	570	570
浙江	9	8	139	140	2570	2210	770	598
安徽	55	55	391	351	21200	14500	11200	9700
福建	4	3	488	487	1050	1050	260	260
江西								
山东								
河南								
湖北								
湖南								
广东	275	243	2571	2143	24212	16777	9986	5452
广西								
海南								
重庆	18	9	641	500	10695	9900	8869	4950
四川	4	5	262	260	6120	5640	858	821
贵州								
云南	4	4	241	233	7083	7083	3533	3273
西藏								
陕西								
甘肃								
青海								
宁夏								
新疆								

4-21 按业态分各地区连锁餐饮企业加盟门店基本情况

正餐

项目	门店数（个）		年末从业人员（人）		年末餐饮营业面积（平方米）		年末餐位数（个）	
	2008年	2007年	2008年	2007年	2008年	2007年	2008年	2007年
全 国	**2957**	**3029**	**175656**	**196363**	**1836155**	**1915504**	**845901**	**874325**
北 京	155	130	9429	8704	198050	214258	33195	32155
天 津	4	4	43	43	630	630	190	190
河 北	10	9			21000	20000		
山 西	10	7	590	975	15910	5740		
内蒙古	1023	1004	64104	65705	461968	444654	105760	104031
辽 宁								
吉 林								
黑龙江		3		143		1052		787
上 海							3707	2737
江 苏	45	45	320	330	12808	12808	4037	4037
浙 江	4	4	522	686	11000	11000	2160	2670
安 徽	6	5	865	730	41898	25460	3570	2446
福 建	78	71	2109	1950	12720	12410	7830	7420
江 西	3	3	344	337	1250	1250	440	440
山 东	15	17	980	983	17850	20950	1750	1850
河 南								
湖 北	3	4	99	155	4200	4667	345	1297
湖 南	4	4	568	577	10000	9000	1780	1550
广 东	60	54	3796	3669	43254	42362	7615	7956
广 西								
海 南								
重 庆	1216	1354	73227	93185	852517	963663	599492	632809
四 川								
贵 州								
云 南	24	21	980	883	10100	8600	8020	6980
西 藏								
陕 西	291	285	17442	17100	117000	114000	64270	63270
甘 肃								
青 海								
宁 夏	5	5	208	208	3000	3000	1700	1700
新 疆	1		30		1000		40	

4-21　续表 1

快餐

项　目	门店数(个)		年末从业人员(人)		年末餐饮营业面积(平方米)		年末餐位数(个)	
	2008年	2007年	2008年	2007年	2008年	2007年	2008年	2007年
全　国	**527**	**381**	**10822**	**7366**	**125647**	**93921**	**51346**	**42281**
北　京	51	54	945	930	15766	18357	3854	3604
天　津								
河　北								
山　西								
内蒙古								
辽　宁	1	1						
吉　林								
黑龙江								
上　海								
江　苏	162	62	3119	986	38391	14181	12734	4465
浙　江	49	51	1116	1175	14900	15400	2214	6250
安　徽								
福　建								
江　西								
山　东	19	19	373	370	2400	2400	1460	1460
河　南	2	2			1000	1000		
湖　北								
湖　南	3	1	114	50	140		200	
广　东	28	16	1525	781	7757	4140	3266	1650
广　西								
海　南								
重　庆								
四　川	100	78	1572	1404	19803	16653	14720	13884
贵　州								
云　南	76	65	1848	1480	21710	18370	12053	10130
西　藏								
陕　西	4	4	50	50	900	900	750	750
甘　肃								
青　海								
宁　夏								
新　疆	32	28	160	140	2880	2520	95	88

4-21 续表 2

咖啡店

项　目	门店数（个）		年末从业人员（人）		年末餐饮营业面积（平方米）		年末餐位数（个）	
	2008年	2007年	2008年	2007年	2008年	2007年	2008年	2007年
全　国	**271**	**214**	**8105**	**6365**	**162090**	**127200**	**43220**	**33920**
北　京	1	1	5	5	90		20	
天　津								
河　北								
山　西								
内蒙古								
辽　宁								
吉　林								
黑龙江								
上　海								
江　苏								
浙　江	270	213	8100	6360	162000	127200	43200	33920
安　徽								
福　建								
江　西								
山　东								
河　南								
湖　北								
湖　南								
广　东								
广　西								
海　南								
重　庆								
四　川								
贵　州								
云　南								
西　藏								
陕　西								
甘　肃								
青　海								
宁　夏								
新　疆								

4-21 续表 3

其他餐饮

项目	门店数(个)		年末从业人员(人)		年末餐饮营业面积(平方米)		年末餐位数(个)	
	2008年	2007年	2008年	2007年	2008年	2007年	2008年	2007年
全国	**491**	**397**	**16516**	**15083**	**197970**	**187255**	**114080**	**106445**
北京	5		2		5		5	
天津	22	19	215	195	852	802	210	190
河北								
山西								
内蒙古								
辽宁								
吉林								
黑龙江								
上海								
江苏								
浙江								
安徽								
福建								
江西								
山东								
河南								
湖北								
湖南								
广东	7	7	228	199	893	893		
广西								
海南								
重庆	438	351	15345	13900	182240	170100	110950	103050
四川	17	18	640	590	11480	10960	2332	2219
贵州								
云南	2	2	86	199	2500	4500	583	986
西藏								
陕西								
甘肃								
青海								
宁夏								
新疆								

4-22 按业态分各地区

正餐

项 目	商品购进总额		统一配送商品购进额		自有配送中心配送商品购进额	
	2008年	2007年	2008年	2007年	2008年	2007年
全 国	**1241548**	**1214492**	**640270**	**490888**	**405578**	**290544**
北 京	264661	233694	85644	60112	38942	20958
天 津	296	276				
河 北	4452	4538	636	708	636	708
山 西	4883	4630	868	967	868	967
内 蒙 古	400048	397480	263893	148729	182893	107836
辽 宁	294	294				
吉 林	194	176				
黑 龙 江	7993	7658	6693	6034	1367	2387
上 海	33935	22675	33884	22628	25867	21105
江 苏	13877	14683	11516	11042	7605	7655
浙 江	72616	57551	72555	57513	36277	17283
安 徽	5253	5412	3653	2373	3653	2373
福 建	1658	1370	1658	1370	778	753
江 西	2721	1926	1773	1085	1575	938
山 东	5756	6272	3313	3706	3126	3527
河 南	4469	4027	4454	4012	2380	2127
湖 北						
湖 南	842	780	230	210	230	210
广 东	75692	72102	3647	3624	3006	2536
广 西						
海 南						
重 庆	328063	365116	141634	162258	94760	97134
四 川						
贵 州	366					
云 南	2747	2619	1487	1329		
西 藏						
陕 西	6655	5959	1022	698	1022	698
甘 肃	2803	3281	1437	1505	372	364
青 海	1001	990				
宁 夏						
新 疆	273	986	273	986	220	986

连锁餐饮企业经营情况

单位：万元

非自有配送中心配送商品购进额		营业收入		餐费收入及商品销售额	
2008年	2007年	2008年	2007年	2008年	2007年
169230	**111759**	**3547498**	**2810182**	**3474698**	**2763536**
36629	28377	641997	509925	641796	509826
		3271	2169	2967	1864
		14571	12244	14568	12244
		22188	21767	22188	21767
80999	40893	1166162	782148	1166162	782148
		10895	6382	10895	6382
		294	268	294	268
		20845	15574	20845	15574
8017	1523	128184	87452	69994	52894
150	130	20144	19236	20144	19236
18296	14127	194379	117470	194379	117268
		26035	24349	25004	23958
		121254	47041	121254	47041
		9071	7754	8971	7654
187	179	36744	46937	36010	46937
30	20	11565	9746	11565	9746
		166068	141651	164328	140038
		15972	14166	15972	14166
642	1088	183663	159584	183457	159387
		773	773	773	773
22741	24092	590213	636383	590122	636218
		1489	1381	1489	1381
		16746	14745	16379	14745
1487	1329	4707	3771	4707	3771
		129141	115661	119308	106643
		6443	6754	6443	6754
		1346	1797	1346	1797
		1600	1455	1600	1455
53		1740	1602	1740	1602

4-22 续表 1

快餐

项 目	商品购进总额		统一配送商品购进额		自有配送中心配送商品购进额	
	2008年	2007年	2008年	2007年	2008年	2007年
全 国	**1309939**	**992576**	**1228970**	**930063**	**760244**	**565627**
北 京	247102	188629	234820	180976	106340	105832
天 津	3160	4127	1972	2701	1610	2143
河 北	302	285				
山 西	16678	12877	16678	12877	16678	12877
内蒙古						
辽 宁	100303	79314	100303	79314	14264	11233
吉 林						
黑龙江	3866	2972	3866	2972		
上 海	87469	74843	87469	74718	42101	36855
江 苏	206832	155925	191466	146725	97819	75219
浙 江	192269	119198	191425	118358	188894	115839
安 徽						
福 建	21131	17581	21131	17581	11394	9555
江 西	13366	10692	12583	10011	34	29
山 东	51339	43012	7174	6027	7174	6027
河 南	17	16				
湖 北						
湖 南	8669	6886	8669	6886	8669	6886
广 东	301992	227227	296580	222504	235774	159050
广 西	15170	13277	15037	13109	26	28
海 南						
重 庆	2400	4349	2400	4349	1389	1224
四 川	15167	12877	15167	12877	6032	4899
贵 州						
云 南	17016	13443	16540	13035	16540	13035
西 藏						
陕 西	282	306	282	306	282	306
甘 肃						
青 海	186	150	186	150		
宁 夏						
新 疆	5224	4590	5224	4590	5224	4590

单位：万元

非自有配送中心配送商品购进额		营业收入		餐费收入及商品销售额	
2008年	2007年	2008年	2007年	2008年	2007年
171699	**139437**	**4042762**	**3245856**	**4012144**	**3217316**
9245	6970	533191	434123	533068	434082
361	557	234253	187302	233560	186407
		457	387	457	387
		45595	36250	45595	36250
		283650	233213	283650	233213
		7028	5987	7028	5987
43921	36658	469251	414951	469251	414951
69646	52224	493328	384017	493328	384017
		308443	267902	308443	267902
		16321	12617	16321	12617
9633	7961	129408	109270	129408	109270
12548	9982	34930	27814	34930	27814
		153299	126214	147350	121197
		345	268		
		124259	98930	124253	98922
		83056	74734	82503	74354
1186	900	868314	637151	850238	618677
15011	13081	39564	31376	39564	31376
		2500	2396	2500	2396
1011	3125	16882	16842	16882	16842
9135	7978	120469	85580	120469	85580
		55925	40831	55925	40831
		310		310	
		5454	4073	580	617
		311	307	311	307
		16223	13324	16223	13324

4-22 续表 2

茶馆

项目	商品购进总额		统一配送商品购进额		自有配送中心配送商品购进额	
	2008年	2007年	2008年	2007年	2008年	2007年
全　国	**2224**	**2178**	**2224**	**2178**	**380**	**478**
北　京	250	367	250	367	250	367
天　津						
河　北						
山　西						
内蒙古						
辽　宁						
吉　林						
黑龙江						
上　海						
江　苏	1844	1700	1844	1700		
浙　江	130	111	130	111	130	111
安　徽						
福　建						
江　西						
山　东						
河　南						
湖　北						
湖　南						
广　东						
广　西						
海　南						
重　庆						
四　川						
贵　州						
云　南						
西　藏						
陕　西						
甘　肃						
青　海						
宁　夏						
新　疆						

单位：万元

非自有配送中心配送商品购进额		营业收入		餐费收入及商品销售额	
2008年	2007年	2008年	2007年	2008年	2007年
1844	**1700**	**7455**	**7388**	**7455**	**7388**
		592	700	592	700
1844	1700	4497	4473	4497	4473
		2365	2215	2365	2215

4-22 续表 3

咖啡店

项 目	商品购进总额		统一配送商品购进额		自有配送中心配送商品购进额	
	2008年	2007年	2008年	2007年	2008年	2007年
全 国	**31496**	**24689**	**31496**	**24653**	**5864**	**4660**
北 京	8515	6682	8515	6646		
天 津						
河 北						
山 西						
内蒙古						
辽 宁						
吉 林						
黑龙江						
上 海	16952	13121	16952	13121		
江 苏						
浙 江	4449	3128	4449	3128	4284	2903
安 徽						
福 建						
江 西						
山 东						
河 南						
湖 北						
湖 南						
广 东	1580	1757	1580	1757	1580	1757
广 西						
海 南						
重 庆						
四 川						
贵 州						
云 南						
西 藏						
陕 西						
甘 肃						
青 海						
宁 夏						
新 疆						

单位：万元

非自有配送中心配送商品购进额		营业收入		餐费收入及商品销售额	
2008年	2007年	2008年	2007年	2008年	2007年
8479	**6646**	**192085**	**137126**	**192081**	**137124**
8479	6646	28600	22556	28600	22556
		72113	48714	72110	48713
		70624	52954	70624	52954
		1837	1784	1837	1784
		1628		1628	
		6671	4012	6671	4012
		10135	6591	10135	6591
		477	515	477	515

4-22 续表 4

其他餐饮

项目	商品购进总额		统一配送商品购进额		自有配送中心配送商品购进额	
	2008年	2007年	2008年	2007年	2008年	2007年
全国	**130648**	**110662**	**22214**	**15945**	**14675**	**9351**
北京	2577	2295	2183	1882	171	223
天津	1230	1133				
河北						
山西						
内蒙古						
辽宁						
吉林						
黑龙江						
上海						
江苏	383	115	373	105	6	6
浙江	1125	613	1125	613	575	338
安徽	1520	1320	1520	1320		
福建						
江西						
山东						
河南						
湖北						
湖南						
广东	12467	9128	12218	8784	12134	8784
广西						
海南						
重庆	98057	83556	1789		1789	
四川	10284	9261				
贵州						
云南	3006	3242	3006	3242		
西藏						
陕西						
甘肃						
青海						
宁夏						
新疆						

单位：万元

非自有配送中心配送商品购进额		营业收入		餐费收入及商品销售额	
2008年	2007年	2008年	2007年	2008年	2007年
1524	**1324**	**279258**	**246755**	**275212**	**239308**
		6313	5049	6313	5049
		4700	4689	4700	4689
		14635	6605	14635	6605
4	4	996	725	996	725
		2116	1297	2116	1297
1520	1320	6346	5350	2300	1900
		4856	4305	4856	4305
		29804	19614	29804	19614
		184603	174269	184603	174269
		19865	17723	19865	13727
		5026	7129	5026	7129

4-23 按业态分各地区连锁餐饮

正餐

项　目	商品购进总额		统一配送商品购进额		自有配送中心配送商品购进额	
	2008年	2007年	2008年	2007年	2008年	2007年
全　国	**714787**	**568974**	**345269**	**244724**	**202480**	**132662**
北　京	230500	199184	85254	59882	38552	20727
天　津	296	276				
河　北	3882	4008	636	708	636	708
山　西	2082	2467	868	967	868	967
内蒙古	158569	86004	100093	55415	69445	40416
辽　宁	294	294				
吉　林	194	176				
黑龙江	7993	6771	6693	5294	1367	1647
上　海	33935	22675	33884	22628	25867	21105
江　苏	9904	10689	7754	7258	4147	4198
浙　江	70423	56581	70362	56543	34084	16313
安　徽	5253	5412	3653	2373	3653	2373
福　建	1658	1370	1658	1370	778	753
江　西	2721	1926	1773	1085	1575	938
山　东	5176	5240	3126	3387	3126	3387
河　南	4469	4027	4454	4012	2380	2127
湖　北						
湖　南	842	780	230	210	230	210
广　东	70848	67937	3344	3434	2702	2346
广　西						
海　南						
重　庆	93207	80623	18005	16338	11453	12400
四　川						
贵　州	366					
云　南	1497	1321	803	633		
西　藏						
陕　西	6655	5959	1022	698	1022	698
甘　肃	2803	3281	1437	1505	372	364
青　海	1001	990				
宁　夏						
新　疆	220	986	220	986	220	986

企业直营门店经营情况

单位：万元

非自有配送中心配送商品购进额		营业收入		餐费收入及商品销售额	
2008年	2007年	2008年	2007年	2008年	2007年
99655	**64542**	**1842260**	**1320759**	**1770676**	**1274827**
36629	28377	556664	430798	556462	430700
		2991	1889	2871	1769
		14571	12244	14568	12244
		16380	18080	16380	18080
30647	14998	259383	138714	259383	138714
		10895	6382	10895	6382
		294	268	294	268
		20845	13763	20845	13763
8017	1523	128184	87452	69994	52894
150	130	15746	14803	15746	14803
18296	14127	184276	108362	184276	108160
		17644	18168	17644	18164
		70633	21976	70633	21976
		9019	7706	8919	7606
		28580	39412	27846	39412
30	20	11565	9746	11565	9746
		164268	139447	162528	137834
		9871	9555	9871	9555
642	1088	169816	147838	169611	147641
		773	773	773	773
4442	3645	104936	51498	104845	51474
		1489	1381	1489	1381
		16746	14745	16379	14745
803	633	2630	2072	2630	2072
		14301	12701	4468	3683
		6443	6754	6443	6754
		1346	1797	1346	1797
		657	835	657	835
		1316	1602	1316	1602

4-23 续表 1

快餐

项目	商品购进总额		统一配送商品购进额		自有配送中心配送商品购进额	
	2008年	2007年	2008年	2007年	2008年	2007年
全国	**1264303**	**963998**	**1191588**	**902840**	**733329**	**540969**
北京	237918	180919	228641	173415	102927	98381
天津	3160	4127	1972	2701	1610	2143
河北	302	285				
山西	16678	12877	16678	12877	16678	12877
内蒙古						
辽宁	100303	79314	100303	79314	14264	11233
吉林						
黑龙江	3866	2972	3866	2972		
上海	87469	74843	87469	74718	42101	36855
江苏	192671	154829	181440	145795	93174	74425
浙江	188472	115401	188381	115314	188108	115052
安徽						
福建	21131	17581	21131	17581	11394	9555
江西	13366	10692	12583	10011	34	29
山东	51207	42888	7174	6027	7174	6027
河南	12	12				
湖北						
湖南	8669	6886	8669	6886	8669	6886
广东	295316	220325	289903	215601	229159	152210
广西	15170	13277	15037	13109	26	28
海南						
重庆	2400	4349	2400	4349	1389	1224
四川	10386	9109	10386	9109	1250	1132
贵州						
云南	10187	8343	9936	8093	9936	8093
西藏						
陕西	212	230	212	230	212	230
甘肃						
青海	186	150	186	150		
宁夏						
新疆	5224	4590	5224	4590	5224	4590

单位：万元

非自有配送中心配送商品购进额		营业收入		餐费收入及商品销售额	
2008年	2007年	2008年	2007年	2008年	2007年
166140	**139129**	**3913392**	**3182514**	**3882841**	**3154049**
9130	6860	516837	418796	516714	418754
361	557	234253	187302	233560	186407
		457	387	457	387
		45595	36250	45595	36250
		283650	233213	283650	233213
		7028	5987	7028	5987
43921	36658	469251	414951	469251	414951
64265	52088	465946	374401	465946	374401
		294539	253979	294539	253979
		16321	12617	16321	12617
9633	7961	129408	109270	129408	109270
12548	9982	34930	27814	34930	27814
		152578	125501	146629	120484
		277	193		
		124259	98930	124253	98922
		82488	74734	81935	74354
1124	838	858824	627396	840749	608922
15011	13081	39564	31376	39564	31376
		2500	2396	2500	2396
1011	3125	16882	16842	16882	16842
9135	7978	86462	74816	86462	74816
		29426	38045	29426	38045
		310		310	
		5273	3875	399	419
		311	307	311	307
		16025	13139	16025	13139

4-23 续表 2

茶馆

项目	商品购进总额		统一配送商品购进额		自有配送中心配送商品购进额	
	2008年	2007年	2008年	2007年	2008年	2007年
全国	**2224**	**2178**	**2224**	**2178**	**380**	**478**
北京	250	367	250	367	250	367
天津						
河北						
山西						
内蒙古						
辽宁						
吉林						
黑龙江						
上海						
江苏	1844	1700	1844	1700		
浙江	130	111	130	111	130	111
安徽						
福建						
江西						
山东						
河南						
湖北						
湖南						
广东						
广西						
海南						
重庆						
四川						
贵州						
云南						
西藏						
陕西						
甘肃						
青海						
宁夏						
新疆						

单位：万元

非自有配送中心配送商品购进额		营业收入		餐费收入及商品销售额	
2008年	2007年	2008年	2007年	2008年	2007年
1844	**1700**	**7455**	**7388**	**7455**	**7388**
		592	700	592	700
1844	1700	4497	4473	4497	4473
		2365	2215	2365	2215

4-23 续表 3

咖啡店

项目	商品购进总额		统一配送商品购进额		自有配送中心配送商品购进额	
	2008年	2007年	2008年	2007年	2008年	2007年
全国	**29881**	**23029**	**29881**	**23006**	**4263**	**3014**
北京	8502	6669	8502	6646		
天津						
河北						
山西						
内蒙古						
辽宁						
吉林						
黑龙江						
上海	16952	13121	16952	13121		
江苏						
浙江	2847	1482	2847	1482	2683	1257
安徽						
福建						
江西						
山东						
河南						
湖北						
湖南						
广东	1580	1757	1580	1757	1580	1757
广西						
海南						
重庆						
四川						
贵州						
云南						
西藏						
陕西						
甘肃						
青海						
宁夏						
新疆						

单位：万元

非自有配送中心配送商品购进额		营业收入		餐费收入及商品销售额	
2008年	2007年	2008年	2007年	2008年	2007年
8479	**6646**	**132913**	**90698**	**132909**	**90696**
8479	6646	28559	22556	28559	22556
		72113	48714	72110	48713
		11494	6526	11494	6526
		1837	1784	1837	1784
		1628		1628	
		6671	4012	6671	4012
		10135	6591	10135	6591
		477	515	477	515

4-23 续表 4

其他餐饮

项目	商品购进总额		统一配送商品购进额		自有配送中心配送商品购进额	
	2008年	2007年	2008年	2007年	2008年	2007年
全国	**28062**	**22884**	**19576**	**15123**	**12184**	**8655**
北京	2477	2295	2083	1882	71	223
天津	946	878				
河北						
山西						
内蒙古						
辽宁						
吉林						
黑龙江						
上海						
江苏	383	115	373	105	6	6
浙江	1125	613	1125	613	575	338
安徽	1520	1320	1520	1320		
福建						
江西						
山东						
河南						
湖北						
湖南						
广东	11706	8431	11458	8087	11374	8087
广西						
海南						
重庆	2790	2308	159		159	
四川	4257	3808				
贵州						
云南	2858	3116	2858	3116		
西藏						
陕西						
甘肃						
青海						
宁夏						
新疆						

单位：万元

非自有配送中心配送商品购进额		营业收入		餐费收入及商品销售额	
2008年	2007年	2008年	2007年	2008年	2007年
1524	**1324**	**83573**	**59760**	**79527**	**52314**
		6146	5049	6146	5049
		1351	1144	1351	1144
		14635	6605	14635	6605
4	4	996	725	996	725
		2116	1297	2116	1297
1520	1320	6346	5350	2300	1900
		4856	4305	4856	4305
		27383	17373	27383	17373
		6865	4357	6865	4357
		8343	7267	8343	3270
		4537	6289	4537	6289

4-24 按业态分各地区连锁餐饮

正餐

项　目	商品购进总额		统一配送商品购进额		自有配送中心配送商品购进额	
	2008年	2007年	2008年	2007年	2008年	2007年
全　国	**526761**	**645518**	**295001**	**246164**	**203098**	**157882**
北　京	34161	34509	389	231	389	231
天　津						
河　北	570	530				
山　西	2802	2163				
内蒙古	241479	311475	163800	93315	113448	67420
辽　宁						
吉　林						
黑龙江		887		740		740
上　海						
江　苏	3973	3994	3762	3784	3458	3458
浙　江	2193	970	2193	970	2193	970
安　徽						
福　建						
江　西						
山　东	580	1033	187	319		140
河　南						
湖　北						
湖　南						
广　东	4845	4165	303	189	303	189
广　西						
海　南						
重　庆	234856	284494	123629	145920	83307	84734
四　川						
贵　州						
云　南	1251	1298	684	696		
西　藏						
陕　西						
甘　肃						
青　海						
宁　夏						
新　疆	53		53			

企业加盟门店经营情况

单位：万元

非自有配送中心配送商品购进额		营业收入		餐费收入及商品销售额	
2008年	2007年	2008年	2007年	2008年	2007年
69575	**47218**	**1705238**	**1489423**	**1704022**	**1488710**
		85334	79127	85334	79127
		280	280	96	96
		5808	3687	5808	3687
50352	25895	906779	643433	906779	643433
			1810		1810
0	0	4398	4434	4398	4434
		10103	9108	10103	9108
		8391	6181	7360	5794
		50621	25064	50621	25064
		52	48	52	48
187	179	8164	7525	8164	7525
		1800	2204	1800	2204
		6101	4611	6101	4611
		13846	11746	13846	11746
18300	20448	485277	584886	485277	584744
684	696	2077	1699	2077	1699
		114840	102960	114840	102960
		943	620	943	620
53		424		424	

4-24 续表 1

快餐

项目	商品购进总额		统一配送商品购进额		自有配送中心配送商品购进额	
	2008年	2007年	2008年	2007年	2008年	2007年
全国	**45636**	**28578**	**37382**	**27224**	**26916**	**24658**
北京	9185	7710	6179	7561	3413	7451
天津						
河北						
山西						
内蒙古						
辽宁						
吉林						
黑龙江						
上海						
江苏	14161	1096	10026	930	4645	795
浙江	3797	3797	3044	3044	786	787
安徽						
福建						
江西						
山东	131	124				
河南	4	4				
湖北						
湖南						
广东	6677	6902	6677	6902	6615	6840
广西						
海南						
重庆						
四川	4782	3767	4782	3767	4782	3767
贵州						
云南	6829	5101	6604	4942	6604	4942
西藏						
陕西	71	77	71	77	71	77
甘肃						
青海						
宁夏						
新疆						

单位：万元

非自有配送中心配送商品购进额		营业收入		餐费收入及商品销售额	
2008年	2007年	2008年	2007年	2008年	2007年
5558	**308**	**129371**	**63342**	**129303**	**63267**
116	110	16354	15328	16354	15328
5381	136	27381	9615	27381	9615
		13904	13923	13904	13923
		721	713	721	713
		68	75		
		568		568	
62	62	9490	9755	9490	9755
		34007	10764	34007	10764
		26499	2786	26499	2786
		181	198	181	198
		198	185	198	185

4-24 续表 2

咖啡店

项目	商品购进总额		统一配送商品购进额		自有配送中心配送商品购进额	
	2008年	2007年	2008年	2007年	2008年	2007年
全国	**1615**	**1660**	**1615**	**1647**	**1601**	**1647**
北京	13	13	13			
天津						
河北						
山西						
内蒙古						
辽宁						
吉林						
黑龙江						
上海						
江苏						
浙江	1601	1647	1601	1647	1601	1647
安徽						
福建						
江西						
山东						
河南						
湖北						
湖南						
广东						
广西						
海南						
重庆						
四川						
贵州						
云南						
西藏						
陕西						
甘肃						
青海						
宁夏						
新疆						

单位：万元

非自有配送中心配送商品购进额		营业收入		餐费收入及商品销售额	
2008年	2007年	2008年	2007年	2008年	2007年
		59172	**46428**	**59172**	**46428**
		42		42	
		59130	46428	59130	46428

4–24 续表 3

其他餐饮

项目	商品购进总额		统一配送商品购进额		自有配送中心配送商品购进额	
	2008年	2007年	2008年	2007年	2008年	2007年
全国	**102586**	**87778**	**2638**	**823**	**2490**	**697**
北京	100		100		100	
天津	285	255				
河北						
山西						
内蒙古						
辽宁						
吉林						
黑龙江						
上海						
江苏						
浙江						
安徽						
福建						
江西						
山东						
河南						
湖北						
湖南						
广东	760	697	760	697	760	697
广西						
海南						
重庆	95267	81248	1630		1630	
四川	6027	5452				
贵州						
云南	148	126	148	126		
西藏						
陕西						
甘肃						
青海						
宁夏						
新疆						

单位：万元

非自有配送中心配送商品购进额		营业收入		餐费收入及商品销售额	
2008年	2007年	2008年	2007年	2008年	2007年
		195685	**186994**	**195685**	**186994**
		166		166	
		3349	3545	3349	3545
		2421	2240	2421	2240
		177738	169912	177738	169912
		11521	10457	11521	10457
		489	840	489	840

4-25 36城市连锁餐饮企业基本情况

项目	连锁总店数（个）	门店数（个）		年末从业人员（人）		年末餐饮营业面积（平方米）		年末餐位数（个）	
	2008年	2008年	2007年	2008年	2007年	2008年	2007年	2008年	2007年
合计	**354**	**9653**	**8419**	**507195**	**445669**	**5172164**	**4626093**	**2175015**	**2008648**
北京	80	1740	1540	85592	70523	980255	923275	273525	251612
天津	14	305	276	13747	11091	79647	73101	32068	30271
石家庄	1	2	2	390	370	4500	4500	560	300
太原	3	57	47	4696	5136	51037	38995	10071	8583
呼和浩特	1	5	5	232	140	2200	2000	1008	400
沈阳	5	263	239	19534	16208	129724	107535	38390	33040
大连	3	70	59	3666	3706	25081	21601	9839	8568
长春	1	2	2	15	15	180	180	48	48
哈尔滨	7	53	51	2198	2200	47692	42497	13138	12023
上海	27	1167	965	53341	36615	315927	272600	122934	103373
南京	11	272	223	14332	11884	110739	94453	42856	37307
杭州	24	814	627	35708	28943	546147	379128	144892	106084
宁波	5	41	38	4717	4446	112393	75176	21450	21860
合肥	4	104	96	3225	3021	89468	63830	21132	18216
福州	6	189	161	6118	5760	55892	48782	15746	14638
厦门	7	123	102	6092	5784	49477	41606	17880	14611
南昌	5	48	40	2454	1075	24039	19081	10382	8714
济南	1	23	19	1325	1153	10006	8221	3865	3096
青岛	12	195	181	8672	7423	145321	140269	117420	115383
郑州	2	67	49	744	744	27799	23502	6539	4605
武汉	23	241	207	22991	19729	250196	224057	70876	64303
长沙	4	104	90	7554	5980	69989	60114	18883	18453
广州	35	828	636	48056	44197	382796	321689	125334	103540
深圳	26	546	416	35556	23874	216337	158690	182896	165923
南宁	2	48	43	2837	2293	19166	16308	7231	6085
海口	2	7	6	201	162	1505	1185	478	376
重庆	17	1862	1899	101623	118614	1224273	1290203	784896	787386
成都	5	202	161	9731	4637	45341	32760	24461	20411
贵阳	1	12	12	1148	1147	25339	24139	3499	3169
昆明	7	167	141	4995	4258	76835	68250	35284	30647
拉萨	1	3				460		125	
西安	4	38	32	3314	2627	30333	25646	8330	7202
兰州	2	6	7	440	825	6160	6310	1945	2021
西宁	2	11	11	356	243	2800	3360	652	870
银川	1	7	6	300	258	4860	4000	2460	2200
乌鲁木齐	3	31	30	1295	588	8250	9050	3922	3330

4-26 36城市连锁餐饮企业直营门店基本情况

项目	门店数（个）		年末从业人员（人）		年末餐饮营业面积（平方米）		年末餐位数（个）	
	2008年	2007年	2008年	2007年	2008年	2007年	2008年	2007年
合计	**7032**	**5889**	**383722**	**307107**	**3536689**	**2941566**	**1312602**	**1132337**
北京	1528	1355	75211	60884	766344	690660	236451	215853
天津	279	253	13489	10853	78165	71669	31668	29891
石家庄	2	2	390	370	4500	4500	560	300
太原	47	40	4106	4161	35127	33255	10071	8583
呼和浩特	5	5	232	140	2200	2000	1008	400
沈阳	262	238	19534	16208	129724	107535	38390	33040
大连	70	59	3666	3706	25081	21601	9839	8568
长春	2	2	15	15	180	180	48	48
哈尔滨	53	48	2198	2057	47692	41445	13138	11236
上海	1167	965	53341	36615	315927	272600	119227	100636
南京	271	220	14302	11794	110459	93683	42712	37007
杭州	503	371	26666	21572	371197	238478	99903	66339
宁波	29	26	4021	3596	99443	62226	18865	18765
合肥	98	91	2360	2291	47570	38370	17562	15770
福州	111	90	4009	3810	43172	36372	7916	7218
厦门	123	102	6092	5784	49477	41606	17880	14611
南昌	48	40	2454	1075	24039	19081	10382	8714
济南	23	19	1325	1153	10006	8221	3865	3096
青岛	193	177	8572	7307	139821	131669	116220	114083
郑州	67	49	744	744	27799	23502	6539	4605
武汉	238	203	22892	19574	245996	219390	70531	63006
长沙	100	87	7146	5633	63989	55114	17503	17303
广州	742	563	42612	39548	331450	274294	114775	93934
深圳	543	416	35451	23874	215779	158690	182574	165923
南宁	48	43	2837	2293	19166	16308	7231	6085
海口	7	6	201	162	1505	1185	478	376
重庆	208	194	13051	11529	189516	156440	74454	51527
成都	102	83	8159	3233	25538	16107	9741	6527
贵阳	12	12	1148	1147	25339	24139	3499	3169
昆明	65	53	2081	1696	42525	36780	14628	12551
拉萨	3				460		125	
西安	34	28	3264	2577	29433	24746	7580	6452
兰州	6	7	440	825	6160	6310	1945	2021
西宁	11	11	356	243	2800	3360	652	870
银川	2	1	92	50	1860	1000	760	500
乌鲁木齐	30	30	1265	588	7250	9050	3882	3330

4-27 36城市连锁餐饮企业加盟门店基本情况

项 目	门店数（个）		年末从业人员（人）	
	2008年	2007年	2008年	2007年
合 计	**2621**	**2530**	**123473**	**138562**
北 京	212	185	10381	9639
天 津	26	23	258	238
石家庄				
太 原	10	7	590	975
呼和浩特				
沈 阳	1	1		
大 连				
长 春				
哈尔滨		3		143
上 海				
南 京	1	3	30	90
杭 州	311	256	9042	7371
宁 波	12	12	696	850
合 肥	6	5	865	730
福 州	78	71	2109	1950
厦 门				
南 昌				
济 南				
青 岛	2	4	100	116
郑 州				
武 汉	3	4	99	155
长 沙	4	3	408	347
广 州	86	73	5444	4649
深 圳	3		105	
南 宁				
海 口				
重 庆	1654	1705	88572	107085
成 都	100	78	1572	1404
贵 阳				
昆 明	102	88	2914	2562
拉 萨				
西 安	4	4	50	50
兰 州				
西 宁				
银 川	5	5	208	208
乌鲁木齐	1		30	

4-27 续表

项　目	年末餐饮营业面积（平方米）		年末餐位数（个）	
	2008年	2007年	2008年	2007年
合　计	**1635475**	**1684527**	**862413**	**876311**
北　京	213911	232615	37074	35759
天　津	1482	1432	400	380
石家庄				
太　原	15910	5740		
呼和浩特				
沈　阳				
大　连				
长　春				
哈尔滨		1052		787
上　海			3707	2737
南　京	280	770	144	300
杭　州	174950	140650	44989	39745
宁　波	12950	12950	2585	3095
合　肥	41898	25460	3570	2446
福　州	12720	12410	7830	7420
厦　门				
南　昌				
济　南				
青　岛	5500	8600	1200	1300
郑　州				
武　汉	4200	4667	345	1297
长　沙	6000	5000	1380	1150
广　州	51346	47395	10559	9606
深　圳	558		322	
南　宁				
海　口				
重　庆	1034757	1133763	710442	735859
成　都	19803	16653	14720	13884
贵　阳				
昆　明	34310	31470	20656	18096
拉　萨				
西　安	900	900	750	750
兰　州				
西　宁				
银　川	3000	3000	1700	1700
乌鲁木齐	1000		40	

4-28 36城市连锁餐饮

项 目	商品购进总额		统一配送商品购进额		自有配送中心配送商品购进额	
	2008年	2007年	2008年	2007年	2008年	2007年
合 计	**2112447**	**1792442**	**1492797**	**1189904**	**932776**	**714516**
北 京	523105	431667	331411	249983	145702	127380
天 津	4687	5535	1972	2701	1610	2143
石家庄	1242	1460				
太 原	21331	17301	17316	13638	17316	13638
呼和浩特						
沈 阳	73427	57734	73133	57440		
大 连	27169	21874	27169	21874	14264	11233
长 春	194	176				
哈尔滨	11859	10630	10559	9006	1367	2387
上 海	138356	110640	138305	110467	67968	57960
南 京	71705	56903	71545	56463	52851	40843
杭 州	251892	153999	250987	153121	230160	136475
宁 波	17982	26103	17982	26103		
合 肥	1520	1320	1520	1320		
福 州	21907	18133	21907	18133	11394	9555
厦 门	882	818	882	818	778	753
南 昌	16058	12588	14326	11066	1579	936
济 南	6933	5709	6933	5709	6933	5709
青 岛	48537	41886	3327	3783	3327	3783
郑 州						
武 汉						
长 沙	8002	6360	8002	6360	8002	6360
广 州	246023	199722	168317	126176	168193	126052
深 圳	121920	97510	121920	97510	73700	46074
南 宁	14838	12911	14838	12911		
海 口						
重 庆	428520	453021	145823	166607	97938	98357
成 都	15167	12877	15167	12877	6032	4899
贵 阳						
拉 萨	22769	19305	21033	17607	16540	13035
昆 明						
西 安	6937	6265	1304	1004	1304	1004
兰 州	2803	3281	1437	1505	372	364
西 宁	1187	1140	186	150		
银 川						
乌鲁木齐	5497	5576	5497	5576	5444	5576

企业经营情况

单位：万元

非自有配送中心配送商品购进额		营业额		餐费收入及商品销售额	
2008年	2007年	2008年	2007年	2008年	2007年
216902	**180235**	**6234464**	**5164679**	**6146639**	**5105464**
54353	41993	1210694	972353	1210369	972214
361	557	242225	194160	241227	192960
		4170	3120	4170	3120
		64312	53947	64312	53947
		229	60	229	60
		232980	189979	232980	189979
		59158	49615	59158	49615
		294	268	294	268
		27873	21561	27873	21561
51938	38181	684183	557722	625989	523163
17367	14690	206440	162768	206440	162768
18296	14127	517609	384797	517609	384596
		58966	56011	58966	56011
1520	1320	38822	32834	33746	28997
9633	7961	171322	88049	171322	88049
		83682	72061	83682	72061
12548	9982	39160	31145	39160	31145
		16615	14003	16615	14003
		167038	153039	160355	148022
		276223	225410	274478	223788
		95623	85663	95623	85663
124	124	612959	483898	612953	483898
1497	1865	340737	277618	340737	277618
14838	12911	38933	30681	38933	30681
		3273	3169	3273	3169
23752	27217	791697	827494	791606	827329
9135	7978	120946	86094	120946	86094
		16379	14745	16379	14745
1487	1329	65657	51730	65657	51730
		310		310	
		18567	15674	3860	3201
		6443	6754	6443	6754
		1657	2103	1657	2103
		1600	1455	1600	1455
53		17690	14698	17690	14698

4-29　36城市连锁餐饮企业

项　目	商品购进总额		统一配送商品购进额		自有配送中心配送商品购进额	
	2008年	2007年	2008年	2007年	2008年	2007年
合　计	**1702714**	**1352034**	**1333876**	**1012006**	**820162**	**601056**
北　京	479647	389435	324729	242191	141800	119698
天　津	4402	5281	1972	2701	1610	2143
石家庄	1242	1460				
太　原	18530	15138	17316	13638	17316	13638
呼和浩特						
沈　阳	73427	57734	73133	57440		
大　连	27169	21874	27169	21874	14264	11233
长　春	194	176				
哈尔滨	11859	9743	10559	8266	1367	1647
上　海	138356	110640	138305	110467	67968	57960
南　京	71645	56653	71485	56213	52791	40593
杭　州	244300	147586	244148	147460	225579	133072
宁　波	17982	26103	17982	26103		
合　肥	1520	1320	1520	1320		
福　州	21907	18133	21907	18133	11394	9555
厦　门	882	818	882	818	778	753
南　昌	16058	12588	14326	11066	1579	936
济　南	6933	5709	6933	5709	6933	5709
青　岛	48537	41552	3327	3643	3327	3643
郑　州						
武　汉						
长　沙	8002	6360	8002	6360	8002	6360
广　州	233741	187958	160577	118388	160515	118327
深　圳	121920	97510	121920	97510	73700	46074
南　宁	14838	12911	14838	12911		
海　口						
重　庆	98397	87279	20564	20687	13001	13623
成　都	10386	9109	10386	9109	1250	1132
贵　阳						
拉　萨	14542	12780	13597	11843	9936	8093
昆　明						
西　安	6866	6189	1233	927	1233	927
兰　州	2803	3281	1437	1505	372	364
西　宁	1187	1140	186	150		
银　川						
乌鲁木齐	5444	5576	5444	5576	5444	5576

直营门店经营情况

单位：万元

非自有配送中心配送商品购进额		营业额		餐费收入及商品销售额	
2008年	2007年	2008年	2007年	2008年	2007年
197688	**158919**	**5217984**	**4155252**	**5131375**	**4096751**
54238	41884	1108798	877898	1108473	877759
361	557	238595	190335	237782	189319
		4170	3120	4170	3120
		58504	50261	58504	50261
		229	60	229	60
		232980	189979	232980	189979
		59158	49615	59158	49615
		294	268	294	268
		27873	19751	27873	19751
51938	38181	684183	557722	625989	523163
17367	14690	206330	162268	206330	162268
18296	14127	444041	326002	444041	325801
		49397	45348	49397	45348
1520	1320	30432	26653	26386	23203
9633	7961	120701	62985	120701	62985
		83682	72061	83682	72061
12548	9982	39160	31145	39160	31145
		16615	14003	16615	14003
		163143	148913	156460	143896
		274423	223206	272678	221585
		91822	82993	91822	82993
62	62	587740	460156	587734	460156
1497	1865	340199	277618	340199	277618
14838	12911	38933	30681	38933	30681
		3273	3169	3273	3169
5453	6770	128682	72696	128591	72672
9135	7978	86939	75330	86939	75330
		16379	14745	16379	14745
803	633	36592	46406	36592	46406
		310		310	
		18386	15476	3679	3002
		6443	6754	6443	6754
		1657	2103	1657	2103
		657	835	657	835
		17266	14698	17266	14698

4-30 36城市连锁餐饮企业

项 目	商品购进总额		统一配送商品购进额		自有配送中心配送商品购进额	
	2008年	2007年	2008年	2007年	2008年	2007年
合 计	**409733**	**440409**	**158921**	**177898**	**112615**	**113460**
北 京	43459	42232	6682	7792	3902	7682
天 津	285	255				
石家庄						
太 原	2802	2163				
呼和浩特						
沈 阳						
大 连						
长 春						
哈尔滨		887		740		740
上 海						
南 京	60	250	60	250	60	250
杭 州	7591	6414	6839	5661	4581	3403
宁 波						
合 肥						
福 州						
厦 门						
南 昌						
济 南						
青 岛		334		140		140
郑 州						
武 汉						
长 沙						
广 州	12282	11764	7740	7788	7679	7726
深 圳						
南 宁						
海 口						
重 庆	330122	365742	125259	145920	84937	84734
成 都	4782	3767	4782	3767	4782	3767
贵 阳						
拉 萨	8228	6525	7436	5764	6604	4942
昆 明						
西 安	71	77	71	77	71	77
兰 州						
西 宁						
银 川						
乌鲁木齐	53		53			

加盟门店经营情况

单位：万元

非自有配送中心配送商品购进额		营业额		餐费收入及商品销售额	
2008年	2007年	2008年	2007年	2008年	2007年
19214	**21316**	**1016480**	**1009427**	**1015265**	**1008714**
116	110	101896	94455	101896	94455
		3629	3825	3445	3641
		5808	3687	5808	3687
			1810		1810
		110	500	110	500
		73568	58795	73568	58795
		9569	10663	9569	10663
		8391	6181	7360	5794
		50621	25064	50621	25064
		3896	4126	3896	4126
		1800	2204	1800	2204
		3801	2670	3801	2670
62	62	25219	23741	25219	23741
		538		538	
18300	20448	663015	754798	663015	754656
		34007	10764	34007	10764
684	696	29065	5325	29065	5325
		181	198	181	198
		943	620	943	620
53		424		424	

第五部分

连锁企业情况

5-1 销售额10亿元以上连锁零售企业

企业名称	所在地	零售业态	连锁商号
中国石油化工股份有限公司广东石油分公司	广东省广州市	加油站	中国石化
苏宁电器连锁集团股份有限公司	江苏省南京市	专业店	苏宁电器
中国石油化工股份有限公司江苏石油分公司	江苏省南京市	加油站	中国石化
中国石油化工股份有限公司浙江石油分公司	浙江省杭州市	加油站	中国石化
中国石油化工股份有限公司山东石油分公司	山东省济南市	加油站	中国石化
中国石油天然气股份有限公司华南销售公司	广东省广州市	加油站	中国石油
中国石油化工股份有限公司上海石油分公司	上海市	加油站	中国石化
苏果超市有限公司	江苏省南京市	超市	苏果
中国石油化工股份有限公司北京石油分公司	北京市	加油站	中国石化
中石油内蒙古分公司	内蒙古自治区呼和浩特市	加油站	中国石油
农工商超市(集团)有限公司	上海市	超市	农工商超市
联华超市股份有限公司	上海市	超市	联华超市
江苏五星电器有限公司	江苏省南京市	专业店	五星电器
中石化股份有限公司安徽石油分公司	安徽省合肥市	加油站	中国石化
合肥百货大楼集团股份有限公司	安徽省合肥市	百货店	合家福、百大
上海大润发有限公司	上海市	超市	大润发
上海世纪联华超市发展有限公司	上海市	大型超市	联华超市
华联超市股份有限公司	上海市	超市	华联超市
中国石油天然气股份有限公司江苏销售分公司	江苏省南京市	加油站	中国石油
武汉中百集团股份有限公司	湖北省武汉市	大型超市	中百仓储
南通文峰大世界连锁发展股份有限公司	江苏省南通市	百货店	文峰
物美控股集团有限公司	北京市	超市	物美
中国石油天然气股份有限公司重庆销售分公司渝中销售分公司	重庆市	加油站	中国石油
利群集团股份有限公司	山东省青岛市	百货店	利群
锦江麦德龙现购自运有限公司	上海市	仓储会员店	麦德龙
山东银座商城股份有限公司	山东省济南市	百货店	银座
中国石油化工股份有限公司天津石油分公司	天津市	加油站	中国石化
武汉武商集团股份有限公司	湖北省武汉市	百货店	武商集团
中国石油天然气股份有限公司大连销售分公司	辽宁省大连市	加油站	中国石油
广东物资集团汽车贸易公司	广东省广州市	专业店	广物汽贸
中国石油天然气股份有限公司浙江销售分公	浙江省杭州市	加油站	中国石油
北京王府井百货(集团)股份有限公司	北京市	百货店	王府井
江苏时代超市有限公司	江苏省南通市	大型超市	时代超市
南京宏图三胞企业发展有限公司	江苏省南京市	专卖店	宏图三胞
重庆商社新世纪百货有限公司	重庆市	百货店	新世纪百货
江苏省新华书店集团有限公司	江苏省南京市	专业店	新华书店
山东潍坊百货集团股份有限公司	山东省潍坊市	大型超市	中百、佳乐家
华润万家有限公司	广东省深圳市	大型超市	华润万家
浙江银泰百货有限公司	浙江省杭州市	百货店	银泰百货
武汉中商集团股份有限公司	湖北省武汉市	大型超市	中商
上海易初莲花连锁超市有限公司	上海市	大型超市	易初莲花
中国石油化工股份有限公司云南昆明石油分公司	云南省昆明市	专卖店	中国石化

5-1 续表 1

企业名称	所在地	零售业态	连锁商号
永乐(中国)电器销售有限公司	上海市	专卖店	永乐电器
浙江省新华书店集团有限公司	浙江省杭州市	专业店	新华书店
北国商城股份有限公司	河北省石家庄市	百货店	北国商城
中国石油天然气股份有限公司广西销售分公司	广西壮族自治区南宁市	加油站	中国石油
天虹商场股份有限公司	广东省深圳市	百货店	天虹商场
中国石油化工股份有限公司河北石家庄石油分公司	河北省石家庄市	加油站	中国石化
中国石油天然气股份有限公司安徽销售分公司	安徽省合肥市	加油站	中国石油
安徽商之都有限责任公司	安徽省合肥市	百货店	商之都
安徽辉隆农资集团股份有限公司	安徽省合肥市	专业店	辉隆连锁
金鹰国际商贸(中国)有限公司	江苏省南京市	百货店	金鹰国际
北京市大中家用电器连锁销售有限公司	北京市	专业店	大中电器
中国石油化工股份有限公司河北唐山石油分公司	河北省唐山市	加油站	中国石化
上海联家超市有限公司	上海市	大型超市	家乐福
山东家家悦集团有限公司	山东省威海市	超市	家家悦
江苏苏农农资连锁集团股份有限公司	江苏省南京市	专业店	苏农农资
步步高商业连锁股份有限公司	湖南省湘潭市	大型超市	步步高
中油碧辟石油有限公司广州分公司	广东省广州市	加油站	中油碧辟
北京苏宁电器有限公司	北京市	专业店	苏宁电器
中国石油化工股份有限公司广西南宁石油分公司	广西壮族自治区南宁市	加油站	中国石化
国美电器有限公司	北京市	专业店	国美电器
中国石油天然气股份有限公司天津销售分公司	天津市	加油站	中国石油
中国石油天然气股份有限公司黑龙江哈尔滨销售分公司	黑龙江省哈尔滨市	加油站	中国石油
沃尔玛深国投百货有限公司	广东省深圳市	大型超市	沃尔玛
上海好德便利有限公司	上海市	便利店	好德
浙江惠多利农资连锁有限公司	浙江省杭州市	专业店	惠多利
北京京客隆商业集团股份有限公司	北京市	超市	京客隆
上海老庙黄金有限公司	上海市	专业店	老庙黄金
广州市广百股份有限公司	广东省广州市	百货店	广百股份
南京福中信息产业集团有限公司	江苏省南京市	专业店	福中3+3
中石化森美(福建)石油有限公司泉州分公司	福建省泉州市	加油站	中石化森美
宁波三江购物俱乐部有限公司	浙江省宁波市	大型超市	三江
上海康育乐购超市有限公司	上海市	大型超市	乐购
中国石油天然气股份有限公司湖北武汉销售分公司	湖北省武汉市	加油站	中国石油
武汉工贸有限公司	湖北省武汉市	专业店	工贸家电
上海苏宁电器有限公司	上海市	专业店	苏宁电器
中国石化武汉石油(集团)股份有限公司	湖北省武汉市	加油站	中国石化
北京家乐福商业有限公司	北京市	大型超市	家乐福
中国石油化工股份有限公司河南信阳石油分公司	河南省信阳市	专卖店	中国石化
中国石油化工股份有限公司山西晋中石油分公司	山西省晋中市	加油站	中国石化
华联集团吉买盛购物中心有限公司	上海市	大型超市	吉买盛
中国石油化工股份有限公司江西赣州石油分公司	江西省赣州市	加油站	中国石化
中国石油化工股份有限公司湖北石油直属销售分公司	湖北省武汉市	加油站	中国石化

5-1 续表 2

企业名称	所在地	零售业态	连锁商号
上海可的便利店有限公司	上海市	便利店	可的
中国石油化工股份有限公司广西柳州石油分公司	广西壮族自治区柳州市	加油站	中国石化
广州友谊班尼路服饰有限公司	广东省广州市	专卖店	班尼路
上海国美电器有限公司(国美)	上海市	专业店	国美电器
山东新星集团有限公司	山东省淄博市	超市	新星
中国石油化工股份有限公司江西南昌石油分公司	江西省南昌市	加油站	中国石化
山东鲁花商贸有限公司	山东省烟台市	专业店	鲁花
中国石油天然气股份有限公司辽宁鞍山销售分	辽宁省鞍山市	加油站	中国石油
深圳茂业商厦有限公司	广东省深圳市	百货店	茂业百货
广州屈臣氏个人用品商店有限公司	广东省广州市	超市	屈臣氏
广州市好又多百货商业广场有限公司	广东省广州市	大型超市	好又多
天津国美电器有限公司	天津市天津市	专业店	国美电器
济南人民大润发商业有限公司	山东省济南市	大型超市	大润发
北京菜市口百货股份有限公司	北京市	百货店	菜百首饰
广州易初莲花连锁超市有限公司	广东省广州市	大型超市	易初莲花
中国石油天然气股份有限公司吉林长春分公司	吉林省长春市	加油站	中国石油
山东临沂汽车工业贸易有限公司	山东省临沂市	专卖店	临沂汽工贸
郑州丹尼斯百货有限公司	河南省郑州市	百货店	丹尼斯
中国石油化工股份有限公司广西梧州石油分公司	广西壮族自治区梧州市	专卖店	中国石化
天盟农资连锁有限责任公司总部	云南省昆明市	专业店	天盟农资
中国石油化工股份有限公司河北保定石油分公司	河北省保定市	加油站	中国石化
东莞市金叶珠宝有限公司	广东省东莞市	专卖店	金叶珠宝
中国石油化工股份有限公司湖南长沙石油分公司	湖南省长沙市	加油站	中国石化
中石化(森美)福建漳州分公司	福建省漳州市	加油站	中石化森美
中国石油化工股份有限公司河南洛阳石油分公司	河南省洛阳市	加油站	中国石化
中国石油化工股份有限公司河北邯郸石油分公司	河北省邯郸市	加油站	中国石化
四川新华文轩连锁股份有限公司	四川省成都市	专业店	新华文轩
中国石油天然气股份有限公司辽宁抚顺销售分公司	辽宁省抚顺市	加油站	中国石油
青岛维客集团股份有限公司	山东省青岛市	百货店	维客
深圳市人人乐商业有限公司	广东省深圳市	百货店	人人乐
福建永辉集团有限公司	福建省福州市	大型超市	永辉、轩辉
中国石油化工股份有限公司湖南株洲石油公司	湖南省株洲市	加油站	中国石化
中国石化股份有限公司河北邢台石油分公司	河北省邢台市	加油站	中国石化
中国石油天然气股份有限公司新疆乌鲁木齐销售公司	新疆维吾尔自治区乌鲁木齐市	加油站	中国石油
中国石油化工股份有限公司河北沧州石油分公司	河北省沧州市	加油站	中国石化
中国石油天然气股份有限公司辽宁锦州销售分公司	辽宁省锦州市	加油站	中国石油
中国石油天然气股份有限公司辽宁葫芦岛销售	辽宁省葫芦岛市	加油站	中国石油
广州市国美电器有限公司	广东省广州市	专业店	国美电器
北京北星行汽车销售中心	北京市	专卖店	北星行
中国石油化工股份有限公司广西贵港石油分公司	广西壮族自治区贵港市	加油站	中国石化
成都伊藤洋华堂有限公司	四川成都	百货店	伊藤洋华堂
雅芳(中国)有限公司	广东省广州市	专业店	雅芳

5-1 续表 3

企业名称	所在地	零售业态	连锁商号
奥康鞋业销售有限公司	浙江省温州市	专卖店	奥康
华糖洋华堂商业有限公司	北京市	大型超市	华堂商场
中国石油化工股份有限公司湖南岳阳石油分公	湖南省岳阳市	加油站	中国石化
广州友谊集团股份有限公司	广东省广州市	百货店	友谊商场
上海家得利超市有限公司	上海市	超市	家得利
北京美廉美连锁商业有限公司	北京市	超市	美廉美
中国石油化工股份有限公司广西北海石油分公司	广西壮族自治区北海市	加油站	中国石化
江苏省食品集团有限公司	江苏省南京市	专业店	苏食
中国石油化工股份公司江西吉安分公司	江西省吉安市	加油站	中国石化
中国石油化工股份有限公司山东东营石油分公司	山东省东营市	加油站	中国石化
北京翠微大厦股份有限公司	北京市	百货店	翠微
中石化森美福建厦门分公司	福建省厦门市	加油站	中石化森美
广州百佳超级市场有限公司	广东省广州市	大型超市	百佳超市
中国石油天然气股份有限公司辽宁营口销售分	辽宁省营口市	加油站	中国石油
中国石油化工股份有限公司湖南常德石油分公司	湖南省常德市	加油站	中国石化
中国石油化工股份有限公司广西桂林石油分公司	广西壮族自治区桂林市	加油站	中国石化
福建新华发行(集团)有限公司	福建省福州市	专业店	新华书店
广东苏宁电器有限公司	广东省广州市	专业店	苏宁电器
湖南老百姓医药连锁有限公司	湖南省长沙市	专业店	老百姓大药房
中石化森美(福建)石油有限公司福州分公司	福建省福州市	加油站	中石化森美
浙江话机世界数码连锁集团股份有限公司	浙江省杭州市	专业店	话机世界
中国石油天然气股份有限公司甘肃兰州销售分公司	甘肃省兰州市	加油站	中国石油
中国石油化工股份有限公司山西太原石油分公司	山西省太原市	加油站	中国石化
天津华润万家生活超市有限公司	天津市	大型超市	华润万家
上海好美家共江装潢建材有限公司	上海市	家居建材商店	好美家
中油辽宁丹东销售分公司	辽宁省丹东市	加油站	中油
北京沃尔玛百货有限公司	北京市	仓储会员店	沃尔玛
中国石油天然气股份有限公司辽宁朝阳销售分公司	辽宁省朝阳市	加油站	中国石油
中国石油化工股份有限公司河南商丘分公司	河南省商丘市	加油站	中国石化
成都国美电器有限公司	四川省成都市	专业店	国美电器
湖北高路油站经营有限责任公司	湖北省武汉市	加油站	中国石化
西安开元商城有限公司	陕西省西安市	百货店	开元
广东吉之岛天贸百货有限公司	广东省广州市	百货店	吉之岛(JUSCO)
中国石油天然气股份有限公司新疆库尔勒销售分公司	新疆维吾尔自治区巴州	加油站	中国石油
中国石油化工股份有限公司福建福州分公司	福建省福州市	加油站	中国石化
浙江华润慈客隆超市有限公司	浙江省宁波市	大型超市	华润万家
中国石油天然气股份有限公司河北保定销售分公司	河北省保定市	加油站	中国石油
中国石油化工股份有限公司河北廊坊石油分公司	河北省廊坊市	加油站	中国石化
北京超市发连锁股份有限公司	北京市	超市	超市发
中国石油化工股份有限公司湖北襄樊石油分公司	湖北省襄樊市	加油站	中国石化
中国石油化工股份有限公司河南平顶山石油分公司	河南省平顶山市	加油站	中国石化
北京迪信通电子通信技术有限公司	北京市	专业店	迪信通

5-1 续表 4

企业名称	所在地	零售业态	连锁商号
中国石油天然气股份有限公司云南销售分公司	云南省昆明市	加油站	中国石油
中国石油天然气股份有限公司河北唐山销售分公司	河北省唐山市	专卖店	中国石油
中国石油化工股份有限公司河北衡水石油分公司	河北省衡水市	加油站	中国石化
中国石油化工股份有限公司广西玉林石油分公司	广西壮族自治区玉林市	加油站	中国石化
中国石油天然气股份有限公司辽宁本溪分公司	辽宁省本溪市	加油站	中国石油
中国石油化工股份有限公司湖南郴州石油分公司	湖南省郴州市	加油站	中国石化
中国石油化工股份有限公司江西宜春石油分公司	江西省宜春市	加油站	中国石化
中国石油天然气股份有限公司吉林延边销售分公司	吉林延边州	加油站	中国石油
中国石油化工股份有限公司河北承德石油分公司	河北省承德市	加油站	中国石化
华润万家生活超市广州有限公司	广东省广州市	大型超市	华润万家
中国石油天然气股份有限公司新疆阿克苏销售公司	新疆维吾尔自治区阿克苏地区	加油站	中国石油
广州市振戎燃气连锁经营有限公司	广东省广州市	专业店	振戎
上海永乐通讯设备有限公司	上海市	专卖店	永乐
中国石油化工股份有限公司九江石油分公司	江西省九江市	加油站	中国石化
北京市顺义国泰商业大厦	北京市	百货店	国泰
中石化森美(福建)石油有限公司南平分公司	福建省南平市	加油站	中石化森美
广西辉煌交通石化有限公司	广西壮族自治区南宁市	加油站	中国石化
中国石油化工股份有限公司广西河池石油分公司	广西壮族自治区河池市	加油站	中国石油
广州天河城百货有限公司	广东省广州市	百货店	天河城百货
江西抚州石油公司	江西省抚州市	加油站	中国石化
浙江供销超市有限公司	浙江省绍兴市	超市	供销超市
中国石化销售有限公司东北辽宁分公司	辽宁省沈阳市	专卖店	中国石化
深圳市苏宁电器有限公司	广东省深圳市	专业店	苏宁电器
西安市人人乐超市有限公司	陕西省西安市	大型超市	人人乐
安徽徽商农家福有限公司	安徽省合肥市	专业店	农家福
中域电讯连锁集团股份有限公司	广东省东莞市	专业店	中域电讯
重庆国美电器有限公司	重庆市	大型超市	国美电器
雄风集团有限公司	浙江省绍兴市	超市	雄风
寿光百货大楼有限公司	山东省潍坊市	超市	全福元
中国石油天然气股份有限公司辽宁盘锦销售分公司	辽宁省盘锦市	加油站	中国石油
中国石油化工股份有限公司河南许昌石油分公司	河南省许昌市	加油站	中国石化
上海太平洋百货有限公司	上海市	百货店	太平洋百货
中国石油天然气股份有限公司宁夏银川分公司	宁夏回族自治区银川市	加油站	中国石油
中国石油天然股份有限公司新疆喀什销售分公司	新疆维吾尔自治区喀什地区	加油站	中国石油
北京市西单商场股份有限公司	北京市	百货店	西单商场
重庆渝宁苏宁电器有限公司	重庆市	专业店	苏宁电器
新一佳超市有限公司	广东省深圳市	大型超市	新一佳
中石化森美(福建)石油有限公司三明分公司	福建省三明市	加油站	中石化森美
中国石油化工股份有限公司湖南怀化石油分公司	湖南省怀化市	加油站	中国石化
中国石油天然气股份有限公司辽宁阜新销售分	辽宁省阜新市	加油站	中国石油
上海欧尚超市有限公司	上海市	大型超市	欧尚

5-1 续表 5

企业名称	所在地	零售业态	连锁商号
天津天宁苏宁电器有限公司	天津市	专卖店	苏宁电器
中油天然气股份有限公司四川德阳销售分公司	四川省德阳市	加油站	中国石油
中国石油天然气股份有限公司四川宜宾销售分公司	四川省宜宾市	加油站	中国石油
中国石油化工股份有限公司周口公司	河南省周口市	加油站	中国石化
中国石油化工股份有限公司湖南邵阳石油分公司	湖南省邵阳市	加油站	中国石化
大商集团郑州新玛特购物广场有限公司	河南省郑州市	百货店	新玛特
西安爱家超市有限公司	陕西省西安市	大型超市	爱家超市
中国石油天然气股份有限公司昌吉销售公司	新疆维吾尔自治区昌吉地区	加油站	中国石油
中国石油化工股份有限公司河南新乡石油分公司	河南省新乡市	加油站	中国石化
广东永乐家用电器有限公司	广东省广州市	专业店	永乐电器
青岛北方国贸大厦集团股份有限公司	山东省青岛市	百货店	北方国贸
中国石化湖南衡阳分公司	湖南省衡阳市	加油站	中国石化
中国石油化工股份有限公司河南开封石油分公司	河南省开封市	加油站	中国石化
南昌洪城大厦股份有限公司	江西省南昌市	百货店	洪城大厦
中石化森美(福建)石油有限公司莆田分公司	福建省莆田市	加油站	中石化森美
中国石油化工股份有限公司河南三门峡石油分公司	河南省三门峡市	加油站	中国石化
中国石油天然气股份有限公司辽宁辽阳销售分公司	辽宁省辽阳市	加油站	中国石油
沈阳家乐福商业有限公司	辽宁省沈阳市	大型超市	家乐福
中国石油天然气股份有限公司酒泉销售分公司	甘肃省酒泉市	加油站	中国石油
中国石油化工股份有限公司永州石油分公司	湖南省永州市	加油站	中国石化
中国石油天然气股份有限公司新疆伊犁销售分公司	新疆维吾尔自治区伊犁州	加油站	中国石油
宁波市北仑加贝购物俱乐部	浙江省宁波市	超市	加贝
中石化森美(福建)石油有限公司龙岩分公司	福建省龙岩市	加油站	中石化森美
中国石油天然气股份有限公司辽宁大石桥销售	辽宁省营口市	加油站	中国石油
中国石油化工股份有限公司湖南湘潭石油分公司	湖南省湘潭市	加油站	中国石化
武汉汉福超市有限公司	湖北省武汉市	大型超市	家乐福
中国石油天然气股份有限公司河北石家庄销售分公司	河北省石家庄市	加油站	中国石油
青岛永旺东泰商业有限公司	山东省青岛市	百货店	佳世客
中国石油化工有限公司湖北省十堰石油分公司	湖北省十堰市	加油站	中国石化
湖南新一佳商业投资有限公司	湖南省长沙市	大型超市	新一佳
中国石油化工股份有限公司河南南阳石油分公司	河南省南阳市	加油站	中国石化
福州国美电器有限公司	福建省福州市	专卖店	国美电器
乐天超市有限公司	北京市	大型超市	乐天玛特
中国石油天然气股份有限公司河北秦皇岛销售分公司	河北省秦皇岛市	加油站	中国石油
中国石油化工股份有限公司上饶分公司	江西省上饶市	加油站	中国石化
苏州欧尚超市有限公司	江苏省苏州市	大型超市	欧尚
重庆永辉实业有限公司	重庆市	超市	永辉
北京易初莲花连锁超市有限公司	北京市	大型超市	易初莲花
云南沃尔玛百货有限公司	云南省昆明市	大型超市	沃尔玛
深圳岁宝百货有限公司	广东省深圳市	百货店	岁宝
青岛国美电器有限公司	山东省青岛市	专业店	国美电器

5-1 续表 6

企业名称	所在地	零售业态	连锁商号
中石化股份有限公司湖南娄底石油分公司	湖南省娄底市	加油站	中国石化
广州家广超市有限公司	广东省广州市	大型超市	家乐福
中石化森美(福建)石油有限公司宁德分公司	福建省宁德市	加油站	中石化森美
山西美特好连锁超市股份有限公司	山西省太原市	大型超市	美特好
深圳市恒波商业连锁股份有限公司	广东省深圳市	专卖店	恒波商业
中山市壹加壹商业连锁有限公司	广东省中山市	大型超市	壹加壹
深圳市百佳华百货有限公司	广东省深圳市	超市	百佳华
中国石油天然气股份有限公司新疆哈密销售分公司	新疆维吾尔自治区哈密地区	加油站	中国石油
武汉国美电器有限公司	湖北省武汉市	专业店	国美电器
长沙通程实业(集团)有限公司	湖南省长沙市	专业店	通程
上海伍缘现代杂货有限公司	上海市	折扣店	伍缘
中国石油化工股份有限公司江西新余石油分公司	江西省新余市	加油站	中国石化
东莞市糖酒集团美宜佳便利店有限公司	广东省东莞市	便利店	美宜佳
美克美家家具连锁有限公司	新疆维吾尔自治区乌鲁木齐市	专卖店	美克美家、伊森艾伦
中国石油化工股份有限公司河北秦皇岛石油分公司	河北省秦皇岛市	加油站	中国石化
中国石油天然气股份有限公司山西销售分公司	山西省太原市	加油站	中国石油
广东新华发行集团股份有限公司	广东省广州市	专业店	新华书店
山西国美电器有限公司	山西省太原市	专业店	国美电器
北京欧尚超市有限公司	北京市	大型超市	欧尚
安徽国生电器有限责任公司	安徽省合肥市	专业店	国生电器
中石化湖南益阳石油分公司	湖南省益阳市	加油站	中国石化
中国石油化工股份有限公司湖南销售分公司	湖南省长沙市	加油站	中国石化
广州虎威华侨企业有限公司	广东省广州市	专卖店	佐丹奴
湖南家润多超市有限公司	湖南省长沙市	大型超市	家润多
河北保龙仓商业连锁经营有限公司	河北省石家庄市	大型超市	保龙仓
上海宏图三胞电脑发展有限公司	上海市	专业店	宏图三胞
江苏新合作常客隆连锁超市有限公司	江苏省苏州市	大型超市	新合作常客隆
成都红旗连锁有限公司	四川省成都市	便利店	红旗
合肥悦家商业有限公司	安徽省合肥市	大型超市	家乐福
上海新华传媒连锁有限公司	上海市	专业店	新华书店
江苏鹏润国美电器有限公司	江苏省南京市	专业店	国美电器
河南永乐生活电器有限公司	河南省郑州市	厂家直销中心	永乐电器
中国石油天然气股份有限公司湖南长沙分公司	湖南省长沙市	加油站	中国石油
中国石油天然气股份有限公司河北廊坊销售分公司	河北省廊坊市	加油站	中国石油
中国石油天然气股份有限甘肃平凉销售分公司	甘肃省平凉市	专卖店	中国石油
成都家乐福超市有限公司	四川省成都市	大型超市	家乐福
中国石油天然气股份有限公司河北邢台销售分公司	河北省邢台市	加油站	中国石油
哈尔滨家乐福超市有限公司	黑龙江省哈尔滨市	大型超市	家乐福
南昌百货大楼股份有限公司	江西省南昌市	百货店	南昌百货大楼
西安民生集团股份有限公司	陕西省西安市	百货店	民生
北京宜家家居有限公司	北京市	家居建材商店	宜家家居

5-1　续表 7

企业名称	所在地	零售业态	连锁商号
云南鸿翔药业有限公司	云南省昆明市	专业店	一心堂
深圳市海王星辰医药有限公司	广东省深圳市	专业店	海王星辰
廊坊市商业明珠大厦	河北省廊坊市	百货店	明珠
中国石化销售有限公司西北新疆阿克苏分公司	新疆维吾尔自治区阿克苏地区	加油站	中国石化
浙江上百贸易有限公司	浙江省绍兴市	超市	上百
济南华联超市有限公司	山东省济南市	大型超市	华联超市
天津壳牌石油有限公司	天津市天津市	加油站	壳牌
中国石油化工股份有限公司马鞍山市石油分公司	安徽省马鞍山市	加油站	中国石化
大连国美电器有限公司	辽宁省大连市	专业店	国美电器
烟台市家家悦超市有限公司	山东省烟台市	大型超市	家家悦
无锡悦家商业有限公司	江苏省无锡市	大型超市	家乐福
江苏永乐家用电器有限公司	江苏省无锡市	专业店	永乐电器
宁夏中农金合生产资料有限责任公司	宁夏回族自治区银川市	专业店	中农金合
河北国美电器有限公司	河北省石家庄市	专业店	国美电器
中国石油化工股份有限公司江西景德镇石油分公司	江西省景德镇市	加油站	中国石化
中国石油化工股份有限公司江西萍乡石油分公司	江西省萍乡市	加油站	中国石化
山西华宇商业发展股份有限公司	山西省太原市	百货店	华宇
北京华普联合商业投资有限公司	北京市	超市	华普
北京崇德商贸有限公司	北京市	专卖店	崇德商贸
华润万家生活超市(浙江)有限公司	浙江省杭州市	大型超市	华润万家
上海捷强烟草糖酒(集团)连锁有限公司	上海市	便利店	捷强Joymax
四川苏宁电器有限公司	四川省成都市	大型超市	苏宁电器
深圳市深长实业股份有限公司	广东省深圳市	加油站	深长实业
重庆重客隆超市连锁有限责任公司	重庆市	专业店	重客隆
河南省国美电器有限公司	河南省郑州市	专业店	国美电器
中国石油天然气股份有限公司新疆阿勒泰销售分公司	新疆维吾尔自治区阿勒泰地区	加油站	中国石油
中国石油天然气股份有限公司新疆吐鲁番销售	新疆维吾尔自治区吐鲁番地区	加油站	中国石油
中国石油化工股份有限公司驻马店分公司	河南省驻马店市	加油站	中国石化
东莞市喜威液化石油气有限公司	广东省东莞市	专业店	喜威
天津市津工超市有限责任公司	天津市天津市	便利店	津工超市
北京市房山华冠商贸有限公司	北京市	超市	华冠
北京稻香村食品有限责任公司	北京市	专卖店	稻香村、三禾
中国石油天然气股份有限公司四川资阳销售分公司	四川省资阳市	加油站	中国石油
哈药集团医药有限公司	黑龙江省哈尔滨市	专业店	人民同泰
新疆国美电器有限公司	新疆维吾尔自治区乌鲁木齐市	专业店	国美电器
阜阳华联超市有限公司	安徽省阜阳市	大型超市	华联超市
中国石油化工股份有限公司湖南湘西分公司	湖南省湘西土家族苗族自治州	加油站	中国石化
上海华联罗森有限公司	上海市	便利店	罗森LAWSON
肥城银宝食品销售公司	山东省肥城市	专卖店	银宝
哈尔滨市联强商业发展有限公司	黑龙江省哈尔滨市	大型超市	联强
东方家园家居建材商业有限公司	北京市	家居建材商店	东方家园

5-2 100门店以上连锁零售企业

企业名称	所在地	零售业态	连锁商号
天盟农资连锁有限责任公司总部	云南省昆明市	专业店	天盟农资
雅芳(中国)有限公司	广东省广州市	专业店	雅芳
农工商超市(集团)有限公司	上海市	超市	农工商超市
中国石油化工股份有限公司山东石油分公司	山东省济南市	加油站	中国石化
奥康鞋业销售有限公司	浙江省温州市	专卖店	奥康
安徽辉隆农资集团股份有限公司	安徽省合肥市	专业店	辉隆连锁
重庆桐君阁大药房连锁有限责任公司	重庆市	专业店	桐君阁
中国石油化工股份有限公司广东石油分公司	广东省广州市	加油站	中国石化
中国石油化工股份有限公司江苏石油分公司	江苏省南京市	加油站	中国石化
东莞市糖酒集团美宜佳便利店有限公司	广东省东莞市	便利店	美宜佳
华联超市股份有限公司	上海市	超市	华联超市
浙江供销超市有限公司	浙江省绍兴市	超市	供销超市
中国石油化工股份有限公司浙江石油分公司	浙江省杭州市	加油站	中国石化
联华超市股份有限公司	上海市	超市	联华超市
苏果超市有限公司	江苏省南京市	超市	苏果
江苏苏农农资连锁集团股份有限公司	江苏省南京市	专业店	苏农农资
安徽徽商农家福有限公司	安徽省合肥市	专业店	农家福
河北好日子商业股份有限公司	河北省石家庄市	便利店	好日子
湖北同济堂药房有限公司	湖北省武汉市	专业店	同济堂
中石油内蒙古分公司	内蒙古自治区呼和浩特市	加油站	中国石油
中石化股份有限公司安徽石油分公司	安徽省合肥市	加油站	中国石化
上海可的便利店有限公司	上海市	便利店	可的
上海古今内衣有限公司	上海市	专卖店	古今内衣
十堰市新合作鑫城超市有限公司	湖北省十堰市	超市	新合作鑫城
上海好德便利有限公司	上海市	便利店	好德、alldays
河南众品商业发展有限公司	河南省许昌市	便利店	众品
广东本草药业连锁有限公司	广东省广州市	专业店	本草药业
大连金玛超市连锁有限公司	辽宁省大连市	大型超市	金玛超市
广东国药医药连锁企业有限公司	广东省广州市	专业店	国药医药
宁夏中农金合生产资料有限责任公司	宁夏回族自治区银川市	专业店	中农金合农资配送
南通文峰大世界连锁发展股份有限公司	江苏省南通市	百货店	文峰
浙江惠多利农资连锁有限公司	浙江省杭州市	专业店	惠多利
利群集团股份有限公司	山东省青岛市	百货店	利群
青岛维客集团股份有限公司	山东省青岛市	百货店	维客
云南鸿翔药业有限公司	云南省昆明市	专业店	一心堂
苏宁电器连锁集团股份有限公司	江苏省南京市	专业店	苏宁电器
广州市宝生园有限公司	广东省广州市	专卖店	宝生园
中国石油天然气股份有限公司华南销售公司	广东省广州市	加油站	中国石油
广州养和堂邓老凉茶连锁有限公司	广东省广州市	专卖店	邓老凉茶
江苏新合作常客隆连锁超市有限公司	江苏省苏州市	大型超市	新合作常客隆
湖州老大房超市有限公司	浙江省湖州市	超市	老大房
武汉中百集团股份有限公司	湖北省武汉市	大型超市	中百
广西富满地农资连锁配送有限公司	广西壮族自治区南宁市	专业店	富满地
物美控股集团有限公司	北京市	超市	物美
广州虎威华侨企业有限公司	广东省广州市	专卖店	佐丹奴
北京福兰德连锁超市	北京市	超市	福兰德

5–2 续表 1

企业名称	所在地	零售业态	连锁商号
江山市左邻右舍便利商店有限公司	浙江省衢州市	便利店	左邻右舍
广州友谊班尼路服饰有限公司	广东省广州市	专卖店	班尼路
舟山市民生商厦有限责任公司	浙江省舟山市	超市	民生商厦
中国石油化工股份有限公司上海石油分公司	上海市	加油站	中国石化
中国石油化工股份有限公司北京石油分公司	北京市	加油站	中国石化
中国石油天然气股份有限公司江苏销售分公司	江苏省南京市	加油站	中国石油
江苏省食品集团有限公司	江苏省南京市	专业店	苏食
绍兴大通超市有限公司	浙江省绍兴市	大型超市	大通连锁
重庆昌野药房连锁有限公司	重庆市	专业店	昌野药房
辽宁成大方圆医药连锁有限公司	辽宁省沈阳市	专业店	成大方圆
中国石油化工股份有限公司天津石油分公司	天津市	加油站	中国石化
上海伍缘现代杂货有限公司	上海市	折扣店	伍缘
四川永正药房连锁有限公司	四川省泸州市	专业店	永正药房
深圳市海王星辰医药有限公司	广东省深圳市	专业店	海王星辰
山西金虎便利连锁有限公司	山西省太原市	便利店	金虎便利
青海省富康医药连锁有限公司	青海省西宁市	专业店	富康医药
成都红旗连锁有限公司	四川省成都市	便利店	红旗
山东家家悦集团有限公司	山东省威海市	超市	家家悦
广东赛壹便利店有限公司	广东省广州市	便利店	7–11
中国石油天然气股份有限公司重庆销售分公司渝中销售分公司	重庆市	加油站	中国石油
杭州萧山农业生产资料有限公司	浙江省杭州市	专业店	萧山农资
四川省互惠商业有限责任公司	四川省成都市	超市	互惠
山西省太原唐久超市有限公司	山西省太原市	便利店	唐久
成都本草堂药品连锁有限公司	四川省成都市	专业店	本草堂
浙江雄城商贸股份有限公司	浙江省绍兴市	超市	雄城
上海捷强烟草糖酒(集团)连锁有限公司	上海市	便利店	捷强Joymax
山东新星集团有限公司	山东省淄博市	超市	新星
重庆津科农业有限责任公司	重庆市	专卖店	津科农业
江苏苏盛商贸有限公司	江苏省南京市	超市	苏盛
阜阳华联超市有限公司	安徽省阜阳市	大型超市	华联超市
云阳县腾龙商贸有限公司	重庆市云阳县	超市	腾龙超市
四川省汇星实业(集团)有限公司	四川省绵阳市	超市	汇星
上海梅林正广和便利连锁有限公司	上海市	便利店	正广和
辽宁亿家商业集团有限公司	辽宁省鞍山市	大型超市	亿家
天津市津工超市有限责任公司	天津市	便利店	津工超市
唐河县新合作商贸有限责任公司	河南省南阳市	超市	万村千乡、新合作
中国石油天然气股份有限公司安徽销售分公司	安徽省合肥市	加油站	中国石油
上海复兴大药房连锁经营有限公司	上海市	专业店	复兴大药房
上海雷允上药品连锁经营有限公司	上海市	专业店	雷允上
重庆市万州区江南医药有限公司	重庆市	专业店	江南医药
杭州华辰连锁超市有限公司	浙江省杭州市	超市	华辰
重庆和平药房连锁有限责任公司	重庆市	超市	和平药房
南京福中信息产业集团有限公司	江苏省南京市	专业店	福中3+3
山东潍坊百货集团股份有限公司	山东省潍坊市	大型超市	中百、佳乐家
湖北富迪有限公司	湖北省仙桃市	超市	富迪
哈药集团医药有限公司	黑龙江省哈尔滨市	专业店	人民同泰

5-2 续表 2

企业名称	所在地	零售业态	连锁商号
临安市昌化百货有限公司	浙江省杭州市	超市	临安昌化
珠海嘉伦药业集团光彩大药房连锁有限公司	广东省珠海市	专业店	嘉伦药业
北京金象大药房医药连锁有限责任公司	北京市	专业店	金象大药房
上海华联罗森有限公司	上海市	便利店	罗森LAWSON
江苏海王星辰健康药房连锁有限公司	江苏省苏州市	专业店	海王星辰
中国石油化工股份有限公司河南洛阳石油分公司	河南省洛阳市	加油站	中国石化
上海良友金伴便利连锁有限公司	上海市	便利店	良友金伴
漯河双汇商业连锁有限公司	河南省漯河市	专卖店	双汇
青岛利客来商贸集团股份有限公司	山东省青岛市	大型超市	利客来
杭州余杭禹倡商厦有限公司	浙江省杭州市	大型超市	禹倡
新疆农资集团公司阿克苏配送中心	新疆维吾尔自治区阿克苏地区	专业店	新疆农资
建德市供销超市连锁有限公司	浙江省杭州市	超市	供销超市
重庆新华书店集团公司	重庆市	专业店	新华书店
通许县供销商厦	河南省开封市	大型超市	供销超市
中国石油化工股份有限公司河北唐山石油分公司	河北省唐山市	加油站	中国石化
中国石油天然气股份有限公司大连销售分公司	辽宁省大连市	加油站	中国石油
杭州蜂之语健康食品有限公司	浙江省杭州市	专卖店	蜂之语
吉林大药房药业股份有限公司	吉林省长春市	专业店	吉林大药房
浙江省新华书店集团有限公司	浙江省杭州市	专业店	新华书店
衢州市供销超市有限责任公司	浙江省衢州市	便利店	供销超市
江西黄庆仁栈华氏大药房有限公司	江西省南昌市	专业店	黄庆仁栈华氏大药房
广东林和药业有限公司	广东省广州市	专业店	林和药业
广西一心医药有限责任公司	广西壮族自治区南宁市	专业店	一心医药
四川天乐医药连锁有限公司	四川省成都市	专业店	天乐
江苏五星电器有限公司	江苏省南京市	专业店	五星电器
广州市苹果牌服装连锁店有限公司	广东省广州市	专卖店	苹果
肥城银宝食品销售公司	山东省肥城市	专卖店	银宝
中国石油天然气股份有限公司浙江销售分公	浙江省杭州市	加油站	中国石油
中国石油化工股份有限公司周口公司	河南省周口市	加油站	中国石化
宁波市北仑加贝购物俱乐部	浙江省宁波市	超市	加贝
上海联华快客便利有限公司	上海市	便利店	联华快客
中国石油化工股份有限公司河北石家庄石油分公司	河北省石家庄市	加油站	中国石化
广州市海王星辰医药连锁有限公司	广东省广州市	专业店	海王星辰
浙江东兴商厦股份有限公司	浙江省嘉兴市	超市	东兴
中国石油化工股份有限公司江西赣州石油分公司	江西省赣州市	加油站	中国石化
金华市华洲连锁超市有限公司	浙江省金华市	超市	华洲
北京京客隆商业集团股份有限公司	北京市	超市	京客隆
上海联华快客便利闸北有限公司	上海市	便利店	联华快客
深圳市南北医药有限公司	广东省深圳市	专业店	南北医药
浙江华联商厦有限公司	浙江省宁波市	大型超市	家家福
四川省富江商贸有限公司	四川省德阳市	超市	富江商贸
云南健之佳连锁健康药店有限公司	云南省昆明市	专业店	健之佳
湖南老百姓医药连锁有限公司	湖南省长沙市	专业店	老百姓大药房
大连联华快客中山便利商业有限公司	辽宁省大连市	便利店	联华快客
金华市太和堂医药连锁有限公司	浙江省金华市	专业店	太和堂

5-2 续表 3

企业名称	所在地	零售业态	连锁商号
中国石油化工股份有限公司广西南宁石油分公司	广西壮族自治区南宁市	加油站	中国石化
浙江话机世界数码连锁集团股份有限公司	浙江省杭州市	专业店	话机世界
中国石油化工股份有限公司河北保定石油分公司	河北省保定市	加油站	中国石化
海宁市农业生产资料有限公司	浙江省嘉兴市	专业店	美丰
中国石油化工股份有限公司河北衡水石油分公司	河北省衡水市	加油站	中国石化
深圳市一致医药连锁有限公司	广东省深圳市	专业店	一致医药
四川哦哦超市连锁管理有限公司	四川省成都市	超市	哦哦超市
中国石油化工股份有限公司河北邯郸石油分公司	河北省邯郸市	加油站	中国石化
广州市堡狮龙实业有限公司	广东省广州市	专业店	堡狮龙
上海捷强烟草糖酒(集团)有限公司(昆山)配销中心	江苏省苏州市	超市	捷强
上海迪亚零售有限公司	上海市	折扣店	迪亚
重庆太乙堂大药房连锁有限公司	重庆市	专业店	太乙堂大药房
新疆兵团农五师农业生产资料公司	新疆维吾尔自治区博尔塔拉蒙古自治州	仓储会员店	五师农资
北京吴裕泰茶业股份有限公司	北京市	专卖店	吴裕泰
惠民县惠兴农资连锁有限公司	山东省滨州市	专业店	惠兴农资
上海华氏大药房有限公司	上海市	专业店	华氏大药房
四川新华文轩连锁股份有限公司	四川省成都市	专业店	新华文轩
十堰市京华超市有限公司	湖北省十堰市	超市	京华超市
大连海王星辰医药有限公司	辽宁省大连市	专业店	海王星辰
淳安益佳商贸有限公司	浙江省杭州市	超市	益佳
开县孙氏商贸有限责任公司	重庆市	超市	渝开心连心超市
上海新华传媒连锁有限公司	上海市	专业店	新华传媒
平顶山市万客来量贩	河南省平顶山市	超市	万客来量贩
广东济和堂药业连锁有限公司	广东省广州市	专业店	济和堂
北京京西鑫维康商贸有限责任公司	北京市	便利店	鑫维康
中国石油天然气股份有限公司天津销售分公司	天津市	加油站	中国石油
中国石油化工股份有限公司河南开封石油分公司	河南省开封市	加油站	中国石化
中国石油化工股份有限公司湖北襄樊石油分公司	湖北省襄樊市	加油站	中国石化
云南玉溪家佳购物超市有限公司	云南省玉溪市	大型超市	家佳超市
四川天寿药业有限公司	四川省泸州市	专业店	天寿药业
万州区中兴医药有限责任公司	重庆市	专业店	中兴医药
重庆市万州区福意百货有限公司	重庆市	. 超市	福意
中国石油化工股份有限公司云南昆明石油分公司	云南省昆明市	专卖店	中国石化
阿城市济世堂医药连锁有限公司	黑龙江省哈尔滨市	专业店	济世堂
成都红艳超市有限公司	四川省成都市	大型超市	红艳超市
中国石油化工股份有限公司河北沧州石油分公司	河北省沧州市	加油站	中国石化
中国石油化工股份有限公司广西柳州石油分公司	广西壮族自治区柳州市	加油站	中国石化
山东德州扒鸡贸易总公司	山东省德州市	专业店	德州扒鸡
中国石油天然气股份有限公司广西销售分公司	广西壮族自治区南宁市	加油站	中国石油
南京宏图三胞企业发展有限公司	江苏省南京市	专卖店	宏图三胞
成都舞东风超市连锁有限责任公司	四川省成都市	超市	舞东风超市
上海福满家便利有限公司	上海市	便利店	福满家
云南东骏药业有限公司	云南省昆明市	专业店	东骏大药房
湖北九州通大药房连锁有限公司	湖北省武汉市	专业店	九州通大药房
嘉事堂药业股份有限公司	北京市	专业店	嘉事堂

5–2 续表 4

企业名称	所在地	零售业态	连锁商号
泸州宝光药房连锁有限公司	四川省泸州市	专业店	宝光药房
江山市新红塔商贸有限公司	浙江省衢州市	便利店	新红塔
四川九华药品零售连锁有限公司	四川省成都市	专业店	九华
中国石油化工股份公司江西吉安分公司	江西省吉安市	其他	中国石化
北京港佳好邻居连锁便利店有限责任公司	北京市	便利店	好邻居
太原六味斋实业有限公司	山西省太原市	专卖店	六味斋
中国石油化工股份有限公司湖南株洲石油公司	湖南省株洲市	加油站	中国石化
青岛同方药业连锁有限公司	山东省青岛市	专业店	同方
溧阳市扬子广场有限公司	江苏省常州市	超市	扬子广场
中国石油化工股份有限公司河南信阳石油分公司	河南省信阳市	专卖店	中国石化
北京崇德商贸有限公司	北京市	专卖店	崇德商贸
中国石油天然气股份有限公司河北唐山销售分公司	河北省唐山市	专卖店	中国石油
上海家得利超市有限公司	上海市	超市	家得利
湖南时代阳光养天和大药房连锁有限公司	湖南省长沙市	专业店	养天和
天津华润超级市场有限公司	天津市	便利店	华润万家
中国石化湖南衡阳分公司	湖南省衡阳市	加油站	中国石化
湖南千金大药房零售连锁股份有限公司	湖南省株洲市	专业店	千金大药房
荣昌县老百姓副食超市	重庆市	超市	老百姓大药房
广东大地通讯连锁服务有限公司	广东省东莞市	专业店	大地通讯
中国石油化工股份有限公司河北承德石油分公司	河北省承德市	加油站	中国石化
中国石油化工股份有限公司河南新乡石油分公司	河南省新乡市	加油站	中国石化
中国石油化工股份有限公司湖南邵阳石油分公司	湖南省邵阳市	加油站	中国石化
深圳市俊龙医药连锁有限公司	广东省深圳市	专业店	俊龙医药
中国石油天然气股份有限公司河北保定销售分公司	河北省保定市	加油站	中国石油
高淳县苏农农资连锁有限公司	江苏省南京市	专业店	苏农农资
宁波市鄞州区禾丰农资连锁有限公司	浙江省宁波市	专业店	禾丰农资
苏州可的便利店有限公司	江苏省苏州市	便利店	可的
浙江江南大厦股份有限公司	浙江省嘉兴市	超市	江南大厦
大足唯一食品有限公司	重庆市	便利店	唯一
中国石油化工股份有限公司湖南常德石油分公司	湖南省常德市	加油站	中国石化
北京迪亚首联商业零售有限公司	北京市	折扣店	迪亚
中国石油化工股份有限公司湖南长沙石油分公司	湖南省长沙市	加油站	中国石化
合肥百货大楼集团股份有限公司	安徽省合肥市	百货店	合家福、百大
华润万家有限公司	广东省深圳市	大型超市	华润万家
浙江上百贸易有限公司	浙江省绍兴市	超市	上百连锁
安徽省丰原大药房连锁有限公司	安徽省蚌埠市	专业店	丰原大药房
中国石油天然气股份有限公司河北石家庄销售分公司	河北省石家庄市	加油站	中国石油
重庆鼎洲医药有限公司	重庆市	专卖店	利民药房
中国石化股份有限公司河北邢台石油分公司	河北省邢台市	加油站	中国石化
中国石油化工股份有限公司湖南怀化石油分公司	湖南省怀化市	加油站	中国石化
桐乡市农业生产资料有限责任公司	浙江省嘉兴市	专业店	农友
中国石油化工股份有限公司河南商丘分公司	河南省商丘市	加油站	中国石化
四川省荣县泰康大药房连锁药业有限公司	四川省自贡市	便利店	泰康大药房
重庆百货大楼股份有限公司	重庆市	百货店	重庆百货
沈阳东北大药房连锁店	辽宁省沈阳市	专业店	东北大药房

5-2 续表 5

企业名称	所在地	零售业态	连锁商号
中国石油化工股份有限公司山西晋中石油分公司	山西省晋中市	加油站	中国石化
中国石油天然股份有限公司新疆喀什销售分公司	新疆维吾尔自治区喀什地区	加油站	中国石油
中国石油化工股份有限公司河北廊坊石油分公司	河北省廊坊市	加油站	中国石化
江苏超越超市连锁发展有限公司	江苏省南通市	超市	超越超市
湖北中联大药房连锁有限公司	湖北省武汉市	专业店	中联
中国石油化工股份有限公司广西桂林石油分公司	广西壮族自治区桂林市	加油站	中国石化
长治市昂生大药房零售连锁有限公司	山西省长治市	超市	昂生
江西抚州石油公司	江西省抚州市	加油站	中国石化
中国石油天然气股份有限公司辽宁鞍山销售分	辽宁省鞍山市	加油站	中国石油
河南思达连锁商业有限公司	河南省郑州市	超市	思达商业
云南白药大药房有限公司	云南省昆明市	专业店	云南白药大药房
中油碧辟石油有限公司广州分公司	广东省广州市	加油站	中油碧辟
中国石油化工股份有限公司上饶分公司	江西省上饶市	加油站	中国石化
江苏苏捷商贸有限公司	江苏省南京市	专卖店	苏捷商贸
深圳市万泽医药连锁有限公司	广东省深圳市	专业店	万泽医药
威海长江糖酒有限公司	山东省威海市	超市	万村千乡
金华市九德堂医药连锁有限公司	浙江省金华市	专业店	九德堂
宁波三江购物俱乐部有限公司	浙江省宁波市	大型超市	三江
北京同仁堂连锁药店有限责任公司	北京市	专业店	同仁堂
中石化森美(福建)石油有限公司泉州分公司	福建省泉州市	加油站	中国石化森美
上海崇明供销农业生产资料有限公司	上海市	专业店	崇明供销农资
中国石油化工股份有限公司河南三门峡石油分公司	河南省三门峡市	加油站	中国石化
通州市仁寿大药房连锁有限公司	江苏省南通市	专业店	仁寿
广西同济大药房有限责任公司	广西壮族自治区南宁市	专业店	同济大药房
杭州同医药店连锁有限公司	浙江省杭州市	专业店	同医药店
天津市海王星辰健康药房连锁有限公司	天津市	专业店	海王星辰健康药房
中国石油天然气股份有限公司新疆阿克苏销售	新疆维吾尔自治区阿克苏地区	加油站	中国石油
中国石油化工股份有限公司九江石油分公司	江西省九江市	加油站	中国石化
西安中药集团公司藻露堂药店	陕西省西安市	专业店	藻露堂
郏县城关镇万客来商贸有限公司	河南省平顶山市	超市	便民连锁店
北京味多美食品有限责任公司	北京市	专卖店	味多美
中国石油化工股份有限公司江西宜春石油分公司	江西省宜春市	加油站	中国石化
北京联华快客便利超市有限公司	北京市	便利店	联华快客
嘉兴市万寿堂医药连锁有限公司	浙江省嘉兴市	专业店	万寿堂医药
广州明廊眼镜技术有限公司	广东省广州市	专卖店	明廊眼镜
中石化(森美)福建漳州分公司	福建省漳州市	加油站	中石化森美
青岛国风大药房连锁有限公司	山东省青岛市	专业店	国风大药房
昆明福林堂药业有限公司	云南省昆明市	专业店	福林堂
广州城建开发宏城连锁超级市场有限公司	广东省广州市	超市	宏城超市
井研县富民农资连锁有限责任公司	四川省乐山市	专卖店	井研县富民农资
中国石油化工股份有限公司湖北石油直属销售分公司	湖北省武汉市	加油站	中国石化
辽宁天士力大药房连锁有限公司	辽宁省沈阳市	专业店	天士力
杭州五丰联合肉类有限公司	浙江省杭州市	专业店	联合康康
中国石油化工股份有限公司湖南岳阳石油分公	湖南省岳阳市	加油站	中国石化
辽宁福缘堂大药房连锁有限公司	辽宁省鞍山市	专业店	福缘堂

5–3 营业额亿元以上连锁餐饮企业

名　　称	所在地	餐饮活动	连锁商号
内蒙古小肥羊餐饮连锁有限公司	内蒙古自治区包头市	正餐	小肥羊
内蒙古小尾羊餐饮连锁股份有限公司	内蒙古自治区包头市	正餐	小尾羊
杭州肯德基有限公司	浙江省杭州市	快餐	肯德基
百胜餐饮广东有限公司	广东省广州市	快餐	肯德基、必胜客
北京肯德基有限公司	北京市	快餐	肯德基
上海肯德基有限公司	上海市	快餐	肯德基
百胜餐饮(沈阳)有限公司	辽宁省沈阳市	快餐	肯德基、必胜客
重庆秦妈餐饮管理有限公司	重庆市	其他餐饮	秦妈
天津肯德基有限公司	天津市	快餐	肯德基
重庆陶然居饮食文化(集团)有限公司	重庆市	正餐	陶然居
重庆德庄饮食连锁有限公司	重庆市	正餐	德庄
广东三元麦当劳食品有限公司	广东省广州市	快餐	麦当劳
中国全聚德(集团)股份有限公司	北京市	正餐	全聚德
北京麦当劳食品有限公司	北京市	快餐	麦当劳
百胜餐饮(深圳)有限公司	广东省深圳市	快餐	肯德基、必胜客
南京肯德基有限公司	江苏省南京市	快餐	肯德基
上海必胜客有限公司	上海市	快餐	必胜客
青岛肯德基有限公司	山东省青岛市	快餐	肯德基
咸阳市渭城区阿瓦山寨酒店	陕西省咸阳市	正餐	阿瓦山寨
福州曼伯罗食品有限公司	福建省福州市	正餐	曼德夫
苏州肯德基有限公司	江苏省苏州市	快餐	肯德基
北京必胜客比萨饼有限公司	北京市	正餐	必胜客、必胜宅急送、东方既白
重庆骑龙饮食文化有限公司	重庆市	正餐	骑龙
麦当劳餐厅(深圳)有限公司	广东省深圳市	快餐	麦当劳
百胜餐饮(武汉)有限公司	湖北省武汉市	快餐	肯德基、必胜客
上海麦当劳食品有限公司	上海市	快餐	麦当劳
江苏大娘水饺餐饮有限公司	江苏省常州市	快餐	大娘水饺
浙江两岸食品连锁有限公司	浙江省杭州市	咖啡店	两岸咖啡
无锡肯德基有限公司	江苏省无锡市	快餐	肯德基
北京湘鄂情股份有限公司	北京市	正餐	湘鄂情
长沙肯德基有限公司	湖南省长沙市	快餐	肯德基
浙江凯旋门澳门豆捞控股集团有限公司	浙江省杭州市	正餐	澳门豆捞
上海统一星巴克咖啡有限公司	上海市	咖啡店	星巴克
百胜餐饮成都有限公司	四川省成都市	快餐	肯德基
重庆小天鹅连锁经营管理有限公司	重庆市	正餐	小天鹅餐饮
北京吉野家快餐有限公司	北京市	快餐	吉野家、DQ
厦门肯德基有限公司	福建省厦门市	快餐	肯德基
天津麦当劳食品有限公司	天津市	快餐	麦当劳

5-3 续表 1

名　　称	所在地	餐饮活动	连锁商号
太原肯德基有限公司	山西省太原市	快餐	肯德基
浙江向阳渔港集团有限公司	浙江省宁波市	正餐	向阳渔港
重庆和之吉饮食文化有限公司	重庆市	正餐	和之吉
顺峰饮食酒店管理有限公司	北京市	正餐	顺峰
北京郭林家常菜食品有限责任公司	北京市	正餐	郭林家常菜
广州真功夫快餐连锁管理有限公司	广东省广州市	快餐	真功夫
广州酒家文昌有限公司	广东省广州市	正餐	广州酒家
南京市麦当劳餐饮食品有限公司	江苏省南京市	快餐	麦当劳
四川德克士食品开发有限公司	四川省成都市	快餐	德克士
武汉市亢龙太子酒轩有限责任公司	湖北省武汉市	正餐	亢龙太子酒轩
大连肯德基有限公司	辽宁省大连市	快餐	肯德基、必胜客
百胜餐饮(福州)有限公司	福建省福州市	快餐	肯德基、必胜客、东方既白
东莞肯德基有限公司	广东省东莞市	快餐	肯德基
北京好伦哥餐饮有限公司	北京市	快餐	好伦哥
武汉麦当劳餐饮食品有限公司	湖北省武汉市	快餐	麦当劳
上海一茶一坐餐饮有限公司	上海市	正餐	一茶一坐
浙江麦当劳餐厅食品有限公司	浙江省杭州市	快餐	麦当劳
南昌肯德基有限公司	江西省南昌市	快餐	肯德基
深圳面点王饮食连锁有限公司	广东省深圳市	快餐	深圳面点王饮食
南宁肯德基有限公司	广西壮族自治区南宁市	快餐	肯德基
常州丽华快餐集团有限公司	江苏省常州市	快餐	丽华快餐
北京美大星巴克咖啡有限公司	北京市	咖啡店	星巴克
昆明德克士食品开发有限公司	云南昆明	快餐	德克士
武汉市小蓝鲸酒店管理有限责任公司	湖北省武汉市	正餐	小蓝鲸
厦门麦当劳食品发展有限公司	福建省厦门市	快餐	麦当劳
四川麦当劳餐厅食品有限公司	四川省成都市	快餐	麦当劳
重庆佳永小天鹅餐饮有限公司	重庆市	正餐	佳永小天鹅火锅
沈阳麦当劳(餐厅食品)有限公司	辽宁省沈阳市	快餐	麦当劳
广州市绿茵阁饮食连锁有限公司	广东省广州市	正餐	绿茵阁
南海渔村有限公司	广东省广州市	正餐	南海渔村
杭州花中城大酒店有限公司	浙江省杭州市	正餐	花中城
湖南麦当劳(餐厅食品)有限公司	湖南省长沙市	快餐	麦当劳
昆明肯德基有限公司	云南省昆明市	快餐	肯德基
福州麦当劳餐厅食品有限公司	福建省福州市	快餐	麦当劳
四川德阳谭氏餐饮连锁有限公司谭火锅大	四川省德阳市	其他餐饮	谭火锅
无锡市麦当劳餐厅食品有限公司	江苏省无锡市	快餐	麦当劳
上海新亚大家乐餐饮有限公司	上海市	快餐	新亚大包、大家乐
北京市新宏状元餐饮管理有限公司	北京市	正餐	宏状元

5-3 续表 2

名　　称	所在地	餐饮活动	连锁商号
真功夫餐饮管理有限公司	广东省东莞市	快餐	真功夫
杭州哨兵汤姆酒店有限公司	浙江省杭州市	正餐	哨兵
北京金悦世界餐饮管理有限责任公司	北京市	正餐	金悦世界餐饮
东莞麦华食品有限公司	广东省东莞市	快餐	麦当劳
重庆苏大姐餐饮文化有限责任公司	重庆市	正餐	苏大姐
东莞麦长食品有限公司	广东省东莞市	快餐	麦当劳
湖北三五酒店有限公司	湖北省武汉市	正餐	三五酒店
武汉艳阳天商贸发展有限公司	湖北省武汉市	正餐	艳阳天
北京永和大王餐饮有限公司	北京市	快餐	永和大王
北京金白领餐饮有限公司	北京市	正餐	金白领
上海宝莱纳餐饮有限公司	上海市	正餐	宝莱纳
山东麦当劳餐厅食品有限公司	山东省济南市	快餐	麦当劳
北京大董烤鸭店有限责任公司	北京市	正餐	大董烤鸭
贵州雅园饮食娱乐有限责任公司	贵州省贵阳市	正餐	雅园
重庆君之薇餐饮文化有限公司	重庆市	正餐	君之薇
安徽省金满楼饮食集团有限公司	安徽省合肥市	正餐	金满楼
北京便宜坊烤鸭集团有限公司	北京市	正餐	便宜坊
上海巴贝拉意舟餐饮管理有限公司	上海市	正餐	巴贝拉
上海萨莉亚餐饮有限公司	上海市	正餐	萨莉亚
北京东来顺集团有限责任公司	北京市	正餐	东来顺
上海永和大王餐饮有限公司	上海市	正餐	永和大王
新疆肯德基有限公司	新疆维吾尔自治区乌鲁木齐市	快餐	肯德基
深圳市小肥羊餐饮连锁有限公司	广东省深圳市	正餐	小肥羊
安徽麦当劳(餐厅)食品有限公司	安徽省合肥市	快餐	麦当劳
上海棒约翰餐饮管理有限公司	上海市	快餐	棒约翰
重庆肯德基有限公司	重庆市	快餐	肯德基
大连麦当劳餐厅食品有限公司	辽宁省大连市	快餐	麦当劳
北京万龙洲饮食有限责任公司	北京市	正餐	万龙洲
江门麦当劳(餐厅食品)有限公司	广东省江门市	快餐	麦当劳
北京京日餐饮有限公司	北京市	正餐	面爱面
中山麦当劳食品有限公司	广东省中山市	快餐	麦当劳
浙江外婆家餐饮有限公司	浙江省杭州市	正餐	外婆家
南京味千餐饮管理有限公司	江苏省南京市	快餐	味千拉面
山西太原江南餐饮集团有限公司	山西省太原市	正餐	江南餐饮、全晋餐饮
青岛良友金都美食城有限公司	山东省青岛市	正餐	良友金都
杭州德克士食品有限公司	浙江省杭州市	快餐	德克士
上海元绿饮食有限公司	上海市	正餐	禾绿回转寿司
津味(上海)餐饮管理有限公司	上海市	咖啡店	85度C

5-4　50门店以上连锁餐饮企业

名　称	所在地	餐饮活动	连锁商号
内蒙古小尾羊餐饮连锁股份有限公司	内蒙古自治区包头市	正餐	小尾羊
重庆秦妈餐饮管理有限公司	重庆市	其他餐饮	秦妈
重庆德庄饮食连锁有限公司	重庆市	正餐	德庄
内蒙古小肥羊餐饮连锁有限公司	内蒙古自治区包头市	正餐	小肥羊
百胜餐饮广东有限公司	广东省广州市	快餐	肯德基、必胜客
浙江两岸食品连锁有限公司	浙江省杭州市	咖啡店	两岸咖啡
咸阳市渭城区阿瓦山寨酒店	广东省广州市	正餐	阿瓦山寨
江苏大娘水饺餐饮有限公司	广东省东莞市	快餐	大娘水饺
重庆骑龙饮食文化有限公司	重庆市	正餐	骑龙
杭州肯德基有限公司	浙江省杭州市	快餐	肯德基
重庆君之薇餐饮文化有限公司	重庆市	正餐	君之薇
上海肯德基有限公司	上海市	快餐	肯德基
百胜餐饮(沈阳)有限公司	辽宁省沈阳市	快餐	肯德基、必胜客
北京肯德基有限公司	北京市	快餐	肯德基
广东杏林春凉茶有限公司	广东省东莞市	其他餐饮	杏林春
上海必胜客有限公司	上海市	快餐	必胜客
天津肯德基有限公司	天津市	快餐	肯德基
上海统一星巴克咖啡有限公司	上海市	咖啡店	星巴克
百胜餐饮(深圳)有限公司	广东省深圳市	快餐	肯德基、必胜客
广东三元麦当劳食品有限公司	广东省广州市	快餐	麦当劳
内蒙古草原牧歌餐饮发展有限责任公司	内蒙古自治区包头市	正餐	草原牧歌
南京肯德基有限公司	江苏省南京市	快餐	肯德基
北京必胜客比萨饼有限公司	北京市	正餐	必胜客、必胜宅急送、东方既白
北京麦当劳食品有限公司	北京市	快餐	麦当劳
青岛肯德基有限公司	山东省青岛市	快餐	肯德基
重庆苏大姐餐饮文化有限责任公司	重庆市	正餐	苏大姐
重庆小天鹅连锁经营管理有限公司	重庆市	正餐	小天鹅餐饮
四川德克士食品开发有限公司	四川省成都市	快餐	德克士
福州曼伯罗食品有限公司	福建省福州市	正餐	曼德夫
百胜餐饮(武汉)有限公司	湖北省武汉市	快餐	肯德基、必胜客
苏州肯德基有限公司	江苏省苏州市	快餐	肯德基

5-4 续表

名　　称	所在地	餐饮活动	连锁商号
广州真功夫快餐连锁管理有限公司	广东省广州市	快餐	真功夫
上海麦当劳食品有限公司	上海市	快餐	麦当劳
北京吉野家快餐有限公司	北京市	快餐	吉野家、DQ
麦当劳餐厅(深圳)有限公司	广东省深圳市	快餐	麦当劳
北京龙盛众望早餐有限公司	北京市	快餐	龙盛众望早餐
北京美大星巴克咖啡有限公司	北京市	咖啡店	星巴克咖啡
北京上岛餐饮有限公司	北京市	正餐	上岛咖啡
重庆陶然居饮食文化(集团)有限公司	重庆市	正餐	陶然居
中国全聚德(集团)股份有限公司	北京市	正餐	全聚德
常州丽华快餐集团有限公司	江苏省常州市	快餐	丽华快餐
浙江凯旋门澳门豆捞控股集团有限公司	浙江省杭州市	正餐	澳门豆捞
无锡肯德基有限公司	江苏省无锡市	快餐	肯德基
长沙肯德基有限公司	湖南省长沙市	快餐	肯德基
真功夫餐饮管理有限公司	广东省东莞市	快餐	真功夫
北京好伦哥餐饮有限公司	北京市	快餐	好伦哥
上海新亚大家乐餐饮有限公司	上海市	快餐	新亚大包、大家乐
广州市绿茵阁饮食连锁有限公司	广东省广州市	正餐	绿茵阁
重庆和之吉饮食文化有限公司	重庆市	正餐	和之吉
厦门肯德基有限公司	福建省厦门市	快餐	肯德基
重庆市明海食品有限公司	重庆市	其他餐饮	明海卤业
上海一茶一坐餐饮有限公司	上海市	正餐	一茶一坐
深圳市嘉旺餐饮连锁有限公司	广东省深圳市	快餐	嘉旺
重庆佳永小天鹅餐饮有限公司	重庆市	正餐	佳永小天鹅火锅
马兰拉面快餐连锁有限责任公司	北京市	快餐	马兰拉面
昆明德克士食品开发有限公司	云南省昆明市	快餐	德克士
安徽蜀王饮食服务有限责任公司	安徽省合肥市	其他餐饮	蜀王
上海适达餐饮管理有限公司	上海市	其他餐饮	适达、DQ
深圳面点王饮食连锁有限公司	广东省深圳市	快餐	面点王
百胜餐饮成都有限公司	四川省成都市	快餐	肯德基
百胜餐饮(福州)有限公司	福建省福州市	快餐	肯德基、必胜客、东方既白
东莞肯德基有限公司	广东省东莞市	快餐	肯德基

附录：统计指标解释

连锁经营：指经营同类商品或服务，使用统一商号的若干店铺，在同一总店（总部）的管理下，采取统一采购或特许经营等方式,实现规模效益的组织形式,包括直营连锁、特许连锁和自愿连锁三种形式。

连锁总店（总部）：负责连锁企业资源（如商号、商誉、经营模式、服务标准、管理模式等等）的开发、配置、控制或使用等功能的企业核心管理机构。

连锁门店：在连锁企业经营管理的基础上，按照总店（总部）的指示和服务规范要求，承担日常销售业务的店铺，包括直营店和加盟店。

直营店是指由连锁企业总部投资开设，按连锁经营管理模式，由总部统一管理的店铺。

加盟店是指在特许连锁中，被特许人获得特许人授权后，使用其商标、商号、经营模式、专利和专有技术等经营资源建立的店铺，也包括自愿连锁的成员店。

连锁品牌（商标或商号）名称：指连锁经营使用的统一的商号或商标名称。

零售业态

——**便利店**：位于商业中心区、交通要道以及车站、医院、学校、娱乐场所、办公楼、加油站等公共活动区；商圈范围小，顾客步行 5 分钟内到达，目标顾客主要为单身者、年轻人，顾客多为有目的的购买；营业面积一般在 100 平方米左右，利用率高；以即时食品、日用小百货为主，有即时消费性、小容量、应急性等特点，商品品种在 3000 种左右，售价一般高于市场平均水平；商品销售方式以开架自选为主，结算在收银处统一进行；营业时间一般在 16 小时以上，提供即时性食品的辅助设施，开设多项服务项目；信息管理系统程度较高。

——**折扣店**：位于居民区、交通要道等租金相对便宜的地区；辐射半径 2 公里左右，目标顾客主要为商圈内的居民；自有品牌占有较大的比例，商品平均价格低于市场平均水平；以开架自选方式进行商品销售，并统一结算；用工精简，为顾客提供有限的服务；信息管理系统程度一般。

——**超市**：位于市、区商业中心、居住区；辐射半径 2 公里左右，目标顾客以居民为主；营业面积在 6000 平方米以下；经营包装食品、生鲜食品和日用品。食品超市与综合超市商品结构有所不同；采用自选销售，出入口分设，在收银台统一结算；营业时间一般在 12 小时以上；信息管理系统程度较高。

——**大型超市**：位于市、区商业中心、城郊结合部、交通要道及大型居住区；辐射半径 2 公里以上，目标顾客以居民、流动顾客为主；实际营业面积在 6000 平方米以上；以大众化衣、食、日用品为主，品种齐全，注重自有品牌开发；采用自选销售方式，出入口分设，在收银台统一结算；一般设不低于营业面积 40%的停车场；信息管理系统程度较高。

——**仓储会员店**：位于城乡结合部的交通要道；辐射半径 5 公里以上，目标顾客以中小零售店、餐饮店、集团购买和流动顾客为主；营业面积一般在 6000 平方米以上；以大众化衣、食、日用品为主，自有品牌占相当部分，商品在 4000 种左右，实行低价、批量销售；采用自选销售，出入口分设，在收银台统一结算；设相当于营业面积的停车场；信息管理系统程度较高并对顾客实行会员制管理。

——**百货店**：位于市、区级商业中心、历史形成的商业集聚地；目标顾客以追求时尚和品味的流动顾客为主；营业面积一般在 6000 平方米以上；综合性商品结构，门类齐全，以服饰、鞋类、箱包、化妆品、家庭用品、家用电器为主；采取柜台销售和开架面售相结合方式进行商品销售；注重服务，设餐饮、娱乐等服务项目和设施；信息管理系统程度较高。

——**专业店**：位于市、区级商业中心以及百货店、购物中心内；目标顾客以有目的选购某类商品的流动顾客为主；营业面积根据商品特点而定；以销售某类商品为主，体现专业性、深度性、品种丰富，选择余地大；采取柜台销售或开架面售方式进行商品销售；从业人员具有丰富的专业知识；信息管理系统程度较高。

——**加油站**：指经营石油、石化商品的零售门店。

——**专卖店**：一般位于市、区级商业中心、专业街以及百货店、购物中心内；目标顾客以中高档消费者和追求时尚的年轻人为主；以销售某一品牌系列商品为主，具有销售量少、质优、高毛利等特点；采取柜台销售或开架面售方式进行商品销售，商店陈列、照明、包装、广告讲究；注重品牌声誉，从业人员具备丰富的专业知识，提供专业性服务；信息管理系统程度一般。

——**家居建材商店**：位于城乡结合部、交通要道或消费者自有房产比较高的地区；目标顾客以拥有自有房产的顾客为主；营业面积一般在 6000 平方米以上；经营商品以改善、建设家庭居住环境有关的装饰、装修等用品、日用杂品、技术及服务为主；采取开架自选方式销售商品；提供一站式购足和一条龙服务，停车位一般在 300 个以上；信息管理系统程度较高。

——**厂家直销中心**：一般远离市区；目标顾客多为重视品牌的有目的的购买；单个建筑面积在 100-200 平方米左右；品牌商品生产商直接设立，商品均为本企业的品牌；采用自选式售货方式进行商品销售；各个租赁店使用各自的信息管理系统。

——**其他**：其他未列明的零售业态

餐饮活动

——**正餐**：指提供各种中西式炒菜和主食，并由服务员送餐上桌的餐饮服务。包括各种中式正餐和西式正餐。

——**快餐**：指服务员不送餐上桌，由顾客自己领取食物的一种自我服务的餐饮活动。包括各种中式快餐和西式快餐。

——**茶馆**：以现场提供现场消费茶饮料为主，兼卖各式点心和小食品。包括各种茶艺馆、茶楼、茶铺等。

——**咖啡馆**：以现场制作现场消费咖啡饮料为主，兼卖各式点心和小食品。包括各种咖啡馆、咖啡厅、咖啡屋等。

——**酒吧**：以出售各种酒及酒精饮料为主，兼卖各式点心和小食品。

——**其它餐饮**：指上述未列明的餐饮活动。

门店总数：指该连锁企业所拥有的全部连锁门店数量，包括总店（如果总公司有门店的话）和全部直营分店、加盟分店数。

年末从业人员数：指在连锁总店（总部）或门店工作并取得劳动报酬的年末实有人员数。包括在岗职工、再就业的离退休人员、在该企业工作的外方人员、港澳台方人员、兼职人员、借用的外单位人员和第二职业者。不包括离开本单位但仍保留劳动关系的职工。从业人数包括总店和全部门店以及自有配送中心的从业人员数。

连锁门店商品购进额：指连锁总店（总部）统一配送给连锁门店与连锁门店自主采购商品金额之和（含增值税）。

统一配送商品购进额：是指由连锁总店（总部）统一购进后，配送到门店的商品金额（按购进价计算）。

配送中心：是指从事配送业务且具有完善信息网络的场所或组织。配送是指在经济合理区域范围内，根据客户要求，对物品进行拣选、加工、包装、分割、组配等作业，并按时送达指定地点的物流活动。配送中心应基本符合下列要求：（1）主要为特定客户或末端客户提供服务；（2）配送功能健全；（3）辐射范围小；（4）提供高频率、小批量、多批次配送服务。

自有配送中心配送商品购进额：指连锁总店（总部）通过自有配送中心配送到门店的商品金额。

非自有配送中心配送商品购进额：指连锁总店（总部）通过第三方物流配送中心配送到门店的商品金额。

年末零售营业面积：指批发和零售业连锁门店用于零售的对外营业的门店建筑面积，不包括其办公用房、仓库和加工场地。该指标按年末实有建筑面积统计。

连锁门店商品销售额：批发和零售业连锁门店对本门店以外单位和个人出售的商品金额（含增值税）。

零售额：指售给城乡居民用于生活消费和社会集团用于公共消费的商品金额。

商品零售包括：（1）售给城乡居民的各种生活消费品，售给入境旅游的外国人、华侨、港澳台同胞的各类商品；（2）售给行政事业单位、社会团体、军队和武警等机构的商品，以及以零售方式售给各类企业的商品。具体包括：用于非生产和社会交往的办公用品，如通讯设备、计算器具和设备、电讯网络设备、文印设备、音像视听器材和设备、纸张、本册、文具及装订文印材料、家具、日用电器、针纺织品、清洁卫生用品、文体用品、奖品、纪念品、礼品等；供内部人员乘坐的交通工具和燃料；用于办公设施修缮的各类配件、材料、工具等；用于取暖和防暑降温的设备、燃料、材料及食品等；专用于教学的用品和设备；非营利医疗机构的中、西药品、中药材和医疗设备器材；非专用的劳动保护用品；不对外营业的内部食堂用的餐具、炊具、设备、清洁卫生工具和食品、燃料等；军队、武警用于其人员生活的衣着品和个人用品；其它各类非生产性设备和用品。

商品零售不包括：（1）售给城乡居民已确知是用于生产、经营的商品；（2）售给各类农业生产者的生产资料类商品，如农机、农药化肥、农膜、种子饲料等商品；（3）售给企业单位生产用具及生产上专用的劳动保护用品。

年末餐饮营业面积：住宿和餐饮业连锁门店营业面积，指对外提供就餐服务的门店建筑面积和从事食品加工、烹饪、调制的厨房面积，不包括办公用房和仓库等面积。该指标按年末实有面积统计。

客房数：指住宿和餐饮业连锁门店提供住宿服务的房间数，该指标按年内正常情况下的实有数统计。

床位数：指住宿和餐饮业连锁门店供应旅客使用的床位数，不包括临时加床和门店内部工作人员使用的床位。该指标按年内正常情况下的实有数统计。

餐位数：指住宿和餐饮业连锁门店为顾客提供就餐服务时，正常可同时容纳就餐人员的餐位数量，不包括临时加的餐位。该指标按年内正常情况下的实有数统计。

连锁门店营业额：指住宿和餐饮业连锁门店在经营活动中因提供服务或销售商品所取得的总收入。包括：客房收入、餐费收入、商品销售额（含增值税）和其它收入。

餐费收入和商品销售额：指住宿和餐饮业连锁门店因提供就餐服务（包括经烹饪、调制加工后出售的各种食品，如主食、炒菜、凉拌菜等的收入）和出售商品（含增值税）所取得的收入合计。

登记注册类型

——**国有企业**：指企业全部资产归国家所有，并按《中华人民共和国企业法人登记管理条例》规定登记注册的非公司制的经济组织。不包括有限责任公司中的国有独资公司。

——**集体企业**：指企业资产归集体所有，并按《中华人民共和国企业法人登记管理条例》规定登记注册的经济组织。

——**股份合作企业**：指以合作制为基础，由企业职工共同出资入股，吸收一定比例的社会资产投资组建，实行自主经营，自负盈亏，共同劳动，民主管理，按劳分配与按股分红相结合的一种集体经济组织。

——**联营企业**：两个及两个以上相同或不同所有制性质的企业法人或事业单位法人，按自愿、平等、互利的原则，共同投资组成的经济组织称为联营企业。联营企业包括国有联营企业、集体联营企业、国有与集体联营企业和其他联营企业。

国有联营企业：指所有联营单位均为国有。

集体联营企业：指所有联营单位均为集体。

国有与集体联营企业：指联营单位既有国有也有集体。

其他联营企业：指上述三种联营企业之外的其他联营形式的企业。

——**有限责任公司**：根据《中华人民共和国公司登记管理条例》规定登记注册，由两个以上，五十个以下的股东共同出资，每个股东以其所认缴的出资额对公司承担有限责任，公司以其全部资产对其债务承担责任的经济组织称为有限责任公司。有限责任公司分为国有独资公司以及其他有限责任公司。

国有独资公司：指国家授权的投资机构或者国家授权的部门单独投资设立的有限责任公司。

其他有限责任公司：指国有独资公司以外的其他有限责任公司。

——**股份有限公司**：指根据《中华人民共和国公司登记管理条例》规定登记注册，其全部注册资本由等额股份构成并通过发行股票筹集资本，股东以其认购的股份对公司承担有限责任，公司以其全部资产对其债务承担责任的经济组织。

——**私营企业**：由自然人投资设立或由自然人控股，以雇佣劳动为基础的营利性经济组织称为私营企业。包括按照《公司法》、《合伙企业法》、《私营企业暂行条例》以及《个人独资企业法》规定登记注册的私营独资企业、私营有限责任公司、私营股份有限公司、私营合伙企业和个人独资企业。

私营独资企业：指按《私营企业暂行条例》的规定，由一名自然人投资经营，以雇佣劳动为基础，投资者对企业债务承担无限责任的企业。

个人独资企业：指按《个人独资企业法》、《个人独资企业登记管理办法》的规定，由一个自然人投资，财产为投资人个人所有，投资人以其个人财产对企业债务承担无限责任的经营实体。个人独资企业填表时归入私营独资企业。

私营合伙企业：指按《合伙企业法》或《私营企业暂行条例》的规定，由两个以上自然人按照协议共同投资、共同经营、共负盈亏，以雇佣劳动为基础，对债务承担无限责任的企业。

私营有限责任公司：指按《公司法》、《私营企业暂行条例》的规定，由两个以上自然人投资或由单个自然人控股的有限责任公司。

私营股份有限公司：指按《公司法》的规定，由五个以上自然人投资，或由单个自然人控股的股份有限公司。

——**其他内资企业**：指上述之外的其他内资经济组织。

——**与港澳台商合资经营企业**：指港澳台地区投资者与内地的企业依照《中华人民共和国中外合资经营企业法》及有关法律的规定，按合同规定的比例投资设立，分享利润和分担风险的企业。

——**与港澳台商合作经营企业**：指港澳台地区投资者与内地企业依照《中华人民共和国中外合作经营企业法》及有关法律的规定，依照合作合同的约定进行投资或提供条件设立，分配利润、分担风险和亏损的企业。

——**港澳台商独资经营企业**：指依照《中华人民共和国外资企业法》及有关法律的规定，在内地设立的由港澳台地区投资者在内地全额投资设立的企业。

——**港澳台商投资股份有限公司**：指根据国家有关规定，经商务部(原外经贸部)批准设立，并且其中港、澳、台商的股本占公司注册资本的比例达25%以上的股份有限公司。凡其中港、澳、台商的股本占公司注册资本的比例小于25%的，属于内资中的股份有限公司。

——**中外合资经营企业**：指外国企业或外国人与中国内地企业依照《中华人民共和国中外合资经营企业法》及有关法律的规定，按合同规定的比例投资设立，分享利润和分担风险的企业。

——**中外合作经营企业**：指外国企业或外国人与中国内地企业依照《中华人民共和国中外合作经营企业法》及有关法律的规定，依照合作合同的约定进行投资或提供条件设立，分配利润、分担风险和亏损的企业。

——**外资企业**：指依照《中华人民共和国外资企业法》及有关法律的规定，在中国内地设立的由外国投资者全额投资设立的企业。

——**外商投资股份有限公司**：指根据国家有关规定，经商务部(原外经贸部)批准设立，并且其中外资的股本占公司注册资本的比例达 25%以上的股份有限公司。凡其中外资股本占公司注册资本的比例小于 25%的，属于内资中的股份有限公司。